한국사에서의 전쟁과 평화

한국사에서의 전쟁과 평화

초판 1쇄 발행 2021년 1월 20일

저 자	신복룡
발행인	윤관백
발행처	도서출판 선인

등 록	제5-77호(1998.11.4)
주 소	서울시 마포구 마포대로 4다길 4(마포동 324-1) 곳마루 B/D 1층
전 화	02) 718-6252 / 6257
팩 스	02) 718-6253
E-mail	sunin72@chol.com

정가 60,000원
ISBN 979-11-6068-439-1 93910

한국사에서의 전쟁과 평화

신 복 룡

도서출판 선인

War and Peace
in
the Korean History

by
Shin Bok-ryong

Sunin Publishing Company, Seoul
2021

> "나라가 평화스러우면
> 아들이 아버지를 땅에 묻지만
> 전쟁이 일어나면
> 아버지가 아들을 땅에 묻는다."
> 헤로도토스(Herodotus), *History*, I : § 87.

1.

아마도 1950년 7월인지, 내가 초등학교 3학년이던 어느 날이었던 것 같다. 어디서 뭐가 터지듯이 우르렁거리는 소리가 들렸다. 아버지가 말씀하셨다.

"남포 소리인가?"

그 시대는 지금의 다이너마이트를 남포라 했다. 그때까지도 전쟁이 일어난 것을 모르고 있던 시골 농부들은 별일 아닌 듯이 밭농사 일을 하러 들에 나갔다. 38선에서 전투가 벌어졌다는 얘기는 늘 듣던 일이니 그러려니 했다. 학교를 갔다 오니 엄마가 나를 부르시더니 아버지에게 점심 드시러 오시라고 심부름을 보냈다. 아버지가 땡볕에서 콩밭을 매고 계셨다.
내가 아버지 곁으로 다가가는데 갑자기 쌕쌕이[제트기] 소리와 함께 기관총 소리가 요란하게 들렸다. 그러더니 천지가 요동하는 듯한 소리가 들렸다. 아버지가 소리치셨다.

"전쟁이 났나부다."

아버지는 나를 밭고랑에 눕히고 암탉이 병아리를 품듯이 나를 몸으로
덮으셨다. 타는 듯한 염천의 콩밭에서 천하장사인 아버지의 밑에 깔려 짓
눌린 여덟 살짜리 소년은 곧 숨이 넘어갈 것 같았다. 나는 아버지의 적삼
을 붙잡고 달달 떨고 있었다.

얼마의 시간이 지나고 총소리와 비행기 소리가 들리지 않자 아버지가
나를 세워 앉히셨다. 아버지는 자신이 기관총을 맞더라도 아들을 보호하
겠다는 심정에서 본능적으로 나를 덮치셨다. 이것이 내 기억 속의 부정
(父情)이다.

온몸이 땀으로 범벅이 된 것보다 그 쌕쌕이 소리에 대한 공포가 나에게
는 더 무서웠고, 그 소리와 장면은 평생 잊히지 않는다. 조정래(趙廷來)의
소설 『불놀이』에 등장하는 그 교장 선생님은 한국전쟁 때 포성에 놀란 뒤
로 어른이 되어서도 큰 소리만 들리면 교탁 밑으로 숨는 장면이 나오는데,
겪어 보지 않고서는 그 장면을 상상하기 어려울 것이다. 70년이 지난 지
금도 나는 그 비행기 공습의 꿈을 꾼다.

세월이 흘러 한국전쟁을 공부하며 알아보니 내 고향 괴산(槐山)의 수안
보(水安堡)에는 한때 북한의 남조선전투지휘부가 설치되어 있었다. 그곳
은 지형이 묘상하게 생겨 비행기의 저공 폭격이 어려웠던 탓에 북한군이
그곳에 전시지휘사령부를 설치한 것이다. 그래서 괴산은 폭격의 피해가
다른 곳보다 더 심했다. 밤에 잠결에 어른들이,

"홍명희(洪命憙) 선생이 내려오셨대."

하는 소리도 들리고

"김일성(金日成)이도 내려왔대."

하며 두런두런 얘기하시는 것도 들렸다. 홍명희는 우리 집과 지척에 살았기 때문에 어려서부터 늘 듣던 이름이었지만 김일성은 잘 몰랐다.

괴산에는 도심으로 큰 내가 흐르는데 그 시대에 제법 큰 역말다리[驛馬橋]가 놓여 있었다. 그 다리 바로 건너에 홍명희의 집이 있었고 그 옆집이 이능화(李能和)의 집이었다. 어렸을 적에 그 역말다리를 처음 건너는데 나는 무서워서 아버지 등에 업혀 다리 한가운데로 지나갔다. 미군은 먼저 수안보의 병참을 차단하려고 그 역말다리와 동진내다리를 폭격하는데 삐식구[B-29]라는 것을 그때 처음 보았다. 폭격 소리는 천지가 진동하는 것 같았고, 저공비행을 하던 그 시커먼 모습과 굉음이 평생 꿈에서 내 가위를 눌렀다.

곧이어 북한군이 내려왔다. 우리는 숨어 있다가 학교에 불려 나갔다. 검은 치마를 입은 여선생님이 포플러나무 밑에 칠판을 걸고 가르치고 우리는 맨땅에 앉아 수업을 들었다. 말이 수업이지 남한 책을 보지 말아야 했기 때문에 책이 없어 노래 시간이 더 많았다.

"장백산 줄기줄기 피어린 자욱
압록강 굽이굽이 피어린 자욱
……
아, 그 이름도 빛나는 김일성 장군"

이 대목까지는 지금도 생각이 난다. 어제까지 소작농이었던 가난뱅이들이 인민위원회의 완장을 차고 자유로운 세상이 되었다고 으스대면서 아버지에게 자랑했다. 세금을 정확하게 매긴다며, 추수기에 논에서 벼의 낱알을 세고 거기에 포기를 곱하고 다시 이랑을 곱하여 총소출을 계산하던 모습이 신기하게만 보였다. 인민위원회 사람들은 산에 있는 묘지의 둘레석에 새긴 태극기의 문양도 곡괭이로 찍어 부쉈다.

얼마가 지나자 인민위원들이 보이지 않더니 트럭 소리가 요란하게 들렸다. 전쟁이 진행되면서 학교는 휴교하고 내가 다니던 명덕(明德)국민학교에는 북진하는 미군들이 주둔했다. 우리는 먼발치에서 옹기종기 서서 절반은 두려움에 싸여, 절반은 그들의 높은 코가 신기해서 바라보고 있었다.

그때 한 미군이 우리에게로 다가왔다. 우리는 겁에 질려 얼어붙은 듯이 서 있었다. 그는 절반쯤 먹다 남은 캔을 우리에게 내밀었다. 저걸 누가 받아먹어야 하나?

그때 한 녀석이 나를 향해 말했다.

"네가 제일 약하니까 받아먹어."

그래서 내가 그것을 받아먹는데 곁에 아이들이 침 넘어가는 소리가 들리는 것 같았다. 한 입씩 나누어 먹기를 마치자 한 녀석이 말했다.

"숟가락은 주인에게 돌려주어야 해."

나는 겁에 질려, 지금 생각하니 일회용 플라스틱 같은 숟갈을 들고 그 미군에게 다가갔다. 그리자 그는 빙긋이 웃으며 숟갈과 빈 캔을 받아들더니 쓰레기통에 던져 넣었다.

"저 사람들은 얼마나 잘 살면 숟가락을 한 번 쓰고 버리나……?"

그 뒤로 우리는 미군에 대한 두려움이 좀 사라지자 그들이 지나갈 때면 뒤를 쫓아가며 외쳤다.

"쪼꼬레(chocolate) 기부미(Give me)."

인민군이 밀려가고 국군이 북진하면서 피난 갔던 우익들이 돌아왔다. 농민들은 다시 거리에 나아가 만세를 부르며 그들을 환영했다. 인민군 치하에서 이른바 부역자들에 대한 무자비한 복수 살인이 벌어졌다. 피해자들 가운데에는 무고한 사람들이 많았다. 우리 집은 경찰서 옆에 있었는데 밤이면 고문을 못 견뎌 외치는 고통 소리로 잠을 이룰 수가 없었다. 그 비명을 들으며 짚신을 삼던 아버지가 말씀하셨다.

"저게 왜정시대 때 쓰던 매인데, 황소 ○○를 말려 만든 것이란다. 물에 불려 때리면 살점이 떨어져 쇠사슬로 때리는 것보다 더 아프단다."

보도연맹(保導聯盟)이 소식을 보도(報道)하는 기관인 줄 알고 갔다가 부역자로 몰린 사람도 있고, 강연회에 나오면 비료 표를 준다는 구장(里長)의 말을 믿고 나갔다가 빨갱이로 몰려 죽을 고문을 겪은 양민들도 많았다. 나의 아버지도 그 가운데 한 분이었다. 아버지는 그때의 고문으로 평생 오만 삭신이 쑤시는 고통을 겪다가 그 문광면 지서 주임을 원망하며 세상을 떠나셨다.

휴전이 되자 군핍(窘乏)이 찾아왔다. 북한으로 넘어가지 못한 "명덕산 지킴이"라는 별명의 인민군 패잔병은 거지가 되어 동산말 토굴 속에 살며 거적을 쓰고 동냥한 음식으로 연명하다가 굶어 죽었다. 아이들은 그를 따라다니며 물었다.

"책이 영어로 뭐예요?"

그는 뭐라고 대답하고 밥풀떼기 하나를 얻어먹었다. 운수 좋은 날이면 그는 미루꾸(milk candy)도 얻어먹었다. 고향으로 돌아가지 못한 보국대(保國隊)들 가운데 운이 좋은 사람들은 겨우 머슴 자리라도 얻어 타향에서 뿌리를 내려 연명했다.

송곳 하나 꽂을 땅이 없던 소작농의 아들인 나는 아침 밥 저녁 죽[朝飯夕粥]이 어려웠다. 국어·산수·사회생활은 자주 일등을 했지만, 크레용이 없어 그림을 제출하지 못했고, 노래 부르는 음악 시간이 되어 앞에 나가면 노래를 부르기도 전에 눈물이 글썽거리자 선생님이 그냥 들어가라 했고, 운동회에서는 열 명씩 뛰는데 7등 안에 들어본 적이 없으니 이 세 과목은 늘 "양"이었다. 선생님이 문제를 물으면 나는 수줍어 "저요, 저요." 하며 손들어 본 적이 없다. 혼자서 그 답안을 구시렁거리면 곁에 녀석이 얼른 손을 들고 대답했다. 그래서 나는 반에서 일등을 해본 적이 없다.

어제 만난 친구 일이 잘 생각이 나지 않지만, 초등학교 3학년 시절 겪은 전쟁의 기억은 초롱초롱 머리에 남아 있다. 그리고 그것은 추억이라기보다는 업장(業障)이었다. 나는 재주도 없이 운 좋게 교수가 되었을 때, 그리고 무슨 운명인지 한국현대사를 공부하게 되었을 때 내가 겪었던 슬프고도 아린, 그러나 잊을 수 없는 기억들을 이야기가 아닌 학술의 글로 남기고 싶었다.

전쟁은 늘 나의 뇌리를 떠나지 않는 화두였다. 그러고 보니 나도 어느덧 역사를 증언할 나이가 되었다는 것을 알았다. 그래서 미국 유학 시절에 채록한 자료로『한국분단사연구 : 1943~1953』(서울 : 한울출판사, 2001)을 썼다. 그 책으로 과분하게도 그해 한국정치학회 학술상을 받았다. 그리고 강의실에서나 학술 논문으로 말할 수 없었던, 그러나 내가 진실로 이야기하고 싶었던 기억과 가슴에 맺힌 이야기들을 책으로 써『해방정국의 풍경』(서울 : 지식산업사, 2016)이라는 이름으로 출판했다.

2.

이제 내 학문을 접을 때가 가까워져 온다는 생각이 들어 남은 책과 글을 정리하다 보니 한국의 현대사뿐만 아니라 한국사에서의 전쟁에 관한 글도 한 권의 책이 되기에 충분하다 싶어 이 책을 꾸미게 되었다. 어찌 보면 늘 하던 소리요, 단행본을 작정하고 쓴 글이 아니어서 중복된 부분이 있지만, 앞에서 했던 말을 다시 하지 않으려고 몹시 애써 다듬어 이제 한 권의 책으로 남기게 되었다.

이 글들은 내가 이곳저곳의 논문집에 실린 것들 가운데 1950~1953년의 한국전쟁사(History of the Korean War)가 아닌, 고대에서 현대까지 한국사에서의 전쟁(Wars in the Korean History)에 관한 것들만 모은 것이어서, 일관된 문제의식을 가진 글이라는 점으로 부족한 글을 쓰는 미안함의 위로를 삼을까 한다. 다만 이들 가운데 제5장 글안쟁전, 제6장 임진왜란과 김성일(金誠一)의 책임, 제7장 임진왜란과 원균(元均)은 주제 강연의 형식으로 썼던 것을 다시 논문 형식으로 바꾼 것이기 때문에 인물사의 성격을 띠고 있는 데 대하여 독자들이 양지해 주기 바란다.

이 책에서 내가 의도하는 바는 전쟁의 전개 과정을 소상하게 서술하려는 것이 아니다. 그것은 사학계나 전쟁사가들이 할 일이다. 나는 이 글을 통하여 저마다의 전쟁들이 왜 일어났으며, 그 전쟁은 끝내 한국의 역사에 어떤 결과를 가져왔는가? 그 전쟁의 밑바탕에 깔린 시대정신(Zeitgeist)이나 시대 조류는 무엇이었을까? 인간의 가장 처절한 극한 상황에서 본능은 무엇이고 인간의 본래의 모습은 어떻게 달라질까? 인간이 얼마나 잔인하고, 전쟁 앞에서 도덕이니 철학이니 하는 것들이 얼마나 무의미한 일이었던가를 기록하고 싶었다.

여기에서 조금 더 나아가 그 전쟁은 조선 또는 한국의 망국(亡國)과 어떤 관련이 있는가에 나는 주목하였다. 망국은 나의 교수 시기 후반의 중요한 관심사였다. 우리는 자신의 망국을 설명하면서 그 원인을 지나치게 피상적으로 설명했고, 중국 또는 일본과 미국이나 소련과 같은 이웃 적대 국가에 책임을 묻는 "탓의 역사학"에 몰두해 있었다. 이런 식의 역사학은 정직하지도 않고 공의롭지도 않을 뿐만 아니라 비루한 변명이어서 우리에게 줄 교훈이 없다.

우리는 한국의 전쟁사나 망국의 역사를 기록하면서 좀 더 정직해야 하고 뼈아픈 회오(悔悟)가 필요하다. 적군은 늘 잔인했고, 불법적이었고, 이 기적인 악마였다. 우리는 그것을 탓만 해서는 안 된다. 자비로운 적, 우리에게 도덕적이었고, 은혜를 베푸는 제국주의나 강대국은 없었고, 앞으로도 없을 것이다. 우리는 그들의 그러한 비인도주의적 처사를 원망만 해서는 망국의 원인을 규명할 길이 없다.

결국, 망국이나 패전이나, 또는 그 반대로 우리의 역사에 있었던 승전의 영광은 모두 우리가 안고 가야 할 업보이다. 패전의 역사와 치욕스러운 역사, "어두운 역사"(dark history)도 우리의 것이다. 그것을 진솔하게 돌아보고 고백하려는 것이 이 글의 집필 의도이다. 누구는 이런 글을 자학사관(自虐史觀)이라고 손가락질했지만, 수치를 모르는 민족에게는 영광도 의미가 없다.

3.

이제 내 나이, 곧 팔순이 된다. 그 정도면 오래 살았다. 인생의 황혼에 서서 지나간 길을 되돌아보니 딴에는 열심히 살았다. 섭생하지 못하여 늘 병치레를 하며 허약했다. 나는 대학 교수 생활을 하면서 두 가지 지병(?)으로 고통을 겪었는데 하나는 40년에 걸친 만성 두통이었고, 다른 하나는 수줍음이었다. 그 몸을 가지고 큰 허물없이 내 천직을 마친 것을 감사하게 생각한다. 자식들과 아내에게 풍족한 삶을 남겨 주지 못한 것이 미안하지만 다시 태어나도 이렇게 살 것이다.

이제까지 나에게 냉수 한 모금 대접해 준 시골의 촌부, 만나 본 적도 없는 서생에게 자료를 보내준 동학(同學)으로부터 전철에서 자리를 양보해준 어린 학생들에게까지 진실로 고맙게 생각하며, 나로 말미암아 상처입고 괴로움을 겪은 분들에게 진심으로 용서를 빈다.

나는 아무것도 가진 것이 없이 태어나 서럽게 자랐기 때문에 모진 목숨을 이어가느라고 매살스럽게 살았다. 어렵던 시절에 살아남으려니 어쩔 수 없었던 일이라고는 하지만 여러분들에게 미안하고 후회스럽다. 나라고 왜 베풀며 살고 싶지 않았겠는가?

나의 손주들이 이 글을 읽을 무렵이 되어,

"나의 할아버지는 이렇게 사셨구나."

하고 이해해 주었으면 좋겠고, 뒷날 누군가 나의 책을 읽는 모습을 보면서,

"그분이 저의 할아버지예요."

아니면, 누군가가

"그분이 저의 은사였어요."

라고 자랑스럽게 말할 수 있었으면 좋겠다.

출판계의 어려운 상황에도 불구하고 부족한 글을 늘 마다하지 않고 받아준 선인출판사의 윤관백(尹寬伯) 사장님과 편집부 여러분께도 깊은 감사를 드리며, 강호의 이런저런 인연으로 만나고 헤어진 여러분께 진실로 고맙다는 인사를 드린다.

2020년 섣달 그믐날에
신복룡 씀

차례

1장

서장

─인간은 왜 전쟁을 일으키는가?

"평화가 오지 않았는데도
사람들은
'평화롭다, 평화롭다'고 말한다."
─『예레미아서』6 : 14; 8 : 11

1. 머리말

우리의 삶이 행복한지 불행한지에 대한 판단은 사람마다 다를 수 있으며 그 어느 쪽이 맞고 틀리는 문제는 아닐 것이다. 태초에 창조주가 세상을 만들고 "아름답다"는 말을 여섯 번이나 했다.[1] 그러나 인간의 삶이 그토록 아름다웠다면 인간은 왜 웃으면서 태어나지 않고 최초의 목소리는 울음이었을까? 이는 단순히 해부학적 소견이 아니라 인간의 존재에 대한 원초적 고민이 닿는 철학적 물음이다. 어느 시대에나 인간은 늘 자신의 시대가 슬픈 격동기였다고 생각하고 살고 있다.

인간은 무엇이 그리 슬프고 두려웠을까? 그들은 굶주림, 맹수, 추락, 화산 폭발이나 홍수 또는 가뭄과 같은 천재지변, 어둠, 질병 등이 두려웠겠지만 무엇보다도 슬픈 것은 인접 부족으로부터의 침략과 살생이었다. 원

---

* 이 글은 「한국사에서의 전쟁과 공동체 의식 : 서장」, 『우리나라 전쟁과 호국 안보 공동체』(서울 : 전쟁기념관, 1917.), pp. 24~58에 발표한 것을 개고 · 보완한 것임.
1 『구약성서』「창세기」2 : 18.

시인에게도 죽음이 그토록 슬픈 것이었는지에 대한 대답은 그리 선명하지 않지만, 집단의 규모가 커짐에 따라 부족 사이의 다툼이 전쟁으로 발전하고 대량 학살이 일어났을 때 인간은 가장 큰 슬픔을 맛보았을 것이다.

이때부터 인간은 전쟁의 비극성과 손실에 대하여 고민하기 시작했고 자신들의 집단적 생존의 문제에 대한 방안을 강구하기 시작했다. 여기에서 그들은 전쟁이 피할 수 없는 재앙이라는 결론에 이르렀고, 존립의 문제를 유념하기 시작했다. 그리고 결론은 국방이라는 문제에로 귀결되었다. 한 국가의 멸망은 자기모순에 따른 붕괴, 외교의 실패, 국제 역학의 희생 등 다양한 이론이 제기될 수 있지만 국방을 소홀히 하고 살아남은 국가는 일찍이 없었다.

마야(Maya)나 잉카(Inca)의 문명, 피라미드와 스핑크스 앞에서 느끼는 허무감의 핵심은 준비되지 않은 국방이었다. 자연 상태에서는 인간이 평화롭고 다툼이 없었을 것이라는 자연법 학자들의 주장에도 불구하고 전쟁은 이제 일상화되었다. 그러기에 지도자로서는 군사의 문제가 나라의 대사로서 죽고 사는 땅이며 존망의 길이니 살피지 않을 수 없는 것이 되었다.[2] 훌륭한 군대가 없이는 좋은 법도 부질없는 것이다.[3]

그렇다면 인간은 왜 전쟁을 일으키는가? 맹자(孟子)는 인간이 선량하다고 믿었고, 홉스(Thomas Hobbes)는 인간은 서로에게 이리와 같은 존재(*Bellum omnium contra omnes*; The war of all against all)이라고 생각했다. 그런가 하면, "인간의 삶은 궁극적으로 정글의 법칙으로부터 영향을 받는다. 모든 인간사는 영원히 전쟁의 신에게 달려 있다."는 키플링(Joseph Rudyard Kipling)의 논리(Kiplingism)를 놓고, 우리는 여기에서 그 선악이나 정오를 따질 계제가 아니다. 인간은 그만큼 논리적이거나 이성적이지 않기 때문이다.

---

2 『孫子兵法』「始計篇」

3 N. Machiavelli(지음), 신복룡(역주), 『군주론』(*Il Prince*)(서울 : 을유문화사, 2020), § 12.

역사는 그렇게 순리대로 진행되지 않았고, 전쟁의 원인만 보아도 그렇다. 이탈리아의 포도주가 맛있다는 말을 듣고 쳐들어간 갈리아족(Gaul)의 전쟁,[4] 독재자가 심심해서 일으킨 전쟁, 축구 시합에서 졌다고 화풀이로 일으킨 남미의 온두라스와 엘살바도르의 축구전쟁(1969) 등, 어이없는 전쟁이 잦았다. 수많은 변명과 명분에도 전쟁이 일어나는 원인은 떳떳하거나 선명하지 않았고, 평화에 대한 소망과 외침에도 전쟁은 줄어들지 않았다.

유사 이래 지구상에는 14,500회의 전쟁이 있었고 36억 명이 죽었다.[5] 인류의 역사에서 전쟁이 없었던 순간은 모두 합쳐도 230년에 지나지 않는다는 기록과 함께 제2차 세계 대전 이후 현재까지 지구상에서 전쟁의 총성이 멎었던 순간은 단 하루도 없었다는 기록[6]은 이제 소망으로서의 평화에 대한 기대보다는 현실로서의 전쟁이 더 절박한 문제로 우리에게 다가왔다.

범위를 좁혀 한국사의 경우만 하더라도 아프가니스탄이나 중동에 비길 바는 못 되지만, 전쟁은 남의 일이 아니었다. 여기에는 전쟁(war)을 어떻게 규정하느냐의 문제가 선행되어야 하지만, 간헐적인 전투(battle)나 분쟁(strife/conflict)의 범위를 넘어서서 일정 기간에 걸쳐 일정한 규모로 전개된 국가 사이의 교전(warfare) 이상의 경우만을 전쟁이라 할 경우에, 많은 견해 차이가 있기는 하지만, 90회 정도의 외침에 따른 전쟁이 있었다는 견해[7]가 사실에 가까워 보인다.

그 숱한 전쟁과 참화를 겪으면서 인간은 왜 전쟁을 하는가에 대한 연구가 학문의 한 장르를 이루었고 많은 사람이 전쟁사를 썼다. 그 가운데 대표적인 인물로서 전쟁의 개념을 체계화하는 데 이바지한 프로이센 육군사관학교 교장 클라우제비츠(Carl von Clausewitz)[8]의 개념에 따르면, 전쟁

---

4 『플루타르코스영웅전』, 「카밀로스전」, § 15.

5 온창일(지음), 『한민족전쟁사』(서울 : 집문당, 2001), p. 21.

6 황병무, 『전쟁과 평화의 이해』(서울 : 오름, 2001). pp. 16~26.

7 왕선택, 「외교·역사 여행 : 993 차례의 외침(外侵)은 사실일까?」(http://www.ytn.co.kr/news/clmn_view.php?idx=292&s_hcd=01&s_mcd=0612)(검색일 : 2017. 5. 10.)

은 자연발생적으로 일어나는 것이 아니며, 다른 수단에 의한 정치이자, 그러한 정치적 목표에 이르는 도구에 지나지 않는다. 미드(Margaret Mead)와 같은 문화인류학자들도 "전쟁은 발명품이지 생물학적 필연은 아니다."[9]라고 믿고 있다.

그러나 심리학자들은 그러한 주장에 동의하지 않는다. 이를테면 프로이트(S. Freud)는 그의 저서 『문명과 그 불만들』(*Civilization and its Discontents*, 1930)과 아인슈타인(A. Einstein)에게 보낸 편지에서 "공격에 관한 욕구는 인간의 본능 가운데 하나"라고 말했다.[10]

그들의 주장에 따르면 인간의 잠재의식 가운데 자리 잡고 있는 공격성(*mortido*)은 생래적 본성으로서 그 자체가 하나의 즐거움이기 때문에 근본적으로 그를 없앨 수는 없는 것이라고 설명하면서, 전쟁이 없을 때는 사냥이나 투우 또는 짐승과의 대결과 인간 서로의 격투기에 환호하면서 피 흘리는 모습을 봄으로써 그를 대치하고 있을 뿐이라고 설명한다. 그렇다면 인간은 왜 그리 피를 흘리며 싸우는가?

나는 역사라는 프리즘을 통해서 이러한 질문들의 대답을 듣고 싶었다. 따라서 이 글은 당초부터 세 가지의 문제의식에서 출발했다.

첫째로, 우리는 왜 역사를 이야기하는가? 하는 점이다. 나는 이에 대하여 늘 공자(孔子)의 가르침을 마음에 담고 있다. 그분께서 말씀하신 바와 같이, "지나온 길을 들려줌으로써 다가오는 미래를 알려주고 싶었다."[11] 세상을 살아가는 지혜는 성현의 고뇌에 찬 수행에서도 오겠지만, 결국 인간의 삶을 결정지어주는 가장 큰 동기는 경험이다. 그리고 그 경험이 집단화되고 통시적(通時的)일 때 그것은 역사가 된다. 그리고 그 교훈 가운

8 Carl von Clausewitz, *On War*(Princeton : Princeton University Press, 1976), p. 87)
9 Arther Ferrill(지음), 이춘근(옮김), 『전쟁의 기원』(*The Origins of War*)(서울 : 인간사랑, 1990), p. 24.
10 Arther Ferrill(지음), 이춘근(옮김), 『전쟁의 기원』, p. 24.
11 『論語』「學而」: "子曰 告諸往 而知來者."

데에는 역사가 늘 공의롭지 않다는 전제가 담겨 있다. 우리는 그 집단적 체험을 배워야 한다. 그것이 곧 역사이다.

둘째로, 전쟁을 어떻게 이해해야 하는가? 하는 점이다. 세상사에는 없어져야 할 것이라고 해서 꼭 없어지는 것이 아니다. 성선설(性善說)을 주장하는 입장에서는 동의하지 않겠지만, 역사는 선행이 진보하는 속도와 같게 악행도 진보했다. 그것을 인정하기에는 우리의 삶이 너무도 비참하여 우리는 어제보다 오늘이 났고, 오늘보다 내일이 났기를 기대하며 살 뿐이다. 그러한 소망을 가장 짓누르는 것이 곧 전쟁이다.

그 비극을 회피할 수도 없고 덮고 갈 수만도 없다. 그럴 바에는 차라리 터놓고 그 실체를 해부해보는 것이 덜 위선적일 것이다. 평화는 소망일 뿐 우리에게 늘 다가오지 않으며, 전쟁을 저주한다고 그들이 물러가는 것은 아니기 때문이다.

셋째로, 이와 같은 시대 상황에서 이 나라의 지식인은 무엇을 말해야 하는가?를 고민해 보고자 하다. 역사는 늘 격동기였다. 어느 시대를 가릴 것 없이 한 시대를 살고 있는 사람들은, 고려시대였든, 조선시대였든, 아니면 현대사였든, 사람들은 늘 자신의 시대가 역사에서 가장 격동기였다고 생각하며 살고 있다. "한 시대의 식자(識者)로 살기가 참으로 어렵다"[12]고 황현(黃玹) 선생은 탄식한 바 있지만, 이럴 때일수록 지식인의 언행이 직실(直實)해야 한다고 나는 생각해왔다.

2. 자원의 결핍

태초의 인간이 자원의 결핍을 느꼈을 리는 없다. 그럼에도 불구하고 그

---

12 黃玹의 絕命詩 : "鳥獸哀鳴海嶽嚬 槿花世界已沈淪 秋燈掩卷懷千古 難作人間識字人,"『梅泉野錄』(서울 : 국사편찬위원회, 1971), 신석호, 「해설」(p. 3).

들이 다툰 것은 본능적 소유욕 때문이었다. 수컷의 본능, 거느림에 대한 쾌감 그리고 포만(飽滿)에 대한 욕구 등이 그들을 자극했다. 강자만이 살아남을 수 있다는 본능적 생존 욕망이 투쟁을 유발했을 수도 있다. 비록 자원이 결핍되지 않았다 할지라도 그들은 긴 겨울이나 장마에 대한 비축을 위해 다툴 수밖에 없었다.

자연 상태가 평화로웠으리라는 주장에 대해서는 다른 의견이 있을 수 있다. 고대 사회에서도 전쟁은 빈번했다. 생산성이 낮은 상황에서 약탈한 전리품으로 생계를 유지하려면 부족 사이에 다툼이 일어나지 않을 수 없었다. 서구의 최고(最古)의 문학이 전쟁 문학이었다는 것은 우연이 아니다. 다만 그러한 욕망이 오늘의 그것과 다른 것은 그 당시의 인류가 자연의 생존 법칙을 따랐고, 오늘날과 같은 낭비를 수반하는 비축이나 악행을 수반하는 약탈은 아니었다는 점이다. 먹고 남아 부패할 정도의 음식을 비축하는 것은 죄악이라고 고대인들은 생각했다.

그러나 인구의 증가와 취락 규모의 확장, 생산 기술이 발달하지 않은 상황에서 자연산의 수렵과 채취만으로 생계가 어렵게 되자 약탈이 성행하기 시작했다. 그렇다고 해서 가축의 사육과 영농 기술의 발달로 말미암아 생산성이 높아지고 결핍이 어느 정도 해결되었다고 해서 약탈이 없어지는 것은 아니었다. 그때는 다시 토지를 위한 약탈이 시작되었고, 더 좋은 것을 얻고자 하는 욕심이 다툼을 부추겼다.

약탈의 대상은 먹이나 토지나 의복만의 문제에 국한되지 않았다. 여성과 노예도 약탈의 대상이 되었다. 여성 납치의 경우, 고대 지중해 지역 사비니(Sabine)족의 경우처럼 여성의 숫자가 부족하여 벌어지는 경우가 있었던 것은 사실이지만,[13] 그보다 더 본질적인 이유는 근친상간을 피하고자 이족혼(異族婚, exogamy)의 방법으로 여성을 납치했다. 그것은 교호적(交互的)인 것이었으며, 암묵적으로 서로를 이해했다. 호랑이의 토템 종

---

13 『플루타르코스영웅전』, 「로물루스」, § 9.

족인 단군(檀君)이 호랑이를 탈락시키고 곰의 토템족 출신의 여인을 아내로 맞이한 것과 같은 사례가 이에 속한다.[14]

약탈을 목적으로 하는 전쟁이 더욱 기승을 부린 것은 산업혁명 이후 대량 생산 체제와 더불어 자원의 결핍을 해결하고자 하는 다툼 탓이었다. 자원 전쟁의 중요한 품목은 일차적으로 부존자원이 나라마다 고르지 못한 화석 연료, 이를테면, 석유, 석탄, 천연 가스였다. 20세기에 벌어진 중요 전쟁이 중동을 둘러싼 산유국을 대상으로 하는 전쟁이었다는 점이 이를 잘 보여주고 있다.

향후 40년 안에 석유가 고갈될 것이고, 그 안에 어떤 형태로든 대체에너지가 개발되겠지만, 석유 전쟁을 예상 밖으로 길게 지속할 것이다. 강대국들은 후손을 위해 자기들의 원유 개발을 하지 않고 있다. 자원 전쟁의 다음 품목은 곡물, 수자원, 목재, 어족(魚族), 그리고 핵연료와 희토류(稀土類) 등이었다. 시간이 흐름에 따라 발생하는 부존자원의 고갈 현상은 대체에너지의 발명과 관계없이 갈등의 원인으로 지속할 것이다.

3. 승리의 유혹과 오판

인간은 스스로 만물의 영장이라는 자부심을 가지고 있고 사고(思考)한다는 미명 아래 미래를 낙관하지만, 인간이 늘 합리적인 것은 아니다. 맑스(K. Marx)는 인간이 이성적이라 생각했고, 그래서 좌파들은 합리성에 대한 기대를 저버리지 않았지만, 차라리, "생각하지 말고, 가슴으로 살아라!"(Don't Think, But Feel!)고 외친 무솔리니(B. Mussolini)의 파시스트 명제처럼 오히려 감정이 역사를 지배하는 경우가 많았다.

어느 모로 보아도 인간은 이성적인 존재만은 아니었다.[15] 인간의 역사

14 신복룡, 『한국정치사상사』(상)(서울 : 지식산업사, 2011), pp. 61~65 참조.

에는 수많은 오인과 오산에 의한 비극이 이어졌다. 이를 본 평화학자들은 전쟁의 원인이 인간의 합리적 계산에 의해서 발생하는 것이 아니라고 판단하게 되었다.[16] 여기에 사태를 더욱 악화시킨 것은 인간의 지능으로 예측할 수 없는 우발 이론(contingency theory)이다.

그런 점에서 전쟁의 또 다른 계기는 상황에 대한 무지에서부터 시작되는 경우가 많았다. 개전의 오판은 꼭 딸 것만 같은 도박 심리의 유혹에서 비롯되는데 그러한 오판은 침략을 자행한 측이나 침략을 겪는 측이나 꼭 같이 빠지게 되는 착시(錯視) 현상이다. 페리클레스(Pericles)의 지적처럼, 인간은 무지로 말미암아 용감해지지만 그들이 오판을 깨달았을 때는 곧 두려움에 빠진다.[17]

전쟁을 결심하는 지도자의 중요한 덕목은 싸워야 할 것과 싸워서는 안 될 것을 분별하는 것이다. 그러므로 군주가 군대에 대해서 걱정하는 바가 셋이 있으니, 첫째는 전쟁을 일으켜서는 안 됨을 모르고 오로지 진격하라 명령하는 것이요, 둘째는 물러서서는 안 됨을 알지 못하고 물러서라 명령하는 것이요, 셋째는 삼군(三軍)의 정사를 모르면서 진격하는 것이니 그와 같이 하면 병사들이 망설이게 되고[18] 끝내 전쟁에 지고 만다.

4. 영웅심/공명심

인간의 심성 가운데 현시욕(顯示慾)만큼 위험한 것이 없다. 거느림의

---

15 Leon P. Baradat, *Political Ideologies : Their Origins and Impact*(Englewood Cliffs : Prentice Hall, 1994), pp. 239ff; 신복룡(외), 『현대정치사상』(서울 : 평민사, 2005), pp. 389ff.
16 황병무, 『전쟁과 평화의 이해』, p. 93.
17 Thucydides, *History of the Peloponnesian War*, II, § 40.
18 『孫子兵法』 「謀攻篇」

쾌감과 우쭐거림은 가장 통속적이면서도 인간의 심층 심리를 지배하는 중요한 동기 가운데 하나이다. 권력이 때로는 수의(壽衣)가 될 수도 있지만,[19] 그보다 더 화려한 외투는 없다. 고대국가의 전쟁일수록 군주의 욕망에 따라 전쟁이 좌우되었다.

영토에 대한 군주의 야심, 공명심, 사사로운 복수심, 심지어는 그의 개인적 취향이 전쟁을 불러왔다. 군주가 무료해서 전쟁을 일으키는 경우도 있었다. 여염의 필부필부라고 해서 향토적 애착이나 국가에 대한 충성심이 없는 것은 아니지만, 그 많은 전쟁의 앞뒤에는 무사(장군)들의 영욕(榮辱)이 있었다.

전사들은 문민에 견주어 국가의 존망에 더 민감하고 저항적이었다. 그들은 직업적 책무 때문만이 아니라 기질적으로 방어 본능과 도전 정신으로 무장되어 있으며, 자신들이 받는 봉록(俸祿)에는 선혈이 묻어 있다는 자부심과 비장함이 담겨 있다. 그래서 역사에 기록된 의인의 반열에는 무사가 많다. 그들은 비겁함을 가장 수치스러운 것으로 생각했고, 다른 신분에 견주어 죽음의 문제에 초연하다. 그러나 장군의 진정한 덕목은 영웅심에 따른 진격보다는 지혜[智]와 믿음[信]과 어짊[仁]과 용기[勇]와 엄숙[嚴]함을 두루 갖춰야 하는 것이다.[20]

그러나 무사가 늘 정의의 편에 서는 것은 아니었다. 그들의 힘은 권력자들이 가장 소중하게 생각하는 보호벽이었다. 그래서 무사는 어떤 다른 계급보다도 권력자와 가까운 거리에 서 있으며, 그러한 상황은 무사로 하여금 긴스버그(Morris Ginsberg)[21]의 이른바 권력의 맛(thirst of power)이라는 유혹을 견디기가 어렵게 만들었다. 군대는 대체로 왕들의 편이었다.[22] 이렇

19 『플루타르코스영웅전』, 「대카토전」, § 24.

20 『孫子兵法』始計篇

21 Morris Ginsberg, *The Psychology of Society*(London : Methuen, 1964), p. 139.

22 Bertrand Russell, *The History of Western Philosophy*(New York : A Touchstone Book, 1972), p. xvii.

게 해서 라스웰(Harold D. Lasswell)이 이름 지은 무단통치(virocracy)[23]라는 굴곡진 정치가 등장했다. 그들은 정치적으로 노회(老獪)하지 못했고, 기교를 몰라 투박했다. 이러한 현상은 그들이 당초에 의도하지 않았던 일이었지만, 그래서 무인 통치는 대체로 비극적이었다. 정치를 폭력으로 수행하는 데는 한계가 있었다.

지도자나 장수가 전쟁에 나갈 때 금과옥조처럼 내세우는 것은 통일, 적군으로부터 나라와 동포의 보호, 악의 응징이라는 미명이지만 내정 불안의 돌파구로 전쟁을 이용하는 경우도 많았다. 4차 중동 전쟁(1973)에서 이스라엘에 대한 이집트의 침공처럼 반드시 승리한다는 보장이 없음에도 불구하고 개전한 사다트(Anwar El Sadat) 대통령의 결심이 그러한 사례에 속한다. 역사를 돌아보면 이처럼 준비되지 않고 비이성적인 충동에 따라 움직이는 군대보다 더 국가의 통치를 어렵게 만드는 것은 없다.[24]

5. 영토에 대한 욕망에는 한계효용체감의 법칙이 없다

넓고 좋은 터에 살고 싶은 인간의 욕망은 경제에 앞서는 원초적 소망이었다. 동서양을 가리지 않고 인간은 땅(topos)을 어머니로 생각하는 상념 속에서 살았다. 그래서 동양에서의 토지는 영혼(spiritual thing)이다. 영토가 신성하다고 믿는 사고방식은 대지가 모두 지모신(地母神, Earth Mother)이라는 믿음과 혼합되기도 한다.[25] 땅은 인간을 생육하는 여성, 곧 어머니로서의 능력이 있기 때문에 이것을 차지하려는 인간의 욕망은 삶의 본능에 속하는 것이었다. 이런 점에서 보면 인간이 땅에 대하여 욕심을 갖는

23 H. D. Lasswell, & Abraham Kaplan, *Power and Society : A Framework for Political Inquiry* (London : Routledge & Kegan Paul Ltd., 1952), p. 211.

24 『플루타르코스영웅전』, 「아게실라오스」, § 38.

25 이에 관한 논의는, 신복룡, 『한국정치사상사』(상), pp. 65 참조.

것은 허물이랄 것이 없다.

토지에 대한 욕망은 동서양을 가리지 않고 이미 고대 사회에서부터 치열했다. 유럽사를 보면 키케로(Cicero) 이래의 지도자들은 일관되게 토지 균분을 반대하면서 토지가 곧 권력이라고 생각했다. 이러한 논리는 몽테스키외(Baron de Montesquieu)[26]에 이르면 더욱 강화되었다. 철저한 귀족주의자였던 그는 단호하게 "귀족의 존엄은 토지로부터 온다."고 주장한다. 『법의 정신』에 나타난 길고도 깊은 논리가 토지의 이야기로 끝나는 것은 우연이 아니다. 그들에게 광대한 토지는 권력이자 신분이었다.[27] 농경 사회에서 어린이들이 처음으로 즐기는 놀이는 "땅따먹기"였다는 것은 결코 우연한 일이 아니다.

그러한 인식의 결과 국왕이나 국가의 운명에 기여한 데 대한 대가로 은급(恩級)이라는 이름의 봉지(封地)를 내리는 것이 관례였다. 이런 점에서 토지는 신분의 상승의 상징이었다. 한국사에서도 왕조 교체의 중요한 동기는 토지 귀족의 승패에 따라 이루어졌다. 고려의 멸망과 조선 왕조의 개국에 대하여 고려의 부패나 무능 또는 불교의 폐해를 강조하는 것은 문제의 본질을 벗어난 것이며, 결국은 토지를 점탈하고 있는 고려의 기성 사대부에 대한 신흥 사대부들의 도전이 성공한 사례에 지나지 않는다.

이러한 토지 점탈의 욕망이 내전에 그치지 않고 국제적으로 확산된 것이 곧 전쟁이었다. 한국사의 경우에 더욱 문제가 된 것은 일본이 가지고 있는 토지 욕망이 곧 한일 간의 전투로 확산되었는데 임진왜란(壬辰倭亂)으로부터 한일합방에 이르기까지의 갈등이 곧 그것이었다. 일본은 제한된 영토의 섬 민족이기 때문에 토지에 대한 욕망이 남달랐고, 십만 석 다이묘

---

26 Baron de Montesquieu, *The Spirit of Law,* V, § 9; XXVI, § 15.

27 G. Davis, *The Early Stuarts, 1603~1660*(London : Oxford University Press, 1959), p. 266.

(大名) 등의 표현에서 볼 수 있는 바와 같이 그가 얼만 만큼의 토지를 가지고 있느냐에 따라 제후의 존엄과 명칭도 달랐다. 토지에 대한 그와 같은 야망이 한국사에 고통을 주었다.

6. 맺음말

역사에 나타난 전쟁에 "의로운 전쟁"(just war)이 없었던 것은 아니지만, 전쟁은 참으로 저주스러운 것이었다. 평화는 도덕론자들의 소박하고 순진한 소망일뿐이다. 이제 전쟁은 외면할 수 없는 하나의 학문 분야로 자리 잡게 되었다. 1960년대에 풍미했던 행태주의(behavioralism) 이래 전쟁은 덮어둘 수만은 없는 주제로 등장했다.

전쟁은 이제 더 이상 금기어가 아니다. 침략은 부도덕하다는 주장이나 논리는 약자의 항변(under-dog crying)이며, 이제는 승자가 말하는 시대이다. 지난날의 전쟁에는 다소의 가책과 수치심을 느꼈지만, 이제는 레둑토(Le Duc Tho)나 키신저(Henry Kissinger)와 같은 전쟁의 영웅들이 노벨 평화상을 받으며 갈채를 받고 있다.

이제는 어떻게 하면 전쟁을 없앨 수 있을까?와 같은 진부한 논의보다는 차라리 전쟁을 탁상에 내놓고 어찌하면 전쟁에서 이길 수 있을까? 또는 어찌하면 전쟁을 줄일 수 있을까?를 고민하는 것이 더 현실적이고 솔직한 논의가 될 것이다. 전쟁은 일상화되었고, 우리 삶의 일부가 되었다. 이는 전쟁 예찬과는 전혀 다른 문제이다.

더욱이 한국사와 같이 주변 국가와의 전쟁이나 내전의 아픔이 많은 나라에서 전쟁은 평화에 못지않게 중요한 주제가 되었다. 전쟁과 평화는 표리일 뿐이지 별개의 것이 아니다. 한국전쟁과 같은 미증유의 아픔을 겪고 아직도 그 아물지 않은 상처로 고통 받고 있는 우리에게 전쟁을 좀 더 정직하게 바라보자는 것이 이 글의 일관된 논지이다. 전쟁은 이제 더 이상

전문가의 고담준론(高談峻論)이 아니라 인문학적 에세이로 우리 곁으로
내려와야 한다.

2장

고대의 전쟁
—석전(石戰)과 서낭[城隍]의 의미

> 서낭은 본디
> 원시 부족 전쟁 무렵에 쓰던
> 돌멩이의 모둠 장소로
> 무기고의 성격을 갖는 것이었으나
> 신성 개념의 부여와 함께 무속화했다.
> —본문에서

1. 머리말 : 가설

서구적 개념으로서의 근대 문명은 반드시 우리에게 축복만을 안겨주는 것일까? 그렇지는 않을 것이다. 의학이나 기계 · 기술과 같은 자연과학이 우리에게 아무리 큰 시혜를 주었다고 하더라도 그러한 것들이 우리의 전통문화를 파괴한 대가를 보상받기에는 우리의 희생이 너무 컸다. 멀리는 1880년대에 기독교가 포교된 이후, 그리고 가까이는 1970년대의 근대화 운동이 본격화된 이래 우리가 놀라울 정도의 물질적 진보와 개명을 누리게 되었다고 하는 사실을 부정하기는 어렵다.

그러나 우리의 그와 같은 외향적이고도 자기의 것을 포기하는 개명 운동의 뒤안길에는 토착 문화의 붕괴를 감수할 수밖에 없었는데 그 대표적

---

* 이 글은 신복룡, 『한국정치사상사』(서울 : 나남, 1997), 제2장(pp. 41~76) 「서낭의 군사적 의미」를 가필/수정한 것임.

인 토속 유산 가운데 하나가 서낭[당]의 수난이었다.

서낭에 대한 우리들의 일반적인 인식으로는 그것이 단순한 무속에 지나지 않는 것이어서 기독교적 교리에서 본다면 우상 숭배요, 서구 문명의 개념에서 본다면 미신이었다. 그러나 원시 부족 국가 시대 이후로부터 적어도 1970년대의 새마을 운동이 전개되기 이전까지 우리의 정신사에 깊이 뿌리를 내리고 있었던 서낭이 단순한 미신이라고 일축해 버리기에는 거기에 포함된 의미가 크다는 가설 위에 이 글은 쓰인 것이다.

그렇다면 그 고귀한 의미는 무엇일까? 이 글은 서낭이 단순한 샤머니즘의 잔존 형태가 아니오, 원시 국가 시대에 전개되었던 부족 전쟁의 중요한 부분인 석전(石戰)의 유산이라는 가설에 근거하여 현재까지 희귀하나마 잔존하고 있는 전국의 서낭을 답사한 뒤 지정학적인 논증과 문헌적인 고찰을 통하여 위의 가설을 입증하고자 한다.

2. 부족 전쟁의 무기로서의 돌[石]

원시 부족 국가의 시대를 지나 고대국가에 이르는 동안 창이나 칼과 같은 무기가 발달하고 궁시(弓矢)의 기술이 능숙했다고 하더라도, 부락전의 경우에는 돌이 중요한 무기가 되었고, 특히 방어용 무기로서는 돌을 능가할 만한 것이 없었다. 따라서 서낭이 석전이 잔존 형태였음을 입증하려면 먼저 원시 국가 시대에서의 석전이 과연 어떻게 존재했었던가를 살펴볼 필요가 있다.

1) 고대 전쟁과 돌[石]

고대국가에서 돌이 전쟁의 중요한 수단이었다는 사실은 사서(史書)의 여러 곳에 나타난다. 문헌에서 본다면 이미 신라 자비왕(慈悲王 : 458~478) 시대에 왜구가 반월성(半月城)을 침략하였을 적에 돌로써 이들을 격퇴한 사실이 있었다.[1] 그러나 이것은 문헌상의 최초의 기록일 뿐, 돌이 전쟁의 무기로 사용되었던 시기는 그 이전이며, 실제로 주전 무기로 쓴 것은 삼국 전쟁을 전후한 쟁패의 시대였다.

우선 고구려 측의 기록을 보면 나·당(羅唐) 연합군이 쳐들어 왔을 때 당군(唐軍)에는 3백 보의 거리에까지 돌을 날릴 수 있는 포차(礮車)가 있었고, 성을 공격할 때는 성안으로 돌을 날려 보내는 포석(礮石)이라는 무기가 있었다.[2] 또한 신라 측의 기록을 보면, 신라군의 공격 부대는 활을 쏘는 노당(弩幢), 성을 기어오르는 운제당(雲梯幢), 성을 부수는 충당(衝幢), 그리고 돌멩이를 던지는 석투당(石投幢)이 있었는데, 석투당을 이끄는 부대장이 때로는 12~18명에 이르렀다고 한다.[3]

그리고 신라가 백제를 정복하였을 때에는 고구려 병사가 돌을 쏘는 포석을 이용하여 신라군을 괴롭힌 바도 있었다.[4] 석전의 이와 같은 유용성을 고려하여 특히 고구려에서는 평화 시에도 왕이 임석한 자리에서 돌싸움의 연습을 게을리 하지 않았는데[5] 원시·고대인들은 이와 같은 유사 쟁투가 새로운 질서의 도래에 대비하여 필요한 것으로 생각함으로써[6] 이것이 민간 전승 놀이가 되는 기틀이 되었다.

1 『三國史記』 新羅本紀 慈悲麻立干 2연(459) 4월조 : "夏四月 倭人以兵船百餘艘 襲東邊 進圍月城 四面矢石如雨 王城守 敗將退"

2 『三國史記』 高句麗本紀 寶藏王 4년(645) 5월조 : "勣列砲車 飛大石過三百步 所當輒潰 …… 士卒分番交戰 日六七合 衝車礮石 壞其樓堞 城中隨基缺立本柵"

3 『三國史記』 雜志 職官(下) 武官條.

4 『三國史記』 紀異 太宗(武烈)春秋公傳 : "漢山城中士卒 怨救兵不至 相視哭泣而已 賊欲攻急 忽有光耀從南天 際來成霹靂 擊碎砲石三十餘所"

5 『隋書』 東夷傳 高麗條 : "每年初 聚戲於浿水之上 王乘腰轝 列羽儀觀之 事畢 王以衣服入水 分左右二部 以水石相濺擲誼呼馳逐 再三而止"

6 김열규, 「통과의례와 부락제」, 李相日(外編), 『한국사상의 源流』(서울 : 박영사, 1976), p. 250.

삼국시대의 이와 같은 석전은 그 뒤에도 이어져 고려 시대에도 중요한 무기로 이용되었다. 이를테면, 고려에는 석투반(石投班)과 석투군(石投軍)이라고 하는 특수 부대가 있었고,[7] 덕종(德宗) 원년(1032)에는 박원작(朴元綽)이 석포(石砲) 부대의 개선을 상소한 적이 있었던 점[8]으로 미루어 중세까지도 석전은 중요한 공격 및 방어 무기였던 것으로 보인다.

조선왕조에 들어와서도 왕실에서는 이 석전을 장려하였는데, 특히 태종(太宗)은 왕위에서 물러난 뒤 전승 놀이로서의 석전을 몸소 관람한 다음 "석전이란 놀이[戱]가 아니라 곧 무예[武才]라"[9]고 칭송했으며, 서북지방에는 성황도감(城隍都監)이라는 벼슬을 두었다.[10] 그뿐만 아니라 중종 연간에는 민간의 석전 부대를 동원하여 왜구를 물리치는 선봉으로 삼은 바 있었고,[11] 임진왜란 때에는 행주산성(幸州山城)을 비롯한 각종 전투에서 팔매꾼들이 적을 물리친 기록이 보인다.[12]

나는 1980년 9월 14일, 석전의 잔영을 찾으려고 행주산성을 답사한 바 있다. 이때 나는 행주산성의 남쪽 산기슭에서 임진왜란 당시에 석전으로 사용했던 돌무더기를 발굴할 수 있었고, 이로써 행주치마로 아낙네들이 돌을 날라 성을 사수했다는 것이 단순한 민담이나 전설이 아니라 역사적 사실이었음을 알 수 있었다.

---

7 『高麗史』志 兵 別號諸班 및 五軍條.

8 『高麗史』志 兵 五軍條 : "德宗元年三月 尙舍奉御朴元綽 請令有司作革車 繡質弩 雷勝石砲"

9 『世宗實錄』3년(1421) 5월 乙丑條 : "上王謂 今觀石戰 非戱事 及是武才也"

10 『太宗實錄』6년(1406) 6월 癸亥條 참조.

11 『芝峰類說』技藝部 雜技條 : "我國安東俗 …… 投石以決勝負 …… 謂之石戰 …… 中廟朝征倭時 募爲先鋒 賊不敢前"

12 이를테면 임진왜란 당시 黃州의 李思林은 남녀노소들을 모아 돌(石)로써 적의 침략을 방어했다는 기록이 보인다. 차용걸, 「東國城制諸論」, 『사학연구(30)』 : 자료편(서울 : 한국사학회, 1980), p. 13 : "壬辰之變 …… 黃州有土人李思林者 …… 率皆農民 無弓矢器械 但多聚大石以待之"

〈지도 1〉에서 볼 수 있는 바와 같이 석전의 유적은 덕양산(德陽山 : 세칭 행주산성)의 남쪽 기슭 중간 지점에 약 100m에 걸쳐 산재해 있었다. 남쪽 기슭은 한강에 닿아 있고 강의 맞은편은 서울특별시 강서구 개화동 일대였다. 강의 중심에는 사구(砂丘)가 형성되어 있었는데 행주산성이 전략적으로 중요한 이유는 바로 이 사구 때문이었다. 그런데 왜 하필이면 이곳에 사구가 이루어졌는가를 알아본 결과 한강의 모래가 흘러내려 가다 인천만의 조수로 더 이상 흘러내려가지 못하고 이곳에 퇴적되어 이루어진 것이었다.

〈지도 1〉 행주산성의 석전 유적 발견 지점(1980)

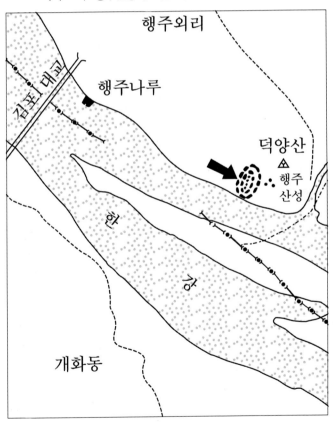

따라서 행주산성 남안(南岸)의 한강은 그곳이 강의 하류임에도 불구하고 수심이 가장 얕은 곳으로서 갈수기(渴水期)에는 쉽게 도강할 수 있으므로 북방 세력의 서울 진입이나 남방 세력이 북진하려면 중요한 지점이 되어 왔다. 그러한 예로서 임진왜란 당시에 서울을 점령한 왜군이 이곳을 도강하여 북진하려다가 행주산성 전투에서 대패했고, 한국전쟁 당시에도 북한의 남침로가 바로 이곳을 지나고 있다는 사실[13]은 결코 우연한 일이 아니다.

2) 석전 기지로서의 서낭

취락(聚落)이라고 하는 것은 일차적으로 주민들이 평안하게 생업에 종사할 수 있는 터전으로서 애당초에는 이웃에 사는 적군의 공격에 대하여 무방비였다. 그러던 것이 인구의 팽창과 부락의 대규모화 현상에 따라 인근에 대한 침략이 성행하게 되자 취락은 점차 군사적인 성격을 띠었다.

이때로부터 성읍에 성벽을 쌓거나 해자(垓字 : moat)나 공호(空壕 : 隍)를 판다거나 목책(木柵)을 세움으로써 자위책을 마련하였다.[14] 해자는 보통 20m 너비에 10m 깊이의 인공호였다. 전투가 없을 때는 개폐교를 설치하는데 이를 적교(吊橋)라 했다. 전투가 벌어지면 적교를 올려 건널목을 만드는 동시에 그것이 성문의 보호 방책(防柵)의 구실을 했다.

그러나 건축 기술이 발달하지 않은 상황에서 부락을 전면적으로 요새화한다는 것은 불가능한 일이었기 때문에 처음에는 적이 쳐들어오면 일단 험산으로 피난했다가 적이 물러나면 다시 하산하여 생업에 종사했다.[15]

13 백선엽, 『軍과 나』(서울 : 대륙연구소, 1989), pp. 35~36.
14 이영택, 『취락지리학』(서울 : 대한교육연합회, 1972), pp. 91, 101.
15 차용걸, 「東國城制諸論」, pp. 10~11 : "郡邑之居 必據險地 雖村落民居 處處保險 置公私積蓄於其中 敵來則淸野入守 賊退則下山耕種"

그러다가 언제까지 피난만 다닐 수 없고 또 어느 정도 능동적인 방위 개념이 세워지자 요로에 방어용 무기[磧石]를 비축해 둠으로써 공격에 대비하였는데 이것이 서낭의 시초였다.

여기에서 요로라 함은 고갯마루, 강나루였으며, 평지일 경우에는 산모롱이가 그 목[喉]을 이루었는데, 민간 전승 놀이로서의 석전이 고개나 강나루에서 이루어졌던 사실[16]은 결코 우연이 아니오, 위와 같은 서낭의 지정학적인 성격과 관련이 있는 것이다. 원시 부족 국가 시대에 적의 공격에 대비하여 돌무더기를 만들었다고 하는 사실은 다음과 같은 고사에서 잘 나타나고 있다.

> 낙랑은 신라의 내부가 빈 줄로 알고 내려와 매우 서둘러 금성을 칠 새, 밤에 유성이 적진에 떨어졌다. 적의 무리가 두려워하여 알천상(關川上)에 물러가 둔(屯)을 치고 돌무더기 20개를 쌓아놓고 도망갔다. 신라 육부의 군사 1천 명이 이를 쫓아 토함산(吐含山) 동쪽으로부터 알천에 이르렀으나 적이 쌓아놓은 돌무더기를 보고서 적의 무리가 많은 줄로 알고 추격을 멈추었다.[17]

이상과 같은 사실로 미루어 볼 때 서낭은 원시적 형태로서의 병참(兵站) 기지였으며 부락의 존망과 관련되는 요지였다. 후세의 부락민들이나 뜻있는 정치인들이 서낭의 보존과 섬김[拜祠]을 강조한 이면에는 서낭의 이와 같은 호국 정신에 대한 성찰이 깃들어 있었다.

곧 시대가 흐름에 따라 서낭에는 군신의 의미가 부여되었는데 고려의 창업 공신인 신숭겸(申崇謙)을 섬기는 곡성성황(谷城城隍)이 세워진 사실[18]이라든가, 조선왕조에 들어와 성산군 이직(星山君 李稷)이 "서낭이라

---

16 『京都雜志』, 歲時 上元條 : "三門外阿峴人 飛石相鬪於萬里峴上"
17 『三國史記』 新羅本紀 南海次次雄 11년(서기 14년)조 : "樂浪謂內虛 來攻金城甚急 夜有流星 墜於賊營 衆懼而退 屯於關川之上 造石堆二十而去 六部兵一千人追之 自吐含山 東至關川 見石堆知賊衆乃止"

고 해서 모두가 서낭이 아니니 고전을 연구하여 진정한 의미로서의 서낭만을 제사해야 한다"[19]고 주장한 사실은 서낭의 참뜻이 어디에 있었던가를 깊이 인식한 탓이었다.

3) 석전의 쇠퇴

전쟁 수단으로서의 석전이 그토록 중요한 역할을 했고 석전의 기지로서의 서낭이 가지는 의미가 그토록 값진 것이었음에도 이들에게는 시대적 종막이 다가왔다. 그것은 주로 화약(火藥) 때문이었다. 흔히 알려진 바와 같이 고려 우왕(禑王) 때(1377) 최무선(崔茂宣)이 화약을 발명함과 더불어 화통도감(火㷁都監)이 설치된 뒤 한국의 전쟁 개념이라든가 전략·전술이 획기적으로 변모하게 되었다.

이때로부터 석전은 전승 놀이로 변질되었고 서낭은 무격(巫覡)의 터전이 되었다. 그러나 최무선이 화약을 발명했을 때까지만 해도 화약이 양적으로 널리 보급되지 못하였고, 그 기술 또한 미흡하였기 때문에 석전이나 서낭의 기능이 완전히 사그라진 것은 아니었다.

그러던 가운데 임진왜란(1592)이 일어나 서로 화약의 용도가 높아짐에 따라 석전과 서낭은 그 본래의 의미를 상실하게 되었다. 곧 왜군들의 조총 앞에 돌팔매질은 명중도나 사정거리의 면에서 도무지 적수가 되지 못하였고[20] 또 아군 측에서 보더라도 이장손(李長孫)이 발명한 비격진천뢰(飛擊震天雷)를 이용하여 박진(朴晉)이 경주(慶州)를 탈환함으로써 석전의 시대는 사실상 끝난 것이나 다름이 없었다. 이런 점에서 본다면 행주

---

18 『星湖僿說』 萬物門 "城隍廟"條 : "壯節公申崇謙死 爲谷城縣城隍神"
19 『太宗實錄』 12년(1412) 11월 乙巳條 : "星山君李稷曰 城隍雖在高山 旣稱祭城隍則所謂祭山川似不同 令收司參考古典施行"
20 『五洲衍文長箋散稿』(36) "石戰木棒辨證說"條; 『芝峰類說』 技藝部 "雜技"條 : "至壬辰則賊用鳥銃 故不得力云"

산성의 전투는 한국전쟁사에서 마지막 석전이었고, 행주산성은 진정한 의미로서의 마지막 서낭이었다.

3. 서낭의 존재 형태

1) 어원

서낭의 존재 형태를 구명하면서 먼저 생각해야 할 것은 이것이 어느 시대부터 우리의 역사에 기록되어 있느냐 하는 문제이다. 문헌상으로 보면 "서낭"[城隍]이라고 하는 어휘가 최초로 나타난 것은 고려 문종(文宗) 때이다.[21]

그 뒤에는 이익(李瀷)의 『성호사설』(星湖僿說)[22]이나 이규경(李圭景)의 『오주연문장전산고』(五洲衍文長箋散稿)[23]에도 중요하게 취급하고 있다. 그러나 서낭의 문헌적 상한선이 고려 문종 때라고 해서 서낭의 역사가 그때를 시원으로 하는 것으로 볼 수는 없다. 바꿔 말해서 서낭에 관한 우리의 민속은 그보다 훨씬 오래전에 존재했었다

본디 중국적 개념으로서의 성황이란 마을의 성벽(城)과 그 성벽을 둘러싸고 있는 "물길"[隍 : 垓字, moat]로서, 전적으로 부락 수호의 의미가 있었던 것인데,[24] 우리의 돌무더기[磧石]도 부락 방어의 의미가 있었던 관계로 그 의미상의 유사성으로 말미암아 "城隍"이 "서낭"으로 변음되어 적석을

---

21 『高麗史』志 禮 雜祠 文宗 9년(1055) 3월 壬申條 : "宣德鎭新城 置城隍神祠 賜號 崇威 春秋致祭"
22 『星湖僿說』萬物門 "城隍廟"條.
23 『五洲衍文長箋散稿』(43) "華東淫祠辨證說"條.
24 『星湖僿說』萬物門 "城隍廟"條 : "城隍字本出易泰上六爻辭 謂城池 傳所謂掘隍 土積 累以成城者是也"

의미하는 것으로 사용되었다. 그렇다고 해서 서낭이 중국의 성황에서 취음한 것을 이유로 하여 그 궁극적인 의도조차도 중국에서 전래한 것으로 보는 것은 조선왕조의 모화적 발상에 지나지 않는다.[25]

서낭의 어원에 관한 다른 학설로서는 김태곤(金泰坤)의 주장이 있는데, 그는 서낭이 "산왕"(山王)에서 유래한 것으로 보고 있다.[26] 그러나 서낭이 제천(祭天)이나 제신(祭神)의 의식이 아니라 전쟁사관의 개념에서 보려는 가설에 오류가 없다면 "서낭"이 "산왕"에서 변질되었다고 보기는 어렵고, 이미 역사적으로 존재하던 "골맥이" 풍습이 "城隍"이라고 하는 중국적 풍습의 전래와 더불어 "서낭"으로 취음·변질된 것이다. 여기에서 "골맥이"라 함은 "마을의 방위"를 의미한다.

다소의 차이는 있지만 "골맥이"를 "고을[村]의 막이"[防村]로 보는 견해[27]와 "골[谷]의 막이"[防谷]로 보는 견해[28]가 있는데 이 글은 "防村"의 주장을 따르고자 한다. "防村"이나 "防谷"이 마을 수호라고 하는 근본적인 목표에는 다름이 없으나 그 어원은 엄격히 다른 것이고 또 외침(外侵)이 골[谷]을 따라 이루어지는 것이 아니라 강이나 평야를 따라 이루어지는 경우는 흔히 있기 때문이다.

이와 같은 사실은 "골맥이"가 계곡에만 있지 않고 노변이나 동구에도 흔히 존재한다는 사실로써도 입증된다. 요컨대 "서낭"이란 한국 고래의 부락 방위 체제인 "골맥이"가 중국의 "城隍"의 전래와 더불어 변음된 것이다.

---

25 김태곤, 「서낭당연구」, 『漢城 李相玉 博士 회갑기념논문집』(서울 : 교문사, 1970), p. 261.

26 김태곤, 「서낭당연구」, p. 265.

27 장주근, 『한국의 향토 신앙』(서울 : 을유문화사, 1979), p. 39.

28 김태곤, 「서낭당연구」, p. 262; 이종철·박호원, 『서낭당』(서울 : 대원사, 1994), p. 106.

2) 존재 양식

그렇다면 서낭은 어떠한 모습으로 존재했는가를 살펴볼 필요가 있는데, 이를 밝히려면 먼저 현존하는 서낭을 그 모습에 따라 다음과 같이 나눌 수가 있다.

(1) 돌무더기(磧石)만이 있는 형태
(2) 당나무[神樹]만 있는 형태
(3) 당집[殿閣]만 있는 형태
(4) 돌무더기와 당나무가 함께 있는 형태
(5) 돌무더기에 장승이나 솟대와 같은 부가물이 함께 있는 형태[29]

이상의 5가지 형태 가운데 일반적으로 서낭이란 돌무더기[磧石]가 있는 것을 말한다. 그리고 거기에 나무[神樹 : 당나무]나 당집 또는 장승이나 솟대가 있는 것은 서낭의 원래의 모습이 아니라 그것이 소도화 또는 무속화되어 가는 과정에서 부가된 것이다.

성석(聖石)·성수(聖水)·성목(聖木)이 민간 신앙의 삼대 요소라는 점[30]에

---

29 김태곤, 「서낭당연구」, *passim*; 趙芝薰 「서낭竿攷」, 『신라가야문화』(1)(대구 : 청구대학가야문화연구소, 1966), p. 53 참조.

30 김열규, 『한국 민속과 문학연구』(서울 : 일조각, 1971), p. 208; 김열규, 「通過儀禮와 部落祭」, p. 240. 서낭의 구조물 가운데 가장 미묘한 문제는 그곳에 서 있는 나무를 어떻게 해석할 것인가 하는 점이다. 대부분의 학자는 거기에 어떤 신성(神聖)이 부여되어 있다고 주장하지만 나는 그것을 그다지 중요시하게 생각하지 않는다. 서낭의 나무는 그 자체가 서낭의 중심 개념에 포함되는 것은 아니고 그곳이 신성화됨에 따라 사람들로부터 해(害)를 입지 않고 자생(自生)한 잡목 이상의 의미가 있는 것은 아니기 때문이다. 지극히 드문 예이기는 하나 큰 나무를 중심으로 돌무더기가 생긴 곳도 있겠으나 그것은 본래의 전쟁사관의 입장에서 본 서낭이 아니라, 변질된 개념으로서의 서낭 곧 물신(物神 : animism)에 지나지 않는다. 서낭의 개념이 이미 몇 세기가 지났다는 점을 생각할 때 만약 나무를 중심으로 돌무더기가 생겼다면 그 서낭에 있는 나무의 수령(樹齡)이 천년이 넘었어야 함에도, 전국의 어느 서낭을 보아도 천년 수령의 나무를 중심으로 이루어진 것은 없다. 그들은 대부분이 잡목일 따름이다.

서 볼 때 서낭의 본래의 모습에 부가적인 숭배물이 첨가된다는 것은 조금도 이상할 것이 없다. 그러나 그 본래의 뜻을 음미해 보고자 하는 이 글에서는 위의 것들 가운데에서 주로 (1)의 형태를 연구의 대상으로 삼고자 한다.

3) 지형적 위치

서낭의 존재 형태를 논의하면서 빼어놓을 수 없는 것은 그것의 지리적 위치이다. 서낭의 지리적 위치는 두 가지 측면에서 생각해 볼 수 있는데, 첫째로는 지역적인 분포이며, 둘째로는 지형적인 존재 양식이다.

지리적인 분포를 본다면 서낭은 전국 각지에 골고루 산재하여 있다. 고려 시대에는 각처의 주·부·현(州府縣)에 서낭이 있어 ○부성황지신 (某府城隍之神)이니, 아니면 군현(郡縣)의 이름으로 부를 정도였고,[31] 조선왕조에 들어와서는 서낭의 명칭을 격상시켜 개성(開城)의 서낭은 진국 공(鎭國公), 이령(利寧)·안변(安邊)·완산(完山 : 전주)의 서낭은 계국백 (啓國伯), 지리산(智異山)·무등산(無等山)·금성(錦城 : 나주)·계룡산(鷄 龍山)·감악(紺岳 : 파주)·삼각산(三角山)·백악(白岳 : 한성) 그리고 그 밖의 산과 진주(晉州)에 있는 서낭을 호국백(護國伯)이라고 불렀다.[32]

이런 점에서 볼 때 명칭의 차이는 있으나 서낭은 전국적으로 분포되어 있음을 알 수 있는데,[33] 필자는 이러한 지역적 분포보다는 지형적 위치에

---

31 『高麗史』世家 恭愍王 19년(1370) 7월 壬寅條 : "各處州府縣城隍 稱某府城隍之 神 某州城隍之神 某縣城隍之神云"

32 『太祖實錄』2년(1393) 正月 乙卯條 : "吏曹請封 境內名山大川城隍海島之神 松嶽 城隍曰鎭國公 利寧安邊完山城隍曰啓國伯 智異·無等·錦城·鷄龍·紺岳·三 角·白岳諸山 晉州城隍曰護國伯 其餘皆曰護國之神"

33 참고로 『新增東國輿地勝覽』(1530)을 통하여 16세기의 조선왕조의 서낭 분포를 전 국적으로 살펴보면 다음과 같다. ◎ 城隍山(7곳) : 淸風(卷14)·永同(卷6)·梁山(卷 22)·比安(卷25)·禮安(卷25)·泗川(卷31)·襄陽(卷44) ◎ 城隍山烽火臺(4곳) : 昌 原(卷32)·安州(卷52)·順川(卷40)·永川(卷22) ◎ 城隍山城(4곳) : 梁山(卷22)·泗 川(卷31)·平山(卷41)·平康(卷47) ◎ 城隍祠[堂] : 廣州(卷6) 외 320곳이 있다.

더 역점을 두어 서낭의 성격을 구명하고자 했다. 이를 위해서 이 글이 직접 자료의 대상으로 삼아 답사한 현존(1981)의 서낭으로서는,

    (1) 충남 서산군 운산면 와우리 2구 65번지(속칭 호박골) 소재의 서낭
    (2) 강원도 명주군 사천면 사기막리 소재의 서낭
    (3) 경남 거제군 장승포읍(옥포만)일대 소재의 서낭(4곳)
    (4) 경기도 고양군 지도면 행주내리(행주산성)의 석전 유적
    (5) 서울특별시 강동구 마천동 돌무데기 마을 일대 소재의 서낭(2곳)
    (6) 경기도 광주군 서부면 감이리(남한산성 서문) 소재의 서낭
    (7) 서울특별시 광진구 광장동 163(워커힐·세라톤호텔 인근)의 서낭
    (8) 전북 완주군 구이면 원기리 997번지 소재의 사찰 서낭(2곳)
    (9) 전북 장성군 북하면 가인리 청류암 입구의 사찰 서낭
    (10) 제주도 남제주군 대정읍 사계리 소재의 서낭
    (11) 강원도 평창군 진부면 동산리 월정사 입구의 사찰 서낭
    (12) 충남 공주군 계룡면 국립 공원 계룡산 내 갑사의 사찰 서낭

이 있고, 문헌에 나타난 것으로는

    (13) 서울특별시 서대문구 서소문동 소재의 서낭(1910년대에 촬영)
    (14) 충북 괴산군 괴산면 사창리의 서낭(1960년대의 도로 공사로 없어짐)

등이 있다.[34]

---

34 남북 분단이라고 하는 상황적 제약으로 말미암아 북한의 서낭을 연구 대상으로 삼지 못했다. 이는 단순히 자료의 불충분이라고 하는 아쉬움뿐만 아니라 서낭의 유입에 관한 학설을 밝히는 데에 중요한 자료의 접촉을 불가능하게 하므로 유감스러운 일이었다. 서낭의 원류에 관한 한 학설로는 남방유입설이 있다.[변태섭, 「한국 고대사에 나타난 남방적 요소」, 『한국사의 성찰』(서울 : 삼영사, 1978), p. 41 참조.] 이 주장에 따르면, 서낭이 인도에서 유입된 것이라고 보고 있으나 서낭을 전쟁사관의 입장에서 보면 그런 주장을 인정할 수 없다. 서낭은 지역적 보편성을 갖는 것이지 어느 지역의 특수 문화는 아니다. 이를테면 내가 답사한 바에 따르면 미국 서부 인디언의 주거 지역에도 적석이 보이고, 몽골에는 수많은 적석 서낭이 있다.

이들 19곳과 서낭에 관한 문헌을 검토한 결과 서낭의 지형적 위치에 관하여 하나의 공통된 사실이 나타났다. 그것은 다름이 아니라 모든 서낭은 부락이나 사원으로 들어가는 입구에 있다는 사실이다. 바꿔 말해서 서낭은 어느 부락으로 들어갈 때 거치지 않을 수 없는, 이를테면 그 부락의 목(喉頭部)이라고 할 수 있는 요충에 있다는 점이다.

그뿐만 아니라 서낭에 쌓여 있는 돌은 거석(巨石)이 아니라 "던지기에 알맞은 정도"의 크기였다. 이와 같은 사실을 보면 서낭이 샤머니즘적인 숭배의 대상이라는 우리의 기존 관념과는 달리, 원시 부족 전쟁, 특히 투석전 시대의 잔영임을 알 수 있다. 이를 뒷받침하는 근거를 다시 정리해 본다면,

    (1) 그 위치가 부락 전투의 요로라는 점
    (2) 돌멩이의 크기가 투척하기에 알맞은 정도라는 점
    (3) 만약 서낭이 기존 학설과 같이 제신(祭神) · 제천(祭天) · 제산(祭山)
        의 대상물이었다면 제천 의식의 성격상 그것은 좀 아늑하고, 깊숙
        하고, 높은 곳에 있어야 함에도 서낭은 인적이 번잡한 요로에 있다는 점

등이다. 위의 세 논지를 뒷받침하고자 이 글은 위의 19개 곳 가운데에서 10곳을 선정하여 이를 지정학적으로 실증코자 한다.

4. 가설에 대한 실증

1) 충남 서산군 운산면 와우리 서낭의 경우

와우리 서낭이 있는 정확한 위치는 충남 서산군 운산면 와우리 2구 65번지와 예산군 봉산면 금치리의 경계 소로인 속칭 호박골이다.(〈지도 2〉 참조) 아래의 지도에서 볼 수 있는 바와 같이 호박골 서낭은 서산군 운산면의

원평리·와우리와 예산군 봉산면 사이의 인적·물적 교류의 요로에 있다.

인접 마을이나 국가는 화목하지 않았다는 고전적 이론에 따르면, 봉산면과 운산면 사이의 교류가 빈번했으면 했을수록, 그들의 갈등과 분쟁도 빈번했으리라고 생각된다. 이럴 때 분쟁 지역은 자연히 이들의 경계 지역인 호박골일 수밖에 없었는데 운산면 측에서는 공격보다도 오히려 수비에 역점을 둔 돌무더기를 이곳에 마련함으로써 봉산면 측의 공격에 대비했던 것으로 보인다.

〈지도 2〉 충남 서산군 운산면 와우리 서낭의 위치

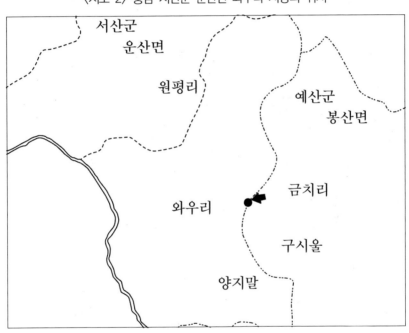

2) 강원도 명주군 사천면 사기막리

역사적으로 볼 때 이 고을이 이루어진 데에는 두 가지의 요인이 있었다. 첫째로 사기막리 서편에 있는 용연사(龍淵寺)는 신라의 고찰로서 참배객이 많았는데 이들이 산길로 접어들기 직전에 산 밑에 있는 이곳에서 숙박했다는 점이다.

둘째로는 이곳의 토질이 좋아 토기를 굽기에 편리했다는 점이다. "사기막리"라는 지명도 여기에서 유래된 것이다. 이 두 가지 사실로 미루어 볼 때 사기막리는 원시적 형태로서의 사찰 취락이요, 숙박지인 동시에 토기 제조지로서 그 생활 수준이 유족했을 것이다.(〈지도 3〉 참조) 그런 관계로 사기막리는 약탈의 가능성이 항상 존재했고, 이러한 부락의 불행에 대비하여 석전을 위한 돌무더기가 필요했으리라고 여겨진다.

〈지도 3〉 강원도 명주군 사천면 사기막리 서낭의 위치

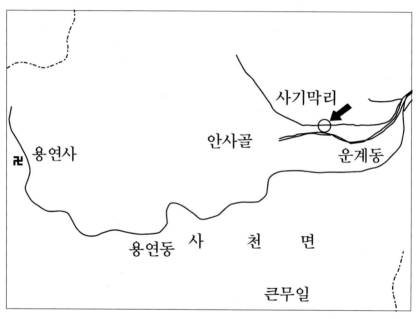

3) 경남 거제군 장승포읍 옥포만 일대 서낭의 경우

이곳에 서낭이 있는 장소는 장승포(長承浦)의 두모리(杜母里)·옥포리

(玉浦里)·아주리(鵝州里)·아양리(鵝陽里) 등 네 곳이다. 〈지도 4〉에서 보는 바와 같이 이곳의 서낭은 장승포읍을 중심으로 하여 국사봉(國師峰)과 옥녀봉(玉女峰) 그리고 두모리에 연쇄형을 이루고 있다는 점에서 중요한 의미가 있다. 이곳 옥포는 임진왜란이 일어나자 1592년 5월에 이순신(李舜臣)과 왜병 사이에 최초의 접전이 이루어졌던 곳이다.

〈지도 4〉 경남 거제군 장승포읍(옥포만) 일대의 서낭 위치

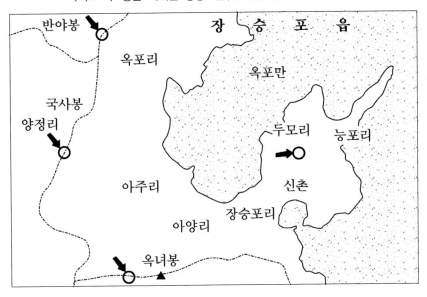

이런 점에서 본다면 이곳의 서낭은 왜구의 출몰에 대비했던 곳이다. 장승포는 좁게는 거제도의 후두부일 뿐만 아니라 남해안의 상륙 거점으로서의 성격을 갖는 곳이다. 이와 같은 사실은 일본군 참모본부가 작성한 왜구의 거제도(옥포만) 침략도(〈지도 5〉)에서 잘 입증되고 있다. 이순신의 왜병과의 첫 전투가 이곳에서 이루어졌고, 또 여기에서 대승한 것이 임진왜란의 전세에 큰 영향을 미쳤다.

〈지도 5〉 임진왜란 당시 왜선의 거제도 진입로

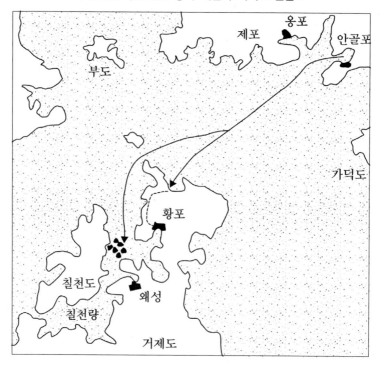

〈사진 1〉 거제도 옥포만의 서낭

4) 서울특별시 강동구 마천동 돌무데기마을 서낭의 경

속칭 "돌무데기마을"이라는 곳은 서울특별시 강동구 마천동 250~300번지 일대와 경기도 광주군 서부면 감이리(甘二里)의 속칭 "널무니" 및 학암리(鶴岩里) 일대를 의미한다. 이곳은 예로부터 돌이 많아 "돌무데기"라는 토속적인 부락 명칭이 붙었는데, 이곳의 전설에 따르면 남한산성을 쌓을 적에도 주로 이곳에서 돌을 공급하였다고 한다.[35] 옛날에는 이곳이 모두 경기도 광주군 서부면에 속에 있었으나 1960년대에 들어와서 이 "돌무데기마을"은 서울과 광주로 양분되었다.

〈지도 7〉에서 볼 수 있는 바와 같이 이곳에는 2곳에 서낭이 있는데 하나는 광주군 서부면 감이리 널무니 길섶에 있고 다른 하나는 서울시 강동구 마천동 257번지에 있는데, 뒤의 것은 마천동이 신설·개발되던 1966년에 건축용으로 돌을 모두 집어감으로써 지금은 존재하지 않고 그 터만 남아 있다. 이 "돌부데기마을"은 남한산성 서문으로 올라가는 길목을 이루고 있는데 이 길은 역사적으로 중요한 두 가지의 의미가 있다.

첫째로는 병자호란이 일어났을 때 인조(仁祖)가 바로 이 길을 통하여 피난·입성했고 전쟁에 패배하자 이 길로 내려와 삼전도(三田渡 : 송파)에서 항복했다는 점이며, 둘째로는 지금과 같이 서울-광주의 국도가 건설되기 이전에는 이 서문을 통한 도로가 서울을 왕래하는 최단 거리여서 사람과 문물의 왕래도 빈번한 편이었다는 점이다. 이런 점에서 본다면 "돌무데기마을" 일대의 서낭과 적석은 다음에 설명하고자 하는 남한산성 서문로를 위한 예비 진지의 성격을 갖는 것으로 보인다.

5) 경기도 광주군 서부면 감이리(남한산성) 서낭의 경우

감이리 서낭의 위치는 남한산성의 서문 밖 40m의 지점에 있다.(〈지도

---

35 廣州君 西部面 甘二里 널무니 吳福成(60세)의 증언(1980. 10. 17.)

6) 참조) 이 서낭은 둘레가 40m에 이르는 것으로서 내가 답사·조사한 것 중에서 그 규모가 가장 컸을 뿐만 아니라 그 보존 상태가 가장 양호했고 요새로서의 모습도 가장 확실했다.(〈사진 4〉 참조) 이 서낭도 여느 서낭과 마찬가지로 남한산성의 서문에 이르는 길섶에 있다.

역사를 더 거슬러 올라가면 백제 시조인 온조(溫祚)가 이곳에 하남위례성(河南慰禮城)을 세우고 도읍으로 정했다는 점은 이곳의 방위적 성격을 더욱 뚜렷이 해준다. 그뿐만 아니라 이 서낭은 앞서 설명한 "돌무데기마을"의 서낭과 일련의 관련성을 가지고 설명되어야 할 것이다. 그리고 지도상의 우상과 좌하에 있는 "창말"[창고가 있는 마을]과 상가창리(上可倉里), 곧 곡식 창고가 있던 마을이라는 점도 이곳의 지정학적 의미를 내포하고 있다.

〈지도 6〉 서울시 강동구 마천동 돌무데기마을 및
경기도 광주군 서부면 남한산성 일대의 서낭의 위치

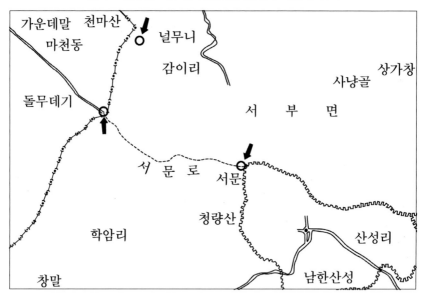

6) 서울특별시 광진구 광장동 서낭의 경우

이 서낭의 위치는 서울특별시 광진구 광장동 163번지 앞에 있다. 지리
적으로 보면 이 서낭당은 아이로니컬하게도 워커힐·세라톤호텔 후문로
에 이웃해 있고, 강남호텔과 오나시스호텔 중간에 자리 잡고 있다.(〈지도
7〉 참조) 산세로 본다면 이 서낭은 아차산성(峨嵯山城)의 남쪽 강기슭에
있다.

〈지도 7〉 서울시 광진구 광장동 워커힐호텔 서낭의 위치

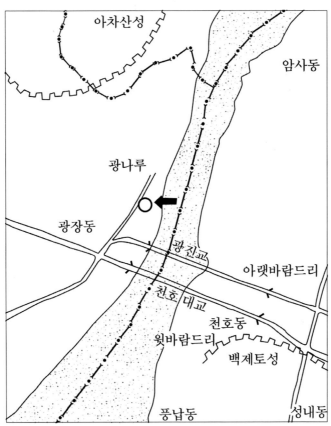

역사적으로 아차산성은 고구려 후기의 남방 한계선으로서 신라와 수많은 혈전을 치렀으며 서기 590년에는 부마장군(駙馬將軍) 온달(溫達)이 신라군의 공격을 받아 전사한 곳으로 유명하다. 강 맞은편 남쪽은 백제의 북경(北境)인 풍납리(風納里) 토성이 현존해 있고 맞은편 서안은 암사동(岩沙洞)으로서 선사유적지로 유명하다.

이상과 같은 사실로 미루어 볼 때 지금의 천호대교를 중심으로 하는 고구려의 격전장인 아차산성, 백제의 북방한계선인 풍납리 토성, 그리고 신라의 격전지인 암사동 일대는 삼국시대 판 "철의 삼각지"였으며 이곳을 차지하려는 싸움은 삼국이 멸망할 때까지 계속되었다.

오직 삼국시대뿐만 아니라, 한국의 온 역사에 걸쳐 이곳은 반도 쟁패의 요충이었고 이곳을 차지하는 국가가 반도를 통일했다. 광장동에 소재하고 있는 서낭은 바로 이러한 맥락에서 이해해야 한다. 바꾸어 말해서 이곳의 서낭은 삼국시대에 고구려가 남긴 석전의 유적이라고 볼 수가 있다.

7) 충북 괴산군 괴산면 사창리 서낭의 경우

괴산 서낭의 위치는 충북 괴산군 괴산면 사창리와 대사리를 잇는 도로변 산모롱이에 있다.(〈지도 8〉 참조) 역사적으로 괴산은 중부 지방의 오지로서 고구려가 강성할 때는 고구려에 복속되었고, 신라가 강성할 때는 신라에 복속되었다. 한때는 백제의 지배를 받았다는 점에서 특이한 지역이다. 삼국시대에 고구려와 백제와 신라의 통치를 겪은 유일한 지역이다. 지정학적으로 본다면 고구려와 신라가 서로에게 필요한 중원 전투의 보급지였다.

특히, 사창말(舍倉里)은 삼국시대에 군창이 있었던 곳으로서 그곳의 지명도 바로 여기에서 유래된 것이다. 지형적으로 본다면 대사리 쪽에서 사창을 약탈하려면 통과하지 않을 수 없는 요로에 이 서낭이 위치하고 있었다. 이 서낭은 1960년대의 도로 확장 공사로 없어졌다. 이런 점에서 본다면 사창리 서낭은 창고지기로서의 의미가 있다. 대부분의 서낭이 다 그렇듯이, 서낭은 공격용이 아니라 방어용이었는데 사창리 서낭의 경우에는 지명으로 보나 지형으로 볼 때 그와 같은 방어진 성격을 더욱 뚜렷이 읽을 수가 있다.

〈지도 8〉 충북 괴산군 괴산면 사창리 서낭의 위치

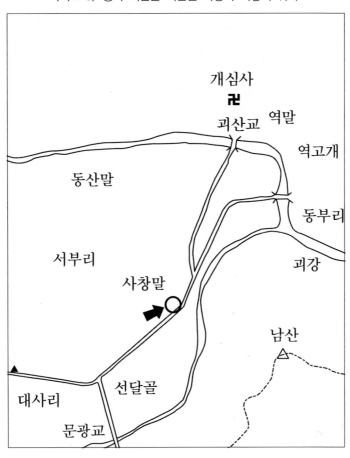

8) 제주도 남제주군 대정읍 사계리 서낭의 경우

이 사원이 위치한 곳은 남제주군 대정읍 사계리 산방산의 동동북방 3km으로서 해안 서낭의 대표적인 경우에 속한다. 이 서낭은 이제까지 조사된 지역 중에서 유일한 평지 서낭이다. 이 서낭이 특히 눈길을 끄는 이유는 이곳이 역사적으로 유명한 왜구의 출몰 지역이었다는 점과 1653년(효종 4년)에 화란인 하멜(H. Hamel)이 표착(漂着)한 지점의 인근이라는 점 때문이다. 여러 가지의 정황으로 볼 때 이 서낭은 내지인 사이의 갈등을 위한 서낭이 아니라 장승포 서낭의 경우와 마찬가지로 왜구에 대한 방어 진지로서의 성격이 짙다.

〈지도 9〉 제주도 남제주군 대정읍 사계리 서낭의 위치

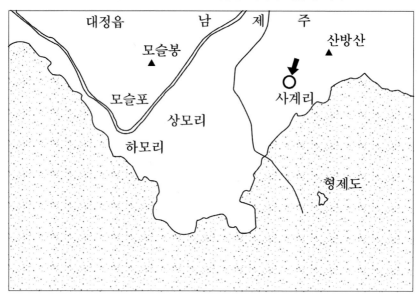

〈사진 1〉 제주도 남제주군 대정읍 사계리 서낭(뒤편이 산방산이다)

5. 서낭의 시대적 변형

위에서 살펴본 바와 같이 서낭은 본디 부락 방어용 돌무더기였음에도 불구하고 오늘날에는 샤머니즘으로 인식되어 문화적 폄하(貶下)의 대상이 되어 왔다. 그것이 비록 본래의 모습과는 많이 달라졌다고는 하지만 적어도 한국전쟁 이전의 세대들에게는 서낭에 대한 추억이 있다. 이제 잊혀가는 그 모습을 되살려보고자 서낭에 관한 옛 모습을 기록한 것을 골라보면 다음과 같은 것이 있다.

　서낭당이 있는 치전고개는 아이들이 지나다니기를 꺼리는 곳이다. 고갯마루에는 몇 해를 묵었는지 모질게 자란 돌배나무가 한 그루 괴상하게 꾸부러지고 옹두라진 혹이 울퉁불퉁 나와 있는 데다가 가지마다 빨강·노랑·파랑 헝겊이 매달려 있었다. 그 밑에는 크고 작은 돌멩이가 쌓여 있고 언저리를 지나가는 사람들은 누구나 돌 하나씩을 던지고 간다. 서낭당에는 가끔 무당이 와서 푸닥거리를 했다. 음식을 차려놓고 그 앞에서 손을 비비며 괴상한 넋두리를 하다가 춤을 추기도 한다. 조무래기들에겐 이게 또한 희한한 구경거리이기도 하였다. 그러나 나는 이 푸닥거리를 여간해서는 구경을 못 하였다. …… 나중에 안 일이지만 일찍이 나의 위의 형과 누나가 되었을 3남매를 잃은 어머니는 아기의 생명을 구하려고 남보다 몇 곱 서낭당에 가서 절도 하고 애원도 하고 푸닥거리도 했었다고 한다.[36]

서낭을 석전의 유적이라고 보는 본 본문의 논지와는 너무도 동떨어지긴 하지만, 우리는 이 글을 통하여 본래의 서낭의 모습이 어떻게 변형되었는가를 그림처럼 볼 수가 있다. 그러면 석전의 유적으로서의 서낭은 왜 그리고 어떻게 변형되었는가?

1) 서낭의 무속화[蘇塗化] 과정

서낭이 본디 부족 전쟁의 무기고였던 관계로 서낭의 보존이 얼마나 충실하냐에 따라 자신의 존망이 좌우된다는 사실을 원시 또는 중세인들은 잘 알고 있었다. 그뿐만 아니라 부락민들은 출전에 앞서 이 서낭 앞에 모여 전승 기원(戰勝祈願)의 의식을 치렀다. 이와 같은 전승 기원이나 전쟁 축제는 미주대륙 인디언들의 의식에서도 잘 나타나고 있다.[37] 이때로부터 서낭은 단순한 병기로서의 의미가 아니라 신성의 개념이 부여되기 시작했는데 이를 서낭의 무속화 또는 소도화 과정이라고 볼 수 있다.

서낭의 무속화 과정은 의식(儀式)의 전이 과정이었다. 자연과 생명에 대하여 아직까지 표현되지 않은 경험은 고대인에게 하나의 감동으로 나타난다. 무엇인가를 형상화한다는 것은 민족이나 어린아이나를 가릴 것 없

---

36 최태호, 「나의 이력서(2) : 서낭당고개」, 『한국일보』, 1980년 9월 19일자.

37 Arthur C. Parker, *The Indian How Book*(New York : Dover Publications Inc., 1954), pp. 298~301.

이 모든 창조적인 인간에게 주는 감동 때문에 고양된다.

인류는 운명의 계시에서 감동받는 것이며 생성과 소멸의 자연적 율동이 지니는 현실성은 그 자체의 의미가 감동적인 것이다. 그리하여 어쩔 수 없는, 거의 반사적인 행위를 자아낸다.[38] 서낭의 무속화 과정이라든가 전승 기원도 바로 이러한 측면에서 이해될 수 있는 것들이다.

예로부터 우리나라에는 솟대[蘇塗]라는 풍습이 있어 나무[立木]를 세우고 방울과 북[鈴鼓]으로 치장하여 신성한 곳으로 여기는 풍습이 있었다. 꼭대기에는 새 두 마리가 앉아 있는데 모두 동쪽을 바라보고 있다. 해돋는 곳에 대한 바람과 호기심을 담고 있는 것이다.

이곳은 성역이기 때문에 설령 죄지은 사람이 들어갈지라도 체포하지 못하였으니[39] 서구적 개념으로서의 피난처(asylum : 구약성서 「레위기」 10 : 18)에 해당하는 것이다. 고대 서낭이 신성화되고 거기에 군신(軍神)의 개념이 부여되는 역사적 상황에 더하여 이왕에 소도의 관습이 있었던 탓으로 개념과 인식의 전이 현상이 일어남으로써 서낭의 무속화 과정은 자연스럽게 이루어졌다.

시대적으로 본다면 서낭의 이와 같은 군신화(軍神化) 내지 소도화 과정이 본격화되기 시작한 것은 고려말이었던 것으로 보인다. 특히 고려의 대몽항쟁 기간에 서낭에 대한 신성화 과장은 더욱 강화된 것으로 보이는데, 다음과 같은 기록이 이를 뒷받침해 준다.

> [1235년] 9월 정사(丁巳)에 몽병(蒙兵)이 온수군(溫水郡 : 지금의 溫陽)을 포위하니 군리(郡吏)인 현려(玄呂) 등이 성문을 열고 출전하여 이를 대파하고 2급(級)을 참수하니 화살과 돌에 맞아 죽은 자가 2백여 명이며 노획한 무기 또한 매우 많았으므로 왕[高宗]은 그 군의 서낭신이 은밀하게 도

---

38 John Huizinga(지음), 『호모 루덴스』(*Homo Ludens*)(서울 : 中央日報社, 1974), p. 53.
39 『三國志』魏書 烏丸鮮卑東夷傳 韓條 : "信鬼神 國色各立一人 主祭天神 名之天君 又諸國各有別邑 名之爲蘇塗 立大木懸鈴鼓 事鬼神 諸亡逃至其中 皆不還之 好作賊 其立樂塗之義 有似浮屠"

운 공이 있다 하여 그곳 서낭에 신호(神號)를 가봉(加封)하고 현령으로 군
호장(郡戸長)을 삼았다.[40]

  이후로부터 고려 말에 이르기까지 전승이 있으면 항상 서낭당에 감사
의 제사를 지냈으며[41] 벼슬아치로서 서낭에 불경을 저지르면 파면을 당하
는 경우도 있었다.[42] 서낭에 신성의 개념이 부여되자 여기에는 두 가지의
부가 현상이 나타났는데, 첫째는 단장(〈사진 2〉 참조)과 의례요, 다른 하
나는 금기였다.

〈사진 2〉 강원도 명주군 사천면 사기막리 서낭(촬영 : 1980년 1월)

40 『高麗史』世家 高宗 23년 9월 丁巳條 : "九月丁巳 蒙兵圍溫水郡 郡吏玄呂等 開
   門出戰大敗之 斬首二級 中矢石死者二百餘人 所獲兵仗甚多 王以其郡城隍神 有
   密佑之 功加封神號 以呂爲郡戸長"
41 『高麗史』志門 禮 雜祀 恭民王 9년 3월 甲午條 : "祭諸道州郡城隍于諸神廟 以謝
   戰捷"
42 『高麗史』列傳(12) 咸有一傳 : "咸有一爲朔方道監倉使 …… 有一詣祠行國際 揖
   而不拜 有司布旨劾罷之"

위의 사진에서는 석전의 원형을 찾아볼 수 없을 만큼 인위적으로 치장되어 있다. 꼭대기의 입석은 해안 무속에서 흔히 나타나는 기자암(祈子巖)으로서 남근석(男根石)의 성격을 띠고 있다.

이 밖에도 단장을 살펴보면 먼저 서낭이 성령(聖靈)의 기숙처로 인식되었던 관계로 당집을 지어 신에게 평안을 제공했고[43] 오색 무늬의 색동천을 나무에 걸었다. 그다음으로 주민들은 이 서낭에서 동제를 지내고 개별적인 기도도 드렸는데 그 내용을 보면 대체로 기자(祈子)·기복(祈福)·치병·풍년·기원·풍어(風魚)·항해/여행 안전 등이었다. 이들이 드리는 치성의 양상은 대체로 다음과 같은 형태로 나타났다.

(1) 절 : 절은 대체로 삼배를 하며 이는 공경의 표시였다.
(2) 떡 : 신사(神祀)의 물신관(物神觀 : animism)에 따라 그에게도 사향(飼饗)이 필요하다고 생각했다.
(3) 침 뱉기 : 이는 귀신을 몰아내는[逐鬼] 의미가 있다. 범신론적인 한국인의 신관에 비추어 볼 때 우리에게는 주신의 개념이 없고 대체로 잡신관(雜神觀)이었다. 따라서 서낭의 앞을 지날 때는 누구를 막론하고 섬뜩한 느낌이 들게 되는데 이는 잡신에 대한 외경(畏敬)의 심리 때문이다.[44]
(4) 색동헝겊 : 이는 신을 즐겁게 해주기 위한 단장의 의미가 있다.
(5) 새끼줄 : 여기에 거는 새끼는 금기의 장소라는 뜻이 있다. 새끼는 반드시 왼쪽으로 꼰 새끼인데 이는 이곳이 비범한 곳임을 강조하기 위한 것이다.[45]
(6) 깨금 : 서낭의 앞을 지날 때는 왼발로 깨금[까치발]을 세 번 뛰는데 이는 행려 안전을 위한 기구(祈求)의 의미가 있다.
(7) 돌멩이 : 이는 석전의 유적으로서의 유일한 잔영이다.[46]

43 박계홍, 『한국민속연구』(서울 : 형설출판사, 1979), pp. 113~114.
44 김성배, 『한국의 민속』(서울 : 집문당, 1980), p. 79.
45 김태곤, 「한국 巫俗의 原形 연구」, 『한국민속학』(12)(서울 : 한국민속학회, 1980), p. 36.

(8) 돈(錢) : 이는 죽은 혼에 바치는 노자의 의미가 있다.

(9) 짚신 : 이는 행려(行旅) 안전과 죽은 이의 무사 천행(天行)을 비는 것이다.(〈사진 3〉 참조)

(10) 황토 : 황토는 황천과 통한다. 따라서 황토는 사신(死神)의 행천(行天)에 대한 길잡이의 의미가 있다.[47]

(11) 환자의 옷 : 서낭에 옷을 거는 풍습(〈사진 5〉 참조)은 그 옷 주인공의 치병을 비는 뜻이 있다. 사진에서 보는 바와 같이 환자의 완전한 옷을 거는 대신에 동정만을 거는 풍습이 더 많았다.

(12) 허수아비 : 짚으로 허수아비를 만들어 바치는데 이때의 허수아비는 쫓겨난 병마의 화신(化身)을 뜻한다.

〈사진 3〉 광주군 서부면 감이리(널무니) 서낭의 모습
(행려(行旅) 안전을 비는 짚신이 보인다)(촬영 : 1980년 10월)

46 돌을 던지는 풍습은 노독(路毒 : 足痛)을 일으키지 않도록 원하는 뜻이 있다는 학설[손진태, 「조선의 累石壇과 몽고의 鄂博에 就하여」, 『조선민족문화의 연구』(서울 : 을유문화사, 1948), p. 164.]이 있으나 이는 서낭의 본뜻을 오해한 것이다

47 이 황토는 서낭이 "비범한 공간임을 강조하기 위한 것"이라는 학설이 있다. 김태곤, 「한국 무속의 원형 연구」, p. 36 참조.

이밖에 서낭에 대한 금기는 주로 여성들에게 적용되는데 이를테면 임산부나 월경 중인 여자는 서낭의 앞을 지나서는 안 되며, 남자는 말(馬)에서 내려 지나가야 한다.

〈사진 4〉 경기도 광주군 널무니 서낭(촬영 :1980년 10월)

2) 석전의 민속화

문화의 외형은 사라져도 그 잔영은 그리 쉽게 없어지지 않는다. 이것은 서낭의 경우에서도 마찬가지였다. 무기의 발달과 전쟁 규모의 확대로 말미암아 서낭이 본래의 모습을 상실했지만, 그 잔영은 석전이라고 하는 민속으로 전승되었다. 문헌에 따르면 석전이 민속화되기 시작한 것은 서낭의 무속화 또는 소도화 과정보다 훨씬 앞선 일이었다. 왜냐하면 고대 부족들은 앞서(註 6) 지적한 바와 같이 실전에 대비한 유사 쟁투로서 평소에도 이를 즐겼기 때문이다.

〈사진 5〉 광주군 서부면 감이리(남한산성) 서낭의 모습
(중앙에 걸린 것이 병자의 옷이다)(촬영 : 1980년 9월)

그러던 것이 고려 시대에 들어오면서부터는 석전이 매우 보편화하여 고려의 우왕(禑王)은 석전을 몸소 관람하였으며,48 조선왕조에 들어와 태조 이성계(李成桂)도 청심정(淸心亭)에 나아가 석전을 몸소 관람하였다.49 석

---

48 『高麗史』列傳 辛禑 6년(1380) 5월조 : "國俗 於端午 無賴之徒 群聚通衢 分左右隊 手瓦礫相擊 或雜以短挺 以決勝負 謂之石戰";『高麗史』列傳 辛禑 13년(1387) 5월조 : "禑觀石戰戲於鳶巖 翼日亦如之"
49 『太祖實錄』2년(1393) 5월 丙午條 : "上登淸心亭 觀擲石戰"

전의 내용을 보면 대체로 부락 단위로 대항한다. 격렬할 때에는 사상자가 속출하지만 이에 대한 보상도 없고 또 피해자도 후회하지 않는다.[50]

석전으로서 규모가 가장 크고 격렬했던 것은 서소문의 석전이었다. 정월 보름이 되면 서소문 안에 있는 주민과 밖의 주민들이 서소문 밖 만리동 고개 위에서 석전을 벌였는데 성안이 이기면 성안에 풍년이 들고, 성밖이 이기면 성 밖에 풍년이 든다고 믿고 있었기 때문에 싸움도 더욱 격렬하였으며[51] 심지어는 부자 사이라 할지라도 편이 다르면 어쩔 수 없이 싸웠다고 한다.

그리고 이러한 석전을 목격한 무사들은 이런 운동에서 사력을 다하는 사람이야말로 훌륭한 무사가 될 자격이 있다고 생각했다.[52] 이러한 석전은 일본이 한국인의 투혼을 말살하려고 이를 금지하기 시작한 1900년대 초엽까지 공공연하게 거행되었는데 서소문 밖에서 벌어진 석전의 경우에는 34,000명이 참관하였고 그중에서 9,000명이 참전한 사례도 있다.[53]

〈사진 6〉은 아현동 일대의 모습으로서, 멀리 보이는 것이 서소문이다. 서소문은 1914년에 일본인들에 의하여 헐렸다는 사실을 참작할 때 이 사진은 1910년 전후에 촬영된 것으로 보인다. 그리고 이 사진의 촬영 지점이 아현동 일대라는 사실과 위에서 인용한 『경도잡지』(京都雜志)의 석전지가 바로 이곳이라는 점을 생각할 때 이 사진에서 볼 수 있는 서낭[礩石]은 바로 그곳에서 전개된 바 있는 석전과 밀접한 관련이 있다.

---

50 『芝峰類說』技藝部 "雜技"條; 京都雜志 歲時 上元條; 『五洲衍文長箋散稿』(36) "石戰木棒辨證說" 참조.

51 『京都雜志』歲時 上元條: "三門外阿峴人飛石 相鬪於萬里峴上 俗云 三門外勝則 畿內豊 阿峴勝則諸路豊 龍山麻浦惡少結黨救阿峴方 其酣鬪時 喊聲動地 破額折 臂 亦不悔也"

52 H. A. Allen, *Things Korean*(London : Fleming H. Revell Co., 1908), p. 129; 신복룡(역주), 『朝鮮見聞記』(서울 : 집문당, 2020), pp. 111~112.

53 H. B. Hulbert, *The Passing of Korea*(London : William Heinemann Co., 1906), p. 278; 신복룡(역주), 『대한제국멸망사』(서울 : 집문당, 2020), pp. 347~348.

〈사진 6〉 서울 서소문 밖 서낭의 모습(촬영 : 1910년대 초, 촬영 지점 : 아현동)

다만 지리적으로 볼 때 이 사진에서 보이는 서낭의 위치가 서울로 들어오는 목[要路]에 해당하는 곳이라는 것은 틀림없는 사실이며 따라서 이곳의 돌은 실전이든 민속이든 간에 석전용이었을 가능성을 배제하기 어렵다.

3) 지경(地境)의 표지

서낭이 그 본래의 의미인 전투의 개념을 상실함에 따라 그 정신이 석전으로 변용된 것과 마찬가지로 그 외형은 지경의 표지로 변형되었다. 본디우리나라에는 마을의 경계표지로서 동구에 어떤 성물(聖物)을 세우는 풍습이 예로부터 있었다. 이 성물은 크게 두 가지로 나눌 수 있는데 하나는 장승[54]이었고 다른 하는 누석단(累石壇)[55]이었다. 그러나 여기에서는 장승의

---

54 장승에 관해서는 孫晋泰, 「長栍考」, pp. 224~246 참조.
55 손진태, 「조선의 累石壇과 몽고의 鄂博에 就하여」, pp. 159~181 참조.

문제는 논외로 하고 주로 적석 지경 표지에 관하여만 살펴보고자 한다.

문헌상으로 보면 적석 표지는 4세기 무렵부터 나타나고 있는데 『삼국사기』의 다음과 같은 기록이 이를 입증해준다.

> 고구려의 국강왕(國岡王 : 故國原王) 사유(斯由)가 몸소 내침(來侵)하므로 근초고왕(近肖古王)이 태자[近仇首王]를 보내어 이를 막게 하였는데 고구려군이 도망했다. 태자가 이에 쫓아 진격하여 크게 적을 깨뜨리고 도망치는 것을 뒤따라 북으로 쫓아 수곡성(水谷城 : 新溪) 서북에까지 이르렀다. 장군 막고해(莫古解)가 간언하기를 "일찍이 도가(道家)의 말을 들으니 만족할 줄 알면 욕되지 않고 그칠 줄 알면 위태롭지 않다고 하였는데, 지금 얻은 바가 많으니 어찌 더 바랄 것이 있겠습니까?" 하였다. 태자가 이 말을 옳게 여겨 추격하기를 그만두고 돌을 쌓아 표지로 삼았다.[56]

위의 기록으로 미루어 볼 때 우리나라에는 일찍부터 적석 표지가 있었는데 서낭이 투석으로서의 의미를 상실한 이래로 지경의 표지로서의 적석의 의미 변화는 더욱 두드러졌다.

석전의 의미를 상실한 적석 표지가 가장 성행한 곳은 지리적으로 사찰의 입구였다. 사찰에 이와 같은 표지를 설정하는 데에는 다음과 같은 몇 가지 이유를 들 수 있을 것이다.

> (1) 그곳이 사원의 경내이거나 접경이므로 이곳에서는 살생을 삼가라는 의미가 포함되어 있다.[57] 대개의 사원이 심산유곡에 있었고 또 이런 곳일수록 훌륭한 사냥터였다는 점을 생각할 때 적석은 살생 금기의 좋은 경계표가 되었다.

---

56 『三國史記』百濟本紀 近仇首王 元年(375)條 : "高句麗國岡王斯由親來侵 近肖古王遣太子拒之 太子從之 進擊大敗之 近奔逐北至於水谷城之西北 將軍莫古解諫曰 嘗聞道家之言 知足不辱 知止不殆 今所得多矣 何必求多 太子善之止焉 乃績石爲表"

57 장주근, 『한국의 향토신앙』, p. 60.

(2) 사전이나 사찰림(寺刹林)의 표지로서 땔감을 채취하거나 약초나 나락을 걷어 가는 일이 없도록 경계하고자 적석 표지를 세우는 경우가 있었다.[58]

(3) 산채나 약초 또는 땔감을 채취하러 산으로 들어가면서 뱀이나 들짐승의 공격으로부터 자신을 보호하고자 돌멩이를 들고 가다가 어느 목적지에 이르렀을 때 그것을 버림으로써 적석이 이루어졌을 수도 있다는 추정도 있다.[59]

〈지도 10〉 전북 완주군 구이면 원기리 서낭의 위치

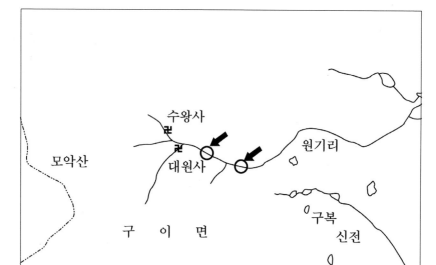

위와 같은 요건을 가장 훌륭하게 충족시키고 있는 적석 표지로서는 전북 완주군 구이면 원기리(元基里)에 소재하고 있는 서낭을 들 수 있다. 이

---

58 『한국의 향토신앙』, p. 60; 손진태, 「조선의 累石壇과 몽고의 鄂博에 就하여」, p. 178.

59 사학자 金龍國 씨(서울시 강남구 풍납동 87-12)의 증언(1980. 10. 13.)

곳에는 원기리로부터 모악산(母岳山 : 해발 800m)에 이르는 산간 소로에 2개의 서낭이 있는데 윗편의 것은 10여 년 전에 어느 무당이 세운 것으로서 무속적인 의미 이외에는 없고 다만 아랫것은 모악산 중턱에 있는 대원사와 관련이 있는 것으로 보인다.

대원사(大院寺)는 신라 문무왕(文武王) 10년(서기 670)에 세워진 고찰로서 산길이 매우 위험할 뿐만 아니라 뱀과 들짐승이 사나워 참배객들이 짝을 지어 오르거나 아니면 돌맹이나 몽둥이를 들고 다니는 풍습이 있었고, 또 이곳은 산채가 유명하여 아낙네들도 입산하는 일이 빈번하였는데 이들도 참배객들과 마찬가지여서 돌맹이를 들고 다니는 일이 빈번했다고 한다.[60]

이런 점에서 볼 때 이곳의 서낭은 대원사의 지경 표지이거나 아니면 입산객들의 신변 보호용이었을 수 있으며 이 논문의 본지(本旨)인 석전의 개념과는 다른 것으로 보인다. 이 밖에도 전남 장성군 북하면 가인리 청류암(淸流庵) 입구, 강원도 평창군 진부면 동산리 월정사(月精寺) 입구, 충남 공주군 계룡면 국립 공원 계룡산 내의 사찰 서낭이 있다.

5. 맺음말

"민족 종교가 예술을 낳는다."[61]는 말이 있다. 종교에 대한 애정과 정확한 이해가 없다면 오늘날 우리가 누리고 있는 문명은 뿌리 없는 허구요, 한낱 구경거리에 지나지 않는다. 그러나 자의든 타의든, 또는 그 원인이 어디에 있었든, 현대사에 들어오면서부터 우리는 전통 문화의 파괴 과정을 목격했다.

---

60 大院寺 주지 蓬雲 스님의 증언(1980. 9. 24.)
61 장주근, 『한국의 향토 신앙』, p. 44.

서낭의 경우에 국한시켜 말한다면, 문화적 유산으로서의 가치를 가졌음에도 불구하고 이제 이것은 한낱 옛 얘깃거리에 지나지 않으며 그 흔적을 찾기가 어렵다. 그렇다면 우리의 전통 문화로서의 서낭이 이토록 인멸되어 가는 근본적인 이유는 무엇일까? 이 점에 대해서 우리는 다음과 같은 네 가지의 이유를 들 수 있을 것이다.

첫째로는 유교 사상이 서낭을 음사(淫祠)로 매도했다는 사실이다. 성호(星湖) 이익(李瀷)과 같은 선각자도 "성황신에 제사하는 것은 부당하다"는 정자(程子)의 말을 빌려 서낭을 사악한 것으로 여겼으며,[62] 김안로(金安老)도 서낭을 경배하는 것은 "몹시 괴망한 처사"라고 비난했고,[63] 박세무(朴世茂)와 같은 이는 괴산 현감으로 부임했을 때 손수 서낭을 파괴했을 정도로 서낭에 대해서 나쁜 감정을 가지고 있었다.[64] 이러한 유학자들은 서낭이야말로 혹세무민(惑世誣民)의 근원이라고 생각했는데 이는 옳지 않은 처사였다.

둘째로는 기독교가 전통 문화를 파괴했다. 여기에서 가장 문제가 되는 것은 모세 10계명 가운데 우상 숭배 금지에 관한 계율과 서낭 숭배와의 모순이었다. "너를 위하여 새긴 우상을 만들지 말며, 또 위로 하늘에 있는 것이나 아래로 땅에 있는 것이나 땅 아래 물속에 있는 것의 아무 형상이든지 만들지 말며, 그들에게 절하지 말며, 그것을 섬기지 말라"[65]는 계율과 서낭 신앙은 분명히 모순되는 것이다.

그러나 서구 선교사들이나 한국의 초대 교회 목사들이 서낭이 가지는

---

62 『星湖僿說』萬物門 "城隍廟"條 : "程子曰 如今城隍神之數 皆不當祭 又曰 城隍不
典土地之神 社稷而已 何得更有土地耶"

63 『中宗實錄』11년(1516) 5월 癸丑條 : "御晝講 參贊官金安老啓曰 所謂淫祀如外方
城隍堂之類也 有時 城隍神下降云 則一道嗔咽奔波 安有如此 無理之事乎"

64 이능화, 『朝鮮巫俗考』(서울 : 계명구락부, 1927), p. 50 : "槐山城隍神人物考云, 朴
世茂 號逍遙堂 監察義孫曾孫 在槐山村舍 其俗溺淫祀 稱城隍神 擎以周行閭里
世茂取其旗 竿珠悉燒之 自足其弊遂絶"

65 『구약성서』 「출애굽기」 20 : 4~5.

무속으로서의 의미가 아닌 호국의 의미를 알았더라면 거기에 절하지는 않을지라도 그것을 전승할 만한 아량은 가질 수 있지 않았을까? 그것이 민족 문화요, 호국의 의미가 있는 것이라는 점을 그들이 몰랐다면 그것은 그들의 무지 때문에라도 비난받아야 한다.

셋째로는 일제의 탄압을 들 수가 있다. 서낭제가 부락제의 성격을 띠었을 때부터 그것은 공동체적인 성격을 갖는 것이요, 따라서 여기에 부락민의 심리적 유대와 단결력이 촉진되며,[66] 또 여기서 음식을 함께 나누는 음복(飮服)의 의식은 공동체로서의 맹세와 상조의 의미가 있었다.

일본 식민지주의자들은 한국의 부락제가 갖는 이와 같은 통합적 기능을 꺼린 나머지 차전놀이, 고싸움놀이, 장치기, 줄다리기, 횃불 싸움과 같은 투기형 민속은 말할 것도 없고, 지신밟기, 놋다리밟기, 강강술래와 같은 여속(女俗)에게까지도 "경찰범처벌규칙"(明治 40년[1907] 總理令 제40호), "시장규칙"(大政 3년[1914] 總理令 제136호), "폭력 행위 등 처벌에 관한 건"(大政 15년[1926] 법령 제60호) 등을 적용하여 이를 탄압했다.[67]

넷째로는 최근 몇 년 동안에 추진되어 온 조국근대화를 위한 운동의 일탈한 행동 지표가 우리의 전통 문화를 파괴했다. 진보란 마치 농촌이 도시로 바뀌고 주술·미신·종교가 휘황한 과학 문명으로 바뀌는 것을 의미하는 것처럼 되었다.[68] 고속도로와 장승은 공존할 수 있었고, 서낭과 고등종교는 모순되는 것이 아니었으며, 저녁연기 피어오르는 토담집의 박꽃이 후진성을 의미하는 것은 아니었다. 그러나 우리는 이 두 음양의 흑백 논리를 강요했고 이 두 대비 속에서 우리의 기층문화들이 아픈 패배를 맛보았다.

원시와 문명의 거리는 그리 멀지 않다. 문명 속에 원시가 잔존하고 있

---

66 김태곤, 「서낭당 연구」, pp. 281~282.
67 홍일식, 『한국전통문화시론』(서울 : 高大出版部, 1976), p. 128.
68 Amitai Etzioni, *The Spirit of Community*(New York : Touchstone Book, 1994), p. 117.

으며 원시 속에서 우리는 표피만 바뀐 문명을 누리고 있다. 쉐라톤 워커힐호텔의 서낭에서 보는 바와 같이, 한국의 현대 문명의 중심지인 서울 한복판에, 그리고 그 가운데에서도 21세기 최첨단의 문명을 구가한다는 쉐라톤 워커힐호텔 담장에는 아직도 세칭 원시 문명이라는 서낭이 엄존하고 있다. 문명은 홀로 존재하는 것은 아니다.

〈사진 7〉 서울시 광진구 워커힐 세라톤호텔서낭 근처
(촬영 : 1980년 9월)

문명은 원시에 그 뿌리를 두고 있으며 그 양자가 콘트라스트를 이룰 때 문명의 진정한 의미는 더욱 돋보일 것이다. 사라진 잉카 문명은 부활하지 않는다. 그렇다면 잃어버린 우리의 전통 문화의 명맥은 어찌 되려나? 그러나 아직 늦지는 않았다. 민속촌에서 발길을 떼지 못하고 선조의 얼과 넋을 찾으려는 어린 눈망울이 아직도 빛나고 있는 한, 우리와 우리 선대의 몽매로 말미암아 파괴된 우리의 문화 유산은 끊어지지 않을 것이며, 또한 끊어져도 안 될 것이다.

3장　동방 삼국을 바라보는
당태종(唐太宗)의 시선
―동북공정(東北工程)의 원류를 찾아서

> "산천과 토지는 나의 탐내는 바가 아니오,
> 옥백(玉帛)과 자녀도 나에게 있다.
> 내가 두 나라[고구려·백제]를 평정하면
> 평양 이남과 백제의 토지를 신라에 주어
> 영원히 평안케 하리라."[1]
>
> － 당태종(唐太宗)

1. 머리말

　인간의 삶의 굽이굽이에는 수많은 인연이 얽혀 있고, 그 마디마다 많은 은원(恩怨)이 서려 있다. 그것은 인간의 선악이나, 바라고 바라지 않는 문제와는 관계없이 맺어지는 것들이다. 그런데 그러한 인연 가운데에는 아름다운 것보다는 불쾌하거나 쓰린 것들이 더 오래 기억된다는 점에 역사의 괴로움이 있다. 그것은 어쩌면 인간의 삶에서의 천형(天刑)일 수도 있지만, 잊어야 할 아픔이 앙금처럼 오래 남아 있다는 것, 이른바 의학상의 켈로이드 증상(keloid)[2]은 괴로운 일이다.

* 이 글은 한국정치외교사학회(편), 『한반도 분쟁과 중국의 개입』(서울 : 선인, 2012), pp. 17~49에 발표한 것을 옮긴 것임.
1 『三國史記』新羅本紀 文武王 11년(671) 7월 26일 : "山川土地 我非所貪 玉帛子女 是我所有 我平定兩國 平壤已南 百濟土地 竝乞你新羅 永爲安逸"

이러한 아픈 인연들은 국가의 경우에도 꼭 같이 일어나고 있다. 여기에서 문제를 더욱 악화시키는 것은 이 지구상의 어떤 이웃 나라도 화목하지 않다는 사실이다. 인간은 개인의 삶에서도 아픔이 기쁨을 압도하듯이, 국제 관계에서도 상처가 기쁨보다 더 오래 남는다. 아마도 이는 신의 저주였는지도 모른다. 그래서 이웃 간의 관계는 늘 비분강개(悲憤慷慨)의 대상이 되었고, 이웃에 대한 투쟁의 주인공은 국가의 영웅으로 추앙을 받는다.

범위를 좁혀서 이 글의 무대가 되는 한중관계사를 돌아보면, 서로 상처를 준 일이 적지 않았던 것은 사실이지만, 미워할 수 없는 미담과 은혜도 많았다. 특히 한국의 입장에서 본다면, 우리는 전근대 사회에서의 한문자(漢文字)와 그를 통한 사상의 이입을 통하여 문화 형성의 기반을 닦았다. 이는 민족적 자존심이나 자주성이라는 이름으로 호도(糊塗)될 일이 아니며 정직하고도 용기 있게 시인할 수밖에 없는 일이다. 한국이라는 인종의 형성이 주로 북방계의 남하로 이뤄졌다는 사실에서부터 이러한 문명의 이입은 불가피한 것이었다.

그와 같은 문명의 이입 시기가 언제였는가에 대하여는 이견(異見)이 있을 수 있지만, 중국이 통일국가로서의 면모를 갖추면서 중화 문화가 형성된 당(唐)나라 초엽의 시기를 그 본격적인 출발점으로 볼 수 있다. 화하(華夏) 문명의 뿌리는 그보다 훨씬 거슬러 올라갈 수 있지만, 동방 제국에 대한 문화적 확대라는 점에서 그렇다는 뜻이다. 고전적 경전의 전래와 그를 통한 정치 체제의 모방, 불교나 도교와 같은 종교의 전래, 무역을 통한 문물의 교환과 문명의 진보 등이 대체로 이 시기에 시작되었다.

왕조의 인물사에 비추어 본다면 그 중심에는 당태종(唐太宗)이 있었다. 그에 대한 역사적 평가는 매우 복잡하고 어렵게 얽혀 있다. 어느 시점(視點)에서 보는가, 어느 나라의 처지에서 보는가, 또는 문화나 정치제도 가

---

2 켈로이드 증상(keloid) : 사람이나 동물이 외상을 입었을 때 특별히 혈우병이나 세균성질환과 관계없이 상처가 오래 아물지 않는 특이 체질을 의미함.

운데 어느 측면에서 보느냐에 따라 그 평가는 많이 달라질 수 있다.

특히 역사적으로 악연이라 할 수 있는 한국사와의 관계에서 본다면 당태종에 대한 평가는 부정적이며 경우에 따라서는 악의적인 측면이 더 많았다.[3] 더 말할 나위도 없이 그의 생애에 전개된 침략 전쟁과 그 사후에 그의 후손들에 의해 이뤄진 고구려 · 백제의 멸망은 한국사의 무거운 회한(悔恨)으로 기억되고 있다.

문제는 역사적 비극이 당대의 아픔으로 그쳤더라면 그에 대한 적의는 훨씬 많이 감소하였을 것이라는 점이다. 그런데 현실은 그렇지 않았다. 그 아픈 유산은 어혈(瘀血)처럼 한국사를 관통하고 있는데, 이를테면 고구려의 멸망과 국토의 상실, 그리고 그로 말미암은 민족의 왜소화 현상이 그러한 예에 속하는 것들이다. 이러한 아픈 유산은 한중관계에서의 우의(友誼)나 아름다운 인연들을 지워버리고도 남음이 있었다. 슬픔이 기쁨보다 더 오래 남는다는 것은 바로 이를 두고 하는 말일 수도 있다.

1,300년의 세월이 흘러 아픔이 많이 극복되는가 싶었던 당태종의 잔영이 다시 우리의 뇌리를 스치는 것은 현대사에서 전개되고 있는 중국의 동북공정(東北工程, Chinese Northeast Borderland History Research Project)이라고 하는 유령(spectre)이 이 땅을 강타하고 있기 때문이다.

그 유령은 어느 날 문득 나타난 것이 아니라, 긴 역사성을 띠며 우리를 엄습해 오고 있다. 그것은 현대사에서 새삼스럽게 제기된 것이 아니라, 중국의 유전자(DNA)에 깊이 내재하고 있는 영토 팽창의 욕심에 기초하고 있으며, 그 단초를 제공한 인물이 바로 당태종이었다.

지금 중국의 동북공정은 바로 당태종에로의 회귀를 의미한다. 역사에서의 1,300년은 그리 오래전의 일이 아니다. 그러므로 지금의 동북공정의 진실을 이해하려면 당태종에로의 시간 여행이 필요하다. 공자(孔子)의 가

---

3 예컨대 당태종이 안시성 전투에서 양만춘(楊萬春)의 화살에 맞아 왼쪽 눈을 잃었다는 기록[申采浩, 「朝鮮上古史」, 『丹齋申采浩全集』(上)(서울 : 형설출판사, 1987), p. 301]은 사실이 아니다.

르침처럼, 지나온 길을 들려줌으로써 다가오는 미래를 가르쳐 줄 수 있기 때문이다.[4]

2. 삼국 전쟁 이전의 국제 관계

멀리 보면 신라(新羅)·백제(百濟)·고구려(高句麗) 세 나라의 국가 형성은 서로가 깊은 연고를 맺고 있었다. 이를테면 백제는 고구려의 지자(支子)인 온조왕(溫祚王)에 의해 건국되었으므로 지배 계급이라는 점에서 동질성을 가지고 있었고, 신라의 주민은 남방계였지만[5] 지배 계급의 일부는 북방계의 혈통을 가지고 있었다.[6] 이런 점에서 보면 그들이 불화할 이유가 없었다. 그러다가 세월이 흘러 혈통의 동질성이 박약해지면서 삼국은 갈등을 야기하였고, 서로 바꾸어가며 공격하였다.

그와 같은 갈등에도 불구하고 당나라의 건국 초기인 고조(高祖) 이연(李淵)의 시대까지만 해도 당나라는 동방 삼국에 대한 지배권을 강력하게 주장하지는 않았다. 심지어 고조 이연은 무덕(武德) 5년(622)에 영류왕(榮

---

4 『論語』學而篇 : "子曰 告諸往 而知來者"

5 신라의 건국 설화에 하천문화의 유산인 물(泉)과 북방 문화인 말(馬)이 동시에 출현하는 것(『三國史記』新羅本紀 始祖赫居世居西干條;『三國遺事』(1) 紀異(1) 赫居世條 元年 참조)은 신라가 북방의 기마민족에 의한 남방의 농경민족을 정복하는 과정에서 성립된 국가임을 의미한다. 그렇지 않고서는 남방계 문화에 기마민족의 상징인 말이 등장하는 것을 설명할 수가 없다. "신라의 호공(瓠公)이 본시 왜인으로 처음에 박(瓠)을 허리에 차고 바다를 건너온 까닭에 호공이라고 일컬었다."는 기록(『三國史記』新羅本紀 始祖赫居世居西干 38년(서기전 20년) 2월)은 신라의 주민이 남방계였음을 보여주고 있다.

6 신라의 지배 계급이 북방계였다는 사실은 『三國史記』新羅本紀 始祖赫居世居西干 38년(서기전 20년)조에 "앞서 중국 사람이 진(秦)나라의 난리에 시달려 동쪽으로 오는 자가 많아 대개 마한(馬韓) 동쪽에 자리 잡은 진한(辰韓)과 섞여 살더니 이에 이르러 점점 강성하게 되었다."는 기록에 잘 나타나고 있다. 이에 관한 자세한 논의는, 이택선, 「신라 장기 지속성 정치적 제도와 요인들에 관한 연구」(1), 한국정치학회 춘계학술회의 발표 논문집(2006), p. 231 참조.

留王)에게 조서를 내려 말하기를,

> "수(隋) 씨의 말년에 병란이 이어 일어나 싸움터마다 각기 그 백성을 잃었으며, 끝내는 골육이 이별하고 집안이 흩어져 오랜 세월이 지나면서 원한이 깊어진 채 풀지 못하였소. 이제 두 나라가 서로 통화(通和)하여 간격이나 차이를 둘 이유가 없기에 이곳에 있는 고려인[7]들을 찾아 모으게 하여 찾는 대로 곧 자기 나라로 돌려보내도록 명령하였으니 고려왕은 고려에 있는 당나라 사람들을 석방하여 돌려보내되 아무쪼록 어루만지는[撫育]의 방법을 다하여 함께 용서하고 사랑하는[恕仁] 도리를 넓혀 가도록 하시오."

하였다. 이에 영류왕이 수양제(隋煬帝)의 전쟁 당시에 낙오한 당나라 사람들을 모아 예우를 갖춰 보냈는데 전후에 걸쳐 중국으로 돌아간 자가 1만 명에 이르자 고조가 크게 기뻐하였다.[8]

이와 같은 화해 분위기 속에서 문명 교류도 활발하여 고구려와 신라의 지배 계급은 자제들을 당나라에 보내 학문을 연마하게 하였으며,[9] 역서(曆書)를 나누어 주었다.[10] 이에 대한 답례로 고구려의 영류왕은 방물을 바치니 당이 두터이 답례하였다.[11] 이런 과정에서 고조 이연은 고구려를

---

7 당시 중국의 기록에는 高句麗가 高麗로 기록되어 있다. 高麗는 본시 "고리"로 음독(音讀)했다. 예컨대, 옛날을 의미하는 "고릿적," 고려의 함지박을 의미하는 "고리짝," 그리고 산 사람을 매장하던 "고리장"에 그 발음이 남아 있다. 경남 신청군 신등면 평지리에 있는 유학자 박치복(朴致馥)의 유허지인 麗澤堂은 "이택당"으로 읽는다. 「조용헌 살롱」: "황매산 백련재(百鍊齋) 터에서"(『조선일보』 2020. 7. 13.) 일본에서는 지금도 高句麗를 "고구리"(ごくり)라고 읽는다. 張三植(편), 『大漢韓辭典』(서울 : 삼영출판사, 1985), "麗(리)" 字 참조.

8 『舊唐書』(119上) 列傳(149) 東夷 高麗; 『新唐書』(220) 列傳(145) 東夷 高麗.

9 『貞觀政要』, 제27장 유학 숭상. 여기에서 인용한 판본은 원서로서 吳兢(撰), 『貞觀政要』(臺灣 : 中華書局, 1978)를, 번역본으로서는 吳兢(지음) · 김원중(옮김), 『貞觀政要』(서울 : 홍익출판사, 1998)를 이용했다.

10 『資治通鑑』(190) 唐紀(6) 高帝 武德 7년(624) 2월 丁未일(7일). 여기에서 인용한 판본은 원서로서는 司馬光(撰), 『資治通鑑』, 『四部備要 : 史部』(39)(臺灣 : 中華書局, 1989)를, 번역본은 司馬光(지음) · 권중달(옮김), 『資治通鑑』(서울 : 삼화, 2009)을 이용했다.

번방(藩邦)으로 보지 않았다. 이를테면 고조가 시신(侍臣)에게 이르기를,

> "명분과 실제의 사이에는 모름지기 이치가 서로 부응해야 한다. 고려가
> 수나라에 칭신(稱臣)하였으나 마침내 수양제에게 거역하였으니 그것이 무
> 슨 신하이겠는가? 내가 만물 가운데 공경받으나 교귀(驕貴)를 피우고 싶지
> 않으며, 다만 살고 있는 영토 안에서 모든 사람이 편안히 살 수 있도록 함
> 께 힘쓸 뿐이지 무엇 때문에 반드시 칭신하도록 하여 스스로 존대함을 자
> 처해야 하겠는가? 곧 나의 이 심정을 조칙으로 만들라."12

하였다. 이 문맥으로 볼 때 당고조는 동방 국가에 대한 지배 의지를 갖고
있지 않았다. 그러나 중신들은 고종의 그와 같은 동방 정책에 동의하지
않았고 오히려 시중 배구(裴矩)와 중서시랑 온언박(溫彦博)과 같은 인물
들은 적극적인 동방 정책을 강조함으로써 고조의 정책을 바꿔놓았다.

이러한 계제에 야심만만한 당태종이 왕위를 계승하고, 같은 무렵에 동
방 삼국 사이에 갈등이 심화하면서 당나라의 동방 정책도 바뀌기 시작했
다. 이 시기는 동방 삼국 안에서의 침략 전쟁이 빈번하던 때였다. 이럴
경우, 침략을 겪는 국가는 늘 인접한 외세의 힘을 빌려 방어하거나 보복을
도모하게 되는데 신라가 당나라에 의탁했던 것이 그러한 사례에 속한다.

역사적으로 약소국과 강대국 또는 약소국가 사이의 관계나 국내의 반
목 세력이 갈등 관계에 있을 경우에 무력적 내쟁으로 모순을 해결하려는
시도는 언제나 있기 마련이고, 강대국은 그러한 국가의 내쟁이나 갈등에
간섭하고 싶은 유혹은 언제나 존재해 왔다.13

---

11 『新唐書』(220) 列傳(145) 東夷 高麗; 『三國史記』 高句麗本紀 영류왕 24년조; 『資
   治通鑑』(189) 唐紀(5) 高帝 武德 4년(621) 7월 乙丑일(10일); 『貞觀政要』, 제33장
   공물과 조세.
12 『舊唐書』(119上) 列傳(149) 東夷 高麗; 『新唐書』(220) 列傳(145) 東夷 高麗
13 C. R. Mitchell, "Civil Strife and the Involvement of External Parties," *International
   Studies Quarterly*, 14/2(June, 1970), pp. 170ff.

7세기 당시 동방 삼국과 당나라와의 관계도 위의 사례에 해당한다. 지리적으로 볼 때 서로가 인접한 고구려와 당나라가 화목하지 못하고 오히려 국경에서 멀리 떨어져 있는 신라가 당나라와 친교하고, 그와는 달리 백제가 거리상으로 가까운 당나라와 화목하지 못하고 오히려 멀리 떨어져 있던 일본과 친교한 것은 국제 관계가 안고 있는 역설적 현상이었다.

신라에 호의적이었던 당나라는 신라의 편에 서서 고구려와 백제를 설득하려 했고, 그 두 나라는 국세가 허약할 때면 당나라의 설득을 받아들이기도 했는데, 이를테면 당태종이 국자조교(國子助敎) 주자사(朱子奢)를 삼국에 파견하여 화목을 도모했던 일이 그러한 사례에 속한다.[14]

그러다가 시간이 흘러 고구려의 국력이 강성해지며 당나라에 대한 저항의 기운이 나타나기 시작했다. 당태종이 정관 17년(643)에 고구려에 사신 상리현장(相里玄獎)을 보냈을 때의 사정을 보면 당나라에 대한 고구려의 자세가 어떠했는지를 잘 알 수 있다. 역사에는 당시의 정황이 이렇게 기록되어 있다

> 상리현장이 평양에 이르렀다. 막리지(莫離支 : 淵蓋蘇文)는 이미 군사를 거느리고 신라를 쳐 그 두 개의 성을 깨뜨렸는데, 사신이 부르니 고려왕이 마침내 신라로부터 회군하였다. 상리현장이 신라를 공격하지 말게 하려고 타일렀더니, 막리지가 말하였다.
>
> "옛날에 수나라 사람들이 쳐들어오자 신라가 그 틈을 타 우리 땅 500리를 침략하였는데, 그들이 우리에게 침략하였던 땅을 돌려주지 않으니 아마도 [우리의 공격되] 그칠 수는 없을 것이오."
>
> 상리현장이 말하였다.
>
> "이미 지나간 일인데 어찌하여 이제 다시 논란을 한다는 말이오? 요동(遼東)에 있는 여러 성의 경우에 본래 모두 중국의 군현(郡縣)들이지만 중국에서도 오히려 말하지 않는데 고려가 어찌하여 반드시 옛날 땅을 요구한단 말이오."

14 『資治通鑑』(192) 唐紀(8) 太宗 貞觀 원년(627) 12월.

그러나 막리지는 끝내 사신의 말을 쫓지 않았다.[15]

위의 기록으로 미루어 볼 때 중국과 동방 삼국이 갈등을 일으키기 시작한 원인은 수양제의 4년에 걸친 침략 전쟁(嬰陽王 22~25년, 서기 611~614년)이 남긴 상처 때문이었다. 신라는 이미 당이 건국하기에 앞서 원광법사(圓光法師)를 중국에 파견해서 수양제에게 걸사표(乞師表)를 올렸으며 양제는 이에 따라 고구려 정벌에 오름으로써 한국 역사상 최초의 대전화(大戰禍)를 불러일으켰다. 113만 명의 군대를 이끌고 침략한 이 전쟁은 양국의 국력을 피폐하게 만들어 국가 쇠퇴의 원인이 되었다.[16]

당나라와 백제와의 관계도 그리 원만하지 않았다. 당태종은 즉위하던 해에 백제왕에게 국서를 보내어 말하기를,

　　여러 번 듣건대, 신라가 군사를 보내어 쉬지 않고 땅을 정벌하여 무력만 믿고 잔인한 행위를 예사로 한다니 너무도 기대에 어긋나오. 내가 이미 왕의 조카 신복(信福)과 고려·신라의 사신에게 함께 통화(通和)할 것을 명령하였고, 함께 화목할 것을 허락하였으니 왕은 아무쪼록 그들과 지난날의 원한을 잊고 나의 본뜻을 알아 함께 인정(隣情)을 돈독히 하고 싸움을 멈추기 바라오.[17]

라고 한 적이 있었다. 그 뒤 정관 17년(643, 선덕여왕 12년)에도 신라가 당나라에 사신을 파견하여 "백제가 신라의 40여 개 성을 공격하여 빼앗고, 다시 고구려와 군사 연합을 하겠다."고 말하면서 "저들이 조현(朝見)하는

<hr>

15 『舊唐書』(119上) 列傳(149) 東夷 高麗;『新唐書』(220) 列傳(145) 東夷 高麗;『三國史記』新羅本紀 新羅本紀 宣德王 13년 정월;『三國史記』高句麗本紀 寶藏王 3년(644) 봄 정월;『資治通鑑』(197) 唐紀(13) 太宗 貞觀 18년(644) 1월 을미일(20일).

16 『三國史記』高句麗本紀 嬰陽王 22~25년(611~614); 新羅本紀 眞平王 30年(608) 條; 同 高句麗本紀 嬰陽王 23년(612); 同 列傳 乙支文德條 참조.

17 『舊唐書』(119上) 列傳(149) 東夷 百濟;『新唐書』(220) 列傳(145) 東夷 百濟.

길을 끊으려고 모의하였다."고 말하고, 군사로 구원해 달라고 빌었다. 이에 당태종은 사농승(司農丞) 상리현장에게 명령하여 새서(璽書)를 가지고 가 고구려에 내려주어 말하기를, "신라는 인질을 당나라에 보내고 조공하는 일을 줄이지 않았으니, 그대는 백제와 더불어 각기 군사를 거두되, 만약에 다시 이들을 공격한다면 명년에 군사를 발동하여 그대 나라를 칠 것이오."[18]라고 말하였다.

당나라와 신라와의 관계는 더욱 복잡하고 의미 있다. 양국의 초기 관계는 불화하지 않았다. 이를테면 당나라 천자가 선덕여왕(善德女王)에게 모란꽃 그림과 꽃씨를 선물한 예가 그것을 보여주고 있다.[19] 이와 같은 화해 분위기를 타고 선덕여왕은 왕실의 자제들을 당나라에 보내어 국학(國學)에 입학시켜 주기를 요청하였다.

이때 당태종은 이름난 유학자를 많이 불러 모아 학업을 가르치는 관원으로 삼고, 국자감(國子監)에 자주 들러 그들의 강론을 들었다. 그는 학사(學舍)를 1,200칸으로 늘려 지었으며 학생을 늘려 3,260명에 차게 하니, 사방에서 배우고자 하는 사람이 경사(京師)에 구름처럼 모여들었다. 이에 고구려와 백제 등의 나라에서도 역시 자제들을 보내어 입학시켰다.[20]

이와 같은 문명의 전수 과정은 결국 당나라와 신라의 관계를 봉신(封臣) 사대의 관계로 변질시켰다. 당에 대한 신라의 사대는 진덕왕(眞德王) 때에서부터 시작되었다. 이 당시 백제와 고구려로부터의 침략에 시달리던 신라는 당에 구원을 요청했고 이를 위해서 당제(唐帝)에게 글을 올려 스스로 변방국(邊邦國)임을 자처했다. 당시 신라가 당에 올린 헌시(獻詩)를 보면 다음과 같다.

18 『資治通鑑』(197) 唐紀(13) 太宗 貞觀 17년(643) 9월 庚辰일(4일).
19 『三國史記』新羅本紀 宣德王 즉위년(632).
20 『三國史記』新羅本紀 宣德王 9년(640) 여름 5월.

큰 당나라가 넓은 왕업을 이룩하니
천자의 덕이 드높이 창성(昌盛)하네
저 하늘이 비를 내려 만물을 적시며
그 다스림은 모두를 머금게 하누나.
그 깊은 어짊은 일월과 같고
긴 운수는 억만년 편하리라.
巨唐開洪業 巍巍皇猷昌
統天崇雨施 治物體含章
深仁諧日月 撫運萬時康[21]

오랑캐의 몸으로 천명을 거역하면
칼에 엎어져 천벌을 받으리라.
순후(淳厚)한 풍속이 곳곳에 퍼지니
멀고 가까운 곳에 상서로움이 비치네.
삼황오제(三皇五帝)의 덕이 하나로 이룩되어
우리 당나라 황제를 밝히리라.
外夷違命者 剪覆被天殃
淳風凝幽現 遐邇競呈祥
五三成一德 昭我唐家皇[22]

　이 글은 국서로서 매우 굴욕적이다. 신라가 이러한 글을 중국의 황실에
보내지 않을 수 없었던 근본적인 이유는 고구려의 남진을 저지하면서 저
들의 힘을 빌리고자 함에 있었다. 이와 같은 군사적 부채에 대한 보답으
로 신라는 당나라에 조공을 바쳤다.[23]

21 『新唐書』(220) 東夷列傳(145) 新羅條. 『三國史記』 新羅本紀 眞德王 4年條에는
　　이와 비슷한 다음의 시(詩)가 수록되어 있다. "大廣開洪業 巍巍皇猷昌 止戈戎衣
　　定 修文繼百王 統天崇雨施 治物體含章 深仁諧日月 撫運萬時康"
22 『三國史記』 新羅本紀 眞德王 4년(650) 여름 4월; 『三國遺事』(1) 紀異(1) 眞德王
　　條. 『新唐書』 東夷列傳 新羅條에도 이와 유사한 시가 실려 있다.
23 『舊唐書』(119上) 列傳(149) 東夷 新羅; 『新唐書』(220) 列傳(145) 東夷 新羅; 『三
　　國史記』 新羅本紀 眞平王 53년(631) 가을 7월.

3. 당태종의 통치술 : 정관지치(貞觀之治)

역사에 등장하는 한 인물을 평가할 때 부딪치는 어려움은 어떤 잣대를 쓰는가의 문제이다. 역사적 평가는 대체로 업적이거나 아니면 사상을 그 중요한 준거로 삼는다. 그러나 사상을 중요시하면 그 시대에 아무런 호소력이 없었음에도 불구하고 과장된 평가를 받을 수 있고, 업적을 중요시하면 사상의 동기에 대한 평가를 소홀히 한 채 영웅중심주의에 빠질 수 있다는 점에서 그 두 가지의 조화로운 적용이 필요하다.

당태종의 역사적 평가는 간단하지 않다. 당나라 문명의 수성(守成)의 군주로서 그 업적은 찬연하다. 자신의 회고처럼, "나는 18세에 병사들을 이끌고 전쟁을 수행하였고, 24세에 천하를 평정하였으며, 29세에는 천자의 자리에 올랐다. 정관(貞觀 : 627~649) 이래로 손에 책을 놓지 않고[手不釋卷] 독서를 하여 교육 감화의 근본적인 방법을 알았고, 나라를 다스리는 근본을 발견하였다."[24]

당 고조가 진양(晉陽)에서 군사를 일으킨 것은 모두 훗날 태종이 된 진왕(秦王) 이세민(李世民)의 꾀였다. 그러므로 고조가 이세민에게 말하기를, "만약에 일이 성사되면 천하는 모두 네가 이룩한 것이니 마땅히 너를 태자로 삼을 것"[25]이라고 약속했다.

의도적이었든 아니면 진심이었든, 당태종은 부하들을 지극히 아꼈고, 그로 말미암아 중망을 받았다. 그는 전투에도 능통하여 하루에 여덟 번을 싸워 모두 적을 격파하고 사로잡거나 목을 벤 것이 몇 만 명이었다. 밤이면 들판에서 묵었는데, 그는 먹지 않은 것이 이틀이었고, 갑옷을 벗지 않은 것이 사흘이었으며, 군대 안에는 양 한 마리만 있었지만, 장사(將士)들에게 주어 이것을 나누어 먹게 하였다.[26] 그는 "바람에 머리칼을 빗질하고

24 『貞觀政要』, 제10장 신중한 끝맺음.
25 『資治通鑑』(190) 唐紀(6) 高帝 武德 5년(622) 10월 乙丑일(17일).

빗물에 목욕하면서"(沐雨櫛風)²⁷ 부왕의 창업을 도왔다. 그가 뒷날 보위를 차지하고자 골육상쟁을 마다하지 않은 것을 보면, 그의 처세에는 작위적인 측면이 없지 않았다.

당고조는 제(制 : 황제의 명)를 내려 지차(之次)인 이세민에게 황제의 자리를 물려주었다.²⁸ 제위에 오른 당태종은 재위 24년 동안 정치, 경제, 문화 예술, 군사 등 여러 방면에 위대한 발전이 있었기 때문에 지금의 대국으로서의 국가 기틀을 마련했다. 그는 건국 초기의 내외의 국가적 어려움을 극복하고 중화 문명의 초석을 다진 영걸이었다.

당태종은 전쟁에는 앞장서는 장수였고, 조정에 돌아와서는 내치에 몰두했다. 자신의 정치적 입지(立地)에 관한 그의 인식은 흔히 알려진 바와 같이 수성의 군주로서의 역할에 대한 자부심이었다. 이에 관하여 역사서는 다음과 같이 그 전말을 기록하고 있다.

> 정관 10년(635), 태종은 주위에 있는 신하들에게 물었다.
> "제왕의 사업에서 창업(創業)을 하는 것과 그 일을 지키는 것(守成) 중에 어느 것이 어렵소?"
> 상서좌복야(尙書左僕射) 방현령(房玄齡 : 579~648)이 대답했다.
> "천하가 혼란스러워지면 영웅들은 다투어 일어나지만, 쳐부수면 투항하고, 싸워 이기면 제압합니다. 이런 관점에서 말하면, 시작[創業]이 매우 어렵습니다."
> 위징(魏徵 : 580~643)이 대답했다.
> "제왕이 병사를 일으키는 것은 반드시 세상이 혼란스러워진 뒤의 일입니다. 그러한 혼란을 제거하고 흉악한 폭도들을 진압하면 백성들은 제왕을 기꺼이 추대하고, 천하의 인심이 제왕에게로 돌아오게 됩니다. 창업은 하늘이 주고 백성들이 받드는 것이기 때문에 어려운 것이라고 할 수 없습니

26 『資治通鑑』(188) 唐紀(4) 高帝 武德 3년(620) 4월 甲寅일(21일).
27 『東文選』(31) 表箋 崔致遠 賀廻駕日不許進歌樂表 : "一慈二儉 守玄祖之格言 沐雨櫛風 稟太宗之丕訓"
28 『資治通鑑』(191) 唐紀(7) 高帝 武德 9년(626) 8월 癸亥일(8일).

다. 그러나 일단 천하를 얻은 뒤에는 마음이 교만하고 음란한 데로 달려가게 됩니다. 백성들은 편안한 휴식을 바라나 각종 부역은 끝이 없고, 백성들은 잠시도 쉴 틈이 없지만 사치스러운 일은 오히려 멈추지 않습니다. 나라가 쇠락하고 피폐해지는 것은 언제나 이로부터 발생합니다. 이러한 점에서 말하면, 이미 세운 업적을 지키는 일[守成]이 더욱 어렵습니다."

태종이 말했다.

"방현령은 지난날에 나를 따라 천하를 평정하면서 온갖 고생을 다 하며 구사일생으로 생명을 부지하였기 때문에 창업의 어려움을 아는 것이오, 위징은 나와 함께 천하를 안정시키며 교만하고 음란한 병폐가 발생하는 조짐을 걱정하며, 이것은 위태롭고 멸망하는 길로 가는 것이기 때문에 이룩한 업적을 지키기 어렵다고 생각한 것이오. 현재 창업의 어려움은 이미 과거가 되었고, 세워진 제왕의 사업을 유지하는 어려움은 마땅히 공들과 신중히 상의하여야 할 것이오."[29]

위의 기록이 저 유명한 "창업과 수성"을 논의한 현장의 기록이다. 문맥으로 볼 때 그는 그 논쟁에서 위징의 논리, 곧 수성의 논리에 동의하였다. 이는 부왕(父王)의 위업을 비하하려는 의도에서 나온 것도 아니었고, 인간적인 교만도 아닌, 그의 진심이었다. 그가 일찍이 시신(侍臣)들에게 말하기를, "인군(人君)의 걱정거리는 밖에서 오는 것이 아니라 항상 자신에게서 나오는 것"[30]이라고 한 것으로 보면 그는 군주로서 뛰어난 자제력을 가진 인물이었다. 그는 "나라를 다스리는 것과 질병을 치료하는 것에는 어떠한 차이도 없다."[31]고 생각했다.

당태종이 판단하기에 "현명한 사람이 나라를 다스려도 백 년이 지난 뒤에야 포학한 이들을 제압할 수 있고 살벌한 풍습을 없앨 수 있었다."[32] 그가 이와 같이 군주의 수성을 강조한 것은 진시황과 수양제가 통일천하의

29 『貞觀政要』, 제1장 군주의 도리.

30 『資治通鑑』(192) 唐紀(8) 高帝 武德 9년(626) 11월 丙午일(21일).

31 『貞觀政要』, 제2장 정치의 근본.

32 『貞觀政要』, 제2장 정치의 근본.

위업을 이루었음에도 불구하고 그 후계 왕들의 용렬함으로 말미암아 천하가 다시 난국으로 빠져들어 간 사실에서 얻은 역사적 교훈이었다. 그가 이런 생각을 하기까지에는 위징의 간언에 귀를 기울인 바가 컸다.[33] 그는 역사에서의 실정(失政)의 되풀이에 대한 두려움을 가지고 있었다.

당태종이 훌륭한 치적을 이룰 수 있었던 것은 그가 재상의 용인(用人)에 탁월했기 때문이었다. 그는 특히 재상의 간언(諫言)에 귀를 기울이는 것을 군주의 중요한 덕목이라고 생각했다. 그의 말에 따르면, "사람이 자기 얼굴을 보려면 반드시 맑은 거울이 있어야 하고, 군주가 자기의 허물을 알려고 하면 반드시 충직한 신하에 의지해야 한다."[34] 왜냐하면 "군주를 금(金)이라 하면 재상은 장인(匠人)이기 때문이다."[35]

그러므로 그는 늘 신하들에게 말하기를, "그대들이 바른말로 솔직하게 간언하면 나라의 정치에 도움이 될 수 있소. 나는 결코 그대들이 나의 뜻을 거스른다고 하여 마음대로 벌주거나 질책하는 일은 없을 것이오."[36]라고 했다.

당태종에게는 많은 명신(名臣)들이 있었지만, 그는 특히 위에서 인용한 창업과 수성의 주역인 방현령과 위징을 신임했다. 그는 이렇게 말하고 있다.

> "정관 이전에 나를 따라 천하를 평정하고 험난하고 위험한 곳을 달린 것은 방현령의 공적이 그 누구도 그와 견줄 수 없을 정도로 크오. 정관 이후 나에게 충심을 다하고 정직한 의견을 바쳐 나라를 안정시키고 백성들을 이롭게 하여 내가 오늘의 업적을 이루도록 하고 천하 사람들의 칭찬을 듣게 한 것은 유독 위징뿐이오. 고대의 유명한 신하들 가운데 그 누구도 위징을 뛰어넘는 인물이 없소."[37]

33 『貞觀政要』, 제1장 군주의 도리.
34 『貞觀政要』, 제4장 간언의 장려.
35 『貞觀政要』, 제3장 태종의 명신.
36 『貞觀政要』, 제2장 정치의 근본.
37 『貞觀政要』, 제3장 태종의 명신.

그러면서 태종은 직접 차고 있던 칼을 풀러 두 사람에게 주었다. 태종은 잠저(潛邸)에 있을 때도 부왕에게 아뢸 일이 있으면 방현령을 들여보내어 일에 관하여 고조에게 상주하게 하니, 고조가 감탄하며 말하기를, "방현령은 내 아이를 위하여 일을 진술하였는데 비록 천 리 밖에 떨어져 있다 하여도 모두가 얼굴을 맞대고 말하는 것 같소!"[38]라고 칭송하였다.

태종과 위징의 관계는 좀 더 미묘하다. 본시 위징은 당태종의 정적이었다. 그러나 당태종이 생각하기에 "그는 전심전력을 다 해 자기가 섬기는 사람을 섬겼을 뿐이니, 이 또한 칭찬할 만하다."라고 말하고 그를 박탈하여 중용하였다."[39] 역사에는 당시의 정황을 이렇게 기록하고 있다.

> 애초에, 선마(洗馬)[40] 위징은 항상 태자 이건성(李建成 : 당태종의 형)에게 일찍이 진왕(秦王 : 당태종)을 제거하라고 권고하였는데, 이건성이 실패하고 나서 이세민이 위징을 불러 말하였다.
> "너는 어찌하여 우리 형제들을 이간질하였느냐?"
> 무리는 이 때문에 위험스러워 두려워하였지만, 위징은 행동을 자연스럽게 하면서 대답하였다.
> "먼저 돌아가신 태자가 일찍이 제 말을 쫓았더라면 반드시 오늘과 같은 화란(禍亂)은 없었을 것입니다."
> 이세민은 평소에 그의 재주를 중하게 생각하였던 터라 얼굴을 고치고 그에게 예의를 차리고 끌어서 첨사주부(詹事主簿)로 삼았다.[41]

당태종이 위징을 신임한 만큼 위징도 당태종을 진심으로 보필했다. "신하가 처음 기용되었을 때는 모두 군주를 보좌하고 시국을 구제하여 직

---

38 『資治通鑑』(189) 唐紀(5) 高帝 武德 4년(621) 10월.
39 『貞觀政要』, 제3장 태종의 명신.
40 선마(洗馬) : 이는 본디 선마(先馬)로서 "고관의 말을 앞에서 인도한다"는 뜻이었는데 언제인가부터 "말을 씻는 벼슬"[洗馬]이라는 뜻으로 비하되었다.
41 『資治通鑑』(191) 唐紀(7) 高帝 武德 9년(626) 6월 戊辰일(12일).

(稷)과 설(契)[42]의 업적을 추종하려고 했으나 그가 부귀해졌을 때는 관직과 작위를 보존하려고만 하고 충성과 절개를 다 할 수 없었음"[43]을 위징은 잘 알고 있었다.

위징은 수성의 군주를 위해 자신이 할 수 있는 일이란 "뿌리 깊은 나무를 키우고, 샘이 깊은 물을 파는 것"(求木之長者 必固其根本)이라고 생각했고, 그의 그러한 충정을 잘 알고 있던 당태종은 "그의 상소를 읽을 때면 피곤도 잊고 항상 깊은 밤까지 이르렀으며, 그가 국정을 깊이 있게 관찰하고 개인의 이해를 넘어 대의를 중시하지 않았다면, 나라를 다스리는 훌륭한 계책을 바쳐 나의 부족한 점을 보충할 수 있었겠는가?"[44]라고 말했다.

당태종은 위징이 상소를 올리면 그것을 병풍에 붙여 놓고 아침저녁으로 공손한 마음으로 읽었고, 또 베껴서 사관에게 주어 천년 이후의 사람들이 군주와 신하 사이에 마땅히 준수해야 할 원칙을 알기를 바랐다."[45] 그토록 신임하던 위징이 병을 얻어 죽자 태종은 직접 영당(靈堂) 앞으로 가서 소리 내어 울었으며, 그를 사공(司公)으로 추증하고, 시호를 문정(文貞)이라고 했다. 태종은 백관 가운데 9품 이상은 모두 장례에 참석하게 하고,[46] 그를 위해 직접 비문을 만들어 돌에 새겼다. 특별히 그의 집에 식읍 9백 호를 내렸다.[47] 태종은 일찍이 가까이 모시는 신하들과 이런 말을 했다.

    "동(銅)으로 거울을 만들면 의관을 단정하게 할 수 있고, 고대 역사를 거

42 요(堯)의 신하로 농사를 관장했던 직(稷)과, 우(禹)를 도와 치수(治水)를 잘하였던 설(契)을 일컬음. 설은 은(殷)나라, 직은 주(周) 나라의 시조가 되었음.
43 『貞觀政要』, 제10장 신중한 끝맺음.
44 『貞觀政要』, 제1장 군주의 도리.
45 『貞觀政要』, 제10장 신중한 끝맺음.
46 『資治通鑑』(196) 唐紀(12) 太宗 貞觀 17년(643) 1월 무진일(17일).
47 『貞觀政要』, 제3장 태종의 명신.

울로 삼으면 천하의 흥망과 왕조 교체의 원인을 알 수 있으며, 사람을 거울로 삼으면 자기의 득실을 분명하게 할 수 있다. 나는 일찍이 이 세 종류의 거울을 갖추어 자신이 어떤 허물을 범하게 되는 것을 방지하였다. 지금 위징이 질병으로 세상을 떠났으니, 거울 하나를 잃은 것이다!"[48]

당태종과 위징의 군신 관계는 역사에 회자(膾炙)하는 미담으로 전승되고 있다. 이럴 경우에 당태종과 위징 가운데 누가 더 위대한 칭송을 받을 만 한가? 모름지기 당태종일 것이다. 위징이 훌륭한 명신이었음을 부인할 수는 없지만, 그가 현군을 만나지 못했다면 그는 주왕(紂王)의 폭정(暴政)을 간언하다 비참한 최후를 마친 비간(比干)의 운명을 면치 못했을 것이다. 그러므로 당태종이 더 위대했다. 그는 당대를 바라보며 사마광(司馬光)이 기록한 바와 같이, "군주가 밝으면 신하가 곧다."(君明臣直)[49]는 가르침을 연상시켜 준다.

4. 당태종의 동방 인식과 원정의 전개

당태종이 부왕을 도와 창업을 이루는 과정에서 수많은 전진(戰塵)을 겪었지만, 그가 처음부터 호전적인 인물은 아니었다. 그의 무공은 창업 시대의 운명적인 과업이었다. 그는 평소에 말하기를, "군대는 흉기이므로, 어쩔 수 없는 경우에만 사용해야 한다."[50]고 생각했다.

그러한 당태종이 피할 수 없는 전쟁을 겪고 수나라의 몰락을 바라보면서 얻은 결론은 부국강병이었다. 그는 수나라의 혼란과 몰락이 "안팎의 높고 낮은 관리들이 정사를 처리하면서 항상 미루기만 하고 절충하여 결

---

48 『貞觀政要』, 제3장 태종의 명신.
49 『資治通鑑』(192) 唐紀 高宗 武德 9년 末尾 「司馬光의 기록」.
50 『貞觀政要』, 제35장 정벌에 관하여.

정하지 못하였기 때문"[51]이라고 생각했다. 그러면서도 수나라와 관련하여 마음속으로 다짐해온 것은 좌절된 수양제의 고구려 정벌의 꿈을 자신이 이뤄야 한다는 사명감이었다.[52]

태종은 평소에 주위 신하들에게 말하기를, "이민족을 복종시켜 나라의 명성과 교화를 확대하고자"[53] 했다. 그는 이미 그 시대에 중화 질서에 대한 의식을 하고 있었고, "중원의 백성은 확실히 천하의 근본이고, 외부의 이민족들은 모두 지엽에 속한다.[54]고 생각했다. 이러한 주변 인식을 하고 있던 그에게 "고구려의 영토인 요동(遼東)은 본시 낙랑(樂浪)의 옛 땅으로서 중국 영토"라고 생각하고 있었다. 이러한 그의 동방 인식은 다음의 발언에 잘 나타나고 있다.

> [당나라] 황제가 정주(定州)에 이르러 시중하는 신하들에게 말하였다.
> "요동은 본래 중국의 땅인데 수나라가 네 번이나 출병하였으나 얻을 수 없었다. 짐이 지금 동쪽을 정벌하는 것은, 중국을 위해서는 자제들의 원수를 갚으려고 하는 것이고, 고구려를 위해서는 임금의 치욕을 씻어주려고 하는 것뿐이다. 또 사방이 대체로 평정되었는데 오직 이곳만 평정되지 않았기 때문에, 내가 아직 늙지 않았을 때 사대부들의 남은 힘으로써 이것을 빼앗으려 하는 것이다."[55]

중원을 통일한 태종으로서는 "지금 천하가 모두 평정되었으나 오직 요동(고구려)만 복종하지 않고 있다."[56]는 사실을 용인할 수가 없었다. 당태

---

51 『貞觀政要』, 제2장 정치의 근본.

52 『貞觀政要』, 제35장 정벌에 관하여.

53 『貞觀政要』, 제2장 정치의 근본.

54 『貞觀政要』, 제36장 변방의 안정.

55 『新唐書』(220) 列傳(145) 東夷 高麗;『舊唐書』(119上) 列傳(149) 東夷 高麗;『新唐書』(220) 列傳(145) 東夷 高麗;『資治通鑑』(197) 唐紀(13) 太宗 貞觀 19년(645) 3월 丁丑일(9일);『三國史記』高句麗本紀 寶藏王 3년(644) 10월; 寶藏王 4년(645) 3월.

종은 드디어 서기 645년(寶藏王 4년)에 동정(東征)을 준비하기 시작했다. 그가 고구려 정벌의 명분으로 내세운 것은 시역(弑逆)의 주인공인 연개소문을 징벌하는 것이었다. 그는 이렇게 고구려의 정벌을 설명하고 있다.

> 태종이 말하였다.
> "천개소문(泉蓋蘇文)[57]이 그 군주를 시해하고 그 나라의 정치를 오로지 하니 진실로 참을 수가 없는데, 오늘날의 병력을 가지고 그것을 빼앗는 것은 어렵지 않지만 다만 백성들을 수고롭게 하고 싶지는 않으니 나는 거란(契丹)과 말갈(靺鞨)을 시켜 그들을 시끄럽게 하고자 하는데, 어떠하오?"
> 장손무기(長孫無忌)가 말하였다.
> "천개소문은 스스로 죄가 크다는 것을 알고 큰 나라가 토벌할 것을 두려워하여 반드시 삼엄하게 지키는 방비를 만들었을 것인데, 폐하께서는 이를 두고 잠자코 참으셨다가 저들이 스스로 편안할 수 있게 하시면 반드시 다시 교만하여 게을러져서 더욱 그 악한 짓을 방자하게 하고 그런 다음에 그들을 토벌하여도 늦지 않습니다."
> 태종이 그 말을 받아들였다.[58]

태종이 장손무기의 말을 받아들였다고 해서 그가 고구려 정벌을 포기한 것은 아니었고 다만 미뤘을 뿐이다. 그는 막리지의 시군(弑君)을 용서할 수 없었기에 그가 보낸 공물도 받지 않았다.[59] 그러나 그 기다림은 오래가지 않았다. 정관 18년(644)에 당태종은 손수 조서를 내려 천하에 다음과 같이 유시(諭示)하였다.

---

56 『新唐書』(220) 列傳(145) 東夷 高麗.
57 막리지의 본래 이름은 잘 알려진 바와 같이 연개소문(淵蓋蘇文)이었으나 당고조 이연(李淵)의 이름을 피휘(避諱)하여 연(淵)과 뜻이 같은 뜻의 천(泉)으로 기명(記名)하였다.
58 『資治通鑑』(197) 唐紀(13) 太宗 貞觀 17년(643) 윤6월 丁巳일(10일);『貞觀政要』, 제35장 정벌에 관하여.
59 『貞觀政要』, 제33장 공물과 조세; 제33장 공물과 조세.

고려의 개소문이 주군을 시해하고 백성들에게 학대하니 마음으로 어찌 참을 수가 있겠는가? …… 지금 대략 반드시 승리할 수 있는 길에는 다섯 가지가 있으니,

첫째로는 큰 나라가 작은 나라를 공격하는 것이고,

두 번째로는 순종하는 것으로 거역하는 것을 토벌하는 것이며,

세 번째로는 잘 다스려진 것으로 혼란한 틈을 타는 것이며,

네 번째로 편안한 자세로 수고로운 것을 맞는 것이며,

다섯 번째로는 기쁜 마음을 가진 것으로 원망하는 것을 감당하는 것이니, 어찌 이기지 못할까를 걱정하겠는가?"[60]

전통적으로 이이제이(以夷制夷)의 방법에 따라 변경을 어우르던 당태종은 동방 정벌의 교두보로서 신라를 선정하게 되었다. 고구려의 침략으로 고통 받고 있던 신라의 입조와 고구려를 징벌해 달라는 요청이 당태종을 고무시켰을 것이다.

당태종이 고구려 정벌을 어떻게 구상하고 있었던가에 대해서는, 서기 643년(善德王 12년)에 고구려 징벌을 요청하러 온 사신을 접견하는 자리에서 피력한 그의 의견에 잘 나타나고 있다. 그는 신라를 고구려와 백제의 침략으로부터 구출하는 방법으로 다음과 같은 세 가지를 제시하고 있다.

첫째, 당의 변경에 있는 약간의 군사를 진발(進發)하여 거란과 말갈의 군사를 거느리고 고구려의 요동성을 침략하는 방법인데, 이렇게 하면 서쪽 국경이 위급한 고구려는 어쩔 수 없이 신라 침략을 중단하게 된다. 그러나 1년쯤 신라의 평화를 유지할 수 있겠지만 그 뒤에도 당나라 군사가 당과 고구려의 국경 지대에 잔류하지 않으면 고구려의 신라 침략이 재개될 것이오, 결과적으로 너희 나라의 소란만 가중될 것이다.

둘째, 당이 신라에게 몇 천 명의 군복과 군기를 빌려주어 신라 군사가 이것을 착용함으로써 고구려 군사들이 도망치도록 하는 방법이 있다.

60 『資治通鑑』(197) 唐紀(13) 太宗 貞觀 18년(644) 10월 경자일(30일).

셋째, 신라는 여자를 임금으로 삼아 이웃 나라의 업신여김을 받는 터이므로 나의 친척 한 사람을 보내어 신라의 왕으로 삼고 군사를 파견하여 그를 호위케 함으로써 신라의 안정을 기다려 신라가 스스로 지키도록 만드는 방법이 있다.[61]

당태종이 이와 같은 세 가지 방법에 대하여 사신은 아무런 대꾸를 하지 못했다. 고구려와 백제의 침략을 막아내는 데에만 급급한 신라의 김춘추(金春秋)는 아들 일곱 명 가운데 두 아들을 당에 인질로 남겨두면서[62] 일곱 번이나 청병(請兵)하자[63] 이에 당태종은 출병을 결심하기에 이르렀다.

당태종의 출병 계획은 중신들의 반대에 봉착했다. 위징은 즉위 당시부터 "무력을 그치고 문화를 일으켜 은혜를 널리 펼치시면, 중국은 태평스러워지고, 먼 곳에 있는 사람들이 저절로 복종할 것"을 권고하였다.[64] 그러나 출병의 무렵에 그는 이미 세상을 떠나고 없었다. 방현령은 "수양제가 세 번이나 요동을 정벌하였으나 성공하지 못하고 백성들이 빈곤하게 되고 나라가 파괴된 사실을 상기시키면서 깊이 생각할 것"을 간언했다.[65]

이어서 저수량(褚遂良)이 상소하여, "하루아침에 금성탕지(金城湯池)를 버리시고 요해(遼海)의 험난한 곳을 넘어 천하의 군주로서 가벼이 멀리 가시는 것이니, 모두 어리석은 신하인 저로서 아주 우려"하였으나 당태종

---

61 『三國史記』 新羅本紀 善德王 12년(643) 봄 정월;『新唐書』(220) 列傳(145) 東夷 高麗: "帝曰：我少發邊兵 摠契丹靺鞨直入遼東 爾國自解 可緩爾一年之圍 此後 知無繼兵 還肆侵侮 四國俱憂 於爾未安 此爲一策 我又能給爾數千朱袍丹幟 二國 兵至 建而陣之 彼見者以爲我兵 必皆奔走 此爲二策 百濟國恃海之嶮 不修機械 男女紛雜 互相燕聚 我以數十百船 載以甲卒 御枚泛海 直襲其地 爾國以婦人爲主 爲隣國輕侮 失主延寇 靡歲休寧 我遣一宗支 典爲爾國主 而自不可獨王 當遣兵營 護 待爾國 安任爾自守 此爲三策"

62 『三國史記』 新羅本紀 眞德王 2년(648) 겨울: "春秋奏曰：臣有七子 願使不離聖 明宿衛 乃命其子文注興大監○○(二字不明)"

63 『三國史記』 列傳(6) 崔致遠條: "武烈王七朝請爲嚮導"

64 『貞觀政要』, 제17장 성실과 신의.

65 『貞觀政要』, 제35장 정벌에 관하여.

은 듣지 않고, "개소문이 윗사람을 능욕하고 아랫사람을 학대하니, 백성들이 목을 늘여서 구해주기를 기다리니, 이것이 바로 고려가 망할 수 있는 시기"[66]라고 출병을 주장했다.

이어서 온언박(溫彦博)이 정벌에 반대하며 "예의로서 가르칠 것"[67]을 간언했고, 개부의동삼사(開府儀同三司) 울지경적(尉遲敬德)이 이렇게 아뢰었다.

> "고구려처럼 구석의 작은 나라는 황제께서 직접 정벌할 가치가 없습니다. 만일 승리해도 무공이라고 일컫기에 부족하고, 패배하면 오히려 세상 사람들의 웃음거리가 될 것입니다. 고구려를 정벌하는 일은 훌륭한 장수 한 명에게 맡기십시오. 그러면 자연스럽게 그들을 멸망시킬 수 있습니다."[68]

장손무기(長孫無忌)도 반대하였다.[69] 재상의 간언을 강조했고, 또 귀를 기울이던 태종이지만 그는 고구려 정벌에 관해서만은 중신의 간언을 외면하고 정복 전쟁을 추진했다.

그렇다면 고구려 정복에 대한 그의 진심은 무엇이었을까? 그의 의도는 서기 648년(진덕여왕 2년)에 김춘추가 신라의 사신으로 그의 황실에 입조(入朝)했을 때 말한 다음의 발언에서 잘 나타나고 있다. 그는 이렇게 말하고 있다.

> "짐(朕)이 지금 고구려를 치는 것은 다른 까닭이 있는 것이 아니요, 신라가 고구려와 백제의 양국에 끼어 늘 그 침략을 입게 되고 편안한 세월을 보지 못함을 불쌍하게 여기는 데 있는 것이라. 산천과 토지는 나의 탐내는

---

66 『資治通鑑』(197) 唐紀(13) 太宗 貞觀 18년(644) 2월 乙巳일(1일); 『貞觀政要』, p. 414 : 제35장 정벌에 관하여.
67 『資治通鑑』(193) 唐紀(9) 太宗 貞觀 4년(630) 4월 戊戌일(4일).
68 『貞觀政要』, 제35장 정벌에 관하여.
69 『三國史記』高句麗本紀 寶藏王 2년(643) 윤6월.

바가 아니오, 옥백(玉帛)과 자녀도 나에게 있는 바이오. 내가 양국을 평정하면 평양(平壤) 이남과 백제의 토지는 모두 신라에 주어 영원히 평안케 함이라."[70]

이상의 글에서 볼 수 있는 바와 같이 당태종은 마치 영토에 뜻이 없는 듯이 말하고 있지만, 그의 궁극적인 관심은 역시 고구려의 고토(故土)를 차지하겠다는 뜻이 행간에 배어 나오고 있다. 평양 이남과 백제의 영토만을 주겠다는 말의 뜻은 고구려의 영토를 자신이 차지하겠다는 의미를 포함하고 있다. 이 대목은 매우 중요하다.

당태종은 정벌의 사전 작업으로 세작(細作, 정탐병)을 선발했는데, 그가 곧 직방랑중(職方郎中) 진대덕(陳大德)이었다. 그는 641년(고구려 영류왕 24년)에 사신을 가장하고 고구려에 파견되었다. 그가 고구려의 경계로 들어가서 산천과 풍속을 알고자 하여 도착하는 성읍마다 그를 지키는 사람에게 능기(綾綺 : 비단)를 주면서 말하기를, "나는 본디 산수(山水)를 아주 좋아하니 이곳에 명승지가 있으면 내가 이를 보고 싶소."라고 하였다.

지키던 사람은 기뻐하며 그를 이끌고 돌아다녀 가지 않은 곳이 없었는데, 수나라 양제의 침략 당시에 잔류한 중국 병사들을 만나 고국의 안부를 전하면서 그들을 통하여 군사 정보를 수집하여 돌아갔다. 그를 통하여 고구려에 관한 정보를 얻은 당태종은 더욱 고무되어 정벌을 서둘렀다.[71]

고구려의 침공은 서기 644년(정관 18년, 고구려 보장왕 4년) 7월에 개시되었다. 당태종은 영주(營州)도독 장검(張儉) 등을 파견하여 유주(幽州)·영주 두 도독의 군사와 거란·해(奚)·말갈 족속을 인솔하고 요동을 공격하여 그 형세를 관찰하게 한 뒤[72] 친정(親征)에 올라 이듬해에 안시성(安

---

70 『三國史記』 新羅本紀 文武王 11년(671) 7월 26일조 : "朕今伐高麗 非有他故 憐你 新羅 攝乎兩國 每被侵略 靡有寧歲 山川土地 我非所貪 玉帛子女 是我所有 我平 定兩國 平壤已南 百濟土地 竝乞你新羅 永爲安逸"

71 『資治通鑑』(196) 唐紀(12) 太宗 貞觀 15년(641) 5월 丙子일(17일);『新唐書』(220) 列傳(145) 東夷 高麗;『三國史記』 高句麗本紀 榮留王 24년(641).

市城)을 공격하였다.[73]

당태종은 후원군이 도착하면 직접 성문의 망루로 올라가 그들을 위로하였다. 한 병졸이 병이 심하여 나아가 알현할 수 없자 태종은 그 병사 앞으로 가 직접 그의 고통을 묻고, 주현(州縣)의 의사에게 명령하여 치료하도록 했다. 이 때문에 장수와 병사들은 기쁜 마음으로 태종을 따라 출정하기를 원했다.[74] 선봉은 자신과 천하 통일을 이룩한 이(세)적(李世勣)이 맡았다.[75]

고구려의 저항도 만만치 않았다. 북부 욕살(褥薩) 고연수(高延壽)와 고혜진(高惠眞)이 고려와 말갈의 병사 15만 명을 인솔하고 안시성을 구원하였다.[76] 안시성 성주는 필사적으로 저항했다.[77] 고연수와 고혜진이 그들의 병사 3만6천800명을 거느리고 항복하였을 때만 해도 전세는 당나라에 유리했다.[78]

당군은 개모성(蓋牟城)을 함락하고 안시성을 공격하였으나 함락할 수 없었다.[79] 당군 10만 명으로써도 일개 안시성을 함락시키지 못하자 당태종은 분노했고 이세적은 "이 성을 함락시키는 날 남자를 모두 죽이겠노라."[80]고 당태종에게 요청했다.

---

72 『資治通鑑』(197) 唐紀(13) 太宗 貞觀 18년(644) 7월 辛卯일(20일).

73 『舊唐書』(119上) 列傳(149) 東夷 高麗;『資治通鑑』(198) 唐紀(14) 太宗 貞觀 19년(645) 6월 己亥일(3일).

74 『貞觀政要』, 제20장 백성 사랑.

75 『貞觀政要』, 제3장 태종의 명신. 훗날 태종은 이세적의 운명이 다가오자 그를 찾아가 임종하고, 자신의 용포로 시신을 덮어주었다.

76 『資治通鑑』(198) 唐紀(14) 太宗 貞觀 19년(645) 6월 己亥일(3일).

77 『三國史記』高句麗本紀 寶藏王 史論에는 "안시성 성주의 이름이 전하여지지 않고 있다."고 했으나, 송준길(宋浚吉)은 성주의 이름이 양만춘(楊萬春)이라는 기록을 남겼다. 『同春堂先生別集』(6) 『經筵日記』己酉(현종 10년, 1669) 4월 26일자 및 『東史綱目』 부록(上) 考異 「安市城 城主의 姓名」.

78 『資治通鑑』(198) 唐紀(14) 太宗 貞觀 19년(645) 6월 己未일(23일).

79 『新唐書』(220) 列傳(145) 東夷 高麗.

전투는 60일간 계속되었으며 전후 7차에 걸쳐 연인원 50만 명이 투입되었지만, 당태종은 끝내 이를 포기하지 않을 수 없었다. 요동성(遼東省) 양곡 10만 석이 그대로 남아 있는 상황에서 군대를 퇴각시키면서 그는 고구려인의 투혼에 감탄하여 포상을 위하여 가져온 비단 100필을 안시성 성주에게 선물로 주며 국가에 대한 충성을 격려해 주었고,[81] 연개소문에게는 궁복(弓服)을 선물로 주었으나 그는 이를 받고도 사례하지 않았다.[82]

당태종은 회군하면서 포구(蒲溝)에 이르러 말을 머물게 하고 길 메우는 일을 감독했다. 여러 군대가 발착수(渤錯水)를 건너자 몹시 바람이 불고 눈이 내려 사졸들이 습기에 젖어 죽은 자가 많으므로 칙명으로 길에 불을 지펴 기다리게 했다. 신성(新城)·건안성(建安城)·주필산(駐驆山)의 세 곳에서 벌어진 큰 전쟁에서 고구려 군사와 당나라의 군사와 말이 많이 죽었다.

당태종은 고구려 정벌에 성공하지 못한 것을 깊이 탄식하며, "위징이 살아 있었더라면 내가 이번 행동을 하지 않게 하였을 것"[83]이라고 후회하며 퇴각했다. 훗날 원(元)의 천자는 고려의 사신 오인영(吳仁永)을 만났을 때 "너희 나라는 당태종이 친정(親征)하여서도 이기지 못하였다." 하였다.[84]

---

80 『三國史記』 高句麗本紀 寶藏王(上) 4년(645) 3월 : "帝怒 世勣請克城之日 男子皆坑之";『舊唐書』(119上) 列傳(149) 東夷 高麗.

81 『三國史記』 高句麗本紀 寶藏王(上) 4년(645) 4월 : "勅班師… 城中皆屛跡不出 城主登城拜辭 帝嘉其固守 賜絹百匹 以勵事君";『新唐書』(220) 東夷列傳(145) 高句麗條 "唐兵過城下 城中屛偃旗 酋長登城兩拜 帝嘉其守 賜絹百匹 遼州粟尙十萬斛 士取不能盡";『資治通鑑』(198) 唐紀(14) 太宗 貞觀 19년(645) 8월 癸未일(18일).

82 『三國史記』 高句麗本紀 寶藏王(上) 4年(645)條 : "初帝將還 帝以弓服賜蓋蘇文受之不辭". 이 문맥에 따르면 연개소문이 직접 안시성 전투를 지휘했음을 알 수 있다.

83 『資治通鑑』(198) 唐紀(14) 太宗 貞觀 19년(645) 10월 丙申일(1일);『三國史記』 高句麗本紀 寶藏王 4년(645) 겨울 10월.

84 『新元史』(249) 列傳(146) 外國(1) 高麗 至元 27년 11월.

당태종의 원정이 실패한 사실은 훗날 중국의 지식인들에게도 깊이 각인되었다. 그 예로서 1488년(조선 성종 19년)에 경차관(敬差官)으로 제주도에 갔다가 귀경길에 풍랑을 만나 중국에 표착한 최부(崔溥)의 『표해록』(漂海錄)에는 다음과 같은 글이 실려 있다.

> 정오가 되자 안찰어사 왕(王)씨·송(宋)씨 두 어른이 고소역(姑蘇驛) 안으로 와서 신을 예빈관에서 대접했습니다. …… 그들은 계속하여 질문을 했습니다.
> "그대의 나라는 도대체 무슨 재주가 있기에 수(隋)나라와 당(唐)나라 병사들을 물리칠 수 있었소?"
> 신이 다음처럼 대답했습니다.
> "지략이 있는 신하와 용맹한 장수가 병사를 부림에 도로써 하고, 병사가 된 이들도 모두 친한 이를 가까이하며, 윗사람을 위해 목숨을 바쳤소. 그러므로 고구려가 하나의 자그마한 나라이지만, 오히려 족히 두 번씩이나 천하의 백만 병사들을 물리칠 수 있었던 것이오. 지금은 신라와 백제와 고구려가 합쳐져서 한 나라가 되었으니, 물산이 풍부하고 땅도 크며, 재력이 풍부하오. 병력도 강성하고 충성스러우며, 지혜로운 선비들도 수레에 싣거나 말(斗)로 헤아릴 수 없을 만큼 아주 많소."
> 대답이 끝나자 두 어른은 외랑(外郎)에게 명하여 쌀 한 쟁반, 두부 한 쟁반, 국수 한 쟁반을 대접해 주었습니다. 신은 시를 지어 고마움을 표했습니다.[85]

고구려 정벌에 실패하고 회군한 당태종은 분함을 멈출 수 없었다. 그는 천하 통일의 주역이었던 이정(李靖)에게 "내가 천하의 많은 군사를 거느리고서 작은 오랑캐에게 곤욕을 당한 것은 무슨 까닭이오?"라고 물었다. 이정이 말하기를 "이것은 도종(道宗)이 알 것입니다."고 하였다.

황제가 도종을 돌아보며 물으니, 도종은 주필산에 있을 때, 빈틈을 타서

---

85 崔溥(지음)·김지홍(옮김), 『漂海錄』(서울 : 지식을 만드는 지식, 2009), pp. 233~234 : 1488년 2월 17일자.

고구려를 엄습하자고 한 말을 소상히 아뢰었다. 황제가 원망하며 "당시의 일은 매우 바빴으므로 기억이 나지 않는다."고 말하였다.[86] 전쟁이 끝난 후 이듬해에 고구려는 두 미녀를 당나라에 바침으로써 화해를 도모했으나 당태종이 이를 받아들이지 않았다.[87]

동방 원정에 실패했음에도 불구하고 당태종은 그 꿈을 버리지 못했다. 647년에도 이세적의 군사가 요하를 건너 남소(南素) 등 여러 성을 공격했다.[88] 그는 고구려가 곤란하고 피폐한 틈을 타 649년에 30만 명의 무리를 출병하는 문제를 논의하였다.[89] 이때 방현령은 병상에 누워 있었는데, 위독한 상태였다. 그는 당태종에게 표(表)를 올려 이렇게 간언했다.

> "고구려는 역대로 토벌을 피하였는데, 그 누구도 토벌 공격을 하지 못했습니다. …… 만약에 고려가 신하로서의 절도를 어기고 잃었다고 하여 그를 주살하면 될 것입니다. 백성들을 침탈하여 시끄럽게 하였다면 이들을 없애도 좋고, 다른 날에 중국의 걱정거리가 될 수 있다면 이들을 제거하여도 좋습니다. 지금은 이 세 개의 조항으로 중국을 번거롭게 한 허물에 걸려 있지 않은데, 안으로는 전 시대의 치욕을 씻고, 밖으로는 신라를 위하여 원수를 갚는 것이니, 어찌 남아 있는 것을 적게 생각하고 손해되는 것을 크다 하겠습니까? 바라건대, 폐하께서 고구려가 스스로 새로워지도록 허락하시고, 파도를 헤쳐 갈 배를 불태워 버리시고, 모집에 호응한 무리를 해산하시면 자연스럽게 화하족(華夏族)과 이족(夷族)이 경축하고 의지하며 멀리서는 조용하고 가까이서는 편안하게 됩니다."[90]

---

86 『三國史記』 高句麗本紀 寶藏王 5년(646) 봄 2월; 『資治通鑑』(198) 唐紀 貞觀 20년(646) 3월조.

87 『舊唐書』(119上) 列傳(149) 東夷 高麗; 『三國史記』 高句麗本紀 보장왕 5년(646) 여름 5월; 『資治通鑑』(198) 唐紀(14) 太宗 貞觀 20년(646) 5월 갑인일(23일); 『資治通鑑』(198) 唐紀(14) 太宗 貞觀 20년(646) 9월 갑진일(15일).

88 『資治通鑑』(198) 唐紀(14) 太宗 貞觀 21년(647) 5월 경술일(25일).

89 『資治通鑑』(199) 唐紀(15) 太宗 貞觀 22년(648) 6월 계유일(24일).

90 『資治通鑑』(199) 唐紀(15) 太宗 貞觀 22년(648) 7월 경인일(11일); 『貞觀政要』, 제35장 정벌에 관하여.

이 표를 바치고 방현령은 곧 죽었다. 당태종은 그의 표를 보고 탄식하며 말하기를, "이 사람은 이처럼 위독한 상태에서까지도 나라를 위해 걱정하는구나." 하였다. 비록 그의 간언은 받아들여지지 않았지만, "그는 진정 충신이었다."고 역사는 기록했다.[91] 그의 글 가운데 화하(華夏)라는 말을 쓴 것이 눈여겨 보인다.

5. 맺음말

당태종은 살아서 고구려 정벌의 꿈을 이루지 못했지만, 그의 아들에 이르러 드디어 660년에 백제를 멸망시켰고, 다시 668년에 고구려를 멸망시킴으로써 조상의 유업을 이룩했다. 여기에서 다시 짚어 보아야 할 문제는 과연 당태종의 정복 전쟁의 진의는 무엇이었을까 하는 점이다. 그가 연개소문의 시역(弑逆)을 징치(懲治)하기 위함이라고 여러 차례 공언하였음에도 불구하고, 당나라의 국익에 치명적인 이해관계가 걸린 문제도 아닌 것을 위해 그가 3년 전쟁을 치렀다고 볼 수 없다.

당태종의 고구려 정벌의 진심은 영토 확장이었다. 이를 입증하는 데에는 고구려의 고연수가 항복했을 때 그를 홍려경(鴻臚卿)으로 삼고 고혜진을 사농경(司農卿)으로 삼았던 사실,[92] 개모성을 함락한 다음에는 이를 개주(蓋州)라고 이름을 고친 사실,[93] 그리고 백암성을 함락한 다음에는 이를 암주(巖州)라 고치고 성주 손대음(孫代音)을 자사로 삼았던 사실[94]을 주목하는 것이 유익하다. 단순히 징벌적 정벌이었다면 지명을 바꾸고, 정복지

---

91 『貞觀政要』, 제35장 정벌에 관하여.
92 『資治通鑑』(198) 唐紀(14) 太宗 貞觀 19년(645) 7월 무자일(22일).
93 『資治通鑑』(198) 唐紀(14) 太宗 貞觀 19년(645) 6월 기해일(3일).
94 『資治通鑑』(198) 唐紀(14) 太宗 貞觀 19년(645) 6월 정유일(1일).

의 수령에게 당나라의 관직을 부여해야 할 이유가 없다. 지명을 바꾸고, 관작을 내린 것은 영구 지배의 의지를 표현한 것으로 보아야 한다.

그렇다면 당태종의 정복 전쟁은 동방 삼국의 역사에 어떤 의미를 가져 왔는가? 먼저 지적해야 할 사항은 국제정치적 변화이다. 그 중에도 가장 치명적인 사항은 영토의 상실이다. 다만 고구려의 구강(舊彊)에 발해(渤海)가 건국되었다는 점을 주목한다면 삼국전쟁 이후의 영토적 변화는 "남북조 시대"의 형성이지 "통일"은 아니다.

그러나 유감스럽게도 한국사에서의 발해는 잊힌 역사였다. 개국의 왕 대조영(大祚榮)과 개국과 멸망의 연대(698~926)만이 기억될 뿐이다. 더구나 남북 분단 이후에는 공간적으로 이곳의 연구가 불가능했던 탓으로 연구의 부진을 면할 길이 없었다.[95]

이 글의 결론은 다음과 같다.

[1] 당태종의 동방 정벌은 연개소문이 영류왕을 시해한 사건을 응징하기 위한 것이라는 당태종의 구실과는 달리, 중국의 전통적인 영토 팽창의 하나로 전개된 정복 전쟁이었다. 그는 수양제가 이루지 못한 동방 정벌에 성공함으로써 수성의 군주로서의 입지를 굳게 하고 싶었다.

[2] 당태종의 후대에 이뤄진 고구려 · 백제의 멸망을 삼국통일로 해석하는 데에는 논리적 무리가 있다. 한국사에서의 삼국통일은 존재하지 않았다. 발해의 건국을 고려한다면 이 시대의 정복 전쟁은 남북조 시대의 시작이었을 뿐이다.

[3] 삼국전쟁을 통하여 한국사는 왜소화가 시작되었다는 점을 고려한다면 삼국전쟁은 통일국가의 형성이 아니라 고구려의 기상을 잃은 비극의 실마리였다.

[4] 현재 중국에 의해 전개되고 있는 동북공정의 맨 앞쪽에는 당태종이

---

95 이 문제에 대한 자세한 논의는 다음 장 「삼국전쟁 후의 사회 변동」에서 이어짐.

서 있다. 동북공정은 중화주의적 팽창 정책의 현대적 표현이다. 당태종이 고구려에 대한 침략의 논거를 제시하고자 요동에 대한 연고권을 주장했듯이, 중국은 북한 붕괴 이후의 북한 영토에 대한 연고권을 주장하기 위한 준비 단계로 동북공정의 논리를 전개하고 있다. 이 논리의 암시자는 당태종이다.

4장 삼국전쟁 후의 사회 변동

> 영토의 75%를 잃고서도
> 고구려를 멸망시켰다는 이유만으로
> 통일이라고 말할 수는 없다.
> ─ 본문 가운데에서

1. 머리말

분할되었던 한 민족의 역사를 기록하면서 그 분할 국가 가운데 어느 것을 역사의 정통으로 삼느냐 하는 문제는 민족사를 기록하는 과정에서 겪게 되는 논쟁들 가운데 하나이다. 이러한 논쟁은 그 정통을 선택하는 기준을 어디에 둘 것이냐 하는 문제에서부터 야기된다. 이제까지 적어도 동양의 유교 문화권에서는 다음과 같은 두 가지의 기준이 있었다.

첫째로는 명분론(名分論)이다. 이를테면 그 국가가 분할되기 이전 전사(前史) 시대의 정통(正統)을 누가 이어받았느냐 하는 문제이다. 이러한 입장의 밑바탕에는 춘추대의(春秋大義)라는 필법이 깔려 있다. 예를 들면 중국의 삼국시대의 위·오·촉(魏吳蜀) 가운데 어느 나라를 한(漢)의 정통으로 보느냐 하는 문제에서 촉(蜀)을 정통으로 보는 나관중(羅貫中)의 필법이 이에 속한다. 나관중의 주장에 따르면 유비(劉備)는 한나라 황실

---

* 이 글은 필자의 『한국정치사』(서울 : 박영사, 2003), pp. 113~138을 가필하여 전재한 것임.

의 혈통을 이어받았기 때문에 유비야말로 한의 정통이요, 따라서 『삼국지』(三國志)의 정통을 촉이라고 보고 있다.

이와 같이 유교적인 왕통중심사는 동양 사회에서 상당한 설득력을 가지고 있으므로 군웅이 할거하던 시대의 초기에는 혈통에 의한 정통성의 독점 현상이 빈번히 나타나고 있다. 역사적으로 살펴보면 청조(淸朝) 말엽 한(漢)의 후손을 자처했던 백련교(白蓮敎)의 유송(劉松)이 그 대표적인 사례이다.

한국사에서는 신라(新羅)의 왕통을 자처했던 궁예(弓裔)의 경우와 명나라가 멸망한 뒤에도 명나라의 연호인 숭정(崇禎) 연호를 쓴 조선조가 그렇고, 대한제국 → 상해임시정부의 대한민국 → 해방 이후의 대한민국으로 이어지는 도식(圖式)에 따라 오늘날 한반도에서 "유일하고도 합법적인 정부"로 인정받고 있는 남한의 현실과 주장이 이에 속한다.

두 번째로는 "최후의 통합자" 또는 "최후의 생존국"이 누구냐에 따라 그 분할 국가의 정통을 찾으려는 견해가 있다. 승즉군왕(勝則君王)을 중시하는 하천문화권의 패권주의(覇權主義)는 과정을 중요시하는 명분론과는 달리, 그 결과를 중요하게 여긴다. 오늘날 한국이 삼국시대사를 기술하면서 신라를 정통으로 보는 견해가 바로 이러한 사례에 속한다.

이와 같은 결과론은 주로 편년체 식의 필법에 그 모델을 두고 있는데 꼭 같은 중국의 삼국시대를 놓고 촉을 정통으로 보는 나관중과는 달리 최후까지 살아남아 삼국을 통합했던 조문(曹門)을 정통으로 보려는 진수(陳壽)의 예가 그 대표적인 경우이다.

그러나 삼국의 정통을 선별하면서 이 글은 위와 같은 두 가지의 방법을 모두 거부한다. 왜냐하면 삼국은 그 전사에 어떤 통일된 정통이 없었기 때문에 첫 번째의 명분론이 적용될 여지가 없을 뿐 아니라, 두 번째의 결과론에 입각해서 최후까지 살아남은 신라를 삼국의 정통으로 인정하게 될 경우에 우리는 고구려(高句麗)와 백제(百濟)가 안고 있는 유산을 포기해야 하기 때문이다. 그리고 설령 두 번째의 결과론을 중요시한다고 할지라도 신라가 최후의 생존국임은 인정할 수 있겠지만 그가 최후의 통합자라는 주장에는 찬성할 수가 없다.

따라서 위와 같은 두 가지의 역사 필법을 거부하는 대신에 정신사적 유산이라는 측면에서 볼 때 어느 쪽이 더 값진가에 따라 그 정통을 찾으려는 제3의 방법을 채택하지 않을 수 없다. 이런 점에서 본다면 이 글은 삼국전쟁 이전의 사회 상황과 그 이후의 것을 비교 분석함으로써 잃은 것을 다시 찾아 재구성하여 우리의 정신사를 또 다른 각도에서 모색하려는 데에 그 목적이 있다. 물론 이러한 시도는 이제까지 우리 역사에서 과찬되어 온 소위 삼국통일에 대한 재해석을 시도하는 의미를 담고 있다.

고구려가 최후의 생존자 또는 최후의 통합자는 아니라고 할지라도 이러한 연구를 통해서 고구려가 가지고 있었던 정신사적 유산이 계발(啓發)될 수만 있다면 그 또한 가치 있는 일이라고 생각하기 때문이다. 인류의 역사는 성공의 감격보다는 멸망의 쓰라림 속에서 오히려 더 큰 교훈을 찾을 수 있을 뿐만 아니라 그러한 멸망의 회오(悔悟) 속에서 내일을 위한 에너지를 찾는 경우는 역사상 흔히 있는 일이다.

2. 민족성의 문제

오늘날 우리는 자신이 단일민족임을 자랑하지만 적어도 삼국시대에 국한시켜 본다면 고구려의 활동 무대였던 만주에서 살던 부족과 한수(漢水)를 중심으로 하여 살던 삼한의 부족은 혈통상 이질적이었다. 기자조선(箕子朝鮮)의 마지막 왕인 기준(箕準)이 남하하여 한(韓)을 세웠다든가,[1] 또는 주몽(朱夢)의 아들 온조(溫祚)가 남하하여 백제(百濟)의 왕이 되었다[2]

---

1 『後漢書』(85) 東夷列傳(75) 韓條 : "初朝鮮王準 爲衛滿所破 乃將其餘衆千人 走入海 攻馬韓破之 自立韓王 準後滅絕";『三國遺事』(1) 紀異(1) 馬韓條 : "魏志云 魏滿擊朝鮮 朝鮮王準 率宮人左右 越海而南至韓地 開國號馬韓"

는 지배층의 왕조중심의 사실(史實)을 논외로 한다면 삼국의 민중들은 혈통이 다른 이민족이었다.

만주를 배경으로 하던 고구려의 부족들이 북방의 기마민족이었으리라는 점은 이론(異論)이 없지만, 남방 민족들은 과연 어디에서 왔을까? 남쪽에 사는 부족들은 남녀가 문신(文身)의 풍습이 있었다는 기록3을 보면 그들은 남방 민족이었다. 곧 인류학의 입장에서 볼 때, 몸에 문신을 하는 것은 열대나 아열대 지방에서 몸을 노출한 부족들의 풍습이다. 지리적으로나 기후로 볼 때 한수 이남의 땅에 사는 부족은 유구(琉球)로부터 북상한 남방계였다.4

삼국의 남방과 북방의 혈통이 이질적이었다면 그들의 문화 유형도 분명히 이질적이었을 것이며 다른 이 두 문화의 비교도 가능할 것이다. 그리고 물론 두 가지의 문화를 놓고 그 우열을 가릴 수는 없는 일이지만 그들에게 후세의 역사가들은 어떠한 의미를 부여할 수 있고 또 어느 쪽의 문화 유산이 지금의 이 시대에 더 바람직하냐 하는 논의가 있을 수 있다. 따라서 우리는 이 물음에 답하려면 먼저 그 두 문화의 시원을 비교하는 데에서부터 문제의 실마리를 찾아야 할 것이다.

어느 민족 또는 국가의 정치적 이념은 그들의 건국 설화나 시조 사화(史話)에서 잘 나타나 있다.5 고구려와 신라의 시조 설화를 비교해 보면 그들은 매우 대조적이다. 우선 고구려의 시조 설화를 보면 그것은 활(弓)6과 깊은 관련을 맺고 있고, 그 반면에 신라의 그것은 물(水, 泉)과 깊은

---

2 『三國史記』百濟本紀 始祖溫祚王條 : "百濟始祖溫祚王 其父鄒牟 或云朱蒙豪"; 『三國遺事』(2) 紀異(2) 前百濟條 : "按古典記云 東明王第三子溫祚 以前漢鴻佳三 年癸酉[卯](B.C. 18) 自卒本扶餘 至慰禮城 立都稱王"

3 『後漢書』(85) 東夷列傳(75) 韓條 : "南界近倭 亦有文身者"; 『三國志』(30) 魏書 (30) 東夷傳 弁辰條 : "男女近倭 亦文身"

4 신복룡, 『한국사 새로 보기』(서울 : 풀빛, 2001), pp. 16~25 참조.

5 朴時仁, 『알타이文化史研究 : 한국편』(서울 : 탐구당, 1973), p. 116.

6 주몽(朱蒙)은 명궁(名弓)이었다. 『三國史記』高句麗本紀 始祖東明聖王條 : "後獵 于野 以朱蒙善射 與其矢小 而朱蒙殪獸甚多"; 『三國遺事』(1) 紀異(1) 高句麗條 참조.

관련을 맺고 있으며[7] 난생(卵生)이라는 점과 서광이 비쳤다는 점, 그리고 말[馬]이 등장했다는 데에서 공통점을 가지고 있다.[8]

두 설화 가운데서 공통된 것들을 제외한다면 고구려는 활이, 그리고 신라는 물이 그 대표적 성격으로 남는다. 이러한 사실은 이 두 부족 국가의 성격을 매우 웅변적으로 설명해 준다. 곧 이러한 사실은 고구려가 무예(武藝)를 숭상하는 기마민족이었고 신라는 하천을 젖줄로 삼는 농경민족이었음을 의미하기 때문이다.

그렇다면 기마민족의 정신은 과연 무엇인가? 우리는 이에 대한 논의를 전개하기에 앞서, 여기에서 말하는 기마민족이라 함은 단순히 고구려만을 의미하는 것은 아니오, 고구려 이전의 역사에 존재했던 여러 나라, 이를테면 옥저(沃沮)·말갈(靺鞨)·부여(夫餘)·예맥(濊貊)·읍루(挹婁) 등 소위 삼한 이외의 북방계 동이족(東夷族) 전체를 의미한다는 사실을 전제하고자 한다.

이와 같은 북방 민족들은 대체로 수렵(狩獵)을 통해서 생활을 꾸렸다. 광막한 토지 가운데는 비옥한 곳도 있었지만 대체로 토지는 척박하고 거칠어 농사짓고 누에 치는 것만으로써는 의식을 해결할 수 없었기 때문에 절약과 수렵이 그들의 중요한 생활 수단이 되었다.[9] 그들에게 울창한 삼림 속의 짐승이 음식과 의복을 동시에 해결해줄 수 있는 생활 수단이었으므로 짐승은 북방 민족과 떨어질 수 없는 관계에 있었다.

북방 민족은 사당을 지어 호랑이를 제사 지내며 신으로 섬겼고,[10] 육축

7 박혁거세(朴赫居世)가 발견된 곳은 나정(蘿井)이라고 하는 우물가이며, 알에서 낳자 동천(東泉)이라는 우물에서 목욕을 시켰다. 『三國史記』 新羅本紀 始祖赫居世居西干條; 『三國遺事』(1) 紀異(1) 赫居世條 참조.

8 주몽과 혁거세는 모두가 난생(卵生)이다. 그리고 주몽은 "말"을 잘 다루었으며, 혁거세가 발견된 곳에서는 "말"이 울고 있었다. 또 이들이 알 가운데 있을 때 빛이 그를 비추었다. 『三國史記』 高句麗本紀 始祖東明聖王條; 同 新羅本紀 始祖赫居世居西干條; 『三國遺事』(1) 紀異(1) 赫居世條; 『三國遺事』(1) 紀異(1) 高句麗條 참조.

9 『北史』(94) 列傳(82) 高句麗條 : "土田薄瘠 蠶農不足以自供 故其人節飮食"

(六畜)으로 이름을 지은 마가(馬加)·우가(牛加)·구가(狗加) 등의 벼슬 이름도 있었다.[11] 그들은 정적인 생활보다는 동적이고도 적극적인 것을 미덕으로 생각하여 어른 앞에서는 달음질치는 것을 가장 공경하는 것으로 여기기도 했다.[12]

북방계인 고구려인은 우선 체질적으로 강인했다.[13] 험산준령(險山峻嶺) 속에서 살아남을 수 있는 유일한 길은 강인한 체력을 다지는 길밖에 없었고 그러려면 육식(肉食)을 추구하지 않을 수 없었으며 육식은 다시 강인한 체력을 요구하는 반복적 상승효과(相乘效果)를 유발했다. 인류의 오랜 역사를 돌아볼 때 나일강, 유프라테스강과 티그리스강, 인더스강과 갠지스강, 그리고 황하(黃河) 등의 하천을 중심으로 하여 문화가 발상(發祥)된 것은 부인할 수 없는 사실이다.

그러나 세월이 흐름에 따라 정복 전쟁이 빈번해졌으며 오늘날에 와서는 육식 민족이 아니고서는 세계를 제압할 수 없는 현상이 일어났다. 역사의 어느 시대를 가릴 것 없이, 그 시대를 지배한 민족이나 국가는 그 시대에 육류소비량 또는 육류단백질 섭취량이 가장 많았던 민족들이었다. 로마와 몽골도, 그리고 현대사에서의 미국이 그러한 예증이다. 이런 점을 생각할 때 강용(强勇)했던 수렵 민족으로서의 북방 기마 부족이 우리에게 더 바람직한 유산이었음을 부인할 수 없다.

부족 국가의 통합이 무상했던 당시로서 이와 같은 고구려의 기상이 상무정신(尙武精神)으로 승화될 수 있었다는 데에 그 가치가 있다. 그들이 살아남을 수 있는 길은 꺾일 줄 모르는 투혼과 전투력 그리고 병기 기술

10 『後漢書』(85) 東夷列傳(75) 濊條 : "又祀虎以爲神"
11 『後漢書』(85) 東夷列傳(75) 扶餘國條 : "六畜名官 有馬加·牛加·狗加"
12 『北史』(94) 列傳(82) 高句麗條 : "以趨走爲敬拜"
13 『三國志』(30) 魏書(30) 東夷傳 高句麗條 : "國人有氣力"; 同 挹婁傳 : "人多勇力"; 上同 扶餘傳 : "其人麤大 性强勇謹厚"; 同 東沃沮傳 : "人性直質彊勇"; 『晉書』(14) 志(4) 扶餘國條 : "其人彊勇"; 『魏書』(100) 列傳(88) 勿吉條 : "勿吉國 其人勁悍 於東夷最彊"; 『後漢書』(85) 東夷列傳(75) 扶餘國條 : "人麤大彊勇"

뿐이었다. 그들의 부락에는 무인(武人)이 수장을 맡았으며[14] 그들에게 전투는 하나의 생활이었다.[15] 수(隋)의 고조(高祖)가 말갈인들을 맞아 그들에게 물건을 주고 그 앞에서 잔치를 베풀어 술을 마시게 한 적 있었다.

그때 사신들은 데리고 온 무리와 모두 일어나 춤을 추는데 그 모양은 마치 "전투하는 모습과 같았다." 아마도 그것은 전승 기원(戰勝祈願)의 시연(試演, 劍舞)이었을 것이다. 고조는 이것을 보고 시신(侍臣)들을 돌아보며 말하기를 "세상에 이런 무리도 있는가? 항상 전투만을 생각하니 어찌 심하지 않은가?"[16]라고 했다. 북방 민족들은 특히 보전(步戰)에 능통했고,[17] 활·칼·창뿐만 아니라 투구와 갑옷까지 발달하여 그 용맹함이 뛰어났다.[18]

남방 특히 신라의 관직은 신분 질서에 의한 세습(世襲)이거나 서임(敍任)이었던 것과는 달리 고구려의 그것은 자유로운 경쟁이었다는 점에서 대조적이었다. 곧 고구려에는 조의(皁衣)와 선인(仙人)이라고 하는 두 무인 직관이 있었다.[19] 원칙상 이들의 임기는 3년이었다. 그러나 신관이 부임해 온다고 할지라도 구관은 반드시 그들에게 직위를 인계할 의무는 없

---

14 『後漢書』(85) 列傳(75) 東沃沮條 : "有邑落長帥"

15 『三國志』(30) 魏書(30) 高句麗條 : "國人… 習戰鬪"

16 『隋書』(81) 列傳(46) 東夷靺鞨條 : "高祖因厚勞之 令宴飮于前 使者與其徒皆起舞 其曲折多戰鬪之容 上顧謂侍臣曰 天地間乃有此物 常作用兵意 何其甚也"

17 『後漢書』(85) 東夷列傳(75) 東沃沮條 : "國人… 使持矛步戰"; 同 濊條 : "濊人… 能步戰"

18 『梁書』(54) 列傳(48) 諸夷高句麗條; 『南史』(79) 列傳(69) 夷貊東夷條 : "國人… 便弓矢刀矛 有鎧甲"

19 『三國史記』에는 이들이 조의(皁衣)와 선인(仙人)으로 기록되어 있는 반면에 중국 측 사료에는 이들이 백의(帛衣)와 선인(先人)이라고 기록되어 있다. 고구려의 무용총(武勇塚)에 보이는 관인(官人)들의 허리에 "검은 띠"를 두르고 있다는 사실에 비추어 볼 때 백의(帛衣)보다는 조의(皁(皁)衣)가 맞는 듯하며 고구려의 사상 가운데 노장사상(老莊思想)이 깊게 뿌리박고 있었다는 점에서 선인(先人)이 아니라 선인(仙人)이 옳은 기록으로 보인다. 『三國史記』(40) 雜誌(9) 職官(下) 外官條; 『新唐書』(220) 東夷列傳(145) 高句麗條 참조.

으며 자신의 의사에 따라 더 유임할 수도 있다.

이럴 경우 신관은 구관과 무력으로 겨루게 되며 왕은 여기에서 이긴 장수를 뽑아 벼슬을 준다.[20] 이런 점에서 볼 때 무인의 재임 연한은 원칙상 3년이라고 하나 그것은 임기가 아니오, 권좌를 위한 자유로운 경쟁의 주기라고 보는 편이 옳을 것이다. 고구려의 상무적 기상이 가장 잘 나타난 것은 보장왕(寶藏王) 연간에 있었던 대당(對唐) 전투를 들 수가 있다.[21]

이상과 같은 여러 가지 사실들에 비추어 볼 때 고구려의 기상과 상무정신은 우리 역사상 값진 유산이었음을 알 수가 있다. 그럼에도 불구하고 이러한 기상은 삼국전쟁 이후 날로 몰락하고 반도로서의 소국사상과 민족의 수모(受侮)만이 점차로 이 땅에 뿌리를 내림으로써 한민족의 비극이 시작되었다. 한국사에서 고구려의 기상을 상실한 대가가 얼마나 쓰라렸던가 하는 것은 삼국전쟁 이후의 국제정치적 변화를 살펴보면 분명해진다.

3. 국제정치적 변화

한 국가가 자력으로써 그 자신을 보위할 수 없을 경우, 밖으로부터의 원조마저도 없다면 그 국가의 존립은 이미 객관적으로 불가능하다. 신라의 경우처럼 상무의 기상을 갖추지도 못하고 유락(遊樂)으로 생업을 영위하는 국가가 살아남을 수 있는 길이라고는 지모와 술수에 의한 사대(事大)밖에 없었다. 남쪽으로는 왜(倭)의 노략이 자심했고 서북으로는 백제와 고구려의 강습(强襲)을 견딜 수 없었던 신라는 그 사대의 대상으로 당(唐)나라를 선택할 수밖에 없었다.

20 『周書』(49) 列傳(41) 異域(上) 高麗條; 『新唐書』(220) 東夷列傳(145) 高麗條 참조.
21 이에 관한 자세한 논의는 제2장 참조.

이런 점에서 본다면 당에 대한 신라의 사대는 다만 김춘추(金春秋) 부자의 2대에서 비롯된 것이 아니라 그 선대인 진덕왕(眞德王) 때에서부터 당나라에 구원을 간청했고 이를 위해서 신라왕은 당제(唐帝)에게 글을 올리어 스스로 변방국(邊邦國)임을 자처했다.[22]

신라가 중국의 황실에 비루하지 않을 수 없었던 근본적인 이유는 고구려의 남진을 저지하면서 저들의 힘을 빌리고자 함에 있었다. 그들은 이미 당이 건국하기에 앞서 원광법사(圓光法師)를 중국에 파견하여 수양제(隋煬帝)에게 "걸사표"(乞師表)를 올렸으며 양제는 이에 따라 고구려 정벌에 오름으로써 한국 역사상 최초의 대전화(大戰禍)를 불러일으켰다.[23]

전통적으로 이이제이(以夷制夷)의 방법에 따라 변경을 어우르던 중국은 신라의 이와 같은 자발적인 입조(入朝)가 있자 동방 정벌의 교두보로서 신라를 선정하게 되었다. 이런 상황에서 이해(利害)가 맞물린 신라는 고구려와 백제의 침략을 막아내는 데에 급급하게 되자 김춘추는 그들에게 일곱 번이나 청병(請兵)했고[24] 드디어는 삼국전쟁이 일어나게 되었다.

이 전쟁은 외세의 힘을 빌려 삼국을 멸망시키고자 하는 뜻에서부터 그 오판을 찾아볼 수 있는 일이지만 그보다도 삼국전쟁을 치르고 고구려와 백제가 멸망한 뒤에 신라의 국제적 지위가 어찌 되었는가를 살펴보면 그 공과(功過)는 더욱 자명해진다.

삼국전쟁 이후에 일어난 국제정치적 변화로서는 조공(朝貢)을 제일 먼저들 수가 있다. 신라 역사에서 중국에 조공을 보낸 최초의 기록은 진흥왕(眞興王) 25년(564)으로[25] 적어도 삼국전쟁이 일어나기 1세기 전에서부

22 『新唐書』(220) 東夷列傳(145) 新羅條;『三國遺事』(1) 紀異(1) 眞德王條.『新唐書』 東夷列傳 新羅條. 이에 관한 자세한 논의는 제2장 참조.
23 『三國史記』 眞平王 30年(608)條;『三國史記』 高句麗本紀 嬰陽王 23年(612)條; 『三國史記』 列傳 乙支文德.
24 『三國史記』 列傳(6) 崔致遠條 : "武烈王七朝請爲嚮導"
25 『三國史記』 新羅本紀 眞興王 25年(564)條 : "遣使北齊朝貢"

터 이러한 제도가 시작되었다고 볼 수가 있다.

그러다가 6년이 지난 진흥왕 31년(570)에 최초로 방물(方物)을 바친 기록이 보이며[26] 그 뒤 60년이 지난 진평왕(眞平王) 53년(631)에는 여자까지 바친 기록을 볼 수가 있다.[27] 그러나 이 당시의 방물 제도는 대등한 관계에서 이루어졌다고 볼 수는 없지만 적어도 초기의 원시 교역의 의미가 있었고 조공도 드물게 이루어지고 있었다.

그러던 것이 고구려와 백제를 멸망시키면서 당에게 큰 빚을 진 무열왕(武烈王) 이후에는 조공(朝貢)이 정기적이고도 본격적인 행사로 변모하게 되었고[28] 조공의 내용도 지난날보다도 더 심화하여 단순히 미인을 바치던 것을 사대부의 딸이나 국색(國色)을 바치도록 했을 뿐만 아니라[29] 노비를 바치기 시작했고,[30] 구진천(仇珍川)과 같은 궁장(弓匠)의 조공이 시작되었다.[31] 성덕왕(聖德王) 대에 이르러서는 1년에도 몇 번씩 조공을 바침으로써[32] 국고를 고갈시켰을 뿐만 아니라 중국과 신라의 종속(宗屬) 관계를 확고히 이룩했다.

신라의 대당 종속 관계는 연호(年號)의 문제에까지 개입되었다. 원래 신라는 그들 나름대로 독자적인 연호를 제정하여 사용하고 있었다.[33] 그

---

26 『三國史記』 新羅本紀 眞興王 31年(570)條 : "夏六月 遣使於陳 獻方物"

27 『三國史記』 眞平王 53年(631)條 : "秋七月 遣使大唐 獻美女二人"

28 『三國史記』 列傳(6) 崔致遠條 : "此際我武烈大王 請以犬馬之誠 助定一方之難 入唐朝謁 自此而始"

29 『三國史記』 新羅本紀 聖德王 22年(723)條 : "春三月 王遣使入唐 獻美女二人 一名抱貞 父天承奈麻 一名貞苑 父忠訓大舍"; 同 新羅本紀 元聖王 8年(792)條 : "秋八月 遣使入唐 獻美女金井蘭 其女國色身香"

30 『三國史記』 新羅本紀 聖德王 22年(723)條 : "給以衣看器具奴婢車馬 備禮資遣之"; 同 神武王 元年(839)條 : "秋七月 遣使如唐 遣淄靑節度使奴婢 帝聞之矜遠人 詔令歸國"

31 『三國史記』 新羅本紀 文武王 2年(662)條 : "冬 唐使到傳詔 與弩師仇珍川沙湌廻 命造木弩"

32 『三國史記』 新羅本紀 聖德王代, *passim*.

러던 것이 진덕왕 대에 들어와서 당태종이 "신라는 왜 당의 연호를 쓰지 않느냐?"고 꾸짖으매 신라 사신은 "당나라에서 우리의 연호를 못 쓰게 하면 우리나라에서 어찌 감히 그렇게 하오리까"라고 사죄하고[34] 귀국한 뒤에 곧 왕께 보고하니 진덕왕은 서기 650년부터 중국의 연호를 쓰기 시작했다.[35] 이때로부터 시작된 중국 연호의 사용은 갑오경장(甲午更張, 1895)을 거쳐 건양(建陽, 1896)으로 국호를 바꿀 때까지 무려 1,245년 동안이나 계속되었으니 중한 종속 관계가 신라로부터 비롯되었다.

신라의 수모는 왕실에까지 확대되었다. 신라가 본디 원시적 의미로서의 독립 국가였음은 부인할 수 없는 사실이다. 그렇기 때문에 신라는 독자적인 국호를 가지고 있었고 왕도 지배층의 의사에 따라 선임할 수가 있었다. 물론 진흥왕 26년(565)에 이미 북제(北齊)의 무성제(武成帝)가 신라왕에게 왕호(王號)를 준 기록이 있으나,[36] 이는 신라가 요청한 바도 아니오, 중국의 제국적·중화적 오만에서 비롯된 것이다.

그러다가 삼국전쟁이 끝난 뒤 문무왕(文武王, 法敏) 14년(674)에 그가 백제의 구강(舊疆)을 차츰 점거하니 당고종은 분노하여 문무왕의 왕호를 취소하고 당경(唐京)에 머물러 있던 왕의 아우 김인문(金仁問)을 신라왕으로 책봉했다. 김인문은 이를 거절하지 못하고 신라로 가던 길에 문무왕이 사신을 보내어 백배사죄하매 당고종은 그제야 문무왕의 왕호를 복구시켜 주었고 김인문은 다시 당경으로 돌아갔다.[37]

그리고 여기에서 중요한 것은 김인문이 왕위를 계승하라 말하고서도

---

33 『三國史記』 新羅本紀 法興王 23年(536)條 : "始稱年號 云建元元年"

34 『三國史記』 新羅本紀 眞德王 2年(648)條 : "冬 使邯帙許朝唐 太宗勅於史問 新羅 臣事大朝 何以別稱年號 帙許言 曾是天朝未頒正朔 是故先祖法興王以來 私有紀年 若大朝有命 小國又何敢焉 太宗然之"

35 『三國史記』 眞德王 4年(650)條 : "是像始行中國永徽年號"

36 『三國史記』 新羅本紀 眞興王 26年(565)條 : "春二月 北齊武成皇帝 詔以王爲使持節 東夫校射樂浪都公新羅王"

37 『三國史記』 列傳 金仁問條 참조.

그에게 왕호를 내린 것이 아니오, 계림부대도독개부의동삼사(鷄林府大都督開府儀同三司)라는 직함을 주었다는 사실이다.[38] 이는 왕보다 아래인 제후(諸侯)의 봉작이었다. 이런 점으로 볼 때 당은 신라를 속국 정도로도 생각하지 않은 것이요, 일개 변주(邊州)로 여겼으며 신라는 이 치욕스러운 칭호를 감수했다. 그리고 무열왕 이후부터는 신라왕의 즉위식에 당의 칙사(勅使)가 직접 참여하여 주재(主宰)했다.[39]

살아 있는 동안 그토록 수모를 당한 신라왕은 죽어서까지도 당으로부터 굴욕을 당했다. 무열왕이 죽자 문무왕은 그의 묘호(廟號)를 태종(太宗)이라 정했는데 당중종(唐中宗)은 곧 사신을 신라에 파견하여 그의 시호가 당의 태종(太宗)과 같은 것을 힐책했다.

이에 신라에서는 군신 회의를 거쳐 그 답서를 보내어 이르기를 "당태종과 무열왕의 왕호가 서로 범(犯)한 것을 미처 깨닫지 못했는데 이제 교칙(敎勅)을 듣고 보니 두렵고 송구함을 이기지 못하겠사오며, 엎드려 바라옵건대 사신을 파견하여 당의 조정에 복명(復命)하오니 이 뜻을 헤아려 달라"[40]고 애원함으로써 겨우 사태를 무마할 수가 있었다.

그뿐만 아니라 신라 성덕왕은 본명이 융기(隆基)였으나 당현종(唐玄宗)의 이름과 같다 하여 천중(天中)으로 고쳤다가 그것마저 중국의 황제나 쓰던 "천"(天) 자를 씀으로써 그 의미가 불손하다 여겨 다시 흥광(興光)으로 고쳤다.[41]

그렇다면 신라의 왕은 과연 어느 정도까지 당에 복속되었는가? 이 점은 문무왕의 입을 통해서 직접 알아볼 수 있다. 곧 백제가 멸망한 다음 문무

---

38 『三國史記』列傳 金仁問條.

39 『三國史記』新羅本紀 太宗武烈王 元年(654)條 : "唐遣使持節 備複冊命 爲開府儀同三司新羅王 王遣使入唐表謝"

40 『三國史記』新羅本紀 神文王 12年(691)條 : "對曰… 追遵之號 不覺與聖祖上犯 今聞敎勅 不勝恐懼 伏望使臣復命闕廷 以此上聞"

41 『三國史記』聖德王 元年(702)條 : "聖德王立 諱興光 本名隆基 與玄宗諱同 先天中改焉"

왕은 그 유민을 순무(巡撫)하고자 웅진(熊津)에 나아가 의자왕(義慈王)의 아들 융(隆)을 만나 단(壇)을 쌓고 백마(白馬)를 잡아 맹세할 때,

"삼가 [天子의] 조명(詔命)을 받들어 영원히 번국(藩國)이 될 것이니 이에 사자(使者) 우위위장군 노성현공(右威衛將軍魯城縣公) 유인원(劉仁願)을 보내서 친히 권유(勸諭)하여 내 뜻을 자세히 선포하는 것이라. …… 삼가 [天子의] 윤음(綸音)을 받들어 감히 버리지 말 것이며, 이미 맹세한 뒤에는 함께 변하지 말도록 힘쓸 것이다."[42]

라 하여 신라가 당의 "번국"임을 자처했다.

그뿐만 아니라 서기 672년에는 백제의 고토에서 반란이 일어나자 신라는 다급한 김에 당군에게 미리 알리지도 못하고 군사를 내어 토벌한 적이 있었다. 당군은 이러한 사실이 상국에 대한 대죄임을 꾸짖자 문무왕은 다음과 같은 "걸죄서"(乞罪書)를 당제(唐帝)에 보내어 죄를 빈 적이 있다.

"신은 죽을죄를 지었기에 이제 말씀을 드립니다. 지난날 신의 형세가 위급하게 기울어져 멀리 구원을 입어 멸망을 면할 수 있었음은 분골쇄신하여도 위로 홍은(鴻恩)을 갚기에 넉넉지 못하고 머리가 깨져 재가 되어도 어찌 자애함을 우러러 갚을 수 있겠습니까만, 깊은 원수인 백제가 신의 번국을 핍박하여 천병(天兵)을 이끌어 들여 신을 치려 하매 신은 파멸의 구렁에서 스스로 삶을 찾고자 했으나 잘못 흉역(凶逆)의 누명을 입고 드디어는 용서받기 어려움에 빠지게 되었으니 신은 사의(事意)를 알리지 못할까 두렵습니다. 우선 형륙(刑戮)을 받게 되면 살아서는 역명(逆命)을 입게 되고 죽어서는 배은(背恩)의 귀신이 되겠기에 삼가 사정을 적어 죽음을 무릅쓰고 이를 알리오니 엎드려 바라옵건대 신청(神聽)을 드리워 그 원인을 밝게 살피시기 바랍니다.

---

42 『三國遺事』(1) 紀異(1) 太宗春秋公條 : "盟日 : 恭承詔命 永爲藩服 仍遣使人 右威衛軍魯城縣公劉仁願 親臨勸諭 具宣成旨 … 祇奉綸音 不敢墜失 旣盟之後 共保歲塞"

신은 전대(前代) 이래로 조공을 끊지 않았으나 최근 백제 때문에 모든 직공(職貢)을 게을리하게 되고 드디어 성조(聖朝)께서는 군사를 내어 신을 토죄(討罪)하니 죽어도 그 죄가 남아 남산의 대나무를 붓으로 만들어도 신의 죄를 모두 쓰기 부족하고, 포사(襃斜)의 숲도 신의 형틀을 만들기에 부족하고, 종묘와 사직을 헐어 연못을 만들고 신의 몸을 난도질한다 할지라도 사실을 들으신 후에 결정을 내린다면 형륙을 달게 받겠습니다. 신의 츤여(櫬轝)가 곁에 있고 이수(泥首)가 아직 마르지 아니하여 흐느끼며 조명(朝命)을 기다리고 엎드려 형명(刑命)을 듣겠나이다.

엎드려 생각건대 황제 폐하는 일월과 같이 밝고 용광(容光)과 덕망(德望)이 천지와 화합하고 동물과 식물까지도 모두 혜택을 입어 호생(好生)의 덕은 멀리 곤충까지 미치며, 그 인자함은 날짐승과 물고기[翔泳]까지 멀리 미치니 만약 복종[服捨]의 용서를 내리고 요령(腰領)을 보전하는 은혜를 내리면 비록 죽음의 날을 맞을지라도 오히려 산 것과 다름이 없겠습니다.

바라지 못할 바이오나 감히 소회(所懷)를 말하오며 칼에 엎어져 죽음[伏劍]의 뜻을 이기지 못하겠으므로 삼가 원천(原川) 등을 파견하여 글을 올려 사죄하며 칙지(勅旨)를 엎드려 기다리나이다. 신은 돈수돈수(頓首頓首) 사죄사죄(死罪死罪)하나이다."[43]

이러한 치욕의 글을 보내고서도 마음이 놓이지 않은 문무왕은 그 해의 엄청난 기근에도 불구하고 막대한 진상품을 보내어 당나라 황제의 환심을 사려 했다.[44] 고구려가 대군의 침략을 감수하면서도 당의 입조(入朝)를 강

---

43 『三國史記』 新羅本紀 文武王 12年(672)條："上表乞罪曰：臣某死罪謹言 昔臣危急 事若倒懸 遠蒙拯救 得免屠滅 粉身麋骨 未足上報鴻恩 碎首灰塵 何能仰酬慈造 然深讐百濟 逼近臣藩 告引天兵 滅臣雪恥 臣在破滅 自欲求存 枉被凶逆之名 遂入難赦之罪 臣恐事意未申 先從刑戮 生爲逆命之臣 死爲背恩之鬼 謹錄事狀 冒死奏聞 伏願少垂神聽 炤審元由 臣前代已來 朝貢不絕 近爲百濟 再虧職貢 遂使聖朝 出言命將 討臣之罪 死有餘刑 南山之竹 不足書臣之罪 襃斜之林 未足作臣之械 瀦池宗社 屠裂臣身 事聽勅裁 甘心受戮 臣櫬轝在側 泥首未乾 泣血待朝 伏聽刑命 伏惟皇帝陛下 明同日月 容光竝蒙曲炤 德合乾坤 動植咸被亭毒 好生之德 遠被昆蟲 惡殺之仁 爰流翔泳 儻降服捨之宥 賜全腰領之恩 雖死之年 猶生之日 非所希冀 敢陳所懷 不勝伏劍之志 謹遣原川等 拜表謝罪 伏聽勅旨 某頓首頓首 死罪死罪"

경하게 거부했고[45] 당의 포로들을 귀환시킴으로써 의연한 자세를 보였던 사실[46]과 비교할 때 신라의 사대·예종(事大隸從)은 역사의 단죄를 받아 마땅한 것이며 을사(乙巳)·정미(丁未)의 치욕에 못지않은 것이었다. 한국의 주체성의 상실은 실로 이때로부터 비롯된 것이다.

4. 사회적 변화

삼국전쟁 이후의 변동은 신라가 국제적으로 중국의 예속국이 되었다는 사실뿐만 아니라 국내적으로도 많은 사회 변동을 초래했다. 여기에서는 고구려와 백제의 아름답고 훌륭했던 유산들이 어떻게 타락·변모했는가를 살펴보는 것으로 그 논리를 대신할 수 있다.

본디 북방 사람들은 강대하고 그들의 생활은 법도가 있어 특히 공동생활에서는 서로 절하고, 술을 마실 때도 잔을 씻어 권하고, 서로 허리를 구부리고 사양하면서 출입하는 미풍이 있었다.[47] 그들은 비록 토지가 척박했다고 하나 특히 도적질하는 일이 없어 대문을 닫고 자는 법이 없었고 여자들은 모두 정조를 지키고 신용이 있어 음란하고 편벽(偏僻)된 짓을 하지 않았다.[48]

북방인들은 또한 그 법이 몹시 엄정하여 죄를 지어 복주(伏誅)하는 무

---

44 『三國史記』新羅本紀 文武王 12年(672)條: "兼進貢銀三萬三千五百分 銅三萬三千分 針四百枚 牛黃百二十分 金百二十分 四十升布六匹 三十升布六十匹 是歲穀貴人饑"

45 『三國史記』高句麗本紀 嬰陽王 25年(614)條

46 『三國史記』榮留王 5年(622)條

47 『三國志』(30) 魏書(30) 東夷傳 夫餘條: "會同 拜爵洗爵 揖讓升降";『晉書』(14) 志(4) 地理(上) 夫餘國條: "其人 … 會同揖讓之儀 有似中國"

48 『漢書』(28) 地理志(8下) 樂浪郡條: "是以其民 終不相盜 無門戶之閉 婦人貞信 不淫辟";『後漢書』(85) 東夷列傳 夫餘國條: "國人 … 而謹厚不爲寇鈔"; 同 濊條: "濊 … 少寇盜";『三國志』(30) 魏書(30) 東夷傳 夫餘條: "其人 … 不寇鈔"

리는 그 집 식구들을 모조리 노비로 만들었고, 도둑질을 하면 열두 갑절을 배상하며, 남녀가 음행(淫行)을 하면 쌍방을 모두 죽였다.[49] 동족의 부락 사이에는 평화를 으뜸으로 생각하여 서로 침범하는 일이 있으면 이를 소나 말로써 그 벌을 대신 보상했는데 이를 책화(責禍)라고 불렀다.[50]

이와 같이 준엄한 법률을 통하여 그 기강이 확립되자 공자(孔子)는 일찍이 중국에서 예의가 타락하매 동방의 조선에 건너가 살기를 바랐으며,[51] 진수(陳壽)는 『삼국지』(三國志)「동이전」(東夷傳)을 기록하면서 "중국이 예의를 잃자 이를 동방 사이(四夷)에서 예의를 찾았기 때문에 여기에 그 나라의 일을 기록하고 그 같고 다른 점을 열거하여 이로써 중국의 선조들이 갖추지 못한 점을 보충하고자 함"[52]이라고 쓰고 있다.

법률이 엄하기로는 백제도 마찬가지였다. 백제에서는 특히 관리의 몸으로 부정을 저질렀거나 도적질을 한 자는 3배의 재산을 몰수하고 당사자는 종신 금고형에 처했다.[53]

북방의 부족은 기후 조건이 좋지 않고 산물도 넉넉지 못했을 뿐만 아니라 위에서 살펴본 바와 같이 그 법이 또한 준엄했기 때문에 생활은 검소하고 소박했다. 그들은 본디 성질이 깨끗하고 맑았으며[54] 관혼상제에서도

---

49 『後漢書』(85) 東夷列傳(75) 夫餘條："其俗用刑嚴急 被誅者皆沒其家人爲奴婢 盜一責十二 男女淫 皆殺之"；『晉書』(14) 志(4) 地理(上) 夫餘國條："其法 殺人者死 沒入其家 盜者一責十二. 男女淫 婦人妬 殺之"

50 『三國志』(30) 魏書(30) 東夷傳 濊條："其邑落相侵犯 輒相罰責生口牛馬 名之爲責禍 殺人者償死 少寇鈔"

51 『漢書』(28) 地理志(8下) 樂浪條："然東夷天性柔順 異於三方之外 故孔子悼道不行 設浮於海 欲居九夷以也"；『後漢書』(85) 東夷列傳(75) 序："所謂中國失禮 求之四夷者也"

52 『三國志』(30) 魏書(30) 東夷傳 序："中國失禮 求之四夷猶信 故撰次其國 列其同異 以接前史之所未備馬"

53 『三國史記』百濟本紀 古尒王 29年(262)條："春正月 下令 凡官人受財及盜者 三倍徵贓 禁錮終身"；『新唐書』(220) 東夷列傳(145) 高麗條："吏受賕及盜 三倍償 錮終身"

54 『三國志』(30) 魏書(30) 東夷傳 高句麗："其人潔淸"

절약을 근본으로 삼았기 때문에 혼인하는 예법에서 폐백(幣帛)을 드리지 않았으며 만약 혼인에 재물을 받는 자가 있으면 자식을 노비로 팔았다고 해서 몹시 부끄럽게 여기는 풍속이 있었다.[55] 그렇다고 해서 그 생활이 누추했던 것은 결코 아니오, 오히려 그런 가운데에서도 법도가 있었다.[56]

북방 민족의 기품 가운데 가장 자랑스러웠던 것은 그들의 통치가 비록 군주 지배 체제였다고 할지라도 그들은 결국 민생을 으뜸 되는 덕으로 생각했다는 사실이다. 이러한 사실은 고대 사회였던 그 당시에 이미 민중을 중심으로 하는 주권의 교체가 가능했었다는 점에서 잘 나타나 있다.

그러한 사례로 부여(夫餘)에서는 장마지고 가무는 일이 있어 농사가 잘 되지 않으면 그 책임을 왕에게 돌리어 왕을 바꿔야 한다고 말하는 경우도 있고, 또 때로는 왕을 죽여야 한다고 말하는 사람도 있었다.[57] 이러한 현상은 서구 중세사에서 나타나는 폭군추방설(Monarchomachy : *Vindiciae contra tyrannos*)[58]의 원시적 형태라고 할 수 있다.

삼국 가운데 백제가 가지고 있던 강점은 문예(文藝)였다. 왕조사에 비춰본다면 고구려의 기마 기상을 이어받았던 백제는 말 타고 활 쏘는 것을 숭상했을 뿐만 아니라 시서(詩書)와 역사를 읽을 줄 알았으며 특히 관리(官吏)의 일에 뛰어났다.[59]

백제인들의 문예적 기질은 삼국 가운데에서도 제일 먼저 서기 375년에 이미 독자적인 역사서인 『백제 서기』(百濟書記)를 박사 고흥(高興)이

---

55 『周書』(49) 列傳(40) 異域(上) 高句麗條 : "婚娶之禮 略無財幣 若受財者 謂之賣婢 俗甚恥之"

56 『南史』(79) 列傳(69) 夷貊(下) 東夷條 : "東夷之國 其器物猶有禮樂云"

57 『三國志』(30) 魏書(30) 東夷傳 夫餘條 : "舊夫餘俗 水旱不調 五穀不熟 輒歸咎於王 或言當易 或言當殺"

58 George H. Sabine, *A History of Political Theory*(New York : Holt, Reinhart and Winston, 1961), pp. 378~384

59 『隋書』(81) 列傳(46) 東夷傳 百濟條 : "俗尙騎射 讀書史 能吏事"

편찬할 수 있는 저력이 되었을 뿐만 아니라[60] 그들의 문화적 유산은 이를테면 왕인(王仁)처럼 일본으로 건너가 그들 문화의 시원적 계기를 이루었다.[61]

이와 같이 자랑스러웠던 고구려·백제의 문화적 유산과 기상은 삼국전쟁 이후 사라져갔다. 물론 한 국가가 멸망한 일차적 책임은 그 국가 자신이 져야 하며 좁게는 그 지도층의 책임이 큰 것임을 부인할 수는 없다. 그러나 설령 그 국가가 멸망했을지라도 그 국가의 유산마저 말살한 데 대하여 신라는 역사의 비난을 면할 수가 없다.

적대적인 두 국가가 상충(相衝)하다가 그 가운데 하나가 멸망했을 경우에 승전국의 문화가 패망한 나라의 문화를 압도하는 것은 당연한 귀결일 수도 있다. 그러나 그 승전국의 문화가 결코 그 후대에 덕을 끼치지 못할 만큼 부도덕했다는 데에 문제가 있는 것이다.

그렇다면 신라 문화의 본질은 과연 무엇인가? 그 유형으로 볼 때 신라의 문화는 애당초부터 타락의 소지를 안고 있었다. 신라인들은 본디 가무음주(歌舞飮酒)를 좋아하여 장소와 때를 가리지 않았다.[62] 이들의 문화는 단적으로 말해서 환락과 유흥을 위주로 하는 "즐김"의 문화였다. 이것은 언제든지 타락할 수 있는 여지를 안고 있는 것이며 분별을 잃을 위험을 내포하고 있었고 끝내는 영락(零落)으로 빠질 수도 있었다.

신라인들은 생활에서도 사치스러워 실속 없이 보화(寶貨)로 몸치장하는 일을 좋아했다.[63] 그들의 건국 시조 가운데에서 석씨(昔氏)의 첫 왕인 4대 탈해왕(脫解王)의 탄생 설화를 살펴보면 "배에 실려 떠내려온 궤를 열

---

60 『三國史記』百濟本紀 近肖古王 30年(375)條 : "百濟開國已來 未有以文字記事 至是得博士高興 始有書記"
61 『日本書紀』(10) 應神紀
62 『三國遺事』(1) 紀異(1) 又四節遊宅條 : "新羅歌吹滿路 晝夜不絶";『後漢書』(85) 東夷列傳(75) 韓條 : "俗喜歌舞飮酒鼓瑟"
63 『後漢書』(85) 東夷列傳(75) 韓條 : "唯重瓔珠 以綴衣爲飾及懸頸垂耳";『三國志』(30) 魏書(30) 東夷傳 韓條 : "以瓔珠爲財寶 或以綴衣爲飾"

어보니 거기에는 단정히 생긴 아이가 하나 있었으며 아울러 팔보(八寶)와 노비(奴婢)가 가득 차 있었다."[64]고 기록되어 있다.

건국 설화는 그들의 문화적 원류이자 마음의 고향이다. 적어도 한 국가의 건국 설화에 보화의 얘기가 나온다는 것은 구슬이 그들의 궁극적 관심 가운데 하나였음을 의미하는 것이다. 더구나 신라인들이 보석을 좋아하는 정도가 지나치게 되자 왕은 이의 금령(禁令)까지 내렸다.[65] 본디 문화의 본질로 볼 때 중국은 옥(玉)의 문화이며, 일본은 나무[草木]의 문화이며, 조선은 철(鐵)의 문화였기 때문에 우리는 사치를 즐기지 않았다.

인간의 생활에서 보석에 집착한다는 것은 그만큼 그들이 물욕에 눈이 어두웠다는 것을 의미하는 것이요, 그 사회가 그토록 타락했음을 의미하는 것이다. 이러한 타락은 끝내 그 국가의 기강을 흩트렸고[66] 말년에 가서는 도적질을 하면서도 아무런 죄책을 느끼지 않을 만큼 부도덕하게 되었다.[67]

당연히 그렇듯이, 문화의 침윤은 지배 계급에서부터 이루어진다. 따라서 이와 같은 타락은 왕실을 중심으로 한 상층 구조에서 더욱 심했다. 그것은 삼국전쟁 이후에 후기 신라에서 발생한 다음과 같은 역모(逆謀)의 통계에서 잘 나타나고 있다.

---

64 『三國遺事』(1) 紀異(1) 第四脫解王條 : "乃造櫃置我 并七寶奴婢載於舡中"; 『三國史記』 新羅本紀 脫解尼師今條 : "其女不忍 以帛裏卵并寶物 置於櫃中 浮於海 任其所在"

65 『三國史記』 新羅本紀 逸聖尼師今條 : "下命 禁民間用金銀珠玉"

66 『三國志』(30) 魏書(30) 東夷傳 韓條 : "其俗少綱紀 國邑雖有主帥 邑落雜居 不能善相制御"

67 『三國志』(30) 魏書(30) 東夷傳 韓條 : "其人 好作賊"

후기 신라의 역모 통계[문무왕 원년(661)~경순왕 말년(935)][68]

서기	왕력	역모의 내용
664	문무왕 4년	泗沘城에서 백제 유민이 반란
670	문무왕 10년	고구려 유민의 반란
673	문무왕 13년	阿湌 大吐의 반란
681	신문왕 원년	蘇判 金欽突, 波珍湌 興元, 大阿湌 眞功의 역모
684	신문왕 4년	安勝의 族子인 大文이 金馬渚에서 모반
698	효소왕 7년	伊湌 慶永이 모반
740	효성왕 4년	波珍湌 永宗의 모반
791	원성왕 7년	伊湌 悌恭의 모반
805	애장왕 10년	王叔 彦昇이 簒立하여 憲德王이 됨
822	헌덕왕 14년	熊川都督 憲昌이 그 父 周元이 등극 못함을 원망하여 모반하여 국호를 長安, 연호를 慶元이라 정함
838	희강왕 3년	上大等 金明이 簒立하여 閔哀王이 됨
838	민애왕 원년	張保皐의 난(이듬해 왕을 弑逆하고 神武王을 세움)
846	문성왕 8년	張保皐의 제2의 모반
879	헌강왕 5년	一吉湌 信弘의 모반
891	진성왕 5년	弓裔의 반란
899	효공왕 3년	梁吉의 반란
918	경명왕 2년	一吉湌 玄昇의 모반
918	경명왕 2년	왕건의 반란·등극
927	경애왕 4년	甄萱의 반란·등극

위의 표에서 볼 때 고구려와 백제의 멸망한 문무왕 원년(661)으로부터 신라가 멸망한 경순왕(敬順王) 말년(935)까지 274년 동안 신라에는 19회의 모반·반란이 일어나 3회의 찬역(簒逆)이 있었고, 애장왕(哀莊王)·희강왕(僖康王)·민애왕(閔哀王)·경애왕(景哀王) 등이 재위 가운데 참살되었는데 이는 그 빈도(頻度)로 볼 때 고구려나 백제에서는 일찍이 없었던 일이며, 삼국전쟁 이전의 신라에서도 없었던 일이었다.

68 『三國史記』 新羅本紀에서 뽑음.

타락한 신라의 왕실이 얼마나 정치적으로 불안했던가 하는 점은 그들의 재위 연간을 고구려나 백제와 견주어보면 쉽사리 알 수가 있다.

삼국 왕의 재위 통계[69]

국명	왕의 수		통치 기간	평균 재위 기간
신라	삼국전쟁 이전	29명	718년	24.7년
	삼국전쟁 이후	27명	274년	10.1년
고구려	28명		705년	25.2년
백제	31명		678년	21.9년

위의 통계에서 볼 수 있는 바와 같이, 신라는 한 왕의 재위 연간이 가장 짧고 신라의 전 기간 동안의 56왕 992년을 통산할지라도 한 왕의 재위 연한은 17.7년이라는 계산이 나온다. 더욱이 삼국전쟁 이후의 왕위의 평균 재위 연수가 10년이라는 사실을 주목해야 한다. 이러한 통계는 신라 왕조의 정치적 불안의 척도인 동시에 신라 왕실의 부패 지수(指數)라고 볼 수 있다.

삼국전쟁 이후의 사회적 변화 가운데 서도 특히 빼어놓을 수 없는 것은 생활상의 변화인데 특히 그 가운데에서도 복제(服制)의 변화는 중요하다. 김춘추는 일찍이 당태종을 알현(謁見)했을 때 그 앞에 무릎 꿇고 앉아 장복(章服)을 중국의 제도로 고치도록 허락해 달라고 간청하니 당제는 곧 안으로부터 진귀한 의복을 꺼내어 김춘추와 그 종자(從者)에게 주었으며,[70] 이것을 가지고 귀국한 김춘추는 그에 따라 신라인들의 복제를 중국의 것으로 바꾸었고, 문무왕대에 이르러서 여자들의 복제까지도 중국의 것으로 바꾸도록 명했다.[71]

69 『三國史記』에 의거하여 算出함.
70 『三國史記』新羅本紀 眞德王 2年(648)條 : "金春秋跪 …… 又請改其章服 以從中華制 於是內出珍服 賜春秋及其從者"
71 『三國史記』新羅本紀 文武王 4年(664)條 : "下敎 婦人亦服中朝衣裳"

복식의 변화는 상징적 의미를 갖는다. 고구려의 고분 벽화에서 볼 수 있듯이, 본디 고구려에는 근면하고 노동에 편리한 바지 중심의 복식이 있었다. 그것이 당복(唐服)으로 바뀌면서 복식에 신분의 의미가 가미된 관복 위주의 의례로 바뀌었다.

삼국전쟁 이후로 고구려의 노동의 복식은 조선에서 사라지고, 오히려 이를 전수받은 일본에서 잔존하여 몸베(もんぺ)가 되었다. 이러한 복제의 변화는 단순히 표피적인 것이 아니오, 민족의 미풍과 양속을 저버린 처사였다.

요컨대 삼국전쟁 이후 왕조중심적 귀족 사회의 타락과 유락은 더욱 배가되었으며 이러한 가운데 민족의 문화와 얼은 더욱 찌들어 갔다. 이러한 비운은 신라의 당대에 그치지 않고 그 뒤의 역사에 오욕의 유산을 남겨주었다는 점에서 신라사의 비극은 더욱 가중되었다.

5. 영토상의 변화

삼국전쟁 이후 겪어야 했던 가장 큰 변화는 영토의 변경이었다. 물론 오늘날 한국 사학계에서는 삼국의 위치에 관하여 강역학상(疆域學上)의 이론(異論)이 너무도 판이하여 영토의 규모는커녕 위치조차도 종잡을 수 없는 형편이다. "국경 문제에 관하여 누구 말이 옳은지 말해주는 것은 칼이다."[72] 그러나 삼국전쟁 이후의 국경 변경에 관한 논의를 하려면, 모호하고 어렵기는 하지만, 삼국의 위치가 어디쯤인가 하는 문제만은 빼어놓을 수 없다.

본디 원시 부족 국가 시대에는 오늘날과 같이 모든 국가가 땅을 맞대고 연접해 있었던 것이 아니라 무국적의 공한지도 있었고 또 명확한 국경의 개념이 있었던 것도 아니다. 설령 모든 국가가 연접하여 공한지가 없었다

---

72 『플루타르코스영웅전』, 「리산데르전」, § 22.

고 할지라도 국경이란 국력에 따라 유지되는 일시적인 획선일 뿐이지 영원한 경계선은 존재하지 않았다. 한국사의 경우에도 국경이 하나 둘이 아니오, 국력의 소장(消長)에 따라 여러 번 이동된 것도 사실이다.[73] 따라서 여기에서 말하는 국경이라 함은 삶의 영향권(Lebensraum, 影響圈)이라는 표현이 더 적절할 수도 있다.

오늘날에 와서 고대 국가의 국경을 추정하는 데에는 문헌에 따르는 방법과 유적·유물에 의하는 방법의 두 가지가 가능할 것이다. 그러나 고고학자가 아닌 필자로서는 후자의 방법은 불가능한 일이며 다만 구득(求得)이 가능한 몇 가지의 문헌에 따른 추정만이 가능할 따름이다.

시대적으로 삼국을 가장 근거리에서 바라보고 그 위치를 기록한 문헌이라고 볼 수 있는 중국의 『삼국지』는 『서경』(書經)을 인용하여 "동이제국(東夷諸國)은 동쪽으로는 바다에 닿아 있고 서쪽으로는 유사(流沙 : 고비사막)에 연접되어 있다"[74]고 기록하고 있다.

또한 한(韓)의 위치에 관해서 "한은 대방(帶方)의 남쪽에 있다. 동쪽과 서쪽은 바다에 닿아 있고 남쪽은 왜와 연접해 있는데 지방의 (둘레는) 4천리이다."[75]라고 기록하고 있다. 이밖에도 한국 고대국가의 위치에 관한 기록으로서 『송서』(宋書)에 "고구려국은 한(漢)의 요동군(遼東郡)을 모두 다스렸다."[76]고 기록되어 있다.

『삼국유사』(三國遺事)는 『지장도』(指掌圖)를 인용하여 "흑수(黑水)는 만리장성 북쪽에 있고 옥저(沃沮)는 만리장성의 남쪽에 있다."[77]고 기록하고

---

73 朴時仁, 『알타이문화사연구 : 韓國篇』, p. 1.
74 『三國志』(30) 魏書(30) 東夷傳 : "書稱東漸于海 西被于流沙"
75 『三國志』(30) 魏書(30) 東夷傳 韓條 : "韓在帶方之南 東西以海爲限 南與倭接 方可四千里"
76 『宋書』(97) 列傳(57) 夷蠻條 : "高句麗國 全治漢之遼東郡"
77 『三國遺事』(1) 紀異(1) 靺鞨(一作勿吉) 渤海條 : "指掌圖 黑水在長城北 沃沮在長城南"

있다. 그리고 또 한 가지 흥미 있는 사실은 기자조선(箕子朝鮮)의 마지막 왕인 기준(箕準)이 위만(衛滿)에게 쫓기어 한(韓 : 지금의 淸州)으로 도망할 때 "바다를 건너서 갔다"는 기록[78]이다. 이 기록에 오류가 없다면 기자조선은 오늘날의 주장과는 달리 요동 부근에 있었다는 주장이 상당한 설득력이 있다. 기존의 이론대로 기자조선의 후손들이 평양에 살다가 청주로 갔다면 바닷길이 아니라 육지로 가야 했기 때문이다.

이상의 몇 가지 기록을 종합해 보면, 고구려는 고비사막 동쪽으로부터 요동반도를 거쳐 현재의 남만주 일대를 포함하면서 타타르해협(Tartar Straight)이나 또는 그 이남의 어느 곳에서 바다와 연접해 있었고, 삼한은 동서남이 모두 바다와 접해 있었다는 사실로 미루어 볼 때 반도 내에 위치하였으며, 옥저가 만리장성 남쪽까지 뻗어 있었다면 동이족의 남방한계선은 적어도 지금의 천진(天津)까지는 내려갔을 것이다.

그러나 이와 같은 삼국의 지리적 추정은 오늘날 우리의 사학계에서 통설로 받아들여지고 있지는 않다. 이 글에서 백 보를 양보하여 오늘날의 통설[79]에서 주장하고 있는 바에 따라 삼국의 초기(5세기경)의 위치를 추정해보면 〈그림 1〉[80]과 같다. 이 지도에 입각해서 삼국의 면적을 계산해 보면 고구려가 45.9만㎢, 신라가 3.2만㎢, 그리고 백제가 2.9만㎢이다.[81] 이것을 통산하면 삼국의 총면적은 약 52만㎢ 남짓 되며 고구려·신라·백제의 백분비는 88.3% : 6.2% : 5.6%가 된다.

---

78 『後漢書』(85) 東夷列傳(75) 韓條 : "初朝鮮王準 爲衛滿所破 乃將其餘衆數千人 走入海 攻馬韓破之 自立爲韓王" 그들이 바다를 통하여 입국했다면 그 지점은 아마도 아산만(牙山灣) 일대였을 것이다.

79 이하에 수록된 지도는 주로 한우근, 『韓國通史』(서울 : 을유문화사, 1970)을 참고했으며, 이홍직, 『國史大事典』(서울 : 知文閣, 1960)을 비교하여 작성된 것임.

80 한우근, 『韓國通史』, p. 55 참조.

81 이하의 삼국의 면적 계산은 건국대학교 지리학과의 원종관(元鍾寬) 교수의 도움을 받아 구적기(求積器)로 계산한 것임.

〈그림 1〉 삼국 초기(5세기)

고구려
45.9만㎢

백
제
2.9만㎢

신라
3.2만㎢

이와 같은 국경은 오랜 분쟁을 거쳐 6세기 중엽인 신라 진흥왕대(眞興王代)에 이르러서는 〈그림 2〉[82]와 같은 판도로 변모했다. 삼국전쟁 이전에 신라의 국력이 가장 신장되었던 진흥왕 시대에 함경도의 황초령(黃草嶺)과 마운영(摩雲嶺)에서 그 순수비(巡狩碑)가 발견되는 것으로 볼 때 삼국의 면적은 대략 고구려가 41.1만㎢, 신라가 8만㎢, 백제가 2.9만㎢ 정도였으며, 고구려 : 신라 : 백제의 백분비는 79.0% : 15.4% : 5.6%이었다.

이후로부터 1세기 동안 소장(消長)했던 국경의 변천은 소상히 입증할 수 없으나 대체로 〈그림 3〉[83]과 같은 국경이 이루어졌을 것이다. 이때의 삼국의 면적은 고구려가 43.6만㎢, 신라가 7.5만㎢, 백제가 2.9만㎢ 정도

82 한우근,『韓國通史』, p. 58 참조.
83 한우근,『韓國通史』, p. 84 참조.

였으며 고구려 : 신라 : 백제의 백분비는 80.7% : 13.9% : 5.4%이다.

삼국의 이와 같은 면적 비율은 삼국전쟁을 계기로 완전히 무너졌다. 애당초 삼국전쟁은 당사국만의 자력에 의한 전쟁이 아니오, 외세의존도가 높은 전쟁이었다는 점에서 국경의 변경은 불가피했다. 어떠한 전쟁을 가릴 것 없이 제3국의 참전은 수원국(受援國)에게 가혹한 대가를 요구하기 마련이고 그런 면에서는 삼국전쟁의 경우도 마찬가지였다.

삼국전쟁을 통하여 당태종이 의도했던 바는 고구려의 영토를 차지하겠다는 것이었다. 이 대목은 매우 중요하다. 왜냐하면, 우리의 "남북 분단 논의"는 이미 삼국시대에서부터 거론된 것임을 알 수 있기 때문이다.

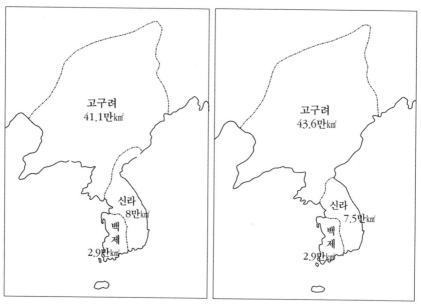

〈그림 2〉 삼국 중기
(진흥왕 시대 : 6세기 중엽)

고구려
41.1만km²

신라
8만km²

백제
2.9만km²

〈그림 3〉 삼국 말엽
(武烈王 이전 : 7세기 중엽)

고구려
43.6만km²

신라
7.5만km²

백제
2.9만km²

당태종은 이미 삼국전쟁 20년 앞서 이미 대동강(大同江) 이북의 만주(滿洲)의 평야를 탐내고 있었다. 삼국전쟁이 일어나자 당태종의 야망은 즉시 노출되었다. 서기 660년 소정방(蘇定方)이 백제를 멸망시키자 당태종의 후왕(後王) 당고종(唐高宗)은 곧 좌위중랑장(左衛中郞將) 왕문도(王文度)를 웅진도독(熊津都督)으로 임명하여 유민을 무마하도록 했으며,[84] 그 뒤에는 백제 왕자 융(隆)을 그 자리에 앉혔다가[85] 서기 675년 무렵이 되어서야 당나라 군사들은 백제의 옛 땅으로부터 물러났다.[86]

영토에 대한 당의 야망은 고구려의 영토에서도 마찬가지였다. 당은 고구려의 정벌이 끝나자 국토를 5부, 176성, 69만여 호를 9도독부, 42주, 100현으로 나누고, 안동도호부(安東都護府)를 평양에 두어 설인귀(薛仁貴)를 도호(都護)로 삼아 당병 2만을 거느리고 통치하도록 했다.[87] 고구려에 대한 당의 완전한 지배는 그 뒤 70년 동안 계속되다가 서기 735년(聖德王 34년)에 패강(浿江) 이남만을 신라에 돌려주었다.[88] 이에 성덕왕은 사신을 보내어 다음과 같은 사은서를 올렸다.

"패강 이남의 땅[地境]을 주신다는 은칙(恩勅)을 엎드려 받나이다. 신(臣)은 바다 모퉁이에 살면서 성조(聖朝)의 덕화(德化)를 받게 되었고 비록 지극한 정성[丹誠]을 마음의 바탕으로 했으나 가히 공을 이루지 못했고 충정(忠貞)으로 섬겼으나 그 노고를 상 받을 만하지는 못합니다. 폐하께서는 우로(雨露)의 은혜를 내리시고 일월과 같은 조서(詔書)를 내리시어 신에게 땅을 주어 신의 살 곳을 넓혀주고 드디어 간벽(墾闢)으로 때를 찾게 했으며 농상(農桑)으로 소망을 얻게 했으니 신은 사륜(絲綸 : 조칙)의 뜻을 받들고 영총(榮寵)을 깊게 입으니 이 몸이 가루가 될지라되[粉身糜骨] 이를 갚지 못하겠나이다."[89]

---

84 『三國史記』新羅本紀 太宗武烈王 7年(660)條 : "唐皇帝遣左衛中郎將 王文度爲熊津都督"
85 『三國史記』百濟本紀 義慈王 20年(660)條 : "帝以夫餘隆爲熊津都督"
86 『三國史記』新羅本紀 文武王 15年(675)條 참조.
87 『三國史記』高句麗本記 寶藏王 27年(668)條 참조.
88 『三國史記』新羅本紀 聖德王 34年(735)條 : "勅賜浿江以南地"

위의 기록으로 볼 때 신라가 삼국전쟁 이후 70년이 지난 서기 735년이 되어서야 패강 이남의 땅을 그 국경으로 확정 지을 수가 있었는데 이를 지도로 표시하면 〈그림 4〉[90]와 같다. 이 지도에서 볼 수 있는 바와 같이 실지(失地)는 38.6만㎢이요, 신라는 13.4만㎢이니 실지와 신라를 백분비로 나타내면 74.2% : 25.8%이다. 바꾸어 말하면 삼국전쟁을 통해서 우리는 삼국의 전체 면적의 74.2%를 잃은 것이요, 신라는 진흥왕 시대에 견주어 5.4만㎢(신라 면적의 67.5%가 늚)을 더 얻은 셈이다. 여기에서 백제의 면적 2.9만㎢을 뺀다면 신라가 차지한 고구려의 구토는 2.5만㎢였다.

〈그림 4〉 삼국전쟁 후의 국경(8세기 중엽)

89 『三國史記』 新羅本紀 聖德王 35年(736)條 : "仍附表陳謝曰 伏奉恩勅 賜浿江以南之境 臣生居海裔 沐化聖朝 雖丹素爲心 而功無可效 以忠貞爲事 而勞不足賞 陛下降雨露之恩 發日月之詔 賜臣土境 廣臣邑居 遂使墾闢有期 農桑得所 臣奉絲綸之旨 荷榮寵之深 粉骨糜身 無由上答"

90 韓沽劤, 『韓國通史』, p. 93 참조.

아무리 사상적인 것을 강조한다고 할지라도 통일이란 일차적으로 공간적인 개념이다. 그런데 국토의 74.2%를 잃고서도 우리는 신라의 삼국전쟁을 소위 "삼국통일"이라고 미화(美化)할 수 있을 것인가? 이 장에 기록된 면적의 통계는 이 분야에 대한 최초의 시도이기 때문에 여기에는 어느 정도의 오차가 개재되어 있으리라는 점을 시인하지 않을 수 없다. 그러나 아무리 그러한 오차를 시인한다고 할지라도 그 근본 논지(論旨)에는 별 오류가 없으리라고 생각한다.

6. 맺음말

이상에서 우리는 삼국전쟁 이후의 사회 변동을 살펴보았다. 이를 다시 요약건대 삼국전쟁 이후 우리의 민족성은 기마민족인 고구려의 웅혼(雄渾)한 기상을 잃고 반도 민족으로 몰락했으며, 국제적으로는 사대주의를 신봉하여 중국의 변방 국가로 몰락함으로써 자주성이 유린되었고, 사회적으로는 대륙의 검박(儉朴)과 근면을 잃고 농경문화로 유락했으며, 영토적으로 전 국토의 74.2%를 잃었다.

그러므로 이 시대의 역사는 세칭 신라 통일의 시대가 아니라 남북조의 시대였다고 보는 것이 옳다. 고구려의 고토에 발해(渤海 : 699~926)가 건국되었기 때문에 더욱 그렇다. 만약 발해가 우리의 민족 문화에 포함될 종족이 아니라면 이 시대를 상실의 시대로만 볼 수도 있지만, 발해의 인종과 문화가 엄연히 우리의 것과 일치되는 것이라면 이는 남의 역사가 아니라 우리의 역사이며 따라서 남북조 시대이지 발해를 사상(捨象)한 채 신라만을 가리켜 통일이라고 말하는 데에는 많은 무리가 있다.

그렇다면 이와 같이 엄청난 국가적 손실을 감수하면서도 김춘추 부자가 삼국전쟁을 일으키고 끝내는 백제와 고구려를 멸망시킴으로써 한국사의 뼈아픈 비극을 가져온 이유는 무엇일까? 단적으로 대답하여 신라-백제전은 김춘추 부자의 사사로운 원한 때문이었다. 김춘추에게는 본디 딸이 있었는데 그는 품석(品釋)에게 출가했다. 품석은 백제와 신라의 국경인 대야성(大耶城)의 도독으로 국경을 지키고 있었는데 선덕왕 11년(642) 백제의 장군인 윤충(允忠)의 침략을 받아 일가가 몰살하는 비극을 당했다.

이 비보를 들은 김춘추는 기둥에 기대서서 종일토록 눈도 깜짝하지 않고 사람들이 그 앞을 지나가도 알지 못하더니 얼마 뒤에 입을 열어 "아슬프다! 사나이 대장부로 어찌 능히 백제를 멸망시키지 못할까 보냐!"[91]라고 탄식했다. 그 뒤 복수심에 불타는 김춘추는 일곱 차례 당나라로 건너가 아들 7명 가운데 둘을 인질로 남겨두면서까지[92] 원병을 간청하여 끝내는 백제를 멸망시키는 데 성공했다.

품석 부부의 피살에 대한 원한은 춘추의 아들들에게도 마찬가지였다. 춘추의 아들 법민(法敏, 문무왕)이 백제를 멸망시키고 의자왕(義慈王)의 아들 융(隆)을 만났을 때 그를 말 앞에 꿇어 앉히고 얼굴에 침을 뱉으며 말한 첫 마디가 "일찍이 네 아비는 나의 누이동생[品釋의 처]을 참혹하게 죽여 옥중에 묻어놓아 나를 20년 동안 마음 아프게 하고 괴로워하게 했으니 오늘 너의 목숨은 내 손에 달렸다"[93]라고 외친 것만 보더라도 그들의 사사로운 원한이 얼마나 뼈에 사무쳤는가를 알 수가 있다.

비록 사사로운 원한이었다고는 하나 김춘추가 당이라고 하는 외세를 등에 업고 백제를 멸망시키는 데 성공하자 그 아들 문무왕은 이에 이어 고구려마저 멸망시키려고 결심했다. 신라―고구려전은 신라―백제전처럼 그렇게 전적으로 사적 충동에서 빚어진 것이라고는 할 수 없지만, 그들

---

91 『三國史記』 新羅本紀 善德王 11年(642)條.
92 『三國史記』 新羅本紀 眞德王 2年(648)條 : "春秋奏曰 : 臣有七子 願使不離聖明 宿衛 乃命其子文注興大監○○(二字不明)"
93 『三國史記』 新羅本紀 太宗武烈王 7年(660)條 : "義慈子隆… 等出降 法敏跪隆於 馬前 睡面罵曰 向者汝父枉殺我妹 埋之獄中 使我二十年間痛心疾首 今日汝命在 吾手中 隆伏地無言"

부자가 고구려로부터 숱한 고초를 겪은 것은 사실이며 또한 국가적으로 보더라도 신라는 너무 오랫동안 고구려로부터 곤욕을 치러왔는데[94] 이러한 여러 가지의 복합적인 요소들로 말미암아 신라의 지배층이 고구려를 멸망시키게 한 것이라고 볼 수 있다.

요컨대 세칭 삼국통일을 통하여 한국사는 기마민족에서 농경민족으로, 대륙 민족에서 반도 민족으로, 강대국가에서 약소국가로, 그리고 자주 국가에서 사대 국가로 몰락했다. 이때로부터 한국사의 왜소화가 시작되었다는 점을 고려한다면 삼국전쟁은 통일국가의 형성이 아니라 고구려의 기상을 잃은 비극의 단초였다. 그러니 이를 어찌 통일이라고 미화할 수 있겠는가?

---

94 신라는 오래전부터 고구려와 일본에 왕실의 인물을 인질(人質)로 보냈다.『三國史記』新羅本紀 奈勿尼師今 46年(401)條: "高句麗質子實聖還";『三國史記』列傳 朴提上條: "先是實聖王元年壬寅 與倭國講和 倭王請以奈勿王之子未斯欣爲質 王嘗恨奈勿王使己質於高句寬 思服以釋憾於其子 故不拒而遣之 又十一年(412) 壬子 高句麗亦欲得未斯欣之兄卜好爲質 大王又遣之";『三國史記』訥祗麻立干 2年(418)條: "王弟卜好自高句麗 與提上奈還來"

5장

글안 전쟁과 서희(徐熙)

한 민족지도자의 역할이
그 민족의 흥망성쇠에
결정적인 영향을 미칠 수 있는
역사 상황의 사례는 무수히 많았다.[1]

1. 머리말

아주 오랜 옛날, 우리가 어렸을 적에 문교부에서 학생들을 상대로 설문
조사를 한 적이 있었다. 설문의 내용은 "한국사의 역대 인물로써 내각을
구성한다면 누가 어떤 장관을 맡을까?" 하는 것이었다. 너무 오래되어 모
든 인물을 다 기억할 수는 없지만, 아직도 또렷하게 생각나는 몇 분들이
있다. 대통령은 세종(世宗)이었고, 국무총리는 을파소(乙巴素)였고, 국방
부 장관은 이순신(李舜臣)이었고, 문교부 장관은 이율곡(李栗谷)으로 기
억되고, 농림부 장관은 정약용(丁若鏞)이었다. 그리고 외무부 장관은 서
희(徐熙)였다.

우리는 왜 이 시대에 서희를 다시 주목해야 하는가? 역사는 늘 격동기

---

* 이 글은 한국학중앙연구원 주최, 서희(徐熙) 학술회의 기조 발표(서울 : 국립박물
 관, 2008. 11. 19.)를 논문의 형식으로 재편성한 것임.
1 Sydney Hook, *Hero in History : Myth, Power or Moral Ideal*(Stanford : Hoover
 Institute at Stanford University, 1978), pp. 9~10.

였지만 한국현대사만 한 격동기도 역사에 일찍이 없었다. 망국과 식민지 지배, 분단, 해방과 군정, 정부 수립, 한국전쟁 그리고 4 · 19학생혁명과 5 · 16군사정변에 이르기까지 격동의 120년은 다른 시대의 3세기에 해당하는 변화를 가져왔다. 달리 말하면 한국 현대사의 백년을 우리는 30년에 농축해서 산 셈이다.[2]

이럴 경우, 시대가 어려우면 민중들은 영명한 지도자의 출현을 고대하게 된다. 그것이 바람직한 것이 아니었다 하더라도 이런 시대에는 영웅대망론(英雄待望論)과 영웅사관에 빠지게 된다. 이런 문제는 이 시대의 주인이 영웅이냐 아니면 민중이냐 하는 시대 사조와는 별개로 진행된다.

더욱이 그러한 사조가 외인(外因)과 직결되었을 때에는 그러한 영웅이 구국(救國)의 영웅으로 등장하게 되는데 엄혹했던 군부/유신 시대의 충무공(忠武公) 현창 운동이 그러한 모습을 보여주었다. 그가 불세출의 영웅임에는 틀림이 없지만 암울한 유신의 시대에 영웅사관이 독재를 합리화하는 상징으로 퇴색하였을 때 민중들은 서서히 권력의 억압에서 벗어나려고 움직이기 시작했다.

이러한 사조 속에서 민중들은 외환(外患)의 문제에 대한 영웅사관에서 시좌(視座)를 넓혀 탈(脫)충무공 현상을 보이기 시작했는데, 그래서 나타난 영걸이 곧 세종(世宗)이었고, 또 다른 인물이 서희였다. 특히 중국의 동북공정(東北工程)과 역사 왜곡을 거치면서 구국의 상징이 반일(反日) 정서에서 반중화(反中華) 정서로 옮겨가면서 서희는 그 대안으로 등장하게 되었고, "서희 포럼"과 같은 비정부기구(NGO)가 등장하면서 그에 대한 재평가가 시작되었다.

---

2 Don Oberdorfer, *The Two Koreas*(New York : Basic Books, 2001), p. 37.

2. 대외 항쟁에서 이기는 힘 : 외교인가 무장투쟁인가?

세상살이를 성악설(性惡說)로 이해하려는 것은 아니지만, 역사를 돌아보면, 그 굽이굽이마다 수많은 부대낌이 있었다. 인간사뿐만 아니라 사회사도 그러했고, 국가사에는 더 말할 나위도 없이 다툼이 많았다. 사람들은 흔히 평화의 당위(當爲)에 대하여 목소리를 높여 옹변(擁辯)하지만, 인류가 살아온 길은 그렇게 평화롭지 않았다.

인류 사회 또는 국가가 이와 같은 환란(患亂)에 직면하게 되었을 때 그들이 국가를 지탱하고자 대응하는 방법은 매우 제한적일 수밖에 없다. 곧, 무기를 들고 항쟁할 것인가 아니면, 외교로써 풀 것인가 하는 선택의 문제만이 남아 있을 뿐이다.

그런데 이와 같은 위기의 순간일 수록에 국민의 정서는 격정적이고 조급하며 질주하기 쉽다. 따라서 온건한 평화주의자들의 목소리는 격랑 속에 묻혀 버리고 결연한 옥쇄(玉碎)만이 충절이고 대의(大義)인 것처럼 들리기 마련이다. 이럴 경우에 평화주의자나 외교우선주의자 또는 온건파들은 회색분자(wobbler)나 비겁자(man-in-between)로 지탄받으며 무대에서 사라지는 경우가 역사에는 허다했다.

협상가는 늘 고독했다. 그는 우군이 없는 상태에서 우선 자신의 안위를 걱정할 겨를도 없이 스스로 결단을 내리지 않을 수 없었다. 이런 점에서 본다면 평화주의자나 온건파는 강경파보다도 더 담대하고 조리 정연한 논리로 무장해야 하고 강인한 자기지탱력을 갖추어야 한다. 이러한 사실은 중립주의를 걷고 있는 스위스의 방위력이 어떤 다른 나라보다도 강력하다는 사실에서도 잘 알 수 있다.

그렇기 때문에 평화주의자는 더 많은 인내와 주체성을 가지고 있어야만 한다. 본디 외교관의 원시적 시조(始祖)였던 전신인(傳信人)이라는 말의 어원은 헤르메스(Hermes)인데 이 말은 신이 사는 하늘과 악마가 사는 지상을 오가며 의사를 소통해주는 역할을 하는 연락병이라는 뜻이다. 그

전신인은 좋은 일을 하는 신이기 때문에 훗날 천사(Angel)라는 이름으로 의미가 바뀌었다.[3]

역사를 돌아보면, 흔치는 않지만, 그러한 평화주의자 또는 외교우선주의자가 후대에 더 많은 교훈을 주는 경우가 없지 않았다. 예컨대, 병자호란(丙子胡亂) 중의 남한산성에서, 김상헌(金尙憲)이 통곡하며 항복 문서를 찢었는가 하면, 그것을 다시 모아 붙이는 최명길(崔鳴吉)도 분명히 우국적이었고 오히려 김상헌보다 더 고뇌했음에 틀림이 없으며, 어쩌면 최명길의 길이 더 어렵고 험난했을 수도 있다.[4] 역사의 험로에서 절의(節義)가 더 중요한지 아니면 생존이 더 중요한지는 그리 쉽게 판정할 일은 아니지만 지탱력이라는 점에서 볼 때 생존이 절의에 우선할 때가 더 많았다.

우리는 여기에서 인간 사회에서의 생존의 방법으로 외교라는 문제를 생각해보아야 한다. 왜 우리는 외교를 거론해야 하는가? 그것은 역사에서 나타났던 그 많은 유혈 사건의 악마성과 인간의 부도덕성 때문이다. 종교에서 말하는 이른바 자비니 사랑이니 하는 것들의 가치가 아무리 높다고 하더라도, 인류의 역사에는 수많은 동족 살인(homicide), 형제 살인(fratricide), 집단 학살(genocide)이 있었다. 지금도 국제 사회에서는 병기(兵器)의 생산과 군대의 유지에 드는 비용이 의료 비용보다 더 많이 지급되고 있다.

다시 말하면 우리는 사랑이라는 탈을 쓰고 살지만, 그 내면을 돌아보면

---

3 H. Nicolson, *Diplomacy*(London : Oxford University Press, 1969), pp. 5~7; 신복룡 (역주), 『외교론』(서울 : 평민사, 2009), pp. 31~34.

4 『明谷集』(29) 行狀 先祖領議政完城府院君文忠公(崔鳴吉)行狀 : "形勢日以危急 自是始講和事 淸陰金公尙憲於廟堂 裂和書痛哭 公笑而拾之曰 朝廷須有裂壞此 書之人 而如我者亦不可無也.";『遲川集』(12) 丁丑封事(2) : "使殿下膠守匹夫之節 則宗社必亡 生靈必盡 幸而天啓淵衷 幡然省悟 納廟堂之議 循與人之願 一日之內 危機立變 宗社得以延其血食 生靈得以免於魚肉.";정순태,「실사구시의 정치가 최명길의 국익」,『월간조선』(1998년 11월호), p. 559; 신복룡,『한국정치사상사』 (하)(서울 : 지식산업사, 2011), pp. 117~127 참조.

사람을 죽이기 위한 비용이 사람을 살리기 위한 비용보다 많다는 뜻이 된다. 인간은 이러한 자신의 모습을 보면서 비감(悲感)했고, 누군가 이를 말릴 사람이 필요하다고 생각했다.

심지어는 전쟁을 수행하는 사람들도 싸우지 않고 이기는 방법이 없을까를 고민했는데, 손자(孫子)가 바로 그러한 인물이었다. 그는 "싸우지 않고 적을 굴복시키는 것이 최선의 길"(不戰而屈人之兵 善之善者也)[5]이라 했다. 그리고 그러한 시대적 요구에 따라서 외교관[說客]이라는 임무가 등장했다.

이와 같은 역사적 소명으로 출현한 외교관은 그 화려한 명성에 견주어 그 공로는 대체로 전쟁 영웅의 후광(後光) 뒤에 묻혀 버리는 경우가 많았다. 아마도 역사는 격렬하게 살다간 무사적 영웅들에게 더 많은 갈채를 보내는 경향이 있고, 그와는 달리 외교관은 일을 비밀리에 처리해야 하고 그 내막은 역사의 뒤안길에 알아주는 이 없이 묻혀 버리는 경우가 많아 그런 것이 아닌가 여겨진다. 외교관이나 밀사는 공을 남에게 돌리고, 사건의 전말을 가슴에 묻고 가야 하는 경우도 많다.

외교관은 늘 최고 지배자에게 공덕을 돌려야 했고, 겸손해야 했고, 2인자여야 했고, 커튼 뒤에 있었기 때문에 역사에서는 무공이 외교에 앞서는 것으로 기억되었을 것이다. 그래서 오늘날 많은 사람이, 문관이었던 서희를 무장으로 기억하고 있고, 학계의 선학인 노계현(盧啓鉉)의 『고려외교사』(1994)[6]에도 '서희 장군'으로 표기된 것이 그러한 예의 하나일 것이다.

여주에 있는 서희의 무덤에도 "서희 장군 묘"라고 기록되어 있다. 아마도 김종서(金宗瑞)나 권율(權慄)을 스스럼없이 '장군'이라고 부르는 우리의 정서와 다를 바가 없을 것이다. 다 아는 바와 같이, 서희는 무사가 아니라 문신이었다. 그렇다고 해서 이 글이 결코 문민 우위의 풍조에 동조

---

5 『孫子兵法』「謀攻篇」.
6 노계현, 『고려외교사』(서울 : 갑인출판사, 1994), *passim* 참조.

하려는 것이 아니며, 국가의 위난을 극복하는 일이 결코 전사(戰士)들만의 전유물이 아님을 지적하고 싶을 뿐이다. 문사(文士)들의 절의가 때로는 유혈이 낭자한 전사들보다 더 처절한 삶을 살 수 있을 것이다.

국가가 위난을 만나 전사들의 말처럼 무장 투쟁으로 나갈 것인가, 아니면 화의(和議)로 나갈 것인가의 문제는 오랜 역사를 갖는 논쟁의 주제였으며, 그 사례를 멀리 찾을 것도 없이 우리의 현대사에서 일제시대에도 잘 나타나고 있다.

당시의 민족지도자들은 일본에 항전할 것인가, 아니면 외교우선주의로 대응할 것인가의 문제를 놓고 많은 고민과 논의를 했다. 이를테면 이승만(李承晩)의 외교 노선과 김구(金九)의 무장 투쟁[terrorism] 노선의 길항(拮抗)이 그러한 사례에 속하는 것이었다.[7]

이 글은 국가가 위기를 만났을 때 그를 돌파하는 방법으로서 두 가지 길인 외교 우선주의와 무장 투쟁의 방법 가운데 어느 하나를 비교우위론적으로 가름하려는 것은 아니다. 우리는 같은 사안을 놓고 각기 달리 생각할 수도 있다는 것을 상호 양해하고 받아들일 수 있기 때문이다. 다만 이 글은 외교관으로서의 서희를 되돌아보려는 것이기 때문에 국가 위기에서의 외교의 역할과 중요도에 대하여 초점을 맞추어 생각해보고자 하는 것일 뿐이다.

3. 협상가로서의 서희[8]

국가가 위기에 놓였을 때 강경파(주전파)와 온건파(주화파)의 문제는

---

7 이에 관한 논의는, 신복룡, 『한국분단사연구 : 1943~1953』(서울 : 한울출판사, 2001), pp. 364~371; 신복룡, 『한국정치사상사』(하), pp. 673ff.
8 이하 서희와 글안의 문제는 『고려사』 「世家」 成宗 편과 「列傳」(7) 諸臣 徐熙 편과 『高麗史節要』 成宗 편을 참고함.

늘 있었던 논쟁이었다. 일견 보기에 강경파의 주장은 마치 옥쇄라도 하려는 듯한 비장감과 함께 결연함을 보이는가 하면, 온건파는 낮은 목소리로 마치 호소라도 하듯 조용했다. 그러나 그 내면을 들여다보면 온건파에게 더 강인함과 용기가 필요했다. 모진 바람이 불 대 청솔은 갈잎처럼 그렇게 요란하게 소리치지 않는다. 이제 국난 극복의 방법으로서의 협상을 주도했던 온건파 협상가들의 덕목을 살펴보면 다음과 같은 것들을 지적할 수 있다.

[1] 협상가의 첫 번째 덕목은 조국의 미래와 후손에 대한 **확고한 헌신(獻身) 의지**이다. "내가 한때 이곳에 살았다는 사실로 말미암아 누군가 단한 사람이라도 행복해질 수 있다면 그것이 진정한 성공"[9]이라고 에머슨(Ralph W. Emerson)은 말한다.

서희는 자신의 우국적 삶이 일신의 영화에 보탬이 된다고는 생각하지 않았을 것이다. 오히려 조정의 뜻을 거스르고, 대국의 의지를 꺾으려 한다는 것이 얼마나 위험한 것인가를 그는 누구보다도 잘 알고 있었을 것이다. 그는 후손에게 단 한 치의 땅이라도 더 물려주고 싶었고, 좀 더 공의(公義)로운 유산을 남겨 주고 싶었고, 그 과정에서 자신이 겪어야 할 신산(辛酸)한 삶을 그는 오히려 영광스럽게 생각했다.

그러므로 협상가의 첫 번째 덕목은 우국심(憂國心)이다. 그들은 대가를 바라지 않았으며, 주위의 세속적 칭송이나 명성에 연연하지 않았다. 그들은 역사의 평가를 두려워했고, 대의와 절의에 최고의 가치를 부여한 사람들이었다.

그들은 주위의 반대를 무릅쓰고 늘 혼자서 결단해야 한다는 점에서 고독했고, 그의 행위로 말미암은 결과와 책임이 남들보다 더 무거웠다는 점

---

9 https://www.goodreads.com/quotes/7213675-to-laugh-often-and--much-to-win-the-respect-of : "To know that one life has breathed easier because you lived here. This is to have succeeded."(검색일 : 2015. 10. 20.)

에서 그들은 늘 위험에 노출되어 있었다. 이 모든 고통을 이길 수 있는 힘은, 나로 말미암아 나의 조국이 조금은 더 행복해지리라는 희망 때문이었다.

[2] 협상가의 두 번째 덕목은 정확하고도 **냉철한 현실 인식**이었다. 그것은 시대를 읽는 혜안(慧眼)을 의미한다. 서기 993년, 고려 성종(成宗) 12년에 글안의 소손녕(蕭遜寧)이 거느린 1차 침입이 있었을 때, 글안군은 안융진(安戎鎭) 전투에서 패배하고서도 반격하지 않고 거듭 항복을 요구하는 의도가 무엇인가에 대하여 서희에게는 정확한 상황 판단이 있었기에 협상도 가능했다.

서희는 소손녕의 진정한 의도가 영토 침탈에 있는 것이 아니라 고려가 송나라와의 관계를 끊고 자국과 친교해 주기를 바란다는 것을 잘 알고 있었다. 그리고 무력이라는 점에서 초전에 승리한 고려로서는 힘에 대한 어느 정도의 자신감도 가지고 있었다. 힘의 절대적 불균형 상태에서 협상이란 무의미한 것이다.

그뿐만 아니라 역사적인 만주(滿洲) 인식이나 당시의 정서로 볼 때, 글안의 침략을 겪으면서 온건 노선을 걷는다는 것은 그리 쉬운 일이 아니었다. "글안은 짐승과 같은 나라여서, 풍속이 같지 않고, 언어도 다르니 의관(衣冠)과 제도를 삼가 본받지 말라."는 것이 왕건(王建)의 유훈(遺訓 : 훈요십조 제4조)이었다.[10] 아마도 왕건으로서는 역사적 정체성을 공유하고 있는 발해(渤海)가 글안에 의해 멸망한 것을 용서할 수 없었을 것이다.

그러나 당시의 북방 4각 관계, 곧 송과 글안과 여진과 고려가 각축하는 북방 관계는 명분이나 중화중의적 인식만으로 풀어갈 수 있는 것은 아니었다. 당시 글안과 여진과 송나라의 이해가 각축하고 있는 상황에서, 서희의 국방 인식은 송나라의 국력으로서는 결코 글안의 침략을 막을 수 없다는 것이었다.

---

10 『고려사』「세가」(世家) 태조 26년 여름 4월조.

송나라와 글안에 대한 등거리 외교를 유지하면서, 여진족을 압록강 이북으로 물리침으로써 서북지방을 고려의 영토로 확정하는 것이 국가적 득책이라고 서희는 판단했다. 서희의 온건 노선은 이렇게 정확한 상황 판단에 근거하고 있었기 때문에 그 힘을 발휘할 수가 있었다.

[3] 협상가의 세 번째 덕목은 **담대(膽大)함**이다. 중국의 춘추전국 시절 조(趙)나라의 인상여(藺相如)는 몸이 너무 허약하여 손으로는 닭의 목을 비틀 힘이 없었고, 다리는 나막신이 무거웠지만, 오로지 담대함으로써 진(秦)나라 소왕(昭王)으로부터 15개 성(城)과 화씨의 구슬[華氏之璧]을 되돌려 받을 수 있었다.[11] 나라의 일이든, 인간의 일이든 어떤 중대한 사안을 결정하는 것은 고매한 이상이나 철학이 아니라 세속적인 독기(毒氣)에 따라 결정되는 경우가 많다. 더욱이 외교에는 지도자의 결기(決起)가 필요하다.

당초 글안의 침략군이 고려 경내에 도달했을 때, 서희가 고려 국왕의 국서를 받들고 소손녕의 진영에 가서 통역을 시켜 상견의 예의를 물으니 소손녕이 말하기를, "나는 대국의 귀인이라 그대는 마땅히 뜰에서 배례해야 한다." 하였다.

이에 서희가 말하기를, "신하가 군주에 대해서는 아래에서 절하는 것이 예의이지만, 두 나라 대신이 서로 보는데 어찌 그와 같이 할 수 있는가?" 하였다. 이에 몇 차례 통역이 오갔지만 소손녕이 이를 허락하지 않는지라 서희가 분노하여 돌아와 객관(客館)에 누어 일어나지 않으니 소손녕이 드디어 전각에 올라 사신의 예를 행하는 것을 허락하였다.

당시 소손녕은 글안의 부마(駙馬)이자 동경(東京) 유수(留守)였으며, 이름하여 80만의 대군을 거느리고 왔노라고 호언했다. 그것은 문관에게는 분명히 두려워할 만한 규모였다. 무사들도 적국으로부터 유린당하는 조국

---

11 『사기』「列傳 藺相如」편.

을 구출하고자 앞장설 용기를 내지 않는 터에 일개 문신이었던 서희가 앞에 나설 수 있었던 것은 그의 담대함 때문이었으며, 그에게는 비굴하지 않게 국가의 존엄을 지키고자 하는 충절이 그를 그토록 담대하게 만들었다고 볼 수 있다.

[4] 협상가의 네 번째 덕목은 **인내와 기다림**이다. 외교관이 분별을 잃고 분노한 장면들은 여러 세대를 두고 후학들의 두려운 기억이 되고 있다. 나폴레옹(Napoleon)은 1813년 6월 26일에 오스트리아 - 헝가리의 궁정에서 메테르니히 공작(Prince Metternich : 1773~1859)에게 분노를 터트리면서 융단 위에 그의 모자를 집어 던짐으로써 경멸을 샀고, 그것이 앙금이 되어 훗날 그에 의해 몰락하는 불행한 결과를 초래하였다.

아프리카에 특사로 파견되었던 영국의 외교관 스미스 경(Sir Charles E. Smith : 1842~1910)은 모로코의 군주(Sultan)에 분노하여 군주가 보는 자리에서 조약문을 집어 찢음으로써 자기 나라가 씻을 수 없는 외교적 손실을 겪게 하였다.[12] 협상자로서 성공하려면 인내와 끈기가 또한 필수적이다.

현대사에서 가장 성공적인 외교관의 한 사람이며 20년 이상이나 런던 주차 프랑스 대사를 역임했던 깡봉(Paul Cambon : 1843~1924)은 불가사의하리만큼 인내심이 강한 사람이었다. 영 - 불 관계가 거의 폭발될 정도로 긴장되었을 때 그는 영국에 부임하였다. 그러나 그가 떠날 적에는 영국과 프랑스가 굳은 동맹국이 되었다.

깡봉은 이 순간이 올 때까지 20년간을 기다렸다. 그는 언제나 융화적이었으며 신중했다. 순간을 포착하는 데 비상했던 깡봉의 재능, 그의 심오한 상황 판단 그리고 근엄한 태도는 그가 만인의 신용과 존경을 받게 하였다.[13] 조속한 승리를 쟁취하여 빛나는 성과를 이룩하고 빨리 귀국하

---

12 H. Nicolson, *Diplomacy*, pp. 62~63; 신복룡(역주), 『외교론』, pp. 156~158.
13 H. Nicolson, *Diplomacy*, pp. 62~63; 신복룡(역주), 『외교론』, pp. 157.

는 것을 바라는 다른 나라의 사절들은 이와 같은 인내심을 발휘하지 못하였다.

담판에 마주하는 서희의 처신을 보면 그는 무서우리만큼 참고 기다리는 자제력을 보여주고 있다. 여기에서 기다림은 이중적이다. 하나는 적이 분노를 사그라트리고 협상 테이블에 나올 때까지의 기다림이고, 다른 하나는 나의 편에 서 있는 사람들을 설득하며 기다리는 것이다. 서희에게는 소손녕에 대한 기다림이 있었고, 땅을 떼어주어서라도 화친하자는 이른바 할지론(割地論)과 복속론을 주장하는 고려 조정의 왕을 비롯한 신하들을 설득하고 기다리는 일이 이중적으로 남아 있었다.

협상가에게는 자기편을 설득하는 일이 적군을 설득하는 일보다 더 어려운 경우가 허다한데, 한국의 현대사에서 나타나고 있는 노사 협약이 그러한 사례에 속하는 것이다. 이런 점에서 보면 기다림과 인내도 결국은 승리에 대한 확신과 용기의 소산이다. 참지 못하고 적진에 뛰어드는 비분강개함이 충절의 참모습은 아닐 것이다. 사람들은 용맹스러움과 무모함을 혼동하는 경우가 많다.

[5] 협상가의 다섯 번째 덕목은 **정연한 논리**이다. 전국 시절에 소진(蘇秦)이 여섯 나라 승상의 패인(覇印)을 허리에 찰 수 있었던 것도 논리이고, 장의(張儀)가 잔명(殘命)을 보전할 수 있었던 것도 논리이며,[14] 제갈량(諸葛亮)이 주유(周瑜)를 설득하여 조조(曹操)를 치게 한 것도 그렇고,[15] 그리고 왕랑(王郎)을 꾸짖어 그가 말 위에서 피를 토하며 죽게 한 것도 논리이다.[16] 논리는 학덕의 소산이다.

고금의 수많은 사례에 대한 박람강기(博覽强記)함과 그러한 역사적 교훈을 현실에 적용할 수 있는 고도의 추리력과 논리적 사고가 준비되어

14 『사기』「열전」蘇秦 열전.
15 『삼국지』 44회.
16 『삼국지』 94회.

있을 때 적군을 설득할 수가 있다. 그러므로 공자(孔子)께서 말씀하신 바와 같이, 협상이란 "공부하고 생각하는 가운데"(學而思) 이루어지는 것이지 단순한 구변(口辯)만을 의미하는 것이 아니다. 그리스-로마에서 정치인이 수련해야 할 첫 번째 덕목으로 수사학(修辭學, rhetoric)을 요구한 것도 괜한 얘기가 아니었다. 그 시대에는 수사학과 정치학이 동의어에 가까웠다.

서희의 외교가 가지는 저력은 바로 이 논리에 있다. 글안의 침공을 맞아 왕이 할지(割地)를 논의하자, 서희가 이르기를 "땅을 베어 적에게 줌은 만세의 치욕"이라고 왕을 설득한다. 소손녕과 마주 앉았을 때는 소손녕이 이르기를, "그대의 나라가 신라의 땅에서 일어났고, 고구려의 땅은 우리의 소유인데 그대가 침략하였고, 또 우리와 접경하였음에도 바다를 넘어 송나라를 섬기는 탓에 오늘의 출병이 있게 된 것이니 만일 땅을 베어 바치고 조공을 바치면 무사할 것"이라고 말한다.

이에 서희가 말하되, "아니다. 우리나라가 곧 고구려의 옛 땅이다. 그러므로 국호를 고려라 하고 평양에 도읍하였으니 만일 국경으로 말한다면 그대 나라의 동경(東京)이 우리의 경내에 있거늘 어찌 침략이라 하는가?" 하였다.

요컨대, 전쟁이 피 흘리는 정치라면, 외교는 피 안 흘리는 전쟁이나 다름이 없다. 외교는 인간의 악마적 의지에 의한 희생과 유혈을 줄일 수 있는 최선(最先)의 방법이었다. 그러나 이 방법이 늘 환영받고 채택되는 것은 아니었다. 거기에는 고도의 기술과 지모와 담대함을 요구하기 때문이다. 그런데 역사에는 그런 어려운 과업을 수행한 인물들이 가끔은 있었다. 이 글은 그 사람을 추모하고 그로부터 교훈을 얻기 위한 것이다. 그렇다면 서희가 지금의 우리에게 주는 교훈은 무엇일까?

4. 우리 시대에 서희를 기다리는 의미

이 글이 전달하고자 하는 메시지는 한 마디로 이 시대의 서희를 기다리는 마음(徐熙待望論)일 것이다. 지금 우리가 서희를 기다리는 이유는 그가 남긴 교훈이 갖는 이 시대의 적실성 때문일 것이다. 아마도 강감찬(姜邯贊)·최영(崔瑩)과 함께 고려 북방 정책의 삼걸(三傑)이라 할 수 있는 서희의 생애와 업적은 우리가 역사에서 찾을 수 있는 가장 훌륭한 대북협상이리라고 생각된다.

공자(孔子)께서 일찍이 말씀하시기를, "지나온 길을 들려줌으로써 가야 할 길을 가르쳐 준다."(子曰 告諸往 而知來者)[17]고 했다. 이제 우리는 우리가 가야 할 길을 서희에게서 묻고자 한다. 서희에 관한 기초 자료는 알려질 만큼 알려진 상태이다. 따라서 이제 그러한 자료를 토대로 하여 어떻게 의미 부여를 하느냐의 문제만 남아 있다. 카아(E. H. Carr)의 말처럼, "역사는 결국 해석학"[18]이라고 한다면, 지금의 시대에 우리는 서희가 남긴 교훈을 어떻게 해석할 수 있을까? 이 문제를 다음과 같이 정리해 보고자 한다.

[1] 서희가 남긴 고구려의 구강(舊疆)에 대한 의지를 되새기는 일이다. 이는 "만주를 되찾자."는 통속적인 구호를 말하려는 것이 아니다. 새삼스레 중국의 동북공정(東北工程)을 거론하지 않는다 할지라도, 고구려사를 복원하는 문제는 한국의 사학사(史學史)가 안고 있는 숙제였다. 일제 식민지사학에 의해 주도된 신라중심사의 반도사관(半島史觀)과 이로 말미암은 역사의 파행, 남북 분단으로 말미암은 고구려사의 연구가 공간적으로 어려울 수밖에 없는 현대 사학의 불균형은 우리가 극복해야 할 역사학

---

17 『論語』「學而篇」.
18 E. H. Carr, *What is History?*(London : Macmillan Co., 1961), p. 18.

의 과제이다.

아마도 한국의 역사상 북방 정책이랄지 아니면 북진 정책을 가장 먼저 그리고 가장 깊이 있게 고뇌한 인물은 서희일 것이다. 소손녕이 강동 6주, 곧 평북 해안지방에 설치한 흥화(興化 : 義州)·용주(龍州 : 龍川)·통주(通州 : 宣川)·철주(鐵州 : 鐵山)·귀주(龜州 : 龜城)·곽주(郭州 : 郭山)에 걸친 280리의 땅의 연고권을 주장했을 때, 고려야 말로 고구려의 후신이며, 강동 6주는 말할 것도 없고 글안의 동경(東京)까지 고구려의 옛 땅임을 주장한 서희의 논변은 단순히 민족 정기나 기상(氣象)의 문제가 아니라, 그가 현대적 개념의 영토 문제를 정면에서 다룬 탁월한 정치인이었음을 보여준다.

당시 고려는 청천강 이남을 영지로 생각하는 것이 보편적 정서였다. 그러나 지정학적으로 볼 때, 이 강동 6주는 요동에 이르는 관문으로서, 고구려 옛 땅의 회복을 위한 북방 정책의 최우선 지역이었고, 글안의 남진을 막는 보루였다. 글안의 입장에서 보면 이곳을 확보해야 여진의 대송(對宋) 교통로를 차단하고 고려를 공략할 수 있는 교두보를 마련할 수 있었다.

한편 송나라로서는 이곳이 여진과의 통교의 요로일 뿐만 아니라 글안의 배후를 공격할 수 있는 요충이어서 이곳이야말로 주변 4국의 이해가 교차하는 지역이었다. 그러한 분위기에서 압록강 이남의 실효적 지배를 이룩한 인물이 바로 서희였고, 그의 그와 같은 논리와 행위는 오늘날 신라 중심사로 이뤄진 남한 사학에 대하여 고구려의 정신으로 돌아가라는 시대적 요망을 깨우쳐주고 있는 것처럼 들린다. 그는 아마도 왕건의 북진 정책으로 개척한 국경이 다시 줄어들기 시작하자 이를 안타깝게 생각하고 고려의 영토를 되찾으려고 노력한 최초의 실지(失地)회복주의자(irredentist)였을 것이다.

[2] 서희가 이 시대에 들려주는 교훈은 통일 외교의 미래상일 것이다. 우리의 시대가 안고 있는 민족의 숙원이랄지 아니면 과업이라고 말할 수

있는 것 가운데 최우선 순위는 아마도 분단을 극복하고 우리의 후손들에게 통일된 조국을 남겨 주는 일일 것이다. 통일지상주의가 갖는 위험을 모르는 바가 아니며, 또 이 시대의 통일 의지는 우리가 생각하고 있는 것보다 훨씬 낮은 수치라는 것도 잘 알려져 있다.

그러나 이 시대가 안고 있는 대부분의 악(惡)들, 이를테면, 그것이 정치적 불의였든, 경제적 어려움이었든, 문화적 퇴폐였든, 도덕적 타락이었든, 아니면 사회적인 침윤(浸潤)이었든, 그 대부분의 악의 밑바탕에는 분단이라는 민족 모순이 또아리[捲]처럼 서려 있다.[19] 이럴 경우, 우리는 이러한 모순을 극복할 수 있는 역사적 유산을 어디에서 찾을 수 있을까를 생각해 보노라면, 서희에게 그 답을 찾을 수 있을 것이다.

우리의 앞날에 어떤 방법으로 통일이 다가올지를 예상하기는 쉽지 않다. 무력에 의한 합방, 북한의 붕괴에 따른 흡수 통합, 또는 합의에 따른 통일 가운데 어느 하나일 것이며, 어쩌면 장구한 시간 동안 통일이 이뤄지지 않을 수도 있다. 그 어느 쪽이든 간에, 분명한 것은 무력에 의한 통일은 바람직하지 않고 어려우리라는 점이다.

그럴 경우에 통일 운동은 고도의 외교와 협상전이 될 것임은 자명하며, 그 과정에서 우리가 원하든 원치 않든, 중국이 중요한 몫을 행사하리라는 것도 분명하다. 아마도 중국은 한국의 통일을 저지할 능력은 있어도 성취할 능력은 없을 것이다. 이 점이 아프다.

이 시대에 우리가 서희대망론에 빠지는 이유가 바로 거기에 있다. 하필이면 이명박(李明博) 대통령이 중국을 방문했을 때 중국 외교부 대변인이 "한미동맹은 구시대의 유물"이라고 빈정거린 것은 "왜 글안과 국경을 마주 보고 있으면서 송나라와 통교하는가?"라고 소손녕이 힐문(詰問)한 것과 역사 상황이 너무도 흡사하다.

통일 과정에서 국제적 환경을 간과할 수는 없지만 가장 중요한 것은 지

---

19 이에 관한 자세한 논의는 신복룡, 『한국분단사연구 : 1943~1953』, pp. 719ff 참조.

배 계급의 의지와 경륜이다. 민중주의자(populist)들은 동의하지 않겠지만, 세계사에 나타난 민족 통일의 과업은 안타깝게도 지배 계급의 결심 사항이었고, 그 성패는 그들의 협상 기술에 달려 있었다.

지금 한국이 분단을 극복하지 못하는 이유가 여러 가지 있으나, 협상 기술의 미숙과, 위대한 협상자, 역사적 소명을 깊이 인식하고 있는 정치인의 출현이 늦춰지고 있다는 점과 무관하지는 않을 것이다. 그러기에 우리에게는 이 시대의 서희의 출현이 더욱 기다려질 수밖에 없다.

[3] 서희의 공적 중에서 끝으로 논의하고자 하는 것은 그의 공직자로서의 금도(襟度)가 훌륭했다는 점이다. 세종(世宗)을 공부할 때마다 한글 창제라는 위대한 업적에 가려 그의 그 밖의 정치적 공적이 묻혀 버리는 안타까움을 늘 느끼듯이, 서희를 공부할 때도 꼭 같은 감정을 느낀다. 서희의 생애에서 설령 글안 담판이 없었더라도 그는 한 정치인으로서 훌륭한 인물이었다는 느낌을 받는다. 그러한 예로서 다음과 같은 점을 지적할 수 있다.

『고려사』「열전 : 서희편」에는 다음과 같은 일화가 소개되어 있다.

> 성종이 장차 글안의 할지(割地)를 따르고자 서경(西京)의 미곡창을 열어 백성들이 임의로 가져가게 하였으나 그래도 남음이 많은지라 적군의 군량이 될까 두려웠던 왕은 이를 대동강에 던지게 하였다. 이에 서희가 상주(上奏)하여 말하되, "식량이 풍족하면 성도 가히 지킬 것이오, 싸움도 가히 이길 것입니다. 싸움의 승부는 강하고 약함에 있는 것이 아니라 능히 틈을 보아 움직이는 것인데 어찌 식량을 버리려 하십니까? 식량은 백성의 명맥이라, 차라리 적의 소유가 될지언정 헛되이 강에 버림은 또한 하늘의 뜻에 어그러질까 두렵나이다." 하였다.[20]

이 대목은 전략가로서의 서희가 아니라 인정(仁政)을 고뇌하는 한 정치

---

20 『고려사』「열전」 서희편.

인으로서의 서희 모습을 보인다.

또『고려사』서희 열전에는 다음과 같은 일화들이 소개되어 있다.

성종 2년에 서희가 좌승(佐丞)으로부터 병관 어사에 제수되어 왕을 따라 서경에 갔을 적에 왕이 미복(微服)으로 영명사(永明寺)에 가서 놀고자 하거늘 서희가 글을 올려 그릇됨을 간언하니 이에 왕이 미행(微行)을 중지하고 안마(鞍馬)를 내려 상을 주었다.

공빈령(供賓令) 정우현(鄭又玄)이 봉사(封事)를 올려 시정(施政) 7조를 논박하다가 왕의 뜻을 거스르니, 왕이 그를 벌주려 하자 서희가 이르기를,
……
"이것은 저의 허물입니다."
하였다.

서희가 일찍이 해주에 왕을 호종(扈從)하였을 적에 성종이 서희의 막사에 행차하여 들어오고자 하거늘, 서희가 말하기를, "신의 막사는 지존하신 몸이 임어(臨御)할 곳이 아닙니다." 하였다. 왕이 이어 술을 청하자, "신의 술을 감히 드릴 수 없나이다." 하니 왕이 어주(御酒)를 내어오게 하여 함께 마시었다.

강화 담판이 끝나고 소손녕이 향연을 베풀어 서희를 위로하려 하자 서희가 이르기를, "우리나라가 비록 도리를 잃음은 없다 하더라도 귀국의 군사를 수고롭게 하여 멀리 오도록 하였으므로, 상하가 창황하여 창을 들고 칼을 잡아 노숙하기를 여러 날 되었으니 어찌 차마 잔치를 열 수 있으리오." 하며 거절하였으나 소손녕이 간곡히 청하므로 허락하였다.[21]

위의 일화들은 서희가 단순한 협상가일 뿐만 아니라 그 시대의 아픔을 아는 정치인이었음을 보여주는 대목들이다. 우리는 이 시대를 사는 한 지

21『고려사』「열전」서희편.

식인으로서 가끔 "내가 어떻게 사는 것이 이 시대의 지식인으로서 올바른 길일까?"를 돌아볼 때가 있다. 그럴 때면 영국의 빅토리아 시대를 살다간 경제학자로서 케임브리지학파를 창설한 알프레드 마셜(Alfred Marshall : 1842~1924)의 충고를 들어보는 것이 도움이 된다. 마셜의 말을 빌리면, 한 시대를 살아가는 지식인들이 가슴에 담아야 할 것들에는 다음과 같은 네 가지가 있는데,

> (1) 지식인은 그 시대의 아픔에 대한 우울한 감정(hypochondria)을 가져야 하며,
> (2) 방대한 서적을 읽지 않고서는 후세에 글을 남기지 않으려 하며 (unwillingness to commit himself unequivocally in print),
> (3) 게으름에 대한 두려움(fear of indolence and idleness)을 가져야 하며,
> (4) 순수한 쾌락을 거부할 것(rejection of pure pleasure)이다.[22]

여기에서 마셜이 말한 서구의 "지식인"을 한국의 상황에서 "사대부"(士大夫)라는 말로 바꿔서 생각해보면 그의 충고는 우리에게 더 가깝게 들릴 수 있고, 서희가 살았던 우국적이고, 금욕주의적이고, 근면한 모습은 시대를 초월하여 당대를 살아가는 지식인들이 마음에 담아야 할 교훈이 될 것이다.

5. 맺음말

이상에서 서술한 서희에 관한 소회(所懷)가 이 분야의 동학(同學)이나

---

22 Bernad Corry, "Alfred Marshall," *International Encyclopedia of the Social Sciences*, Vol. 10(New York : The Macmillan Co. and The Free Press, 1968), p. 52.

한 선현(先賢)에게 누를 끼치는 것이 아닌지, 틀리게 말한 것이나 없는지, 기대에 너무 미흡하지나 않았는지를 살피면서 이 글의 결론을 정리하면 다음과 같다.

[1] 서희의 생애를 돌아보노라면 역사의 교훈을 배우는 데에는 천년의 세월이 그리 먼 것이 아님을 알 수 있다. 어느 문인은 "유구한 역사에 비춰보면 천년도 수유(須臾)런가?"[23]라고 읊었지만, 천년은 그리 긴 시간이 아니었다. 그것은 그만큼 서희가 우리 곁에 가까이 있다는 의미가 될 수도 있다. 역사는 늘 가까이에 있다.

[2] 서희의 외교우선주의를 칭송한다고 해서 이 글이 마치 "전쟁은 피하는 것이 최선"이라는 결론에 단정적으로 이른다면 이는 이 글의 본의가 아니다. 우리의 역사에는 회피하지 말았어야 할 전쟁을 회피함으로써 역사의 비극을 초래한 사례가 많기 때문이다.

일제 치하에서의 무저항·비폭력 투쟁이 그러한 예에 속한다. 일제시대에 우리는 왜 거국적으로 무장 항쟁을 하지 않았을까 하는 역사의 아쉬움이 있다. 그러기에 손자(孫子)가 말하기를, "전쟁을 아는 장수가 백성의 우두머리이며, 국가 안위의 주인이다."(故知兵將 民之司令 國家安危之主也)[24]라고 했다.

[3] 역사를 돌아보면, 한 민족지도자의 역할이 그 민족의 흥망성쇠에 결정적인 영향을 미칠 수 있는 역사 상황의 사례는 무수히 많았다.[25] 역사를 영웅사관으로 보려는 것은 아니지만, 역사의 순간마다 지도자의 영명한 판단은 그 나라의 흥망성쇠를 좌우했다. 서희의 삶이 그랬듯이, 지금의 우

23 정비석, 『산정무한』(서울 : 범우사, 2002), p. 122.
24 『孫子兵法』「作戰篇」.
25 Sydney Hook, *Hero in History : Myth, Power or Moral Ideal?*, pp. 9~10.

리의 현실도 그러한 순간일 것이다.

[4] 영명한 군주의 커튼 뒤에는 늘 영명한 외교관의 활약이 있었다. 나폴레옹(Napoleon)이 유럽을 제패하기까지에는 탈레랑(C. Talleyrand : 1754~1838)의 외교적 뒷받침이 있었고, 빌헬름 1세(Wilhelm I : 1797~1888)가 프로이센제국을 통일하기까지에는 비스마르크(O. von Bismarck : 1815~1898)의 철혈 같은 의지가 있었고, 칭기스칸(成吉思汗 : 1155?~1227)의 몽골제국 뒤에는 야율초재(耶律楚材 : 1189~1243)의 보좌가 있었다. 그런 점에서 본다면, 한국의 통일도 마찬가지일 것이다.

[5] 비정한 국제 사회에서 살아남는 두 가지의 방법, 곧 무장 투쟁인가, 아니면 외교인가의 문제에서 외교가 반드시 최선이고 우선이라고 말할 수는 없다. 그러나 외교 없는 무장 투쟁이나 무사는 오강(烏江)에서 스스로의 운명을 마감한 항우(項羽)나 조조의 손에 최후를 마친 여포(呂布)의 말로를 면할 수 없다. 그리고 그러한 비극은 그 자신만의 것으로 그치지 않고 그를 바라보는 수많은 민중의 운명도 또한 그렇게 될 수밖에 없었다는 것이 역사의 교훈이다. 이것이 바로 지금 우리가 서희를 기다리는 이유이다.

6장

임진왜란과 김성일(金誠一)의 책임

> "역사학자들은 그 시대를 잊고
> 다만 그 결과만을 바라보고
> 역사를 평가할 수 있다."[1]
> ― 이승연

1. 머리말

이 글의 문제의식은 한국 인물사의 분과학인 정치전기학/전기정치학 (political biography/biographical politics)[2]의 한 사례로서 한국사에서 어떤 연유로든 왜곡되었거나 사실과 다르게 기술된 역사의 원혼(冤魂)을 풀어주고 시정하는 작업이 필요하다는 나의 일관된 논리의 한 사례이다.

나는 이 나라의 역사를 다시 쓸 주제는 되지 못하지만, 적어도 잘못 쓴 역사를 바로잡고 싶다는 역사학의 일관된 논지를 발표하는 것도 의미 있

---

* 이 글은 「조선조의 인물을 바라보는 몇 가지 착시(錯視) : 鶴峰 金誠一의 경우」, 『1590년 통신 사행과 귀국 보고 조명』(서울 : 경인문화사, 2013), pp. 1-24에서 전재함.

1 이승연, 「조선조 "주자가례"의 수용 및 전개 과정」, 『전통과 현대』(12/2000), p. 164.

2 정치전기학/전기정치학에 관한 필자의 논의는, 「傳記政治學 試論 : 그 학문적 정립을 위한 모색」, 『사회과학논총』(3)(서울 : 건국대학교 사회과학연구소, 1998), pp. 59~94 참조.

는 작업이라고 생각하여 이 글을 쓰게 되었다. 비록 전공이 정치학이기는 하지만 분류사로서의 정치사를 공부하는 사람으로서, 특히 전기학(傳記學)은 아직 미분화된 장르로서 이에 관한 공부도 역사학의 발전에 한 수제[一匙]의 보탬이 되기를 바라는 소망이 이 글에 담겨 있다.

그러나 조선조 인물사라는 주제가 그리 만만한 것은 아니다. 왜냐하면 인물사는 한국 역사학의 세 가지 금기(禁忌) 사항으로 되어 있는 (1) 지방색이나 (2) 문중(門中)이나 (3) 종교의 문제를 피해가기 어려운 주제이기 때문이었다. 그럼에도 한국의 전기학에 대해서 일말의 소명의식(召命意識)을 가지고, 민중으로부터 그들의 눈을 흐릿하게 가리고 있는 헛것을 밝혀주는 것도 역사학도로서 의미 있는 일이라고 내가 생각한 지는 오래되었다.

더욱이 임진왜란 420주년을 맞이하면서 그 시대의 아픔을 온몸으로 껴안고 살아야 했던 한 지식인 학봉(鶴峰) 김성일(金誠一)의 고뇌와 그를 둘러싼 오랜 논쟁에 대한 부족한 소회(所懷)를 통하여 강호의 여러분과 함께 한 시대를 고민해 볼 기회를 가지고자 이 글을 썼다.

2. 실체적 진실 : 1591년 3월 초하루에 무슨 일이 있었나?

역사학을 공부하다 보면, 영국의 문필가 스코트(Charles P. Scott)의 주장처럼, "역사의 해석은 다양할 수 있지만, 사실은 신성한 것"[3]이며, 실체적 진실을 밝히는 것은 역사가의 제일의 책무임을 더욱 절실하게 느끼게 된다. 따라서 임진왜란의 발발과 관련하여 김성일의 일본 사행(使行)과 복명(復命)의 문제는 당시의 정황을 가감 없이 재구성해보는 일에서부터 시작해야 한다.

---

3 E. H. Carr, *What is History?*(London : Macmillan Co., 1961), p. 4.

이미 잘 알려진 바와 같이, 정사(正使) 황윤길(黃允吉)과 부사(副使) 김성일이 일본에 도착한 것은 1590년(庚寅) 5월이었다. 일본에 상륙하여 학봉이 읊은 첫 시에 이르기를,

더럽도다, 오랑캐들 풍속은 거칠고
신의(信義)는 본디부터 소홀히 여겨
이웃 나라 사귀는 도(道)는 안중에도 없이
배 타고 온 사신 감히 업신여기네.
彼哉蠻俗荒 信義元自忽
鄰交視若無 星槎敢暴蔑[4]

라고 한 것을 보면, 정통 주자학의 학통을 이어받은 사대부의 눈에 비친 일본의 모습이 무례하고 천박한 데 대한 마음고생이 심했음을 알 수 있다. 스스로 상국의 사신으로 자처했던 그로서는 일본의 외교적 결례(缺禮)를 견디기 어려웠고, 입경(入京)한 지 넉 달이 지나도록 도요토미 히데요시(豊臣秀吉)를 만날 수 없다는 사실에 대한 불쾌감을 견디기 어려웠다.[5]

"왜에게 전달하는 것은 글씨도 서투름을 보여서는 안 된다."는 심정으로 사자관(寫字官) 이해룡(李海龍)을 데려갈 정도로 세심했던[6] 김성일로서는 일본의 그와 같은 응접에 굴욕감을 느낄 수밖에 없었을 것이다. 더구나 면담이 어려워지자 일본 관헌에게 뇌물을 주자는 의견이 나왔을 때 그는 심한 자괴감(自愧感)을 느꼈다.[7] 일본 측에서는 일행을 달래고자 교토(京都)의 관광을 권유했으나 "왕명을 마치지 못했으니 관광을 할 수 없다."고 거절했다.[8]

---

4 『鶴峯集』(2) 詩 有感.
5 『鶴峯集』(5) 書 答黃上使允吉(庚寅).
6 『鶴峯集』(2) 詩 寫字官 李海龍에게 주다 竝書.
7 『鶴峯集』(2) 詩 有感 時同行有賣買事.
8 『鶴峯集』附錄(2) 行狀.

사신의 일행은 우여곡절 끝에 도요토미 히데요시에게 왕명을 겨우 전달했고, 왕명을 전달한 지 나흘 만에 왜도(倭都)를 떠났고, 왜도를 떠난 지 반 달 만에 답서를 받았다. 그런데 답서의 말이 공손하지 않아 가득 늘어놓은 말은 으르고 협박하지 않은 것이 없었다. 심지어는 "각하"(閣下)니 "방물"(方物)이니 "입조(入朝)"니 하는 말을 쓰기까지 하여 조선을 능멸(凌蔑)함이 극도에 이르렀다.

1백 년 만에 모처럼 통신사로 갔다가 얽매어 곤욕을 겪은 것이 거의 1년이었는데, 끝내는 나라를 모욕하는 글을 받들고 돌아가 임금에게 보고하게 되었으니 사신의 마음이 어떠하였을까? 그러나 황윤길은 사단(事端)이 생길까 염려하여 끝내 문제를 들어내려 하지 않았다.[9]

여기에 하나의 미스터리가 있다. 김성일의 「행장」(1617년 지음)[10]과 「연보」(1726년 지음)[11]에 따르면, 황윤길과 김성일 일행은 1590년(선조 24년)에 부산을 출발하여 7월에 교토(京都)에 도착했다. 그러나 4개월을 기다리면서, 사신 일행은 도요토미 히데요시를 만났다는 기록이 없다. 그런데 『선조실록』에는 아예 이에 관한 언급조차 없고, 『선조수정실록』[12]과 유성룡(柳成龍)의 『징비록』(懲毖錄, 1633년 刊)에만 도요토미를 만난 기록이 실려 있다.

『선조수정실록』은 소략하고 동인 중심인 『선조실록』을 수정하면서, 찬자(撰者)가 말미에 고백하고 있듯이, 야사를 많이 수록하였다는 지적을 받았다. 『선조수정실록』이 완성된 것이 효종 8년(1657)이며, 1591년의 사행 문제가 『징비록』과 거의 같은 점으로 보아 『선조수정실록』이 『징비록』을 전재한 것으로 보인다.

---

9 『鶴峯集』(2) 書 與黃上使.
10 국역 『학봉전집』(3)(서울 : 민족문화추진회, 2000), pp. 98~115.
11 국역 『학봉전집』(3), pp. 32~49.
12 『선조수정실록』 24년 3월 1일.

두 글에 따르면, "사신 황윤길 등의 이야기"를 들은 바를 적은 것인데, 사신 일행은 넉 달을 기다려 도요토미 히데요시를 만났는데, "용모가 작고 추루하며, 얼굴빛이 검었기 때문에 보통 사람보다 뛰어나게 보이는 데가 없었으나 눈빛이 사람을 꿰뚫기라도 하듯 강렬한 느낌을 주었다고 한다." 고 기록되어 있다. 그리고 도요토미의 아들이 무릎 위에서 오줌을 쌌다는 등의 잡사(雜事)가 적혀 있다.[13]

그렇다면 김성일은 도요토미 히데요시를 만난 기록이 없고, 황윤길은 얼굴 모습까지 기록한 것 가운데 누구의 말이 맞을까? 전통적으로 오다 노부나가(織田信長) 이래 바깥사람이 쇼군(將軍)을 만날 때면 머리를 숙여야 하고 머리를 들고 쇼군의 얼굴을 바라보아서는 안 되며, 칼은 반 바퀴 비틀어서 차야 하고, 무릎을 꿇어야 한다. 이는 다이묘나 사무라이가 자객으로 변신하여 쇼군을 공격할 때, 무릎을 꿇은 자세에서 일어나 칼을 반 바퀴 되돌려 빼 들어 쇼군을 공격하는 사이에 시간을 지체하도록 하고 자 함이었다. 쇼군은 무릎을 꿇지 않는다.

어쩔 수 없이 다이묘(大名)나 사무라이가 쇼군을 정면으로 마주해야 할 불가피한 경우에도 쇼군은 포선(布扇, おうぎ)으로 얼굴을 가려 그의 얼굴을 볼 수가 없었고, 다이묘나 사무라이는 쇼군이 자리를 뜬 다음에야 고개를 들 수 있었다. 쇼군이 외출할 때는 카게무샤(影武士)를 곁에 두고, 마차는 여러 대를 운행하며, 평민은 얼굴을 들어 쇼군을 바라볼 수 없었다. 이와 같은 면담의 의식이 사신에게 그대로 적용되었는지의 여부는 확인할 수 없지만, 황윤길의 표현처럼 "대작"(對酌)하는 것은 쇼군의 예법이 아니었다.

이상과 같은 점을 고려할 때 김성일은 히데요시를 만난 사실을 언급조차 하지 않았는데, 황윤길은 만난 장면을 소개한 대목을 어찌 해석해야 하나? 아마도 김성일은 그간의 일본이 보여준 무례함으로 말미암아 면담

---

13 성락훈(역), 『懲毖錄』(서울 : 동화출판공사, 1977), pp. 39~44.

의 자리에 들어가지 않았던 것으로 보인다.

그뿐만 아니라 사신이 도요토미 히데요시의 얼굴을 바라볼 수도 없는
상황에서 황윤길이 그의 모습을 그리 소상하게 그린 것과 그 다음에 이어
지는 "오줌싸개"의 이야기는 사실이 아닐 것이다. 아마도 사신 일행은 히
데요시를 만나지 못했을 것이 분명하다.

여기에 더하여, 히데요시가 "쥐[원숭이]와 같았다."는 등의 이야기[14]는
소설적 허구이며, 뒷날 히데요시의 악마화 과정에서 빚어진 소극(笑劇)일
뿐이다. 실제로 일본이 제시하는 히데요시의 공식 영정을 보면, 히데요시
의 모습은 그러한 표현과 거리가 멀다.

문제는 이들이 귀국하여 복명(復命)하는 데에서부터 발생했다. 『선조수
정실록』과 유성룡의 『징비록』을 토대로 삼아 당시의 상황을 재구성해보
면 다음과 같다.

황윤길은 부산에 도착하자마자 파발 편에 그동안의 실정과 정황을 서
울에 알리면서 "반드시 병화(兵禍)가 있을 것"이라고 했다. 그와 같은 국
가의 중대사를 어전(御前)이 아닌 파발 편에 보고한 것이 합법적이며 지
혜로운 일이었는지, 또 그런 식의 보고가 당시의 민심에 얼마나 심각한
영향을 끼쳤는지, 아니면 그만큼 중대한 사안이었으니 다급히 먼저 보고
해야 했는지는 논란의 여지가 있을 수 있다.

사신의 일행이 귀경하여 복명할 때 왕이 그들을 불러 하문하니 황윤길
은 지난날의 치계(致啓) 내용과 같이 "병화가 있을 것"이라고 아뢰었고,
김성일은 아뢰기를, "그러한 정황을 발견하지 못했는데, 정사 황윤길이 장
황하게 아뢰어 인심이 동요되게 하니 사의(事宜)에 어긋납니다."라고 복
명하였다. 일본에 갔을 때 황윤길 등이 겁에 질려 체모를 잃은 것에 분개
하여 있던 학봉으로서는 "서인들이 세력을 잃었기 때문에 인심을 흔들려

---

14 『선조수정실록』 24년 3월 1일 정유; 이은상, 『성웅 이순신』(서울 : 삼중당, 1984,
   초판 1975), p. 32.

고 저러는 것"이라고 생각했다.

그 자리를 떠나 유성룡이 김성일에게 말하기를, "그대가 황윤길의 말과 **고의로** 다르게 말하는데 만일 병화가 일어나게 되면 어떻게 하려고 그러시오?' 하니, 학봉이 대답하기를, "나도 어찌 왜적이 나오지 않을 것이라고 단정하겠습니까? 다만 온 나라가 놀라고 의혹할까 두려워 그것을 풀어주려 그런 것이오."[15]라고 하였다. 여기에서 주목할 것은 유성룡의 말 가운데 "그대는 어찌하여 고의로……"라고 한 대목이다. "고의로"라는 구절은 유성룡도 이미 김성일의 답변이 진심과는 다르다는 것을 감지하고 있었음을 뜻하는 것이기 때문이다.

그 뒤 4년의 세월이 흘러 선조(宣祖)는 왜 학봉이 그때 그렇게 말했을까를 이야기하던 끝에 아마도 학봉이 도요토미 히데요시의 거짓 계략(僞計)에 속아서 그렇게 말했을 것이라고 짐작하는 말을 했다. 이에 곁에 있던 이항복(李恒福)이 아뢰기를,

"신은 성일과 잘 알지 못하는 처지이지만, 그때 함께 정원에 있으면서 물어보았더니 김성일도 왜구의 침입을 깊이 걱정하였습니다. 다만 '남쪽 지방 인심이 먼저 요동하니 내가 비록 장담해서 진정시켜도 오히려 의심을 풀지 않을 것'이라 하였습니다. 그의 말은 이를 염려한 것이니 어전에서 아뢴 것은 반드시 잘못 계달(啓達)된 것일 것입니다."[16]라고 하였다.

3. 당쟁론의 그늘

이상은 이른바 경오년(庚寅年)의 사신 일행이 귀국을 전후하여 복명한

---

15 『선조수정실록』 24년 3월 1일(정유);『징비록』 신묘년 봄, p. 42 : 柳成龍謂誠一曰 "君言故與黃異 萬一有兵禍, 將奈何" 誠一曰 "吾亦豈能必倭不來? 但恐中外驚惑 故解之耳"

16 『선조실록』 28년 2월 6일.

사실의 전말이다. 황윤길과 김성일의 진심이 어디에 있었든, 결과적으로 전쟁은 일어났고 병화에 대한 책임이 거론되었을 때 김성일은 조야(朝野)의 공격으로부터 무사할 수가 없었다.

공격은 그의 정적이었던 서인으로부터 시작되었다. 그리고 그 앞에는 은봉(隱峰) 안방준(安邦俊)이 있었다. 전라도 보성 출신으로서 성혼(成渾)과 정철(鄭澈)에게 사숙(私塾)한 그는 평생 벼슬을 하지 않고 재야에 있었던 서인(西人)의 논객으로서 왜란이 일어나자 호남 의병을 이끌고 싸운 바 있었다. 그는 김성일의 사행에 대하여 가장 먼저 그리고 가장 격렬하게 비판했던 사람이었다. 그의 말에 따르면,

> "당시 서계(書啓) 가운데에는 상국(上國)을 무시하는 언사가 너무 많아 받아 쓸 만한 말이 한 구절도 없었는데 학봉은 이로 말미암아 후일에 벌을 받을까 두려워하여 교묘하게 꾸며낸 것이며, 조정이 김성일을 선사(善使)로 삼아 당상관으로 승진시키고 방비하던 모든 조직과 구조를 모조리 파기하였다."[17]

는 것이었다.

안방준에 이어 상촌(象村) 신흠(申欽)이 다시 김성일을 공격했다. 임진왜란 이전에 병조좌랑을 지냈고 임진왜란 당시에는 삼도순변사 신립(申砬)의 종사관이었던 그는,

> "부사 김성일이 한 길로 왜가 쳐들어오지 않으리라고 말하니 조정이 그의 말을 믿고 당장 편한 길을 택하여 한 장수도 뽑지 않고 한 병정도 훈련하지 않음으로써 적군이 바다를 건너오게 했다."[18]

17 『隱奉埜史別祿』: 壬辰錄 四前~四後.
18 『象村稿』(33) 說 備倭說.

고 주장함으로써 임진왜란의 개전 책임을 김성일에게 물었다.

그런데 여기에서 한 가지 주목할 사실은 동인(東人) 계열에서도 김성일의 복명을 받아들이지 않았다고 하는 사실이다. 곧, 세월이 흘러 동인이 남인(南人)과 북인(北人)으로 나뉘자 남인의 논객[19]이었던 경상관찰사 김시양(金時讓)이 임란 책임자로서의 김성일을 문책했다. 그의 논리에 따르면,

> "왜적이 모든 국력을 기울여 침략하자 종묘사직을 지키지 못하고 민생 (民生)이 주륙(誅戮)되는 데 이르렀으니, 병화의 참혹함이 옛날부터 임진 년과 같은 적은 없었는데 이는 김성일이 요령을 얻지 못한 탓이었다. ……
> 이것을 전대(專對 : 사신)라고 함이 옳겠는가?"[20]

라고 묻고 있다. 이런 점에서 볼 때 경인년 사절의 복명이 서로 다른 것이 꼭 당색 때문이었다고 볼 수 없음이 분명했고 이는 시국을 바라보는 견해의 차이였을 뿐이다. 그럼에도 학봉의 논리나 그를 반대했던 서인의 논리는 마치 당색의 산물인 것처럼 오랜 세월에 걸쳐 한국사를 업장(業障)처럼 눌러왔다.

이러한 당의(黨議)가 왜곡과 확대재생산을 통해 한국사의 지배적 가치로 인식된 것은 한국의 망국과 일본의 조선 침탈의 논리를 당의(黨議)에서 찾으려는 식민사학의 집요한 공격 때문이었다. 그리고 그 앞에는 식민사학의 원조인 시데하라 다이라(幣原坦 : 1870~1953)가 있었다. 대한제국의 학정참여관(學政參與官)으로 1900년에 조선에 들어와 1906년까지 활약한 그는 도쿄(東京)제국대학의 박사학위 논문인 『한국정쟁지』(韓國政爭志, 1907)를 씀으로써 조선 당쟁사에 대한 식민지 사학의 기틀을 마련한 인물이었다.

---

19 『黨議通略』仁祖朝~孝宗朝.
20 『大東野乘』金時讓, 涪溪記聞.

시데하라 다이라는 뒷날 대만제국대학(臺灣帝國大學) 총장까지 지낼 만큼 영향력이 컸던 인물이었으므로[21] 그의 주장은 선악을 떠나 그 시대의 주류 사학으로 자리 잡고 있었다. 시데하라의 논리에 따르면, 한국의 정치는 유사 이래로 사권(私權)의 싸움이었기 때문에 조선 사람의 오늘의 상태를 이해하려면 그 원인을 과거의 당쟁사에서 찾는 것이 옳다는 것이었다.[22]

한국식민지사학이 정점에 이른 것은 하야시 다이스케(林泰輔 : 1854~1922)의 글이 발표되었을 때였을 것이다. 도쿄제국대학(東京帝國大學) 고전강습과를 졸업하고(1887) 도쿄고등사범(東京高等師範) 교수를 지낸 그는 본디 한학자이자 갑골문자(甲骨文字)의 권위자로『상대(上代) 한자의 연구』로 1913년에 박사학위를 받았다. 그러던 그가 전공도 아닌『조선사』(朝鮮史, 1892),『조선근세사』(朝鮮近世史, 1901),『조선통사』(朝鮮通史, 1912)라는 일련의 저술을 통하여 메이지(明治)·다이쇼(大正) 연간의 조선사 연구를 주도한 것도 기이한 일이었다.

더욱이 하야시 다이스케의『조선통사』는 한국을 통사적으로 기술한 최초의 일본 서적으로서 당시로서는 한국사를 이해하는 지침서라는 평가를 받았다. 하야시는『조선통사』의 제11장에서 당쟁을 하나의 독립된 장(章)으로 기록함으로써 당쟁에 관한 식민지 사학을 주도했다.[23]

한국사를 서술하면서 15개 장으로 이루어진 교재에서 당쟁이 한 개 장을 차지한 데에서부터 당쟁에 대한 그의 과장은 시작되었다. 오늘의 주제와 관련하여 이 책을 주목하는 이유는, 그가 곧 황윤길과 김성일의 문제를 당쟁의 논리로 해석함으로써 임진왜란의 발발로부터 조선의 초전 패배의

21 시데하라 다이라(幣原坦)의 생애와 활동에 대해서는, 崔惠珠, 「幣原坦의 고문 활동과 한국사 연구」, 『國史館論叢』(79)(과천 : 국사편찬위원회, 1998), pp. 37~62을 참조.

22 幣原坦, 『朝鮮政爭志』(東京 : 三省堂, 1907), p. 1(敍言).

23 하야시 다이스케(林泰輔)의 식민지사학과 그 허구에 대해서는, 崔在錫, 「1982년 하야시 야스스케(林泰輔)의『조선사』비판」, 『고대한일관계사 연구 비판』(서울 : 경인문화사, 2010, pp. 27~41) 참조.

문제를 김성일의 책임으로 돌렸다는 사실 때문이다.

하야시의 논리에 따르면, 김성일은 동인이고 황윤길은 서인이어서 각기 그 당을 비호하여 의견이 분분(紛紛)하였고, 그와 같이 해외의 정황을 보고하면서 사실 여부와 관계없이 다만 당론에 따르는 폐단이 극심하였다는 것이다. 더 나아가 그는 당시에 유성룡이 김성일을 두둔한 것도 사실과 다르며, 이런 점에서 유성룡도 정직하지 않은 사람[曲筆]이었다고 말하고 있다.[24]

아마도 이 말은 윤근수(尹根壽)가 유성룡을 평가하면서 "서애가 공평하지 못하다."고 한 말(『石室語錄』)을 인용한 『연려실기술』(燃藜室記述)[25]을 보고 인용한 것 같다. 그들의 주장인즉 당쟁은 진실로 국가의 안위나 민생의 평화나 근심[休戚]에 관해서는 걱정한 바 없이 오로지 사사로운 이익을 위해 다툰 것에 지나지 않는다는 것이었다.[26]

조선조 당쟁사에 대하여 가장 비논리적이며 모욕적인 글을 쓴 사람은 호소이 하지메(細井肇 : 1886~1934)였다. 그는 『나가사키(長崎)신문』의 기자로서 1907년에 한국에 들어와 조선의 역사를 공부하면서 정한론자(征韓論者)인 고쿠류카이(黑龍會)의 우치다 료헤이(內田良平)의 합방 촉진 운동에도 깊이 관여했다. 1911년에 귀국한 그는 『주간아사히(朝日)신문』과 『도쿄아사히(東京朝日)신문』의 기자로 활약하다가 1919년에 다시 조선에 입국하여 3·1운동을 취재했다.

그 뒤 호소이 하지메는 서울에 체류하면서 자유토구사(自由討究社)라는 출판사를 설립하여 식민사학의 논리를 본격적으로 전개했다.[27] 호소이 하지메의 논리의 핵심은, 한국인들이 그토록 당쟁에 집착한 것은 "조선인

---

24 林泰輔, 『朝鮮通史』(東京 : 富山房, 1912), pp. 316~320.
25 『燃藜室記述』(15) 宣祖朝故事本末 임진왜란 임금의 행차가 西道로 播遷가다
26 林泰輔, 『朝鮮通史』, p. 411.
27 黑龍會(編), 『東亞先覺志士記傳』(下)(東京 : 原書房, 1966), pp. 101~102.

의 몸에 더러운 피[黔血]가 섞여 있기 때문"[28]이라는 것이었다. 너무도 혐오스럽고 모욕적이어서 차마 입에 담기조차 민망스러운 이 망종(亡種)의 논리는 매우 집요하고도 오랫동안 한국사를 이해하는 일본의 시각(視角)으로 자리 잡고 있었다.

그러다가 1922년 12월, 일본이 조선의 병합을 합리화할 수 있는 조선사를 쓰고자 총독부 훈령 64호로 「조선사편수위원회규정」을 발표하면서 정무총감 아리요시 주이치(有吉忠一)를 그 위원장에 겸직시키고 중추원 의장 이완용(李完用)의 주도로 한국의 젊은 학자들을 선발하여 편수 위원으로 임명한 것은 한국 사학사에서 중요한 의미를 갖는다. 이들에 의해 1938년에 완간된 『조선사』(朝鮮史) 전35권은 식민사학의 원전이 되었기 때문이다.

조선사편수회의 핵심 작업을 수행한 인물은 오다 쇼고(小田省吾)였다. 그는 도쿄제대(東京帝大) 출신으로서 경성제대(京城帝大) 예과부 교수와 조선총독부 시학관(視學官)을 역임했으며, 1925년에 조선사편수회가 창설될 때에는 총독부 사무관의 자격으로 조선사편수회 창립 위원이 되어 식민사학의 정립에 깊이 관여했다.[29]

오다 쇼고의 주장에 따르면 당쟁이야말로 한국을 가장 명료하게 표현하는 것이기 때문에 당쟁을 이해하는 것이 곧 한국을 이해하는 것이라는 논리였다. 그리고 당쟁의 논리를 확대하여 임진왜란도 결국 당파 싸움이 빚은 비극이라는 데로 귀결시키고 있다.[30] 당쟁 때문에 조선조가 멸망했다는 주장은 식민지 사학자들이 마지막으로 하고 싶었던 말이며 식민사관의 결론에 해당하는 부분이다.

---

28 細井肇, 『朋黨·士禍の檢討』(서울 : 自由討究社, 1926), pp. 4~5.

29 조선총독부 조선사편수회 편, 『조선사편수회사업개요』(서울 : 1938), pp. 30~31.

30 小田省吾, 「李朝朋黨を略敍して天主敎迫害に及ぶ」, 『靑丘學叢』(1)(1930), pp. 1, 4; 小田省吾, 「李朝黨爭槪要」, 『朝鮮』(101)(朝鮮總督府, 1923), pp. 44~46, 61; 小田省吾, 「洪景來叛亂の槪略と其の動機に就て」(上), 『靑丘學叢』(8)(1932), p. 93.

이후 임진왜란의 개전과 패전에 대한 책임을 당쟁에 귀결시키려는 일본 식민지사학은 일본의 공식 입장으로 굳어져 오늘날에 이르러서도 일본군 참모본부의 공식 전사(戰史)인『일본전사 : 조선역』(日本戰史 : 朝鮮役, 1978)에서도 "동서 붕당의 상쟁(相爭)에 따른 김성일의 거짓 보고가 개전과 패전의 중요 원인이었음"을 적시(摘示)하고 있다.[31]

당쟁이라는 이름의 정치적 논쟁은 정말로 망국적이었을까? 이에 대한 정치학적 해석은 종래의 그것과 다르다. 이미 율곡(栗谷) 이이(李珥)가 지적하고 있는 바와 같이, 당의(黨議)란 그 시대로서 존재할 수 있었던 최고의 정치적 공론(公論)이었을 뿐이다. 그의 말에 따르면,

> "공론이 조정에 있을 때 나라가 다스려지고, 공론이 민간에 있으면 그 나라가 어지러워지며, 만약 위아래 모두에 공론이 없으면 그 나라가 망했다." …… "이른바 동인이란 무리는 연소한 신진(新進)을 가리키며, 이른바 서인이란 무리는 선배 구신(舊臣)을 가리키는 것이니, 마땅히 돌보고 보살펴 변하지 말며 결점을 감싸고 장점을 드러내야 할 것이요, 멀리 배척하여 그 마음을 잃어서는 안 된다."[32]

는 것이었다.

당쟁에 대한 이 글의 핵심은, 당의가 활발했던 숙종조(肅宗朝)에 민중의 삶은 가장 평화로웠고, 이른바 탕평책(蕩平策)이라는 이름으로 조정에서 당의가 사라진 순조(純祖)·헌종(憲宗)·철종(哲宗)의 시기가 조선왕조

---

31 日本軍 參謀本部 編,『日本戰史 : 朝鮮役』(東京 : 村田書房, 1978), pp. 18~19.
32 『栗谷全集』(7) 疏箚(5)「代白參贊仁傑疏」: "臣又竊念 公論者有國之元氣也 公論在於朝廷 則其國治 公論在於閭巷 則其國亂 若上下俱無公論 則其國亡 何則在上者 不能主公論 而惡公論之在下也 防之口 而治其罪 則其國未有不亡者也 …… 今日可用之士 皆入東西之目矣 其所謂東者 則多指年少新進 而志於爲善 勇於謀國 誠心方誠 此當誘掖扶植 宰制裁成 而不可排抑 以沮其志也 其所謂西者 則多指先輩舊臣 而經歷變故 力去權姦 功在社稷 此當眷待無替 刮垢磨光 而不可疎斥以失其心也"

의 낙조(落照)의 시기였다는 점은 결코 우연이 아니라는 것이다.

이런 점에서 본다면 당쟁론이야말로 식민지 사학의 최대 피해자이며 굴곡된 역사였으며,[33] 오늘의 주제와 관련하여 말한다면, 임진왜란의 초전 실패나 황윤길과 김성일 사이에 벌어졌던 의견의 차이를 당쟁의 논리로 설명하려는 것은 아직도 이 땅에 식민사학의 유산이 엄존하고 있음을 보여 주는 여독(餘毒)이 아닐 수 없다.

4. 역사학자들

이와 같이 황윤길과 김성일의 의견이 달랐던 사실을 당색(黨色)으로 설명하려는 논리는 이 땅에 광복이 찾아온 뒤에도 쉽게 지워지지 않았다는데 문제가 있다. 이 문제에 대한 한국 사학계의 입장은 다음과 같은 몇 가지로 나누어 볼 수 있다.

첫째로, 한국의 근대 사학사(史學史)에서 임진왜란과 관련하여 황윤길과 김성일의 갈등을 최초로 거론한 학자는 황의돈(黃義敦)이었다. 황윤길의 문중 족손(族孫)이었던 그는 일제시대에 대성학교(大成學校)와 휘문의숙(徽文義塾)에서 국사를 가르치면서 중등학교 국사교과서를 편찬했고 해방 후에는 동국대학교에서 국사학을 연구한 한국사의 일세대 학자였다.

황의돈은 자신의 저서 『신편 조선 역사』(1923)에서

"유성룡(柳成龍)·이산해(李山海) 등 당시에 득세한 동인배(東人輩)가 김성일의 편을 들어[右袒] 군사 시설[武備]을 모두 부수고[盡罷] 조정의 모든 대신들[滿朝]이 마음을 놓아[晏然] 태평한 꿈[昇平夢]에 취하여 들어 누었다[醉臥].[34]

---

33 신복룡, 「당쟁에 대한 새로운 이해」, 『한국정치사』, pp. 157~178 참조.
34 황의돈, 『신편 조선 역사』(서울 : 以文堂, 1923), pp. 128~129.

고 기록함으로써 임진왜란의 책임이 김성일에게 있다고 지적했다.

황의돈의 그와 같은 필치에는 존재구속성(存在拘束性, Seinsgebundenheit)과 같은 고충이 담겨 있다. 황희(黃喜)의 학맥을 잇는 명문의 후손으로서 황의돈이 황윤길에 대한 숭모(崇慕)의 심정을 갖는다는 것이 허물이라 할 수는 없다. 그런 탓으로 사신의 복명 사실을 설명하는 과정에서 황의돈은 황윤길의 입장을 비호했고, 결과적으로 그의 말처럼 전쟁이 일어났다는 점에서 그를 비난할 수는 없을 것이다.

그러나 그는 조정에서의 복명을 기록하는 데에서 더 나아가 유성룡과 이항복의 증언도 함께 다루는 금도(襟度)가 필요했다. 역사가가 균형 감각을 잃으면 역사를 굴절시킬 수 있다. 역사가 심판의 기능을 갖는 것은 사실이지만 그 해석의 중요한 논거가 되는 부분을 누락함으로써 주제가 되는 인물을 정죄(定罪)하거나 "탓의 장(場)"에 머무르는 것은 정도(正道)가 아니기 때문이다

둘째로는 두계(斗溪) 이병도(李丙燾)의 입장이다. 그의 주장에 따르면, 황윤길은 서인이요, 김성일은 동인이었기 때문에 이렇게 말이 일치하지 않았다고 말하지만, 이에 대한 두계 자신의 생각은 다르다는 것이다. 아무리 당쟁이 심할 때이기로서니 그토록 중대한 사안을 당색으로 말미암아 거짓말을 했을까? 라고 그는 반문하고 있다. 그는 학봉의 소견이 잘못된 것이지만, 자신이 보기에 도요토미 히데요시의 태도가 허장성세와 같이 보였기 때문에 이로써 너무 상하의 인심을 자극하는 것이 옳지 않다고 생각하여 그렇게 말했다는 것이다.

이때 김성일과 동문인 유성룡은 "설령 히데요시가 쳐들어온다 해도 두려워할 것이 없을 듯하다." 하여 너무도 인식이 부족한 말을 하였고, 이에 대하여 많은 사람은 반신반의하여 무사(無事)를 위주(爲主)로 하던 당시이므로 국방에서도 그다지 긴급하고 적극적 조처를 하지 않은 책임이 있다는 것이다.[35]

이병도의 논리는 다른 이론들처럼 당쟁론에 바탕을 두고 있는 것은 아

니지만 김성일과 유성룡이 히데요시를 잘못 판단함으로써 전쟁이 일어났으니 그들에게 개전 책임이 있다고 주장하는 점에서 다른 학자들의 논리와 크게 다른 바가 없다. 건국 이후 한국 사학교육계를 지배해온 이른바 두계사학의 비중을 고려할 때 학봉에 대한 부정적 시각의 형성에 두계 학파가 크게 작용한 바를 부인하기는 어렵다.

셋째로, 이병도의 저술에 뒤를 이어 1961~1962년 사이에 출간된 진단학회의 『한국사』는 통사로서의 방대함과 필진의 무게로 말미암아 한국 사학계의 주류를 이루기에 충분한 것이었다.

이 전집 가운데 임진왜란 편의 필자인 이상백(李相佰)의 논리를 들어보면, 학봉의 복명이 한편으로는 닥쳐올 위급에 대비할 필요를 역설한 것이요, 또 한편으로는 인심을 동요시키지 않고자 하는 데 있었다 하더라도 동서의 파쟁이 우심(尤甚)하던 당시에 사실 여하를 불문하고 자기 당파의 사절을 비호한 결과였음을 분명히 하고 있다는 점에서 이병도와는 다른 논리를 전개하고 있다.

이상백의 주장에 따르면 "요행을 바라던 당시의 조정은 김성일의 복명에 반신반의하는 가운데 일루(一縷)의 낙관으로 김성일의 의견에 기울어져 구차히 편안함과 무사함을 바라면서 이에 앞서 각 도에 명령하여 방비를 강화케 하던 것도 중지하였다."는 것이다.[36] 국방의 장비 강화를 중단하였다는 그의 주장이 어디에 논거를 두고 있는지는 명확하지 않다. 그러나 그것이 김성일의 복명서 때문이었다는 뜻으로 썼다면 그것은 그 시대 상황에 대한 정확한 인식이 아니다.

넷째로, 그 뒤 후 임진왜란사 연구의 최대 거작이라 할 수 있는 이석형(李炯錫)의 『임진전란사』 세 권이 1974년에 출간되었다. 자료와 기술(記

35 이병도, 『국사대관』(서울 : 보문각, 1957), p. 407.
36 진단학회 편, 이상백 지음, 『한국사 : 근세전기편』(서울 : 을유문화사, 1980, 초판 1962), pp. 602~603.

述)의 방대함으로 학계를 놀라게 한 이 책에서 필자는 황윤길과 김성일의 문제를 거론하면서 하야시 다이스케의 논리를 인용하여 임진왜란의 개전과 패전 책임을 당화(黨禍)로 설명한 점[37]에서 식민사관으로터 자유롭지 못하다.

끝으로, 1970년대~1980년대 초에 들어오면서 국사편찬위원회는 『한국사』 25권을 발간하는데, 이를 추진한 사람은 위원장 이현종(李鉉淙)이었다. 공교롭게도 전집 중의 임진왜란사를 직접 집필한 그는 임진왜란의 개전 책임을 당쟁과 황윤길 — 김성일의 당파심에 물음으로써 관찬(官撰) 사학으로서의 임진왜란에 대한 정부의 입장을 분명히 못 박았다. 그의 논리에 따르면,

> "겹치는 사화(士禍)에다가 선조 8년에는 지배층이 동서분당으로 나누어져 나라의 운명이 위험 속으로 빠져들고 있었다. 크게 변해가는 동양의 국제 정세를 제대로 파악하지 못한 채 오직 명(明)나라에 대한 친선 관계만으로 모든 것을 해결하려고 생각했던 위정자들의 좁은 견해는 권력 싸움과 당파 조직으로 일관하고 있었고, 더욱이 16세기 말에 접어들면서 일본의 변동을 살피고자 일본에 통신사까지 파견하였으나 그들의 상반된 보고만으로는 정확을 기대할 수도 없었거니와 그와 같은 위험스러운 보고에도 불구하고 장차 다가올 일본 침략의 대비책을 마련하지 않았다."[38]

는 것이다.

여기에서 한 가지 짚고 넘어가야 할 사실이 있다. 그것은 다름이 아니라 사정이야 어찌 되었든, 왜란 직전까지 조선은 전쟁에 대비하지 않은 것이 사실이었고, 이것이 전적으로 김성일의 복명서의 책임이었을까? 하는 점이다. 이에 대해서는 두 가지 사실을 그 대답으로 제시할 수 있다.

---

37 이형석, 『임진전란사』(상)(서울 : 신현실사, 1974), p. 101.

38 이현종, 「외족의 침구 : 16세기 후반기 동아의 정세」, 『한국사(12) : 조선 : 양반 사회의 모순과 대외 항쟁』(서울 : 탐구당, 1981), pp. 277~279.

첫째로 전쟁 대비를 하지 않은 것은 복명서의 내용과 관계없이 그 당시 조정 대신들의 경륜과 판단에 따른 것이며, 더욱이 그 당시가 전제군주 시대였음을 고려한다면 그 판단의 최종 책임은 선조에게 귀책되어야 한다는 사실이다.

둘째로 전쟁에 대비하지 않은 것은 그 시대의 보편적 정서였지 복명의 인물이었던 김성일만의 책임은 아니라는 사실이다. 시대 조류로 볼 때 개국 200년이 지난 1590년대의 조선조는 왕조에 대한 싫증과 피로가 나타나기 시작한 때였다. 막스 베버(Max Weber)의 지적처럼 "피로의 시대가 지나가고 나면 평화가 가지는 의미가 그리 절박하지 않다."[39] 나태와 안일, 그리고 무의미한 논쟁과 지리한 길항(拮抗)이 그 시대를 지배하게 되는데, 이런 상황에서는 건전하고 슬기로운 논쟁이 빛을 잃기 쉽다.

이와 같은 시대 상황에 대한 고려를 소홀히 한 채 이상에서 살펴본 저술들은 한국 현대사를 지배하던 주류사학자들의 저작이었다는 점에서 그와 다른 논리를 전개한다는 것은 것은 상상할 수도 없을 만큼 어려운 작업이었고, 그런 상황 속에서 임진왜란에 대한 동인과 김성일의 개전 책임은 고쳐지지 않는 정설처럼 사학계를 지배해왔다.

5. 역사소설과 텔레비전 사극

여기에서 사태를 더욱 악화시킨 것은 그와 같은 사학계의 연구 결과를 토대로 한 역사소설과 텔레비전 사극이 국민의 사고를 고착화하는 데 큰 몫을 했다고 하는 사실이다. 동서고금을 막론하고 역사적 사실들은 소설과 극본의 중요한 자료가 되어왔다. 독자들이 딱딱하고 사변적인 논문이나 학술 서적보다는 쉽고 흥미로운 역사소설을 통하여 역사의 지식을 넓

---

39 Max Weber(저), 박봉식(역), 『직업으로서의 정치』(서울 : 박영사, 1977), p. 109.

혀 간다는 것은 이상할 것이 없다.

그러한 현상을 보여 주는 사례로서, 한국인들이 "어떤 매체를 통하여 역사 지식을 얻는가?"에 관한 통계를 살펴보면, 신문이 38.8%, 텔레비전과 라디오의 사극 및 교양 프로가 33.1.%, 시사 잡지가 9.2%, 역사 소설이 8.3%, 전문 서적이 7%, 역사 강좌가 3.2%로 나타나고 있다.[40] 이를 다시 정리해 보면, 한국인들의 41.4%가 역사소설이나 텔레비전 사극을 통하여 역사 지식을 얻고 있다는 계산이 나온다. 이는 전문 서적이나 역사 강좌를 통하여 역사를 아는 것보다 네 배가 더 많다.

이럴 경우에 문제가 되는 것은 소설이나 사극이 담고 있는 역사적 사실이 과연 얼마만큼 진실에 가까운가 하는 문제인데, 그 대답은 결코 긍정적일 수 없다. 이를테면 한국의 역사소설가들은 설화(story)와 역사학(history)의 거리를 너무 멀리 떼어 놓았다.

이광수(李光洙) – 박종화(朴鍾和) – 이은상(李殷相) – 최인욱(崔仁旭)으로 이어지는 역사소설가와 신봉승(辛奉承)을 정점으로 하는 사극작가들이 역사 보급에 이바지한 공로는 작은 것이 아니었다. 그러나 그들은 실체적 진실을 좀 더 고민했어야 한다.

춘추필법과 주자학의 절의(節義)에 익숙해진 한국의 소설 문학은 세상사를 선악의 이분법으로 재단함으로써 어떤 역사적 사실에서 누구는 나쁜 사람이고 누구는 의인이라는 구도의 설정을 선호했다. 예컨대 이광수의 『단종애사』(端宗哀史)를 시발로 하여 전개된 소설 문학은 비분강개함을 바탕에 깔고 선악의 대결 논리로 역사를 재단함으로써 역사의 희생양(犧牲羊)을 배출했다.

이 글의 주제가 되는 임진왜란과 사신들의 복명에 관한 묘사도 그와 같은 정형을 벗어나지 못하고 있다. 이를테면, 박종화는 그의 소설 『임진왜

---

40 金杬, 「현대사에 관한 한국인의 인지도 여론 조사」, 『중앙일보』 1995년 1월 9일자 참조.

란』(1966)에서 황윤길과 김성일의 복명 장면을 소상하게 묘사하면서, 두 사람이 최후까지 어전에서 다투었던 이유는 황윤길은 서인의 당파요, 김성일은 동인의 당파였기 때문이라고 설명한다.

더 나아가서 박종화는 "김성일은 나랏일을 하러 간 사람이 아니라 서인 황윤길을 반대하기 위하여 간 사람으로서 적의 정세를 짐작했으면서도 다만 황윤길의 서인 측을 반대하기 위하여 반대를 끝끝내 주장하는 모습을 보여주고 있다." 그는 어전 회의의 마지막 장면을 설명하면서 유성룡의 증언을 첨가하고 있는 것은 사실이지만, 그것은 같은 당파였기에 하지 않을 수 없었던 "어리뻥뻥한 일"이라고 끝을 맺고 있다.[41]

최인욱의 『성웅 이순신』(1971)은 이순신의 성인화 과정을 유념하면서, 그렇게 훌륭한 인물이 있었는가 하면 김성일과 유성룡 같은 동인들이 허위 보고를 함으로써 임진왜란이라고 하는 "불의의 변을 당하게 되었다."[42]고 설명한다. 임진왜란의 발발을 당색으로 몰아가면서 그 앞에는 김성일의 책임이 있다고 말하는 점에서는 이은상의 『성웅 이순신』(1975)도 예외가 아니었다.[43]

최근의 작품으로서 화제를 불러일으켰던 김훈의 『칼의 노래』(2007)는 조금 시각이 다르다. 그도 김성일은 동인이었고, 황윤길은 서인이었다는 사실을 지적하고 있지만, "당시의 김성일 등의 동인들은 선조의 선병질적(腺病質的, 신경쇠약증) 성격을 자극해서 국내 정치를 아수라장으로 만들어버리는 사태를 피해가면서 전란에 대비하려 했던 것으로 볼 수도 있다."[44]고 말함으로써 김성일의 고뇌를 대변하고자 했다.

최근의 일련의 사극 작품 가운데에서 이 문제와 관련하여 주목할 작품

---

41 박종화, 『임진왜란』(1)(서울 : 을유문화사, 1966), p. 60.

42 최인욱, 『성웅 이순신』(서울 : 을유문화사, 1971), pp. 16, 67.

43 이은상, 『성웅 이순신』, pp. 30~32.

44 김훈, 『칼의 노래』(서울 : 생각의 나무, 2007), p. 398.

은 아마도 윤선주 극본의 KBS의 대하드라마 『불멸의 이순신』(제42회분, 2005. 1. 23. 방영)이었을 것이다. 이 극본은 임진왜란에서의 김성일의 책임을 묻는 데 가장 준열한 작품이었던 것으로 보인다.

당색을 보이며 갈등하는 어전 회의의 모습, 당론에 따라 선조의 표정이 바뀌고 이를 바라보며 일희일비하는 무리의 표정 변화, 난감해 여기는 여러 신하, 시선을 피하는 김성일의 모습, 이러한 상황에 곤혹스러워하는 유성룡의 심리 묘사 등을 통하여 작가는 암묵적으로 개전과 패전의 책임을 김성일에게로 돌리려 했다.

이 일자에 방영된 끝부분에서 김성일은 유성룡과의 대화에서, "막고 싶었네. 병화의 조짐을 유포시켜 민심을 교란하고 우리 동인들을 또다시 정치적으로 고립시키려는 저들의 음모를 깨고 싶어. …… 전란이 일어나지 않는다고 내 어찌 장담할 수 있단 말인가?"라고 말함으로써 당파심이 이 사건의 본질임을 분명히 했다. 그의 말 가운데, "우리 동인들을 또 다시 정치적으로 고립시키려는 음모"라 함은 그 앞선 해인 1589에 일어난 정여립(鄭汝立)의 사건을 의미하는 것으로 보이다.

역사가 역사학자의 전유물이 아닌 바에야 사극이나 역사 소설에서 역사물을 다루는 것은 잘못된 것이 아니며 비난받을 일도 아니다. 또 소설과 사극은 그 장르가 가지는 특성상 흥미와 극적(劇的)인 이야기의 전개 등의 문제가 있으므로 반드시 정사(正史)만을 대상으로 하고 정사대로 써야만 할 이유도 없다.

그러나 소설은 어디까지나 소설이고 역사는 역사일 뿐이다. 따라서 필자의 선호(選好)나 독자의 기호(嗜好) 또는 그 시대나 그 사회의 유행이나 흥미에 따라서 사극과 소설은 정사가 보지 못하거나 중요하게 취급하지 않는 부분을 대상으로 삼을 수도 있고 그 전개 과정에서 허구(虛構)가 있을 수도 있다.

그러나 그것이 아무리 소설적 공간이요, 사극의 무대라 할지라도 독자나 시청자의 흥미에 영합하고자 지나치리만큼 사실(史實)을 곡해하거나 중요도의 우선 순위를 전도(顚倒)해서는 안 된다. 왜냐하면 역사가가 사실에 충실한 것은 미덕이기 이전에 신성한 의무이기 때문이다.[45] 어느 면에서 보면 대중 소설은 학술 서적보다 더 영향력이 컸다. 이런 점에서 역사 소설이나 사극의 작가도 일말의 책임과 역사 의식을 가져야 한다.

이는 적어도 사극이나 역사 소설이 역사적 사실을 크게 벗어나는 일이 있어서는 안 됨을 의미한다. 셰익스피어(W. Shakespeare)나 시바 료타로(司馬遼太郞) 또는 한국문학사에의 홍명희(洪命憙)의 작품, 그리고 현대 작가 가운데 최인호(崔仁浩)의 작품이 인구(人口)에 회자(膾炙)하는 이유가 허구적 재미 때문만은 아닐 것이다. 그들은 어느 역사학자 못지 않게 역사를 공부하고 고뇌한 사람들이었으며, 역사학과 문학을 뛰어넘어 양자를 접목한 사람들이었다.

한번 대중의 머릿속에 잘못 정형화된(stereo-typed) 인물평이 올바른 평가를 받는 데에는 학술 공간에서는 1세기가 걸렸고, 소설의 공간에서는 반세기가 넘게 걸렸다. 그러나 그나마도 빠른 것이고 다행한 일이다. 그러한 비하(卑下) 속에 구천(九泉)에서 신음하는 원혼(冤魂)의 후손은 한국사에 여럿이 있다. 이 글은 그러한 역사의 희생자들에 대한 씻김굿의 소명감을 가지고 쓴 것이다.

6. 맺음말 : 역사에서의 화해와 해원(解冤)

이제까지 이 글은 이 일련의 사건을 되도록 객관적으로 기록해 보려고 노력했다. 그러나 영국의 역사학자 트래버-로퍼(Travor-Roper)의 말을 빌리면, "역사가가 역사를 쓸 때에 어쩔 수 없이 그 주제에 대한 연민을 품게 된다."[46]고 한다.

---

45 E. H. Carr, *What is History?*, p. 5.

그런 점에서 나도 이 주제에 어떤 연민에 빠지지나 않았을까 하는 점을 깊이 유념하면서, 특히 한국사학사의 맹점으로 내가 꾸준히 지적해온 "문중사학"(門中史學)의 함정에 빠지지 않도록 마음을 다잡으며 이 글을 썼다. 이제 위와 같은 실체적 진실에 근거하여 다음과 같이 소견을 결론으로 피력하고자 한다.

[1] 조선조 시대의 지식인들, 특히 오늘의 주제가 되는 학봉 김성일의 대일 인식에 대한 이 글의 입장을 정리해보면, 그들이 결코 일본에 대하여 안일한 생각을 가졌던 것으로 보이지는 않는다. 신숙주(申叔舟)가 『해동제국기』(海東諸國記)에서 밝히고 있는 바와 같이, 조선조의 지식인들은 일본의 무장을 결코 소홀히 생각하지 않았고,[47] 만성적인 두려움과 기피 심리(xenophobia)를 가졌던 것이 사실이다.

신숙주가 죽을 때 성종(成宗)이 신하를 보내, "마지막으로 나에게 할 말이 있소?" 하고 물으니 신숙주의 말이, "바라건대, 국가에서 일본과 화친을 잃지[失和] 마소서." 하였고, 성종은 이 말을 옳게 여겨 부제학 이형원(李亨元)과 서장관 김흔(金訢)을 일본에 사신으로 보냈던 것이 당시의 정책이요 판단이었다.[48]

그래서 조선조 지배자들의 대일정책의 기조는 어루만짐[慰撫]과 수호(修好) 그리고 내정의 정비라는 데에 일관된 합의를 느끼고 있었다. 따라서 적정(敵情)을 관찰하는 데 김성일이 실수했을 것이라는 논리는 사실과 많이 다를 수 있다. 황윤길이 본 것을 김성일도 보았을 것이다.

[2] 문제의 핵심은 학봉이 왜 사실과 다르게 복명했는가 하는 문제이다. 이 부분에 대해서는 그가 유성룡이나 이항복에게 한 말의 진정성을 믿어

---

46 E. H. Carr, *What is History?*, p. 20.

47 申叔舟, 『海東諸國記』序.

48 『燃藜室記述』(15) 宣祖朝故事本末 임진왜란 임금의 행차가 西道로 播遷가다.

야 한다. 그는 어전에서, "오늘에 우리가 두려워해야 할 것은 섬 오랑캐들에게 있는 것이 아니라 민심에 있다."[49]는 의견을 여러 번 피력한 바 있고, "지금은 나라가 피폐하여 백성의 원성이 들판에 가득하여 실로 등에 땀이 흐르는 현실"[50]을 걱정하고 있었다. 그는 사신들이 부산에 상륙하자마자 곧 왜병이 쳐들어올 듯이 파발을 보내고 이로 말미암아 민심이 동요되는 것을 바라보면서 "이래서는 안 된다"고 확신했고 그래서 민심을 안온(安穩)시키려 했던 것은 사실이다.

국가의 중요한 정책 결정 과정에서 김성일이 문제를 사실대로 공론화하지 않은 것은 실수였으며, 그런 점에서 보는 이에 따라 그에게 책임을 물을 수 있다. 그러나 그가 진실로 바랐던 것은 민심의 안정이었으며, 전쟁과 같은 국가 대사는 알 만한 사람끼리 알아서 처리할 일이지 여럿이 모여 크게 떠들 일이 아니라고 그는 생각했을 것이다.

이와 관련해서는 두 사람의 상반된 견해의 본질적 의미를 최종적으로 판단했어야 할 선조(宣祖)의 무능함에 어쩌면 더 큰 책임이 있을 수 있다. 그러나 그의 반대파들과 역사학자들은 그 자리에 이어서 일어났던 유성룡과 이항복의 증언을 누락한 채, 어전 회의의 장면만을 부각함으로써 역사 기록의 균형을 잃었다는 비판을 피해가기 어렵다.

[3] 한 인물에 대한 역사적 평가는 그의 진심과 동기 그리고 그의 마지막 행적을 고려하여 평가되어야 한다. 막상 왜란이 일어나고 경상우도 병마절도사로 있던 학봉을 옥에 가두도록 명령이 떨어졌을 때 그는 자신의 운명을 걱정하는 기색이 없이 오히려 경상감사 김수(金睟)에게 적군을 막을 방책을 일러주는 모습을 보여 노리(老吏) 하자용(河自溶)은 "자기 죽는 것은 걱정하지 않고 오로지 나랏일만을 근심하니 이 사람이야말로 참다운 충신이다."라고 말했다.[51]

---

49 『鶴峯集』附錄(3) 神道碑銘 : 玉堂에 올린 箚子.
50 『鶴峯集』(3) 箚子 請停築城仍陳時弊箚.

그 뒤 김성일의 진심을 안 선조는 그의 잘못을 용서하고 그에게 경상도 초유사(招諭使)를 제수하여 왜병을 막는 데 힘쓰도록 당부했다. 김성일은 죽산(竹山)과 함양(咸陽) 등에서 격문을 돌리고 김면(金沔), 정인홍(鄭仁弘), 홍의 장군 곽재우(郭再祐) 등의 도움을 받아 의병을 이끌고 진주성을 지키면서 군정(軍政)에 노심초사하였으며, 역질(疫疾)에 걸린 백성들을 돌보다가 전염되어 진중에서 일생을 마쳤다.

김성일은 일상생활에서도 군장을 풀지 않고 지성으로 관군과 의병 사이를 조화시켜 경상도 일대를 보전한 공이 컸으며, 죽을 때까지 사사로운 일을 말하지 않았고 그의 아들 혁(㴯)이 함께 병중이었으나 한 번도 돌아보지 않았다.

아마도 임진왜란과 학봉의 사신 복명 문제를 가장 가까이서 바라보면서 고민했던 사람은 지산(芝山) 조호익(曺好益)이었을 것이다. 임진왜란 당시 소모관(召募官)이자 절충장군(折衝將軍)으로서 선조의 신임이 두터웠던 그는 뒷날 세월이 흘러 영상(領相) 오리(梧里) 이원익(李元翼)에게 다음과 같은 편지를 보냈다. 이 글은 그의 편지로서 마치고자 한다.

"학봉은 성품이 엄정하였으므로, 다른 나라[일본]에 사신으로 가서 다른 무리[異類]와 교제하면서 서로 허물없이 지내는 것을 바라지 않아 의리로써 자주 다투었습니다. 그렇기 때문에 저 나라에 가 있었지만 서로 격조(隔阻)하기가 호(胡)와 월(越) 같았으니, 왜국의 사정을 아는 것이 같은 일행들과는 많이 달랐을 것입니다.

그러나 이미 왜국의 서신을 보고 난 뒤에는 비록 저들이 허세를 부려 위협하는 것으로 의심하면서도 어찌 염려하는 마음이 없었겠습니까? 그런데 동래(東萊)에 도착하여 일행들이 지레 이 사실을 누설하여, 미처 복명하기에 앞서 온 나라가 흉흉하여 내변(內變)이 일어나려고 하였습니다. 그러므로 그렇게 진정시키는 말을 하여 급한 환란을 구제한 것일 뿐이지 그 뜻이 어찌 다른 데 있었겠습니까?

51 성락훈(역), 『懲毖錄』, pp. 51~52.

어떤 사람들은 또 말하기를, '학봉이 왜국에 있을 때 아무런 일이 없는데도 사달을 일으키고 왜인을 격노시켜 화란(禍亂)을 불러왔으므로, 그 죄를 면하고자 하여 병화가 있으리라는 것을 알면서도 말하지 않았다.'고 하는데, 이 말은 너무 지나칩니다. 만약 왜적들이 반드시 침범해 올 것을 학봉이 알았더라면, 그 당시에는 비록 말하지 않았다고 하더라도 끝내 이를 숨겼겠으며, 말하지 않은 죄를 또 면할 수 있겠습니까? 이것은 삼척동자라도 알 것인데, 학봉이 그렇게 하였겠습니까?[52]

52 『芝山先生文集』(2) 書 答李梧里元翼.

7장

임진왜란과 원균(元均)

―해원(解寃)의 역사를 찾아가는 여정(旅程)

> "아마도 원균은
> 지하에서 눈을 감지 못할 것이요."[1]
> ―선조

> "우리는 설화와 역사를 혼동하고 있다.
> 거기에는 작가들의 책임이 크다."
> ―본문 가운데에서

1. 머리말

아마도 한국 역사의 인물로서 누가 가장 위대했느냐고 묻는다면 충무공(忠武公) 이순신(李舜臣)이나 세종대왕(世宗大王)이 1등과 2등을 바꿔가며 차지할 것이고, 김구(金九)가 3등을 할 것이다. 이 세 분의 위상은 그만큼 부동의 존경을 받고 있다. 더욱이 충무공의 경우에는 그가 불세출의 영웅이었고 조국의 운명에 그만큼 위대한 발자취를 남긴 점을 부인할 사람은 없다. 그런데 나는 2001년에 『동아일보』에 "우리가 잘못 배운 한국사"를 연재하면서 원균을 다루는 과정에서 마음고생을 많이 했다.

---

* 이 글은 옥포해전기념문화제(평택 : 2015. 12. 2.)에서 가졌던 기조 강연을 논문 형식으로 다시 엮은 글임.
1 『선조실록』 36년 6월 26일(신해) : "備忘記曰 予嘗以爲 … 元均之目 且不瞑於地下矣"

당사자의 후손이나 문중으로부터 비난을 듣는 것은 처음부터 각오한 바이다. 그러나 연재를 한 부분에 대하여 많은 분이 자료를 보내주신 것은 이해할 만하지만, 예고편이 나간 것도 아닌데 이순신과 원균은 언제 게재되느냐는 질문과 함께 양쪽에서 자료를 보내주는 기이한 광경이 벌어졌다. 원래에는 이 문제를 다루기로 되어 있었으나 너무 민감하다는 이유로 신문사가 난색을 보여 결국 이순신과 원균의 문제를 게재하지 않기로 했다.

그러나 단행본으로 나오는 게재에 나는 이 문제를 다루고 싶었고 평소에도 이 문제를 언제인가는 다루어야 한다고 생각했었다. 우리가 어렸을 적, 국사 수업 시간에 선생님께서 원균을 비난하고 이순신을 격찬하는 시간이면 원(元) 씨 성을 가진 아이들이 놀림감이 되어 얼굴을 못 들던 일이 어린 마음에도 몹시 안쓰럽게 보였다. 이런 점을 생각하면서 원균을 둘러싼 오랜 논쟁에 대한 나의 소회(所懷)를 통하여 함께 한 시대를 고민해 볼 기회를 얻기 바란다.

임진왜란과 원균에 대한 논의라면 이미 훌륭한 선행 연구들이 있다. 1989년에 원균을 주제로 박사학위를 받은 이정일(李貞一)의 글[2]이 있고, 김인호(金仁鎬, 동의대학교)의 노작 『원균평전』[3]이 있다. 한 가지 양해를 구하고자 하는 것은, 내가 공부해온 인물학/전기학이 기본적으로 위인의 선양이나 현창보다는 왜곡되고 비하된 역사의 희생자들에 대한 연민에 기초를 두다 보니 그 논지의 전개에 유사한 패턴이 나타나고 있다는 점이다.

이를테면 원균에 관한 이 글만 하더라도 이미 발표한 임진왜란의 또 다른 희생자인 김성일(金誠一)이나 세종(世宗)의 학덕에 가렸다는 이유로

---

2 이정일, 『임진왜란 연구 : 수군 활동, 군량 공급 및 선무공신 책훈을 중심으로』(서울 : 중앙대학교 박사학위논문, 1989).
3 김인호, 『원균평전 : 타는 바다』(평택 : 평택문화원, 2014).

비난을 받은 최만리(崔萬理)[4]의 경우와 논문 구성이 유사할 수밖에 없었다는 점이다.

2. 한국에서 인물사 연구의 어려움 : 영웅사관과 문중사학의 명암

한 시대의 역사의 주인이 누구인가 하는 문제는 매우 미묘하고도 거창한 주제여서, 극심한 경우에는 여기에서부터 사관이 갈라지기 시작한다. 이들의 사관은 크게 영웅사관(heroism)과 민중사관(populism)으로 나눌 수 있다.

전근대사의 지배 계급이나 기득권을 누렸던 무리는 영명한 지도자가 역사를 이끌어 왔다고 주장하는가 하면, 산업 사회의 발달과 더불어 머리 들기 시작한 좌파 지식인들과 스스로 피압박 대중을 대변한다고 생각하는 무리는 민중이 역사를 이끌어 왔고 또 앞으로도 역사는 민중의 몫이어야 한다고 주장한다.

이러한 감상적인 영웅주의는 한국의 역사를 기술하는 데 하나의 주류를 이루고 있다. 이를테면, 수(隋)나라와 벌인 싸움에서는 을지문덕(乙支文德)이 있어서 승리할 수 있었고, 당(唐)나라 군사는 연개소문(淵蓋蘇文)에게 쫓겨 갔고, 삼국 쟁패의 역사는 김유신(金庾信)이나 김춘추(金春秋)의 전기와 다를 것이 없으며, 임진왜란의 역사는 이순신의 일대기와 같고, 3·1운동사는 33인의 행적으로 그 절반이 메워져 있다. 영웅주의자들은 오로지 그 나라 선각자들의 영웅적 고무·격려에 따라 한 나라가 성쇠(盛衰)한다고 믿는다.[5]

---

4 신복룡, 「한국에서 전기학(傳記學)을 공부하는 어려움」, 사단법인 해동공자 최충(崔冲)선생기념사업회 주최, 역사 인물 재조명 학술세미나 :『청백리 최만리(崔萬理) 선생의 행적과 시대 의식』(서울 : 프레스센터, 2010. 10. 26.), pp. 5~29.
5 신채호, 『조선위인전 : 연개소문』(서울 : 범우사, 1997), p. 54~55.

한국 현대 사학사에서 영웅사관의 시조라 할 수 있는 신채호(申采浩)의 말을 빌리면, "무릇 한 나라의 강토는 그 나라의 영웅이 몸을 바쳐 장엄하게 한 것이며, 한 나라의 민족은 그 나라의 영웅이 피를 흘려 보호한 것이다. 정신은 산과 같이 꼿꼿하고 은택(恩澤)은 바다처럼 넓거늘, 그 나라의 영웅을 그 나라의 민족이 모르면 그 나라가 나라 됨을 어찌 이루겠는가?"라고 물으면서, 우리나라는 영웅을 숭배하는 근성이 어찌 이렇게 박약한가를 개탄했다.6

역사주의자들이 이와 같은 영웅전을 강조한 것은, 영웅을 통해 국민 정신을 계몽하고 싶었기 때문이었다. 그들은 이순신을 잊었기 때문에 나라가 멸망했고,7 연개소문이 나타나지 않아 광복이 이뤄지지 않는다고 주장한다.8

그러나 위와 같은 영웅주의는 망국이라는 역사 상황에서 나타날 수 있는 충분한 명분과 개연성을 지닌 것이 사실이지만, 다음과 같은 비판을 받을 수 있다.

첫째로, 영웅주의는 역사를 투쟁으로만 보려는 경향이 있다. "역사란 무엇이뇨? 인류 사회의 '나'[我]와 '남'[非我]의 투쟁이 시간부터 발전하여 공간부터 확대하는 심리적 활동 상태의 기록"9이라고 신채호는 단언한다. 이들은 맑스주의(Marxism)의 투쟁의 논리에 접근한 사실이 없으면서도 역사에서 투쟁의 개념을 중시한다. 투쟁은 투사를 낳으며 투사는 폭력을 수반한다.

우리의 역사에 투쟁이 있었던 점을 부인할 수는 없지만 그렇다고 해서

6 신채호, 『조선위인전 : 을지문덕전』(서울 : 범우사, 1997), p. 12.
7 박은식, 「이순신전」, 『朴殷植全書』(중)(서울 : 단국대학교출판부, 1975), p. 559.
8 박은식, 『천개소문전』(서울 : 한국독립운동사연구소, 1989), p. 42.
9 신채호(저)·이만열(역주), 『조선상고사』(上)(서울 : 형설출판사, 1983), p. 27.

적개심만으로는 풀 수 없는 착한 사마리아인들(good Samaritan)[10]의 기록도 많이 있다. 역사란 더불어 사는 것의 아름다움을 가르치는 것이지 적개심의 수련장은 아니다.

둘째로, 영웅 사관에 맞추어 역사를 쓰다 보면, 실패한 개혁자의 꿈이나 패배한 경쟁자의 이상은 역사의 뒤안길에 묻혀 버리고, 오직 승자만의 기록으로 가득 찰 것이다. 이것은 옳지 않다. 왜냐하면 역사란 반드시 진보하는 것만이 아니듯이, 승자의 이상과 삶이 반드시 정의롭거나 바람직한 것은 아니기 때문이다.

바꿔 말해서 패자의 항변이나 실패한 개혁자에게도 귀를 기울여야 할 부분이 있고, 승자의 행위 가운데도 버려야 할 부분이 있다. 역사의 옳고 그름은 승패에 따라 결정되는 것이 아닐진대 영웅 사관은 대체로 승자의 편에 섰다는 데 잘못이 있다. 그러므로 역사를 선악의 대결로 보려는 춘추필법의 이분법적 논리가 역사를 바로 이해하는 것인지에 대한 반성이 필요하다.

셋째로, 영웅주의자들은 역사에서 민중의 역할을 인정하려 하지 않았다. 물론 역사 발전에는 영웅들의 비범한 발상과 투지에 의해서 이루어지는 점이 있다는 것을 부인할 수 없지만 그렇다고 해서 역사가 반드시 영웅들에 따라서 전개되는 것은 아니다. 영웅사관의 밑바닥에는 분노가 서려 있고, 그 분노는 끝내 투사와 의사(義士)와 열사(烈士)를 낳고, 이들의 우상화 과정을 거친다.

그런 점에서 한국의 전기 문학은 주인공의 성인화(聖人化) 과정이었다. 대체로 전쟁 영웅들이었던 이들은 어느 정도 과장된 서사물을 통하여 국민 공동체의 상상력을 결집하는 기제(機制)로 작용하였다. 이 영웅들은 왕을 대신한 국민 통합의 상징적 존재로서 국민국가로 편입을 쉽게 하는 하나의 수단이었다.[11]

---

10 『신약성서』「누가복음」 10 : 30~37.

그런 가운데 역사주의 학파 가운데서 민중을 먼저 긍정적이고도 적극적으로 거론하기 시작한 것은 조금 활동 시기가 뒤늦은 안재홍(安在鴻)에 이르러서였다. 그는 "민중의 세상"이란 뜻의 "민세"(民世)라는 호를 짓고 "민중의 선구자"가 되기를 바랐다.

안재홍은 민중을 역사의 주체로 보지는 않았지만, 역사를 바라보는 시각(視角)을 민중에게 맞추었던 것은 사실이다. 그는 공산주의자는 결코 아니었으나 민족 사회의 계급 모순을 인정하였고, 이를 민중의 처지에서 바라보며 해결하려 하였다.[12]

넷째로, 역사주의자들의 그와 같은 영웅주의에 공통되게 나타나는 하나의 특징은 주인공이 대체로 무인(武人)이라는 점이다. 철혈(鐵血)을 신성시하고 경쟁에서 살아남는 것이 문명 진보로 여겨졌던 당시에, 칼을 든 전쟁 영웅들이야말로 개화기의 민족적 이상향으로 떠오를 수 있었다.[13]

영웅사관의 역사학자들이 쓴 무인 열전의 밑바닥에는 문민 우위의 사조 탓에 나라가 망했다는 회한(悔恨)과 함께 고구려의 옛 땅을 찾아야 한다는 의지가 담겨 있다.[14] 그 필자들이 유생 출신으로서 스스로 문민 우위를 부정하고 상무정신(尙武精神)을 고양한 것은 매우 역설적이다.

다섯째로, 영웅 사관은 독재를 낳는 이론적 온상이 된다는 아픔을 안고 있다. 민중은 어리석으며 무력하다는 우민(愚民)의 논리는 독재의 일차적 계기가 된다. 이러한 주장은 국가가 어려움을 당할 때면 더욱 강한 호소력을 갖는다. 이른바 "강력한 지도자"에 대한 여망(輿望)은 독재를 합리화하는 논거가 되었으며, 한국현대사는 이 점에서 대표적인 사례가 되고 있다.

---

11 김현주, 「개화기 역사 전기소설에 관한 소고 : 영웅을 통한 근대 국민국가 인식을 중심으로」, 『경산문화연구』(9)(대구 : 대구한의대학교 경산문화연구소, 2005), p. 88.
12 김인식, 『안재홍의 신국가건설운동』(서울 : 선인, 2005), p. 17.
13 김현주, 「개화기 역사 전기소설에 관한 소고」, p. 93.
14 신채호, 『조선위인전 : 을지문덕전』, p. 11.

영웅 사관과 그의 우상화 과정은 독재로 가는 길목이었다. 이 우민의 논리는 민초의 아픔을 이해하려 하지 않았으며, 역사에서 민초의 역할을 낮추어 보았다. 고염무(顧炎武)의 말처럼, "한 나라의 흥망성쇠에는 필부에게도 책임이 있다."(天下興亡 匹夫有責)[15] 그러나 영웅주의자들은 이를 인정할 만큼 깨어 있지 못했다.

그렇다면 역사에서 영웅주의나 영웅사관은 왜 등장하는가? 망국의 아픔에서 비분강개의 역사학은 순교자적 영웅의 출현을 기대했다. 영웅사관의 역사학자들이 보기에 나라의 멸망은 민족수난기에 지도자들이 국력을 조직화하는 데 실패한 탓이었고, 이를 해결할 수 있는 영웅의 출현이 민족회복의 길이라고 생각했다.

국난기의 영웅 창출은 과거에 대한 분산적이고 개별적인 기억들을 국민의 보편적 기억으로 응집하려는 것이었으며, 봉건 질서를 대신하여 국민국가의 성립을 이루고자 하는 기획의 일환이었다. 그렇게 창조된 영웅들은 근대 국민국가의 표상으로서 우승열패(優勝劣敗)의 끊임없는 경쟁 속에서 의의를 지녔으며, 이들의 용감무쌍한 활약은 국민국가의 이상적 이미지로 구축되었다.[16]

이런 역사 인식을 바탕으로 나타난 구국의 영웅들은 국민 통합을 통한 국민국가의 창출이라는 국난기의 시대적 욕망을 읽어내는 작업이 될 수 있었다. 허구이든 진실이든, 영웅화된 인물들에 대한 대중의 기억은 역사를 움직이는 중요한 힘으로 작용했다.[17]

요컨대 박은식(朴殷植)·신채호·안재홍 등의 초기 활동은 영웅주의에 심취하여, "영웅이야말로 세계를 창조하는 성신(聖神)이며 세계는 영웅의

---

15 顧炎武, 『日知錄』: 正始 : "是故知保天下 然後知其國 保國者 其君其臣 肉食者謀之 保天下者 匹夫之賤與有責焉耳矣."
16 김현주, 「개화기 역사 전기소설에 관한 소고」, p. 95.
17 김현주, 「개화기 역사 전기소설에 관한 소고」, p. 90.

활동 무대"[18]라고 확신하였다. 그 가운데서도 신채호는 3·1운동의 실패에 따른 허무감으로 무정부주의에 기울면서부터 민중의 의미를 깊이 반추(反芻)하기 시작했다.

일제시대라고 하는 국치(國恥)의 상황에서 역사가 울분을 토로하는 식의 기록이었던 점에서 본다면, 당시의 역사가 영웅중심주의로 흐른 데에는 그럴 만한 이유가 충분히 있었다. 그러나 그들의 영웅주의적 논리는 민중 혁명 시대를 맞으면서 다소는 불분명한 이해와 정제되지 않은 논리 체계 속에서 과장과 방황과 혼란을 거듭하면서 소장(消長)했다.

영웅사관에 대한 작은 결론을 먼저 제시하자면, 역사에서 영웅은 키를 잡은 조타수와 같고 민중은 그 배를 밀고 가는 기관(汽罐)과 같은 것이다. 흔히들 "영웅이 시대를 만드는가 아니면 시대가 영웅을 만드는가?"라고 묻지만, 이에 대한 대답은 간단하다. 곧 영웅이 역사를 이끄는 것이 아니라 시대의 여망에 따라서 영웅은 출현할 뿐이다. 따라서 영웅 사관에 따라 역사를 쓰는 것은 그 시대의 역사의 절반을 묻어 버리는 잘못을 저지르는 것이다.

한국의 인물사 연구에 부딪히게 되는 또 다른 어려움은 문중사학(門中史學)의 벽이 너무도 두껍다는 사실이다. 이것은 한국의 역사학에서 다른 나라의 그것과 비교하여 가장 특이하게 나타나고 있는 방법론이다. 문중 사학이라 함은 곧 문집(文集)의 역사를 말한다. 이 문집은 역사학이 관찬(官纂)이던 시대에 그 나름대로 긍정적인 역할을 담당하고 있었다.

문중사학은 자료의 보고였으며 자료의 인멸(湮滅)을 막을 수 있는 훌륭한 보루였다. 문중사학은 자신의 선조를 현창(顯彰)하려는 적극적 의지의 표현이었다는 점에서, 부정적 시각으로 기필(起筆)한 외삽법(外揷法)[19]의

---

18 신채호, 「영웅과 세계」, 『대한매일신보』 1908. 1. pp. 4~5; 『단재신채호전집』(別集)(서울 : 단재신채호선생기념사업회, 1979), p. 111.

19 외삽법(外揷法)이라 함은 어떤 주제에 대하여 처음부터 치명적인 상처를 주고자 하는 뜻에서 집필하는 자세를 의미함.

인물사 연구와는 성격이 근본적으로 다른 것이었다.

그러나 문집은 위와 같은 긍정적 기능 이외에 많은 폐해를 낳았다. 문집의 집필 동기가 가문을 현창하고 고인의 생애를 추모하기 위한 것이었다는 점에서 애초부터 어느 정도의 곡필은 예상된 것이었다. 가문의 현창이라는 의도에 몰두한 나머지 고인의 일생을 과장했다.

문중사학자들의 논리가 고인에 대한 변명, 과대평가, 정적(政敵)에 대한 왜곡된 비하가 주류를 이루었을 경우에, 이는 역사학의 해독이 될 수밖에 없었다. 그들은 "자식이 출세하면 조상을 붓으로 키운다."는 속담에 충실했다. 이와 같은 문중사학의 문제에 대해서는 최근 한 학자는 다음과 같이 개탄한 바 있다.

> 시대가 바뀌고 정권의 요청이 풀어지자 동양 철학은 그 물적 기반을 위협받게 되었다. 남아 있는 것은 각 문중이었다. 봉분을 석물(石物)로 뒤덮고, 족보를 새로 쓰고 대학의 권위를 빌려 조상의 문집을 새로 간행하고, 그들의 사상과 행적을 기리기 시작했다. 아무개 사상연구회가 우후죽순처럼 생겨났고, 거기에 동양 철학의 연구 인력들이 포진하기 시작했다.
> 그런데 문제는 그럴 경우, 연구의 자율성과 독창성을 기약할 수 없다는 것이었다. 객관적 기록에 입각하여 행적이나 교우, 사상적 특색을 차분히 기술해 놓은 것은 나은 편에 속한다. 감탄하고 존경하기로 작정을 하고 미사여구만 늘어놓은 글이 수두룩했다. 이 같은 구조 아래에서 동양 철학의 글쓰기는 자족적으로 흐를 수밖에 없었다.[20]

가문에 대한 긍지가 다른 문화권에 견주어 남달리 심한 동양문화권에서 가문에 집착하는 것은 이해할 수 있는 일이라 하더라도 이 분야는 누구도 손을 댈 수 없는 일(untouchable)이 되고 있다는 사실은 역사학의 한 장애 요인으로 남아 있다. 어느 문중을 부정적으로 기술한 역사학자는 잠

---

20 한형조, 「근대사의 경험과 동양 철학의 글쓰기」, 중어중문학회 학술발표회(1998.
6. 13. 이화여대), p. 2.

을 편히 이룰 수가 없을 만큼 시달리고 있다. 그만큼 문중은 학술이나 이론으로도 넘을 수 없는 장벽이 되고 있다.

그런데 자신의 문중을 현창하고자 지나친 과장을 하는 것은 그래도 참을 수 있는 일이지만, 자신의 조상을 드높이려다 보니 그의 정적이나 같은 시대를 살았던 경쟁자나 동지들을 비교우위론적으로 설명하는 데에서 나타나는 비하는 많은 문제점을 안고 있다. 나의 영광을 위해 남에게 아픔을 주는 전기학은 학문이기 이전에 공의로운 삶의 길이 아니다.

3. 역사에 기록된 원균의 모습

원균에 대한 최초의, 그리고 가장 치명적인 비난은 임진왜란이 일어나자 그가 전선을 침몰시키고 도주했다는 이른바 『선조실록』의 옥포해전 기록이다. 이때 그는 경상우수사의 직분으로 수군 1만여 명을 해산시키고 나서 혼자 도주하려 했는데 옥포만호(玉浦萬戶) 이운용(李雲龍)이 도주를 만류하면서 항전을 요구하자 원균이 그 계책에 따라 율포만호(栗浦萬戶) 이영남(李英男)을 보내 이순신에게 가서 청원(請援)하게 하였다는 것이다.[21]

서애(西厓) 유성룡(柳成龍)의 『징비록』에 같은 내용이 수록된 것으로 보아 그를 근거해서 실록을 작성한 것으로 보인다. 이때 원균은 이순신에게 구원병을 대여섯 번 요청했으나 이순신은 경계를 이유로 거절하다가 며칠이 지나 판옥선 40척을 거느리고 거제(巨濟)로 나와 합쳐 견내량에서 왜적을 맞이했다고 한다.

원균은 분함을 이기지 못하여 곧 나아가 싸우고자 하였으나 이순신은 그의 전술에 따르지 않고 적을 유인하여 크게 이겼다는 것이다. 이때 원

---

21 『선조수정실록』 25년 5월 1일(경신).

균은 비록 수로(水路)는 좀 멀었지만 거느리고 있던 배가 많았으며 또 적병이 단 하루 동안에 모두 몰려온 바도 아니므로 군대를 있는 대로 다 거느리고 앞으로 진출하여 군대의 위세를 보이며 서로 버티어 단 한 번만이라도 싸워 이겼더라면 적군은 마땅히 후방을 염려하여 갑자기 깊이 쳐들어오지 못했을 것것이라고 한다.

그런데도 조선 수군은 적군을 바라만 보고 멀리 피해가 한 번도 싸우려 들지 않았다는 것이 유성룡의 기록이다.[22] 그리고 경상도 초유사 김성일(金誠一)[23]과 경상도순찰사 김수(金睟)도 같은 장계를 올렸으며,[24] 충무공의 『임진장초』(壬辰狀草)[25]에도 같은 내용이 실려 있다.

여러 가지 정황으로 미루어 보건대 이순신이 원균에게 호의적이지 않았던 것은 분명하다. 원균이 죽은 어부들의 목을 찾으러 다녔다는 이순신의 기록[26]과 구체적으로 어떤 내용인지에 대한 지적은 없이 밑에서 올라오는 상소(上訴)에 원균의 비리를 개탄하는 대목[27]이 그를 잘 보여 주고 있다. 특히 이순신이 원균을 기록하면서 비난한 글 가운데에는 원균이 술에 취하여 직무를 소홀히 하거나 모임에 지각한 사실이 여러 차례 적시되어 있고,[28] 유성룡도 같은 기록을 남겼다.[29]

원균을 비난하는 글 가운데에서 많이 인용되는 것은 그의 성격에 관한 것이다. 사헌부(司憲府)의 보고에 따르면, 그는 잔혹하고 탐욕스러웠으며,[30]

22 이재호(옮김), 『懲毖錄』(서울 : 서애선생기념사업회, 2009), 권1, 제6장, pp. 113~115.
23 『선조실록』 25년 6월 28일.
24 『선조실록』 25년 6월 28일.
25 『壬辰狀草』 1592년 9월 10일.
26 『난중일기』 1593년 2월 28일.
27 『난중일기』 1593년 3월 2일.
28 『난중일기』 1593년 5월 14일; 6월 11일; 1594년 8월 18일; 1595년 3월 20일.
29 이재호(옮김), 『懲毖錄』, 권2, 제12장, p. 195.
30 『선조실록』 27년 12월 22일(을축).

이순신은 그를 음험한 사람으로 묘사하고 있다.[31] 여러 가지 기록으로 미뤄 볼 때 원균은 단순하고 돌격적이며 자신의 몸을 돌보지 않는 장수라는 장점과 큰 덕을 쌓지 못하고 눈치를 몰라 여러 사람으로부터 인심을 잃은 사람이라는 단점을 함께 가지고 있었다는 것이 학계의 중론이다.[32]

이순신과 원균의 인간적인 애증에 관해서는 유성룡의 기록에 귀를 기울일 필요가 있다. 그의 말에 따르면, "처음에 원균은 이순신이 자기를 구출해준 것을 은덕으로 알아 두 사람 사이가 좋았으나 그 뒤로 전공을 다투다가 점점 사이가 나빠졌다. 원균의 성품은 많은 인사와 연결하여 이순신을 모함하는 데 있는 힘을 다하였다."고 유성룡은 기록했다. 원균은 늘 말하기를, "이순신이 처음에 돕지 않으려 하다가 내가 굳이 요청했기 때문에 왔으니 적군에 이긴 것은 내가 수공(首功)이 되어야 할 것"이라고 불평했다는 것이다.[33]

이와 같은 일차 사료에 근거하여 현대 사학에서도 "통제사 원균은 한산도 본영에 부임한 뒤 밤낮으로 주색에 빠져 기율이 어지러워 있었다."[34]고 기록했다. 임진왜란사에 관하여 가장 방대한 자료를 동원하고 있는 이형석(李炯錫)의 『임진전란사』[35]의 인물록에는 아예 원균에 관한 언급조차 없다는 점도 기이하다.

원균의 처신과, 이순신과의 관계에서 가장 쟁점이 되는 부분은 원균이 이순신을 모함하여 그를 감옥에 보내고 삼도수군절도사의 자리를 가로챘다는 문제이다. 유성룡의 진술에 따르면, 원균은 이순신이 옥포해전의 개전 초기에 도와주지도 않았고, 결과적으로 자신도 힘을 다하여 싸운 결과로 승리했음에도 전공이 이순신에게 돌아간 사실에 대한 앙갚음으로 이순

---

31 『난중일기』 1593년 7월 21일.
32 김인호, 『원균평전』, p. 32.
33 이재호(옮김), 『懲毖錄』, 권2, 제12장, p. 190; 『선조실록』 29년 11월 7일(기해)
34 이상백, 『한국사 : 근세전기편』(서울 : 을유문화사, 1980), p. 633.
35 李炯錫, 『임진전란사』(하)(서울 : 신현실사, 1974), pp. 1625~1653.

신을 모함하기 시작했다는 것이다.[36]

실록의 사신(史臣)은 이 사실을 기록하면서 "원균은 책형(磔刑 : 기둥에 묶어놓고 창으로 찔러 죽이는 형벌)을 받아야 마땅하다."고 기록했다. 사신은 여기에서 더 나아가 원균의 처사를 보노라면 "가슴이 찢어지고 뼈가 녹으려 한다."[37]는 말을 보탰다.

원균이 이순신을 모함했다는 점과 관련하여 유성룡은 이를 문중의 문제로 보려고 했다는 점에서 특이하다. 유성룡의 주장에 따르면, 평소에도 예조판서 윤근수(尹根壽)는 이순신을 시기했고 이순신이 파직되고 원균이 그 자리를 이은 데에는 윤근수가 작용했다는 것이다.[38] 이러한 주장이 설득력이 있는 것은 윤근수가 어전에서 "원균은 자신의 친족"[39]이라고 말하였기 때문이었다.

원균에 대한 비난은 여기에 그치지 않고 그가 이순신의 뒤를 이어 삼도수군통제사로 활약한 시기에까지 확대된다. 실록에는 이렇게 기록되어 있다.

> "원균은 삼도수군통제사로 부임하자 한산도(閑山島)에 도착하여 이순신이 세워 놓은 규약을 모조리 변경시키고 형벌에 법도가 없었다. 그뿐만 아니라 그는 이순신이 시행하던 규정을 모두 변경하고 모든 부하 장수들과 사졸 가운데에서 이순신에게 신임을 받던 사람들을 모두 쫓아냈는데 특히 이영남(李英男)은 자기가 지난날 패전한 사실을 자세히 알고 있어 더욱 미워하여 민심을 잃었다."[40]

36 이재호(옮김), 『懲毖錄』, 권2, 제12장, p. 190.
37 『선조실록』31년 4월 2일(병진) 실제로 조선조에 책형은 시행된 바가 없고 중국사의 유물인데 이런 주장을 한 것 자체가 지나쳤다.
38 이재호(옮김), 『懲毖錄』, 권2, 제12장, pp. 191~192.
39 『선조실록』29년 11월 7일(기해). 윤근수와 원균의 친족 관계에 대해서는 김인호, 『평균 평전』, pp. 56~59에 자세히 서술되어 있음.
40 『선조수정실록』30년 7월 1일(경인); 이재호(옮김), 『懲毖錄』권2, 제12장, pp. 194~195.

더 나아가서 그는 전투에서 지고 비굴하게 육지로 달아나다가 비대한 몸을 이기지 못하여 어느 소나무 밑에서 비참한 최후를 마친 것으로 기록되어 있다.[41]

4. 역사소설과 텔레비전 사극

이미 앞장(제6장)에서 지적한 바와 같이. 역사가 역사학자의 전유물이 아닌 바에야 사극이나 역사 소설에서 역사물을 다루는 것은 잘못된 것이 아니며 비난받을 일도 아니다. 또 소설과 사극은 그 문장의 형식이 가지는 특성상 흥미와 극적(劇的)인 이야기의 전개 등의 문제가 있으므로 반드시 정사(正史)만을 대상으로 하고 정사대로 써야만 할 이유도 없다. 소설은 어디까지나 소설이고 사극은 사극일 뿐이다.

따라서 필자의 선호(選好)나 독자의 기호(嗜好) 또는 그 시대나 그 사회의 유행과 흥미에 따라 사극과 소설은 정사가 보지 못하거나 중요하게 취급하지 않는 부분을 대상으로 삼을 수도 있고 그 전개 과정에서 허구(虛構)가 있을 수도 있다. 또한 사극과 역사 소설은 강단(講壇) 사학이나 학술지에서 차마 말할 수 없는 사실도 기록할 수 있다는 점에서 학술지보다 더 자유롭다. 그러나 그것이 아무리 소설적 공간이요, 사극의 무대라 할지라도 독자나 시청자의 흥미에 영합하려고 지나치리만큼 사실(史實)을 곡해하거나 중요도의 우선순위를 뒤바꿔서는 안될 것이다.

오늘 우리가 함께 고민해 보고자 하는 원균의 생애를 다루고 있는 역사 소설도 바로 그러한 우려의 범위를 벗어나지 못하고 있다. 그러한 작가의 맨 앞에는 최인욱(崔仁旭)이 있었다. 그는 이순신을 묘사한 소설 『성웅 이순신』에서 이렇게 기록했다.

41 이재호(옮김), 『懲毖錄』, 권2, 제12장, p. 197.

"당포해전의 격전 중에도 경상우수사 원균의 전선은 살살 뒤로만 피하여 그저 싸우는 체만 하면서 적의 배가 부서지면 재빠르게 그리로 달려가 적의 배에 있는 전리품을 수습하는 한편 이미 죽어 넘어진 적의 목을 베기에만 급급했다."[42]

"좌의정 정철(鄭澈)과 예조판서 윤근수와 같은 서인들이 이순신을 나쁘게 말하는 과정에서(pp. 78, 135) 북인과 손을 잡은 원균이 가세하여 이순신을 모함하고 끝내 투옥했다."[43](p. 125)

원균에 관한 최인욱의 글은 처음부터 악의적이어서, "원균은 통제사가 된 뒤에 첩을 열두 명이나 두었고, 전선에 기생을 태우고 다녔으며, 군량미를 팔아 착복했고, 양민을 수탈했고, 유부녀를 겁탈했고, 열여섯 살 처녀를 강간하려다 뜻을 이루지 못하자 칼로 쳐 죽였고, 제승당에서 풍악을 울리며 놀았으며,"(pp. 154~157) "처소에는 술이 떨어질 날이 없었고, 계집은 밤마다 새것인 생활을 하다가"(p. 163) "말로를 알 수 없게 삶을 마쳤다."(p. 175)고 기록했다.

최인욱의 글에는 원균의 전공(戰功)이란 없고 허물만 그려지고 있다. 더욱이 문제가 되는 것은 이 글이 아무리 소설이라 할지라도 그런 내용이 어떤 전거(典據)를 따른 것이지가 확인되지 않는다는 점이다.

최인욱에 이어 원균을 두 번 죽인 작가는 이은상(李殷相)이었다. 10월 유신의 기수로 충무공 현창 사업에 편승하고자 했던 그는 원균을 『성경』에서 예수를 팔아넘긴 가룻 유다(Judas Iscariot)로 부르면서 "4년에 걸쳐 이순신을 음해했다."[44]고 묘사하고 있다. 이어서 이은상은 "이순신이 삼도수군통제사에 복직하고 보니 원균의 패전과 함께 수군 전체가 무너져 있었고, 원균은 달아나고 없었다."(pp. 105~106)고 기록했다. 군사 정권 아

---

42 최인욱, 『성웅 이순신』(서울 : 을유문화사, 1971), pp. 55, 64.
43 최인욱, 『성웅 이순신』, pp. 78, 135, 125.
44 이은상, 『성웅 이순신』(서울 : 삼중당, 1975), pp. 83~84.

래서 그의 막중한 영향력과 이순신을 현창하고자 했던 권력자의 의지가 융합되면서 이 시기에 원균은 비통한 역사의 죄인으로 몰락해 있었다.

이러한 과정을 지나 문민정부에 들어서면서 KBS에서 2004년 9월 4일부터 2005년 8월 28일까지 104회에 걸쳐 방영된 윤선주의 대하 드라마『불멸의 이순신』은 원균에 대하여 그나마 조금은 햇살이 비치는 작품이었다는 점에서 원균의 전기 문학에 새로운 지평을 연 작품이었다. 이 작품은 이순신과 원균의 불편한 관계를 부인하지 않고, 이순신이 원균에게서 전라좌수사를 빼앗고 이때로부터 두 사람의 우정이 금 간 것으로 묘사했다.(42회, 방송일 2005. 01. 23.)

그러면서도, 윤선주는 원균이 이순신의 출중함을 숨기지 않은 것으로 표현하고 있다.(83회, 방송일 2005. 06. 18.) 이 작품에서도 원균의 좋지 못한 술버릇을 지적하면서(41회, 방송일 2005. 01. 22.) 이순신이 어려움에 빠질 때면 원균을 그리워하는 것으로 묘사하고 있다.(3회, 방송일 2004. 09. 11.)

이 대하 드라마,『불멸의 이순신』은 기본적으로 이순신과 원균 그리고 유성룡의 우정과 야망을 아름답게 묘사하고 있다. 원균과 그보다 두 살 아래인 유성룡은 가까운 친구로 어린 시절을 보냈고, 다섯 살 아래인 이순신은 원균을 형으로 부르는 사이였다는 것이다. 건천동(乾川洞, 마른내)에 함께 산 이순신은 나약한 소년, 유성룡은 샌님, 원균은 용맹한 소년으로 등장하고 있다.(5회, 방송일 2004. 09. 18.)

심지어 원균과 이순신은 젊었을 적에 북진에서 함께 나라를 지키면서 이순신이 군령을 어기고 쫓기는 몸이 되었을 때 원균이 보살피는 구도로 두 사람의 관계가 설정되어 있다.(20~21회, 방송일 2004. 11. 07.~11. 13.) 작가 윤선주는 이 작품에서 원균에 대한 통상적인 기록과는 달리 그의 잘못에 대한 묘사를 의도적으로 피한 흔적을 보여 주고 있다. 그는 아마도 원균의 역사적 평가에 대하여 많은 고민을 한 최초의 작가일 것이다.

그러다가 이순신에 대한 작품으로 최대의 성가(聲價)를 올린 김훈의『칼의 노래』는 원균에 대한 이순신의 감정을 미묘하게 묘사하고 있다. 그런 감정은 다음과 같은 이순신의 독백에서 잘 나타나고 있다.

> "내이순신는 안다. 그 사내[원균]는 스스로도 주체할 수 없고 아무도 말
> 리지 못할 무서운 적의를 지닌 사내였다. 그 사내는 모든 전투가 자기 자신
> 을 위한 전투이기를 바랐다. 그는 전투의 결과에 얻을 것이 있다고 믿었다.
> 나는 때때로 수많은 적의 머리를 주어 그를 달랬다. 그의 활화산 같은 적의
> 와 분노가 날개를 펴고 달려드는 적의 방사진 앞에 장졸과 함대를 집중시
> 켰다. …… 갑옷마저 잃어버린 원균은 거제도의 산속으로 달아났다. 그는
> 칼 한 자루도 지니고 있지 않았다. 그는 나무 그늘에 주저앉아서 그 뚱뚱한
> 몸으로 가쁜 숨을 몰아쉬다가 뭍까지 쫓아온 적의 칼을 받았다."[45]

위의 글을 보면 김훈도 이순신과 원균의 관계를 설정하면서 많이 고민
한 흔적이 보이지만, 그도 "비만한 원균, 도망하다가 죽은 원균"의 모습을
벗어나지 못했다.

5. 실체적 진실

원균의 행적을 논의하면서 핵심이 되는 것은 곧 그가 그토록 비겁하고
도망만 다니고, 모함하고, 공명을 가로채려 했는가 하는 점이다. 앞에서
인용한 바와 같이 그가 배를 침몰시키고 육지로 도망했다는 바로 그 한산
도 해전에 대한 비변사(備邊司)의 보고는 전혀 그렇지 않다는 점에서 이
문제는 처음부터 논의를 다시 시작해야 한다. 같은 날짜 비변사의 장계는
이렇게 기록되어 있다.

> "경상수사(慶尙水使) 원균의 승첩을 알리는 계본(啓本)은 바로 얼마 전

---

45 김훈, 『칼의 노래』(서울 : 생각의 나무, 2007), pp. 30~31.

이순신이 한산도 등에서 승리한 것과 같은 때의 일입니다. 싸움을 하자면 머리와 꼬리[首從]가 있고 공로에는 대소가 있는 것이어서 그 사이에 차등이 있기 마련입니다. 그러나 이곳에서는 확실히 정황을 알기가 어려운 일입니다. 적을 벤 것으로써 대략을 논하면, [원균도] 힘을 다하여 혈전했음에는 의심이 없습니다."

　　이에 왕이 비답(批答)하기를, "이에 따라 조처해야 한다. 원균에게는 가자(加資)[46]를 하지 않는가?" 하였는데, 답변하기를, "원균은 이미 높은 가자를 받았고 지금 이 전첩(戰捷)의 공은 이순신이 으뜸이므로 원균에게는 가자할 필요가 없을 듯합니다." 하였다.[47]

　위의 글에 따르면 이순신과 원균의 논공에 차등이 있을 수는 있지만, 원균도 최선을 다하여 혈전했고, 비변사가 원균은 이미 높은 공훈을 받았으니 더 올릴 필요가 없다는 품의에 대해서 선조는 "원균과 이억기(李億祺)는 이순신과 공이 같은 사람들이니 품계를 높여 주고 글을 내려 아름다움을 포장(褒章)하라."[48]고 지시했다.

　이와 같은 논공행상에서의 공의로운 시행에 대해서는 이미 사간원에서도 선조에게 간언한 바 있었다.[49] 원균의 용맹함에 대해서는 이순신도 그의 일기에서 그의 공로를 높이 치하하고 있고,[50] 선조에게 올라오는 장계에도 원균의 공로를 치하하는 대목이 등장하고 있다.[51]

　당시의 상황을 보면 치밀한 전략과 준비를 하고 침략해온 왜군에 견주어 경상우도의 대비가 소홀했고, 초전(初戰)에 무너진 것은 사실이다. 원

---

46 가자(加資) : 조선 시대에 관원들의 임기가 찼거나 근무 성적이 좋은 경우 품계를 올려 주던 일, 또는 그 올린 품계. 왕의 즉위나 왕자의 탄생과 같은 나라의 경사스러운 일이 있거나, 반란을 평정하는 일이 있을 경우에 주로 시행하였다.
47 『선조실록』 25년 8월 24일(신해).
48 『선조실록』 25년 9월 1일(무오).
49 『선조실록』 27년 12월 19일(임술).
50 『난중일기』 1594년 1월 24일.
51 『선조실록』 27년 4월 23일(신미).

균이 이순신에게 보낸 공한에는 이렇게 기록되어 있다.

> "적선 500여 척이 부산·김해·양산·명지도 등지에 정박하고, 제 마음대로 상륙하여 연해변의 각 고을과 포구, 병영 및 수영을 거의 다 점령하였으며, 봉홧불이 끊어진 상황에서 본도(경상우도)의 수군을 뽑아내어 적선을 추격하여 10척을 쳐부수었다. 그러나 나날이 병사를 끌어들인 적세는 더욱 기승을 부려, 적은 많은 데다 우리는 적기 때문에 적을 맞아 싸울 수 없어 본영(경상우수영)도 이미 함락되었다."[52]

그런 상황에서 원균으로서는 이순신에게 도움을 요청하는 한편 스스로도 최선을 다한 모습을 볼 수 있다.

다만 원균이 "함선을 불태우거나 침몰시키고 퇴각한 사실"에 대해서는 당시의 군제(軍制)와 군세(軍勢)에 대한 종합적인 판단이 필요하다. 먼저 당시의 해군 병력의 규모인데 개전 당시 전함이 있어도 전함마다 100~200명 정도의 노(櫓)꾼이 없으면 판옥선을 운행할 수가 없었다. 조선조(朝鮮朝)의 해군에는 전함만 있고 수병이 없는 무군병선(無軍兵船)이 248척이었다.[53] 그런 상황에서 전시에 이들을 그냥 둔 채로 도망하면 함선과 무기가 적의 수중에 떨어지기 때문에 일단 몇 척은 적의 손에 넘어가지 않도록 하고자 불을 질러 태워버렸던 것으로 보인다. 당시는 청야(淸野) 작전이 기본이었다.[54]

왜란이 일어나자 왜군의 첫 상륙 지점이 동래(東萊)였기 때문에 그는 이순신보다 먼저 적을 맞이했는데, 군비가 충실치 못한 그로서는 우선 적의 예봉(銳鋒)을 피하려고 했던 것은 사실이다. 이때 그는 흔히 말하는 것처럼 도망을 친 것은 아니었으며 다급히 이순신을 찾아갔으며, 거제도 옥

---

52 『난중일기』 1592년 4월 29일.
53 『經國大典』 兵典 諸道兵船條.
54 김인호, 『원균평전』, p. 95. 청야 작전이라 함은 병력이 퇴각하면서 군수품이 전국의 손에 넘어가지 않도록 하고자 불태워 버리는 것을 뜻한다.

포에서 적의 선봉을 꺾는 데 결정적인 역할을 했다. 같은 말이라도 군인으로서 "도망했다"는 말과 "후퇴했다"는 말은 의미가 전혀 다르다.

당시 비변사는 다음과 같은 기록을 남겼다.

> "원균의 관하에 있는 장관(將官) 우치적(禹致績)·이운용(李雲龍) 등은 왜변이 일어난 초기부터 죽음을 무릅쓰고 힘껏 싸워 왜장이 탄 배를 고스란히 포획하고 전후로 베어 죽인 수가 매우 많았으며, 먼저 적의 배에 올라가 붙들려 간 우리나라 사람을 탈환하고 왜적을 사로잡았습니다. 이 사람들이 세운 공은 이와 같은데 아직까지 별다른 상전(賞典)을 받지 못하였으니, 앞으로 장사(將士)의 마음을 권장시킬 수 없을 것이다. 사실대로 치계(馳啓)하도록 한 뒤에 다시 의논해서 시행하는 것이 어떻겠습니까?"[55]

이것이 당시 조정의 중론이었고, 선조도 이를 납득하고 있었다. 이러한 상황은 오늘날 우리에게 흔히 알려진 바와 같이 이순신이 조정에서 견제를 받은 것처럼 원균에 대한 조정의 질시도 적지 않았음을 잘 보여준다. 그러한 정황은 선조의 다음과 같은 언급에서 잘 나타나고 있다.

> "군율을 어긴 것으로 말한다면 오직 이순신만은 군율을 어기지 않은 사람이겠는가? 내 생각에는 이순신의 죄가 원균보다 더 크다고 여겨진다. 원균을 병사(兵使)로 삼아서는 안 된다는 주장을 나는 이해할 수 없다. 그러니 참작해서 시행하라."[56]

이 대목이 주는 의미가 크다. 그러나 판돈영부사 정곤수(鄭崐壽)가 걱정하고 있는 바와 같이, "이순신의 부하 가운데에는 당상관에 오른 자가 많은데, 원균의 부하 가운데 우치적이나 이운용 같은 인물은 전공이 매우

---

55 『선조실록』 27년 12월 16일(기미).
56 『선조실록』 27년 12월 1일(갑진).

많은데도 그에 대한 상은 도리어 다른 사람만도 못하기 때문에 서로 억울하게 여기고 있었다."[57]

원균은 전란을 치르면서 열여섯 번의 대소 전투에서 많은 공을 세운 것이 실록에 기록되어 있다. 그러나 적의 상륙 부대가 18일 만에 서울을 함락하자 패전에 대한 책임은 왜군이 상륙한 지역 사령관인 원균에게로 돌아갔다.

그러다가 이순신과 원균의 사이가 극도로 나빠진 것은 원균이 경상우수사에서 충청절도사로 전보된 때였다. 5년 연상에 선임상관이었던 원균은 자신이 이순신에게 밀렸다고 생각했을 수도 있고, 더욱이 이순신이 삼도통제사가 되었을 때[58] 자신이 그의 차장(次將)이 된 점을 부끄럽게 여기고 지시를 받지 않아 이순신의 마음을 거슬렀다. 이러한 처사가 잘한 일은 아니지만, 인간적으로 있을 수 있는 일이었고, 그런 일이 반복되었을 적에 이순신의 입장에서 섭섭함이 일어난 것도 탓할 일은 아니었다.[59]

군인의 사회에서 흔히 있을 수 있는 일이라고는 하지만, 지난날의 부하를 상관으로 모셔야 할 입장이 되었을 때 원균에게 섭섭함이 있었던 것은 인지상정이었으며, 결벽하고 준엄한 이순신으로부터 질책을 받았을 때[60] 불쾌한 심사가 일어났던 것도 이해할 수 있는 일이다. 여기에서 "조정에서 이순신을 원균의 윗자리에 올려놓았기 때문에 원균이 불만을 품고 서로 협조하지 않았다."[61]는 김수(金睟)의 진언이 설득력을 갖는다.

그 무렵에 이순신이 상위 직권을 이용하여 원균의 군관 고경운(高景雲)과 도훈도(都訓導 : 수석 교관)와 색리(色吏 : 아전)·영리(營吏 : 병영에 소속된 아전)를 잡아다 지휘에 따르지 않고 적변(賊變)을 빨리 보고하지

---

57 『선조실록』 27년 11월 12일(병술).
58 『선조수정실록』 26년 8월 1일(임오).
59 『선조수정실록』 27년 12월 1일(갑진).
60 『난중일기』 1594년 임술일 8월 17일.
61 『선조실록』 27년 11월 12일(병술) : 김수(金睟)의 진언.

않은 죄로 곤장을 친 사실[62]도 원균의 마음을 다치게 했다.

　이순신과 원균의 갈등 문제는 먼저 성격의 차이에서도 찾아볼 수도 있다. 원균의 성격이 공격적이었고, 고뇌보다는 행동이 앞서는 성격이었다는 것은 여러 곳에서 나타나고 있다. 따라서 주변에서 원균이 자제력이 부족한 인물이라는 평가를 할 때면 선조는 "패전을 원균의 성격 탓으로만 핑계 대지 말도록"[63] 말리면서 "원균의 사람됨은 범람(汎濫)하지 않다."[64]는 생각을 바꾸지 않았다.

　성격의 차이는 그 자체로 그치지 않고 끝내 전략의 차이로 나타남으로써 사태를 악화시켰다. 견주어 말하자면 이순신은 지장(智將)이었고 원균은 효장(驍將)이었다. 달리 말하면 이순신은 전략적 고려를 먼저 앞세우는 것과는 달리 원균은 직선적으로 돌진하는 유형의 장수였다.

　그렇기 때문에 원균은 일본 함대를 곧바로 공격할 것을 주장했으나 이순신은 적을 넓은 바다로 유인하여 격멸하려는 작전을 세웠다. 그 까닭은 근해가 해전에 적합하지 않을 뿐 아니라 넓은 바다에서 적선을 섬멸해야 패잔병이 육지에 올라올 수 없기 때문이었다.[65] 이와 같은 전략의 차이로 말미암아 이순신은 더 깊이 고려하고 난 연후에 출진하고자 했고, 그와는 달리 원균은 이순신이 머뭇거린다고 다그치는 과정에서 이견(異見)이 증폭되었다.[66]

　그뿐만 아니라 원균은 안골포 전투의 경우에서 보듯이 수륙 양동 작전을 선호한 것[67]과는 달리 이순신은 해군 우선 전략에 몰두하고 있었는데,

---

62 『난중일기』 1594년 갑자일 4월 16일.
63 『선조실록』 31년 4월 2일(병진).
64 『선조실록』 27년 12월 19일자.
65 최영희. 「일본의 侵寇」, 『한국사(12) : 조선 양반 사회의 모순과 대외항쟁』(서울 : 국사편찬위원회, 1981), p. 307.
66 『난중일기』 1594년 8월 30일.
67 『난중일기』 1597년 6월 17일.

이는 이순신이 삼도수군절도사로 활약한 것과는 달리 원균의 경우에는 본디 충청 병사로 활약하는 등, 육전의 경험을 중요시한 차이에서 비롯된 것이었다.

원균의 행적 가운데 비난받는 것이 곧 그의 술버릇이다. 이순신은 원균의 술버릇과 그로 말미암은 지각(遲刻)이나 태만을 지적하는 부분이 많이 등장하는 것으로 보아 원균에게 주사(酒邪)가 있었던 것은 사실로 보이다. 다만 원균으로서도 일말의 변명이 가능한 것은 당시 병사들의 피복이나 영양 상태, 그리고 추위가 몰아치는 바다에서의 군사 활동으로 볼 때 술은 추위를 견디는 중요한 수단의 하나였다는 사실을 들 수 있다.

그때가 아니라 의복이나 영양 상태가 지금처럼 좋지 않았던 근현대에도 어한주(禦寒酒)라 하여 술로써 추위를 견디는 일은 우리 주변에서 흔히 있었던 일이었다는 점을 회고해 본다면 임진왜란 무렵에서의 술의 문화나 관행은 훨씬 더 보편적이었으리라고 추정할 수 있다. 그러나 이런 설명이 나쁜 술버릇을 두둔하는 뜻으로 풀이되는 데에는 경계가 필요한 것도 사실이다.

원균의 "비행"을 논의하면서 흔히 인용되고 있는 이른바 권율이 원균의 패전과 그 책임을 물어 "원균의 곤장(棍杖)을 쳤다."는 기록들[68]은 원균의 행적에서 가장 아프고 치명적인 흠결이 되고 있다. 여러 가지 정황으로 볼 때 어떤 형태로든 권율의 징치(懲治)가 있었던 것은 사실일 것이다. 다만 그것이 종이품 가선대부(嘉善大夫)에게 실제로 곤장을 쳤는지, 그리고 그것이 사실이라고 할 경우에 그러한 처사는 온당한 것이었는지에 대한 논의가 필요하다.

『경국대전』(經國大典)의 형률에 따르면, "장형(杖刑) 이상을 실시할 경

---

68 『선조수정실록』30년 7월 1일(경인) ;『선조실록』30년 11월 4일(신묘) ; 이재호(옮김),『懲毖錄』, 권2, 제12장, p. 196.

우에는 일단 왕에게 보고한 뒤에 옥에 가두고, 공신과 의친(議親 : 왕실의 척족)에게 고문을 수반하는 치죄를 할 경우에는 그 사실을 기록하여 왕에게 먼저 아뢴다."[69]고 되어 있는데, 이 사실이 확인되지 않는 것으로 보아 그러한 절차가 지켜지지 않았거나 곤장을 치지 않고 다른 수단에 따른 징벌이 있었던 것으로 보인다.

또 곤장을 칠 죄를 저질렀다 하더라도 차마 이를 시행하지 못할 경우에는 곤장으로 허공을 치거나 땅을 치는 이른바 운근지족(雲根地足)[70]이거나 아니면 피고의 옷을 장대(杖臺) 위에 놓고 때리는 방법에 따라 상징적으로 형벌을 집행하는 경우가 많았으며, 당상관에게 곤장을 치는 사례는 일찍이 없었다. 따라서 이러한 기록이 있다는 것은 사실의 과장이거나 권율의 위법 행위로 볼 수밖에 없다.

이와 같은 추정이 가능한 것은 권율이 원균에게 곤장을 쳤다는 사실이 알려진 뒤 그가 엄청난 역풍과 함께 탄핵을 받았다는 사실에서 잘 나타나고 있다. 이 문제를 둘러싸고 벌어진 사헌부의 "권율 탄핵 상소문"은 다음과 같이 기록하고 있다.

> 사헌부가 아뢰기를, "도원수 권율은 장령(將領)의 명령을 받았으면 밤낮으로 적개심을 돋울 것을 생각하여야 함에도 오랫동안 적과 대치하고 있으면서 한 가지의 대응책도 세우지 못하였습니다. 지난날 …… 경솔한 생각과 부질없는 행동으로 원균에게 엄혹한 곤장을 쳐 독촉했다가, 마침내 6년 동안 경영하여 어렵게 마련한 주사(舟師, 水軍)를 단번에 여지없이 무너뜨리고 많은 산책(山柵, 요새)을 한 곳도 지키지 못함으로써 적이 호남으로 들어가 군민(軍民)이 뿔뿔이 흩어져 …… 지난 임진년보다도 더 참혹하였으니 …… 이는 망국의 원수(元帥)입니다. …… 이것이 과연

---

69 『경국대전』(經國大典) 형전(刑典) 용률(用律) 추단(推斷) 조(條).

70 이는 『세설신어』(世說新語) 「정사(政事) 환공재형주(桓公在荊州)」 편에 나오는 말로 상소운근 하불지족(上捎雲根下拂地足 : 위로는 곤장이 구름 끝에 닿고 아래로는 땅 위에 스쳤다)의 준 말이다.

원수가 외방의 책임을 맡은 체모이겠습니까? 인심의 울분이 이처럼 극도에 이르렀는데 권율이 장차 무슨 면목으로 다시 하늘의 해를 보며 장병들을 호령하고 …… 어떻게 힘을 다하여 적을 토벌하고 장수들을 검속하기를 바랄 수 있겠습니까? …… 서둘러 권율을 체포[拿鞠]하여 군율[律]대로 죄를 결정하도록 명령하고 비변사가 그 대임을 서둘러 가려 보내도록 하소서."

　왕이 이에 비답하기를, "도원수의 일은 논의한 바가 너무 지나치다. 한창 왜적과 대치하고 있는데 어찌 이럴 수가 있겠는가?" 하였다.[71]

　위의 기록에 따르면 이른바 권율의 곤장 사건은 온당하지 못한 처사였다는 것이 당시 조정의 중론이었는데, 일이 이렇게 된 이면에는 유성룡이 걱정하고 있는 바와 같이, "권율은 행주산성에서의 승리로 교만에 빠져 있었던 점"[72]과 무관하지 않은 것이었다. 권율의 그러한 처사는 김인호의 표현처럼, "세상에서 가장 비극적이고도 비열했던 장계"[73]인 선조 30년(1597) 7월 25일자와 7월 26일자 장계에서 보듯이 원균에 대한 권율의 증오가 빚은 처사였다.

　그렇다면 이 글의 핵심, 곧 원균은 왜 그렇게 악의적 표현의 희생양이 되었는가에 대한 실체적 규명으로 논의를 돌려야 한다. 먼저 마음에 짚이는 것은 당색(黨色)의 문제이다. 정치학의 입장에서 보면 당의(黨議)가 전적으로 부정적인 측면에서만 볼 수 없고 그 나름대로 순기능이 있었던 중세적 형태의 정당 형태라는 점[74]을 고려한다고 할지라도, 정치적 숙련을 거치지 못한 시대의 모습에는 역기능의 측면이 있었던 것도 사실이었는데, 그 가운데 하나가 곧 인선(人選)에서의 정실주의였다.

71 『선조실록』 30년 11월 4일(신묘).
72 이재호(옮김), 『懲毖錄』, 권2, 제10장, p. 177.
73 김인호, 『원균평전』, pp. 234~236.
74 이에 관한 자세한 논의는 신복룡, 「당쟁에 대한 새로운 이해」, 『한국정치사』(서울 : 박영사, 2003), pp. 154~178 참조.

이 점에서는 임진왜란 시기의 인사 문제도 예외가 아니었다. 이를테면 유성룡은 이순신의 등용이 자신의 천거였음을 분명히 말했다.[75] 여기에서 문제가 되는 것은 유성룡이 동인계 남인이었다는 사실이다. 그가 난세에 조국을 위해 힘쓴 인재임은 틀림없지만, 당색의 짐을 벗어나기는 어려웠다. 그의 당색의 문제는 그의 견해로 그치지 않고 실록 편찬의 문제로 확대되었다. 이는 원균에 대한 인신공격이 노골화된 『선조수정실록』의 편찬과 관련되어 있다.

『선조수정실록』을 쓴 택당(澤堂) 이식(李植)은 덕수 이씨로서 이순신과 같은 문족이었으며, 소북 치하에서 서인(西人) 출신인 그는 유성룡과 이순신의 편에 서서 『선조수정실록』을 썼다. 그런데 이식의 필치가 공의롭지 못했는데, 이를 지적한 사람은 기이하게도 남이거나 그의 정적이 아닌 바로 그의 아들인 이단하(李端夏)였다는 점에서 많은 논란이 일어나고 있다. 이단하는 어전(숙종)에서 『선조수정실록』의 곡필을 논의하면서, 참으로 놀랍게도 아버지의 편찬이 잘못되었음을 지적했다. 그는 이렇게 말하고 있다.

> "선조 30년 동안의 실록은 신의 아비 식(植)이 수정하였고 그 뒷부분 10년 치는 채유후(蔡裕後)가 계속해서 수정했던 것이나 엉성하고 잘못된 곳이 더러 있습니다. 문학에 능한 신하를 시켜 주자(朱子)가 『창려집』(昌黎集)에 대한 고이(考異)를 썼던 것처럼 한 책자를 만들어 내게 하면 유감이 없을 것 같습니다."[76]

원균에 대한 사필(史筆)이 공평하지 않았음에 대하여 가장 먼저 고민한 역사학자는 아마도 신채호일 것이다. 그는 특히 원균이 이순신을 모함하여 이순신이 투옥되었다는 기록에 강력한 의문을 제기하면서 이렇게 말하

---

75 이재호(옮김), 『懲毖錄』, 권1, 제2장, p. 23.
76 『國朝寶鑑』(44) 숙종조(4) 7년(신유, 1681) 1월조.

고 있다.

> "어떤 사람은 말하기를 [이순신이 투옥된 것은] 원균의 무고라 하였다. 그러나 한 사람의 손으로 여럿의 눈을 가리기 어려우니 온 조정이 공명하면 원균이 아무리 시기하여도 어찌 나쁜 일을 좋게 여기겠는가? 그러므로 나는 이 충무의 잡힘이 원균의 죄라 함도 옳지 않다고 하겠다. 이 충무의 잡힘이 소서행장(小西行長)의 죄도 아니고 원균의 죄도 아니라 하니 그렇다면 그 누구의 죄인가? 나는 감히 한마디 말로 잘라 말하면 이는 조정 신하들의 사사로운 도당(徒黨)의 죄라 하겠다."[77]

이순신과 원균의 초기 관계가 절대 나쁘지 않았고, 서로 돕는 사이였다는 사실은 이순신의 기록에도 잘 나타나고 있다.[78] 그뿐만 아니라 통제사 이순신이 투옥되고 원균이 그 자리를 대신한 사건은 일본의 첩자 요시라(要時羅)의 계략이었다는 것을 조정에서도 잘 알고 있었다.[79] 그러나 이 사건은 이순신에게 많은 상처를 주었고, 그가 투옥되어 문초를 받는 과정에서 원균의 친족인 윤근수로부터 수모를 겪으면서 사실 관계보다 감정이 사태를 악화시켰다.

이런 상황에서 이순신은 하지 말았어야 할 말을 했다. 그것은 이덕형(李德馨)의 다음과 같은 이 증언에서 잘 나타나고 있다.

> "이순신이 애초 원균을 모함하면서 말하기를 '원균은 조정을 속였다. 열두 살짜리 아이를 멋대로 군공(軍功)에 올렸다.'라고 했는데, 원균은 말하기를 '나의 자식은 나이가 이미 18세로 활 쏘고 말 타는 재주가 있다.'고 했습니다. 두 사람이 서로 대질했는데, 원균은 바르고 이순신의 이야기는 군색하였습니다."[80]

---

77 신채호, 『조선위인전 : 수군 제일위인 이순신전』(서울 : 범우사, 1997), pp. 171~172.
78 『난중일기』 1592년 8월 29일.
79 『선조수정실록』 30년 2월 1일(임술).

김수와 김응남(金應南)이 걱정했던 바와 같이 "원균과 이순신이 서로 다투는 일은 그리 대단치도 않은 일이 점차 악화하여 이 지경까지 이르렀으니, 매우 불행한 일이었다."[81]

이러한 상황에서 초기의 전투에 이순신과 원균이 합력하여 승리했을 때 두 사람이 적군을 물리치고 연명(聯名)으로 장계를 올리려 하였으나 이순신이 "천천히 하자."고 말하고서는 밤에 스스로 연유를 갖춰 장계를 올리면서, "원균이 군사를 잃어 의지할 데가 없었던 것과 적을 공격하면서 공로가 없다"는 상황을 진술하였으므로, 원균이 듣고 대단히 유감스럽게 여겨 돌아설 수 없는 사이로 관계가 악화하였다.[82]

이 사건에 대한 비변사의 입장을 들어보면, 이순신은 왜란 초에 병선을 모아 적의 진로를 차단하여 참괵(斬馘, 죽은 적군의 귀를 베어 전공을 헤아림)을 바친 공로가 많았고, 원균의 경우는 애초 이순신과 협력하여 적의 선봉을 꺾는 성과를 올렸으니, 이 두 사람의 충성과 공로는 모두 가상했다.

따라서 잘못이 있다면 두 사람 모두가 책임질 일이라는 것이 비변사의 입장이었지만 적어도 이 일에 관해서만은 "이순신이 대장으로서 하는 짓이 잘못된 것 같아 두 사람 가운데 한 사람을 바꾸지 않을 수 없어 원균으로 통제사를 삼았다"고 선조는 분명한 입장을 밝힌 바 있다.[83]

한 인간의 진심은 죽음의 현장에서 볼 수 있다. 원균은 1597년 7월 칠천량(漆川梁) 전투에서 패배하고 거제도에서 마지막 항전을 하다가 이순신보다 먼저 장렬하게 전사한다. 일생에 다소 흠이 있었다 하더라도 그가 전진(戰塵) 속에 시체를 묻었다면, 그의 한 생애를 욕할 일만은 아니다.

80 『선조실록』 30년 2월 4일(을축) : 이덕형(李德馨)의 진언.
81 『선조실록』 27년 11월 12일(병술) : 김수(金晬)와 김응남(金應南)의 진언.
82 『선조수정실록』 25년 6월 1일(기축).
83 『선조실록』 27년 11월 28일(임인).

원균이 죽자 조정에서는 이순신, 권율과 함께 그에게 일등 공신의 훈위(勳位)를 주는 동시에 원릉군(元陵君)에 봉했다. 당시 조정 백관들이 허수아비가 아니 바에야 오늘날에 알려진 바와 같이 그가 그러한 비겁자요, 부덕한 인물이었다면 이순신이나 권율과 꼭 같은 훈격을 주었을 리도 없고, 이덕형, 윤근수, 정탁(鄭琢) 등이 한결같이 그렇게 칭송했을 리도 없다.

6. 맺음말 : 해원(解冤)의 역사학을 찾아서

이제까지의 글에서 이 일련의 사건을 되도록 객관적으로 기록해 보려고 노력했다. 이 글은 주제에 어떤 연민에 빠지지나 않았을까 하는 점을 깊이 유념하면서 다음과 같이 결론을 피력하고자 한다.

[1] 이순신과 원균, 두 사람이 살아가면서 부딪치는 보대낌과 상처는 인간적인 문제였지 충성심의 문제는 아니었다. 이순신과 원균은 조국의 국난을 고민하면서 최후의 순간에 목숨을 바친 충신들이었다. 선조의 지적처럼 원균은 분명히 "용기 있는 장수"였다.[84] "원균이 한산(閑山) 싸움에서 패전한 것은 사실이지만, 그것은 그의 잘못이 아니라 바로 조정이 그를 빨리 들어가도록 재촉했기 때문"[85]이었다.

[2] 원균의 평가가 빗나가게 된 것은 당색과 영웅사관과 문중사학이 빚은 역사의 질곡(桎梏) 탓이었으며 여기에는 곡필한 사람, 곧 소설가와 작가가 빚은 실수가 있었다. 그들은 시대와 권력이 요구하는 영웅 만들기 작업에 참여하는 과정에서 사실을 과장했다.

84 『선조실록』 29년 10월 21일(갑신).
85 『선조실록』 34년 1월 17일(병진).

소설의 공간이 반드시 사실에 맞아야 한다는 법은 없지만, 현실과 너무 다른, 그리고 그러한 허구가 누구의 가슴에 못을 박는 일이라면 작가는 붓을 드는 순간부터 좀 더 사려 깊게 행동했어야 함에도 불구하고 한국인물사를 다루는 작가들은 공의롭지 못했는데 그 대표적인 희생양이 곧 원균이었다.

[3] 이순신은 위대한 장군이었다. 그러니 원균이 현창된다고 해서 이순신의 위대함이 깎이는 것도 아니고 원균을 비하한다고 해서 이순신이 더 높아지는 것도 아니다. 이순신은 그 자체로서 위대한 인물일 뿐이다. 우리는 영웅이 흠결 없는 성자이기를 바란다. 그러나 성웅은 오류를 저지르지 않는다고 강변할 것도 없다. 충무공에 관한 연구는 배타적인 고정 관념에 묻혀 있다. 그는 우리의 곁에 있을 때 더 아름답다.

설화의 주인공은 초인적 존재일 수 있지만, 사실(史實)의 주인공은 합리적인 행적을 가진 존재여야 하므로 이 양자는 같은 기준에 따라서 평가되거나 비교될 수 있는 성격의 존재가 아니므로 양자를 동일시하거나 혼동해서도 안 된다.

그럼에도 불구하고 우리는 설화와 역사를 혼동하고 있다. 거기에는 작가들의 책임이 크다. "구국의 영웅 이순신"은 역사적 사실의 주역이지만 "성웅 이순신"이나 "민족의 태양 이순신"은 합리성을 초월한 설화의 주인공으로 구분해야 함에도 불구하고 우리는 이 둘을 혼동하고 있다.[86]

[4] 덕수 이씨를 비롯하여 충무공을 숭모하는 단체들은 원주 원씨나 원균장군기념사업회와 화목하게 지내기를 진심으로 바란다. 선조들 사이에 있었던 일이니 이제 와서 후손들이 굳이 사과할 것도 없다. 그저 손을 내밀고 서로의 제향(祭享)에 참례하여 술 한 잔 올리는 것으로 충분하다. 임진왜란에 참전한 일본의 장군 후손들도 한국을 찾아와 화해하는데 같은 시대를 살면서 함께 조국을 지키던 전우의 후손으로서 척(隻)을 지고 살

---

86 이정일, 『임진왜란연구』, pp. 3~4.

이유가 없다.

[5] 그리고 원주 원씨 가문에서도 이제는 가슴을 펴고 응어리를 풀기 바란다. 이제는 더 패전 장군의 후손이라는 악평에 가위눌리며 살 필요가 없다. 선무공신 1등에 오른 장군의 자손으로 떳떳하게 살아가기를 바란다. 원균이 이순신만큼 위대한 전공을 세우지 못한 장수임에는 분명하겠지만 그로 말미암아 열패감에 사로잡힐 것도 없다. 때로는 용서와 화해가 복수와 질책보다 아름다울 수 있다.

역사는 선악의 구분이나 대결 또는 순위 매김의 작업이 아니다. 자신의 위치에서 각자 최선을 다하여 살다간 사람들은 모두 역사의 주인이며 합당한 대접을 받아야 한다. 역사에는 심판과 추궁이 중요하지만, 춘추의 논리에 못지않게 중요한 것은 화해와 용서이다.

역사에는 억울함이 없어야 한다. 강일순(姜一淳) 선생의 말처럼, "단 한 사람이 가슴에 억울함을 품어도 천지의 기운이 막힌다."[87]고 한다. 그러므로 이제 원균은 복권되어야 한다.

---

87 『大巡典經』「公事」3 : 29;「敎法」1 : 31.

8장

해양 문화의 유산과 몰락

> 세계의 두 정복자 한니발(Hannibal)의
> 17년에 걸친 승리와
> 나폴레옹(Napoleon)의 16년의 승리도
> 해전에서의 패배와 함께
> 공허한 것이 되었다.[1]
> – 알프레드 마한(A. Mahan)

1. 머리말

세계의 각 민족에게는 나름대로 신화(mythology)가 있다. 민족정신(national ethos)으로서의 신화는 국난기의 민중들에게 뭉칠 수 있는 구심점의 역할을 하고, 평화로울 때는 발전의 활력이 되는 동시에 낭만적인 추억의 대상이 된다.

프랑스에는 나폴레옹(Napoleon) 제국의 신화가 있고, 북유럽 민족들에게는 바이킹(Viking)의 신화가 있으며, 미국인들에게는 메이 플라워호(May Flower)의 신화가 있고, 이탈리아와 그리스인들에게는 고대 문명의 신화가 있으며, 중국인들에게는 삼천 년의 통일국가라는 중화(中華)의 신화가 있

---

* 이 글은 「한국사에서의 해양정신」, 『이어도연구』(제주 : 이어도연구소, 2014), pp. 273~294을 증보 · 개고한 것임.

1 Alfred T. Mahan, *Influence of the Sea Power upon History*(Englewood Cliffs : Prentice-Hall, 1980), pp. iii~iv.

다. 이와 같은 신화들은 그들 민족이 환난에 빠졌을 때 뭉칠 수 있는 힘과 용기를 주었으며 미래의 발전을 기약하는 등불이 되었다.

한국사에서 가장 신화화된 인물은 아마도 충무공(忠武公) 이순신(李舜臣)일 것이다. 그가 살았던 시대적 상황과 그의 개인적 자질과 철학의 절묘한 결합은 세종(世宗)과 더불어 한국인이 역사를 지탱하는 신화가 되기에 충분했다. 그는 해신(Neptune)의 지위를 누렸고, 일본의 러일전쟁의 영웅 토고 헤이하치로(東鄕平八郎)의 명성을 압도했다. 역사를 영웅사관으로만 보려는 것이 위험하다는 것을 아무리 강조한다고 하더라도, 충무공은 우리의 역사를 지탱해온 신화가 되기에 충분했다.

충무공의 그와 같은 유산은 결국 한국사에서의 바다의 문화와 해상권 그리고 조국의 수호라는 의미로 요약될 수 있다. 현대 전쟁의 성격을 보더라도 제해권은 제공권에 우선한다. 제공권은 주로 보복 전쟁의 수단으로 이용되며 실제로 약소국가들을 병합하는 역할은 제해권에 의해서 이루어졌다. 지상군은 제국주의나 영토 분쟁에서 나타날 뿐이지 식민지 정책에서는 그다지 중요한 역할을 감당하지 못했다.

따라서 해상권을 장악한 민족이 세계의 역사를 지배했으며, 역사가들은 이 점을 간과했다는 마한(A. Mahan)의 지적은 우리에게 많은 시사(示唆)를 준다. 오늘날 군사력의 증대를 위한 강대국의 투자라는 면에서 볼 때 제해권을 위한 투자가 제공권을 위한 투자에 뒤떨어지지 않는다는 사실도 바로 이러한 측면에서 이해될 수 있을 것이다.

2. 한국사에서 해양 문화의 유산

지난날 한국이 대륙에 뿌리를 둔 기마민족이었던 시대가 17세기를 변환점으로 하여 대륙에 터전을 둔 고구려와 백제가 멸망하고, 후기 신라로 몰락한 뒤 삼면이 바다인 해양 국가로 역사 상황이 바뀌었을 때, 한국인에게는 커다란 의식의 변화가 일어났다. "물(氵)을 매일(每) 바라보아야 하는" 해양 민족으로 바뀐 후기 신라 이래 한국사는 해양국가로서의 유산을 안고 있는 새로운 시대를 만났음을 의미하는 것이다.

한 나라의 역사는 지리로써 운명지어진다. 이때 이후의 역사를 일본인들은 비하의 뜻을 담아 "반도"라는 용어를 즐겨 쓰지만, 이는 적실한 표현이 아니며, 그저 해양국가일 뿐이다. 이는 이탈리아나 그리스를 군이 반도국가로 지칭하지 않는 것과 같다. 그와 같이 하여 대륙 국가에서 해양국가로 변모된 우리에게는 다음과 같은 유산이 남아 있다.

1) 장보고(張保皐)의 유산

신라의 해양정책이 전성기를 이룬 것은 신라 후기이며 이를 대표하는 인물로는 장보고(張保皐)[2]를 들 수 있다. 장보고는 본시 미천한 가문에서 태어나 그 부조(父祖)를 알 수가 없다. 젊어서는 가난과 박해 속에 살았으나 원래 그 뜻이 크고 또한 능력이 출중하여 능히 무리를 거느릴 수 있었음에도 왕후장상의 자식이 아니고서는 입신양명할 수 없는 사회 풍토에서 좌절과 실의 속에 세월을 보냈다.

그러나 장보고는 자신의 불행에도 굽히지 않고 능력만 있으면 누구나 대공(大功)을 이룰 수 있다는 당나라로 건너갔다. 그곳 서주(徐州)에서 무사로 출발한 장보고는 무령군(武寧軍) 소장에 올라 부귀와 공명을 누릴 수가 있었다.

그는 당나라에 머무는 동안 당나라 해적들에게 잡혀 와 노예 생활을 하는 동족들의 참상을 보다 못해 이를 근절시키고자 어렵게 얻은 벼슬도 버리고 귀국했다. 신라에 돌아온 장보고는 왕의 허락을 얻어 군사 1만 명을

---

2 張保皐의 行蹟에 관해서는 『三國史記』 列傳 張保皐・鄭年編; 『三國遺事』 紀異 神武大王・閻長・弓巴編; 『唐書』 東夷列傳 新羅條 참조.

거느리고 완도(莞島)에 청해진(淸海鎭)을 설치하고 이를 거점으로 황해와 남해의 해적들을 소탕함으로써 이곳의 해상권을 잡을 수 있었다. 이때로부터 황해의 왕자로 군림하게 된 장보고는 당나라와 일본에 대한 무역에도 개입하여 국가의 이익을 증진하는 데에 커다란 공로를 이룩했다.

이 당시 장보고의 활약에 관한 흥미 있는 기록으로서는 일본의 구법승(求法僧)인 엔닌(圓仁)의 『입법구당순례행기』(入唐求法巡禮行記)[3]가 있다. 엔닌은 서기 838년에 하카타(博多)에서 출발하여 10년 동안 당(唐)나라에서 불경을 수집하면서 산동반도의 신라방(新羅坊)에 머문 적이 있었고, 귀국하는 길에는 신라의 남해안을 지나 서기 847년에 귀국했다. 이 책은 신라방과 청해진, 그리고 장보고의 활동을 육안으로 본 사람의 유일한 기록으로서 신라의 해상 유산에 관하여 다음과 같은 내용을 남겨놓고 있다.

먼저 엔닌의 기록에 따르면 신라인들은 상당한 조선술(造船術)과 항해술을 체득하고 있었다. 이를테면 엔닌의 일행이 일본에서 출발할 때 이미 신라의 통역 김정남(金正南)이 타고 있었으며(838/6/28), 초주(楚州)에서 뱃길로 장보고의 원찰(願刹)인 적산원(赤山院)을 찾아갈 때는 항로에 익숙한 신라인 60명을 고용하여 9척의 배에 분승(分乘)시켰다는 사실(839/3/17)은 당시 당나라에 머물던 신라인이 적지 않았음을 의미한다.

여기에 고용된 신라인들이 단순히 사공의 역할만을 한 것은 아니며, 길의 안내는 물론이고 선편의 알선과 당나라에서의 체류와 여행의 주선까지 맡아 처리해 주었다.(838/12/18; 839/3/17; 839/4/1) 또한 당시 일본의 견당사(遣唐使)는 신라의 배를 이용하였는데 그 숫자가 많을 때는 5척이나 되었다.(839/4/24)

그뿐만 아니라 신라방은 불교의 요람지였던 것으로 보인다. 그러한 증거로서 신라방의 중심지인 적산원은 땅을 가지고 있어 매년 500석 정도의

---

3 이 책은 일본의 국보로 교토(京都)의 도지(東寺)에 소장되어 있다. 한글판으로는 신복룡(역주), 『入唐求法巡禮行記』(서울 : 선인, 2007)가 있다. 이하의 註는 괄호 속에 일기의 해당 일자를 넣었다.

곡식을 추수하였고, 여름과 겨울에는 불교에 관한 강의를 했는데 300명 가까이 참석했다. 이곳은 당시 신라의 통역관 겸 관리[新羅通事御]인 장영 (張詠)이 맡고 있었다. 장영은 그 무렵에 당의 관리들과도 교분이 두터워 신라인은 말할 것도 없고 일본의 구법승도 그로부터 많은 편의를 받았 다.(839/6/7; 839/7/28; 840/2/17; 847/7/21)

신라인들은 중국인으로 귀화하여 듬성듬성 거주한 것이 아니라 그들 나름대로 공동체를 형성했다. 곧 그곳에는 신라방이라는 공식적인 집단이 있었고 이를 관장하는 구당신라소(勾唐新羅所, Office in Charge of Silla)라는 기관이 있어 신라에서 온 총관(惣官)인 설전(薛詮)이 이를 지휘 통솔했으며, 대당 관계를 처리하고자 유신언(劉愼言)(839/3/22; 843/12/?; 845/7/8)과 같이 유능한 통역관이 있었다.

이상과 같은 장보고의 활동은 그가 우리나라 역사상 해상활동가로서의 효시를 이루었다. 당시의 정황으로 볼 때 "신라방은 일종의 식민지(colony)였다"는 라이샤워(Edwin Reischauer)의 주장[4]이 눈길을 끈다. 그런 점에서 그는 해양 민족이 지녀야 할 신라 정신을 유감없이 발휘함으로써 우리의 정신사에 하나의 금자탑을 이룩한 인물이 되었다. 송대(松代)의 문인이었던 송기(宋祁)는 장보고의 행적을 기려 칭송하여 말하기를 "누가 동이(東夷)에 인물이 없다고 할 것인가?"[5]라고 했다.

2) 삼별초(三別抄)의 유산

고려사에서 해양 정신으로 주목할 만한 대목은 삼별초의 해상 저항이다. 몽골로부터 침략을 받은 고려왕조가 강화도로 천도하여 있는 동안 국

---

4 Edwin Reischauer, *Ennin's Travels in Tang China*(New York : The Ronald Press Co., 1957), pp. 281, 285. 이 책은 라이샤워가 하버드대학에서 받은 박사학위의 논문이다.
5 『唐書』東夷列傳 新羅條.

치(國恥)를 체험했고 다시 개경(開京)으로의 환도가 확정되자 삼별초로서는 이를 참을 수 없는 치욕이라고 생각했다.

몽골군에 의해 고려가 초토화되고 군신(君臣)이 모두 몽골에 복속되었음에도 배중손(裴仲孫)을 비롯한 삼별초는 밖으로는 몽골족의 침입으로부터 국가를 지키려 했고 안으로는 몽골군에 무기력한 조정의 처사에 항변했다. 그리하여 개경으로의 복귀가 하달되자 배중손은 승화후(承化侯) 온(溫)을 왕으로 추대한 다음(1270) 야별초의 지휘관 노영희(盧永禧) 등과 더불어 난을 일으키고 부르짖기를, "몽골 병이 크게 이르러 인민을 살육하니 무릇 나라를 돕고자 하는 자는 모두 구장(毬場)에 모이라" 하였다.[6]

이들은 강화에서의 항쟁이 뜻과 같지 않자 서해안을 거쳐 남진하여 진도(珍島)에서 항쟁을 계속했다. 당시 이들의 세력은 막강하여 인근 30개 도서(島嶼)를 지배하여 그 위세가 심각하였다. 고려 조정과 원(元)나라는 김방경(金方慶)을 남적추토사(南賊追討使)로 삼아 몽골 장수 흔도(忻都)와 함께 이들을 진압하도록 했으나 뜻과 같지 않았다. 이들의 항전은 원종 12년(1271)까지 계속되었다. 그러나 이들은 끝내 이기지 못하고 대패하여 승화후 온은 참형 당하고 배중손은 전사했으며 김통정(金通精)은 남은 무리를 이끌고 탐라로 이동하여 항전했다.[7]

탐라에서의 항쟁은 1271년 5월부터 1273년 6월까지 2년 동안 계속되었다. 이들은 김방경과 흔도가 이끄는 군사의 공격을 받고 항전하다가 패배하여 김통정을 비롯한 지도부 70여 명이 산으로 들어가 자살함으로써 삼별초의 항쟁도 끝을 맺었다.[8] 1270년부터 1273년까지 4년에 걸친 이들의 항쟁은 의미는,

---

6 『高麗史』列傳 叛逆 裴仲孫條; 『高麗史』世家 元宗 11년 6월 己巳條.
7 『高麗史』世家 元宗 11년 8월 갑술조; 『高麗史節要』 元宗 12년 4월조; 『東史綱目』(11/하) 元宗 11년 7월조; 同 12월조; 同 元宗 14년 2월조; 『高麗史』世家 元宗 12년 4월 정축조.
8 『東史綱目』(11/하) 元宗 14년 2월조.

    (1) 이들은 대륙 세력에 맞서 조국 방위의 역할을 해상에서 전개했다는 점

    (2) 미천한 계급의 출신으로서 끝까지 해상 저항을 통하여 국난을 극복하
        려 했다고 하는 점

    (3) 전함(戰艦) 제조의 기술을 발달시켰다는 점[9]

등을 들 수 있다.

고려의 이와 같은 해상 정신의 맥락을 이어받은 것이 곧 1274년(元宗 14년)과 1281년(충렬왕 7년)의 2차에 걸쳐 김방경이 몽골군과 함께 일본을 정벌하고자 출정한 사실이다. 1차 정복 전쟁에서 김방경과 다구(茶丘)가 이끄는 몽골군 2만5천 명, 고려군 8천 명, 초공(梢工 사공) · 인해(引海 : 뱃길 안내원) · 수수(水手 : 稅穀을 담당하는 수부) 6천700명, 전함 900 척은 합포(合浦 : 昌原)를 출발하여 대마도와 이키도(一岐島)를 정벌했다.[10] 일본 하카타에 상륙한 여몽연합군은 본토 군을 격멸하는 데 성공했다.[11]

여몽연합군의 제2차 정복 전쟁은 1281년 5월에 시작되었다. 김방경을 비롯한 박구(朴球) · 김주정(金周鼎) 등과 몽골의 흔도 · 다구 등은 왕이 열병하는 가운데 합포를 출발하여 일본 원정의 길을 떠났다. 이들은 6월까지 일본의 본토를 강습했으나 공교롭게도 태풍(神風)을 만나 일본 정복에 실패했다.[12]

결과적으로 볼 때 이 전투는 두 번 모두 실패로 끝났지만, 여기에는 몇가지 의미가 있다. 이를테면, 첫째로 이 전투를 통해서 우리는 고려의 조선술(造船術)을 가늠할 수 있다. 1차 전쟁 당시 연합군의 병력이 4만 명에 이르고 있다는 사실은 당시 고려의 조선술과 함선의 규모를 알 수 있는 자료가 된다. 이 전함을 만든 사람은 김방경이었다. 그는 동남도독사(東南都

---

9 『高麗史』 世家 元宗 12년 4월 丁巳條.

10 『高麗史』 列傳 김방경조.

11 『高麗史』 世家 충렬왕 원년 11월 기해조.

12 『高麗史』 世家 충렬왕 7년 5월 戊戌~6월 임신조.

督使)로 먼저 전라도에 부임하여 배를 고려식으로 만들도록 독려했다.[13]

둘째로, 고려의 일본 정복은 몽골의 강요에 못 이겨 마음 내키지 않는 전쟁을 수행한 것이 아니라 고려의 적극적인 의지가 있었다는 사실이다. 막상 2차 전쟁이 전개되었을 때에도 일본에 상륙한 몽골군은 해양 민족에게 두려움을 느낀 나머지 전쟁의 확대를 원치 않았으나 김방경의 주장으로 본토 전쟁을 감행했다.[14] 따라서 고려의 일본 원정은 고려인들의 적극적 의지의 표현이었다.

3) 이순신(李舜臣)의 유산

역사의 관점(史觀)을 결정하면서 영웅사관으로 갈 것인지 아니면 민중사관으로 갈 것인지는 사학사의 중요한 논쟁이 되어 왔다. 이순신 현창운동이 가지는 영웅사관에 문제점이 없는 것은 아니지만, 역사에는 그와 같은 인물의 지혜와 용기가 민족의 역사를 바로잡은 사례는 허다하다. 여기에서는 충무공의 전공을 일일이 나열할 계제가 아니며 알려졌거나 알려지지 않은 그의 행적에서 역사적 의미를 찾으려 한다.

충무공을 거론하면서 먼저 지적할 수 있는 것은 그 엄혹했던 문민우위(文民優位)의 사회에서 그가 하급 무사에서 출발하여 국가의 간성이 되었다는 사실이다. 둘째로 충무공은 해방(海防)과 그를 둘러싼 호남의 문제를 깊이 고민했던 인물이었다. 그가 한때 북방의 변수(邊戍)로 복무한 적이 있었지만, 생애의 대부분을 호남의 해안 수비에 전념했다. 그는 이미 그 시대 조선 사회가 안고 있는 호남 기피 사실의 후환을 감지하면서, "이 땅에 호남이 없었다면 이 나라도 없었다."(若無湖南 是無國家)라는 말을 남겼다.[15]

---

13 『高麗史』 列傳 김방경조.
14 『高麗史』 列傳 김방경조.

이순신은 이제까지 조선왕조에서 가지고 있었던 호남 기피를 걱정했고, 임진왜란을 치르면서 그를 더욱 절감했다. 그것이 비록 왜란 3년 전에 있었던 정여립(鄭汝立) 사건과 무관한 것이 아니었다고 하더라도 왜란이 끝나자 논공행상에서 호남 의병이 배제되는 등 한국사의 아픈 유산이 고착되고 있었고 이순신은 그 결과를 감지하고 있었다.

충무공의 유산으로서의 백미는 거북선이다. 그것의 전투 기능은 차치하고, 그러한 발상을 갖게 된 이순신의 예지가 놀랍다. 그가 거북선을 완성한 것은 1592(임진) 4월 11일이다. 그 이튿날인 4월 12일에 그는 거북선의 시험 운행에 성공하였고 대포의 시험 발사에 성공했다. 기이한 사실은 그가 거북선의 시험 운행과 대포의 시험 발사를 성공적으로 끝낸 다음 날인 4월 13일에 임진왜란이 일어났다고 하는 사실이다.[16]

이는 우연이었을까? 아니다. 조정에서는 일본의 침략 가능성을 놓고 탁상공론을 하는 동안, 그는 알아주는 이도 없는 남해의 바닷가에서 다가오는 전란에 대비하여 거북선을 만들고 있었다. 전함의 제조가 국법으로 제한된 상황에서 그는 전란이 다가옴을 미리 알고 완제품을 만들기 직전까지 대비하고 있다가 급조했음을 의미하는 것이다.

임진왜란은 한국의 해양사에서 중요한 반성의 기회가 된 것은 사실이었지만, 그 뒤로도 해안 방어의 대안이 훌륭하게 이뤄진 것은 아니었다. 많은 세월이 흘러 숙종(肅宗) 연간(1688)에 소론의 중신 박세채(朴世采)가 이순신의 교훈을 거론하면서 "수전(水戰)을 익히며 전함을 갖추고, 해안 순찰을 강화하며 바닷일에 익숙한 사람을 찾아내어 지혜를 쓰고 기계(奇計)를 내게 하여 한 가지 격식에 구애하지 않게 해야 한다"고 강조했으나[17] 그의 주장은 받아들여지지 않았다.

---

15 『宣祖實錄』27년 11월 28일(壬寅)조;『再造藩邦志』(2);『白沙先生集』(4/下);『李忠武公全書』(11), 附錄(3).

16 『亂中日記』壬辰 4월 11일字, 12일字, 4월 15일字.

17 『肅宗實錄』(補闕正誤) 14년(1688) 6월 을묘조.

3. 해양 문화의 몰락 : 공도(空島)정책

위에서 살펴본 바와 같이 역사적으로 삼면이 바다인 해양국가로서 위대한 해양 유산을 가지고 있음에도 조선왕조를 통하여 이렇다 할 만한 해군과 군선이 없었다는 사실은 참으로 기이하다. 왜 조선의 해양 유산은 몰락했을까? 그 이유는 다음과 같은 몇 가지로 정리될 수 있다.

1) 왜구(倭寇)

역사에서 이웃 나라가 화목한 사마리아인(good Samaritan)이 될 수 없다는 것은 참으로 역설적이며 신의 저주와 같은 악연이었다. 그런 점에서는 한일관계도 마찬가지였다. 한일관계의 악연은 왜구(倭寇)로부터 시작된다. 왜구는 일찍이 신라 내물왕(奈勿王) 38년 (393년)부터 나타난다.[18]

정확히 말해서 왜구란 일본의 준(準)국가적 해적 집단이었다. 섬나라가 본디부터 가지고 있는 폐쇄공포증(closed-island phobia)과 자원 결핍 그리고 그에 따른 공격성은 국가의 묵인 아래 조선과 중국 연안의 우환으로 존재하고 있었다.

그런데 불행하게도 삼국 가운데에서 일본과 가까운 신라는 일본과 소원(疏遠)한 반면에 멀리 있는 당나라와 가까웠고, 당나라와 가까운 백제는 당나라와는 원한이 깊었지만, 오히려 멀리 떨어져 있는 일본과 친교했다. 이는 우리나라에만 있던 현상이 아니라 세계사가 공통으로 안고 있는 역사의 아이러니이다. 그러므로 신라가 왜구의 피해를 더 많이 입었다. 이는 가까우면 침공이 수월하여서 벌어진 현상이 아니라 "가까운 사람끼리 서운함이 더 많은" 인간의 원죄 때문이었다.

물론 신라로서 왜구에 대한 대비책이 없었던 것은 아니었다. 신라는 해

---

18 『三國史記』 新羅本紀 奈勿 尼斯今 38년 夏 五月.

양국가라는 특징과 일찍부터 왜구의 침략을 받아왔다는 사실로 말미암아 해상 방위에 각별한 조직과 대책을 마련하고 있었다. 예컨대 신라에서는 자비왕(慈悲王)이 병선을 수리케 하였으며,[19] 지증왕(智證王)은 병선의 제조를 명령한 바 있다.[20]

관제(官制)에는 선부(船府)라는 조직을 두고 고위 관료를 임명하여 해상 활동을 관장하게 했다.[21] 선부는 본디 병부(兵部)의 소속이었으나 삼국전쟁 직후인 문무왕(文武王) 18년(678)에 독립 부서가 되어 대아찬(大阿湌) 급의 영(令) 1명, 경(卿) 2~3명, 대사(大舍 : 主簿) 2명, 사지(舍知) 1명, 사(史) 8~10명의 관리로 구성되어 있었다.[22]

고려 시대에 들어오면 왜구의 진출 범위는 더욱 넓어져 황해도와 함경도 일대에까지 출몰하게 된다. 당시 왜구의 문제는 고려왕조의 가장 큰 걱정거리였으나[23] 북방민족으로부터의 침탈로 말미암아 바다를 돌아볼 겨를이 없었다.

당시 왜구의 폐해가 어느 정도였던가 하는 문제는 1223년(고종 10년)부터 고려가 망한 1392년(공양왕 3년)까지 왜구의 침노 횟수가 417회였다는 기록[24]으로 미루어 알 수 있다. 이성계(李成桂)가 북방계 무사 출신이면서도 우왕(禑王) 11년 9월에 함주(咸州)에서 왜구를 대파한 사실[25]이 그의 정치적 도약의 발판이 되었다는 것은 우연이 아니다.

조선왕조에 들어오면 왜구의 문제는 더욱 심각해져 그에 대한 적극적

19 『三國史記』 新羅本紀 慈悲王 10년 봄조.
20 『三國史記』 新羅本紀 智證王 6년 11월조.
21 『三國史記』 新羅本紀 眞平王 5년 정월조.
22 『三國史記』 新羅本紀 文武王條; 新羅本紀 神文王 · 孝明王 · 聖德王條; 『三國史記』 雜志 職官(上).
23 『高麗史』 世家 충렬왕 4년 7월 갑신.
24 金在瑾, 『거북선의 神話』(서울 : 正宇社, 1978), p. 25.
25 『高麗史』 列傳 禑王 11년 9월. 일자 없음.

대처보다는 차라리 해안과 도서에서 주민을 소개(疏開)시키는 이른바 공도(空島)정책을 추구하게 된다. 이제 정부는 왜구의 욕심을 불러일으키지 않도록 고의적으로 해안을 황폐하게 했고, 밤이면 해안에서 불빛이 보여서는 안 되었으며, 섬에서 모든 주민을 철수시키는 정책을 썼다.[26] 여기에 조선왕조의 대외 관계가 사대·모화가 부분적으로 작용한 것이 사실이지만 기본적으로는 일본에 대한 공포였다.

조선조에서의 공도정책은 일찍부터 시행되었는데, 이를테면 단종(端宗) 시대의 병조판서 조극관(趙克寬)의 다음과 같은 상소에 잘 나타나 있다.

> "경상도와 전라도에서는 나라의 태평이 오래 되자 바다 근방의 백성들이 섬이나 포구에 깊숙이 들어가 살고 있습니다. 만약 왜구가 틈을 타 몰래 군사를 일으켜 쳐들어오면 주민들이 앙화(殃禍)를 피할 수 없으므로 일찍이 정연(鄭淵)을 보내어 이해(利害)를 돌아보고 그들이 장차 육지로 옮겨 살도록 하라고 하였는데 일이 제대로 시행되지 않았습니다. 바라옵건대 정분(鄭苯)이 갈 적에 이를 살펴보고 조치하게 하소서."
> 왕은 이를 의정부에서 상의하도록 하였다.[27]

위의 기록에 따르면, 조선조의 해양정책의 기본인 공도정책은 한국사에서 해양 정신의 몰락을 가속한 중요한 계기가 되었다. 이는 단순히 실질적 정책에 머무르지 않고 개척과 진취의 포기라는 점에서 비극적 해양사의 실마리를 제공했다.

2) 탈주/모반에 대한 공포

조선왕조에서의 공도정책의 또 다른 이유로는 주민의 탈주나 모반 또

---

26 신복룡, 「한국사에서의 해양정신」, 『한국정치사상사』, pp. 157~159 참조.
27 『端宗實錄』 元年(1453) 8月 乙酉條.

는 외세와의 연통(聯通)에 대한 공포가 있었다. 정권이 불안한 중앙집권의 체제에서는 병졸들이 주로 수도권에 집중되어 있으므로 변방 세력의 반란에 대응하는 속도나 효과가 뒤떨어지며, 따라서 그만큼 두려움도 크다. 섬과 탈주/모반에 대한 두려움은 삼별초의 해상 항쟁과 더불어 더 굳어졌다.

뒤에 논의하는 바와 같이, 한국인들은 뱃사람들을 비하하면서도 이상향은 섬에서 찾았는데 그 대표적인 예가 『홍길동전』에 등장하는 율도국(栗島國)의 전설이 그러하며, 박지원(朴趾源)의 소설 『허생전』의 주인공도 한양에서 제일 부자라는 변 씨를 찾아가, 돈 1만 냥을 꾸어 제주도에 들어가 말총 장사를 하여 더 큰돈을 번 다음 어느 무인도를 얻어 이상향을 이룬다.

그러나 위정자들은 섬과 해안에서의 탈주를 두려워하였고 그 결과로 나타난 것이 전함의 축소나 제조 금지로 나타났다. 조선왕조에 전함이 없었던 것은 아니었다. 이를테면 제도적으로 갖추어야 할 함선의 규모가 있었는데, 곧 대선(80명 승선)이 80척, 중선(60명 승선)이 192척, 작은 배(30명 승선)니 216척, 합계 488척이었고, 수군이 배치되지 않은 무군병선(無軍兵船)이 248척, 합계 737척이었다.[28] 그러나 이것은 문서상의 규모였을 뿐이며, 특히 선원이 없는 병선이 전체 규모의 33.7%로서 기록상의 수치는 사실상 존재하지 않는 허수였다.

여기에서 더 나아가 선박의 구조에도 문제가 있었다. 곧 연안 선박 이외에는 대양에 나갈 수 있는 함선의 축조도 법으로 금지되었다. 먼바다에 나가려면 바닥이 각(角)을 이루는 첨저선(尖底船)을 만들어야 파도로 말미암은 기울음으로부터 복원(復元)이 빠르고 속도를 낼 수 있는 법인데 모든 배는 바닥이 평평한 평저선(平底船)을 만들어 대양 진출을 금지했다.[29] 따라서 연안의 배조차도 선미에 달린 노로써 저었다.[30] 여러 사람

---

28 『經國大典』 兵典 諸道兵船條.

에 의한 측면 노(櫓)는 군선(軍船)에 대해서만 지극히 제한적으로 허락했다.

이와 같은 상황에서 한일수호통상조약(1876)이 체결되고 이를 기점으로 일본의 진출이 본격화되면서 운조(運漕)가 일본인의 손에 넘어가면서부터 한국의 해운은 급격히 쇠퇴하기 시작했다.[31] 일본은 의도적으로 한국의 해양 기술의 발전을 저애하면서 그 기술을 한국인에게 전수하지도 않았다. 만약 조선이 해군이나 조선술을 익힌다면 일본이 조선에로의 진출이나 병합이 불가능하다는 것을 일본은 잘 알고 있었다. 일본이 조선에 가장 중요한 기밀로 여긴 것이 곧 조선술(造船術)이었다.

섬이나 해안에서의 반란에 대하여 정부가 얼마나 두려워하고 있었던가의 문제는 현대사에서도 잘 나타나고 있다. 이를테면, 1901년에 제주도에서 이재수(李在守)의 난이 일어났을 때 조정에서는 프랑스함대에게 이의 진압을 의뢰하고 외국인 고문까지 파견하여 초기 진압에 힘을 기울인 사실이 있다.[32]

그 뿐만 아니라 제주 4·3사건 당시에 미군정은 육지 병력 1,600명을 투입하여 군정장관 딘(W. F. Dean), 민정장관 안재홍(安在鴻), 경비대사령관 송호성(宋虎聲), 경무부장 조병옥(趙炳玉)이 직접 현지에서 초토화 작전을 수행한 사실[33]도 그와 같은 맥락에서 이해될 수 있는 일이었다.

---

29 신복룡, 『한국정치사상사』(1997), pp. 165~167.

30 Basil Hall, *Account of a Voyage of Discovery to the West Coast of Corea, and the Great Loo-choo Island*(London : John Murray, 1818), p. 27; 신복룡·정성자(역주), 『조선서해탐사기』(서울 : 집문당, 2020), p. 23.

31 金在瑾, 『우리 배의 역사』, pp. 300~301.

32 이재수의 난의 발발과 진압에 대해서는 William Sands, *Undiplomatic Memories* (New York : McGraw-Hill Whittlesey House, 1930), pp. 130~135; 신복룡(역주), 『조선비망록』(서울 : 집문당, 2020), 제11장(pp. 174~178) 참조.

33 제주4·3사건의 전말에 대해서는 신복룡, 『한국분단사연구 : 1943~1953』(서울 : 한울출판사, 2006)의 제17장(pp. 536~555) 참조.

그들은 섬에서 일어나고 있는 독자적 반란의 위험성을 감지하고 있었기 때문이었다.

4) 서학(西學)에 대한 두려움

개항기 외국인들의 기록에 따르면, 배의 갑판에서 바라본 조선의 해안 풍경은 너무도 황량하여 도무지 올라가 보고 싶은 마음이 들지 않았다고 한다. 이러한 현상은 조선 사람들이 자기네의 국토가 그렇게 보이도록 만들어 놓은 탓이었다. 이 나라에서는 부산(釜山)과 인천(仁川) 두 곳을 제외하고서는 외국과 통교(通交)하는 것을 허락지 않으며, 그 두 곳에서의 통교마저도 엄격한 제약을 받았다.

외국인들이 그들의 국토에 상륙하여 입국하고 싶은 충동을 느끼지 못하도록 하고자 농부들은 연안의 언덕에 있는 나무와 숲을 모두 베어 버렸는데, 이렇게 함으로써 해안을 쓸쓸하고 매력 없는 모습으로 만들어 그곳을 지나가는 항해사들이 이 금단의 나라에 관심을 두지 못하도록 만들어 놓았다.[34]

한국에 서세동점이 시작된 1860년대의 한국인의 대외 인식이 아편이나 서학의 침투에 대한 두려움에 싸였던 것은 사실이지만, 그러한 혐의가 없을 경우에도 그들에게 적대적이었다고 믿을 만한 증거는 없다. 예컨대, 1865년 8월 영일만(迎日灣)에 표착한 이양선(異樣船)은 삼척 영장(營將) 안의석(安義錫)의 호의로 음식과 소요품을 보급받고 일본으로 귀환한 사실이 있다.[35]

1866년에는 병인박해의 어수선한 분위기 속에서도 미국인 맥캐슬린 선

---

34 H. N., Allen, *Things Korean*(New York : Fleming H. Revell, 1908), p. 50; 신복룡
(역주),『조선견문기』(서울 : 집문당, 2020), p. 알렌(지음), 신복룡(역주),『조선견문기』(서울 : 집문당, 2020), p. 33.
35 『高宗實錄』 2년 8월 17일(기유).

장(McCaslin)이 운행하던 서프라이즈호(Surprise)가 평안도 철산(鐵山) 앞바다에 표착했다가 방백과 주민의 도움으로 무사히 청국으로 돌아간 일이 있었다.[36]

그러다가 조선왕조가 갑자기 서구에 대한 기피감(xenophobia)을 보인 것은 중국의 비극적 운명과 무관하지 않다. 서세동점의 물결이 극동에 상륙하자 중국의 비극을 목격한 조선왕조의 조정에서는 서구라파 여러 나라의 물욕을 피하는 것이 상책이라고 생각했다.

그와 같은 쇄국의 일환으로 조선의 국왕이 실시한 정책이 곧 금의 채광을 법으로 금지하는 것이었다. 위정자들은 금이야말로 서구인들에 의해 자행되는 약탈의 첫 번째 목표라는 점을 알고 있었다. 우리의 전통적인 용어로 보석상을 "금방"이라 부르지 않고 1960년대까지도 "은방"(銀房)이라고 불렀던 것도 금을 은닉하려던 쇄국 정책의 맥락에서 이해될 수 있는 부분이다.

중국에서 벌어지고 있는 일련의 비극적 사건들은 그렇지 않아도 소중화의식을 중요한 가치 개념으로 여기던 한국인들에게 일종의 집단자폐증을 일으켰다. 본디 중앙집권제였던 조선왕조에서 변방의 수령에게는 외국인을 접견하는 것이 금지되어 있었다고는 하지만 주민들의 정서가 외국인에게 적대적이었던 것은 아니었다.

그러한 예로서 1816년 9월에 서해안 비인(庇仁) 현감 이승열(李升烈)이 영국의 항해사 홀(Basil Hall)을 만났을 때 이승렬은 그들에게 호의를 베풀고 우호적인 관계를 유지하면서 며칠을 보냈지만, 이 사건으로 말미암아 자신이 처형된다는 사실을 고백하며 괴로워했다는 기록[37]은 흥미롭다.

---

36 『高宗實錄』 3년 5월 23일(신사); "Rear Admiral Schley in Korea," *The Korea Review*(October 1901), p. 441.

37 Hall, Basil, *Account of a Voyage of Discovery to the West Coast of Corea, and the Great Loo-choo Island*, pp. 10, 37~38; 신복룡 · 정성자(역주), 『조선서해탐사기』, pp.8, 29~30.

서양 이양선의 출몰과 이에 대한 지배 계급의 지혜롭지 못한 대응, 곧 서양은 회피할 대상이지 교류할 대상이 아니라는 수구 세력의 오판이 나라의 운명을 어렵게 이끌어 갔다. 이러한 의문을 제기할 수밖에 없는 것은 우리와 똑같이 난파 선원을 받아들인 일본은 우리처럼 하지 않았기 때문이다.

일본인들은 난파 선원들로부터 조총의 기술은 물론 조선술과 항해술을 배워 이른바 난학(蘭學 : Dutch Science)이라는 독특한 학문 체계를 완성했고 이것이 근대 일본의 개명에 결정적인 역할을 했으며, 우리와 관련하여 말한다면 그 난학이 조선 침략의 유용한 도구가 되었기 때문이다.

그러나 돌아보면 조선왕조에도 서학을 긍정적으로 받아들일 기회는 있었다. 이를테면 1653년에 네덜란드의 하멜(Hendrick Hamel) 일행 36명이 표착했을 때 조정은 그들에게서 서양 기술을 배울 생각을 하지 않았다. 배가 표착하자 주민들이 제일 먼저 한 일은 쇠붙이를 얻고자 나무를 태우는 작업이었다.[38] 그들에게 문명의 탐구에 대한 호기심은 없었다.

하멜 일행 가운데 항해는 물론이고, 제철, 총포, 화약, 의학 등 온갖 기술자들이 있었음에도 그들이 한 일은 사대부 집에 불려가 인간원숭이의 놀이를 하거나 노비나 다름없이 병영의 풀을 뽑는 것이었다.[39] 그 당시가 이른바 효종(孝宗)의 북벌 준비 기간이었고, 그들은 훈련대에 소속되어 있었다.

이미 조선에 표착해 있던 월터브레(Jan J. Weltevree)가 살아 있어 의사소통이 가능했음에도 병기 기술에 관한 기술을 배우려 하지 않은 것이 기이하고도 한탄스럽다.[40] 이런 점에서 볼 때, 효종이나 송시열(宋時烈)의 북벌 논의는 과장된 느낌이 있다.

38 신복룡 (역주), 『하멜 표류기』(서울 : 집문당, 2020), pp. 6~7.
39 신복룡 (역주), 『하멜 표류기』, p. 22.
40 신복룡, 「『하멜표류기』: 바다를 버려 나라를 잃었다」, 『이방인이 본 조선 다시 읽기』(서울 : 풀빛출판사, 2002), pp. 23~24.

5) 뱃사람에 대한 비하

이 부분에 대한 논의는 너무도 민감하고 조심스러워 글쓰기조차 조심스러운 주제이지만, 해양사의 몰락을 논의하는 과정에서 이 논의를 피해 갈 수 없다. 이 자리에서 자세히 다룰 수는 없지만, 유교 문화가 남긴 가장 아픈 상처는 계급 질서였다. 그들이 아무리 인의와 애민을 주장했다 하더라도 그들은 계급 사이의 교류나 이동을 허락하지 않았고, "칸막이(compartment)의 문화"를 해체할 의지가 추호도 없었다. 그것은 비교적 개명 유학자에 속했던 실학자들도 마찬가지였다. 이와 같은 신분 질서의 경직성은 동양의 유교적 농경문화에서 더욱 심했다.

해양 유산과 관련하여 신분 질서가 문제 되는 것은 수군(水軍)이나 운조(運漕)처럼 물에 관계된 직업을 천민으로 분류했다는 사실이었다. 조선조의 천민은 칠반(七班)이라 하는데, 관아의 조예(皂隷 : 노비), 나장(羅將), 지방청의 일수(日守 : 잡부), 조운창(漕運倉)의 사공(漕軍), 수영(水營)의 수군, 봉군(烽軍), 역졸(驛卒) 등 일곱 가지를 뜻한다. 이들에 대한 정의는 『속대전』(續大典) 병전(兵典) 면역(免役) 조에 법률로써 명기되어 있다. 곧 천인의 대부분이 해상 운수와 관련이 있었다.

당초에 이와 같은 천민을 분류한 것은 병역 대상에서 제외한다는 취지에서 시작한 것이었지만, 일단 천민으로 분류된 그들에게는 교육의 기회나 토지 소유의 권리도 없었고 피혼(避婚)의 대상으로 굳어져 갔다. 이들은 면역의 대가로 신포(身布)를 공납해야 했다.[41]

전근대의 우리 사회에서는 뱃사람은 "뱃놈"이라고 불렀고, 섬사람은 "섬놈"이라고 불렀다. 1950년 제2대 국회의원 선거 당시에 여천(麗川)에서 대한민국당으로 출마한 황병규(黃炳珪) 후보의 선거 구호는 "섬 놈은 사람도 아니냐?"였다. 그리고 그는 당선되었다.[42]

---

41 『肅宗實錄』30년 1월 5일(을사); 『肅宗實錄』36년 9월 16일(정미).

한 가지 놀라운 사실은 정조(正祖)가 재위 19년(1795) 윤2월 초아흐레부터 열엿새까지 8일 동안 수원에 있는 아버지 사도세자(思悼世子)의 묘를 참배하고자 행차할 때의 일이었다. 이때 그는 당연히 한강을 건널 수밖에 없었는데 배를 타지 않고 배를 이어 만든 배다리[舟橋]를 건너 왕복했다는 사실이다.[43] 백성의 노고를 그리 걱정했던 그가 왜 배를 타지 않고, 수많은 사공과 공장(工匠)과 역군(役軍)을 동원하여 지금의 용산에서 노량진까지 다리를 놓는 고역을 강요했을까? 배보다 다리가 더 안전하다고 생각했을까?

아니다. 안전 문제를 걱정했다면 그 위험한 다리 공사를 하기보다는 안전하고 큼직한 배를 타는 것이 더 안전했을 것이다. 그러나 정조는 금상(今上)의 몸으로서 "천한 뱃×"이 노를 젓는 배를 사공과 함께 타기보다는 다리를 건너기로 했기 때문이었다. 이것이 정조의 뜻이었든, 아니면 조신(朝臣)의 뜻이었든, 그 무렵 수군이나 사공을 비하하던 풍조의 가장 확실한 세태를 보여 주는 것이었다.

그렇다면, 여기에서 궁금한 것은 왜 조선조의 통치자들은 뱃사람을 천시했을까 하는 점이다. 인성으로 볼 때 바닷사람들은 거친 대양과 싸우는 동안 인성이 굳세고 끈질기다. 따라서 이들 사이에는 정치적 권위에 대한 도전이 정치적 비난의 대상이 되지 않았다. 그들은 독립심이 강하며 체력적으로도 강인하다.

그리스의 인물사가인 플루타르코스(Plutarch)의 지적에 따르면, 역사적으로 해양국가의 민중이 민주적이고 농경문화 민족이 과두지배 체제에 더 익숙하다고 한다.[44] 바닷사람이 더 민주적이라는 그의 지적이 인상적이다. 그러므로 지배 계급으로서는 거칠고 순종하지 않는 기질의 바닷사람

---

42 『민족문화대백과사전』(성남 : 한국학중앙연구원, 2020), 「황병규 조」.

43 『정조실록』정조 19년(1795) 윤이월 9일~16일; 최동균, 『8일 간의 화성 행차 정조 반차도』(서울 : 담디, 2016), p. 55.

44 『플루타르코스영웅전』, 「테미스토클레스전」, §19.

들을 싫어하고 버겁게 여기지 않을 수 없었을 것이다. 그들은 장보고의
고사를 연상했을 수도 있다. 위정자들에게 국민이 거칠고 저항적이어서
좋을 것이 하나도 없다.

역사적으로 신분 해방을 위한 저항은 끝없이 전개되었고 한국사에서도
예외는 아니었다. 고려 시대의 공주에서 일어난 망이(亡伊)와 망소이(亡所
伊)의 난(1176)과 만적(萬積)의 난(1199)이 있었고, 다소 성격이 다르지만,
조선조에 이르면 홍경래(洪景來)의 난(1811~1812)과 진주(晉州)민란 등의
형태로 이어져, 고종(高宗) 시대 전반기 30년 곧 동학혁명이 일어나기에 앞
서 1864~1894년 동안에 일어난 민란의 숫자만도 41건에 이르렀다.[45]

이와 같은 신분 차별은 개명기 지식인에게도 개혁의 대상으로 부각되
었다. 따라서 갑신정변과 더불어 제시된 "14개 개혁안" 제2조[46]와 김옥균
(金玉均)이 망명지 일본에서 올린 상소문,[47] 박영효(朴泳孝)가 제시한 "내
정 개혁에 관한 건백서(建白書)"[48] 그리고 『독립신문』의 여러 곳[49]에 계급
타파는 중요하게 거론되고 있다.

이러한 민란의 염원이 가장 잘 드러난 것이 1894년 5월 동학도들이 주
창한 "폐정개혁요구 12개조" 가운데 제6조, 곧 "칠반천인의 대우를 개선할
것"[50]이었다. 이와 같은 주장들이 결국에는 정책으로 반영되어 갑오경장
기에 이르면 그런 문제들이 구체적인 대안으로 제시되었다.

이를테면, "문지(門地)를 불구하고 오직 어질고 재주 있으면 이를 천거

---

45 朝鮮總督府, 『朝鮮史』(6/4)(서울 : 조선인쇄주식회사, 1938) *passim.*

46 김옥균·박영효·서재필(지음), 조일문·신복룡(편역), 「甲申日錄」(12월 5일條),
   『갑신정변회고록』(서울 : 건국대학교 출판부, 2006), p. 131.

47 古筠記念會, 『金玉均傳』(上)(東京 : 慶應出版社, 1944), pp. 124~125.

48 朴泳孝, 「朝鮮國內政ニ關スル朴泳孝建白書」(明治 21년(1888) 2월 24일), 『日本
   外交文書』(21)(東京: 日本國際連合協會, 1958), p. 310, No. 106: "一日 廢止班常
   中庶之等級也."

49 『獨立新聞』 1896년 4월 7일, 4월 21일자.

50 吳知泳, 『東學史』(서울 : 영창서관, 1940), p. 126.

할 것"을 결의한 "1894년 6월 22일자 조칙"[51]과 "문벌 반상의 등급을 벽파 (劈破)하고 귀천과 관계없이 인재를 선용한다"는 "1894년 6월 28일자 의안 (議案)"[52]이 그런 것이었다. 물론 이와 같은 개혁을 통하여 계급 차별이 하루아침에 철폐된 것은 아니며, 그 뒤에도 한국인의 머릿속에 잔영처럼 남아 한국 사회를 지배했으며, 한국의 해양 발전에 알게 모르게 역기능으로 작용했다.

4. 맺음말

이 글의 결론은 다음과 같다.

[1] 동양 3국의 문명의 질료(質料)를 살펴보면 중국은 옥(玉)의 문화이고, 일본은 나무의 문화이며, 한국은 철의 문화이다. 보화를 중요하게 여기는 중국의 문화, 정원이나 꽃꽂이 그리고 다도나 목조 예술에서 볼 수 있는 일본 문화, 그리고 금속활자, 거북선, 동종(銅鐘) 등에서 볼 수 있는 한국의 문화가 그러한 사례이다. 현대 한국 조선업의 비약은 그 DNA의 부활이다.

[2] 한국의 고대사를 돌아보면, 고구려의 대륙 문화가 몰락한 뒤로 이른바 후삼국 시대에 접어들면서 한국은 사실상 해양국가로 문화의 변화를 가져왔다. 위로는 장보고로부터 중세의 삼별초를 거쳐 조선조의 이순신에 이르기까지 한국사에서의 해양문화의 유산은 자랑스러운 것이었다. 그러나 우리는 자신이 해양 문화의 후손임을 스스로 숨겼다. 왜 그랬을까? 일본 제국주의라는 해양 문화에 대한 혐오감과 그들이 우리에게 집요

---

51 『근대법령자료집』(1)(서울 : 국회도서관, 1970), p. 1.
52 『근대법령자료집』(1), p. 14.

하게 세뇌한 "반도 국가"라는 오명에 대한 기휘감(忌諱感) 때문이었을 것이다. 꼭 같은 지정학을 놓고 지칭하는 "반도 국가"라는 어감과 "해양국가"라는 어감은 많이 다르다. 한국인들은 해양국가라는 것보다는 반도 국가라는 욕스러운 용어로 자기 정체성을 규정했는데, 이것이 비록 식민사학의 영향이었다 하더라고 그것을 껍질을 벗지 못한 데에는 한국 역사학의 책임이 크다.

[3] 한국사상사에서 위대한 해양 문화의 유산이 있었음에도 왜구의 침노와 서세동점에 대한 두려움, 모반이나 해외 탈주에 대한 예비, 그리고 전통적으로 뱃사람을 비하하는 의식 구조로 말미암아 해양정신의 몰락을 자초했고 그것이 끝내는 망국으로 연결되었다.

민족 멸망의 일차적인 원인은 군사력의 열세에 있으며, 19세기 후반으로부터 20세기 초엽에 이르기까지 우리에게 최소한 해상권만 있었더라도 조선이 멸망하는 비극은 일어나지 않았다. 우리는 결국 바다를 잃어 나라를 잃었다.

[4] 역사는 "윤회(輪廻)하는 것"(cyclical movements …… of a cart-wheel)이라고 믿는 학자가 있다.[53] 우리가 군사력, 그 가운데에서도 특히 제해권의 강화를 소홀히 한다면 지난날 우리의 조상들이 겪었던 국가 멸망의 쓰라림이 우리의 시대에 재연되지 않으리라고는 장담할 수가 없다. 그러므로 현대를 살아가는 우리는 바다로 눈을 돌려 선조들이 누렸던 바다의 영광을 되찾아야 한다. 이것은 과거의 역사에 대한 단순한 향수가 아니라 바로 생존의 문제인 것이다.

53 A. J. Toynbee, *A Study of History,* Vol. IX(London : Oxford University Press, 1973), pp. 276~277.

9장

신미양요(辛未洋擾)

> [을사조약]이 체결되자]
> 애국적인 한국인들이 차례차례로
> 목숨을 끊는 동안 미국 공사[E. V. Morgan]는
> 이 흉행(兇行)의 장본인[日人]들에게
> 샴페인을 따르며 축배를 들고 있었다. ……
> 한 제국이 쓰러져가면서 단말마적인
> 괴로움을 삼키는 모습을 보고도
> 그토록 무심한 채로…….[1]
> ― 헐버트(Homer B. Hulbert)

1. 머리말

오늘날 우리의 역사를 논의할 때 식민지사관에 관해서 한 번쯤 언급하는 것이 격식으로 되어 있을 정도로 그에 대한 논쟁이 빈번하다. 그 내용을 들어보면 일본이 자기들의 한국 통치를 합리화하고자 한국의 역사를 왜곡·변조·누락한 것을 식민지사관이라고 하며, 한국인들도 그러한 사관에 젖은 나머지 자신의 역사를 주체적으로 해석하지 못하고 자기 모멸

---

* 이 글은 신복룡, 『한국정치사』(서울 : 박영사, 2003), pp. 233~260, 제9장 「한미 관계의 시말과 교훈」을 개고한 것임.
1 H. B. Hulbert, *The Passing of Korea*(London : William Heinemann Co., 1906), p. 465; 신복룡(역주), 『대한제국멸망사』(서울 : 집문당, 2020), pp. 580~581.

(侮蔑)의 입장을 취하고 있다는 것이다.

　그와 같은 역사적 식민 사실의 주체가 어느 나라였든, 역사의 사실을 왜곡하거나 패배주의의 사관에서 해석하려 한다면, 설사 그러한 사관을 제시한 사람이 일본인이 아니라 할지라도 그것은 식민지사관이라고 규정해야 한다는 것이 이 글의 논지이다. 문제를 더 명료하게 부각하여 본다면 우리의 역사 사실 가운데 한미 관계에 관한 한, 우리는 일제의 식민지사관에 못지않은 그릇되게 해석하고 있으며, 이러한 현상은 그 주체가 누구냐를 떠나서 그것도 일종의 식민지사관이라고 해석할 수 있다.

　우리는 한국전쟁을 겪은 지 70년이 지난 지금까지의 과정을 되새겨 볼 때마다 미국을 가리켜 "혈맹의 우방"이라고 말해 왔다. 우리의 역사를 되돌아보면 외우(外憂)가 빈번했던 한민족을 국난으로부터 구출하고자 이 땅에서 가장 많은 피를 흘린 우방이 곧 미국이라는 점을 생각할 때 그와 같은 표현이 과장된 것은 아니다. 그 당시의 상황으로 보아 미국이 그토록 우의를 베풀었던 저변에는 그들 나름대로 이해관계가 있었다는 점을 고려하더라도, 어쨌든 우리로서는 그들의 호의를 잊을 길이 없다.

　미국의 참전 의도가 어디에 있었든, 워싱턴의 한국전쟁 참전 기념 공원에 쓰여 있는 비문이 나그네의 발길을 멈추게 한다. 코끝이 시큰해지며, 차마 돌아서는 발길이 떨어지지 않았다.

> 알지도 못하는 나라, 만난 적도 없는 민족을 지키고자
> 조국의 부름에 대답한 우리의 아들딸에게
> 조국의 영광을 바친다.
> Our nation honors
> her sons and daughters
> who answered the call
> to defend a country they never knew
> and the people they never met.

그러나 이제 우리는 1880년대의 문제를 "달리 생각해 볼"(to think other-wise)[2] 필요가 있다. 우리에게 미국은 누구이며, 미국에게 한국은 무엇인가? 이러한 질문은 한국과 미국의 선린을 해치는 것이라고만 볼 수는 없으며, 오히려 한미 관계의 더 나은 내일을 위해 발전적인 충고가 될 수도 있다.

먼 옛날에 있었던 일은 논외로 하더라도 최근 몇 년 동안에 있었던 일을 돌이켜 보면, 우의 깊은 일도 많았지만, 우리는 미국의 시혜(施惠)를 애걸하기 위해 얼마나 많은 시간을 보냈으며, 상반된 이해관계로 말미암아 그들이 한미 관계를 소원하게 생각할 때마다 우리는 그들의 각성을 촉구하고자 얼마나 절규했던가?

그리고 1982년의 미국 문화원 방화 사건 이후 오늘날 우리 사회에서 고조되고 있는 반미 운동을 어떻게 이해해야 할 것인가? 이와 같이 한미 외교 관계가 그토록 어긋나게 된 근본적이고도 원초적인 이유는 무엇이었으며, 한미 관계의 여명기에는 그와 같은 양상이 과연 어떻게 전개되었던가를 살펴보는 것은 더 나은 내일의 한미 외교를 위해 바람직하다고 여겨진다.

1860~1890년대의 한국의 외교 관계를 밝혀 보는 것은 단순히 역사의 한 장에서 일어났다가 사라진 사건을 다루는 데 그치는 것이 아니라 오늘의 문제로까지 연결되어 한국의 외교 지표를 제시하는 하나의 방향등이 될 것이다. 바꾸어 말해서 서구의 여러 나라 가운데 한국과 가장 오랫동안 선린 관계를 맺어 왔고 또 한국 측에서 본다면 가장 큰 우의를 입어 온 미국과의 관계를 특히 개국 교섭이라는 앵글에 비추어 보는 것은 그 당시 한미 관계에 대한 역사적 교훈을 되돌아봄으로써 양국의 선린 관계에 이바지할 수 있을 것이다.

---

2 Bruce Cumings, "Revising Postrevisionism, or, the Poverty of Theory in Diplomatic History," *Diplomatic History*, Vol. 17(Fall/1993), p. 539.

2. 미국의 조선 개국 논의와 초기 관계

미국의 대외 정책은 1800년대 초기의 먼로주의(Monroe Doctrine)에서부터 그 특색이 나타나기 시작했다. 1823년 먼로(James Monroe) 대통령이 소위 먼로주의를 발표한 것은 단순히 그의 개인적인 창의력이라기보다는 미국만이 가지는 사회와 경제와 사상을 배경으로 하여 파생된 것이었다. 곧 미국이 그와 같은 고립주의를 주창할 수 있었던 원인으로서는,

> (1) 미국은 대서양을 사이에 두고 유럽과 떨어져 지리적으로 멀리 떨어져 있기 때문에 강대국으로서의 국제적 지위를 확보하기 이전에도 열강으로부터 침략이나 정복을 당할 우려가 없어 자기에게 유리한 것이라면 소신 있게 정책을 수행할 수 있었다는 점,
> (2) 미국은 풍부한 지하자원과 인력을 바탕으로 하는 경제력에 힘입어 대외적으로 강력하게 활약할 수 있을 뿐 아니라, 고립된 상태에서도 아쉬울 것 없이 풍요를 만끽할 수 있었다는 점,
> (3) 미국의 건국 이념은 청교도주의사상(Puritanism)에 입각하여 유럽의 간섭을 혐오하고 서구의 절대주의 왕정에 대한 적의(敵意)를 품고 있었다는 점3

을 들 수가 있다.

이와 같은 이유로 미국은 19세기 후반에 이르기까지 해외 개척에는 별다른 관심이 없었으며 극동 문제에 관하여는 더욱 그러했다. 그러나 시간이 흐름에 따라 그들이 국내외에서 겪는 여건은 고립주의만을 더 이상 고수할 수 없게 만들었다. 곧 19세기 후반 이전까지 미국의 실업가들은 국내 시장을 개척하는 데 여념이 없는 동안 해외에서 상업적인 기회를 상실한 것에 대하여 후회하지 않았다.

---

3 신복룡, 「미국의 고립주의에 관한 小考」, 『法經論叢』(5)(서울 : 건국대학교, 1971), p. 31.

그러나 19세기 말엽, 잉여 제품을 처리하는 문제와 축적 자본을 투자한다는 문제에 직면하게 되었을 때 그들은 자기들의 외교 정책에 결함이 내포되어 있음을 깨닫고 태도를 바꾸기 시작했다.[4] 그리하여 그들은 하와이와 필리핀을 거쳐 극동에로 눈길을 돌리게 되었다.

미국이 극동에 눈길을 돌리게 된 이유는 다른 열강들의 입장과 마찬가지로 광대한 상품 시장으로서의 청국(淸國)에 대한 접근에서 비롯된 것이다. 그러나 청국의 대륙은 넓고 또 멀리 떨어져 있어 어느 한 강대국이 이를 지배할 수가 없었기 때문에 자연히 열강의 세력이 각축하며 부침하는 이권쟁탈지로 변모하게 되었다.[5]

시기적으로 볼 때 미국에서 남북전쟁(1861~1865)이 끝나면서 자본 축적이 시작되었고, 중국에서는 태평천국(太平天國 : 1850~1864)이 진압되고 국제 질서가 재편되는 시점이 일치하고 있었다는 점도 절묘했다. 청국이 열강의 표적이 된다는 것은 단순히 청국에만 국한되는 문제가 아니라 부수적으로 인근에 있는 일본·조선·대만에까지 외교 문제를 확산시키기에 이르렀다.

그러나 미국이 동양에 접근하게 된 동기는 다른 열강, 이를테면, 영국·프랑스·러시아와는 달리 영토적인 야욕은 없었다는 점을 그 특색으로 한다. 미국의 극동 정책은 적어도 대(對)스페인전쟁이 발발한 1898년까지는 대체로 상업적인 것이었다. 미국으로서는 수호와 상업적 기회 균등이 그들의 소망이었다.[6]

이와 같은 사태의 추이에 따라 미국은 외교 대상으로서의 한반도를 의식하기 시작했다. 미국의 정계에서 조선의 문호를 개방하자는 의견을 공식적으로 피력한 최초의 인물은 뉴욕 출신 하원의원인 프래트(Zadoc Pratt)

---

4 이보연(외 공역), 『미국정치외교사』(서울 : 을유문화사, 1968), p. 190.

5 A. W. Griswold, *The Far Eastern Policy of the United States*(New York : Harcourt, Brace and Co., 1938), p. 4.

6 A. W. Griswold, *The Far Eastern Policy of the United States*, p. 8.

였다. 그는 1845년 2월 12일 해군문제위원회(Committee on Naval Affairs)의 의장 자격으로 국회에서 "일본제국 및 조선왕국과 상업적인 협정을 맺도록 즉각적인 조치를 취할 것"[7]을 제안했다. 프래트 의원의 이러한 발언은 당시에 아무런 공식 반응을 얻지 못했다. 그러나 이 발언으로 말미암아 미국인들은 극동에 관심을 보이기 시작했고 모험심이 있는 외항 선원들은 조선의 연안을 기웃거리기 시작했다.

적어도 대외관계사라는 제한된 측면에서 본다면, 한국에 서세동점이 시작된 1860년대 초반의 한국인의 대외 인식이 아편(阿片)이나 서학의 침투에 대한 두려움에 싸였던 것은 사실이지만 그러한 혐의가 없을 경우에도 그들에게 적대적이었다고 믿을 만한 증거는 없다.[8]

그러나 청국 사회에서 벌어지고 있는, 조선에 대한 불확실한 정보를 통해 그토록 굳게 닫혔던 "은자의 나라"에 대한 소문이 퍼지게 되자 한국에 관한 과장된 이야기들이 떠돌기 시작했다. 한국에 가면 키가 3피트밖에 안 되는 말[果下馬]이 있으며, 왕릉은 금과 은으로 싸여 있고, 시체는 값비싼 대리석으로 장식되어 있으며, 은과 상상할 수도 없을 만큼 비싼 광물이 노다지로 쏟아지고 있다는 소문이 극동을 항해하는 외항 선원들 사이에 나돌기 시작했다.[9]

이러한 소문에 제일 욕심을 부린 것은 천진(天津)에 있는 영국 자본의 메도우상사(Messrs Meadows & Co.) 소속인 제너럴 셔먼호(General Sherman)

---

7 "Extension of American Commerce-Proposed Mission to Japan and Corea, 28th Congress, 2nd Session"(February 15, 1845), Park Il-keun(ed.), *Anglo-American Diplomatic Materials Relations to Korea, 1866~1886*(Seoul : Shinmundang, 1982), p. 795 : Doc. No. 138.(이하 *AA Materials*로 略記함).

8 "Claim against Corea on account of the Destruction of the General Sherman"(July 24, 1885), No. 118, G. M. McCune and J. A. Harrison(ed.), *Korean-American Relations,* Vol. I(Berkeley and Los Angeles : The University of California Press, 1950), pp. 49~50.

9 F. A. MacKenzie, *The Tragedy of Korea*(New York : E. P. Dutton & Co., 1908), p. 6; 신복룡(역주), 『대한제국의 비극』(서울 : 집문당, 2020), pp. 7~8.

였다. 이 배는 선적(船籍)이 영국 상사에 속하고 있었다고는 하지만 사실상 미국인들이 경영하고 있었다.

선주인 프레스톤(W. B. Preston)과 선장인 페이지(Page) 그리고 윌슨(James F. Wilson) 등 세 명은 미국인이었고, 중국어와 한국어를 조금 할 줄 아는 통역으로 영국인 토마스 목사(Robert J. Thomas : 崔蘭軒)[10]와 호가드(George Horgarth), 조선의 화폐를 감식할 줄 아는 청국의 화폐감정인 한 명 그리고 19명의 말레이시아 및 청국 선원 등 모두 24명이 타고 있었다.[11]

배에는 면제품과 유리, 그리고 접시 등의 각종 화물이 실려 있었으며 수교를 위한 상선이라고 믿기에는 의심스러울 만큼 중무장을 하고 있었다. 그리피스(William E. Griffis)는 "평화적인 통상 항해"[12]라는 선장 프레스톤의 말을 인용하여 선장의 건강이 나빠 일시 기항했다고 변명하고 있으나,[13] 실상은 『런던 데일리 메일』(London Daily Mail) 조선 특파원인 맥

---

10 토마스(Robert J. Thomas, 崔蘭軒 : 1810~1866)의 생애에 관해서는 고무송의 노작, 『토마스와 함께 떠나는 순례 여행』(서울 : 쿰란출판사, 2001)이 있다. 토마스 목사는 영국인으로서 키는 7척 5촌(227cm), 낯빛은 철색(鐵色)이며 머리칼은 누런빛의 고수이고 수염은 검었다. 옷차림은 회색 탄자천으로 만든 모자를 썼고 검은색과 흰 색깔로 반점이 간 두툼한 비단 천으로 만든 홑적삼을 입었으며 검은빛의 가죽으로 만든 목이 긴 신을 신었다. 허리에 혁대와 자그마한 서양식 총과 환도를 찼다. 그는 이미 1865년 9월을 전후하여 한국의 어느 해안에 머물면서 한국인들과 함께 지낸 적이 있었으므로 한국인과 기본적인 회화가 가능했다. 『高宗實錄』 3년 (1866) 7월 15일조; 고무송, 『토마스와 함께 떠나는 순례여행』, p. 156.

11 『高宗實錄』 3년(1866) 7월 15일조; "Rear Admiral Schley in Korea," The Korea Review(October 1901), p. 441; W. E. Griffis, Corea : The Hermit Nation(New York : Charles Scribner's Sons, 1907), p. 391; 신복룡(역주), 『隱者의 나라 한국』 (서울 : 집문당, 2020), pp. 548~549; James S. Gale, "The Fate of the General Sherman," Korean Repository, Vol. II(July 1895), p. 252; "Claim against Corea on account of the Destruction of the General Sherman"(July 24, 1885), No. 118, G. M. McCune and J. A. Harrison(ed.), Korean-American Relations, Vol. I, p. 46; 黃玹, 『梅泉野錄』(서울 : 국사편찬위원회, 1971). p. 17; 文一平, 『韓米五十年史 : 湖岩全集』(1)(서울 : 조광사, 1945), pp. 2~5; 鄭喬, 『大韓季年史』(上)(서울 : 국사편찬위원회, 1971), p. 6 : 戊辰 5年 秋條.

12 W. E. Griffis, Corea : The Hermit Nation, p. 501; 신복룡(역주), 『隱者의 나라 한국』, pp. 548~549.

켄지(Frederick A. McKenzie)의 말처럼, 평양의 왕릉을 도굴하거나 아니면 이와 비슷한 어떤 소득을 위해 내항한 것이었다.[14]

이들은 만조를 이용하여 대동강을 거슬러 올라 만경대까지 순회하면서 무장 시위를 하는 한편, 한국인들의 호기심을 살 수 있는 외래품을 내보이며 통상할 것을 요구했으나 한국인들은 외국과의 통교가 국가에서 금지하고 있다는 이유로 퇴항(退航)할 것을 요구했다.[15]

더욱이 사태를 악화시킨 것은 몇몇 선원들이 육지에 올라갔다가 조선의 관리들에게 체포된 사건이었다. 선원들은 곧 특공대를 보내어 억류된 선원들을 구출한 것까지는 있을 수 있는 일이었으나 돌아오면서 주민 두 명을 보복 납치하였다.[16] 다시 주민들이 배로 올라가 납치된 주민을 구출하는 과정에서 유혈 충돌이 벌어졌다. 이것이 평양 주민을 격분시켰고 끝내는 비극적인 사건으로 확대되는 빌미가 되었다.

사태가 악화함에 따라 셔먼호 선원들은 퇴항을 서둘렀으나 이때는 이미 간조기여서 물러가고 싶어도 물러갈 수가 없었다. 이어 평안감사 박규수(朴珪壽)의 격침 명령에 따라 불화살[火箭]이 날아가고 제너럴 셔먼호에서도 포격이 시작되었다. 이 싸움은 나흘 동안 계속되었으며,[17] 인명 피해는 무기의 열세로 말미암아 한국인에게 더 컸다.

이에 박규수는 뗏목에 유황과 나무를 실어 불을 붙인 다음 상류로부터

13 "Mr. Burlingame to Mr. Seward, U.S. Legation Peking"(December 15, 1866), *AA Material,* p. 809 : Enclosure B; "Messrs, Meadows & Co. to Mr. Burlingame"(October 27, 1866, Tientsin), *AA Material,* p. 811.

14 F. A. McKenzie, *The Tragedy of Korea,* p. 6; 신복룡(역주), 『대한제국의 비극』, p. 7.

15 『日省錄』 1866년 7월 18일자.

16 "Mr. George F. Seward to Mr. William H. Seward, U.S. Consulate General"(April 24, 1868, Shanghai), *AA Material,* p. 817 : No. 281.

17 James S. Gale, "The Fate of the General Sherman," *Korean Repository,* Vol. II(July 1895), p. 253. 싸움이 2주간 계속되었다는 고무송의 기록은 사실이 아니다. 고무송, 『토마스와 함께 떠나는 순례 여행』, p. 204.

떠내려 보냈다. 화선(火船)에 적중한 제너럴 셔먼호는 불더미로 변하고,[18] 선원들은 헤엄을 쳐 강변에 이르러 "미소를 지으며" 굽실거렸으나 그들의 목숨은 몇 분 더 연장되지 못하고 전원이 살해되다. 조선 측에서는 약 20명이 목숨을 잃었다.[19]

물론 제너럴 셔먼호의 내항 목적이 한인들에게 달가운 것은 아니었지만 선원 모두를 살해했다는 데에 대해서 조선 측도 비난을 면할 수가 없다. 선원들이 최후의 단계에서 사력을 다해 싸운 것은, 당시 북경 주차 미국 공사 윌리암스(S. W. Williams)가 지적한 바와 같이, "어차피 죽을 자신의 슬픈 운명에 대한 저주로 말미암아 한인에게 돌진했다."[20]

미국 측에서 보더라도 실수는 있었다. 먼저 그 의도가 좋지 못했다는 것은 말할 나위도 없거니와 내항한 시기가 매우 적절하지 않았고, 한국인을 상대하는 태도가 지나치리만큼 무례했다. 그들이 한국인을 상대한 태도는 미개 국가에 상륙한 선장의 그것과 같았다.

당시의 한인들은 천주교를 사교(邪敎)로 여긴 탓으로 프랑스인을 기휘(忌諱)하고 있었는데, 한인들은 사실상 서구인들 모두가 그 사교를 전파하는 것으로 믿었으며, 프랑스인과 미국인을 구별할 능력이 없었다.[21] 이와 같은 상황 속에서 일어난 제너럴 셔먼호 사건 이후부터 한국인들은 서

18 "Claim against Corea on account of the Destruction of the General Sherman"(July 24, 1885), No. 118, G. M. McCune and J. A. Harrison(ed.), *Korean-American Relations,* Vol. I, p. 48.

19 James S. Gale, "The Fate of the General Sherman," *Korean Repository*, Vol. II(July 1895), p. 254; H. B. Hulbert, *The Passing of Korea*, p. 116; 신복룡(역주), 『대한제국멸망사』, pp. 147~148; W. E. Griffis, *Corea : The Hermit Nation*, p. 391; 신복룡(역주), 『隱者의 나라 한국』, p. 552; F. A. McKenzie, *The Tragedy of Korea,* pp. 6~7; 신복룡(역주), 『대한제국의 비극』, pp. 7~8.

20 W. E. Griffis, *Corea : The Hermit Nation*, p. 392; 신복룡(역주), 『隱者의 나라 한국』, pp. 610~611.

21 "Claim against Corea on account of the Destruction of the General Sherman"(July 24, 1885), No. 118, G. M. McCune and J. A. Harrison(ed.), *Korean-American Relations*, Vol. I, p. 49.

구인을 이적(夷狄)으로 여기고 더욱 적대적인 태도를 보임으로써 그 뒤의 한미 관계에 어두운 그림자를 던져 주었다.

제너럴 셔먼호가 그토록 무참하게 섬멸된 뒤 얼마 동안 북경 주차 미국 공사관에서는 그 소식조차 몰랐으며 조선 정부도 그 배의 소속을 모르고 있었다. 제너럴 셔먼호의 본사는 그 배가 해상에서 좌초되고 선원들도 몰사한 것으로 체념하고 있었다.

그러다가 시간이 흐름에 따라 조선에서 포교하던 천주교 신부들의 입을 통해 사건의 내막이 청국에 있는 서구인들에게 알려졌다.[22] 청국에 주차하고 있던 미국의 외교관들은 사건의 전말을 본국에 보고하는 한편 자기들 나름대로 생존자의 확인 등 사건의 진상을 좀 더 자세히 알고 이를 문책하고자 함대를 파견하기로 했다.

이에 상해에 머무르고 있던 미국의 아시아 함대 사령관 벨(Henry Haywood Bell : 1808~1868) 제독은 1867년 1월 21일에 와츄세트호(Wachusett)의 선장 슈펠트(Robert W. Shufeldt : 薛斐爾)[23]에게 조선으로 항해하여 손해를

---

22 "Rear Admiral Schley in Korea," *The Korea Review*(October 1901), p. 442; H. G. Appenzeller, "The Opening of Korea : Admiral Shufeldt's Account of It," *Korean Repository*, Vol. I(February 1892), p. 57.

23 슈펠트(Robert Wilson Shufeldt, 1822~1895) : 뉴욕주 레드 후크(Red Hook)에서 저명한 변호사의 아들로 태어났다. 원래 슈펠트가(家)는 1710년 화란에서 이민하여 뉴욕에 정착했다. 그는 17세가 되던 1839년 5월 해군사관학교 견습 사관에 임관되었고, 퇴역한 뒤에는 2년간 미국 상선대(Merchant Marine)에 입대하여 뉴욕-리버풀 사이, 그리고 뉴욕-뉴올리언스 사이를 왕복하는 상선의 선장으로 활약했다. 남북전쟁이 발발하자 링컨(A. Lincoln) 대통령은 슈펠트를 쿠바 주재 총영사에 임명했다. 그 뒤 슈펠트는 멕시코에 부임하여 외교적 재능을 발휘하여 프랑스·멕시코 사이의 국경 분쟁을 해결하는 데 성공했다.

남북전쟁의 종반 무렵인 1863년에 슈펠트는 다시 해군 중령으로 입대하여 1869년에 대령으로 승진했으며, 1875~1878년에는 해군성 장비 및 신병보충국장으로 활약했다. 한미조약을 체결한 뒤 그는 백색함대(White Squadron) 창설에 일익을 담당했고, 1882~1884년에는 해군자문평의회(Naval Advisory Board)의 의장, 해군관측소 소장이 되어 해군 발전에 공헌했다. 1883년에는 해군 소장으로 승진했다. 1884년에 퇴역하여 워싱턴 자택에서 은거하다가 1895년 폐렴으로 사망했다. 김원모, 『근대한미관계사』(서울 : 철학과현실사, 1992), pp. 207~211.

구제하도록 명령했다.[24] 명령을 받은 그는 서해안의 지리를 잘 몰랐기 때문에 한강으로 들어가려던 것이 1867년 1월 23일 대동강(大同江)으로 들어가게 되었던바 그 뒤의 일을 슈펠트는 다음과 같이 회고하고 있다.

이곳에서 나는 조선의 왕에게 글을 보내어 제너럴 셔먼호를 격침한 이유와 선원들을 살해한 이유를 묻고, 특히 지난날 미국의 선박이 난파되었을 때에는 한인들이 온갖 정성을 기울여 그들을 중국의 국경까지 데려다주어 그곳에서 선원들이 본국으로 무사히 돌아갈 수 있었던 사실을 잘 알고 있는 나로서는 이번의 야만적인 처사에 대하여 놀라움을 금할 수 없노라고 전달했다.

며칠이 지나 우리는 그 고을의 관리를 만나는 데 성공했고 그 자리에서 편지를 서울로 발송하는 것이 좋겠다는 부탁과 함께 편지를 관찰사(觀察使)에게 전달할 수가 있었다. 급사(急使)의 임무를 띠고 연락병이 파견된 지 열흘인가 보름이 지나도록 닻을 내리고 머무르다가, 바닷물이 점차로 얼기 시작하여 더 이상 지체하다가는 내년 봄까지는 돌아갈 수 없을 것 같고 더구나 그때까지 견딜 만한 물품도 준비되어 있지 않음을 알고 있는 나로서는 다음에 다시 준비하여 한 번 더 오리라는 생각에서 대답을 더 이상 기다리지 않고 떠나기로 결심했다.

…… 아울러 우리는 1866년의 사건[제너럴 셔먼호 사건]과 그에 대한 공한(公翰)을 상기시키면서, 조선의 연안에서 난파를 당할 경우에 미국인의 생명과 재산을 보호할 수 있도록 우호 조약을 체결하고자 하는 요망을 전달했다.[25]

슈펠트의 파견이 비록 실패했다고 하지만 현지 외교관들은 한반도에 대해 더욱 호기심을 갖고 본국에 협조를 요청했다. 특히 북경(北京) 주차 공사 윌리암스는 제너럴 셔먼호 사건에 관하여, 그리고 상해 주차 미국 총영

24 H. G. Appenzeller, "The Opening of Korea : Admiral Shufeldt's Account of It," *Korean Repository*, Vol. I(February 1892), p. 60.
25 H. G. Appenzeller, "The Opening of Korea : Admiral Shufeldt's Account of It," pp. 58~60.

사 슈워드(George F. Seward)는 청국 문제에 관하여 본국에 보고하는 가운데 미국의 상업을 위해 조선의 문호를 개방해야 한다고 주의를 환기시켰다.

그 가운데서도 1868년 10월 14일자 보고서에서 그들은 한국의 문호를 개방할 경우의 이익과 이를 위한 작업상의 애로를 말하고 특히 극동에서 활약하는 미국 상인들을 보호하려면 개국이 필요함을 강조했다. 청국에 있는 미국의 상인들마저 슈워드의 의견을 지지하자 미국 국무성은 이에 대해 고심하던 끝에 1870년, 드디어 이 어려운 과업을 수행하라고 현지 외교관에게 훈령했다.[26]

3. 신미양요의 경위와 성격

공교롭게도 이 시기에 미국에서는 상해 총영사 슈워드의 형인 슈워드(William H. Seward)가 국무장관으로 재직하고 있었다. 그는 링컨(A. Lincoln) 대통령 시절에 국무장관을 맡아 일하다가 그 뒤의 존슨(Andrew Johnson) 대통령 때에도 직위를 유지하였다.

슈워드 국무장관은 재직 전반기에는 주로 대내 정책에 주력했고 후반기에는 대외 팽창 정책에 열중했다. 이는 슈워드가 존슨 대통령과 의회 간의 극단적인 대결의 틈바구니에 연루되지 않으려고 국내의 정치 문제보다 주로 대외 문제, 곧 아시아 팽창주의 정책에 전력을 기울였기 때문이었다.[27]

슈워드 국무장관은 1867년에 링컨 시대부터 그토록 논쟁적이었던 알래스카를 720만 달러에 구입하는 데 성공함으로써 초기의 비난과는 달리 명성을 얻고 있었다. 그는 극동 진출을 모색하던 차에 아세아함대사령부

26 W. E. Griffis, *Corea : The Hermit Nation*, p. 403; 신복룡(역주), 『隱者의 나라 한국』, pp. 565~566.
27 김원모, 『근대한미관계사』, p. 164.

로부터 조선 정벌의 의견서가 올라오자 이를 승인했다. 본국의 허가를 얻게 되자 벨 제독은 서울을 함락시키고자 아시아함대 소속의 해병·수병 이외에 2만 명의 군대를 본국에 요청했다.

벨 제독은 남북전쟁 당시 북군에 소속하여 미시시피 남쪽과 뉴올리언스의 점령에 무공을 세운 뒤 아세아함대사령관에 부임한 맹장이었다. 남북전쟁의 회복기였던 당시의 정황에서 조선을 정벌하고자 2만 명의 병력 파견을 본국에 요청한 것으로 보아 벨 제독은 그리 현명한 군인은 아니었던 것으로 보인다. 그러나 조선 정벌에 관한 그의 의견서가 기각되었지만, 로저스 2세(John Rodgers II, 魯藉壽 : 1812~1882) 제독이 조선 정벌의 임무를 맡게 되었다.[28]

로저스 소장은 전쟁, 해양 과학 그리고 극지 탐험에 매우 탁월한 인물이었다. 그는 플로리다의 세미놀(Seminole) 전투(1835~1842)와 멕시코전쟁에 참전한 바 있고 남북전쟁 당시에는 저현갑철함(低舷甲鐵艦)을 탔다. 그는 1853년 존 헨코크호(John Hancock)를 이끌고 태평양을 순방했으며, 지나해(China Seas)와 베링해(Behring's Straits)를 항해했다. 로저스가 조선을 원정할 당시는 한창 일할 나이인 58세였다. 그는 모든 항해 활동을 통하여 탁월한 능력을 발휘했으며, 다른 활동에서와 마찬가지로 이번 원정에서도 "당대에 가장 뛰어난 해병 가운데 하나"임을 보여주었다. 그러나 해양 과학의 왕자라고 해서 외교에서도 항상 왕자가 되는 것은 아니었다.[29]

로저스는 평소에도 무력 정벌을 주장하던 터에 이 비경(秘境)의 나라(a

---

28 로저스 2세(John Rodgers II)는 아버지 존 로저스 1세 제독과 페리(M. Perry) 제독으로부터 정신적 영향을 받은 바 크다. 로저스 2세는 해군 제독의 슬하에서 어릴 적부터 해군의 가문이라는 전통 속에서 성장했다. 페리와 로저스 2세는 지중해 순항 때부터 해군의 선후배로서, 상사와 부하로서 긴밀한 인간 관계를 유지해 오다가 1842년 페리가(家)와 로저스가(家) 사이에 혼인 관계를 맺게 되면서 더욱 깊어졌다. 김원모, 『근대한미관계사』, p. 30.

29 W. E. Griffis, *Corea : The Hermit Nation*, p. 403; 신복룡(역주), 『은자의 나라 조선』, pp. 565~568.

sealed book)를 무력으로 위협하는 것이 가장 효과적이리라고 믿었다. 그리하여 그는 일이 순조롭게 진행될 경우를 생각하여 북경 주차 미국 공사 로우(Frederick F. Low)를 대동했다. 그런데 로우 공사는 그의 이름처럼, "그리 우수하지 않은 인물"(the low man)이었다.

이때 로우 공사는 1870년에 조난 선원 보호를 위한 조약을 체결하되, 기회가 유리하면 조선에서의 통상에 유리한 조건을 확보하라는 훈령을 받았다. 조선은 동아시아의 통상로의 중심적 위치를 차지하고 있다는 점, 조선 해역에서 난파된 외국인을 비인도적으로 잔인하게 다루고 있다는 점에서 조선과의 우호조약체결은 절대 필요하다는 것이 상부의 지시였다.[30]

미국의 원정대는 아시아함대 소속 콜로라도호(Colorado), 알래스카호(Alaska), 버니시아호(Bernicia), 모노카시호(Monocacy), 팔로스호(Palos) 등 5척의 전함과 20척의 보트로 구성되어 있었으며, 여기에 759명이 승선하고 있었는데 그 가운데 105명은 수병이었다.

조선을 징벌하고자 파견된 총인원은 759명이었으나 실제 상륙 작전에 참전한 병력은 651명이었다. 이들이 이용한 해도는 병인양요(1866) 당시에 프랑스 해군이 제작한 것이었다.[31] 이들은 보병 10개 중대와 7문의 포로 편성되어 있었다. 이들은 1871년 5월 30일 인천 앞바다 물치도(勿淄島 : 지금의 작약도)에 닻을 내리고 해안 측량을 시작했다.[32]

---

30 김원모(편), 「틸톤의 江華島參戰手記」, p. 190. 이 자료는 본디 『1871년 조선에서의 해병대 수륙양면상륙작전』(Marine Amphibious Landing in Korea, 1871, Compiled by Miss Carolyn A. Tyson, Naval Historical Foundation Publication Series 2. No. 5, 1966)이라는 이름으로 작성된 틸튼(McLane Tilton)의 보고서이다. 그는 신미양요의 참전 군인으로서 아내에게 보내는 편지와 상부에 대한 보고서의 형식으로 이 글을 남겼다. 이 글은 김원모가 번역하여 「틸톤의 江華島參戰手記」라는 이름으로 『東方學志』(31)(서울 : 연세대학교 국학연구원, 1982), pp. 185~258에 韓英文이 수록되어 있다.

31 김원모(편), 「틸톤의 江華島參戰手記」, pp. 193~196.

32 김원모(편), 「틸톤의 江華島參戰手記」, p. 191; W. E. Griffis, *Corea : The Hermit Nation*, p. 403; 신복룡(역주), 『隱者의 나라 한국』, pp. 565~566.

미국 함대는 일차적으로 제너럴 셔먼호의 격침에 대한 문죄로부터 시비를 걸었다. 1866년에 미국 상선 두 척이 조선 경내에 들어왔다가 한 척은 풍랑을 만났다가 구원되었으나 제너럴 셔먼호의 경우에는 그토록 심한 피해를 본 까닭을 물으면서 이를 빌미로 수호 조약의 체결을 요구했다.[33]

그러나 당시 조선 조정의 대외 인식은 무역과 같은 상호주의적 혜택이나 문명 진보를 생각했다기보다는 자원 고갈, 수탈 또는 착취와 같은 피해 의식의 사고에 사로잡혀 있었다. 그 한 사례로 미국의 수교 요청을 받고 미국의 편지에 대한 답변과 관련하여 중국 예부(禮部)에 보낸 다음과 같은 자문의 요지를 들 수 있다.

> 백성들은 가난하고 물산은 변변치 못하며 금·은·주옥은 원래 우리나라에서 나지 않는 것이고 쌀과 천은 넉넉지 못하여 국내에서 생산되는 것으로 국내의 소비도 감당할 수 없는데, 만약 다시 다른 나라와 유통하여 나라 안을 고갈시킨다면 이 조그마한 강토는 틀림없이 위기에 빠져 보존되지 못할 것입니다. 더구나 우리나라의 풍속이 검박(儉朴)하고 기술이 거칠어 한 가지 물건도 다른 나라와의 교역에 내놓을 만한 것이 없습니다. 우리나라에서 절대로 교역할 수 없는 사정이 이와 같고 외국 장사치들이 아무런 이득도 볼 것이 없는 형편이 또한 이와 같습니다.[34]

조선의 관리 세 명이 서찰을 들고 기함 콜로라도호를 방문하자 드류(E. B. Drew) 서기관은 "협상의 대권이 부여된 정일품 관리(전권 대표)만을 상대할 것이며, 만약 조선의 최고 관리가 파견되면, 미국의 조선 원정의 목적을 충분히 설명할 것이다."라고 통고했다. 아울러 드류 서기관은 조선 관리에게 함대의 불가침 의도를 확언하면서 그들에게 미국 함대는 수로를 탐측하고 연안 지세를 조사할 것이라고 말했다.[35]

---

33 『高宗實錄』 8년(1871) 2월 21일(辛巳); "Relations with Corea, Congressional Record-Senate"(April 8, 1878), *AA Material*, p. 880.
34 『高宗實錄』 8년(1871) 2월 21일(辛巳).

드류 공사가 불가침 의도를 밝혔음에도 불구하고, 조선 정부로 볼 때 이러한 처사는 "분명한 도발"(abundant provocation)이었다.[36] 이에 대원군(大院君)은 진무사(鎭無使)를 시켜 이양선에 다음과 같은 편지를 보냈다.

> 귀(貴) 대인은 사리에 밝아 경솔한 행동을 하지 않을 터인데 이번에 어찌하여 멀리 바다를 건너와 남의 나라에 깊이 들어왔습니까? 설령 서로 사람을 살해하는 일은 없었다고 하지만 누구인들 의심하고 괴이하게 여기지 않겠습니까?
> 중요한 요새에 갑자기 이양선이 들어오는 것을 허용하지 않는 것은 모든 나라의 일반적 규범으로서 처지를 바꾸어놓고 보아도 더 그러할 것입니다. 지난번에 귀국의 배가 바닷가 요새를 거슬러 올라와 피차간에 대포를 쏘며 서로 경계하는 조치까지 있도록 만들었습니다. 이미 호의로 대화하자고 말하고서도 한바탕 이런 사단이 있게 되었으니 매우 개탄할 노릇입니다.
> …… 우리나라가 외국과 서로 관계를 가지지 않는 것은 바로 500년 동안 선대 임금들이 지켜온 확고한 법으로서 천하가 다 아는 바이며 청나라 황제도 옛 법을 파괴할 수 없다는 것을 잘 알고 있습니다. 이번에 귀국 사신이 협상하려는 문제로 말하면 어떤 일이든 어떤 문제이거나를 막론하고 애초에 협상할 것이 없는데 무엇 때문에 높은 관리와 서로 만날 것을 기다리겠습니까?
> 넓은 천지에서 만방의 생명이 그 안에서 살면서 모두 자기 방식대로 생활을 이루어가니 동방이나 서양은 각기 자기의 정치를 잘하고 자기의 백성들을 안정시켜 화목하게 살아가며 서로 침략하고 약탈하는 일이 없도록 하는 이것은 바로 천지의 뜻인 것입니다.[37]

이에 대해 미군 측으로부터 다음과 같은 회신이 왔다.

---

35 『高宗實錄』 8년(1871) 5월 17일(丙午); 김원모, 「틸톤의 江華島參戰手記」, p. 191.
36 "Rear Admiral Schley in Korea," *The Korea Review*(October 1901), p. 443.
37 『高宗實錄』 8년(1871) 4월 17일(丙子).

만일 귀 조정에서 3~4일 안에 만나 협상할 의사가 없이 기한이 되기만 기다린다면 전적으로 우리 관헌이 처리하는 대로 할 것입니다. 기일이 매우 촉박하므로 대략 이와 같이 적어 보냅니다. 보내준 많은 진귀한 물건을 받고 은혜와 사랑을 충분히 알 수 있으며 무엇이라 감사를 드렸으면 좋을지 모르겠습니다. 그러나 감히 마음대로 할 수 없어 보내온 예물을 돌려보냅니다.[38]

수교 교섭은 처음부터 무의미한 논쟁일 수도 있었다. 묻는 쪽이나 답변하는 쪽이나 모두 의례적이었다. 그렇다고 해서 처음부터 적대적이었던 것은 아니었다.

교섭이 실패한 뒤 조선 측 포대로부터 포격이 시작되었다. 미국 측은 그러한 공격이 "기습적이고도 예기치 못한 것"(a sudden and unexpected)이었다고 주장하고 있으나 이는 사실과 다르다. 왜냐하면, 해로 측량과 같이 원초적으로 미국의 도발이 선행되었기 때문이다.

교전이 시작되자 알래스카호의 블레이크(Homer C. Blake) 대위의 지휘 아래 미군은 본격적으로 공격해 왔다.[39] 그는 남북전쟁 당시 섬터 요새(Fort Sumter) 공격의 영웅이었다. 이때 공교롭게도 포탄이 성조기에 명중하게 되자 "성조기의 명예를 더럽힌 것"이라 하여 격렬한 전투가 벌어졌다. 조선의 수군들은 대원군이 사태에 대비하여 배치한 전국의 유명한 포수들이었다.[40]

이 무렵에 광성보(廣城堡)에는 진무중군(鎭撫中軍) 어재연(魚在淵)이 약 1,000명의 경군(京軍)을 거느리고 엄중히 수비하고 있었다. 더구나 광성보 내에는 평안도 출신의 호랑이 사냥꾼 몇 백 명과 조선 대포 143문이

38 『高宗實錄』 8년(1871) 4월 17일(丙子).

39 "Mr. Low to Mr. Fish, On Board Flag-ship Colorado"(June 2, 1871, Near Isle Boisée, Corea), *AA Material*, p. 846 : No. 71.1; 김원모, 「틸톤의 江華島參戰手記」, p. 193.

40 "The Russo-Japanese War," *Korea Review*(Vol. IV, No. 3), March 1904, p. 100.

배치되어 있었다. 광성보는 높이 150피트의 가파른 절벽 위에 자리 잡은 천혜의 요새였다.[41] 그럼에도 불구하고 신식 무기 앞에서의 조선군은 비참한 패배를 감수했다. 미국의 한 수병은 당시의 참상을 다음과 같이 기록하고 있다.

> "우리는 누벽(壘壁, 덕진진)을 모두 파괴해 버리고 곧장 조선의 가장 긴 요한 사면누벽(광성진)으로 진격했는데, 이 요새지는 강화해협으로 불쑥 나와 형성된 만곡부(灣曲部)에 자리 잡고 있었소. 우리는 목표 지점으로 진격하여 광성진으로부터 약 120야드(약 109m) 지점의 한 산봉우리였소. 우리는 이곳에 올라가 대모산(大母山) 요새에 불을 질러 태우고 약 40명을 살해하고 가파른 손돌목 돈대(墩臺)로 돌격했소. 조선 수비군은 호랑이처럼 용감하게 싸웠는데 이는 강화도의 모든 요새를 수비하고 있는 조선 장병들은 자기의 진지를 잃으면 누구를 가리지 않고 참수된다는 말을 국왕에게서 들었기 때문이오."[42]

요새에서 미군을 향하여 응사한 포는 200발이었다. 발사 신호가 너무 늦은 데다가 투박한 포는 포대에 고착되어 있어 움직일 수 없었으며, 화약의 질이 나쁘고 훈련이 미숙한 사수들의 조준이 정확하지 않았던 탓으로 미군 측에서는 믿을 수 없을 만큼 적은 피해를 보았다. 이번의 싸움은 1861년의 섬터 요새의 포격과 같았으며, 통계로 본 바에 따르면, 1명을 죽이고자 1톤의 탄환을 소비한 그런 전쟁과 같은 것이었다.[43]

틸튼의 보고서는 이렇게 이어지고 있다.

> 일찍이 해군학교에서 멋쟁이로 소문난 맥키(Hugh W. McKee) 중위는

---

41 김원모, 『근대한미관계사』, p. 468.
42 김원모(편), 「틸톤의 江華島參戰手記」, pp. 203~204.
43 W. E. Griffis, Corea : The Hermit Nation, p. 411; 그리피스(지음), 신복룡(역주), 『은자의 나라 조선』, p. 577.

가엽게도 전사하고 말았소. …… 알래스카호 소속 해병 퍼비스(Hugh Purbis) 하사는 거기에 두 번째로 돌입한 용사이며, 그가 마룻줄44을 풀고 있는 동안 나와 내 직속 하사 브라운(R. M. G. Brown)은 대형 황색기를 내렸어요. 이 깃발은 약 12피트 평방[360cm²]으로 중앙에 흑색으로 한자 한 자를 써놓았소.45

틸튼의 보고와는 달리 미군 측에서는 헨드린 (Dennis Hendrin)과 알렌 (Seth Allen), 맥키 대위가 전사했다. 미군의 머리를 향하여 총알이 비 오 듯 쏟아졌지만, 미군들이 너무도 신속히 성벽을 향하여 진격했기 때문에 수비대는 자신의 총에 화약을 넣고 장탄할 겨를이 없었다. 그들의 화약은 너무도 천천히 타들어 갔기 때문에 날쌘 양키들을 맞출 수가 없었다.46 틸튼의 증언은 이렇게 이어지고 있다.

"우리는 아마 한 시간 동안 조선군 200명을 죽인 것 같소. 내가 목격한 시체는 단지 50구뿐이었는데, 이상하게도 떼죽음을 한 시체 더미를 바라보 았을 때, 나는 떼죽음을 당한 돼지 떼를 바라보는 것 이상의 느낌을 받지 못했어요. 보급부대원 한 사람이 동정 어린 표정으로 내게 와서 중상을 입 고 신음하고 있는 조선 수비병의 머리를 총으로 쏘아 죽임으로써 그들의 고통을 덜어 주는 것이 어떻겠냐고 물었소. 나는 물론 그에게 그러한 행위 를 살인 행위라고 말하면서, 그대로 내버려 두라고 말했소."47

6월 12일 하루의 전투에서만 조선군 243명이 전사했으며,48 전 전쟁을

---

44 마룻줄 : 용총줄이라고도 하는데, 돛대에 매어 놓은 줄을 뜻함.
45 김원모(편), 「틸톤의 江華島參戰手記」, pp. 203~204. 이 깃발은 수비대장 어재연 의 "수"(帥) 자 기로서, 미국 아나폴리스 해군사관학교 박물관에 소장되어 있다가 얼마 전에 한국으로 돌아왔다.
46 W. E. Griffis, Corea : The Hermit Nation, pp. 417~418; 그리피스(지음), 신복룡(역 주), 『은자의 나라 조선』, pp. 585~586.
47 김원모(편), 「틸톤의 江華島參戰手記」, p. 206.
48 김원모(편), 「틸톤의 江華島參戰手記」, p. 194.

통해 어재연과 어재순(魚在淳) 형제 등 350명에 이르는 조선군의 전사자가 발생했고,[49] 미군 가운데는 맥키 중위 등 세 명이 전사 이외에도 6~7명이 부상했다.[50] 48시간에 걸친(그 가운데 18시간은 논 위에서 소비했다.) 전과를 보면, 아마도 이들은 조선에서 가장 튼튼한 곳이었을 5개의 요새, 50개의 군기, 481문의 포[그 대부분은 징갈(jingal)이었음], 그리고 수많은 화승총을 노획했다. 포 가운데 11문은 32파운드 포이고 14문은 24파운드 포이고, 2문은 20파운드 포이며, 그 나머지 454문은 2~4파운드 포이다.[51]

미군 병사들은 "남북전쟁 때에도 겪어 보지 못한 총알 세례를 받으며" 물러갔다.[52] 이때 미군 병사들은 더 싸울 기력이 있었음에도 불구하고 물러난 것은 실제로 와서 보니 조선은 생각했던 것보다 빈약하고, 또 원거리에 있어서 식민지 쟁탈의 대상이 될 만한 가치가 없었을 뿐만 아니라, 청국과 일본의 정치적 야욕과 러시아와 영국의 각축으로 유지되고 있는 세력 균형의 틈바구니에 피를 흘리면서까지 개입하고 싶지 않았기 때문이었다.[53] 그뿐만 아니라 재차 포대를 공격하기에는 무기의 정비가 너무 불량했던 것도 중요한 원인이었다.[54]

49 "Rear Admiral Schley in Korea," *The Korea Review*(October 1901), p. 444.

50 김원모(편), 「틸톤의 江華島參戰手記」, pp. 209~217.

51 W. E. Griffis, *Corea : The Hermit Nation*, p. 417; 그리피스(지음), 신복룡(역주), 『은자의 나라 조선』, pp. 585~586.

52 H. B. Hulbert, *The Passing of Korea*, pp. 118~119; 신복룡(역주), 『대한제국멸망사』, pp. 147~151; W. E. Griffis, *A Modern Pioneer in Korea : The Life Story of Henry G. Appenzeller*(London : Fleming H. Revell Co., 1912), p. 47 : F. A. McKenzie, *The Tragedy of Korea,* pp. 10~11; 신복룡(역주), 『대한제국의 비극』, pp. 10~12; 文一平, 『韓米五十年史』, pp. 9~12; 鄭喬, 『大韓季年史』(上), p. 7 : 辛未 8年 夏4월조. W. E. Griffis, *Corea : The Hermit Nation,* pp. 403~419; 신복룡(역주), 『隱者의 나라 한국』, pp. 586~587.

53 申基碩, 「열강의 朝鮮國에 대한 경제적 浸蝕 : 개국으로부터 日清戰爭에 이르기까지」, 『정경학보』(1)(서울 : 경희대학교, 1960), p. 8.

54 김원모(편), 「틸톤의 江華島參戰手記」, p. 209.

이들이 물러갔다고는 하지만 그 여운은 오래도록 남았다. 양이(洋夷)가 서울을 침범한다는 소문이 돌자 서울의 조야(朝野)가 몹시 놀라 민심이 흉흉한 것은 말할 것도 없었거니와 미국의 함대가 한강의 인후(咽喉)를 막고 있을 때 뱃길(運漕)이 끊겨 각지로부터 오는 세곡선(稅穀船)이 전혀 들어오지 못하게 되자 곡가(穀價)가 폭등하여 영세민이 살기가 어려울 정도였다.[55]

이와 같은 일련의 사태에서 자신을 얻은 대원군은 전국 각지에 척화비(斥和碑)를 세우는 한편 전국의 먹(墨) 제조업자에게 명령하여 먹의 뒷면에 "서양 오랑캐가 쳐들어오는데 싸우지 않는 것은 곧 화약(和約)하는 것이며 화약을 주장하는 것은 나라를 팔아먹는 것"(洋夷侵犯 非戰則和 主和賣國)이라 음각(陰刻)하게 함으로써 온 국민에게 척화사상을 고취시켰다.[56]

이 신미양요는 조선 정부가 양이(攘夷) 의식을 고취한 외에도 미군의 철수를 계기로 조선 정부가 빗나간 승리감과 그로 말미암은 쇄국 의지의 강화를 초래했고 엉뚱하게도 천주교 박해로 비화하였다. 예컨대 신미양요 이후 호군(護軍) 강건흠(姜健欽)의 다음과 같은 장계는 당시의 분위기를 잘 보여 주고 있다.

"신미년(辛未年, 1872)에 양이(洋夷)들이 크게 날뛴 것은 우리와는 전혀 관련이 없는 사변이었습니다. 방문하러 왔다는 배가 맴돌다가 우리의 강화도에 침범하자 전하(殿下)는 단호히 장수들에게 싸움을 명령했습니다. 광성진 싸움에서는 몰래 공격하여 한 명도 살아 돌아가지 못하게 했습니다. 서양 적군들의 배는 우리가 미처 방비를 갖추지 못한 곳을 흉악한 예봉으로 습격했으나 고립된 부대는 죽음을 각오하고 항거하면서 적을 비난했고 의로운 용사들은 나라를 위해 분연히 일어나 몸을 바치면서 자기 집은 생각

---

55 文一平, 『韓米五十年史』, p. 12.
56 『高宗實錄』 8년(1871) 4월 25일(甲申); 鄭喬, 『大韓季年史』(上), p. 8 ; 辛未 8년 夏4월조; 文一平, 『韓米五十年史』, p. 14.

도 하지 않았기 때문에 비록 사납고 교활한 서양 괴물들이지만 간담이 먼저 무너졌고 하늘은 맑고 바다도 고요하여 강화도는 벌써 평온해졌습니다.
…… 그러나 서양 오랑캐들의 수작으로 보아 필시 5~6년 사이에 군사를 모아 훈련하여 다시 날뛸 것이니 전하는 더욱 깊이 생각해야 합니다. 지금 온 나라가 무사하지만, 문제는 양이를 지키는 데 있습니다. 최근에 도망친 간악한 무리는 영남과 호남 땅에 무리로 모여들고 있는데 이것은 분명히 천주교 무리가 아직 완전히 섬멸되지 못한 까닭입니다. 그들이 서양 오랑 캐들과 몰래 내통하여 호응하지 않으리라고 어떻게 알겠습니까. 곧 하나하 나 끝까지 조사하여 그 싹을 꺾어버려야 할 것입니다."57

요컨대, 신미양요 당시에 두 나라 사이의 세계관, 가치관, 상호 인식이 달랐고, 또 초기의 미숙한 교섭 과정에서 오해와 편견으로 말미암은 실수 가 있었다는 점을 고려하더라도 이 전투는 미국의 오만과 백색우월주의가 빚은 실수였다. 이 사건으로 말미암은 피차 인식의 악화나 교섭의 지연 등의 문제를 떠나서 보더라도 미군의 살육 행위는 비인도적이고도 무익한 행위였으며, 뒷날의 한미 관계의 단초로서의 불행한 선례가 되었다.

4. 외교 관계의 수립과 초기의 대한 정책

1866년과 1871년의 두 차례에 걸친 분쟁을 치르고도 미국은 조선을 개 국시킨다는 과제를 단념하지 않았는데 이는 현지 외교관들의 끈질긴 권유 가 주효(奏效)한 탓이었다. 현지 외교관들과 본국 국무성의 충분한 의견 교환이 있은 지 얼마 뒤인 1878년 4월 8일 캘리포니아주 출신 상원 의원 사젠트(Aron A. Sargent)는 헤이스(R. B. Hayes) 대통령에게 한미관계에 대한 의견서를 발송했다.

---

57 『高宗實錄』 11년(1874) 10월 26일(乙未); "Rear Admiral Schley in Korea," *The Korea Review*(October 1901), p. 445.

그 글에 따르면, "일본의 우호적인 협조를 얻어 평화적인 방법에 따라 미국과 조선 사이에 통상 조약을 주선하기 위해 미국을 대표하는 사절을 임명할 것"[58]을 제의했다. 이 의안은 상원에 회부되어 2독회를 마쳤으나 끝내는 폐기됨으로써 아무런 결실을 얻지 못했다. 그러나 한해가 지난 1879년부터 미국 국무성은 정부의 차원에서 적극적으로 조선에 접근하기 시작했다.

미국이 조선에 접근할 방법으로서는 첫째로는 직접 접근하는 방법, 둘째로는 일본을 매개로 접근하는 방법, 그리고 셋째로 청국을 매개로 접근하는 방법을 생각했으나 첫 번째의 방법은 이미 실패했으므로 두 번째의 길을 택하기로 했다.

우선 국무성은 일본 주차 미국 공사 빙햄(John A. Bingham)에게 타전하여 일본 외무성으로부터 조선에 보내는 소개장을 얻도록 훈령하는 한편,[59] 슈펠트 제독에게 타이콘데로가호(Ticonderoga)를 이끌고 세계 일주를 하는 도중에 조선을 방문하여 가능한 한 조선과 수호 통상 조약을 체결토록 지시했다.[60] 일본 외무대신 이노우에 가오루(井上馨)는 현지 외교관에게 협조하도록 지시했음에도 불구하고 빙햄의 방법에 마음 내키지 않은 것으로 보아 이 일의 성사를 기대했던 것 같지는 않다.[61]

1880년 4월 나가사키(長崎)에 도착한 슈펠트는 부산 주차 일본 영사 곤도 마스키(近藤眞鋤) 앞으로 가는 소개장을 얻어 5월 초순에 부산에 도착하여 동래부사(東萊府使) 심동신(沈東臣)을 찾아가 수교의 뜻을 전했으

---

58 "Relation with Corea, Congressional Record : Senate"(April 8, 1878), *AA Materials*, p. 880.
59 "Bingham to Inouye Kaoru"(May 21, 1880, Toykio), *AA Material*, p. 895 : No. 1221; H. G. Appenzeller, "The Opening of Korea : Admiral Shufeldt's Account of It," *Korean Repository*, Vol. I(February 1892), p. 60.
60 "Shufeldt to Li Hung-chang"(January 23, 1882, Tientshin), *AA Material*, p. 919.
61 "Inouye Kaoru to John A. Bingham, Toykio"(April 7th, 1880), *AA Material*, pp. 889~890.

나,[62] 절대적 중앙 집권 체제에서 아무런 외교권을 갖고 있지 못한 심동신은 이를 거부했다.

이에 슈펠트는 다시 일본으로 돌아와 외무대신 이노우에 가오루에게 부탁하여 조선의 예조판서(禮曹判書) 윤자승(尹滋承)에게 수교의 뜻을 담은 소개장을 얻어 다시 방한하여 이 글을 조정에 전하도록 하는 한편 앞으로 60일간 회답을 기다리겠노라는 말을 전했다.

이에 조선 정부에서는 예조참의(禮曹參議) 김홍집(金弘集)을 수신사(修信使)의 자격으로 일본에 파견하여 우리의 국명은 조선임에도 불구하고 슈펠트는 공한의 겉봉에 "고려 국왕"(高麗國王)이라 쓴 것을 힐책하고 이를 반송했다.[63]

수교 문제가 이토록 사사건건 틀어지자 슈펠트는 일본의 성의를 의심하는 한편 이와 같이 한미 관계가 뜻대로 되지 않는 것은 일본이 조선에서의 상권을 독점하고자 조선이 열강에 개방되는 것을 바라지 않는 까닭에 농간을 부리고 있는 탓이라고 생각했다. 북경 주차 미국 공사 에인절(J. B. Angel)도 이에 동감하게 되자 슈펠트는 일본에 더 이상 기대하지 않고 달리 방법을 궁리하게 되었다.[64]

슈펠트가 이와 같은 어려운 입장에 놓여 있을 때, 태평천국을 진압한 공로로 그 기세가 치솟던 북양대신(北洋大臣) 이홍장(李鴻章)이 이와 같은 국제 조류를 놓칠 리 없었다. 그는 곧 일본 주차 청국 공사 하여장(何如璋)을 통해 슈펠트를 천진(天津)으로 초청했다.[65] 이홍장이 슈펠트를 초청한 이유로서는 다음과 같은 몇 가지를 생각할 수가 있다.

---

62 *North China Herald,* June 8, 1880 in *AA Material,* p. 1077.

63 M. F. Nelson, *Korea and the Old Orders in Eastern Asia*(New York : Russell and Russell, 1967), p. 139; 渡邊勝美, 「鮮米修好通商條約交涉史」, pp. 175~178.

64 M. F. Nelson, *Korea and the Old Orders in Eastern Asia,* p. 139.

65 "Li Hung-chang to Shufeldt"(23 July, 1880, Tientshin), *AA Material,* pp. 899~900; H. G. Appenzeller, "The Opening of Korea : Admiral Shufeldt's Account of It," Korean Repository, Vol. I(February 1892), p. 61.

(1) 이홍장은 러시아의 남진(南進)을 가장 꺼리고 있었다. 이 무렵 러시아는 부동항(不凍港)에 대한 집념을 버리지 않고 있었으며, 더구나 지난해(1880) 가을부터는 블라디보스토크(海參威) 연안에서 함대 기동 훈련을 하고 있었는데 이홍장은 이 기회에 서구의 유능한 해군 제독을 맞이하여 군사적인 문제에 관한 고견을 듣는 것은 매우 바람직하다고 생각했다. 이와 같은 사정을 누구보다도 잘 알고 있는 슈펠트는 이홍장과의 천진 회담에서도 이를 이용해 토의를 유리하게 이끌 수가 있었다.[66]

(2) 이홍장은 일본에 대하여 경계심을 가지고 있었다. 일본은 병자수호조약(丙子修好條約)에서 "조선은 자주의 나라"(自主之邦)라는 조항을 첫머리에 넣어 청의 종주권을 간접적으로 부정함으로써 이홍장의 비위를 몹시 거슬렀다. 더구나 청국이 속방(屬邦)이라고 생각해 온 유구(琉球)를 일본이 병합함으로써(1879) 청국의 시의심(猜疑心)은 점차로 적개심으로 바뀌었다. 만약 일본 세력을 조선으로부터 몰아낼 방법이 있다면 달리 그 이상을 잃는 일이 있어도 섭섭하지 않으리라고 이홍장은 생각했다. 그러한 한 방편으로 미국을 한반도에 안내하는 것은 어느 모로 보나 일본에 대한 선제 공격이 된다고 이홍장은 생각했다.[67]

(3) 이홍장은 미국이 건국한 이래 남의 나라를 침범한 일이 없고 병합하는 일도 없는 우호적인 나라이기 때문에 일본이나 러시아의 세력이 한반도에서 터 잡는 것보다는 미국을 등장시키는 것이 더욱 유리하리라고 믿었다.[68]

이러한 모든 것들은 청국이 앞으로도 조선에서 종주권을 행사해야 한다는 궁극적인 문제와 직결되고 있었다.

이홍장이 이처럼 타산적으로 생각하고 있을 때, 슈펠트는 그 나름대로 생각하는 바가 있었다. 곧 그는 조선 정부와 대화를 나눌 수 있는 길만

---

66 渡邊勝美, 「鮮米修好通商條約交涉史」, p. 184; 文一平, 『韓米五十年史』, p. 53.
67 渡邊勝美, 「鮮米修好通商條約交涉史」, p. 183.
68 노계현, 『한국외교사』(서울 : 해문사, 1968), p. 45.

열린다면 그다음부터는 무력을 사용하지 않고서도 자신의 능력만으로써 쉽게 교섭을 타결하리라고 자신하고 있었다.[69] 두 사람이 만난다는 문제가 비록 속셈은 다르지만, 서로가 이익이 된다는 공통점으로 말미암아 이들은 쉽사리 담합(談合)할 수 있었다. 그리하여 1881년 7월 두 사람은 천진에서 회합하되 이홍장이 한미 수교를 위해 거중 조정(居中調停)을 하겠노라고 다짐했다.

이 무렵 조선 정부에서는 급변하는 국제 정세에 대한 정보를 얻고자 1880년 말에 예조참의 김홍집을 수신사의 자격으로 일본에 파견했다. 그는 일본의 여러 지도자와 회담한 다음 일본 주차 청국 공사관의 참찬관(參贊官) 황준헌(黃遵憲)을 만났는데 그는 자기의 저술인 『조선책략』(朝鮮策略)을 김홍집에게 주었다.

이 책은 조선의 외교 정책을 거론한 것으로 "중국과 친밀하게 지내고, 일본과 손을 잡으며, 미국과 연대를 맺어야 함"(親中國 結日本 聯米國)을 그 내용으로 하는 것이었다.[70] 김홍집이 귀국하여 이것을 국왕에게 보이고 국제적인 시류(時流)를 논했을 때 유생들 사이에 비난이 크게 비등한 바 있었다.[71]

왕은 유생들의 비난에 못 이겨 이를 받아들이지 않았지만 내심으로는 생각한 바가 있어 김윤식(金允植)이 유학생을 인솔한다는 명목으로 천진에 파견해 이홍장과 더불어 이 문제를 상의하도록 했다. 1881년 11월, 김윤식은 천진에서 이홍장과 더불어 한미 수교를 상의하기 시작했다.

이 자리에서 이홍장은 김윤식에게, "그윽이 살펴보건대, 미국의 군인 슈

---

69 "Shufeldt to Frelinghuysen"(March 11th, 1882), *AA Material,* pp. 918~919 : No. 2; H. G. Appenzeller, "The Opening of Korea : Admiral Shufeldt's Account of It," *Korean Repository,* Vol. I(February 1892), p. 59.

70 이에 관한 자세한 논의는, 黃遵憲(저)·趙一文(역주), 『朝鮮策略』(서울 : 건국대학교출판부, 1977), *passim* 참조.

71 『梅泉野錄』(1/上), p. 50; W. E. Griffis : *Corea : The Hermit Nation,* p. 431; 신복룡(역주), 『隱者의 나라 한국』, pp. 603~605; 趙一文(역주), 「嶺南萬人疏」, 『朝鮮策略』, pp. 89~105 참조.

펠트는 사람됨이 지극히 화평하고 미국이라는 나라도 또한 욕심을 부려 끼어들 뜻이 없는 나라"[72]라고 하여 미국이 아무런 악의가 없음을 말하고 슈펠트의 친서를 보이며 자신이 거중 조정을 하겠노라고 제의했다. 김윤식은 이홍장의 의견이 매우 합당한 것이라고 여겨 1881년 12월에 천진에서 왕에게 다음과 같은 상소문을 올렸다.

> "신(臣)이 엎드려 깊이 생각건대, 미국의 사신은 이미 전권을 가지고 나서서 나라의 명령을 받들어 머지않아 수호 조약을 의논하고자 하니 대세를 회피하기 어려워 불가불 조약을 체결하지 않을 수 없습니다. … 조선은 오랫동안 중국의 속방이었으나 외교와 내정은 마땅히 자주적으로 행사해 왔으므로 다른 나라가 참견할 일이 아닙니다."[73]

이와 같은 상소문을 받은 고종(高宗)은 한미 수교를 결심함으로써 김윤식에게 교섭을 계속할 것을 훈령했으며, 이에 따라 천진에서 이홍장과 슈펠트 그리고 김윤식과 그를 도운 이동인(李東仁)[74] 사이에 조약 초안이 마련되었다. 이때 이홍장은 조약에 조선이 청국의 속방이라는 구절을 삽입해야 한다고 고집했으나, 슈펠트의 반대로 좌절되었다.[75] 이 교섭 과정에

---

72 金允植, 『續陰晴史』(上)(서울 : 國史編纂委員會, 1971), p. 26 : 高宗 18년 11월 28일자; p. 30 : 11월 30일자, p. 45 : 12월 19일자, p. 47 : 12월 19일자; p. 54 : 12월 26일자 「竊見美國兵蕭孚爾(Shufeldt) 人極和平 美國又無貪求要挾之意」.

73 金允植, 『續陰晴史』(上), pp. 55, 57 : 高宗 18年 12월 27日字 「臣竊伏念 美使旣 以全權出使 奉其國命 早晚議約 勢所難已 約條不可不豫爲搆定 …… 朝群久爲中 國屬邦 而外交內政事 宜均得自主 他國未便過問」.

74 이동인에 관한 자세한 논의는, 李瑄根, 「奇傑했던 개화승 李東仁의 업적과 생애」, 『동아논총』(3)(부산 : 동아대학교, 1966), pp. 63~80; 문일평, 『史外異聞秘史 : 湖 巖全集』(3)(서울 : 조광사, 1946), pp. 38~39, 김종학, 『개화당의 기원과 비밀외교』 (서울 : 일조각, 2017) 참조.

75 H. G. Appenzeller, "The Opening of Korea : Admiral Shufeldt's Account of It," *Korean Repository*, Vol. I(February 1892), p. 61; "Shufeldt to Frelinghuysen, Shanghai"(April 28th, 1882), *AA Material,* p. 928 : No. 7.

서 슈펠트는 자신이 겪은 어려움을 다음과 같은 글로 남겨놓았다.

"지금 내가 중국에서 한미 개국 교섭을 진행하면서 겪는 가장 큰 어려움
은 한국인들의 뇌리에 남아 있는 1871년의 불행한 사건[신미양요]에 대한
악몽이다. ······ 그러나 국무성은 이번 교섭의 성패가 우리 자신의 노력에
달려 있다기보다는 중국과 일본 사이에 존재하는 치명적인 조건에 달려 있
다는 것을 잘 알고 있을 것이다. ······ 조선은 가난한 나라이며 현재로 보
나 미래로 볼 때 상업적 이해관계는 미미하다. 그러나 조선은 여러 나라로
가는 대양의 길목에 위치하고 있기 때문에 머지않아 개국되어야 한다."76

우여곡절의 협상을 거쳐 1882년 5월 22일 인천에 마련된 천막 속에서
슈펠트와 조선 측 전권대관(全權大官) 신헌(申櫶) 사이에 전문 14조의 한
미수호통상조약77이 체결되었다. 조약이 체결되자 다음 해인 1883년에 비
준서가 교환되고 미국에서는 후트(L. H. Foote : 福德)를 초대 조선 주차
공사로 임명했다. 이것이 바로 미국의 함포 외교의 모델이었다.
현역 해군 중위로서 함장이었던 후트는 4월 10일에 입경하여 14일에 고
종을 알현했다. 한미 간의 수교를 흡족히 여긴 왕은 민영익(閔泳翊)을 전
권대신으로 하여 12명의 사절단을 파견해 친선을 도모했다. 조선의 사절
단은 1883년 9월 미국 함선 모노카시호(Monocacy)를 타고 미국에 도착해
아더(C. A. Arthur) 대통령을 방문했다. 이 자리에서 아더 대통령은 이런

---

76 "R. W. Shufeldt to F. T. Frelinghuysen"(January 23rd, 1882, Tientshin), *AA
Material*, pp. 914~915.
77 韓美修好通商條約 全文 14조의 내용은 다음과 같다. 제1조 : 영원히 화평우호(和
平友好)·필수상조(必須相助)한다. 제2조 : 상호 사절을 파견한다. 제3조 : 조난된
선박은 구조·보호한다. 제4조 : 당분간 영사 재판을 실시한다. 제5조 : 관세를 납
부한다. 제6조 : 거주지의 대지를 임차(賃借)한다. 제7조 : 아편의 거래를 금지한
다. 제8조 : 식량 및 인삼(人蔘)의 밀매(密賣)를 금한다. 제9조 : 군수품은 허가에
따라 수입한다. 제10조 : 범인은 은닉하지 않고 인도한다. 제11조 : 유학생을 파견
한다. 제12조 : 5년 뒤 조약을 다시 조정한다. 제13조 : 조약문은 한문으로 한다.
제14조 : 최혜국대우(最惠國待遇)를 한다.

말을 했다.

"미합중국은 토지가 비옥하고 재원도 많아 다른 나라의 신민(臣民)을 괴롭히는 일이 없습니다. 이 점은 안심해도 좋습니다. 미국은 이제 공평한 교제와 피차의 친목을 도모하는 것밖에 다른 뜻은 없습니다. 이것이 곧 우리의 대외 정책입니다. 이번 귀국과 통상 관계의 성립을 본다면 우리로서는 이익되는 바가 적으나 귀국은 우리의 새로운 농구와 기타의 기계를 구입함으로써 애초부터 이익을 보게 될 것입니다. 우리의 예술이나 법률을 본받으면 얻는 바가 있을 것입니다."[78]

"나는 얻을 것이 없지만, 당신은 얻는 것이 많다."는 말이 크게 들린다. 외교 관례로 비춰볼 때, 적절하지 않고 무례한은 이 말은 한미 관계의 장래에 대해 여운을 남겼다. 사실상 이 조약은 그리피스가 지적한 바와 같이, 그 내용으로 보면 30년 전에 페리(Matthew C. Perry) 제독이 체결한 미일조약(1857)보다 우수했으며, 조선보다는 미국에 더 유리한 것이었다. 그러나 미국의 공식적인 반응은 매우 냉담했으며 이 조약을 위해 그토록 심혈을 기울인 슈펠트 제독은 칭찬을 듣기는커녕 거의 무시당했다.[79]

미국의 입장에서 볼 때 멀리 떨어져 있는 극동의 한 작은 나라는 알려지지도 않았으며 또 이곳을 잘 아는 사람들은 언제나 분쟁의 불씨를 안고 있는 와중에 빠지고 싶지 않았다. 특히 국무장관 베이어드(T. F. Bayard)는 한미 관계를 전혀 비정치적인 방향으로만 생각하고 있었다. 그들은 극동에서 이익을 얻을 수 있는 발판으로는 일본만으로서 만족하리라고 믿고 있었는데[80] 이와 같은 미국 측 태도의 이면에는 일본의 교사스러운 미소 외교가 주효(奏效)한 탓도 있었다.

78 渡邊勝美, 「鮮米修好通商條約交涉史」, p. 234.

79 W. E. Griffis, *A Modern Pioneer in Korea*, p. 50.

80 M. F. Nelson, *Korea and the Old Orders in Eastern Asia,* p. 193.

1882년에 통상 조약이 체결된 이래로 양국은 다른 국가와의 통상에서 볼 수 있는 것과는 다른 양상의 외교 관계를 보여 주었다. 그 대표적인 특성으로서는 한미 외교가 매우 비정치적인 측면에서 활발하게 전개되었다는 점인데, 이는 한미 양국 정부 사이의 외교보다도 민간 외교의 차원에서 얻어진 것이 더 많다는 점을 뜻한다. 조선 측에서 본다면 수교 이후로 얻은 바가 많았다. 당시 서구의 선진 문화에 개화되지 못했던 조선으로서는 미국의 민간 외교를 통해 많은 것을 배웠다.

미국 정부로부터 봉록(俸祿)을 받던 공사와 그 이하의 부하 직원들도 조선을 외면하는 본국 정부의 외교 방침에 아랑곳없이 한 개인의 자격으로서 한인을 위해 헌신했던 것을 한국인들은 감사했다. 현역 해군 장교였던 2대 공사 훠크(G. C. Foulk)[81]가 본국의 냉대를 더 이상 견딜 수 없어 공사직을 사임하고 고종을 찾아 작별 인사를 드렸을 때 고종은 민간인의 자격으로서라도 조선에 남아달라고 부탁했으나 소용없는 일이었다.

미국 측에서 본다면 극동의 발칸 지대에서 "한 착한 사마리아인"을 만났다는 것 이상의 아무것도 얻은 바가 없다. 미국이 한미 수교에 즈음하여 애당초에 기대했던 것은 극동에서 기항지(寄港地)를 얻으려는 것이었으나 선박 기술의 발달로 말미암아 일본을 경유하는 것으로 충분했다. 그렇다고 해서 수교의 부수적 이익으로 생각했던 통상 면에서도 얻은 바가 없었다. 통계적으로 볼 때 조선에만 국한해 본다면, 그 알량한 조선의 총 수입고 가운데서 대미 수입고는 그나마도 3%에 지나지 않았다.[82]

---

81 훠크(G. C. Foulk)의 소설 같은 삶에 대해서는, 신복룡, 『이방인이 본 조선 다시 읽기』(서울 : 풀빛, 2008), pp, 214~216 참조.

82 "Despatch from A. Heard to the Secretary of State"(January 24, 1892), S. J. Palmer(ed.), *Korean-American Relations*, Vol. II(Berkeley and Los Angeles : The University of California Press, 1963), p. 195 : No. 237.

5. 맺음말 : 미국의 대한 정책의 반성

수교와 더불어 한인들이 미국인들을 상면했을 때 한국인들은 이제까지 저들을 이적시(夷狄視)해온 것이 그릇된 견해였음을 깨닫게 되었다. 따라서 미국이야말로 진정한 우방이며 조선에 대해 아무런 야심도 없이 우리를 도와주는 선린(善隣)이라고 생각했다.

한국인의 이와 같은 대미 감정의 변화는 1883년 전권대신의 자격으로 미국을 방문하고 돌아온 민영익(閔泳翊)이 후트 공사에게 "나는 암흑 속에서 태어났다. 나는 밝은 빛을 나가 보았으나, 이제 다시 암흑으로 돌아왔다. 나는 지금 어찌할 바를 모르지만, 곧 내가 알 수 있게 되기를 바란다."[83]고 자신의 심경을 토로한 데에서 잘 나타나고 있다.

이와 같은 심경의 변화는 다만 민영익에게 국한한 것이 아니라 대부분 식자층이 그러했으며 특히 고종은 더욱 미국을 신임하여 미국 공사들을 마치 자신의 총신(寵臣)처럼 생각하고 크고 작은 일을 허물없이 의논했다. 이와 같은 현상은 뒷날 미국 주차 전권 대사로 임무를 마치고 돌아온 박정양(朴定陽)과 고종의 다음과 같은 대화에 잘 나타나고 있다.

왕문(王問) : 미국은 면적이 일본에 견주어 몇 배나 되는가?
박답(朴答) : 러시아보다 작지 않다고 했습니다.
왕문 : 미국은 매우 부강하다고 하는데 과연 그렇던가?
박답 : 다만 금이나 은이 풍부하다거나 무기가 정예하다는 것뿐만이 아닙니다. 그것은 전적으로 자체의 실력을 배양하는 일에 실지로 힘쓰는 데 달려 있습니다.
왕문 : 미국의 제도가 매우 주도면밀하다고 하는데 과연 어떠한가?
박답 : 관리로 말하면 나랏일을 자기 집일과 같이 여기며 각각 자기 직책을 지키는 것을 법으로 정하고 한마음으로 게을리하지 않습니다.

83 G. M. McCune and J. A. Harrison(ed.), *Korean-American Relations*, Vol. I, p. 7, Introduction.

왕문 : 미국이 다른 나라보다 가장 부유한 것은 실로 제도가 주도면밀한데
　　　원인이 있겠지만, 인심이 순박하기도 각국에서 첫째라고 하는데 과
　　　연 그러하던가?
박답 : 교육에 대한 문제를 나라의 큰 정사로 인정하기 때문에 인심이 자연
　　　순박합니다.
왕문 : 우리나라에 주재하는 미국 공사 단시모[丹時謨, Dinsmore]는 이미
　　　교체되었지만 새로 임명된 공사도 곧 그만두려고 하는 것은 무슨 까
　　　닭인지 모르겠다.
박답 : 사신으로 온 사람들의 봉급이 서양의 여러 나라에 비해 적기 때문입
　　　니다.[84]

　　그러나 위와 같은 한국의 호의에도 불구하고 미국 정부의 생각은 엉뚱
한 데로 흘러가고 있었다. 그들은 조선과 접촉해 본 결과 조선은 수교 이
전의 소문처럼 그렇게 풍부한 보고(寶庫)가 아님은 말할 나위도 없거니와
오히려 자칫하다가는 실족할 위험성이 있는 늪(swamp)임을 알게 되자 더
이상의 관심을 두지 않게 되었다.
　　그리하여 미국 정부는 조선을 백안시하기 시작했으며 그 결과 초대 공
사 후트나 2대 공사 훠크는 박봉에 허덕이다 못해 이한(離韓)을 만류하던
고종의 손길을 뿌리치고 공사직을 사임했다. 그 뒤 부임한 딘스모어(H.
Dinsmore)와 허드(A. Heard), 실(J. Sill) 등이 모두가 조선에 대해 지극히
정을 쏟았으나 본국 정부의 외면을 당한 채 뜻을 펴보지 못하고 애만 쓰
다가 돌아갔다.

　　[1] 요컨대 미국은 일본과 청국을 찾아다니며 애걸하여 조선의 문호를
개방했을 당시의 각오를 오래도록 간직하지 않았다. 조선을 최초로 개국
한 서구 국가의 책임을 그들은 회피한 것이다. 1882년에 조선의 문호를
개방함으로써 나약했던 이 작은 왕국을 러시아의 음모와 영국의 교활함과

84 『高宗實錄』 26년(1889) 7월 24일(戊辰).

일본의 간교와 청국의 음흉이 난무하는 국제 무대에 버려둔 채, "자신의 입장이 난처하게 되자 우리가 언제 그런 적이 있었더냐는 듯이 작별의 인사 한마디도 없이 떠나갔다."[85]

한반도가 갑오농민혁명이라고 하는 중대한 시련을 겪고 있을 무렵 미국이 진정 조선의 장래를 걱정하고 한반도의 평화를 갈망했더라면, 이 땅을 피로 물들인, 이 민족이 그토록 심한 고통을 받아야 할 아무런 이유도 없는, 우리 민족에게는 애꿎기 그지없는 그 청일전쟁으로 말미암은 우리 민족의 억울한 희생을 모면할 수 있었다.[86]

그러나 미국은 조약상에 명시된 당연한 의무를 포기했을 뿐만 아니라 그 뒤에도 자신의 과오를 뉘우치지 않음으로써 10년 뒤에는 이 민족이 일본의 마수에 넘어가는 것을 수수방관했다. 적어도 청일전쟁 이후로부터 미국은 조선의 운명에 대하여 그리 애달아하지 않았다. 헐버트는 당시의 상황을 다음과 같이 회고하고 있다.

"한민족에게 환난이 닥쳐오고 그토록 되풀이하던 공언(公言)이 순수한 것이었음을 입증하기 위해서라도 미국의 맑은 우의가 절실하게 된 무렵에 미국은 그토록 약삭빠르게, 그토록 차갑게, 그토록 심한 경멸의 눈초리로 한국인의 가슴을 할퀴어 놓음으로써 조선에 살고 있는 점잖은 미국 시민들을 분노에 떨게 했다. 기울어 가는 조국을 건질 길이 없게 되자 충성심이 강하고 지적이며 애국적인 한국인들이 차례차례로 목숨을 끊는 동안 미국 공사(E. V. Morgan)는 이 흉행(兇行)의 장본인(日人)들에게 샴페인을 따르면서 축배를 들고 있었다. 다른 어느 동양 민족에게서도 맛보지 못한 정중함과 따뜻한 배려로써 미국 시민을 아껴준 한 제국이 쓰러져가면서 단말마적인 괴로움을 삼키는 모습을 보고도 그토록 무심한 채로……"[87]

---

85 H. B. Hulbert, *The Passing of Korea*, p. 223; 신복룡(역주), 『대한제국멸망사』, pp. 580~581.

86 이에 관한 자제한 논의는 본서 제11장 『청일전쟁』 편을 참고할 것.

87 H. B. Hulbert, *The Passing of Korea*, p. 465; 신복룡(역주), 『대한제국멸망사』, pp. 580~581.

결국 1882년 천신만고로 체결한 한미수호통상조약은 맥켄지 기자가 증언한 바처럼, 미국 측에서 본다면, "한 장의 휴지"(a waste paper)[88]에 지나지 않는 것이 되었다. 이는 초대 공사 후트가 "한미수호통상조약이란 한 장의 휴지에 불과한 것"[89]이라고 회고한 것과 같은 의미를 갖는 것이다.

[2] 특히 1890년대 말에서부터 1900년대 초엽에 이르기까지의 한미 관계를 살펴볼 때 미국과 미국인은 분명히 달랐다. 후트나 휘크 그리고 실 공사의 뜻은 미국 정부의 그것과 다른 것이었다. 외교관들은 한민족의 벗으로서의 뜻이었다고 말한다면 미국 정부는 냉엄했다. 이 문제와 관련하여 미국의 저명한 외교사학자인 데네트(Tyler Dennet)는 다음과 같은 기록을 남겼다.

> "그러나 1882년의 상황에서 미국은 극동에 별다른 이해관계가 없었다. …… 슈펠트가 1882년의 한미수호통상조약을 맺고 귀국했을 때 그는 '정신 나간 짓'(act of absent-minded)을 했다는 항의를 받았다. …… 한미수호통상조약은 조선을 음모의 바다로 밀어낸 효과(adrift on an ocean of intrigue)를 가지고 있었다. 조약문에서 조선은 청국으로부터 독립되었음을 승인함으로써 이제 조선은 청국의 이해관계의 영역에서 완전히 벗어났기 때문이었다.[90]

미국 국무성의 그러한 태도는 실 공사가 술회한 바와 같이 "만약 미국이 내일을 기약하지 않는 민족이라면 매우 좋은 현상일는지도 모른다."[91] 한국

88 F. A. McKenzie, *The Tragedy of Korea*, p. 23; 신복룡(역주), 『대한제국의 비극』, pp. 23~25.

89 渡邊勝美, 「鮮米修好通商條約交涉史」, p. 228.

90 Tyler Dennett, *Roosevelt and the Russo-Japanese War*(Glochester : Peter Smith, 1959), p. 103~104.

91 "Despatch from J. Sill to the Secretary of State"(July 24, 1894), S. J. Palmer(ed.), *Korean-American Relations*, Vol. II, p. 339 : No. 330.

에서의 미국인의 공과(功過)를 논의하면서 아펜젤러(Henry G. Appenzeller)가 "우리는 우리 자신이 미국인임을 부끄러워해서는 안 된다. 그러나 우리는 미국인이 이 땅에서 저지른 과오를 부끄럽게 생각하지 않을 수 없다."[92]고 회고한 것은 1890년대의 한미 관계를 돌아보는 상징적 표현이 되고 있다.

19세기 말엽의 한미 관계가 이와 같이 비극적으로 그 막을 내린 중요한 원인 가운데 하나는 한국에 머문 미국의 현지 외교관과 미국 정부 당국과의 대한 정책의 견해가 상충하는 데에 있었다. 이러한 사실은 미국 국무성의 대한 인식이 부족했으며 따라서 대한 정책에 무성의했다는 비난을 수반하는 것이다.

[3] 한미 관계가 그토록 비극적으로 막을 내렸다는 데에 대해서는 조선 측도 책임을 면할 수가 없다. 당시 외교에 어둡던 왕실은 대미 관계를 단순히 현지 외교관과 왕실과의 관계만으로 생각했다는 사실, 따라서 미국 정부와의 직접적이고도 적극적인 외교를 통해 그들에게 조선의 입장을 좀 더 친근하고도 솔직하게 설명할 수 있는 길을 모색하지 않았다는 점에 대해서는 조선의 왕실에 그 책임이 있다.

일본이 최고 능력을 갖춘 외교관을 동원하여 미국을 공략할 때[93] 주미 공사 이승수(李承壽)의 인물로서는 일본을 감당할 수 없었다. 이러한 과오로 말미암아 한민족의 대미 호감도, 현지 미국인 외교관 및 미국 시민의 충정(衷情)도, 그리고 고종의 따뜻한 배려도 모두가 무위(無爲)한 것이 되었다.

[4] 이러한 점을 생각할 때 국제 관계 특히 한미 관계를 추상적인 도의나 윤리의 차원에서만 파악하려는 사고가 얼마나 환상적이며 비현실적이며 위험한 것인가를 알 수가 있다. 따라서 국제 정세의 가변성, 이에 따른

---

92 W. E. Griffis, *A Modern Pioneer in Korea*, p. 15.
93 이에 대해서는 이 책의 제12장 「러일전쟁」을 참고하기 바람.

국가적 이익의 가변성을 시인한다면, 대미 관계 또는 대외 관계에서 이미 현실적으로 뒷받침되지 않는 낡고 환상적 전제 아래 우리의 사고나 자세를 묶어 둔다면 그것이 무엇을 뜻한 것인가는 자명한 일이다.[94]

한미수호통상조약이 체결된 140년이 지난 지금 이제 새 역사의 장에서 새로운 한미 관계가 진행되고 있는 이 시점에서 그 당시의 여러 가지 여건과 결과를 돌아볼 때 그것은 단순히 지나간 일에 불과한 것이 아니다. 지금의 새 세대를 사는 한미 양국 국민이 당시의 과오를 반성하고 그것을 거울삼아 다시는 그러한 과오를 되풀이하지 않도록 서로 깨우치며 노력하는 것이 지금 우리의 과업이다. 그것만이 우리의 값비싼 역사의 교훈을 헛되지 않게 하는 일이 될 것이다.

---

94 朴重熙,「韓國과 列强國 : 美國篇」,『한국일보』 1964년 3월 26일자.

10장

갑오농민혁명과 대일항전

"동학은 비도(匪徒)가 아니오,
민당(民黨)으로서
서양 사람들이 말하는
민권주의자에게 가깝다."[1]
— 어윤중(魚允中)

1. 머리말 : 왜 일본은 그리 호전적인가?

말하기 좋아하는 사람들은 "세계사에서 한반도만큼 전쟁이 빈번했던 곳
은 없었다."고 하지만, 이 땅이 남아메리카에 견주어 전쟁이 많았던 것은
사실이나 세계에서 전쟁이 가장 많았던 땅이라고 스스로 슬퍼할 것은 없
다. 다만 분명한 것은 우리가 남달리 호전적인 나라와 이웃하고 있는 불
우한 민족이라는 점이다.

일본은 과거 60년 동안에 크고 작은 전쟁을 7번 치렀다. 그들은 1894년
의 청일전쟁을 비롯하여, 1904~1905년의 러일전쟁을 거쳐, 1914년의 제1
차 세계 대전의 참전, 1927년의 산동(山東) 출병, 1931년의 만주사변(滿洲

---

* 이 글은 필자의 『동학사상과 갑오농민혁명』(서울 : 선인출판사, 2006)의 제4장(pp.
    145~198)을 개고한 것임.
1 『梅泉野錄』(1/下) 甲午 以前 癸巳 4月: 「允中前後狀啓 指東學 不曰匪徒 而曰民
    黨 有若泰西之民權者」.

事變), 1937년의 중일전쟁(中日戰爭), 그리고 1941~1945년의 제2차 세계 대전을 치렀다. 다른 민족으로서는 단 한 번도 감당하기 어려웠던 참혹한 전쟁을 10년마다 치렀으면서도 일본은 재기하고 부흥했다.

일본이 왜 그토록 호전적인가에 대하여 일찍부터 고민한 사람은 의외로 프랑스의 계몽주의자 몽테스키외(Baron de Montesquieu)였다. 그는 『법의 정신』에서 일본을 거론하면서 이런 말을 남겼다.

> (1) 일본인에게는 종교적 죄의식이 없어 가혹하다.[2]
> (2) 해상의 패권을 장악한 민족은 오만하다.
> (3) 그러므로 해양 민족은 이웃한 국가에 고통을 준다.[3]

자료도 넉넉하지 않았던 270년 전, 1748년에 이미 그런 글을 쓴 몽테스키외의 학문적 예지(叡智)도 놀랍지만 그런 민족을 이웃으로 두고 살아왔고 또 살아가야 하는 우리 자신에 대한 우울함이 머리를 스친다. 결국 말을 정리하자면, 일본은 도서 민족이 가지고 있는 집단적 폐쇄공포증을 가슴에 담고 있으며, 국경은 그들이 부수고 넘어야 할 우리(籬, fence)라고 생각하고 있다는 점이다.

일본인에게는 우리를 뛰어넘고 싶은 맹수의 본능이 있다. 그러다 보니 그들의 삶은 매우 공격적이어서 주변의 나라에 아픔과 슬픔을 준다. 그들은 칼을 물신(animism)으로 숭배한다. 좋은 의미로 무사도요 기사도이지만, 그들의 손에는 피가 마른 적이 없다.

문제는 일본인들이 자기들에게 쏟아지는 그와 같은 세계의 비난을 잘 알고 있었다는 사실이다. 그들은 서구인들이 동양 민족을 향하여 황화(黃禍, Yellow peril)라고 걱정하는 것도 잘 알고 있다. 그럴 때면 그들은 "지

---

2 Baron de Montesquieu, *The Spirit of the Laws*, Vol. Ⅱ, 24 : 14.
3 Baron de Montesquieu, *The Spirit of the Laws*, Vol. I, 19 : 27.

금 세계가 걱정해야 할 사실은 황화가 아니라 백화(白禍, white peril)"라고 강변하면서, "일본이 몰락하면 장차 동양에서 기독교와 문명이 사라질 것"[4]이라고 서양의 동정을 끌었다.

그런데 특이한 것은 일본의 그러한 공격 본능이 상대에 따라서 다르다고 하는 사실이다. 그래서 문화인류학자 베네딕트(Ruth Benedict)는 일본 민족을 가리켜 "나약한 먹이를 만나면 칼을 뽑고, 강인한 상대를 만나면 국화를 내미는 민족"[5]이라고 표현했다. 그들은 속마음(本音, ほんね)과 겉치레(建て前, たてまえ)가 다른 민족이다. 이 대목에서 한국은 약한 먹이로 그들의 눈에 비쳤다는 사실이다.

우리는 일본의 주장이나 논리를 들으면서 어떻게 수치심도 없이 저런 주장을 펼 수 있을까? 의아하게 생각하는 경우가 많다. 그러기에 중국의 호적(胡適)은 "일본인들이 친선을 앞세우며 협상을 이야기할 때는 그 뒤에 모멸(侮蔑)의 감정이 숨어 있다."[6]고 충고한다.

2. 제1차 기병 : 고부 민란

역사는 만남으로 이루어진다. 동학이 이뤄진 역사적 상황을 다루는 것이 이 장의 본질은 아니므로 그것이 전쟁으로 치달을 수밖에 없었던 상황만을 살펴보면 그것은 애초 여느 민란과 다름이 없이 벌어진 것이었다. 삼례-광화문 복합 상소로 이어지는 동학의 신원(伸冤) 운동과 보은 취회

---

4 Kentaro Kaneko, *The Situation in the Far East*(Cambridge : The Japan Club of Harvard University, 1904), pp. 24, 33.

5 Ruth Benedict, *The Chrysanthemum and the Sword*(New York: New American Library, 1974), *passim*.

6 민두기(옮김), 「일본인들에게 경고함」(1935), 『胡適文存』(서울 : 삼성문화재단, 1972), p. 180.

(聚會)가 전개될 무렵 전라도 고부에서는 조병갑(趙秉甲)이라는 한 수탈자의 횡포가 동학과 민란의 만남을 준비하고 있었다.

조병갑은 양주(楊州) 조씨(趙氏)의 문중에서 태어난 인물로서 조대비(趙大妃)의 먼 조카뻘이었고,[7] 좌의정 조병세(趙秉世), 전 충청관찰사 조병식(趙秉式), 전라관찰사 조병호(趙秉鎬)와는 문족(門族)의 같은 항렬이었었으니[8] 당시의 척신 사회에서 거칠 것이 없는 인물이었다.

1892년, 고부 군수로 부임[9]한 조병갑은 만경(萬頃)평야의 노른자위를 바라보며 물욕에 눈이 어두워졌다. 그것은 그 자신의 개인적인 영화를 위해서도 필요한 것이었지만 그를 그곳에 심어 준 문족들에게 대한 상납을 위해서도 어쩔 수 없는 일이었다. 그는 온갖 방법으로 민생의 고혈을 짜기 시작했는데 그의 실질적인 피해자인 전봉준(全琫準)의 입을 빌려 그의 죄상을 들어보면,

> (1) 세칭 만석보(萬石洑)의 수세(水稅)를 마구 거두어들이고,[10] 보를 만들면서 노동력을 무상으로 착취했고, 이곳에 필요한 말목을 마련하기 위하여 몇 백 년 묵은 토호들의 선산(先山)의 나무를 마구 베어 썼다.[11]
>
> (2) 만경평야의 진결(陳結 : 미개간지)을 개간토록 지시하고, 이를 장려하고자 3년 동안의 면세 혜택을 약속했으나 가을에 도조(賭租)라는 명목으로 조세를 징수했다.[12]

7 장봉선, 「전봉준실기」, 『정읍군지』(정읍 : 이로재, 1936), p. 381.

8 『전주시사』(전주 : 전주시사편찬위원회, 1974), p. 251.

9 『일성록』 고종 29년(1892) 4월 28일자.

10 吳知泳, 『東學史』(서울 : 영창서관, 1940), p. 102.

11 남영신, 「황토재에서 우금티까지」, 『백 년 이웃』(서울 : 두산그룹, 1995/1월호), p. 18.

12 尹源鎬, 「19세기 고부의 사회 경제」, 『전라문화논총』(7)(전주: 전북대학교 전라문화연구소, 1994), p. 35; 러시아 大藏省(編), 金炳璘(譯), 『舊韓末의 社會와 經濟』(서울 : 유풍출판사, 1983), pp. 19~20.

(3) 고부의 부호들을 수탈했는데, 명분은 주민들이 불효했거나, 동기간
    에 화목하지 않았거나, 간음했거나, 아니면 도박을 한 데 대한 벌과
    금으로서, 총액은 2만 냥에 이르렀다.[13]
(4) 조병갑이 자신의 아버지인 조규순(趙奎淳)을 위한 비각을 세운다고
    주민들로부터 1천 냥을 수탈했다.[14]
(5) 대동미(大同米)를 둘러싼 수탈이었다. 조병갑은 추수기에는 정백미
    (精白米)를 거두어들이고 정부에 상납할 때는 나쁜 쌀[麤米]을 보냄
    으로써 차액을 착복했다.[15]

　조병갑이 이렇게 토색질이 심할 무렵, 그는 1893년 11월 30일자로 익산
군수(益山郡守)로 전임(轉任)됨으로써 고부를 떠나게 되었다.[16] 고부에서
한창 수탈을 하여 치부를 하고 있던 차에 전임 발령을 받게 되자 조병갑
은 곧 전라감사 김문현(金文鉉)을 찾아가 유임을 간청했다.

　김문현은 상부에 보고를 올려 유임 요청을 하자 이조(吏曹)에서는 그 요
청대로 왕께 특별히 유임해 줄 것을 주청하여 1894년 1월 9일에 고부 군수
로 다시 부임하게 했다.[17] 이때로부터 그의 새로운 수탈이 계속되었다.

　이 무렵 고부에서는 조병갑의 탐학(貪虐)을 진정하려던 전봉준의 아버
지 전창혁(全彰赫, 또는 全承泉)이 조병갑의 태형을 맞고 죽었다. 구전(口
傳)이나 향토지[18]에 따르면 전창혁은 익산으로 전임된 조병갑의 모친상에
부의(賻儀) 추렴을 거절했다가 조병갑이 재임된 이후 그 보복으로 맞아
죽었다고 하며, 천도교 측 기록[19]에는 그가 1893년 6월 전후에 조병갑에

13 「全琫準 供草」 初招.
14 「全琫準 供草」 初招.
15 『承政院日記』 고종 30년(1893) 12월 4일자.
16 『承政院日記』 고종 30년(1893) 11월 30일자;『일성록』 고종 30년 11월 30일자.
17 『承政院日記』 고종 31년(1894) 정월 9일자.
18 장봉선, 「전봉준실기」, pp. 381~382.
19 오지영, 『동학사』, pp. 103~104; 이돈화, 『천도교창건사』(2)(서울 : 천도교중앙종
   리원, 1933), p. 57.

게 민막(民瘼)을 호소하러 들어갔다가 맞아 죽었다고 한다.

조병갑의 수탈이 이토록 더욱 심해지자 고부의 양민 40명은 1893(癸巳)년 11월에 군수를 찾아가 상소(上訴, 陳情)를 올렸다가 감옥에 갇힌 바 되었으며 이에 굴복하지 않고 12월에 다시 60여 명이 상소를 올렸다가 매만 맞고 쫓겨났다.[20]

풀려난 원민(寃民)들은 고부군 서부면(西部面) 신중리(新中里) 대뫼[竹山] 부락에 있는 송두호(宋斗浩)의 집에 모여 선후책을 논의하게 되었다. 이 자리에 모인 사람은 모두 20명이었다. 이들은 조병갑의 작폐에 대한 선후책을 논의한 끝에 다음과 같은 사항을 결의했다.

> 一. 고부성을 격파하고 군수 조병갑을 효수(梟首)할 것
> 一. 군기창과 화약고를 점령할 것
> 一. 군수에게 아첨하여 인민을 침어(侵漁)한 탐리(貪吏)를 격징(擊懲)할 것
> 一. 전주영을 함락하고 경사(京師)로 직행할 것[21]

이들의 총인원이 20명이었고 그 가운데 10대 소년이 2명이나 포함되어 있었다고 하는 사실을 고려할 때 이들의 결단에는 다소의 흥분과 감정이 깃들어 있는 것을 볼 수 있다. 그들이 비록 의기(義氣) 남아들이라고 할지라도 군기(軍器)도 없는 터에 20명의 힘으로 서울을 점령한다는 데에는 현실적인 무모함이 있기 때문이었다.

전봉준은 동지들을 찾아가 상의한 결과 거사는 정월 9일 새벽으로 잡았다. 병력을 초모한 결과 장정 3백 명이 모여들었다.[22] 이들은 배들[梨坪]의

---

20 「全琫準 供草」 初招.
21 『동아일보』 1970년 1월 7일자 「沙鉢通文」 참조. 사발통문의 진위를 둘러싼 논의에 대해서는, 신복룡, 『동학사상과 갑오농민혁명』(서울 : 선인, 2006), pp. 162~163 참조.
22 吳知泳, 『東學史』, p. 110.

말목장터[馬項市場] 삼거리에 있는 감나무 밑에 모이되 각기 무기를 가져오도록 했다. 무기가 부족한 사람들은 하송리(下松里)를 지나면서 그곳의 무성한 대나무를 베어 죽창을 만들었다.[23]

10일 오전에 고부에 도착한 전봉준의 부대는 우선 군청을 습격한 다음 조병갑을 찾았으나 그는 난민(亂民)이 쳐들어온다는 소식을 듣고 미리 순창을 거쳐 전주(全州)로 도망했다.[24] 난민들은 감옥을 파괴하여 죄수들을 방면한 다음 날이 밝자 말목장터로 퇴각했다. 그들은 원부(怨部)인 만석보를 헐어 버리려 했지만, 추위와 얼음으로 그 뜻을 이루지 못했다.

이때까지만 해도 전봉준으로서는 더 이상의 야망도 없었고 민란을 확대할 의사도 없었다. 그들은 조병갑을 축출했다는 사실과 쌀을 얻었다고 하는 사실만으로 만족했다. 난민들도 전봉준의 명령에 따라 각기 집으로 돌아가 생업에 종사함으로써 고부의 민란은 종식되었다.

여기까지 전개된 전봉준의 1차 거병에 대해서는 검토해야 할 몇 가지 논쟁의 여지가 있다. 이 1차 기포의 성격을 어떻게 해석할 것인가의 문제이다. 이에 대해 1894年 정월의 기포(起包)만은 동학과는 무관한 민란으로 보려는 견해가 있다.[25]

전봉준의 초기 의도를 살펴보면, 전봉준이 애당초에서부터 "천하"를 도모할 꿈을 꾸었다는 식의 해석은 자칫 그의 거병을 과대평가할 위험을 안고 있다. 그것은 아버지의 죽음에 대한 사사로운 원한과 민중적 추대[26]에

---

23 東學思想研究所(編), 『東學革命』(서울 : 東學思想研究所, 1979), p. 99; 崔玄植, 『甲午東學革命史』(전주 : 신아출판사, 1983), pp. 44~45.

24 張奉善, 「全琫準實記」, p. 382. 「고부민요일기」, 伊藤博文, 『秘書類纂朝鮮交涉資料』(中)(東京 : 同刊行會, 1936), p. 346; 崔玄植, 『甲午東學革命史』, p. 44.

25 金容燮, 「全琫準 供草의 분석 : 동학란의 성격 一斑」, 『歷史研究』(2)(서울 : 한국사학회, 1958), pp. 6, 10.

26 「全琫準 供草」 初招 :「問 起包時 汝何以主謀乎/ 供 衆民皆推矣身 使爲主謀 故依民言/ 問 衆民以汝爲主謀之時 至汝家乎/ 供 衆民數千名 都聚矣家近處 故自然爲之之事」.

따른 반타의적(半他意的) 거병이었다.

따라서 1월 기병은 다분히 황급하게 벌어진 일이었다. 그뿐만 아니라 이 당시 전봉준의 의도는 동학과는 무관한 것이었고 그의 1차의 기포는 이에 앞서 30년간 계속된 비조직적인 민란의 연속 과정의 일환으로 보려는 견해[27]가 훨씬 사실에 가깝다. 이러한 논의를 뒷받침하는 논거로서는 다음의 전봉준(全琫準) 공초(供草)를 음미해 볼 필요가 있다.

> 문 : 난민 가운데 원통한 백성이 많았는가, 아니면 동학교도가 많았는가?
> 공 : 원민이 많았고 교도는 적었다.[28]

위의 자료에 비추어 볼 때 고부의 1차 봉기는 조선조 말기에 흔히 있었던 민란의 한 사례였지 종교 투쟁은 아니었다. 전봉준의 초기 기포나 동학란 발발의 전제가 된 것은 동학사상이나 동학 교문의 취회 운동과는 관계가 없었고 민족 문제도 이 시기에는 논의되지 않았다. 이런 점에서 선학들의 연구는 이 시점에서의 동학사상을 지나치게 과대평가했다. 그러면서도 일련의 동학농민혁명사에서 1차 기포를 배제하는 것은 어이없는 일이다.

3. 제2차 기병 : 교정(敎政)의 연합

고부의 정월 민란이 지나간 뒤 조병갑은 거듭 파면되고 신임 군수 박원명(朴源明)이 부임하여[29] 선치(善治)를 베풂으로써 상처는 그 상태에서 아무는 것 같았다. 그러나 1862년의 진주(晋州) 민란 이후 민중들의 소요

---

27 金容燮, 「全琫準 供草의 分析 : 東學亂 性格의 一斑」, pp. 6, 10, 39.

28 『全琫準 供草』 初招.

29 『高宗實錄』; 『承政院日記』 31년(1894) 2월 15일자.

에 과민한 반응을 보였던 전라감영(全羅監營)에서는 백성들이 군청을 승격하고 군수를 몰아낸 문제를 없었던 것으로 덮어둘 수는 없다고 생각했다. 더구나 고부의 군수직을 잃은 조병갑은 전라감사 김문현(金文鉉)을 찾아가 온갖 모략으로써 민란의 응징을 충동질했다. 조정에서도 이 문제를 수월하게 생각하지 않았다.

이와 같은 사태의 수습을 맡고 고부 민란의 안핵사(按覈使)로 임명된 사람은 장흥부사(長興府使) 이용태(李容泰)였다.[30] 그는 안핵사로 부임하자마자 왕건(王建) 이래 이곳이 역신(逆臣)의 땅[逆鄕]으로 지목받고 있다는 사실을 들어 난민들을 엄중히 다스려야 한다는 방침을 세웠다. 그에게 가장 중요한 일은 이번 민란의 주모자를 색출하여 다스리는 것이었다.

안핵사로 임명된 이용태는 백성들을 구타하며 반역죄를 적용하여 죽이려 했다. 그는 또한 부자들을 얽어매어 난을 일으키게 했다는 죄목으로 많은 뇌물을 거두고, 감사 김문현과 모의하여 감영 감옥으로 끌어들이니 죄수들이 늘어섰다.[31]

그런데 이용태는 민란을 조사하는 과정에 난민 가운데 의외로 동학교도들이 많이 포함되어 있다고 하는 사실을 발견했다. 난민 가운데 동학교도가 많은 것은 그들만이 유독 조병갑으로부터 피해를 보았다는 사실을 뜻하는 것이 아니라 그들은 종교적 이상주의와 정열로 말미암아 개혁 사상이 강렬했음을 뜻하는 것이었다. 이와 같은 사실은 이용태가 이번의 민란이 동학교도들에 의한 것이었다는 선입견을 품도록 만들었다.

이용태로서는 난민들의 죄를 물으면서 이를 좋은 구실로 삼았다. 당사자가 없으면 처자와 아녀자까지도 잡아들여 민란을 추궁했다.[32] 일이 이렇게 되자 비교도는 말할 것도 없고 동학교도들이 탐관오리를 몰아내려고

---

30 『承政院日記』고종 31년(1894) 2월 16일자.

31 『梅泉野錄』(2), 甲午 3月.

32 崔永年, 「東徒問辨」, 『東學亂記錄』(上), p. 157; 「全琫準 供草」 初招.

한 일이 오히려 더 큰 박해를 초래했다. 더구나 이용태는 이곳이 만경평야(萬頃平野)의 곡창으로서 난민들을 치죄하는 과정에 얼마든지 축재할 수 있다는 사실을 발견했다.

이제 백성들이 갈 수 있는 마지막 길은 다시 한번 무장으로써 항쟁하는 것이었다. 그러나 이번의 경우는 지난번 조병갑을 기습한 것과는 경우가 달랐다. 이용태가 거느리고 있는 군대는 어느 정도 정규 훈련을 받았고 또 병기도 우월했기 때문이었다. 사세가 불리함을 깨달은 전봉준은 무장(茂長)의 동학도들에게 막강한 영향력을 끼치고 있는 손화중(孫化中)에게 한번 가세해 달라고 부탁했고 태인에 기반을 두고 있는 김개남(金開南)에게도 같은 것을 부탁했다.[33]

이들은 거사 일자를 1894년 3월 21일로 정했다. 이날을 잡은 것은 이날이 교주 최시형(崔時亨)의 탄생일이었기 때문이었다.[34] 거사 장소는 무장의 당산 마을 앞 들판으로 결정했다. 무장을 출발하여 백산(白山)에 모인 동학군은 태인으로 진격하여 말목장터에서 일박했다. 다음날 일부는 원부(怨部)인 만석보를 헐어 버리고, 군청을 습하여 죄수를 석방하고 무기고를 파괴하여 무기를 꺼내어[35] 황톳재[黃土峴]의 동남쪽에 매복했다.

황톳재는 해발 35.5m 구릉으로서 말목장터와 고부의 중간에 위치하고 있다. 관군은 고부를 출발하여 말목장터로 향하다가 황톳재 동남쪽 기슭에 매복하여 있던 동학군의 기습을 받았다. 이날은 유난히도 안개가 짙어 지척을 분간할 수 없어 영관(領官) 이경호(李景鎬) 등이 전사하는 등 심한 상처를 입었다.[36]

이 황톳재 전투를 시발로 하는 2차 기포는 갑오혁명의 전개 과정에서

33 오지영, 『동학사』, p. 111~112.
34 최현식, 『갑오동학혁명사』, p. 54.
35 「양호초토등록」, 『동학란기록』(상), p. 166.
36 『고종실록』 31년(1894) 4월 13일자.

민란의 한 사례로서의 고부 봉기에 동학이라고 하는 종교적 성격이 착색된 것이다. 본디 기포는 영돈(領敦) 김병시(金炳始)의 지적[37]과 같이, 관리들의 수탈에서 비롯된 것이었다. 그럼에도 불구하고 여기에 동학도가 가세한 것은 그들이 이용태로부터 직접적인 피해를 보았다고 하는 사실과 그들이 가지고 있는 종교적 정열 또는 정의감 때문이었다. 황톳재의 전투는 관군과 동학군과의 적의(敵意)를 막판으로 몰고 갔다.

조정은 이 문제를 숙의하면서 중국의 태평천국(太平天國)의 난을 연상했다. 그들이 모두 종교로 무장되어 있고 강렬한 배외심과 정권에 대한 도전의 의미를 포함하고 있다는 점에서 볼 때 조선왕조가 갑오 민란을 통하여 중국의 내우외환을 연상했다는 점에는 이상할 것이 없다. 이러한 연상 심리는 피해 의식으로 그치는 것이 아니라 그 해결 방법에서도 같은 작용을 했다.

백산 기병과 황톳재 전투가 전라감영으로부터 조정에 전달되자 조정은 장위영(將衛營) 홍계훈(洪啓薰)을 초토사(招討使)로 임명하여 민란을 평정토록 했다. 홍계훈은 경군(京軍) 1백 명을 이끌고 1894년 4월 4일에 청국 함선 평원호(平遠號) 편으로 인천을 출발, 6일 군산항에 도착하여 전주로 향했다.[38]

전봉준은 그들의 예기(銳氣)를 피해야 하겠다고 생각하고 정읍을 떠나 남진을 계속했다. 그가 남진했다는 것은 그가 서울로 올라가 정부를 혁신할 뜻을 가졌다는 견해가 과장되었음을 뜻하는 것이다. 이 당시 그가 거느리고 있는 군대는 4천 명에 이르렀다.

민군은 장성(長城) 황룡천(黃龍川)에서 경군을 맞게 되었다. 이때 민군은 무기라고 해야 장태(대나무를 엮어 만든 방탄차)와 황톳재에서 노획한

---

37 「갑오실기」, 『동학란기록』(상), p. 11 : 「領敦對日 … 臣則謂此 皆本是良民 始因列倅之剝割 不耐困苦 欲訴其寃而聚會」

38 『고종실록』 31년(1894) 4월 2일, 4일, 15일; 「양호초토등록」, 『동학란기록』(상), p. 196.

구식 총이었고 총이 없는 병사들은 푸른 소나무 가지를 꺾어 흔들며 따라 다녔다. 그와는 달리 경군은 대포 세 문에 백 정의 신식 총을 들고 있었다.

이와 같은 무기의 비교는 홍계훈을 교만하게 만들기에 충분했고, 그것이 실수였다. 이들은 민군의 장태에 놀라 제대로 접전도 해보지 못한 채 패주했다. 황룡천 전투에서 민군은 대포 세 문과 양총 백 정을 노획하고 그 여세를 몰아 북진을 계속하여 4월 27일에는 전주성 밖에 이르렀다.[39] 풍남문(豊南門)의 공격에 실패한 동학군은 서문 밖 장날에 장꾼으로 가장하여 입성함으로써 무혈점령할 수가 있었다.[40]

황룡천에서 패전한 홍계훈은 전열을 가다듬어 민군을 추격했으나 그들은 이미 전주성에 웅거하여 오히려 공수가 뒤바뀌었다. 그러나 경군이나 농민군의 그 어느 쪽에서 보더라도 전주성의 공방전에서 유혈을 원치 않았다. 홍계훈의 입장에서 본다면 전주성의 탈환도 자신 없거니와, 전주는 왕조의 본관으로서 함부로 다루지 말라는 조정의 분부를 거역할 수도 없었다.[41]

전봉준의 입장에서 보더라도 이번 전투는 더 이상 의미가 없는 것이요, 또 자신으로서는 넘을 수 없는 벽이 있었다. 그는 우선 자신이 거병했던 애초의 소망인 탐관오리들이 어느 정도 제거되었거나 아니면 그 뜻이 위에 전달되었다고 생각했을 뿐만 아니라 자신의 병력으로서는 더 이상 경군을 감당할 수 없다고 생각했다. 그러나 그 무엇보다도 전봉준이 전투의 계속을 주저하게 만든 것은 정부의 외국군 차용(借用) 논의와 북접(北接)의 시기에 찬 눈초리였다.[42]

39 오지영, 『동학사』, p. 123.
40 오지영, 『동학사』, p. 123; 『고종실록』 31년(1894) 4월 29일자.
41 『日省錄』高宗 癸巳(1893) 3月 25日자
42 金庠基, 『東學과 東學亂』(서울 : 大成出版社, 1947), p. 96; 李瑄根, 『韓國史 : 現代篇』(서울 : 국사편찬위원회, 1971), pp. 105~106; Benjamin B. Weems, *Reform, Rebellion and the Heavenly Way*(Tucson : The University of Arizona Press, 1964), p. 41.

홍계훈의 입장에서 볼 때 전봉준의 위와 같은 입장과 다르지 않았다. 이와 같은 피차간의 이해관계는 경군과 민군의 화약(和約)을 재촉하는 요인이 되었다. 양보는 전봉준 측에서 먼저 이루어졌다. 그는 전주를 점령한 지 열흘만인 5월 5일과 6일 사이에 전주성에서 철병했다. 군대를 물리면서 그가 전라감사 김학진(金鶴鎭)에게 제시한 조건으로서는 폐정개혁(弊政改革) 13개조,[43] 폐정개혁 14개조,[44] 그리고 폐정개혁 24개조[45]를 제시했다.

전봉준이 이와 같은 개혁안을 요청한 뒤 스무날이 지난 6월에 전라감사와 전봉준 사이에 단독 담판이 이루어졌다. 김학진은 민군의 요구에 호의적인 반응을 보였으며 전봉준은 이 자리에서 전라도의 53개 군현에 집강소(執綱所)를 설치함으로써 개혁안의 추진 여부를 확인토록 해 달라고 요청했다. 김학진은 이 요청도 허락했다.

이 집강소는 우리나라의 지방자치제도사로서의 가치를 갖는 것으로서 더 많은 연구를 필요로 하는 것이다. 이 집강소가 추진한 것은 다음과 같은 것들이었다.

　一. 도인(道人)과 정부와 사이에는 묵은 원한[宿嫌]을 씻고[蕩滌] 서정
　　　(庶政)을 협력할 것
　一. 탐관오리는 그 죄목을 밝혀[査得]하여 일일이 엄징(嚴懲)할 것
　一. 횡포(橫暴)한 부호배(富豪輩)는 엄징(嚴懲)할 것
　一. 불량한 유림과 양반배는 징습(懲習)할 것
　一. 노비 문서는 태워 없앨[燒祛] 것
　一. 칠반천인(七般賤人) 대우를 개선하고 백정 머리에 평양립(平涼笠)
　　　을 벗길 것

43 鄭喬,『大韓季年史』(상)(서울 : 국사편찬위원회, 1971), p. 86(고종 31년 5월자).
44 金允植,『續陰晴史』(상)(서울 : 국사편찬위원회, 1971), pp. 322~323(고종 31년 6월자).
45 金允植,『續陰晴史』(상), pp. 323~325(고종 31년 6월자).

一. 청춘과부는 개가(改嫁)를 허락할 것
一. 무명 잡세는 모두 걷지 말 것
一. 관리 채용은 지벌을 타파하고 인재를 등용할 것
一. ○과 간통(奸通)하는 자는 엄징(嚴懲)할 것
一. 공사채(公私債)를 물론하고 이왕의 것은 모두 걷지 말 것
一. 토지는 평균으로 분작(分作)케 할 것[46]

이제 전봉준에게 남은 것은 전후를 마무리 짓는 것이었다. 그는 부하 20명만을 거느리고 남하를 시작했다. 전봉준을 중심으로 하는 주력 부대는 전후의 문제를 처리하면서 장성·담양·순창·옥과·남원·평창·순천·운봉을 거쳐 각자 자기의 고향집으로 돌아갔다. 그들은 마치 지난날 고부 군청을 승격하고 조병갑을 몰아낸 것으로 문제는 충분히 해결되었다고 생각했던 것과 같은 심정으로 귀향했다.

4. 제3차 기병 : 항일전

한 나라의 감영인 전주성이 반란군에 의해 함락되었다고 하는 사실은 조야(朝野)를 매우 놀라게 했다. 이미 앞서(1893) 보은에서 동학교도들이 모였을 때도 외국에의 청병(請兵)을 논의한 바 있던 조정에서는 이제 더 이상 지체할 수 없다고 생각하고 5월 1일에 통상교섭대신 원세개(袁世凱)에게 정식으로 군대 파견을 요청했고 이에 따라 섭지초(葉志超)와 섭사성(聶士成)의 지휘 아래 제원호(濟遠號)와 양위호(揚威號) 편으로 육전대 1,500명이 아산만(牙山灣)에 상륙했다.[47]

---

46 吳知泳, 『東學史』, pp. 126~127. 第10條 가운데 ○表는 "敵"인 듯이 여겨진다.
47 「甲午實記」(1894. 5. 8.), 『東學亂記錄』(上), p. 11; 「北洋大臣來電」(光緒 20년 5월 초 1일), 『清光緒朝中日交涉史料 : 中日戰爭文獻彙編』(臺北 : 鼎文書局, 1972), p. 547, No. 953; 菊池謙讓, 『近代朝鮮史』(下)(서울 : 鷄鳴社, 1937), pp. 257~259.

조선에로의 진주를 기다리고 있던 일본은 신속하게 6월 12~14일에 1만 병력을 인천을 거쳐 용산에 투입했다. 이때 일본군 내정 개혁을 빌미로 대궐을 침입한 사실[48]이 있었는데 이 사실이 한국인들을 몹시 자극했다. 대체로 제국주의나 식민지 국가가 약소국가에 진출할 때 내세우는 명분은 그 나라의 독립과 존엄을 지켜준다는 것이었고,[49] 이번의 일본 출병은 표면상 청국이 군대를 파견하였으니 일본도 파견한다는 것이었지만, 사실은 러시아의 남진에 대한 두려움을 바탕에 깔고 있었다.[50]

애당초 전봉준이 일본군의 대궐 침범 소식을 들은 것은 전주 화약 이후 남하하면서 남원(南原)에서였다.[51] 그때는 이미 화약이 성립한 직후여서 거병을 재론할 계제가 되지 못하고 있었다. 그러나 그가 태인 평사리(平沙里)에 머물고 있는 동안 일본군의 대궐 침범 소식은 그를 몹시 괴롭혔다. 더구나 남원에서 웅거하고 있던 김개남이 여러 차례 사람을 보내어 일본의 침략으로부터 조국을 건져야 한다고 강조했다.[52]

더구나 대원군(大院君)마저도 전봉준에게 밀사를 보내어 동학군이 서울[京師]로 진격하여 함께 천하를 도모할 것을 암시했다.[53] 그러나 전봉준이 깊이 생각해본즉 그가 당장 거병하기에는 두 가지의 어려움이 있었다. 첫째로는 전진(戰塵)에 시달린 자신의 신병(身病)이 아직 쾌유하지 않았다는 사실이요, 다른 하나는 아직 추수가 되지 않은 상황에서 민병의 동원도 어렵거니와 군량미를 조달할 수가 없었기 때문이었다.[54]

---

48 『고종실록』 31년(1894) 6월 21일자.

49 Alfred Milner, *England in Egypt*(London : Edward Arnold, 1902), p. 354.

50 William L. Langer, *The Diplomacy of Imperialism : 1890~1902*(New York : Alfred Knoff, 1968), p. 397.

51 『全琫準 供草』四招 : 「間 日兵之犯闕 聞於何處何時/ 供 七月間始聞於南原也」

52 菊池謙讓, 『近代朝鮮史』(下), p. 231.

53 『全琫準 供草』三招 "昨暮又有二員 …… 此擧云 則焉大院位之從後秘奇 不亦暗合於汝之再起乎/供 這間雖或有此等輩之來往 素不知其面 則重大事件 何以議及乎 是故跡涉殊常者 一不接面."

그러는 사이에 시간은 흘러 10월(陰) 초순이 되었다. 서울에서 벌어지고 있는 일본군의 의도는 더욱 노골화하고 김개남의 성화는 잦았다. 이제 건강도 어느 정도 되찾은 터라 전봉준은 김개남에게 사람을 보내어 이 문제를 거론하고자 삼례(參禮)에서 수뇌들이 회동할 것을 제의했다. 전봉준과 김개남이 삼례에서 회동한 것은 10월 9일이었다.

놀라운 사실은 이들이 회동한다는 소식을 들은 북접(北接)의 교주 최시형이 손병희(孫秉熙) · 이용구(李容九) 등의 부하를 데리고 이곳에 참석했다는 사실이요, 대원군의 밀사인 박완남(朴完南)이 은밀히 참석하고 있었다는 사실이었다.[55] 이 밖에도 소식을 듣고 온 동학도들과 지난날의 전사들 4천 명이 모여들어 이미 삼례의 분위기는 험악했다.

회의는 이튿날인 10월 10일부터 11일까지 계속되었다. 회의의 내용은 주전(主戰)이냐 화전(和戰)이냐를 판가름하는 것이었다. 양자의 격론은 심각했다. 특히 김개남의 주전론과 최시형의 화평론은 팽팽히 대립하여 피차 양보할 수 없는 것처럼 보였다. 그러나 이미 4천 명 병사들의 분위기는 주전론 쪽으로 흐르고 있었다. 자신의 의사가 관철될 수 없다고 판단한 최시형은 원주(原州)로 떠났다. 그가 떠났지만, 그의 후계자인 손병희는 스승의 길보다는 전봉준을 택하여 그곳에 남았다.[56] 이로써 갑오민란에 동학이 접목되게 한 소이가 되었다.

주전론이 승리를 거두자 그들은 진공의 목표를 토의했다. 이들은 공주(公州)로 진군하는 데 합의를 보았다. 이리하여 기쿠치 겐조(菊池謙讓)의 이른바 "조선의 십자군 전쟁"(十字軍戰爭)[57]의 막이 올랐다. 동학군은 곧 삼례를 출발하여 논산(論山)과 노성(魯城)을 거쳐 계룡산 서쪽 경천(敬川)에 이르니

54 『全琫準 供草』三招.
55 菊池謙讓, 『近代朝鮮史』(下), p. 231.
56 菊池謙讓, 『近代朝鮮史』(下), p. 232.
57 菊池謙讓, 『近代朝鮮史』(下), p. 232.

동학군의 재거(再擧) 소식을 듣고 몰려온 병사가 1만 명에 이르렀다.

"달빛 비취는 성 위에 가을의 흥취가 흐르는데 웅진에는 밝은 달이 뜬 다"(月城秋興 熊津明月)는 공주는 이미 백제의 고도로서 그 유서가 깊을 뿐만 아니라 이곳은 산이 막히고 강이 둘러 있어 지리가 유리하기 때문에 그곳에 웅거하여 고수(固守)를 도모한다면 일병이 쉽사리 쳐들어오지 못하리라고 그는 생각했다.[58] 전봉준이 공주 점령에 몰두했던 이유 가운데 다른 하나는 그가 십승지지(十勝之地)로서의 풍수지리설에 탐닉했던 것과 무관하지 않았다.[59]

그러는 사이에 일본 정부는 군대 파견을 결정하고 1894년 11월 10일, 동학농민군을 진압하고자 후비(後備) 보병 독립 제19대대를 파견하기로 했다. 후비병은 현역 3년, 예비역 4년을 거치고 후비 병역 5년의 의무를 지고 있는 부대로 풍부한 경험을 가진, 산악전이나 수색전에 적당한 병력이었다.

이들의 주력 화기는 영국제 슈나이더(Snider)총이었다.[60] 제19대대는 본디 야마구치(山口)현 히코시마(彦島)의 수비대로서 이노우에 가오루(井上馨) 공사가 대본영에 요청한 전보에 따라 11월 초순 아시카와마루(安治川丸), 야마토마루(大和丸), 사케다마루(酒田丸)에 분승하여 내한한 부대이다.

이들은 당시 인천 병참사령관 포병 중좌 이토 스케요시(伊東祐義)의 전략에 따라 예하 후비 보병 제18대대 제1중대, 후비 보병 제6연대 제6중대, 제10연대 제4중대와 협력하여 주로 삼남지방에 투입되었다. 이들은 11월 3~4일에 걸쳐 시모노세키를 출발하였다.[61]

---

58 『全琫準 供草』初招.

59 『鄭鑑錄』「南格庵山水十勝保吉之地篇」・「鑑訣篇」에 따르면, 公州는 십승지지의 하나로서 "公主維鳩麻谷之間 周會百里 可免殺戮"이라 했다.

60 具良根, 『갑오농민전쟁원인론』(서울 : 아세아문화사, 1993), pp. 423~424

61 「공주 전투 상황」, 『駐韓日本公使館記錄』(3)(서울 : 국사편찬위원회, 1991), p. 387. 이하 『日公記』로 略記함.

제19대대가 인천에 도착하자 용산에서 잠시 점검을 마친 다음 이노우에 가오루 공사와 이토 스게요시 남부병참감은 전략을 상의한 뒤 곧 이들을 전장에 투입했다. 그들은 11월 12일 아침 용산을 출발, 인천에 도착하여 다시 배편으로 아산을 거쳐 공주로 향하도록 했다.[62]

출발 당시 이들은 길을 동로·중로·서로의 세 방향으로 나누어 진군했다. 동로는 병참(兵站) 노선, 중로는 청주 가도, 서로는 공주 가도이다. 본디 19대대는 3개 중대로 편성된 1개 대대로 1로에 1개 중대씩의 병력이 배치되었다. 제1중대(松本正保 대위)는 동로, 제2중대(森尾雅一 대위)는 서로, 제3중대(石黑光正 대위)는 중로로 각각 진군하였다. 교도대는 먼저 출발하여 중로로 가는 분진대의 진군을 양지현(陽智縣, 용인)에서 기다리게 했다. 이 부대의 감독으로 제18대대의 장교 두 명과 하사 이하 약간 명을 배속시켰다.[63]

이때 일본군에게 내린 훈령을 살펴보면 당시 일본군 지휘부의 의중을 더 정확히 이해할 수 있다.

> (1) 각 부대는 이미 출정했거나 혹은 향후 출정할 의병과 협력하여 동학도의 정토(征討)에 종사하되 화근을 초멸(剿滅)하여 다시 일어나는 후환을 남기지 말 것.
> (2) 수괴로 인정되는 무리는 결박하여 경성공사관으로 보내고, 뇌동자 가운데 귀순자는 관대히 용서하고 가혹한 조치를 피할 것.
> (3) 중앙정부의 유력자 집안과 유력한 지방관과 동학도와의 왕복 문서는 대단히 주의하여 취급할 것.
> (4) 이번 동학당의 진압을 위하여 전후(前後)에 파견한 한병(韓兵)의 진퇴 여부는 오로지 일본 군대의 지휘에 따르고 일본 군율을 따라야 한다는 사실을 조선 병사에게 통지하였으니 일본 사병은 이에 따라 한병을 지휘할 것.[64]

---

62 『日公記』(5), p. 84.
63 南少四郎, 「東學黨征討略記」, 『日公記』(6), p. 26.

그렇다면 당시 일본군과 관군의 규모는 어느 정도였을까? 우선 일본의 주력부대인 제19대대의 규모를 보면,

대대 본부 : 대대장인 미나미 쇼시로(南少四郎) 소좌[65]를 비롯하여 부관 고이에 도붕(鯉江登文), 하사 4명(實戰), 비전투원 42명

제1중대 : 중대장 대위 마쓰모토 마사야쓰(松本正保), 하사 8명(실전), 상등병 15명(실전), 병졸 64명(실전), 비전투원 108명

제2중대 : 중대장 대위 모리오 마사가쓰(森尾雅一), 하사 16명(실전), 상등병 13명(실전), 병졸 139명(실전), 비전투원 3명

제3중대 : 중대장 대위 이시쿠로 미쓰마사(石黑光正), 하사 15명(실전), 상등병 36명(실전), 병졸 147명(실전), 3명, 비전투원 3명

합계 위관 장교 13명, 하사 84명, 상등병 85명, 병졸 434명; 총계 617명
(실전 156명, 비전투원 460명)[66]

한편 한국군의 규모를 살펴보면, 친군경리청 703명, 경리청 280명, 친군장위영(壯衛營) 850명, 친군통위영 401명, 교도대 328명, 순무영(巡撫營) 108명, 도합 2,536명이었다.[67] 장비와 군기(軍紀), 그리고 전투 경험에서는

---

64 『東京朝日新聞』, 明治 27년(1894) 11월 20일자; 具良根, 『갑오농민전쟁원인론』, p. 451 참조.

65 제19대대 대대장 미나미 쇼시로(南少四郎)는 군인으로서 유능한 인물이었던 것으로 보인다. 그는 농민군의 정토가 끝난 다음 조선의 개혁과 관련하여 일본 정부에 다음과 같은 의견서를 제출했는데 그 내용은 한국인들에게 아픈 충고가 될 뿐만 아니라 그의 유능함을 가늠할 수 있게 해준다. 그리고 대대장의 직책으로 이 정도를 구상했다는 것이 놀랍다.
  (1) 인민의 계급에 따라 특권을 주는 폐해는 조속히 제거해야 한다. (2) 현(縣)의 수효가 너무 많다. (3) 관아의 문이 너무 많다. (4) 지방관의 사무실을 고쳐야 한다. (5) 도로 수리에 먼저 착수해야 한다. (6) 어린이를 교육해야 한다. (7) 호적법을 시행해야 한다. (8) 묘지 제도를 개정해야 한다.(「東學黨征討略記」(6), 『日公記』(6), p. 59)

66 「동학당 정토 공로자에 대한 논공 건의 건 : 제19대대 공적 상신 내역」, 『日公記』(6), pp. 73~91.

67 「各陣將卒成冊」, 『東學亂記錄』(下), pp. 627~650; 白樂浣(記), 申福龍(校注), 「南征錄」, 『韓國學報』(74), 일지사, 1994, p. 175.

일본군이 주력 부대를 이루고 있었으므로 한국군은 일본군의 지휘를 받게 되어 있었다.[68]

조선의 조정은 통위병 대장 이규태(李圭泰)를 지휘관으로 삼고, 죽산부사(竹山府使) 이두황(李斗璜)을 우선봉으로 삼아 진격하도록 하는 한편, 경리청영사(經理廳領使) 성하영(成夏泳)과 대관(隊官) 백낙완(白樂浣)·조병완(曺秉完)에게 본청병(本廳兵) 2소대 280명을 영솔하고 남으로 내려가게 하니 때는 갑오년 9월 14일(양력 10월 12일)이었다.[69]

일본군 주력부대인 제19대대의 진로를 보면, 중로는 본부중대와 3중대가 용인—죽산—진천—목천—청주—문의—회덕—옥천—영동—금산—진산—연산—노성—은진—진안을 거쳐 2중대와 금산에서 합류(12월 16일)했고, 동로는 1중대가 이천—장호원—음성—괴산을 거쳐 강원도로 향하여(11월 23일) 문경(12월 14일), 상주—김천—거창—함양—운봉을 지나 남원(12월 27~29일)에 도착하여 2중대와 남원에서 합류(12월 30일)했다.

서로는 2중대가 맡아서 진위(11월 14일), 양성—평택(15일), 직산—아산(16일), 천안—아산(17일), 천안—신창(18일), 천안—예산(19일), 덕평—면천(21일), 공주—덕산(21일), 공주—홍주(11월 22일~12월 4일), 공주—대흥—유구—부강(10일), 논산(11일), 용수막—진잠(12일), 공주—연산(13일), 은진—금산(14~17일), 삼례—익산—무주(18~19일), 전주—무주—금구—태인—정읍—장성(20~25일), 고부(26일), 임실(27일)을 거쳐 남원에서 3개 중대가 합류하여(28~29일), 순창—무장—곡성—구례—담양—광주(12월 31~1월 4일), 나주—함평—무안—장흥—광양—목포—순창—강진—군천—해남(1월 5일~2월 5일)으로까지 내려갔다.[70] 이 일정으로 미루어보면, 일본군은 농민군의 진압을 위해 반도의 최남단에까지 진격할 계

---

68 南少四郎, 「東學黨征討略記」, p. 27.

69 白樂浣(記), 申福龍(校注), 「南征錄」, p. 175.

70 「南少四郎의 東學黨征討策戰 실시 보고」(1895. 2. 10.), 『日公記』(6), p. 60, pp. 64~68.

294 · 한국사에서의 전쟁과 평화

획을 하고 있었다.

한편 농민군의 북진이 결정되자 전봉준은 10월 12일(음력 9월 14일) 4시경에 삼례에서 농민군 800여 명을 이끌고 전주성 안으로 들어가 군기고를 습격하여 총 251자루, 창 11자루, 환도(環刀) 442자루와 철환(鐵丸) 및 각종 물품을 탈취했다.

더욱이 7월경 총제영진(摠制營鎭)에서 남영(南營)의 병정들이 해금(解禁)할 때 놓아두었던 화포 74문, 탄환 9,773발, 탄자(彈子) 4만1천234개, 환도 300자루[71]와 회룡총(回龍銃 : 에피르) 400정, 탄환 4만 발, 회선포(回旋砲 : 개틀링) 1문, 극로포(極老砲 : 크루프) 1문, 개화포(開火砲 : 구식대포) 1문,[72] 후장총[元込銃]인 레밍톤 80정을 탈취하여[73] 무기는 비교적 많은 편이었고 질서도 정연했다.

그리고 일부는 왕궁면(王宮面)의 대밭에서 꺾은 대나무로 죽창을 만들어 무장했다.[74] 삼례를 출발한 농민군은 다시 은진-노성 두 곳을 침입하여 무기를 약탈하고[75] 농민군에 가담한 임실 현감 민충식(閔忠植)의 도움을 받아 노성 부근까지 쉽게 진출할 수 있었다.[76]

10월 16일 논산에 이른 전봉준 부대는 연산읍 관동리(連山邑 官洞里) 뒷산 황성재[黃城峴]를 본영으로 삼고 전열을 가다듬었다.[77] 전봉준은 우선 김개남에게 합류를 요청했다.[78] 당시 김개남은 남원에 있었는데 오랫

---

71 『日公記』(1), p. 129.
72 「東學黨關係 探問調査」(1894. 11. 11.), 『日公記』(1), p. 161.
73 南少四郎, 「東學黨征討略記」, p. 28.
74 柳煥容의 증언.
75 『日公記』(1), p. 164.
76 「任實縣監閔忠植 護送 途中 逃亡件과 그 罪狀書」(1894. 12. 28.), 『日公記』(1), pp. 196~197;「동학당과 결탁한 임실 현감 민충식을 호송하다가 도주한 사실 통보 및 요청」, 『日公記』(6), pp. 1~2.
77 都基鴻(1925년생, 대전시 중구 牧洞 3-103)의 증언.
78 「公山剿匪記-牛金峙之事」, 『官報』 개국 503년 11월 29일자.

동안 머무를 요량으로 관청과 성을 보수하고 교룡산성(蛟龍山城)을 증축
했는데[79] 점괘에 "남원에서 49일 동안 머물라 했다"면서 그 49일을 채우기
위해 출발을 미루다가 8월 25일 이후 꼭 49일이 되는 10월 14일에 화산당
(花山堂) 접주 이문경(李文卿)에게 남원을 지키게 하고 자신은 전주로 출
진했다.

김개남이 이동할 때 총을 든 병사가 8천 명이었고 짐을 진 행렬이 100
리까지 이어졌다.[80] 김개남은 10월 24일에 금산을 완전히 점령하여 청주
로 가는 길을 열었다.[81] 그는 진잠 – 회덕 – 신탄진을 경유하여 13일에 청
주를 공격했다.[82]

당시 논산 본영에 모인 농민군의 규모는 어느 정도였을까? 애초 삼례에
서 집회가 있던 당시에 4천 명이었던 것이 북상할 무렵에는 2만 명으로
증가했다.[83] 그 뒤 본영이 설치된 논산에 집결한 농민군은 전주의 최대봉
(崔大鳳) · 강수한(姜守漢), 고창의 임천서(林天瑞) · 임형로(林亨老), 태인
의 최경선, 남원의 김개남, 금구의 김봉득(金鳳得), 함열의 유한필(劉漢
弼), 무장의 송경찬(宋敬贊) · 송문수(宋文洙) · 강경중(姜敬重), 영광의 오
시영(吳時泳) · 오하영(吳夏泳), 정읍의 손여옥(孫如玉) · 차치구(車致九),
김제의 김봉년(金奉年), 고부의 정일서(鄭一瑞) · 김도삼(金道三), 삼례의
송희옥(宋憙玉), 순창의 오동호(吳東昊), 원평의 송태섭(宋泰燮), 장흥의
이방언(李邦彦), 해남의 김병태(金炳泰), 무안의 배규인(裵奎仁), 장성(長
城)의 우선(奇宇善), 나주의 오권선(吳勸善), 함평의 이ㅇㅇ, 흥덕의 고영
숙(高永叔), 순천의 박낙양(朴洛陽), 흥양의 유희도(劉希道), 보성의 문장
형(文章衡), 광주의 박성동(朴成東), 임실의 이용거(李龍擧) · 이병용(李炳

79 『梧下記聞』, pp. 262~263.
80 『梧下記聞』, p. 268.
81 『日公記』(6), p. 42.
82 「巡撫先鋒陣謄錄」(11월 15일자), 『東學亂記錄』(上), pp. 503~504.
83 菊池謙讓, 『近代朝鮮史』(下), p. 245.

用), 담양의 김중화(金重華) 등이 거느린 군사의 합계가 11만7천500명이었다는 기록이 있고,[84] 22만7천 명이었다는 기록[85]도 있으나 이는 과장된 듯하다. 아마 혁명기 전국의 총동원 병력을 의미한 것이 아닌가 여겨진다. 전봉준의 말을 빌리면, 공주 접전 때 자신의 부대는 4천 명이었고 전군은 1만여 명 정도였다고 하며,[86] 관군 측에서는 4만 명으로 산출하고 있다.[87]

조정은 농민군이 강성한 것에 놀라 장졸을 각처에 파송했는데 경리청 영관 구상조(具相祖)·홍운섭(洪運燮)과 대관 윤영성(尹泳成)·이상덕(李相德)이 본대병을 영솔하고 내려가 성하영과 합진하여 청주군에 주둔했다. 이때 공주관찰사 박제순(朴齊純)이 본부의 위급함을 걱정하면서 청주 부대에 여러 번 청원하고 백낙완도 다급히 보고하니, 이에 영관 성하영이 출발하여 10월 20일에 공주부에 이르고 백낙완의 분로병(分路兵) 50명이 와서 합진했다.[88]

전봉준이 북상할 무렵, 이들과는 별도로 북접군도 남하하는 관군에 항전하고 있었다. 이들과 관군의 최초 접전은 10월 22일부터 27일까지 목천 세성산(細城山)에서 이루어졌다. 세성산은 해발 220미터의 농성(農城)으로, 북서쪽은 높이 솟아 있고 동남쪽은 울창한 숲으로 연결되어 있다.

세성산에 북접의 김복용(金福用)이 웅거해 있을 때, 공주의 관군 내부에서는 "목천 세성산의 역적들은 뱃속에 든 우환"(木川細城之賊 爲腹心之憂)이라 하여 목천선공론과 "만약 공주성이 함락되면 호서의 모든 고을이 우리의 땅이 아니다"(若錦營一憂 則湖西全省 便非我有也)라 하여 공주선공론이 나왔으나, 결국 그 주력을 공주에 포진하고 이두황의 관군이 일본

84 吳知泳, 『東學史』, pp. 134~135.
85 양진석, 「충청지역 농민전쟁의 전개 양상」, 『백제문화』(23)(공주 : 공주대 백제문화연구소, 1994), p. 25.
86 「全琫準 供草」 初招.
87 「巡撫使呈報牒」(10월 25일자), 『東學亂記錄』(下), p. 10.
88 白樂浣(記), 申福龍(校注), 「南征錄」, pp. 182~183.

군과 함께 목천을 선공하기로 결정했다.[89]

이곳 세성산의 동학삼로(東學三老)라 일컫는 김화성(金化成)·김용희(金鏞熙)·김성지(金成之)가 이끄는 농민군은 산 위에 방비 요새를 세우고, 산성의 높은 암벽 사이에 막사를 세웠는데 공격하기가 매우 어렵고 견고했다.[90] 산성의 농민군은 투지가 왕성했고 깃발은 수풀처럼 섰으며 함성은 산골짜기를 울렸다. 그들이 부대를 편제하여 용감하게 전투에 종사하는 광경은 매우 장렬했다.

세성산성에 주둔한 농민군 가운데는 동학교도가 많았는데, 그들은 관군이 쏜 총탄을 동학의 주문으로 저지할 수 있다고 생각했다. 또 포탄이 몸에 맞아도 죽지 않으며, 칼에 맞아 상처를 입어도 피가 흐르지 않으며, 자신들의 신앙은 귀신과도 같아서 탄환이 비 오듯 쏟아져도 두렵지 않다고 생각했다.[91]

일본군의 총격은 농민군을 무력하게 만들었다. 피가 흘러 사방에 흩어지고 시체가 쌓여 있는 엄청난 광경을 보자, 상처도 입지 않고 죽지도 않는다는 것을 믿고 있던 농민군은 공포를 느끼면서 북쪽으로 흩어져 도망가기 시작했다. 주문을 외우고 있던 동학교도들은 마치 사형 집행을 당하듯이 살해되었다.

이 싸움에서 북접군의 맹장인 김복용과 중군 김영우(金永祐), 화포대장 원전옥(元全玉)이 생포되어 총살 당했고 많은 군기를 빼앗겼다. 이 패전은 농민군에게 치명적인 손실을 주었다. 이 싸움에서 시체는 370명을 헤아렸고, 포로 17명 그밖에 중·경상자는 400명이 넘었다.[92] 그 뒤로 이 산을 시성산(屍城山)이라고 부른다.[93]

---

89 金義煥,「東學軍戰蹟地踏査記」(8),『新人間』324(1975년 2월)(서울 : 天道敎中央總部, 1933), p. 52;「兩湖右先鋒日記」(10월 21일자),『東學亂記錄』(上), pp. 287~290;「公山剿匪記－利仁之役」,『官報』개국 503년 11월 27일자, pp. 419~421.

90 「巡撫先鋒陣謄錄」(10월 27일자),『東學亂記錄』(上), p. 437.

91 菊池謙讓,『近代朝鮮史』(下), p. 239.

92 菊池謙讓,『近代朝鮮史』(下), pp. 240, 289~290;『承政院日記』1894년 11월 5일자.

이 세성산의 승리로 관군의 기세는 크게 높아진 것과는 달리, 농민군 가운데는 달아나는 사람이 많아 커다란 동요가 생겼고 경기도와 충청북도의 여러 고을은 싸우지도 않고 흩어지는 상황이 되었다. 충청남도의 바닷가에서도 농민군의 대진(大陣)이었던 홍주가 10월 25일에 군관 이승우(李勝宇)에게 넘어갔다.[94]

세성산 싸움 이후 관군의 진용이 날이 갈수록 갖추어지는 것과는 달리, 농민군의 규모는 점차 줄어들었고 사기도 퇴색하였으며 군기와 군량도 부족하게 되었다. 이두황은 세성산에서 3일 동안 머문 뒤, 300명을 잔류시키고 26일 이곳을 출발하여 27일 공주에 입성했는데 병력은 850명이었다.[95]

일본군도 공주의 중요성에 대해서는 같은 생각을 하고 있었다. 당시 관군과 일본군은 공주가 농민군을 저지하는 최후의 보루라고 생각하고 있었는데 그 이유는 이노우에 가오루 공사의 다음과 같은 전략보고서에 잘 나타나 있다.

> "공주는 충청도의 도부(都府)로서 한 도의 중요한 위치를 차지하는 곳이므로, 만일 이곳이 적군의 수중에 떨어지면 한 도(道)가 몽땅 무너질 것입니다. 동학당의 형세를 보면, …… 그들을 강원도나 함경도 방면으로 도망치게 한다면 후환이 적지 않으리라고 생각됩니다. …… 이번에 신속히 동학당을 진압하여 조선 정부의 내환을 제거하는 것이 내외적으로 대단히 시급한 일이라 생각됩니다.
>
> 따라서 우리 정토군의 세력, 특히 동북 방면의 세력을 보강하여 적도(賊徒)가 강원·함경 양도로 도주하는 것을 예방하고 아울러 토멸(討滅)의 성과를 빨리 거두고자 이곳 수비대 중에서 1개 중대를 더 동로로 파견하여 적도를 서남 방면으로 쫓아버려 끝에 가서는 서로의 우리 군대와 함께 포위·공격하여 한꺼번에 이를 초멸(剿滅)하고자 합니다."[96]

93 『天原實錄』(천안 : 천원군 문화공보실, 1982), p. 26, pp. 159~160.

94 菊池謙讓, 『近代朝鮮史』(下), p. 241.

95 「兩湖右先鋒日記」(10월 28일자), 『東學亂記錄』(上), p. 298.

당시 북상하고 있던 전봉준은 공주 진공을 결행할 때 뒤에 남아 전주를 지키던 김개남에게 긴급히 구원을 요청했으나 응답이 없었으며, 광주(光州) 방면에서 활동하던 손화중에게도 사람을 보내 도와 달라고 부탁했으나 즉각적인 응원이 없었다. 전봉준은 연산을 출발하여 공주를 향해 노성으로 진군했다. 공주는 북서쪽에 금강이 흐르고 있으므로 동남쪽에서 들어가는 길밖에 없었다.

노성에서 공주로 들어가는 길은 우측으로 경천에서 판치(板峙)를 넘어 효포(孝浦 :계룡면 新基里 샛터)와 능치를 경유하는 길과 좌측으로 이인을 거쳐 우금고개로 들어가는 길이 있다. 농민군은 노성에서 2대로 나누어 한 부대는 판치-효포-능치를 거쳐 공주의 동쪽을 공격하고 다른 한 부대는 노성에서 이인으로 진출하여 공주의 남쪽을 공격하기로 했다.

이때 공주 일대에 집결해 있던 관군의 수를 보면, 선봉장 이규태가 이끄는 경리청, 순무영, 통위영, 장위영, 좌선봉진 등 3천209명에 일본군이 배속되어 있어 당초보다 증가했다.[97] 이 가운데 핵심적인 병력은 일본 사관이 훈련한 교도중대였다. 일본군 보병 모리오 마사가츠 대위, 시라키 세이타로(白木誠太郎) 중위와 미야모토 다케타로(宮本竹太郎) 소위가 이들을 직접 지휘했다. 이 중대에는 일본 하사관 몇 명과 한국인 통역 두 명이 배속되어 있었다.[98]

공주가 중요한 만큼 조선군에게는 모젤총 400정과 탄약 4만 발을 대여하였으나, 이 탄약으로는 여전히 부족하여 다시 탄약 3만 발 정도를 더 제공했다.[99] 강화병(江華兵)은 슈나이더와 레밍턴을 섞어 썼으며 진남병(鎭南兵)이 갖고 있던 것은 모두 슈나이더였다.[100]

96 「井上特命全權公使 報告」(1894. 11. 14.), 『日公記』(1), pp. 164~165.
97 「各陣將卒成册」, 『東學亂記錄』(下), pp. 647~653.
98 『舊韓國外交文書 3 : 日案 3』, No. 3295, 高宗 31년 10월 9일자.
99 「機密 第218號 東學黨征討 조선군에 대한 탄약 대여의 件」, 『日公記』(5), p. 75;
　　「공주 전투 상황」(12월 3일), 『日公記』(3), p. 387.

중군은 이기동(李基東)이 인솔하고 통위대는 오창성(吳昌成)이 통솔하여 금학동에 진을 쳤고, 구상조는 웅기에 주둔하였으며, 장용진은 통위대 일부를 이끌고 봉화대에 있었다. 공주영의 주력은 중군 이기동이 데리고 주봉에 배치했다. 성하영과 백낙완은 이미 10월 초 6일 공주에 도착하여 견준봉(犬蹲峰)[101]에 진을 치고 방위를 더욱 삼엄하게 했다.[102]

경리청군은 공주 동남쪽의 봉황산 효포봉과 연미봉에 배치되고 이인과 판치에는 경리청군과 통위영군이 배치되었으며, 공주 영내에서는 스즈키 아키라(鈴木彰)가 신병을 훈련하고 있었다. 이규태는 통위영군을 거느리고 10월 24일 공주에 도착했다.

농민군이 공주성으로 진격하기 시작한 것은 10월 22일이었다. 전봉준이 이끄는 주력부대는 경천에 집결했다가 판치를 넘어 남쪽으로 10리에 있는 효포로 진출했다. 능치(崚峙)를 넘어 공주를 점령하려던 전봉준과 이를 방어하는 성하영이 대치하여 10월 24일부터 접전이 시작되었다.

대치한 지 하루가 지나 25일 아침 홍운섭의 증원 부대가 도착하자 관군은 3로로 나누어 농민군을 공격했다. 경리청 대관 조병완은 북에서 농민군의 우측을 공격하고 참령관 구상조와 일본군 30명은 남쪽에서 좌익을 공격하고 성하영은 정면에서 진격하여 3면 공세를 전개하며 반나절 동안 격전을 벌였으나 승부가 나지 않았다.

효포와 납다리[蠟橋] 등지에 둔진하고 있던 선봉장 이규태는 통위병(統衛兵) 2개 소대를 이끌고 10월 25일 아침부터 공격을 시작했는데 대관 신창희(申昌熙)와 오창성(吳昌成)이 분발하여 몸을 돌보지 않고 진격하여 농민군을 포살했다.[103]

---

100 南少四郎, 「東學黨征討略記」, p. 56.
101 犬蹲峰[개돌백이]은 우금고개의 정상을 가리킨다.
102 白樂浣(記), 申福龍(校注), 「南征錄」, p. 177.

안성 군수 홍운섭이 대관 윤영성과 함께 삼로로 진격하자 전봉준은 가마를 타고 깃발을 휘날리며 나팔을 불며 나왔다. 이에 관군이 일시에 진격하여 70명을 사살하고 2명을 사로잡았으며 대포와 군기를 노획했다. 경리청의 병정들이 농민군의 갖추지 못함을 틈타 엄습했다.

해가 저물어 관군도 피곤하여 더 이상 진격하지 못하고 회군하였으며 농민군은 이날 경천으로 퇴각했다.[104] 10월 23일, 후원영관(後援領官) 구상조가 병졸을 이끌고 공주의 효포를 지키고 있었는데 전봉준 부대와는 별도로 공주의 농민군이 옥천의 농민군과 함께 한다리[大橋] 방향에서 진격해 들어왔다.[105]

한편 이인으로 진출한 농민군은 23일 성하영과 경리청 대관 윤영성이 거느린 관군과 일본군 100명과 접전을 벌였다. 이인은 남에서 북으로 공주를 통하는 정면의 요충지다. 관군에 쫓겨 산상으로 후퇴한 농민군은 회선포를 쏘아 관군과 일본군을 퇴각시켰다.[106]

일본군은 북쪽에서 산을 오르며 나무에 몸을 은신하고 관군과 상응했다. 구완희가 먼저 남월촌(南月村)에 주둔한 농민군을 향해 북쪽으로 쳐들어가자 농민군은 취병산(翠屏山)[107]으로 올라가고 관병은 이인역으로 들어가 웅거했다.[108]

이인 전투는 유생(儒生)을 중심으로 하는 민군(民軍)의 역할이 컸다는 점에서 특이한 양상을 보여주고 있다. 애초 농민군이 연산에 집결했다는 소식을 들은 공주의 유생들은 이들이 중국 전한(前漢)의 장각(張角)과 다

103 「公山剿匪記」,『관보』 개국 504년 11월 28일자;『承政院日記』 1894년 11월 3일자.
104 『承政院日記』 1894년 11월 16일;『高宗實錄』 31년(1894) 11월 3일;「巡撫先鋒陣 謄錄」,『日公記』(3), p. 28; 白樂浣(記), 申福龍(校注),「南征錄」, pp. 182~184.
105 「公山剿匪記」,『官報』 개국 504년 11월 28일자;『承政院日記』, 1894년 11월 3일.
106 「巡撫先鋒陣謄錄」,『東學亂記錄』(下), p. 27.
107 갑오전쟁 이후 이 산은 聚兵山이라고도 불린다.
108 「公山剿匪記 : 利仁之役」,『官報』 개국 503년 11월 27일자.

름없는 반란군이라고 생각했다.

특히 이인 일대의 유생들은 이곳의 토반(土班)인 탄천 박씨(灘川朴氏)들의 인력과 물량을 지원받아, 양재목(梁在穆; 1831~1911)의 지휘 아래 탄천 송학리(松鶴里)에 본부를 두고 400명의 민군을 조직하여 취병산에서 싸웠다. 뒤에서는 민군의 반격을 받고 앞에서는 관군의 반격을 받은 농민군은 검바위에서 패배하고 경천으로 퇴각했다.[109]

효포에서 능치를 넘어 공주성으로 진격하려다가 패배한 전봉준은 11월 8일 전봉준은 주력 부대를 이끌고 우금고개로 진격해갔다. 농민군들은 동서남 삼면을 둘렀고 머리와 꼬리가 동서로 30리에 닿아 있었다. 이곳에서 40~50차례의 공방을 마치니 농민군의 시체가 산을 뒤덮었다.

관군은 일본군 사이에서 사격을 가했다. 농민군은 건너편 언덕으로 후퇴하며 저항했으나 결국 진지를 버리고 퇴각했다. 관군이 함성을 지르며 추격하여 대포, 군기, 기치 60여 자루를 노획하고 모리오 마사가츠와 경리청 병력 50명이 10여 리를 추격했다.[110]

공주의 전투는 11월 8일(양력 12월 4일) 오후 4시, 판치의 경계를 맡고 있던 경리영병 810명이 우세한 농민군의 공격을 받고 점차 공주로 퇴각하면서부터 격화되었다. 일본 군관 모리오 마사가츠가 이끄는 한일연합군은 4차례의 공격과 40~50차례의 접전에서 농민군을 여지없이 격멸했다. 토벌군은 농민군의 시체를 웅진동 늪지대에 집단으로 버렸는데 이후부터 이늪을 '송장배미'라고 부른다.[111]

우금고개에서 전개된 7일 동안의 전투는 농민전쟁의 마지막 불꽃이었다. 1차와 2차 공격을 마친 뒤 병사를 점검하니 7천 명이 전사하거나 탈주하고 3천 명만이 남아 있었다. 이와 같은 참화에도 다시 3차와 4차의 공격

---

109 梁基德(民軍 지휘자 梁在穆의 손자 : 1919년생, 공주 이인면 이인리)의 증언
110 「公山剿匪記」, 『官報』 개국 503년 11월 29일자.
111 李學周(1924년생, 公州市 熊津洞 24)의 증언.

을 하고 나니 남은 군사는 500명으로 줄었다.

전봉준은 일단 금구로 가서 다시 병사를 모아 공격할 작정으로 공주성을 물러났다. 그러나 병사를 다시 불러 모은다는 전봉준의 계획은 뜻대로 되지 않았다. 이미 기율이 해이해졌기 때문이다.[112] 동학 부적을 달면 왜병의 총알도 막을 수 있고 적의 총구에서 물이 쏟아진다는 말[113]도 거짓말임이 드러나지 않았는가?

이제는 공수(攻守)가 뒤바뀌었다. 모리오 마사가츠가 이끄는 추격병은 전봉준을 매섭게 몰아쳤다. 우금고개에서 농민군이 패주하고 있다는 보고가 공주의 관군에 전해지자, 모든 군사가 논산을 향하여 진격하기 시작했고, 각처의 농민군은 그 패배를 알고 눈사태처럼 논산·노성 방면으로 흩어졌다. 호왈 4만 명이라던 농민군이 600여 명에 지나지 않는 모리오 마사가츠의 부대에 이토록 무참하게 패배한 것은, 무기의 열세를 감안해도 불가사의한 일이다.

그러나 그것은 불운이 아니라 필연적인 귀결이었다. 우선 농민군은 전투 능력과 군율에서 일본군의 적수가 되지 못했다. 일본군의 주력 부대는 충분한 실전 경험을 가진 정예 부대인 것과 달리 농민군은 그런 경험이 없었다. 당시의 중앙집권적 통치 구조상 정규군은 항상 도성 일대에 주둔하고 있었고 지방에는 군사 조직조차 없었던 상황에서 농민군이 전투력이 없었던 것은 당연했다.

농민군은 지구력 면에서도 취약했다. 근대 도시 환경에서 노동자들은 기술·재정·급식의 모든 면에서 사회 구조에 깊이 종속되어 있다. 농민군은 며칠 또는 몇 시간 이내에 전투의 승패를 결정지어야 한다. 농민은 아직도 반(半)자연적인 환경 속에 살고 있다. 그들은 적어도 직접생산자이며 식량, 난방, 비상시를 대비하는 기본적인 기술 등에서는 어느 정도의

---

112 「全琫準 供草」 初招.
113 朴寅浩, 「甲午東學起兵實談」, 『月刊中央』(1935년 2월호), p. 48.

자급자족 능력을 갖추고 있다.

특히 낙후된 지역에 살고 있어 근대적 사상과 도시생산품에 대한 의존도가 낮은 농민일수록 이런 경향은 더욱 강하다. 군사적 견지에서 볼 때 장기적 무장 투쟁이 가장 유력한 지역이 이런 지역이다. 그러나 그들의 행동반경이 확대되어 이동할 때는 투쟁 능력이 급속히 감소한다. 농민이 총을 들고 이동할 때 그들의 전근대적 삶은 부담만 될 뿐이다.[114] 이런 점에서 그들은 병참을 갖춘 일본군의 적수가 되지 못했다.

여기에 사태를 더욱 악화시킨 것은 농민군의 주력 부대인 김개남과 손화중 부대가 북진에 참여하지 않았다는 사실이다. 손화중과 최경선은 일본군이 해안으로 상륙한다는 소문이 있어 광주(光州)를 지키고 있었기 때문에 북상에 참여하지 않았으며,[115] 김개남은 청주에 머무르고 있었다. 이들이 빠진 전봉준의 부대는 농민군 가운데서도 가장 취약했으며, 전투 의지의 면에서도 다소는 낭만적이었다.

그뿐만 아니라 전봉준은 병법을 이해하는 전략가가 아니었다. 따라서 그가 공주를 결전장으로 선택한 것은 무모했다. 공주 일대는 방어하기에는 유리하지만 공격하기에는 불리한 지리이다. 이런 처지에서 일본군·경군·민병 등은 우세한 무기에 유리한 위치를 차지하고 기다리고 있었고, 농민군은 지리적으로나 장비에서나 불리한 상태에서, 이미 저들이 지키고 있는 공주성을 공격해야 했다. 이런 상황에서 전봉준이 모든 역량을 공주에 투입한 것은 전략상의 오류였다.[116]

---

114 Jean Chesneaux, *Peasant Revolts in China : 1840~1949*(London : W. W. Norton & Co., 1973), p. 156.

115 「全琫準 供草」初招.

116 박맹수, 「동학농민전쟁과 공주 전투」, 『백제문화』(23), p. 68.

5. 맺음말 : 혁명인가, 전쟁인가?

1894년 갑오농민혁명의 성격에 관해서는 몇 가지의 쟁점이 제기되고 있다.

[1] 1894년 정월에 전봉준이 군수 조병갑에 항거하여 민란을 일으킨 때부터 이른바 갑오농민혁명이 완전히 진압된 1895년 초까지의 일련의 사태는 그 성격에 따라서 시대 구분을 해줄 필요가 있는 것들이다.

먼저 1894년 정월의 사건은 조선조 후기에 연면히 이어 내려온 민란의 복제 현상이었다. 이것이 곧 1차 봉기이다. 이 1차 봉기를 동학혁명사에서 제외하여 민란이라 부르는 견해[117]는 잘못되었고 역사의 흐름을 잘못 해석한 것이다.

민군이 군계(郡界)를 넘은 전국 규모의 저항으로 확대된 것은 고부 군청 습격 사건이 마무리될 무렵인 1894년 3월이었다. 곧 장흥 부사 이용태(李容泰)가 뒤늦게 난을 평정한다는 이유로 가담자를 폭압한 것이 계기가 되어 다시 봉기가 일어나게 되는데 이때 동학교도들이 대거 참여하게 되어 1차 봉기와는 다른 성격을 띠게 된다.

그러므로 흔히 황토현 전투로 불리는 3월 거병부터 6월의 전주 화약까지의 기간은 2차 기포라고 할 수 있다. 3차 기포는 일본의 침략 의욕이 본격화되고 청일전쟁에서 일본의 승리가 임박하자 종전의 민란이나 2차 기포의 종교 투쟁의 성격을 넘어서 농민군이 민족주의 항쟁을 전개한 시기를 의미한다.

[2] 갑오농민혁명에 관한 두 번째 쟁점은 그것이 혁명인가, 전쟁인가의 문제가 될 것이다. 우선 그것이 혁명으로 명명된 경위를 살펴보면, 이는 5·16군사쿠데타 직후 여기에 정통성과 합법성을 부여하고자 당시 쿠데

---

117 이이화, 『전봉준』(서울 : 중심, 2006).

타 주역들과 일부 어용학자들이 쿠데타와 세칭 동학란에 "혁명"이라는 이름을 함께 붙여 동일시적 위광 효과를 누리고자 한 데서 기인했다.

이런 점에서 본다면 동학란이 동학혁명이 된 경위는 결코 떳떳하거나 자랑스러운 것이 못 된다. 그러나 이때부터 "동학은 5·16군사정변과 함께 혁명"이라는 문교부의 방침이 확정되었고 모든 교재에 그렇게 표기되기 시작했다. 여기에 이곳 전북 출신 대통령의 지각없는 현창 사업과 그 돈에 어두운 영혼 없는 서생들이 정치권을 등에 업고 동학 운동이 고부에서 시작한 것이 아니라 고창(高敞)에서 시작되었다고 역사를 왜곡했다.

전쟁이라는 용어가 표면화되기 시작한 것은 1980년대, 이른바 "서울의 봄" 이후 진보적 학자들에 의해서였다. 이들의 주장은 북한 사학이 1894년의 일련의 사태를 "농민전쟁"이라고 부르는 것과 일치하고 있다는 점에서 미묘한 느낌을 주고 있다. 이러한 입장은 동학농민운동의 대일항쟁 요소에 강렬한 의미를 부여하고 있다.

그러나 이 "전쟁"이라는 개념에는 다소 무리가 있다. 1894년의 사태를 자세히 검토해볼 때, 1차 기포는 군계를 넘지 않는 평범한 민란이었고, 2차 기포 때는 반란의 오명을 쓰지 않으려고 도계(道界)를 넘지 않았다.

또 3차 기포는 그 규모가 확대된 것은 사실이지만, 한국과 일본이라는 국제법상의 교전 국가가 무력으로 투쟁한 것은 아니며, 농민과 동학교도를 중심으로 하는 일부 피지배층이 반봉건투쟁을 전개하는 과정에서 봉건 세력의 비호자인 일본의 600여 명의 일개 대대와 충돌한 것일 뿐이다. 그뿐만 아니라 전투의 규모와 양상을 보더라도 어떻게 그것을 전쟁으로 규정할 수 있겠는가?

전쟁의 사전적 의미는 "주권 국가를 교전 단체로 하여 상당한 기간 상당한 병력 간에 일어난 전투 행위"[118]이다. 이럴 경우 1894의 일련의 사건

---

118 Quincy Wright, "The Study of War", *International Encyclopedia of the Social Sciences*(New York : Macmillan Co. & Free Press, 1979), Vol. 16, pp. 453ff.

은 전투(battle)였을 뿐 전쟁(war)이라고 보기는 어렵다. 곧 1894년의 사태에서 일본군과의 교전은 물론 그 자체로 중요한 의미를 갖는 것이기는 하지만 전체적인 맥락에서 볼 때 부분에 지나지 않는다. 또한 역사상 농민이 전쟁의 주력 부대인 사례는 없다.

농민이 전쟁의 기간 단위가 될 수 없는 이유는, 우선 그들이 경제적으로 전쟁에 필요한 전투 수단, 곧 무기를 마련할 수 없을 뿐만 아니라, 전쟁을 수행할 수 있는 전략 개념도 갖추고 있지 못하기 때문이다. 적어도 전쟁이라는 측면에서 본다면, 농민은 그 사회 지배 계급의 동원병이지 그 주체일 수는 없다. 또 그들은 국가를 위해 전쟁을 수행할 만큼 지적으로 성숙하지도 않았고 그런 소명의식도 없다. 그들이 투쟁할 수 있는 한계는 기껏 민란의 규모일 뿐이다.

이런 점에서 볼 때 1894년의 일련의 무력 충돌을 전쟁이라는 개념으로 확대하는 데는 문제가 많으며, 엥겔스(F. Engels) 이론의 정제되지 않은 적용이라고 할 수 있다. 따라서 이것을 종래대로 혁명으로 부르는 것이 온당하다는 것이 나의 입장이다. 물론 앞서 지적했듯이 그것이 5·16군사정변과 병렬되는 데서 오는 불쾌감이 없는 것은 아니지만, 그것이 이미 "쿠데타"로 정의된 지금에 와서까지 그 불쾌한 사연에 집착하여 혁명이라는 용어를 기피할 필요는 없을 것이다.

5·16군사쿠데타와 병렬(竝列)한 의미에서의 "혁명"일 수 없으므로 "전쟁"이라는 호칭이 걸맞다는 분석은 논리의 비약일 뿐이다. 봉기의 혁명성에 관한 문제는 이제 전쟁인지 혁명인지를 택일해야 할 단계이다. 우리는 차라리 그 혁명이 "어떤 성격의 혁명이었는가"를 고려해 보는 것이 더 바람직하다.[119]

[3] 그런데 갑오농민혁명의 명칭에 관한 문제는 앞서 지적한 "전쟁"이냐 "혁명"이냐는 논의로 끝나는 것은 아니다. 곧 우리는 이 항쟁의 전개 과정

---

119 朴鍾晟, 「갑오 농민봉기의 혁명성 연구」, 『갑오동학농민혁명의 쟁점』(서울 : 집문당, 1994), pp. 340~341.

에서 민란의 요소와 종교적 요소의 함수 관계를 어떻게 해석하느냐의 질문에 봉착하게 된다. 이 글의 기본적인 입장은 1894년의 사태는 조선왕조 후기를 이어 내려온 민란의 요소가 주맥(主脈)이며 동학은 그 민란에 착색된 하나의 종속변수에 지나지 않는다는 것이다. 물론 동학은 교리 면에서 볼 때, 개벽이론과 같은 개혁적인 요소가 강렬하므로, 외세에 항전할 수 있는 여지를 처음부터 가지고 있었다.

그러나 동학도가 혁명에 참여한 것은 교리 해석에 의한 것만은 아니며, 오히려 조병갑과 이용태의 폭압이 더 결정적인 계기가 되었음은 잘 알려진 사실이다. 또 그들이 혁명에 참여했다 해도 갑오농민혁명 전체에서 동학은 지류였으며 민란이 주류였다. 그러나 종래의 학설들은 이 혁명에서 동학의 종교적 요소를 지나치게 확대 해석했다.

중세 독일에서 일어난 뮌처(T. Müntzer : 1489~1525)의 난이 종교를 매개로 한 것이었는데도 근본적으로는 농민전쟁이었듯이, 농민은 반봉건투쟁을 전개할 때 "종교의 표피를 쓰고"(in religious guise) 또는 "종교의 기치 아래"(under religious flag)[120] 행동할 뿐이지 그 실질적인 내용이 종교적인 것은 아니다. 이와 마찬가지로 갑오농민혁명도 민란이 외연(外延)이요, 동학은 그 안에 내포되는 것일 뿐이다.

이와 관련하여 우리는 유영익(柳永益)의 주장을 주목할 필요가 있다. 그는 이렇게 주장한다.

"1894년의 농민봉기를 진보적 성격의 사회 혁명으로 규정하는 남북한의 통설은 한국 근대사를 이른바 구조주의적 관점에서 비교적 단순화하거나, 혹은 마르크스(K. Marx)류의 유물사관의 역사발전론을 한국 역사에 도식적으로 무리하게 적용한 데서 비롯된 오설(誤說)이라고 나는 생각한다. 전봉준이 일으킨 1894년 3월의 봉기는 본질에서 유교의 충군애민사상에 바

---

120 Guenter Lewy, *Religion and Revolution*(New York : Oxford University Press, 1974), pp. 119, 583.

탕을 두되 체제 안의 정권 교체를 겨냥하여 일으킨 무장 개혁 운동(armed reform movement)이었다고 보며, 1894년 10월의 봉기는 여름에 조국을 침범한 일본의 침략군을 몰아내고자 한국근대사에서 최초의 본격적 의병이 일으킨 항일전쟁이었다."121

유영익의 이와 같은 입장은 전봉준이 대원군과 유교에 기초를 둔 보수주의적 개혁을 밀모했다는 사실에 그 논거를 두고 있다는 점에서 문제가 있지만, 갑오농민혁명에서 종교적 성격을 이해하는 데는 매우 가치 있는 지적이다.

이상의 논의를 종합해 보건대, 1894년의 일련의 사건은 "농민혁명"이었다. 그리고 그 시대를 나타내기 위해 굳이 간지(干支)를 붙인다면 "갑오농민혁명"이 가장 사실에 가까운 명명이 될 것이다. "동학혁명"이라는 용어는 종교적 요소를 과장한 것이다.

바라다트(L. P. Baradat)의 주장처럼, 혁명이란 비교적 짧은 기간에 전개되는 정치적 개혁122이라면 동학의 창도(1860)부터 갑오농민혁명(1894)까지 35년 동안을 혁명이라고 부를 수는 없는 것이며, 1894년의 사건에만 한정하여 사용해야 할 것이다. 물론 동학교단 측에서 동학혁명이라는 용어를 사용하는 것을 말릴 수는 없지만, 이러한 양보는 동학교단에 대한 인연과 연민 때문이지 일련의 혁명에서 동학을 독립변수로 시인하는 것은 아니다.

---

121 柳永益, 「갑오농민봉기의 보수적 성격」, 『갑오동학농민혁명의 쟁점』(서울 : 집문당, 1994), p. 354.

122 Leon P. Baradat, *Political Ideologies : its Origins and Impact*(Englewood Cliffs : Prentice Hall, 1994), p. 17; 申福龍(외 역), 『현대정치사상』(서울 : 평민사, 1995), pp. 48~49.

일본의 입장에서 청일전쟁은
일곱을 얻고 셋을 잃었다.
청일전쟁의 진정한 승자는 러시아였다.
그리고 그것은 또 다른 전쟁을 잉태했다.
청일전쟁의 진정한 패자(敗者)는
당사국도 아닌 조선이었다는 점에서
아이러니이다.
－본문에서

1. 머리말

흔히 일의대수(一衣帶水)라고 일컬어지는 한중·한일의 국제관계사는
은수(恩讐)의 세월이었다. 물론 국제 관계라는 것이 일방적인 문화 유입
이나 편도 통행으로 이루어지는 것은 아니라지만 중국과의 역사는 대체로
불평등한 예종(隷從)의 긴 시간이었고, 일본과의 관계는 시혜(施惠)와 증
오의 관계가 비교적 선명하게 드러나고 있다.

그 성격의 측면에서 한중·한일 관계가 동질적인 것은 아니었다 하더라
도 두 나라는 한국을 이해관계의 대상 국가로 노려본 지 오래되었다는 점

* 이 글은 『한국정치사』(서울 : 박영사, 2003)의 제12~13장(청일전쟁 편)을 개고(改
稿)한 것임.

에서도 역사에 일치된 시각(視角)을 가지고 있었다. 이러한 맥락에 유념하면서 범위를 좁혀 청일전쟁의 역사를 음미해 보는 것은 다음과 같은 네 가지 의미를 가지고 있다.

(1) 청일전쟁의 무대가 되는 1890년의 시대적 상황은 140년의 시차에도 불구하고 한일관계사의 열쇠를 이해하는 데 중요한 척도가 되고 있고, 그러한 비극성이 지금도 엄연히 존재하고 있어 우리의 위상에 대한 교훈을 얻을 수 있다.

(2) 한국은 전쟁의 당사국[교전국]이 아니면서도 패전국가에 못지않게 큰 피해를 겪었다는 점에서 역사적으로 이례적인 전쟁이다. 청국과 일본이라는 두 교전 국가가 자기들의 영토가 아닌 제삼국에서 전쟁을 치렀다는 점에서도 특이하다.

(3) 청일전쟁은 대한제국멸망사의 서막이며 조선 멸망은 이때로부터 기산(起算)되지 않을 수 없다. 청일전쟁 이후 조선의 사양(斜陽)은 피할 수 없는 도식과 시간표대로 진행되었다.

(4) 청일전쟁사는 난마처럼 얽힌 열강과 극동의 이해관계를 이해하는 데 중요한 자료가 된다. 열강이 전쟁의 전후 처리 과정에서 3국 간섭은 첨예하고 복합적이었다. 그 형태의 차이는 다소 있을지라도, 이 시대에 재현될 가능성은 언제나 존재하고 있다.

그렇다고 해서 이 글은 청일전쟁의 전모를 그려보려는 의도로 쓴 것이 아니다. 이 글은 다만 청일전쟁이라는 거대한 드라마에서 조선은 어떤 역할을 했고, 그 두 나라가 가지고 있던 조선에 대한 야망이 어떻게 조선의 망국으로 연결되었는가를 살펴보고자 할 뿐이다.

2. 청일전쟁 이전의 한·청 이해관계

한중관계사가 태초부터 불평등했다고 보기는 어렵다. 적어도 고구려와 백제가 멸망한 3국전쟁 시기인 7세기 이전까지만 해도 동이족(東夷族)은 대륙 민족으로서 중국과 대등한 관계를 유지하고 있었고 물리적[국력]으로나 문화적으로 그 교류가 교호적(交互的)이었다. 그러나 신라가 고구려와 백제를 멸망시키는 과정에서 발생한 국가적 부채는 신라가 중국에 조공을 바치게 했고, 당력(唐曆)과 당(唐)의 연호를 쓰게 했고, 사왕(賜王)의 제도를 정착시킴으로써 근대적 개념으로서의 종속(宗屬) 또는 중국적 개념으로서의 종번(宗藩) 관계가 역사적 현실로 굳어졌다.[1]

비록 후기 신라의 역사가 중국과의 관계에서 불평등했다 하더라도 우리의 중세사에 해당하는 고려 시대에도 그와 같은 불평등이 연장되었다고 보기는 어렵다. 이 시대가 문화적으로 송(宋)의 그늘에 있었다는 점을 시인할 수밖에 없었지만, 정치·외교의 면에서는 대체로 자주적이었다.

문제는 고려말의 여몽(麗蒙)전쟁의 여파로 고려가 멸망하고, 주자학의 세계관과 유교의 윤리를 건국 이념으로 하는 조선왕조의 건국을 통해 한중관계사는 구체적으로 종속의 틀 속에 얽매이기 시작했다는 점이다. "작은 것으로써 큰 것을 거역할 수 없다."[以小逆大不可]는 이성계(李成桂)의 대중국 인식[2]은 조선왕조를 관통하는 정책으로 지속하였고 이러한 인식의 기간은 520년이라고 하는 긴 시간 동안 이어졌다.

한국 문제와 관련하여 중국이 자신의 입지에 불안을 느끼기 시작한 것은 1876년의 「한일수호통상조약」이 체결된 이후였다. 한국이 이 조약을 통해 타의로 개항하고, 이를 계기로 서구 문물이 들어올 때까지만 해도 그들은 전통적인 종번 관계에 집착해 있었으므로 그것을 서세동점의 위기라고는 생각하지 않은 채 일본은 왜구(倭寇)라는 인식에서 크게 벗어나지 않았다.

그러므로 「한일수호통상조약」의 내용이 청국 정부에 전달되었을 때에

1 이에 관한 자세한 논의는 「三國戰爭 후의 사회 변동」, 본서 제4장 참조.
2 『高麗史』(137) 辛禑(5) 14년(1388) 4월 乙巳條.

도 그 당시로서 충분히 논란의 여지가 있었던 조약문의 제1조인 "조선은 자주의 나라이다."라는 대목을 들어 일본에 항의하거나 조선을 힐책하지 않았다.

애초 청국이 「한일수호통상조약」을 시비하지 않은 데에는 그럴 만한 이유가 있었다. 곧 조선에 대한 중국의 종주권 문제는 제3국의 승인이나 부인의 대상이 된 전례가 없었고 따라서 그로 인한 분쟁이 발생한 적이 없었으므로 전통적인 종번 개념에 따라 조선이 중국을 종주국으로 인정하고 있는 것으로 충분하다고 청국은 생각하고 있었다.

적어도 광서제(光緒帝)가 등극하던 당시(1875)만 하더라도 중국이 생각하는 천조(天朝)는 조선에서 변함없이 위신을 유지하고 있었고 조선은 상국(上國)에 대하여 충성하고 순종하면서 아무런 문제가 없었기 때문에 청국 정부는 한일수호통상조약을 시비하지 않았다.[3]

그러나 청국이 생각했던 것처럼 사태가 그렇게 안이하게 전개되지 않았다. 시간이 흐름에 따라 애초 피상적이고도 단순하게 생각했던 조약 제1조, "조선은 자주의 나라이다"라는 내용이 매우 미묘하고도 깊고 먼 뜻을 담고 있다는 것을 깨달았을 때 중국의 대한·대일 인식은 동요하기 시작했다.

조약 제1조의 진정한 의미는 결국 조선에서 청국의 종주권을 부인함으로써 청국의 영향권으로부터 조선을 빼내어 독식(獨食)하고자 하는 것이 일본의 의중이라는 것을 깨달은 것은 조약이 체결된 지 두세 해가 흐른 뒤의 일이었다.

조선이 일본의 영향권에 들어간다는 것은 종래의 종번 관계가 무너진다고 하는 국가적 위신의 문제일 뿐 아니라, 지정학적으로 극동의 후두부(喉頭部)라고 할 수 있는 조선을 잃는 것은 곧 만주(滿洲)가 서세동점에

---

3 蔣廷黻(編), 『近代中國外交史資料輯要』(中)(台北 : 台灣商務印書館, 1987), p. 356.

노출된다는 점과 번방을 잃은 데에서 오는 여타 번방에게 주는 상실감과 위신의 추락을 의미하기 때문에 문제는 더욱 심각하게 발전했다.

청국이 청한 종속 관계에서 위협을 느낀 또 다른 사건은 러시아의 남진 이었다. "지구 위에서 더할 수 없이 큰 나라로서 그 땅의 넓음이 3대 주에 걸쳐 있고 육군 정병이 1백만여 명이며 해군의 큰 함정이 2백여 척인 러시아"[4]는 그 자체로서도 두려운 인접 국가였다.

그 뿐만 아니라, 이리(伊犁) 사건(1871)을 계기로 한 만주의 점탈 등으로 청국과 적대 관계에 있던 터에, 얼지 않는 항구를 얻으려는 러시아의 숙원(宿願)은 한반도의 진출을 획책하게 했고 이러한 일련의 사건들은 결국 청국의 경계심을 불러일으켰다. 1880년에 들어오면 극동에서의 청국의 궁극적인 관심은 제로책(制露策)이었다.[5]

이제 러시아가 일본보다도 더 두려운 적으로 등장하게 되자 청국은 그들의 전통적인 이이제이(以夷制夷)의 방책에 따라 미국을 한국에 상륙시킴으로써 러시아와 일본을 동시에 견제하려고 시도했다.[6] 그뿐만 아니라 청국 정부를 대표하는 이홍장(李鴻章)은 외교 고문 제도를 채택하여 묄렌도르프(Paul G. von Moellendorff)[7]와 데니(O. N. Denny)[8]를 조선의 외부(外部, Ministry of Foreign Affairs) 고문으로 고빙했다.

---

4 黃遵憲, 『私擬朝鮮策略』(서울 : 건국대학교 출판부, 1988), p. 9.

5 黃遵憲, 『私擬朝鮮策略』, pp. 10~14 및 *passim*.

6 이에 관한 자세한 논의는 본서 제9장 「신미양요」 참조.

7 묄렌도르프의 활약에 관한 논의는 R. von Moellendorff, *P. G. von Moellendorff : Ein Lebensbild*(Leipzig : Otto Harassowitz, 1930), *passim*; 신복룡 · 김운경(역주), 「묄렌도르프自傳」, 『묄렌도르프文書』(서울 : 집문당, 2020), *passim* 참조.

8 데니의 활약에 관한 논의는 O. N. Denny, *China and Korea*(Shanghai : Kelly and Walsh, Ltd. Printers, 1888)과 신복룡(역주), 「淸韓論」, 『데니文書』(서울 : 집문당, 2020), *passim*, 그리고 Robert R. Swartout, *Mandarins, Gunboats and Power Politics : O. N. Denny and the International Rivalries in Korea*(Hawaii : The University Press of Hawaii, 1980), *passim* ; 신복룡 · 강석찬(옮김), 『데니의 생애와 활동 : 한말 외교 고문 제도의 한 연구』(서울 : 평민사, 1988), *passim* 참조.

그러나 한미수호조약의 체결이나, 묄렌도르프와 데니의 고빙과 같은 방법은 결과적으로 조선의 독립을 인정하고 끝내는 청한 종속 관계를 부인하는 자기 모순을 안고 있었다. 이제 청국은 명분[청한종속론]과 현실[조선의 자주] 사이에서 외교적 실수를 저지르기 시작했다.

예컨대 한국에 부임하는 미국 공사 허드(A. Heard)에게는 조선이 청국의 봉신국(vassal state)임을 사전에 다짐했고[9] 미국 주차 조선 특명 전권 공사 박정양(朴定陽)의 파견을 방해했으며,[10] 박정양의 파견이 기정사실화되자 영약삼단(另約三端)을 강요했다. 영약삼단이라 함은 원세개(袁世凱)의 제국주의적 오만이 가장 잘 나타난 것으로서, 조선의 사신이 외국에 파견될 때 지켜야 한다고 조선 정부에 요구한 3개 조건인데,

(1) 해외에 파견되는 조선의 사절은 먼저 현지의 중국공사관을 방문하여 그를 통해 주재국 외무성에 신임장을 제정하며,
(2) 조선의 사절은 모든 공식적 · 사교적 외교 모임에서 중국 공사에게 윗자리를 양보해야 하며,
(3) 조선의 외교 사절은 외교 문제를 처리하면서 현지의 중국 공사와 협의해야 한다는 점[11]

이다.

요컨대, 7세기의 삼국전쟁 이후 개항기에 이르기까지 조선에 대한 중국

9 "Despatch from A. Heard to the Secretary of State"(June 22, 1891), S. J. Palmer(ed.), *Korean-American Relations : 1887~1895*, Vol. II(Berkeley and Los Angeles : The University of California Press, 1963), p. 41, No. 175.

10 "Despatch from H. A. Dinsmore to the Secretary of States"(September 30, 1887), S. J. Palmer(ed.), *Korean-American Relations : 1887~1895*, Vol. II, p. 101, No. 53 : "Telegram from Viceroy Lee to Yuan"(September 23, 1887), p. 104.

11 "H. N Allen to the Secretary of State"(Nov. 4, 1893), No. 479, in Spencer J. Palmer(ed.), *Korean American Relations,* p. 108; O. N. Denny, *China and Korea,* p. 26; 신복룡(역주), 「淸韓論」, 『데니문서』(서울 집문당, 2020), pp. 36~37.

의 인식은 기본적으로 "품안의 자식"과 같은 것이었다. 이러한 종번 의식은 청일전쟁을 통해 치명적인 상처를 입음으로써 "외교관계상"으로는 그 모습이 바뀌지만, 그 인식에는 변함이 없었다. 그리고 그러한 인식은 당초 명분론에 입각한 것이었으나 서세동점과 조선의 개항 무렵이 되면 점차 실리의 문제로 바뀌게 되며, 중국은 청일전쟁을 통해서 이를 현실로 받아들이게 된다.

3. 일본의 개전 이유

1) 일본의 초기 자본주의의 모순과 정치적 불안

조선에 대한 중국의 이해관계가 대체로 명분론에 달린 것과는 달리 조선에 대한 일본의 이해관계는 지상(至上)의 이해관계(paramount interests)[15]였다. 그렇다고 해서 일본의 초기 역사에서부터 조선이 그들에게 그토록 소중했던 것은 아니다. 적어도 도쿠가와 막부(德川幕府) 치하에서 내재적 안정과 고유 문화의 발달을 향유하는 동안 대외 관계라는 것이 일본에게는 그토록 절박한 것은 아니었다.

조선에 대한 그들의 관심이 지난날에 견주어 더욱 절박하게 된 것은 메이지유신(明治維新, 1868) 이후의 내재적 모순이 증가하기 시작한 때로부터이다. 이러한 모순들은 대체로 다음과 같은 문제로 요약될 수 있다.

    (1) 메이지유신 이후 사무라이(士族 : 侍)의 불만을 밖으로 돌리는 방법
    (2) 일본은 미완성된 초기 자본주의가 안고 있는 구조적 불만의 해소

---

15 A. M. Pooley(ed.), *The Secret Memoirs of Count Tadasu Hayashi*(London : G. P. Putnam's Sons, 1915), p. 139; 신복룡 · 나홍주(역주), 『林董秘密回顧錄』(서울 : 건국대학교출판부, 2007), p. 113.

(3) 서구 자본주의의 도입과 함께 들어오기 시작한 민권과 국민주권적
요구의 희석

(4) 초기 민주주의 도입에 실패한 이토 히로부미(伊藤博文)와 무츠 무네
미츠(陸奧宗光)의 강경한 대외 정책 노선의 추구16

19세기 후반기의 일본이 겪고 있던 위와 같은 모순을 종합적으로 극복할
수 있는 처방으로 제시된 것이 곧 조선 정복(征韓論)이었다. 오쿠마 시게노
부(大隈重信)가 고백하고 있는 바와 같이, "조선을 병합하지 않으면 마치
죽을 것만 같은 위기와 절박감"을 일본은 느끼고 있었다.17 일본은 이미 이
무렵에 자원 보급과 시장 문제를 한국에 의존하고 있었기 때문이었다.18

쇼카존수쿠(松下義塾)의 요시다 쇼인(吉田松陰)을 원조(元祖)로 하여
키도 다카요시(木戶孝允), 스기야마 시게루(杉山茂), 사이고 다카모리(西
鄉隆盛), 야마가타 아리토모(山縣有朋)로 이어지는 정한파가 외형상으로
표방하는 조선 정벌의 근거는 조선의 무례함이었다. 이들은 한결 같이 조
선의 조정이 일본의 사신을 모독했다고 비난함으로써 조선 침략의 구실을
모색했다.

정한론자와 구미파의 의견이 접근된 것은 1875년이었다. 그 이전 곧
1870년대 초엽까지만 해도 일본은 제국으로서의 면모도 아직 갖추지 못
했고, 해양국가이면서도 해군력을 더 보강해야 할 처지였다.19 이들은 운

---

16 *The Secret Memoirs of Count Tadasu Hayashi*, p. 67; 신복룡·나홍주(역주), 『林董
秘密回顧錄』, pp. 54~55; 王紹坊, 『中國外交史 : 1840~1911』(河南 : 河南出版社,
1988), p. 208.

17 『玄洋社社史』(東京 : 玄洋社社史編纂委員會, 1919), pp. 37~39.

18 Tyler Dennet, *Roosevelt and the Russo-Japanese War*(Grochester : Peter Smith, 1959),
p. 117, 96.

19 Ernest Satow, *Korea and Manchuria Between Russia and Japan : 1895~1904*
(Tallahasse : The Diplomatic Press, 1966), p. 62; The General Staff, War Office
(UK)(comp.), *The Russo-Japanese War*, Part I(London : Wyman and Sons, LTD.,
1906), p. 18.

요호(雲揚號) 사건을 도발했고, 이를 기화로 하여 "병자수호조약"을 체결함으로써 대망의 조선 상륙에 성공했다. 일본은 이 조약 제1조에서 "조선은 자주 국가임"을 공식적으로 선언함으로써 조선이 더 이상 청국의 번국(藩國)이 아님을 확인하는 데 성공했다.

그러나 "한일수호조약"은 애초 일본의 국수주의자들이 감격했던 것처럼 그렇게 풍성한 과실을 가져다주지는 않았다. 한국이 원료 공급지와 시장이라고 하는 자본주의적 수요를 충족할 수 있는지의 여부는 한국의 상황과 관련된 것이 아니라 시의(時宜)의 문제였다.

적어도 극동의 무대에서 일본의 입지가 호전되기 시작한 것은 갑신정변의 선후 처리 과정이었던 천진조약(天津條約, 1885)이 체결된 이후였다. 이 조약에서 일본은 자신의 공사관 병력을 철수시키면서까지 청국 군대를 철수시키는 데 성공했으며, "청일 양국 또는 그 가운데 한 나라가 조선에 파병할 때는 쌍방이 상호 문서로써 통지한다."는 심모(深謀)한 구절을 삽입시키는 데 성공했다.

청국이 이 조약의 의미를 감지하지 못하고 있는 것과는 달리 일본은 이 조약의 승리를 대륙 진출의 계기로 삼았으며, 구체적으로 한반도의 상륙 또는 한반도에서 우위를 차지하고자 중국과의 무력 충돌을 상정할 수 있는 계기를 마련해 주었다.

2) 구미 외교 관계의 개선

이 무렵 일본 제국주의의 급속한 발전은 한편으로는 내재적 모순을 심화하는 요인이 있었지만 이를 통해 국제적 지위도 점차 상승하고 있었다. 1888년에 일본은 최초로 멕시코와 수교 조약을 체결하고 이어서 1889년에 미국·독일·러시아와 체결된 기존의 불평등 조약을 개정하여 일본에서 저들이 누리던 특권을 폐지하는 데 초보적인 합의에 이르고 있었다.

이제 일본으로서는 한국 진출의 꿈을 구체화하기 시작했는데 이들의

의도가 어떠했던가 하는 것은 1894년 8월 14일자로 소집된 내각 회의의
결정에서 잘 나타나고 있다.

> (1) 한국의 사대당을 제거함으로써 대청일변도의 외교 정책을 차단하고,
> (2) 그 연속 작업으로 조선 내에서의 친일 세력을 보호 · 육성하며,
> (3) 조선에서의 서구 열강, 특히 러시아의 남방 진출을 경계해야 하며,
> (4) 최악의 경우 한반도의 중립화도 검토의 대상이 되어야 한다.[20]

위의 내용 가운데 가장 주목할 사실은 일본이 러시아를 가상의 적(敵)
으로 상정하고 있다는 사실이다. 일본이 이와 같이 생각한 데에는 조선이
어떠한 열강의 손에도 넘어가서는 안 된다는 판단이 갈려 있었다. 그러나
러시아는 적어도 청일전쟁 이전까지 조선에 대한 이해관계에 그리 예민하
지 않았다.

극동 총독 무라비예프 아무르스키(Muravieff Amurskii)가 1858년에 일
본이 실속 없는 주권을 행사하던 쿠릴열도와 사할린을 사실상 점령했고
아무르강 일대를 차지함으로써 러일관계가 다소 소원했던 것은 사실이
만[21] 적어도 1895년까지는 만주와 사할린 일대 그리고 한국에서 러시아의
이권이 치명적으로 침해를 받았다고는 볼 수 없었기 때문에 청일전쟁의
초기 과정에서 러시아는 양국에 우의 있는 충고를 하는 이상으로 이에 연
루되고 싶지는 않았다.[22]

일본이 깊이 고려했던 두 번째의 국제 관계는 영국의 의중을 읽는 것이

20 陸奧宗光, 『蹇蹇錄』(東京 : 岩波書店, 1941), pp. 134~139; 「對韓問題閣議案」, 伊
藤博文, 『秘書類纂朝鮮交涉資料』(下)(東京 : 原書房, 1970), pp. 599~604; 「朝鮮
問題ニ關スル將來ノ日本ノ政策ニ關スル閣議案上申ノ件」(1894. 8. 17.), 『日本
外交文書』(27/1)(東京 : 日本國際連合協會, 1953), pp. 646~649.

21 K. Asakawa, *The Russo-Japanese Conflict*(Boston : Houghton, Mifflin & Co.,
1904), pp. 66f.

22 A. Malozemoff, *Russian Far Eastern Policy : 1881~1904*(Berkeley and Los Angeles:
University of California Press, 1958), pp. 54~55, 67.

었다. 이 무렵 일본이 걱정했던 것은 영국과 청국 사이에 어떤 비밀스러운 공조(共助) 협정이 있을지도 모른다는 점이었다. 그러던 가운데 7월 말에 도쿄 주차 영국 대리 공사는 상해와 그 근방이 전쟁터가 되어서는 안된다는 점에 대해 일본 측으로부터 보장을 받으라는 훈령을 받았다.[23] 이 일련의 사태를 겪으면서 일본은 영국의 궁극적 관심이 러시아의 남진과 상권의 보호라는 사실을 알았을 뿐만 아니라 영국과 청국 사이에 비밀 협정이 체결된 바가 없다는 사실을 알았다.

이 당시 일본은 최소한 영국이 중립을 지켜준다면 러시아가 외교적 항변 이상의 어떤 무력 조치를 할 수 없으리라고 판단했고,[24] 영국으로서도 일본이 날로 강대해짐으로써 동방에서 민족 해방 운동을 진압하고 제정러시아를 견제할 수 있는 동맹자가 될 수 있다는 판단에 따라 일본과 우의를 다져둘 필요가 있었다.[25]

이 무렵 일본은 청일전쟁이 일어났을 때 러시아가 침묵을 지켜주면 전쟁이 끝난 뒤 함경도를 러시아에 할양하겠다는 비밀 거래를 하고 있었다. 사실 이 무렵 영국은 극동에서 가장 많은 정보를 가지고 있었기 때문에 일본으로서는 러시아의 협조가 매우 긴요했다.

실제로 일본 주차 영국 공사 새토우(Ernest Satow)는 탁월한 외교관이자 교지(狡智)를 갖춘 인물이었다. 그는 아사히나 마사히로(朝日奈眞弘)라는 고급 밀정을 통하여 일본의 군비(軍備) 및 러시아와 일본의 전쟁 전후(前後)의 물밑 거래를 뚫어보고 있었다.[26]

이러한 맥락을 잘 알고 있던 이홍장은 러시아의 중재가 실패할는지도

---

23 *The Secret Memoirs of Count Tadasu Hayashi*, p. 78; 신복룡·나홍주(역주), 『林董秘密回顧錄』, pp. 71~72.

24 *The Secret Memoirs of Count Tadasu Hayashi*, p. 45; 신복룡·나홍주(역주), 『林董秘密回顧錄』, p. 39.

25 王紹坊, 『中國外交史』, p. 209.

26 Ernest Satow, *Korea and Manchuria Between Russia and Japan : 1895~1904*, pp. 62, 69.

모른다는 우려에서 영국과의 대화도 게을리하지 않았다. 신뢰성에서 이홍장은 러시아를 더 믿었음에도 불구하고 열강의 조정을 먼저 부탁한 것은 영국이었다. 이홍장은 1894년 5월 하순, 천진 주차 영국 영사 브리스토우(H. B. Bristow)를 만나 이런 말을 나누었다.

> "만약 영국의 수군 제독들이 천하를 호령하며 지난날 우리의 연대(煙臺)에 나타났던 철갑선을 보여준다면 실로 이는 동해[황해] 제일의 함대가 될 것이다. 이번의 좋은 기회를 러시아가 먼저 차지하지 않도록 하라."27

위와 같은 대화를 나눈 이홍장의 진의는 전통적인 외교 수법인 이이제이(以夷制夷)와 이호경식계(二虎競食計)를 추구했던 것이지 영국에게 속마음을 준 것은 아니었다.

영국은 분쟁 초기에 중재의 의지를 가지고 있었다. 따라서 영국 수상 킴벌리(John W. Kimberley)는 일본 공사 아오키 슈조(靑木周藏)를 불러 이런 말을 나누었다.

> "청일 양국의 충돌은 비극적이며 그것이 전쟁으로 발전할 경우, 두 나라의 어느 쪽에도 도움이 되지 않은 채 러시아의 개입만을 초래할 뿐이다. 따라서 개전만이 문제를 해결하는 방법은 아니다."

일본에게는 이렇게 통고하는 한편 도쿄 주재 공사 파제트(R. S. Paget)에게 다음과 같이 훈령하였다.

> "중국과의 전쟁은 위험하며 동아시아 전체의 상황에 영향을 미칠 것이다. 더구나 개항장에서 무역 소란이 일어날 터인즉 이것은 심각한 타격을 준다."28

---

27 「北洋大臣來電」(光緒 20년 5월 29일), 『淸光緒朝中日交涉資料(1) : 中日戰爭文獻彙編』(2)(臺北 : 鼎文書局, 1972), p. 575, No. 1053.

킴벌리의 의중을 주시해 보면 영국의 궁극적 관심은 동양 무역이 교란되지 않는 것이었다. 킴벌리는 이와 같은 진의를 숨기지 못하고 "영국은 무력 개입을 하지 않을 것"임을 분명히 했다.[29] 그렇다고 해서 영국은 일본이 열망하고 있는 영일동맹을 서둘러 조인할 뜻이 있는 것도 아니었다. 곧 영국이 일본의 편을 들었다는 것은 청국을 포기했음을 의미하는 것은 아니었다.

3) 조선의 친청(親淸) 노선과 청조의 동향

일본은 천진조약을 통해 갑신정변에서 입은 타격을 어느 정도 회복했다고는 하지만, 이때부터 청일전쟁이 일어나기까지 10년 동안 일본의 대한(對韓) 관계는 적의(敵意)에 찬 시기였다. 일본이 바랐던 청한 종속 관계가 이 10년 동안에 청산되기에는 그 뿌리가 너무 깊었다. 일본으로서 조선 왕실의 친청 노선과 이로 말미암아 한반도 내에서의 모든 통신 시설을 청국이 장악하는 현상을 견딜 수 없었다.

서세동점과 더불어 서구의 문물이 조선에 상륙하자 청국은 이곳의 통신망을 장악하는 것이 주도권을 잡는 것임을 알았고, 그 조치로 한청전선조약(韓淸電線條約, 1885)을 체결하여 인천 – 서울 – 의주 – 봉황성(鳳凰城)에 이르는 전선을 가설하는 동시에 향후 25년 이내에는 다른 나라에 전화가설권을 허가하지 않기로 했고, 한청부산전선조약(韓淸釜山電線條約, 1886)과 한청원산전선규약(韓淸元山電線規約, 1891) 등을 체결하여 사실상 조선의 전신망을 장악했다.[30]

28 "Kimberley to Paget"(June 23, 1894), *Anglo-American and Chinese Diplomatic Materials Relating to Korea, 1866~1886*(*AAC Materials*)(Seoul : Shinmundang, 1982). p. 11, No. 15; "Kimberley to Paget"(June 28, 1894), *AAC Materials,* p. 13, No. 22.

29 「露西亞亞洲司司長備志錄」(1894. 6. 30), 『中日戰爭文獻彙編』(7), pp. 235~236.

이러한 상황에서 청국 내에서 일본정벌론이 일어나고 있었다. 이러한 논의가 표면화되기 시작한 것은 1882년 8월경부터였고 이를 주도한 사람은 장패륜(張佩綸)이었다. 당시 그는 한림원(翰林院) 시독(侍讀)으로서 군기대신(軍機大臣)의 밀령을 받아 일본 정벌의 가능성과 방법을 검토한 후 상소문의 형식을 빌려 그 구상을 개진했다. 그가 제시한 일본 정벌의 근거를 들어보면,

    (1) 메이지유신 이후 민심이 이반(離反)하고 있고,
    (2) 봉건 영주(大名)들은 사쓰마(薩摩)파와 조슈(長州)파로 나뉘어 정권 투쟁이 심하며,
    (3) 국채(國債)가 증가하고 물가가 상승하여 경제적 어려움이 심하고,
    (4) 군비(軍備)가 미약하다.[31]

는 것이었다. 따라서 조선의 정예 군대와 함께 일본을 침공하여 이긴다면 동양의 근심을 제거하기에 어려움이 없으리라는 것이 그의 논지였다. 그의 주장은 이홍장의 지지를 받았다.[32]

그러던 터에 "일본이 청국에 대하여 전쟁은 할 수 없다"는 장패륜의 상소문은 일본 주차 청국 공사 왕봉조(汪鳳藻)의 정보 보고[33]와 정확하게 일치하고 있었고 이것이 청국 내의 주전파의 결심에 중요한 인자로 작용했다.

더구나 장패륜은 이홍장의 중요한 막료일 뿐만 아니라 그의 사위였다

30 조약문은 『舊韓末條約彙纂』(下)(서울 : 국회입법조사국, 1965), pp. 429~440 참조.
31 張佩綸, 「은밀히 동쪽을 정벌할 계책을 정할 것을 청하는 上疏文」(請密定東征之策擢), The Secret Memoirs of Count Tadasu Hayashi, pp. 311~321; 신복룡・나홍주(역주), 『林董秘密回顧錄』, pp. 60~70.
32 李鴻章, 「張佩綸의 靖藩覆擢을 論하는 上疏文」(議覆張佩綸靖藩覆擢), The Secret Memoirs of Count Tadasu Hayashi, pp. 311~321; 신복룡・나홍주(역주), 『林董秘密回顧錄』, pp. 60~70.
33 陸奧宗光, 『蹇蹇錄』, p. 19; 劉彦, 『中國外交史』(臺北 : 三民書局, 1979), p. 150.

는 사실은 그의 "되지도 않을" 주장에 대한 확대 해석을 낳았고 이것이 끝내는 청국 조정 내의 지배적인 분위기가 되었다. 개전의 구실을 찾고 있던 일본으로서는 청국의 이러한 태도가 일본의 대륙론자들을 자극하고, 개전의 명분을 주는 것이었기 때문에 차라리 바람직한 것이었다.

그런데 여기에 미묘한 "음모론"이 있다. 대부분의 전쟁에서 더 이상의 명료한 논리가 나타나지 않을 때 흔히 등장하는 것이 음모론이지만, 이 경우는 좀더 구체적이다. 이 음모론을 제기한 사람은 그 시대 미국외교사 연구의 주류를 이루고 있던 데네트(Tyler Dennet)이다. 그의 주장에 따르면, 러시아는 이미 1885년부터 조선을 보호국으로 만드는 문제를 깊이 고려하고 있었다는 것이다. 그러한 음모를 먼저 감지한 영국은 이를 저지하고자 중국이 먼저 조선을 병합하도록 자극하였다.

그러한 작업은 1894년까지 북경 주재 영국공사관과 하트 경(Robert Hart)의 주도로 진행되었다. 그는 이홍장에게 조선의 병합을 부추겼고, 중국은 어리석게도 영국에 이용당하여 조선 지배를 서두른 것이 일본을 더욱 자극했고, 이것이 청일전쟁의 부분적인 도화선이 되었다는 것이 데네트의 결론이다. 그리고 길게 보면 이때 러시아도 조선 문제에 대한 관심을 강화하게 됨으로써 그 음모는 러일전쟁에까지 연장되었다는 것이다.[34]

이러한 계제에 1894년 3월에 김옥균(金玉均)의 암살 사건이 일어났다. 조선에서는 고부(古阜)에서 민란이 일어나 일본은 이에 대해 촉각을 곤두세우고 있었고, 일본에 대한 청국의 제국적 오만이 심화해 가는 과정에 일어난 이 두 사건은 매우 상징적인 것이었다. 김옥균의 죽음이 일본의 대한 정책에 치명적인 상처를 주었다고 볼 수는 없다.

당시 김옥균은 이미 정치적 영향력을 상실했고 일본에게는 더 이상 용도가 없는 퇴물에 지나지 않았다. 따라서 일본은 자기들의 손이 아닌, 어떤 남의 손에 김옥균이 죽기를 기다리고 있었다. 그럼에도 불구하고 김옥

---

34 Tyler Dennet, *Roosevelt and the Russo-Japanese War*, pp. 92, 96.

균의 죽음은 일본의 우익 세력의 빌미가 되기에 충분한 것이었다. 김옥균이 정변에 실패했을 때 그를 외면했던 지난날과는 달리 일본의 우익들은 이 사건을 이용하기로 결심했다.

4) 갑오농민혁명의 국제적 확산

"세월이 지나 청일전쟁사를 쓰는 학자가 있다면, 그는 모름지기 그 책머리에 '동학당의 난(亂)'이라는 한 장(章)을 두지 않을 수 없을 것"[35]이라고 외무대신 무츠 무네미츠(陸奧宗光)가 고백한 적이 있다. 그만큼 동학농민혁명과 청일전쟁은 동전의 양면과 같다. 1893년 1월의 광화문복합상소(光化門伏閣上疏) 당시만 하더라도 조정에서는 그것을 있을 수 있는 일로 받아들였다. 그러나 곧이어 보은에서 3만 명에 가까운 무리가 모여 정치적인 목소리를 냈을 때 조정은 사태가 어려워지고 있음을 알았다.

고종(高宗)은 중신들을 모아놓고 청국에서 태평천국(太平天國)의 난이 일어났을 때 영국군의 힘을 빌려 난을 진압한 사례를 들어 보은 집회를 진압하고자 청국의 군대를 빌려오는 방법을 제안했다. 당시의 상황이 일찍이 없었던 일이라고는 하지만 고종이 청병차용론을 이 자리에서 제기한 것은 사태를 지나치게 확대 해석한 것이었고, 이와 같은 사실에 대하여 심순택(沈舜澤)·조병세(趙秉世)·정범조(鄭範朝) 등의 중신들이 반대함으로써 논의는 더 이상 진전되지 않았다.[36]

고부에서 일어난 1차 기포(古阜 民亂, 1894. 1.)의 초기에도 조정은 이를 걱정하지 않았다. 왕은 그것이 학정과 민생의 어려움에 따른 향촌의 민요(民擾)라는 동정적인 인식을 하고 있었다.[37] 그러다가 이용태(李容泰)

---

35 陸奧宗光, 『蹇蹇錄』, p. 14.
36 『高宗實錄』 30년(1893) 3월 25일자.
37 「甲午實記」, 1894년 4월 18일자, 『東學亂記錄』(上)(서울 : 국사편찬위원회, 1971), p. 4.

의 지방군이 패배하고, 중앙정부에서 파견한 초토사 홍계훈(洪啓薰)이 패배했을 때 조정의 인식은 위기감으로 바뀌었다.

이 무렵 청국 군대의 차용을 다시 거론한 사람은 홍계훈이었다. 그는 전주성이 함락되기 직전에 청군의 지원을 요청하는 장계를 올렸다.[38] 그로부터 조정에서는 다시 청병 논의가 진행되었다. 중신들은 대체로 이에 반대하는 입장이었으나 왕과 당시의 집권 세력이었던 민 씨(閔氏) 일족은 청병론 쪽으로 기울고 있었다.

민 씨 일족이 체제 수호에 집착하고 있었던 것과는 달리 중신들의 입장은 좀 더 신중한 데가 있었다. 그들이 청병 차용을 반대하는 이유로서는, 이로 말미암은 전화(戰禍)와 민심의 동요 그리고 그 밖의 외국 군대의 진입이었다.[39]

그러나 5월 31일, 전주성이 민군에게 함락되었다는 보고는 조정의 논의를 청국군을 요청한다는 쪽으로 기울었다. 고종은 서둘러 청병(請兵)의 윤음을 내렸고, 영의정 조병세 명의로 조회문을 발송토록 했는데 그 내용은,

(1) 동학 교비(敎匪)의 창궐과 전주성의 함락으로 호남이 위급하다는 점
(2) 관군은 신식 무기도 없으려니와 전투 경험이 없어 이들을 진압하기가 어렵다는 점
(3) 이들의 만연함이 오래되면 중조[청국]에 근심을 끼칠 수도 있다는 점,
(4) 임오군란과 갑신정변이 모두 청국의 도움으로 진압된 전례가 있다는 점[40]

등이었다. 이러한 조회문을 받은 원세개(袁世凱)가 이를 이홍장에게 보고

38 田保橋潔, 『近代日鮮關係ノ硏究』(下)(서울 : 朝鮮總督府, 1940), p. 274.
39 「甲午實記」 1894년 6월 9일자, 『東學亂記錄』(上), p. 14; 「朝鮮國政府ガ淸國ニ援兵ヲ乞フ議中止シタル報告ノ件」(1894. 5. 23.), 『日本外交文書』(27/2), pp. 153~154, No. 498.
40 「甲午實記」 1894년 5월 8일자, 『東學亂記錄』(上), p. 11; 「北洋大臣來電」(光緒 20 年 5月 1日), 『淸光緖朝中日交涉史料』: 『中日戰爭文獻纂編』(2), p. 547, No. 953.

하자 이홍장은 정여창(丁汝昌)에게 제원호(濟遠號)와 양위호(揚威號)를 이끌고 인천으로 출발하여 서울의 상민(商民)을 보호토록 하고, 아울러 직예제독(直隸提督) 섭지초(葉志超)에게 태원진총병(太原鎭總兵) 섭사성(聶士成)이 회군(淮軍) 1,500명을 이끌고 뒤따르게 하였다.[41]

이홍장은 이어서 도쿄 주차 왕봉조(汪鳳藻) 공사가 일본 외무성에 이 사실을 통보[知照]하도록 하여 천진조약의 의무를 이행하려고 했다. 왕봉조가 일본 외무성에 파병을 통보하면서 "파병 원조는 우리[淸]의 속방을 보호하는 오랜 관례[舊例]이므로 이번에 유지(諭旨)를 받들어 파병하여 대신 토벌[代剿]하는 것이며, 임무가 완료되면 더 이상 머물지 않을 것임"을 분명히 했다.[42]

그렇다면 왜 청국 정부 또는 외교 실무를 맡았던 이홍장이 조선의 청병에 그렇게 쉽게 응함으로써 사태를 악화시켰는가? 이와 대하여는 다음과 같은 요인들을 지적할 수 있다.

> (1) 청국 정부[이홍장]는 이와 관련하여 일본의 의중을 읽는 데 실패했다. 일본에 대한 청국의 인식은 주로 왕봉조의 보고를 따른 것이었는데, 그는 일본이 내정의 어려움 때문에 조선의 사태[갑오동학혁명]에 관여할 여유가 없다고 오판했고, 이홍장은 그의 그러한 보고를 믿었다.[43]
>
> (2) 위와 같은 오판의 연속선상에서 청국은 자신이 조선의 사태에 개입[출병]하더라도 전쟁의 가능성은 없다고 생각했고, 뒤늦게 전쟁의 가능성이 감돌기 시작했을 때 설령 전쟁이 일어날 경우라도 그들이 경멸해온 왜(倭, 矮)[44]에게 패전하리라는 것은 상상할 수도 없었고, 이 점에서는 조선의 인식도 마찬가지였다.[45]

41 「北洋大臣來電」(光緖 20년 5월 1일),『中日戰爭文獻彙編』(2), p. 547 : No. 953; 「北洋大臣來電」(光緖 20년 5월 3일), pp. 548~549 : No. 958.

42 「朝鮮國ヘ屬邦保護ノ爲出兵スル旨通告ノ件」(1894. 6. 7.),『日本外交文書』(27/2), pp. 167~168, No. 518; 「北洋大臣來電」(光緖 20년 5월 3일),『中日戰爭文獻彙編』(2), pp. 548~549, No. 958.

43 陸奧宗光,『蹇蹇錄』, p. 19; 劉彦原,『中國外交史』, p. 150.

44 왜(倭, 矮)는 본디 "안짱다리"로 키가 작은 부족이라는 비칭(卑稱)이었다.

(3) 청국은 1884년 갑신정변의 선후책(善後策)으로 체결된 천진조약 제 3조를 해석하면서 실수를 저질렀다. 곧 "장래 만약 조선에 변란이나 중대 사건이 일어나 중국과 일본 두 나라 또는 한 나라가 파병을 필요로 할 때는 마땅히 그에 앞서 쌍방이 문서로써 통지해야 하며, 사건이 진정된 뒤에는 곧 그 병력을 철수하되 잔류하지 못한다."는 구절을 청국이 의식하지 못한 것은 아니었다. 그러나 청국은 그것이 단순히 고지(告知) 의무만을 갖는 것이라고 간단히 생각하고 왕봉조 공사를 통해 일본 정부에 통고한 것으로써 조약 의무는 이행된 것으로 생각했으며 더구나 조선의 요청에 의한 것일 때는 더욱 문제가 될 것이 없다고 생각했다.

(4) 이홍장은 청일의 갈등을 둘러싼 극동의 국제적 동향을 읽는 데 실패했다. 청국은 영국과 러시아가 자기 나라의 편이라고 오판하고 있었다. 이홍장은 6월 북경 주차 영국 공사 오코너(N. R. O'Conor)를 만나 청국과 일본 사이의 분쟁 조정을 부탁했으나 그의 반응은 냉담했다.[46] 이홍장이 북경 주차 러시아 공사 카시니(Count Cassini)를 만났을 때도 "관여할 수 없다"는 대답을 받았으며, 이는 즉시 러시아 주재 일본 공사 니시 도쿠지로(西德二郎)에게 감지되어 무츠에게 보고되었다.[47] 더욱이 주한 러시아 공사 웨베르(Karl I. Waeber)는 일본 공사 스기무라 후카시(杉村濬) 서기관에게 청국의 군비에 관한 정보를 제공하고 있었다.[48] 결국 전근대적 종번 관념에 빠져 있던 이홍장이나 원세개는 무츠나 스기무라의 적수가 되지 못했다.

(5) 청국군의 파병에는 이홍장과 원세개의 개인적 공명심이 작용했다. 현장감이 없는 이홍장으로서는 조선의 문제가 그렇게 절박하게 느껴졌다고는 할 수 없지만, 개인적으로 오만했고 허황한 야심에 빠져 있던 원세개로서는 상황을 판단하면서 오류가 많았는데,[49] "조선에

---

45 杉村濬(지음), 한상일(역), 『在韓苦心錄』, 『서울에 남겨둔 꿈』(서울 : 건국대학교 출판부, 1993), p. 102.

46 Philip Joseph, *Foreign Diplomacy in China : 1894~1900*(London : George Allen Unwin Ltd., 1929), pp. 69~70.

47 「北洋大臣來電」(光緒 20年 5월 18日), 『中日戰爭文獻彙編』(2), p. 562 : No. 1009; 陸奧宗光, 『蹇蹇錄』, p. 271.

48 杉村濬(지음), 한상일(역), 『在韓苦心錄』, p. 113.

서 청병하면 5일 이내에 비도(匪徒)를 진압할 수 있다"50는 등의 호언장담이 이를 잘 뒷받침해 주고 있다.

청국이 이토록 미숙했던 것과는 달리 일본은 이미 청국과의 전쟁을 운명적인 것으로 생각하고 이에 대해 준비하고 있었는데 그 실무자는 일본군 참모차장인 카와카미 소로쿠(川上操六)였다. 그는 투철한 대륙론자로서 조선에서의 불길[放火]을 기다리고 있던 터에 갑오농민혁명의 소식을 들었다.

카와카미 소로쿠는 곧 일본공사관 무관인 와타나베 데츠타로(渡邊鐵太郎) 포병 대위에게 부산으로 내려가 공사관과는 별도로 정보를 수집하도록 지시하는 한편, 참모총장 아리스 카와노미야(有棲川宮, 황태자가 당연직임)에게 품신하여 참모본부 요원인 이지지 고스케(伊地知幸介) 포병 소좌를 부산으로 보내어 정보를 수집하도록 했다.

1894년 5월 30일에 귀국한 이지지 소좌의 정보를 근거로 카와카미를 중심으로 하는 군부는 "동학란을 기화로 조선에 출병하여 조선의 정부를 개혁하고 갑신정변 이후의 잃어버린 세력[失勢]를 회복할 것"을 주장했다. 참모총장은 내각 회의에서 "조선에서의 동학도의 창궐과 청국에 대한 청병 요청의 가능성 등"을 거론하고 "재한 신민의 보호와 제국 권세의 유지를 위해 출병이 필요함"을 역설했다.

이에 따라 내각은 극비리에 동원 준비에 착수하여 참모본부 제1국장 데라우치 마사다케(寺內正毅) 대좌를 주임으로 하여 공병 소좌 야마네 다케스케(山根武亮), 해군 대위 마쓰모도 가즈(松本和), 공병 대위 이노우에 진로(井上仁郎), 기병 대위 니시다 지로쿠(西田治六)에게 수송 사무와 개

---

49 袁世凱의 외교적 오만과 무례에 관해서는 "Heard to the Secretary"(January 22, 1891), *Korean-American Relations*, Vol. II, pp. 55~56, No. 114.

50 「朝鮮國政府東學黨鎭定ノ爲淸國政府ニ援兵請求シタル旨報告ノ件」(1894. 6. 3.), 『日本外交文書』(27/2), pp. 155~156, No. 501.

전 후의 운수·통신을 준비토록 했다.[51]

조선 주차 일본공사관과 도쿄 주차 청국 공사관으로부터 청국군의 파병 사실을 보고 받은 일본 외무성은 "조선은 자주의 나라"임을 명시한 한일수호조약 제1조에 근거하여 "보호 속방의 이론"을 인정할 수 없음을 밝히고[52] 임오군란 선후책으로 체결된 제물포조약(1882) 제5조[53]에 따라 일본도 파병이 불가피함을 통보했다.

무츠 무네미츠는 당시 도쿄에 체류하고 있던 오토리 게이스케(大鳥圭介) 공사가 야에야마함(八重山艦)을 타고 서둘러 귀임하게 하고, 해군대신 사이고 츠구미치(西鄕從道)와 협의하여 마쓰시마호(松島丸)·치요다호(千代田丸)·다카오호(高雄丸)를 파견하는 한편, 복건성(福建省) 마조도(馬祖島)에 정박 중이던 이토 스게유키(伊東祐亨) 함대사령관에게 부산으로 회항케 하고, 오시마 오시마사(大島義昌) 소장을 혼성여단장에 임명하여 조선에 급파했다.[54]

이와 같은 사태는 이미 일본 외무성에 의해 계획된 추이였다 하더라도 청국과 조선을 당황하게 했다. 본국 정부의 의중을 모르고 있던 오토리 공사는 과다한 파병이 오히려 분쟁을 일으킬 수 있으므로 이를 자제해 줄 것을 여러 차례 본국 정부에 요청하면서 이미 갑오혁명군이 스스로 전주성을 철수한 사실과 청국군이 서울에 진입하지 않은 사실을 지적했다.[55]

51 田保橋潔, 『近代日鮮關係ノ研究』(下), pp. 292~293
52 「帝國政府ハ朝鮮國ヲ淸國ノ屬國ト認メザル旨回答ノ件」(1894. 6. 9.), 『日本外交文書』(27/2), p. 169, No. 519.
53 제물포조약 제5조 : "일본공사관에 병원(兵員) 약간을 두어[置] 경비한다."
54 「大鳥公使帶兵入京ノ顚末」, 『秘書類纂朝鮮交涉資料』(中)(東京 : 原書房, 1936), pp. 375~376; 陸奧宗光, 『蹇蹇錄』, pp. 293; 田保橋潔, 『近代日鮮關係ノ研究』(下), pp. 298~299.
55 「過多軍隊ノ京城進入見合方ヒ稟申ノ件」(1894. 6. 11.), 『日本外交文書』(27/2), pp. 184~185, No. 535; 「朝時ノ聲亂狀況報告竝サニ處理ニ關シ意見具申ノ件」(1894. 6. 18.), pp. 217~218, No. 560; 陸奧宗光, 『蹇蹇錄』, p. 111.

사태가 예상 밖으로 비화하자 조선 정부는 군대를 파견한 청국에 철병을 요청하고자 원세개에게 "이미 적[갑오혁명군]이 흩어졌으므로 청국군도 조속히 철군해 줄 것"을 요청하는 한편 일본 공사에게도 같은 뜻을 전달했다.[56]

일본의 출병에 대해 당황한 것은 청국이었다. 원세개는 우선 일본 외교관 오토리와 스기무라에게 동시 철병을 요청했지만, 그들은 철병의 문제가 그들의 권한 밖임을 이유로 거절했으며, 원세개는 다시 러시아공사관과 프랑스 공사관에게 동시 철병을 주선해 주도록 요청했으나 이도 또한 뜻과 같이 이루어지지 않았다.[57]

결국 담판의 장소는 도쿄(東京)로 옮겨져 6월 16일에 왕봉조 공사가 무츠 외무대신을 만나 긴 시간 논의했으나 조선에서 사대당을 제거함으로써 청한종속관계를 청산하는 것을 양보할 수 없는 숙원 과업으로 생각하고 있던 무츠가 이를 거부함으로써 협상의 소득은 없었다.[58]

이홍장은 현지 외교관인 일본 대리 공사 고무라 주타로(小村壽太郎)와 천진 영사 아라카와 미츠쿠(荒川己次)를 통해 "전주에 이미 평화가 회복되었으므로 양국이 동시 철병할 것"[59]을 개진했다. 이에 대해 무츠의 답변은,

(1) 가능한 한 조속히 폭도를 진압하고 안녕을 회복할 것
(2) 조선의 행정 · 재정을 개혁하는 방법을 조사하도록 청일 양국의 공동 위원을 임명할 것

---

56 「北洋大臣來電」(光緒 20年 5월 10日), 『中日戰爭文獻彙編』(2), pp. 556~557, No. 990; 「公使館護衛兵ノ件ニ付統署督辦ト往復要略」, 『秘書類纂朝鮮交涉資料』(中), pp. 377~381.

57 杉村濬(지음), 한상일(역), 『在韓苦心錄』, pp. 95, 109.

58 「外務大臣ト淸國公使トノ談話槪要」, 『秘書類纂朝鮮交涉資料』(中), pp. 382~389; 「陸奧外務大臣ノ對韓策」, 『秘書類纂朝鮮交涉資料』(下), pp. 597~598.

59 「李鴻章兩國撤兵ニ聞スル意見傳達方依賴シタル皆報告ノ件」(1894년 6월 10일), 『日本外交文書』(27/2), pp. 212~213, No. 554.

(3) 조선의 안녕을 위해 효과적인 한국군을 조직할 것[60]

을 요청하도록 고무라 공사에게 훈령했다. 이미 전주가 회복된 상황에서 공동 철병을 요구하는 청국에 대한 답변으로서는 위의 훈령이 비논리적인 것으로 보일 수도 있으나 사실은 그렇지 않았다. 이 훈령에는 깊은 사려가 담겨 있다. 그것은 조선을 중국의 품에서 벗어나게 하는 것이었다.

조선에서 갑오민란이 발생했을 때만 해도 일본은 이것이 호기(好機)라고 생각했다. 그러나 전주성의 철병과 농민혁명이 예상 밖으로 일찍 종식되자 일본은 낙담했고 기회를 잃을는지도 모른다는 초조감을 느꼈다. 그러던 터에 청국 병이 진입했으나 그들도 곧 일본과 동시 철병을 요구했다. 이러한 일련의 사태는 일본의 꿈을 무산시킬는지도 모른다는 불안을 불러일으켰다.

일본은 "소기의 목적"을 달성하기 이전까지는 일단 조선에 상륙한 군대를 철수하지 않는다는 것이 각의(閣議)의 입장이었다.[61] 이와 같은 입장에 따라 외무대신 무츠는 오토리 게이스케 공사에게 보낸 공문에서 "기회를 놓치지 말고 경성(京城)에 군대를 진입시키되 청국이나 조선의 요구에도 불구하고 철병하지 말도록" 훈령했다.[62]

이와 같이 상황에서 전주 함락의 조기 회복이나 청국 군대의 철병이 일본으로서는 오히려 바람직하지 않았다. "전쟁을 피할 수 없는 현재 상황에서 우리에게 부담을 주지 않는 한 어떠한 수단이라도 취해 개전의 구실을 만들어야 하는"[63] 일본으로서는 사태를 악화시키지 않을 수 없었고, 그

60 「朝鮮變亂處理ニ關スル口上書統理衙門ヘ呈出スヘキ旨訓令ノ件」(1894年 6月 17日),『日本外交文書』(27/2), pp. 213~214, No. 556.

61 「朝鮮國變亂ニ對スル我ガ態度并ニ將來ノ行動ニ關スル件」(1894. 6. 15.),『日本外交文書』(27/2), pp. 206~207, No. 551.

62 「軍隊ノ京城進入ニ關シ問合ノ件」(1894. 6. 13.),『日本外交文書』(27/2), pp. 192~193, No. 543;「朝鮮ニ於ケル留兵ニ盡力スベキ旨訓令ノ件」(1894. 6. 15.), pp. 208, No. 552.

러한 도발을 위해 그들은 조선의 내정 개혁 문제로 청국의 발목을 잡으려 했다. 결국 조선에서의 갑오농민혁명은 일본이 청국과 전쟁을 일으키려면 놓칠 수 없는 기회였다.

일본의 이와 같은 야심과는 달리, 당시 청국의 대한 정책의 총수였던 이홍장은 기본적으로 "외국인을 이용하여 조선 문제를 해결한다"[依賴外 시는 입장이었지만 "스스로의 힘으로써 일본을 막아내야 한다"[自力抗日] 는 호부상서 옹동화(翁同龢)의 주전론의 공격을 받아 더 이상 주화론에만 머물 수 없는 터여서 전쟁은 이미 불가피하게 되었다.[64] 일본을 침공해야 한다는 호기(豪氣)는 이제 보이지도 않았다.

청일전쟁의 전운이 감돌고 있을 무렵 당사자들은 물론 열강의 전략가 들도 개전할 경우, 일본의 승리를 예상한 사람은 거의 없었다.[65] 양국의 군사력을 비교해 보더라도 청국의 승리는 자명한 것처럼 보였다. 당시 청 국이 보유한 해군 함정이 21,700톤이었고 일본이 보유한 함정이 14,920톤 이었으며, 청국의 지상군이 60만 명인데 견주어 일본의 지상군은 75,000 명이었다.[66] 그럼에도유독 청국의 패전을 예상한 인물이 두 명이었는데 하나는 러시아 육군장관 반노브스키(P. S. Vannovskii)였고[67] 다른 하나는 아이로니컬하게도 이홍장 자신이었다.[68]

이러한 상황에서 7월 25일, 아산만의 풍도(豊島)에서 일본의 츠보이 후 나조(伴井航三)가 이끄는 제1유격대가 청국 함대 애인(愛仁)·비경(飛鯨)·

---

63 杉村濬(지음), 한상일(역), 『在韓苦心錄』, p. 103.

64 「翁文恭公(同龢)日記」(甲午 6月 14日), 『中日戰爭文獻彙編』(4), p. 480; 李守孔, 『李 鴻章傳』(台北 : 台肯學生書局, 1985), p. 231.

65 K. Asakawa, *The Russo-Japanese Conflict : Its Causes and Issues*, p. 69.

66 "Admiralty to Foreign Office"(July 16, 1894), *AAC Materials*, p. 43, No. 89(Inclosure); "Intelligence to Foreign Office"(July 16, 1894), *AAC Materials*, pp. 45~47(Inclosure).

67 A. Malozemoff, *Russian Far Eastern Policy : 1881~1904*, p. 57.

68 "Drummond's Memorandum to O'Conor"(July 20, 1894), *AAC Materials*, p. 240, No. 407(Inclosure).

제원(濟遠)·광을(廣乙)과 이들의 군수 지원을 위해 용선된 영국 국적의 화물선 고승호(高陞號)를 격침함으로써 청일전쟁은 개전되었다.[69] 이틀 뒤인 7월 27일에는 일본군 혼성여단장 오시마의 군대가 성환(成歡)에서 섭사성이 이끄는 주력 부대를 격침함으로써 청일전쟁은 본격화되었다.[70]

그제야 양국 군대는 8월 1일에 각기 선전포고를 했다.[71] 2회의 전투에 승리한 일본은 한일공수동맹(1894)을 체결했다. 이후 일본은 8월 중순의 평양 전투, 9월 하순의 여순 전투, 12월 하순의 위해위(威海衛) 함락, 이듬해인 1895년 정월에 북양함대의 격멸과 정여창의 자살, 2월 초의 우장(牛莊) 함락, 그리고 2월 하순의 팽호열도(彭湖列島)를 점령함으로써 청일전쟁은 사실상 종식되었다.[72]

4. 열강의 조정과 강화 외교

전쟁의 전후 처리 과정은 전쟁의 수행 과정에 못지않게 중요하다. 개전 당시에 은폐되어 있던 개전 의지를 읽을 수 있는 단서도 휴전 회담의 의제에 나타나고 있으며, 향후의 국제 구도의 재편을 위한 밑그림도 전후 처리 과정에서 나타날 수 있다.

따라서 강화 회담과 이를 둘러싼 교전국 사이의 길항(拮抗)은 더 말할 나위도 없고, 주변 당사국의 이해관계는 그 무대의 향배에 결정적인 영향

69 「日艦寧沈高陞號實況文件三種」, 『中日戰爭文獻彙編』(6), pp. 19~29; 「東鄕平八郎擊沈高陞號日記」, pp. 30~35 참조.

70 田保橋潔, 『近代日鮮關係ノ硏究』(下), pp. 624~628 참조.

71 일본의 선전포고문은 「淸國ニ對スル宣戰詔勅」(1894. 8. 1.), 『日本外交文書』(27/2), pp. 264~266, No. 61 참조. 청국의 선전포고문은 p. 266 및 「上諭」(光緖 20년 7월 초1일), 『中日戰爭文獻彙編』(3), pp. 16~17, No. 1289 참조.

72 이상의 각 전황에 대한 자세한 기록은 劉彦, 『中國外交史』, pp. 158~167 참조.

을 미칠 수 있다. 중국이 그토록 비하하던 왜(倭)가 중화제국을 이겼다는 것 자체가 의미 있는 일이지만 그보다도 소위 3국 간섭으로 불리는 열강의 개입이 더 중요했다. 종전으로부터 강화조약의 체결과 속약(續約)의 체결에 이르는 1년의 긴박한 상황은 전쟁의 수행보다 더 치열했다.

이홍장은 전쟁의 중재자가 필요함을 감지했고, 우선 러시아가 그 과업을 수행할 수 있으리라고 판단했다. 북경 주차 러시아 공사 카시니가 본국 정부의 허가를 받아 일시 귀국하는 길에 천진에 도착했을 때 이홍장은 러시아가 청일 분쟁을 조정해 달라고 부탁했다.

카시니는 이를 곧 본국에 보고했고, 본국 정부는 이 기회를 놓치지 않고 청국에 우의를 보임으로써 이권을 차지할 목적으로 카시니에게 천진에서 계속 이홍장과 협상케 하는 한편 도쿄 주차 공사 히토로포(M. Khitorovo)에게 일본 외무성을 방문하여 중재 의사를 전달하도록 했다.[73]

그러나 러시아 정부가 이러한 조치를 했다고 해서 그들의 의사가 적극적이었다고 보기는 어렵다. 다만 청국에 대한 남다른 연민을 느끼고 있을 뿐만 아니라 저명한 중국 예술품 수장가였던 카시니의 개인적인 현장감과, 혹시 영국이 청일 중재의 기선을 잡음으로써 청국에서의 이권에 다소 손실을 입을지도 모른다고 외무대신 기어스(M. M. de Giers)가 우려한 것은 사실이지만 영국이 공동 중재를 제시하는 것을 본 뒤에 이러한 우려도 사라졌다.[74]

그러나 일본이 조선의 내정 개혁을 요구하고 그 의도가 점차 드러나면서부터 러시아는 자신들이 이 문제에 무심했음을 후회했다. 이러한 과정에서 히토로포가 무츠를 방문하여 중재 의사를 밝혔을 때, 무츠는 조선의 내정 개혁을 완결할 때까지 청일 양국이 함께 이를 담당할 것에

73 陸奥宗光, 『蹇蹇錄』, p. 61; 「駐北京露國公使(Cassini)致 外交大臣(Giers)電」(1894. 6. 22.), 『中日戰爭文獻彙編』(7), p. 230, No. 23.
74 陸奥宗光, 『蹇蹇錄』, p. 55.

동의하든가 아니면 일본 정부가 단독으로 이를 실행하는 데 청국 정부가 어떤 형태로든 방해하지 않을 것을 약속한다면 철병할 수 있다고 답변했다.

이제 러시아는 일본이 조선을 침탈할 의사가 있음을 감지했고, 히토로포에게 거듭 철병을 요청토록 훈령했으나 일본 정부는, 조선에서의 소란이 아직 진정되지 않았으며, 소란을 일으킨 원인이 아직 진멸(盡滅)되지 않았으며, 조선에서의 일본의 목적은 친교·평화를 도모하는 것[75]이라고만 대답할 뿐 아무런 변화를 보이지 않았다. 이제 러시아에서는 조선이 어느 한 열강의 손에 넘어가서도 안 된다는 여론이 팽배하기 시작했다.

그렇다면 영국의 입장은 어떠했는가? 영국은 당초에 영국·독일·프랑스·러시아·미국의 5대 강국이 청일 분쟁의 평화적 해결을 위해 공동으로 개입할 것을 제의했었다.[76] 영국의 관심은 상권(商權)의 보호였다. 곧 영국 외무성은 동양의 평화가 깨어질 경우를 두려워하여 열심히 중재하려고 노력했을 뿐이며 자기의 주장이 받아들여지지 않는다 하더라도 무력 간섭으로까지 확대하지는 않으리라는 것을 일본도 잘 알고 있었다.

그렇기 때문에 주일공사 파제트나 주청 공사 오코너(N. R. O'Conor)가 본국 훈령이라는 이름으로 중재를 자청하면서 향후 청일 양국 간에 전쟁이 일어나는 경우라 하더라도 상해는 영국의 이익의 중심지이므로 일본 정부는 상해와 그 인근 지역에서 전쟁하지 않는다는 약속을 받아내려고 노력했다.

그러자 일본은 상해에서 영국의 무역 활동을 방해하지 않을 것을 약속하고 한편으로는 일영통상항해조약 및 부속의정서(1894)를 조인함으로써

---

75 「露國政府ヘノ回答要言通達ノ件」(1894. 6. 30.), 『日本外交文書』(27/2), p. 285, No. 634.
76 "Kimberley to O'Conor"(July 12, 1894), *AAC Materials*, p. 37, No. 71.

영국을 안심시킬 수 있었다.[77] 그리고 조선의 내정 문제라든가 그 밖의 미묘한 문제에 관해서 영국이 계속하여 의견을 제시할 경우, 이를 번번이 거절하는 것도 외교상 예의를 벗어나는 일이었다.

그렇기 때문에 일본은 청국 정부가 도저히 수락할 수 없는 조건을 제시함으로써 영국의 입을 막기로 했다.[78] 청국이 일본 정부의 강화 조건을 따르기로 체념한 것은 영국 정부의 소극성과 영국 정부가 주도하는 공동 중재가 실패했다는 사실이 확인된 이후였다.[79]

청일전쟁에 직접 연루되지 않으면서도 조정과 강화 교섭에 결정적인 영향력을 행사한 제3의 국가는 미국이었다. 한반도에서 전운이 감돌자, 청국에 대한 사대교린 정책에서 벗어나 미국에 호의를 가지고 있던 조선 정부는 곧 미국의 도움을 요청했다.

미국 주차 조선 공사 이승수(李承壽)는 한미수호통상조약의 의무를 들어 미국의 중재를 요청했고 이에 대해 미국은 자신의 입장이 중립임을 명백히 밝혔다. 이승수는 이 문제를 위해 세 차례나 국무장관 그레샴(Walter Q. Gresham)을 방문했으나 허사였다. 그 무렵 영국 공사가 그레샴을 방문하여 공동 개입을 요청했을 때도 그는 호의적 중립(friendly neutral)이 자신의 입장임을 분명히 했다.[80]

미국은 관계 국가의 이와 같은 요청에 따라 주일 공사 던(E. Dun)을 통하여 일본 외무대신에게 "일본이 나약하고 방어 능력이 없는 조선을 '불의한 전쟁'(unjust war)의 공포로써 대한다면 미국의 대통령은 뼈아프게 실

---

77 陸奧宗光, 『蹇蹇錄』, pp. 69~76; "Trench to Kimberley"(August 21, 1894), *AAC Materials*, p. 349, No. 493(Inclosure). 일영통상항해조약 및 부속의정서에 관해서는 日本外務省(編), 『日本外交年並主要文書』(上)(東京 : 原書房, 1965), pp. 143~152 참조.

78 陸奧宗光, 『蹇蹇錄』, p. 73.

79 陸奧宗光, 『蹇蹇錄』, p. 165.

80 "Gresham to Bayard"(July 20, 1894, London), *AAC Materials*, pp. 1027~1028, No. 28.

망할 것임"[81]을 통보함으로써 조약의 의무를 이행했다고 생각했고, 이에 대해 무츠는 내란이 아직 종식되지 않았을 뿐만 아니라 청국의 음흉함을 생각할 때 우선 철병만이 득책은 아니라고 의례적으로 답변했다.[82]

청국의 다변 외교는 독일에게까지 확대되었다. 청국으로부터 중재의 요청을 받은 독일은 이 문제가 청국과 일본 이외에 영국·러시아에게도 이해관계가 있겠지만 자신으로서는 상업적인 이해관계밖에 없다고 대답했고,[83] 영국으로부터 공동 중재를 요청받았을 때 적극적으로 답변하지 않았다.[84] 이 당시 청국에 대한 독일의 입장은 "당사국 사이의 해결이 최선"이라는 것이었다.

이에 대하여 일본 외무성은 청국의 고질적인 헛된 꿈을 각성토록 하고자 일본이 청국에 일격을 가할 것을 독일이 은근히 바라고 있는 것으로 생각했고[85] 이러한 것들이 일본의 개전 의지를 굳히게 해주었다. 전쟁의 막바지에 이르면 독일은 청국의 패배를 기화로 산동반도 남쪽의 교주만(膠州灣)이나 대만해협의 팽호열도(彭湖列島)의 점령을 고려한 바 있지만 경제적 실효가 없다는 이유로 철회했다.[86]

81 "Telegram from Gresham to Sill"(July 9, 1894), S. J. Palmer(ed.), *Korean-American Relations,* Vol. II(Berkeley and Los Angeles : University of California Press, 1963), p. 337, No. 23;「米國政府ハ朝鮮國ノ獨立竝ニ主權尊重ヲ希望スル言通告ノ件」(1894. 7. 9.),『日本外交文書』(27/2), p. 296, No. 296; 陸奧宗光,『蹇蹇錄』, p. 78.

82 陸奧宗光,『蹇蹇錄』, p. 79. 갑오농민혁명 당시의 미국의 대한 정책에 관한 논의는, 신복룡,「甲午革命 전후의 韓美 關係」,『東學思想과 甲午農民革命』(서울 : 선인, 2006), pp. 251ff 참조.

83 「獨逸外交部大臣(Baron von Rotenham)至梅羅克(Malacca)之參事(von Kinderlen)」(1894. 7. 16.),『中日戰爭文獻彙編』(7), p. 319, No. 2213;「獨帝國首相(von Hohenlohe)奏皇帝(Wilhelm II)」(March 19, 1895), p. 333, No. 2227.

84 「英國駐箚獨逸大使(Sir E. Malet)致外交大臣(Baron von Marshall)」(1894. 10. 7.),『中日戰爭文獻彙編』(7), p. 321, No. 2215.

85 陸奧宗光,『蹇蹇錄』, p. 80.

86 「獨逸外交大臣(von Marshall)致倫敦大使(von Hatzfeldt)」(1895. 2. 1.),『中日戰爭文獻彙編』(7), p. 327, No. 2222.

개전 이전의 상황에서 프랑스의 입장은 선명하지 않으나 외무대신 아노또(M. Hanotaux)가 중립 문제와 관련된 국제법상의 제반 문제점에 관하여 법무성에 자문을 요청했고, 대체로 영국과 공동 보조를 취한다는 입장을 보인 것으로 볼 때[87] 프랑스의 입장은 일단 중립적이었다고 말할 수 있다.

청일전쟁을 둘러싼 열강의 이해관계가 난마와 같이 얽혀 있었기 때문에 휴전이나 강화의 문제도 당사국의 결심으로 성사될 일이 아니었다. 이러한 어려운 교착 상태에서 실마리를 푼 것은 미국이었다. 1894년 11월 6일 국무장관 그레샴은 도쿄 주차 공사 던에게 "미국의 중립과 중재 의지"[88]를 담은 훈령을 발송하는 한편 주미 공사 구리노 신이치로(栗野愼一郞)에게도 같은 뜻을 전달했다.

이에 대하여 일본은 자신이 "전면적 승리(universal success)를 거두고 있는 상황에서 우리로서는 전쟁을 종식시키고자 우방의 협조를 요구할 필요가 없다. …… 청국이 직접 강화 문제에 접근해 올 때까지가 우리 전쟁의 한계"[89]라는 회신을 보냈다. 위의 대답 가운데 강화를 할 의사가 있으면 "청국이 직접 나서라"는 대목은 가시와 같은 느낌을 주면서 청국에 전달되었다.

그러나 이홍장은 무츠가 요구하는 진의를 모르고 있었다. 그런 오해 속에서 이홍장은 독일인으로서 천진 해관 세무사인 데트링(G. Detring)을 파견하여 강화의 실마리를 풀어보려 했다. 그러나 이홍장이 직접 일본에 건너와 강화가 아닌 사실상의 항복 문서를 작성하기를 원했던 무츠는 데

87 "Phipps(Paris) to Kimberley"(August 2, 1894), *AAC Materials,* p. 104, No. 234.
88 "Gresham to Kurino"(November 6, 1894), *AAC Materials,* p. 489, No. 811; 陸奧宗光, 『蹇蹇錄』, p. 177; 「米國政府ハ日淸兩國ノ友誼上ノ仲敎者タルノ意アル事ヲ表明ノ件」(1894. 11. 6.), 『日本外交文書』(27/2), pp. 489~490, No. 811.
89 「米國ノ調停申入ニ對シ回答ノ件」(1894. 11. 17.), 『日本外交文書』(27/2), pp. 501~502, No. 827.

트링과 같은 하급 관리를 만나주지도 않았다.[90] 그런 점에서 이홍장은 지혜롭지 않았다. 그는 아직도 화이관(華夷觀)의 동굴에서 벗어나지 못하고 있었다.

이 무렵 강화 중재의 주도권이 미국으로 넘어가고 있다는 사실과 그로 말미암은 전후 이권의 불리함을 감지한 영국이 10월 8일에 구체적인 강화 조건을 제시함으로써 중재의 기선을 잡으려 했다. 당시 영국이 제시한 조건은, 각 열강이 조선의 독립을 담보할 것과 청국이 일본 정부에게 전비(戰費)를 상환토록 할 것 등이었다. 이에 대하여 일본 정부는 다음과 같은 세 가지의 안[甲 · 乙 · 丙案]을 제시했다.

> **갑안** : (1) 조선 독립의 확인, 그 담보로 여순항(旅順項)과 대련만(大連灣)을 일본에 할양, (2) 전비 배상, (3) 청국과 일본과 새로운 조약을 체결
> **을안** : (1) 열강이 조선의 독립을 보장, (2) 대만 할양 (3) 위의 (2)~(3) 항의 실천
> **병안** : 청국 정부의 의향의 확인[91]

미국과 영국의 강화 조건에 대한 일본의 반응을 들은 청국은 그제야 사태의 심각성을 감지하고 미국 공사 덴비(C. Denby)를 통하여 "상해에서 강화 회의를 갖고자 한다."는 뜻을 일본에 전달했다.[92] 이에 대해서 일본은, "강화 회담은 당연히 일본이어야 하며, 강화 사신의 직위와 성명을 사전에 통보하고, 사신은 전권(全權, full power)을 가져야 한다."[93]고 요구

90 *Papers of American Foreign Relations* : 7 : "The Detring Mission and Failure of the Peace Embassy," *AAC Materials,* pp. 1077~1091; 陸奧宗光, 『蹇蹇錄』, pp. 165~167 참조.
91 陸奧宗光, 『蹇蹇錄』, pp. 169~170.
92 「全權委員ノ任命開催地ニ關シ淸國側ノ希望表明ノ件」(1894. 12. 12.), 『日本外交文書』(27/2), p. 537, No. 865.

했다. "당신들이 오라"는 말에는 승전국의 고압이 담겨 있다.

청국은 결국 호부좌시랑(戶部左待郞) 장음환(張蔭桓)과 병부우시랑(兵部右待郞) 소우염(邵友廉)을 전권위원으로 임명하여 히로시마(廣島)로 파견했다. 그들이 1차 회담을 가진 것은 2월 1일이었으며 일본 측에서는 총리인 이토 히로부미, 외무대신 무츠 무네미츠, 그리고 내각의 서기장관인 이토 미요지(伊東已代治) 등이 참석했다.

그러나 회담은 벽두부터 난관에 부딪혔다. 그것은 장음환과 소우염이 신임장(credence)을 가졌을 뿐 전권을 가지지 않았다는 것이었다. 이에 당황한 미국 공사 덴비는 국서를 신임장에서 전권으로 바꾸어 북경에서 다시 보내겠다는 뜻을 전달했으나 그것도 거절당했다. 그들은 온갖 수모를 겪고 2월 12일에 귀국했다.[94]

여기에서 문제가 되는 것은, 과연 장음환·소우염이 전권의 자격을 가졌는가의 시시비비인데 이는 의미 없는 일이었다. 일본이 진정으로 원했던 것은 전권을 가진 인물[이홍장]이 "직접 일본으로 건너와서 항복 문서에 가까운 강화조약을 체결토록" 함으로써 명실상부한 승리를 확인하려는 것이었다. 그러나 이홍장으로서는 이러한 요구가 매우 곤혹스러웠다.

왜냐하면 항복 사절로 간다는 것도 치욕스러웠을 뿐만 아니라, 그가 동학농민혁명의 발생과 더불어 일본이 조선의 내정 개혁을 공동으로 추진할

93 「全權委員任命ニ關スル日本側ノ意向傳達ニ關シ說明ノ件」(1894. 12. 15.), 『日本外交文書』(27/2), p. 538, No. 866.

94 「媾和ノ全權名及場所ニ關スル淸國側ノ意向通報ノ件」(1894. 12. 20.), 『日本外交文書』(27/2), p. 540, No. 869; 「媾和ニ關スル意見通達ノ件」(1893. 12. 23.), p. 541, No. 870; 「張蔭桓一行ノ媾和使節拒否ニ至迄ノ經過上奏ノ件」(1895. 2. 5), 『日本外交文書』(28/2), pp. 235~236, No. 980(附屬書 1), pp. 241~246, No. 980(附記 : The Hiroshima Conference); 「淸國政府ヨリ委任狀ノ改變申出ノ件」(1895. 2. 5.), p. 259, No. 986; 「淸國媾和使節全權ノ資格ナキ事ニ關シ各國政府ニ通達方訓令ノ件」(1895. 1. 30.), p. 232, No. 975; 「淸國媾和使節ノ滯在ヲ拒否スル旨同國政府ヘ表明方依賴ノ件」(1895. 2. 9.), p. 266, No. 992; 「淸國使節上梅ヘ出帆ノ旨報告ノ件」(1895. 2. 12.), p. 268, No. 996 : 「秘書類纂 : 雜纂」, 『中日戰爭文獻彙編』(7), p. 75; 陸奧宗光, 『蹇蹇錄』, pp. 182ff 참조.

것을 제안했을 때 좀 더 지혜롭게 대처하지 못하고 러시아[카시니 공사]에게 의존하여 사태를 해결했다는 점과, 하필이면 황후[西太后]의 환갑이 되는 경사스러운 해에 이와 같은 국치(國恥)를 겪게 만들었다는 점 등으로 말미암아 주전론자이며 정적인 호부상서 옹동화와 예부상서 이홍조(李鴻藻)로부터 거센 도전을 받았기 때문이었다.[95]

이홍장은 우선 극동의 역학 관계를 잘 알고 있는 미국의 휘스터(John W. Foster)를 외교 고문으로 임명했는데 이것부터 실수였다. 휘스터는 전직 국무장관으로서 외교가에 상당한 영향력을 가지고 있었고, 비록 그가 미국 주차 청국 공사관의 외교 고문(1893~94)이었다고는 하지만 무츠나 주미 공사 구리노 신이치로와도 막역(莫逆)한 친일 인사였다.[96]

휘스터는 일본에 친근감을 가지고 있었으며, "장차 일본 정부가 불안을 느끼거나 나와 일본과의 우의가 위태로워진다면 일본에 도착한 이후라도 고문직을 거절할 결심"[97]을 하고 있을 정도로 친일적인 인물이었다. 더욱이 일본으로서는 그가 미국을 떠나기 이전에 매수에 가까운 비용을 제공했다. 그는 청국에 자문하러 가면서 먼저 일본에 들렀다.[98] 이것은 중국의 고문이 아니라 일본의 브로커가 할 짓이었다.

이홍장은 1895년 3월 19일 회담 장소[下關]에 도착하였으며, 회담은 20일부터 시작되었다. 그가 제시한 회담의 우선 의제는 휴전이었다. 그러나 이토 히로부미는 이를 거절했다. 대개가 그렇듯이 승전국은 휴전의 조건을 먼저 제시하고 패전국은 휴전을 먼저 요구한다.

이러한 교착 상태에서 공교롭게도 극우파 청년 고야마 로쿠노스케(小

---

95 陸奧宗光, 『蹇蹇錄』, p. 90.
96 「科士達回憶錄」(John W. Foster, *Diplomatic Memoirs*, 1909, Vol. II, Chapts. 31, 32, 33), 『中日戰爭文獻彙編』(7), pp. 463~465.
97 『中日戰爭文獻彙編』(7), p. 465.
98 「〈フオスタ-〉ノ渡淸ヲ抑止スベキ努力方訓令ノ件」(1894. 12. 26.), 『日本外交文書』(27/2), p. 543, No. 874.

11장 청일전쟁 · 343

山六之介)라는 청년이 이홍장을 저격한 사건이 일어났다. 중상은 아니었
으나 일본은 외교 사절에 대한 결례를 저질렀으며, 이홍장의 아들 이경방
(李經方)이 협상을 대신했다.[99] 이러한 예상치 못한 사건으로 휴전 조약에
이어 일본이 조약안을 제시하고 청국이 다시 수정 제안을 하면서 결국 다
음과 같이 합의[下關條約]에 이르렀다.

  1) 조선의 독립
  2) 대만 및 팽호열도, 요동만 동안(東岸) 및 황해 북안(北岸)에 있는 모
     든 도서의 할양
  3) 배상금 2억 냥
  4) 할지(割地) 주민에 관하여는 일본 원안의 변경을 용납하지 않음
  5) 통상조약에 관하여는 일본 원안의 변경을 허락하지 않음. 다만,
     (1) 신개시항(新開市港)은 사시(沙市)·중경(重慶)·소주(蘇州)·항
        주(杭州)의 4개소로 한정하고,
     (2) 일본국 기선의 항로는 양자강(揚子江) 상류 호북성 의창(宜昌)으
        로부터 사천성(泗川省) 중경(重慶)에 이르고, 상해로부터 오송(吳淞)
        및 운하에 들어가 소주·항주에 이르는 것으로 함
  6) 장래 일본과 청국 사이에 발생할 조약상의 문제는 중재자에게 일임한
     다는 조항을 없앰[100]

  본 조약은 1895년 4월 17일에 시모노세키에서 체결되어 4월 20일에 비
준을 거쳐 5월 8일 지부(芝罘)에서 비준서를 교환한 다음 5월 13일에 공
포·발효되었다.[101]

99 「李鴻章遭難二關シ各國政二釋明方訓令ノ件」(1895. 3. 24.), 『日本外交文書』
   (28/2), pp. 292~293, No. 1027;「李經方全權任命ノ件」(1895. 4. 6.), p. 308, No.
   1047.
100 陸奧宗光, 『蹇蹇錄』, pp. 239~240.
101 『日本外交文書』(28/2), pp. 324~327, No. 1071; 『日本外交年表竝主要文書』(上),
   pp. 165~169; 『舊韓末條約彙纂』(中)(서울 : 국회도서관 입법조사국, 1965), pp.
   159~166 참조.

5. 3국 간섭의 진행

강화 조약은 열강에게 상당한 반응을 일으키면서 이것이 국제 문제로 비화하기 시작했다. 조약이 체결되기 이전부터 청일의 각축에 대하여 가장 민감한 반응을 보인 것은 **러시아**였다. 그들의 궁극적 관심은 조선의 독립에 대해 얽힌 이해관계였으며 적극적인 간섭만이 득책이 아니라는 것이었다. 대장대신 위테(Sergei Y. Witte)는 전쟁의 막판에 영국이 간섭에 참여하여 자신의 이익을 추구할 것이므로 이를 경계해야 한다고 입장이었다.[102] 그러나 러시아의 이와 같은 소극적 태도가 바뀐 것은 여순항이 함락되면서부터였다.

애초 조선에서 갑오혁명군의 2차 기포가 수습되고 청일전쟁이 격화되던 1894년 8월 9일에 러시아는 궁정 특별 회의를 소집했다. 이 자리에는 외무대신 기어스, 육군대신 반노브스키, 해군대리대신 치카체프(N. M. Chikhachev), 대장대신 위테, 외무성 부(副)대신 시시킨(Shishikin), 그리고 외무성 아주국장이 참석했다. 이 당시의 회의 결론은,

(1) 러시아가 청일전쟁에 적극적으로 개입하지 않는 것만이 국가 이익에 부합되는 것은 아니지만, 조선 문제에 관해서는 다른 열강과 공동 행동을 계속하여 군사 방식이 아닌 외교 방식으로 해결토록 노력한다.
(2) 그렇다고 해서 러시아가 중립을 선언할 필요는 없다. 우리의 국가 이익을 존중해 줄 것을 양국에 계속 촉진할 뿐이다.
(3) 러시아는 전쟁의 결과를 주목한다. 우리가 바라는 것은 조선의 현상 유지이다.
(4) 의외의 정황이 발생한다면 조선의 접경지대에 군대를 증파하되 필요한 문제들은 참모총장 오브루체프(N. N. Obruchev)와 대장대신이 협의한다.[103]

---

102 A. Malozemoff, *Russian Far Eastern Policy : 1881~1904*, p. 57.

러시아 궁정의 제3차 특별 궁정 회의가 열린 것은 1895년 3월 30일이었으며, 이 자리에는 알렉산더 대공, 외무대신, 육군대신, 해군대리대신, 대장대신, 외무부대신, 참모부대신 등이었다. 이 자리에서는 다음과 같은 결론을 내렸다.

> (1) 일본의 만주 점령은 러시아의 이익을 침해하며, 극동의 평화를 위협한다. 일본이 우리의 권고를 거절한다면 러시아는 자신의 이익을 위해 행동할 것이다.
> (2) 러시아는 결코 [조선에서] 영토적 의도를 갖지 않으며, 우리의 이익을 보호할 뿐이다.
> (3) 일본이 남만주의 점령을 포기하는 것이 필수적임을 유럽 열강에 통보한다.[104]

이러한 결의에 따라서 도쿄 주차 히토로포 공사는 하야시 다다스(林董) 외무차관을 방문하여, "일본의 봉천(奉天) 점령은 불쾌한 일이며, 그러한 요구는 유럽의 감정을 손상하고 간섭의 빌미가 되므로 지혜롭지 않다"[105]고 통고했고, 니시도 러시아가 조선에서의 이익을 포기하지 않을 것이며, 만주 침략은 저항을 받을 것이라고 본국에 보고했다.[106]

이러한 상황 속에서 러시아를 자극한 것은 1894년에 일본이 제정한 해외선박정박법(海外船舶碇泊法)이었다. 이 법에 따르면, "한 국가에 소속된 두 척 이상의 전함이 일본의 항구에 동시에 정박할 수 없다."고 규정되어 있다.[107] 그렇게 되면 1년 가운데 4개월 동안 블라디보스토크가 얼어붙는

---

103 「露西亞宮廷特別會議記錄」(1894. 8. 9), 『中日戰爭文獻彙編』(7), pp. 296~300.
104 「露西亞宮廷會議特別記錄」(1895. 3. 30.), 『中日戰爭文獻彙編』(7), pp 313~318.
105 「奉天省南部割讓ニ對シテ喜バザル旨報告ノ件」(1985. 4. 4.), 『日本外交文書』(28/1), pp. 730~741, No. 604.
106 「〈タイムス〉記事ハ事實無根スル旨報告ノ件」(1895. 2. 13.), 『日本外交文書』(28/1), p. 690, No. 558; 「淸國政府ニ對スル我ガ要求ニ關シ露國ノ態度ヲ危懼セル旨報告ノ件」(1895. 4. 3.), 『日本外交文書』(28/1), p. 728, No. 599.

러시아로서는 치명적인 상처를 입게 된다.

일본이 이러한 법령을 제정한 것은 러시아를 견제하려는 것이었고, 러시아도 이 점을 잘 알고 있었다. 그러나 러시아의 외무성이나 군부는 근대적 쇄빙기를 사용하여 겨울에도 불편이 없다고 말함으로써 자신의 고충을 내색하지 않았다.[108] 그러면서도 러시아는 내면으로 일본과의 군사적 대결을 유념하면서, 그러한 의지의 표현으로서 차르(Tsar)는 1895년 4월 6일에 다음과 같은 칙어를 내렸다.

(1) 극동에 부동항을 확보할 것.
(2) 그것은 러시아대륙과 연륙된 곳[조선]이어야 한다.
(3) 그러므로 조선의 독립은 절대적이다.
(4) 일본의 해외선박정박법으로 말미암아 러시아는 일본으로부터 위협을 받는 것이 아니라 영국의 위협을 가중하게 될 것이다.[109]

애초에 러시아는 일본군이 진격하면서 한반도를 장악하는 문제를 그리 심각하게 여기지 않았다. 그리고 막상 일본이 한반도를 완전히 점령했을 때 그것은 마치 제방이 터진 봇물처럼 북상하여 소련의 이권이 달린 만주에 치명적인 일격이 되리라는 것을 알지 못했다. 이것은 러시아가 일본의 의중을 읽지 못한 데에서 오는 전략적 실수였다.

이와 때를 같이하여 카시니는 일본이 조선의 통치권을 탈취하려는 의도가 있음을 외무성에 보고했고,[110] 이에 대해 육군대신 반노프스키(Pyotr S. Vannovskii)는 "적당한 시기가 언제인지를 통지해 주면 즉시 군대 파견과 장비 문제를 고려하겠다"고 대답했다.[111] 이와 같이 조정의 정론이 결

107 A. Malozemoff, *Russian Far Eastern Policy : 1881~1904*, p. 62.
108 陸奥宗光, 『蹇蹇錄』, pp. 276, 286.
109 A. Malozemoff, *Russian Far Eastern Policy : 1881~1904*, p. 62.
110 「駐北京公使(Cassini)致外交大臣(Giers)電」(1894. 7. 1.), 『中日戰爭文獻彙編』 (7), p. 236, No. 26.

정되자 러시아 외무대신은 카시니에게,

(1) 청 · 일 양국의 분쟁을 중재할 것.
(2) 우리 정부가 단독으로 중재할 수도 있으나 다른 동맹국이 참가한다
    면 더욱 강력한 효과를 얻을 수 있다.
(3) 우리 자신의 국익을 보호하라. 이것은 우리의 독자적인 훈령이다.[112]

이제 러시아 정부로서도 더 이상 공식적인 입장의 발표를 미룰 수 없었다. 신임 외무대신 로바노프(A. B. Lobanov, Prince)는 강화조약이 체결되기 10일 전인 4월 8일에 대책 성명(démarche)을 발표하여, "여순항의 점령은 청일 우호 관계의 영원한 걸림돌이 될 것이며, 극동의 평화를 심각하게 위협할 것임"을 우려했다. 여순항의 문제는 그만큼 러시아에게 자극적이었다. 러시아의 군부는 여순 함락이 자신의 국익에 대한 위협이라고 판단했다.

러시아가 일본의 의중을 완전히 읽은 것은 1895년 10월 무렵이었다. 그제야 위테가 신임 육군대신 쿠로파트킨(Aleksei N. Kuropatkin)에게 보내는 서신에 보면 "얼마 전, 청과 일본의 충돌은 의심할 여지 없이 극동 지역에서 갖는 우리의 정치적 지위를 완전히 변화시키려는 의도에서 이루어진 것이며, 청일전쟁 직전까지 우리가 누리고 있었던 온전한 평온이 이제는 더 이상 보장될 수 없다."고 되어 있다.[113]

조약 체결 과정을 지켜보면서 당시 로바노프는 일본의 대청전쟁은 청국을 대상으로 하는 것이라기보다는 러시아와 모든 열강에 대한 일본의 전쟁이라는 인식을 가지고 있었다.[114] 시모노세키조약이 체결되자 일본은

---

111 「露西亞陸軍大臣(Vannovskii)致外交大臣函」(1894. 7. 1.), 『中日戰爭文獻彙編』
    (7), p. 241, No. 32.

112 「外交大臣致北京公使函」(1894. 8. 8.), 『中日戰爭文獻彙編』(7), p. 280, No. 102.

113 로스트노프(외 지음), 김종헌(옮김), 『러일전쟁』(서울 : 건국대학교출판부, 2004),
    p. 22.

114 A. Malozemoff, *Russian Far Eastern Policy : 1881~1904*, pp. 63~64.

마치 조선을 점유하고 머무르기로 작정한 것처럼 교만스럽게 행세했다. 이것이 러시아를 몹시 자극했다.[115] 이 무렵 일본은 승전의 교만에 빠져 있었다. 이때 일본은 좀 더 신중했어야 했다. 그들은 새토우의 충고처럼, "축배의 잔에 물을 조금 더 섞어 도수를 희석시킬 필요"(putting water in the wine)[116]가 있었으나 일본은 감정을 주체하지 못했다.

이 무렵 **독일**은 청일전쟁을 주목하면서 어느 국가보다도 깊이 고려하고 있을 때 일본은 이 점을 간과했다. 일본은 공동 간섭을 예상하면서도 독일에게 큰 비중을 두지 않았다. 일본은 "독일은 튀니지·인도·아프리카에 대한 프랑스의 정략에 동감한 것과 같이 러시아의 동방 정략에 동감을 표시해도 좋을 것이다. 흑해(黑海)에서도 지금 독일의 이해관계가 깊지 않거늘 하물며 조선해(朝鮮海)에 있어서랴!"[117]라고 말한 비스마르크(Otto von Bismarck)의 말을 액면 그대로 받아들였으며, 여기에서부터 독일에 대한 예상이 빗나갔다.

일본이 독일에 대하여 방심하고 있는 동안 이홍장은 북경 주차 독일 공사 슈바인스베르크(S. von Schweinsberg)를 초치하여 이해관계[상권]로 설득한 다음 일본이 강화 조건을 경감시켜 주도록 비밀리에 독일이 알선해 줄 것과, 영토 할양은 중국의 생존 무대인 대륙을 할양하려는 요구여서 받아들일 수 없음을 설명했다.[118]

이를 접수한 외무대신 마셜(Baron von Marshall)은 도쿄 주차 공사 구치미트(Baron von Gutschimid)에게 "독일 황제는 청일전쟁을 조속히 강화하고 강화 조건을 낮추기를 바란다."는 뜻을 일본 외무성에 통고하도록 훈

---

115 Tyler Dennet, *Roosevelt and the Russo-Japanese War*, pp. 98~99.

116 Ernest Satow, *Korea and Manchuria Between Russia and Japan : 1895~1904*, p. 56.

117 陸奧宗光, 『蹇蹇錄』, p. 299. 무쯔가 "동해(東海)"를 "조선해(朝鮮海)"라고 표기한 것이 예사롭지 않다.

118 「駐北京公使致外部電」(1895. 3. 3.), 『中日戰爭文獻彙編』(7), pp. 331~332, No. 2225.

령했다.[119] 아울러 독일 주차 일본 공사 아오키를 불러 독일도 향후 열강의 공동 간섭에 참여하기로 했음을 통고했다.[120]

그렇다면 독일이 3국 간섭에 참여한 기본적인 동기는 무엇일까? 이는 다음과 같이 정리할 수 있을 것이다.

> (1) 조선에 대한 러시아의 독자적인 개입은, 마치 영국이 이집트를 독식(獨食)했듯이, 러시아가 조선을 독식하게 만드는 현상(egyptianization)이 일어나게 할 수 있다.[121]
>
> (2) 신임 호헨로헤(Prince Hohenlohe) 수상은 비스마르크의 숭배자로서 전임 수상 카프리피(Count von Capripi)가 소홀했던 러시아와의 관계를 다시 회복하려고 노력했다. 독일은 러시아의 동방 정책을 도와줌으로써 독일 – 러시아 국경의 긴장을 완화하고자 했다.[122]
>
> (3) 독일 황제 빌헬름 2세(Wilhelm II)는 황화(黃禍, Yellow Peril)를 두려워하고 있던 터에 중국이 정복된 지금 청일 양국에 의해 아세아 국가들의 대(對)유럽연합이 일어나리라는 것이 두려웠다.[123] 실제로 청일전쟁은 황화를 마뜩찮게 생각한 서구 열강들이 일본을 부추기는 상황에서 일본의 야심과 맞물려 벌어진 측면이 있다.[124]
>
> (4) 독일은 극동 문제를 처리하면서 프랑스와 러시아의 밀월을 좌시할 수 없었다.[125]

119 「外交大臣致駐箚公使」(1895. 3. 6.),『中日戰爭文獻彙編』(7), p. 332, No. 2226; 「獨國政府ヨリ媾和條件ノ適當スルバキ事勸告ノ件」(1895. 3. 8.),『日本外交文書』(28/1), pp. 709~710, No. 571; 陸奧宗光,『蹇蹇錄』, p. 286.

120 陸奧宗光,『蹇蹇錄』, pp. 290~291.

121 A. Malozemoff, *Russian Far Eastern Policy : 1881~1904*, p. 63.

122 Moon Hee-Soo, *La Guerre Sino-Japanaise du Conteste Interantional : 1894~1895* (Paris : Université de Paris, 1985), p. 925; *The Secret Memoirs of Count Tadasu Hayashi*, pp. 52~53; 신복룡 · 나홍주(역주),『林董秘密回顧錄』, pp. 44~45.

123 A. Gerard,「施阿蘭論三國干涉」(*Ma Mission en China : 1893~1897*, Vol. I, Chapt. IV),『中日戰爭文獻彙編』(7), p. 419(이하 *Gerard Memoirs*로 약기함).

124 Thomas Cowen, *The Russo-Japanese War*(London : Edward Arnold, 1904), p. 50 참조.

3국간섭의 마지막 국가인 **프랑스**는 개입을 결정하는 마지막 순간까지 주저했다. 프랑스는 이미 1891년에 프랑스—러시아조약을 체결하고, 이를 1894년부터 발효시킴으로써 러시아의 동방 정책에 대해서는 조약상의 의무를 지고 있었으나 이것은 명분의 문제였을 뿐이었다. 이 무렵 프랑스는 러시아가 동방 정책에서 고립되는 것을 바라지 않으면서도[126] 일본과의 관계에 소원할 수도 없는 입장이었다.

애초 극동의 갈등이 시작되었을 무렵에 프랑스는 조약상의 의무보다는 실익을 내세워 일본에 접근했다. 일본 주차 공사 아르망(M. Harmand)은 여러 차례 일본과 프랑스 양국의 동맹이 필요하다는 것을 역설했을 뿐만 아니라 무츠에게 러시아의 군함이 계속 수에즈운하를 통과하여 극동 방향으로 집결하고 있는 저의를 결코 소홀히 할 수 없는 일이라고 암시해 줄 정도로 양국 관계는 우호적이었다.[127]

이제 방금 황제에 즉위한 러시아의 니콜라이 2세(Nicolas II)는 정치적으로 안정되지 않은 상태에서 프랑스의 간섭이 다소의 도움은 되리라고 생각했다.[128] 이러한 판단에서 러시아 외무대신 로바노프는 러시아 주재 프랑스 공사 제라르(A. Gerard)에게 러시아는 일본이 요동반도를 점령하는 것을 반대한다는 사실을 분명히 했고, 제라르는 그 반대급부로 프랑스는 일본이 팽호열도를 점령하는 것을 반대한다는 사실을 분명히 했다.[129]

이와 같은 여러 가지 상황을 고려한 아노또 외무대신은 결국 프랑스와 유럽이 극동이나 아시아의 양대국인 청국과 일본의 강화에 관심을 갖지 않을 수 없다는 결론에 이르렀고, 아시아에 공동 이해관계를 가지고 있는

125 陸奧宗光, 『蹇蹇錄』, p. 293.
126 Moon Hee-Soo, *La Guerre Sino-Japonaise du Conteste Interantional : 1894~1895*, p. 945.
127 陸奧宗光, 『蹇蹇錄』, p. 297.
128 *Gerard Memoirs*, p. 419.
129 「露西亞外交大臣上沙皇奏」(1895. 4. 2.), 『中日戰爭文獻彙編』(7), p. 311; A. Malozemoff, *Russian Far Eastern Policy : 1881~1904*, p. 63.

유럽의 열강들이 연합으로 행동하는 데 참여했다.

아노또는 아시애극동]의 현상에 최대 관심을 가지고 있는 어떤 일개 국 가[러시아]가 일본을 저지함으로써 얻어지는 이익을 독점하는 것은 편파 적이며 불공정하다는 생각[130]과 함께 러시아가 극동에서 고립되는 것을 방관할 수 없었다.

3국 간섭을 논의하면서 간섭의 당사자가 아님에도 불구하고 중요한 변 수로 작용한 **영국**의 태도를 간과해서는 안 된다. 애초 영국은 이때 5국의 간섭을 제의했다.[131] 그러다가 청국이 용선한 영국 국적의 고승호(高陞號) 가 일본 해군에 의해 침몰하였을 때 영국의 입장은 미묘했다. 영국은 세 력 균형이라는 측면에서는 친일본이었고, 이권이라는 문제에서는 친중국 이었기 때문이었다. 그러나 고승호의 침몰 그 자체가 영국의 정책 방향을 결정한 것은 아니었다.

영국은 동양의 질서가 무너짐으로써 자신의 상권이 동요되는 것을 걱 정했다. 이러한 고심의 판단 끝에 나온 것이 처음의 5국 간섭과는 달리 중립 정책이었다.[132] 그러나 청국의 패배가 확실해지고 일본이 중국 본토 의 어느 지점을 할양할 의지를 보였을 때 영국은 "일본이 중국 영토의 단 1인치도 차지할 수 없다"[133]는 입장을 밝혔다.

사실상 영국은 일본이 청국을 섬멸하는 것을 원치 않았다. 청국이 완 전히 패배할 경우, 그로 말미암은 청조의 무정부 상태와 해악은 결코 영 국의 국익과 부합되지 않았다. 영국의 입장에서 "제국의 해체"(brake-up of Chinese Empire)는 바람직한 것이 아니었다. 따라서 그들은 자신의 상권과 중국에 있는 교민이 위해(危害)를 받지 않는 범위에서 개입하지

130 *Garard Memoirs*, p. 419.

131 "Kimberley to O'Conor"(July 12, 1894), *AAC Materials*, p. 37, No. 71.

132 陸奧宗光, 『蹇蹇錄』, pp. 259~260, 271.

133 「列强ノ干涉ニ關スル動向ニ就イテノ〈タイムス〉ノパリ通信員ノ報道ヲ報告 ノ件」(1895. 2. 8.), 『日本外交文書』(28/1), p. 689, No. 551.

않기로 결정했다.134 그리고 그것의 타협점으로 중국에서의 이권을 보호하는 정도에서 중립을 취했다.

그뿐만 아니라 3국 간섭이 절정에 이르고 일본이 최악의 입장에 놓였을 때 영국이 간섭에 참여하지 않은 것도 더 이상 일본을 견제함으로써 일본이 치명적으로 세력을 잃게 되고 그로 말미암은 세력 균형이 파괴되는 것을 바라지 않았기 때문이었다. 여기에 일본이 중국의 북쪽으로 진출하기를 바라는 자신의 국익과, 되도록이면 일본이 중국의 남쪽으로 진출하기를 바라는 러시아의 정책의 타협점을 찾기 어려웠기 때문에 러시아가 주도하는 3국간섭에 동의할 수 없었다.

공동 간섭에 참여하지 않은 **미국**의 입장은 명백했다. 단지 청일전쟁과 3국간섭의 시기뿐만 아니라 러일전쟁의 전후 처리와 그 뒤 태평양전쟁에서 보여주었던 미국의 친일정책의 정체를 이해하기란 어렵지 않다. 사실상 전쟁이 끝나고 청국이 강화 과정에서 치명적인 국가 손실을 입는 것이 자명하게 보이는 순간까지도 미국은 "열강의 개입에 동참하지 않을 것이며 중국의 요구에 부응하지도 않을 것"135이며, "열강의 공동 간섭을 반대한다"는 점과 중립을 분명히 했다.136

미국은 이에 한 걸음 더 나아가, 국무장관 그레샴(Walter Q. Gresham)이 일본 공사 구리노 신이치로를 불러 "러시아가 이미 북부 중국의 국경지대에 3만 명의 군대를 집결시키고 있다"는 군사 정보를 넘겨주었다.137

134 「淸國ノ崩壞ヲ恐レル英國ノ態度報告ノ件」(1895. 2. 13.), 『日本外交文書』(28/1), pp. 697~698, No. 560.

135 「列强ノ干涉二對スル米國ノ立場ヲ米國務長官聞明ノ件」(1895. 3. 2.), 『日本外交文書』(28/1), pp. 715~716.

136 「米國務大臣他國トノ共同動作拒絶スル旨伊國大使二言明ノ件」(1895. 4. 4.), 『日本外交文書』(28/1), p. 734, No. 607; 「米國政府局外中立ヲ持スルコト竝日本政府二忠告ノ件」(1895. 4. 5.), 『日本外交文書』(28/1), p. 737, No. 612.

137 「駐露米國公使, 露國動靜二關スル電信ヲ米國務長官呈示ノ件」(1895. 3. 24), 『日本外交文書』(28/1), p. 720, No. 587.

미국으로서는 동방에서의 우방은 해상교두보로서의 일본과 우의를 유지하는 데 대한 포만감이 있었다. 미국의 친일정책은 이토록 뿌리가 깊다.

러시아·프랑스·독일의 3국간섭의 주역은 러시아 외무대신 로바노프였다. 그는 오랜 탐색과 교섭 그리고 타진을 거쳐 강화조약이 체결된 4월 17일 열강의 공동 간섭을 공식 제의했고, 독일과 프랑스도 이에 동의했다. 도쿄에 주차하고 있던 3국 공사들은 4월 24일 일본 외무성을 방문하여 다음과 같이 통보했다.

> 극동과 만주 대륙을 영토적으로 영구히 점령하는 것은,
> (1) 중국의 존립을 위태롭게 하며,
> (2) 조선의 독립을 침해하며,
> (3) 끝내는 동양의 평화를 위협하므로 이를 되돌려줘야 한다.[138]

그러는 동안 일본의 총리대신 이토와 외무대신 무츠는 러시아와 프랑스 그리고 독일이 간섭하리라는 것을 예상했지만 그들은 이 간섭이 어느 사안을 가지고 어느 정도까지 깊이 자행될 것인지를 예상할 수 없었다. 그들은 이 문제를 숙고한 끝에 비록 자기들이 현재 고려하고 있는 것보다 더 완화된 조건을 청국에 제시한다 하더라도 열강들이 일본에 치명적인 타격을 주기로 결심한 이상 열강들로부터의 간섭을 모면할 수 없다는 결론에 이르게 되자 결국 이미 그들이 마음속에 그리고 있는 강화 조건을 변경하지 않기로 결심했다.[139]

그러나 당시의 정국이 이들의 결심으로만 이루어지는 것은 아니었고, 결국은 군부의 주장을 배제할 수 없었다. 사이고 츠구미치(西鄕從道) 해

---

138 「日本帝國會義誌」(1895. 4. 24.),『中日戰爭文獻彙編』(7), p. 29; *Gerard Memoirs*, p. 420; 통고문의 원문은 「露佛獨三國ノ遼東半島還付勸告」,『日本外交年表竝主要文書』(上), pp. 169~170 참조.

139 *The Secret Memoir of Count Tadasu Hayashi*, pp. 79~80; 신복룡·나홍주(역주), 「林董秘密回顧錄」, pp. 72~73.

군대신을 중심으로 하는 해군은 대만을 할양받는 것이 요동반도에 우선한
다고 생각했고, 야마가타 아리토모(山縣有朋) 육군대신을 중심으로 하는
육군은 요동이야말로 북경의 목[喉頭部]을 노리는 곳이므로 대만을 포기
할지언정 요동을 포기할 수 없다는 입장을 굽히지 않았다.[140]

조약의 비준(4월 20일)이 끝난 직후인 4월 24일, 일본의 수뇌들은 다시
어전 회의를 열어 일본에서 열강 회의를 초청하여 요동 문제를 처리하기
로 결정했다. 그러나 이러한 결론은 일본 측의 일방적인 희망이었을 뿐
열강들은 이미 이것을 회의로써 결정할 문제는 아니라고 생각했다.

이제 일본은 최후의 결심을 해야 했다. 그들은 결국 5월 4일 교토(京都)
의 대본영(大本營)에서 가진 각료 회의에서 요동반도의 포기를 최종적으
로 결정하고 3국에 주차하는 일본 공사들이 주재국 정부에 전달하도록 훈
령했다.[141] 그러나 열강의 압력으로 전리품을 포기하는 것은 국가적 자존
심의 문제라고 생각하고 5월 5일에 다음과 같은 조건을 제시했다.

> (1) 시모노세키조약은 유효하며, 영토 반환의 문제는 추가 협정으로 결
>   정한다.
> (2) 일본의 점령은 장차 결정할 조약이 완전히 이행될 때까지 지속한다.
> (3) 일본의 배상금은 영토로써 받는다.
> (4) 이러한 조건들은 일본과 3국, 일본과 청국이 협의하여 결정한다.[142]

위의 조건 가운데 일본의 자존심이 걸린 (1)항은 끝내 관철되었지만 (3)
항은 뜻대로 이루어지지 않았다. (1)항은 결국 봉천반도환부속약(奉天半
島還附屬約)이라는 이름으로 1895년 11월 8일 북경에서 체결되어, 11월
17일에 비준을 거쳐, 11월 29일 북경에서 비준서를 교환한 다음 12월 4일

---

140 陸奧宗光,『蹇蹇錄』, p. 183.
141 陸奧宗光,『蹇蹇錄』, pp. 265~266.
142 *Gerard Memoirs,* p. 422.

에 공포와 더불어 발효되었다.[143] 이 점은 참으로 일본인다운 교지(巧智)였다. 일본은 모양으로 볼 때 시모노세키조약을 폐기한 것이 아니라 속약(續約)의 형태를 빌려 저들의 요구를 들어줌으로써 체면을 살렸기 때문이었다.

일본으로서는 대만마저 되돌려주지 않은 것이 다행이었다. 이는 해군측의 강경함과 러시아가 이곳에 깊은 이해관계를 가지고 있지 않았다는 점, 그리고 영국이 3국간섭의 주역이 되지 않았기 때문이었다. 1896년 2월 25일에는 청국 포로의 교환 비용이 15,000엔으로 타결됨으로써 청일전쟁은 사실상 종결되었다.[144]

6. 맺음말

이 글의 결론은 다음과 같다.

[1] 전쟁에는 승패가 있기 마련이며 그 승패는 강화 조약의 형태로 나타난다. 시모노세키조약에는 분명히 청국이 패전국이며 일본이 승전국이었다. 그러나 청일전쟁의 손익 계산은 그렇게 간단하게 산출되지 않는다. 이것은 청일전쟁의 시대적 성격 및 국제적 복잡성과 관련이 있다. 청일전쟁은 조선에서 정치적 우위를 유지하려는 전근대사회의 청국과 농업 사회에서 산업 사회로 옮겨가는 초기 자본주의 사회인 일본의 조선에 대한 경제적 욕망이 충돌한 전쟁이었다.[145] 따라서 생존이 걸린 일본이 정치적 명

---

143 「조약 문서」는 『日本外交年表竝主要文書』(上), pp. 172~174 참조.

144 「淸國補擄還送費用淸國政府ヘ請求ニ關シ意見問合ノ件」(1896. 2. 25.), 『日本外交文書』(29), pp. 860ff, No. 507.

145 K. Asakawa, *The Russo-Japanese Conflict*, pp. 7~10. ; A. Malozemoff, *Russian Far Eastern Policy : 1881~1904*, p. 56.

분에 연연했던 청국에게 승리한 것은 당연한 귀결이었다.

[2] 그렇다면 일본은 이 전쟁을 일으킨 초기의 목적[開戰 理由]을 어느 정도 달성했을까? 일본은 청일전쟁의 진정한 승자일까? 일본은 부분적으로 승자일 수 있다. 왜냐하면 청일전쟁은 일본의 국민 통합에 기여했기 때문이다. 전쟁의 전후 처리 과정에서 요동(遼東)을 환부한 직후의 일본인의 국민적 심리 상태는,

(1) 청국[大國]을 이겼다는 자부심
(2) 일본의 독립과 국익을 수호하겠다는 결의
(3) 그것은 부국강병에 의해서만 가능하다는 사실의 확인
(4) 더 거대한 갈등[러일전쟁]이 기다리고 있다는 사실에 눈뜸146

등으로 요약될 수 있다.

청일전쟁의 일본 측 주역이었던 무츠는 청일전쟁의 결과를 회고하면서 "우리는 나아갈 곳으로 나아가고, 멈추어야 할 곳에 멈추었을 뿐"147이라고 말했다. 듣는 이에 따라서 이 말은 승자의 오만으로 들릴 수 있다. 그러나 어쩌면 이 말은 그의 진심이었을는지도 모른다. 그는 동양의 유색인종이 서구 문물을 받아들임으로써 동양의 맹주가 된 데 대한 자부심에 부풀어 있었다.148 이른바 평화의 상징이요, 무교회주의자로서 일세를 풍미했던 우찌무라 간조(內村鑑三)도 승전의 기쁨을 참지 못하고, "청일전쟁은 성전(聖戰)이다."149라고 선언했다.

[3] 미국의 역사학자 랭거(William L. Langer, Harvard University)가 극동사를 기술하면서, "러시아와 일본이 조선을 갖고 싶은 열망은 종교와 같았

---

146 K. Asakawa, *The Russo-Japanese Conflict : Its Causes and Issues*, pp. 79~80.
147 陸奧宗光, 『蹇蹇錄』, p. 307.
148 陸奧宗光, 『蹇蹇錄』, p. 143.
149 Kanzo Uchimura, "Justification of the Korean War," in *The Complete Works of Kanzo Uchimura*, Vol. 1(東京 : 敎文館, 1973), p. 66~75.

다."[150]는 표현이 적절한지에 대하여는 논란의 여지가 있는 것은 사실이지만, 일본의 정한(征韓) 의지를 이만큼 절실하게 표현하기도 어렵다. 이런 점에서 볼 때 적어도 일본은 절반 이상의 승리를 한 셈이다. 청일전쟁의 일본 측 득실이나 역사적 의미를 평가하면서, 7을 얻을 수 있었던 것을 10을 요구함으로써 5밖에 얻지 못한 무츠의 미욱함을 비난할 수도 있다. 특히 그가 군부의 팽창 정책에 밀려 무리하게 정책을 추구했다는 비난도 가능하다.[151] 그러나 지금에 와서 생각해보면 결과적으로 오키나와(沖繩)를 잃지 않은 것만으로도 일본의 청일전쟁은 "남는 장사"였다.

[4] 그렇다면 청일전쟁의 진정한 승리자는 누구인가? 그것은 러시아였다. 참전국이 아니면서 러시아 승리자가 된다는 것은 역설적일 수 있다. 결과적으로 말해서 적어도 1894~1896년의 극동의 상황에서 진정한 승리자는 러시아였다. 러시아는 만주군에 대한 무장 투쟁에서의 승리도 장담할 수 없었고, 해전의 승리도 기약할 수 없었다. 그런 상황에서도 그들은 끝내 발톱을 숨기며 적국의 자멸을 기다림으로써 전리품을 얻었다.

그렇다고 해서 러시아로서 막대한 실익(實益)이 있었음을 의미하는 것은 아니다. 러시아로서는 다음과 같은 역사적 의미를 깨닫게 되었다.

(1) 중국과 일본 가운데 어느 쪽이 자신의 동맹국인가에 대한 대답이 선명해졌다.
(2) 부동항을 확보하는 문제가 현실화됨으로써 동방에서의 남진 정책을 더욱 가속할 필요를 느끼게 되었다.
(3) 시베리아철도가 산업의 성격을 넘어 전략적 의미를 갖게 되었다.[152]

150 William L. Langer, *The Diplomacy of Imperialism : 1890~1902*(New York : Alfred Knoff, 1968), p. 406.
151 *The Secret Memories of Count Tadasu Hayashi*, pp. 57, 59; 신복룡 · 나홍주(역주), 『林董秘密回顧錄』, pp. 58~60.
152 A. Malozemoff, *Russian Far Eastern Policy : 1881~1904*, p. 67.

[5] 청국[중국]은 왜(倭)라고 비칭(卑稱)하던 섬나라에 패배함으로써 영토를 잃은 것은 더 말할 나위도 없고, 최대의 치욕을 겪었다.

[6] 그렇다면 청일전쟁의 진정한 패배자요 진정한 피해자는 누구인가? 불행하게도 그것은 조선[韓國]이었다. 우리의 이해(利害)와는 관계도 없는 열강이 그들의 땅이 아닌 한반도에서 전개했다고 하는 특이한 양상의 청일전쟁은 조선을 희생양(犧牲羊)으로 만들기에 충분했다. 러시아였든 아니면 일본이었든 간에 한국을 노려보고 있던 열강들이 이 전쟁을 통해 그들의 입지를 강화할 수 있었다는 데 문제가 있다. 어찌 보면 청일전쟁은 남들의 전쟁이 내 땅에서 벌어진, 우리로서는 억울하고 분노할 수밖에 없는 전쟁이었다.

이와 같은 사실은 이웃이어야 할 나라를 적국으로 만들었고, 한국의 입장에서 말한다면, 증오와 비분강개함이 역사학의 주류를 이루게 만들었다는 점에서 불행한 일이었다. 그리고 이 두 열강의 최후의 일전에 따라 한국의 운명도 결정될 수밖에 없었다. 그 전쟁의 수행 과정에서 갑오농민군의 대일항전이라는 유산이 역사에 남겨진 반면에, 타의에 의한 개명 문화의 전래[甲午更張]가 가속화되고, 이것이 국내적으로 후기 개화파의 등장을 촉진했지만, 길게 볼 때 그것은 대한제국 멸망의 서곡이었기에 청일전쟁은 우리에게 더욱 비극적이었다.

12장

러일전쟁
―대한제국의 망국과 관련하여

> 대한제국이 멸망할 때
> 러시아는 부패하고 천박한 관료를 매수했고,
> 일본은 교활한 지식인을 매수했다.
> ― 본문 가운데에서

> "우리는 적군[일본군]의 총탄보다
> 아군의 군수물자 보급계 일병의 권력이
> 더 무서웠다. …
> 이 전쟁에서 우리[러시아]가 이긴다면
> 우리 인민은 더욱 불행해질 것이다."
> ― 러시아 사병의 수기에서[1]

1. 머리말 : 청일전쟁의 여진(餘震)

한국전쟁사와 관련하여 러일전쟁사를 쓰면서 가장 곤혹스러운 문제는
왜 우리의 역사를 쓰면서 남의 나라 전쟁사를 써야 하나? 한국전쟁사를
쓰면서 꼭 러일전쟁사를 써야 하나? 하는 의문과 자괴감이다. 내 나라의

---

* 이 글은 『한국정치외교사학회논총』(42/1, 2020. 8.), pp. 89~150을 전재한 것임.
1 심국웅(옮김), 『쿠로파트킨회고록 : 러일전쟁』(서울 : 한국외국어대학출판부, 2007),
  pp. 112, 143, 138.

역사를 쓰면서 남의 나라의 전쟁사를 써야 한다는 것이 서글픈 일이지만, 그것이 1900년대 초 한국의 운명이었다. 그 까닭인즉, 다음과 같다.

한국은 전쟁의 당사국[교전국]이 아니면서도 패전국가에 못지않게 큰 피해를 보았다는 점에서 러일전쟁은 역사적으로 이례적이다. 청일전쟁이 청국과 일본이라는 두 교전 국가가 자기들의 영토가 아닌 제삼국에서 전쟁을 치렀다는 점에서도 특이하다. 그런데 러일전쟁에서 그런 현상이 똑같이 재현되었으니 그것도 운명이었다. 왜 러일전쟁 당사국도 아닌 한국에서 싸웠으며, 우리는 왜 그 희생양이 되어야 했는가?

되돌아보면, 국제 관계라는 것이 일방적인 문화 유입이나 편도 통행으로 이루어지는 것은 아니라고 하지만 중국이나 일본과의 관계와는 달리 러시아와의 관계는 불가근불가원(不可近不可遠)한 불편함이 있었으나 그 세 나라 가운데 어느 나라도 우리가 영원히 적으로 몰 수도 없다.

그렇다고 선린이라는 이름으로 모든 것을 덮어버릴 수도 없는 존재구속성(Seinsgebundenheit)이 있다. 이 사태가 그토록 악화할 때까지 한국의 지도자들은 어떤 선택을 했고, 무슨 실수를 했는가를 반추하면서, 대한제국 망국의 귀책 사유와 러일전쟁은 어떤 함수관계를 갖는가? 그렇다면 러일전쟁의 뿌리는 무엇인가?

첫째로, 러일전쟁이 일어나기 직전에 영국의 『데일리 뉴스』(Daily News) 극동특파원이었던 코웬(Thomas Cowen)이 이토 히로부미(伊藤博文)를 만나 청일전쟁을 비롯하여 극동의 정세를 물었을 때, 그가 대답하기를, "좋은 일이든 나쁜 일이든 원인이 없이 일어나는 법은 없다. 사실 자체만 봐서는 안 된다. 더 중요한 것은 사건의 밑바닥에 깔린 뿌리이다."[2]라는 대답이 러일전쟁의 역사성을 잘 표현해 주고 있다.

---

2 Thomas Cowen, *Russo-Japanese War*(London : Edward Arnold, 1904), p. 40.

둘째로, 청일전쟁이 대한제국 멸망의 서막이었다면, 러일전쟁은 대한제국 멸망사의 봉인(封印) 과정이었다고 하는 사실이다. 한 국가의 멸망을 단일 인자로 설명하기란 어렵다. 대한제국의 멸망만 하더라도 내재적 모순이 국가 멸망의 일차적 변수였음을 부인할 수는 없지만, 일본은 러일전쟁을 통하여 세계 강국으로 부상한 것과는 달리, 그 이후 대한제국의 사양(斜陽)은 운명적이리만큼 피할 수 없는 도식과 시간표대로 진행되었다.

일본은 조선을 병합하고자 하는 과정에서 걸림돌이 되는 러시아를 제거한다는 의미가 없었더라면 러시아와 그토록 위험한 전쟁을 할 필요가 없었다.[3] 따라서 일본이 개전할 수밖에 없었고, 또 그 희생양으로 한반도가 전쟁의 무대가 될 수밖에 없었던 이유를 밝혀보는 것은 대한제국 멸망의 요인을 가장 극명하게 보여준다.

셋째로, 러일전쟁은 당시의 한일 · 한중 · 한러 관계뿐만 아니라 청일관계, 러일관계와 더 나아가서는 미일 관계와 한미 관계를 이해하는 준거인 동시에 난마처럼 얽힌 열강과 극동의 이해관계를 이해하는 데 중요한 자료가 된다. 러일전쟁 전야의 서구 열강의 이해관계는 첨예한 것이었고, 개전 국가들의 이해관계에 못지않게 미묘하고도 복합적인 것이었다.

그러므로 그 형태의 차이는 다소 있을지라도, 그 시대의 상황이 이 시대에 재현될 가능성은 언제나 존재하는 것이기 때문에 이 시대를 살아가는 우리에게 하나의 교훈으로 남아 있다. 역사에서 120년은 그리 긴 세월이 아니었다.

---

3 H. B. Hulbert, *The Passing of Korea*(London : William Heinemann Co., 1906), pp. 201~203; 신복룡(역주), 『대한제국멸망사』(서울 : 집문당, 2020), p. 249.

2. 러시아의 흉중(胸中)

20세기 초엽, 러시아의 대일 인식은 어떠했을까? 하는 점이 이 문제를 풀어가는 실마리가 될 것이다. 1806년까지만 해도 무국적지인 사할린(Sakhalin, 樺太)을 점유하고 있던 일본이 1875년에 이를 러시아에 할양하고 러시아는 쿠릴열도를 일본에 할양할 때만 해도 두 나라 사이에서 이 문제는 그리 심각하지 않았다. 그 뒤 러시아는 1876년에 알래스카를 720만 달러에 매각하고서도 문제의 심각성이나 아쉬움을 깨닫지 못할 만큼 동방정책에 소극적이었다.

적어도 1886~1988년의 상황에서 러시아가 그토록 극동 정책에서 소극적일 수밖에 없었던 것은 극동에 투자할 재정의 부족과 무기 운송의 어려움 때문이었다.[4] 실제로 러시아는 18~19세기의 2세기에 걸쳐 평화 시기 71년을 제외한 128년 동안에 33차례의 전쟁을 치렀는데, 터키, 유럽 및 발트해 인접 국가와 22차례의 영토 확장 전쟁을 하였고, 11차례의 방어 및 정치적인 전쟁을 하였다.[5] 이럴 경우에 국가는 "지루한 피로"에 빠지게 된다.

청일전쟁 이전까지만 해도 일본으로서는 러시아와 적대 관계를 일으킬 이유가 없었다. 일본으로서는 중국과 러시아를 한꺼번에 적으로 만들 생각도 없었고 능력도 없었기 때문이었다. 1891년에 러시아는 대한해협을 통과하는 과정에서 한때 대마도(對馬島)를 점령한 적이 있으나 영국의 중재로 퇴각한 사건이 있었는데,[6] 심각할 듯하던 이 문제가 원만히 해결된 것으로 보아 두 나라 사이가 나빴다고 볼 수는 없었다.

---

4 Seung Kwon Synn, *The Russo-Japanese Rivalry over Korea, 1876~1904*(Seoul : Yukbubsa, 1981), p. 154.

5 심국웅(옮김), 『쿠로파트킨회고록 : 러일전쟁』, pp. 1~3.

6 The General Staff, War Office(UK)(comp.), *The Russo-Japanese War*, Part I(London : Wyman and Sons, LTD., 1906), p. 8.

1891년 러시아의 황태자이자 뒷날 황제가 된 니콜라이 2세(Nicolas II)가 일본을 방문했다가 일본 경찰의 테러를 겪는 사건이 벌어졌다. 그러한 저격 사건 자체가 러시아에 대한 일본의 암묵적인 적의(敵意)를 표현한 것일 수도 있다. 그런 점에서 일본인의 심층 심리에 적의가 전혀 없었던 것은 아니었다고 볼 수 있지만, 일본과 러시아는 이를 예민하게 처리하지 않았다. 벌어졌을 때도 두 나라는 이를 예민하게 처리하지 않았다. 그러다가 청일전쟁을 치르면서 두 나라 사이는 급격히 악화하였다.[7]

이러한 상황에서 의화단 사건(Boxer Incident, 1900)을 기화로 러시아는 여순(旅順)을 조차(租借)하여 요새화하고 병력을 두 배로 강화하였다. 나중에 드러난 일이지만, 러시아는 여순항을 조차하여 제삼국의 해군이 정박할 수도 없도록 하는 배타적 권리를 확보함으로써 세계 무역에 장애를 초래했다. 그뿐만 아니라 그들은 동청철도(東淸鐵島, Trans-Manchurian Railroad, TMR)를 압록강까지 연장하여 한국에 접경까지 이르렀고, 하얼빈을 군사 기지로 만들었다.[8]

러시아는 또한 한국의 어느 지역이 일본의 전략적 목적을 위한 기지로 사용되지 않을 것을 일본이 선언하라고 요구했다.[9] 그러한 과정에서 러시아로서는 일본 그 자체가 두려운 것이 아니라 영국과 일본의 유착이 향후 극동의 정세에 미칠 영향에 촉각을 세우고 있었다.[10]

그렇다고 해서 러시아가 일본의 전쟁 능력을 인지했다거나 일본의 전의를 두려워했다고 볼 만한 증거는 없다. 오히려 러시아는 일본을 경시했

7 이에 대한 자세한 논의는 이 책의 제11장 참조.

8 Kentaro Kaneko, *The Situation in the Far East : An Address before the Harvard University, April 28, 1904*(Cambridge : The Japan Club of Harvard University, 1904), p. 4.

9 Tyler Dennet, *Roosevelt and the Russo-Japanese War*(Gloucester : Peter Smith, 1959), p. 101.

10 Ernest Satow, *Korea and Manchuria between Russia and Japan : 1895~1904* (Tallahassee : The Diplomatic Press, 1966), p. 71.

고, 그것은 정보와 판단의 오류에 기초하고 있었다. 1900년 재일 러시아 육군 무관 반노브스키(G. Vannovskii) 중령은 이런 기록을 남겼다.

> "일본군은 아직도 내부적으로 혼란한 상황에 놓여 있습니다. …… 그들이 모든 유럽의 군대 체계의 교훈 원리를 습득하려면, 아마도 몇 십 년 또는 몇 백 년이 필요할 것이며, 동등한 원리 위에서 유럽의 최약소국 가운데 한 국가와 경쟁하는 것조차 일본에게 매우 힘들 것입니다."[11]

러시아가 일본의 의중을 이해하지 못하고 경시하는 경향은 어제오늘의 이야기가 아니었다. 이미 레닌(Vladimir I. Lenin)의 교시에 따르면 "일본은 동아시아의 모든 국가를 약탈할 가능성을 보유하고 있지만, 다른 나라의 지지가 없이는 그 어떠한 자립적인 경제력과 군사력을 보유할 수 없었다."[12] 적어도 청일전쟁에서 일본이 압도적 승리를 거두기 이전까지 러시아는 한국에 대한 일본의 야심이 그토록 지대하다는 사실을 감지하지 못했던 것 같다.

러시아는 전쟁의 결과와 관계없이 일본에 의해 한국의 영토적 존엄성이 손상되는 일이 없으리라는 소박한 소망에 젖어 있었다. 러시아는 자신들의 극동 진출에 저애를 받지 않는 평화적 현상 유지를 소망했다. 그들은 시베리아횡단철도가 완성될 때까지 극동에서 분란이 발생하는 것을 바라지 않았다.

니콜라이 황제는 위테(Sergei Y. Witte) 대장대신, 람스도르프(Vladimir N. Lamsdorf) 외무대신, 쿠로파트킨(Alexai N. Kuropatkin) 육군대신의 의견을 듣고 일본과의 전쟁을 피하고 가능한 만주에서의 안정을 꾀하여야 한다고 언급하였다. 그러나 시간이 흐를수록 "전하의 소망을 실천할 능력

---

11 로스트노프(외 지음), 김종헌(옮김), 『러일전쟁사』(서울 : 건국대학교출판부, 2004), p. 73.

12 로스트노프(외 지음), 김종헌(옮김), 『러일전쟁사』, p. 37.

이 없다."고 궁정 대신들은 느끼고 있었다.[13]

러시아가 그런 생각을 하고 있을 때 일본은 전혀 다른 생각을 하고 있었다. 일본은 청일전쟁에서 승리했음에도 불구하고 3국 간섭으로 주요 전리품을 빼앗김으로써 남은 것은 러시아에 대한 증오뿐이었다. 청일전쟁에 이어 벌어진 3국 간섭이 "일본인의 가슴에 깊은 복수심"(deep feeling of revenge in her breast)을 안겨주었지만, 막상 당사국들은 일본인의 마음 상처가 얼마나 심각했는지를 모르는 것 같았다.[14] 곧 그 실체에 대하여 러시아와 일본의 해석과 결의는 많이 달랐다.

이런 점에서 본다면 10년 사이를 두고 벌어진 청일전쟁과 러일전쟁은 별개의 전쟁이 아니라 한 꾸러미(package)였으며 청일전쟁에는 이미 러일전쟁이 배태되어 있었다. 청일전쟁과 러일전쟁은 이란성 쌍둥이다. 청일전쟁은 끝난 것이 아니라 미뤄진 전쟁(pending of the war)이었을 뿐이다. 청일전쟁과 3국 간섭, 그리고 일본의 양보와 극동의 정세가 구축되려면 다시 한번 전화(戰禍)를 치를 수밖에 없게 되었음을 의미하는 것이다.

전쟁의 실패는 현지 야전군의 상황 인식과 궁정 대신의 인식 차이에서 비롯되는 경우가 많다. 청일전쟁 무렵 전황을 살피러 파견된 러시아의 정세 판단 장교인 보각 대령(Colonel Vogak)은 "향후 러시아의 적국은 청국이나 영국이 아니라 일본"이라는 사실을 심각하게 거듭 본국에 경고했지만, 궁정 대신들은 그의 말에 귀를 기울이지 않았다.[15] 오히려 청일전쟁 이후 러시아의 동향이 너무 안일한 데 대하여 일본이 놀라고 있었다.[16]

그 무렵(1894)에 황제(Tsar) 알렉산드르 3세(Alexandre III)가 11월에 죽

---

13 심국웅(옮김), 『쿠로파트킨회고록 : 러일전쟁』, pp. 75, 328.

14 K. Asakawa, *The Russo-Japanese Conflict : the Causes and Issues*(Boston : Houghton, Mifflin and Co., 1904), pp. 78~79.

15 William L. Langer, *The Diplomacy of Imperialism : 1890~1902*(New York : Alfred Knoff, 1968), p. 405.

16 "The Russo-Japanese War," *Korea Review*(Vol. IV, No. 5), May 1904, p. 195.

고 외무대신 기어스(M. M. de Giers)는 중병에 걸려 있었기 때문에 외교 정책도 어수선한 분위기였다. 몇몇 모험심이 강한 기업가들이 함경도의 삼림과 광산에 관심을 가졌던 것은 사실이지만, 러시아는 적극적인 동방 정책을 취할 겨를이 없었다. 이런 상황에서 러시아에서 니콜라이 2세가 등극했으며, 오랜 중병에 빠져 있던 외무대신 기어스가 1895년 1월 26일 에 죽는 등 내정이 불안했다.

당시 중국은 청일전쟁의 배상 문제로 허덕이고 있었는데, 러시아와 프 랑스는 그를 기화로 청국에 차관을 제공함으로써 대어를 낚으려는 음모에 몰두하고 있었다.[17] 이때까지만 해도 영국조차도 러시아가 여순을 조차하 리라고는 예상하지 못하고 있었다.[18] 이때 러시아가 만주/청국에서 노리 고 있던 이권은 철도 부설을 통한 만주 물산의 장악이었다.

그러한 목적으로 러시아는 1896년에는 러청비밀동맹을 맺고 일본이 중국 · 조선 · 극동러시아령을 침략할 경우 상호 원조할 것을 약속하였으 며, 만주 북부를 관통하여 블라디보스토크에 이르는 시베리아횡단철도 (Trans-Siberian Railroad, TSR) 부설권을 획득하였다.

1897년에 철도 공사가 시작되어 1901년 첫 열차가 운행되었다. 철도의 완전 개통과 더불어 러시아의 대청 수출이 900만 루블에서 2,200만 루블 로 급신장하고 대량의 러시아 자본이 만주로 유입되는 현상이 발생하여 20세기 초 러시아의 대청 자본 수출 규모는 영국에 이어 두 번째였다.[19]

공사가 진행되고 러일관계가 긴장 상태로 접어들면서 동청철도의 의미 는 크게 변질되었고, 여순은 블라디보스토크의 빙설기에 대처하는 태평양 진출의 출구 역할이 크게 드러났다. 그러는 과정에서 1900년 6월 동청철 도 건설에 불만을 품고 있던 폭도와 청나라의 관군에 의해 대부분 철도가

17 William L. Langer, *The Diplomacy of Imperialism : 1890~1902*, p. 390.

18 Ernest Satow, *Korea and Manchuria between Russia and Japan : 1895~1904*(Tallahasse : The Diplomatic Press, 1966), p. 85.

19 로스트노프(외 지음), 김종헌(옮김), 『러일전쟁사』, p. 25.

파괴되는 사태가 발생했다.

그러자 러시아는 흑룡강(黑龍江) 연안 지역에 배치된 부대를 동원했으며, 7월 초에는 니콜스코-우스리스키, 하얼빈 그리고 여순에 주둔하고 있던 부대를 만주로 파견했다. 총 29km에 이르는 여순의 방어 라인 가운데 9km가 연해 전선이었고, 1904년 7월에 총 22개의 영구포대(永久砲臺)가 설치되었다.[20]

이때로부터 극동에서 러시아의 영향력은 급속히 증대하였다. 1896년에 한국에 군사 교관을 파견할 때까지만 해도 그들의 야심은 조선에 있는 것이 아닌가 여겨지더니, 1898년에 이들을 철수한 다음에 그들은 만주의 경영에 몰두했다.[21] 그런 과정에서 러시아는 의화단 사건에 개입하면서 러시아의 만주 개입은 더욱 심화하였다.

러시아는 여순항의 전력을 두 배로 강화하였다. 이는 그들의 태평양 제해권이 팽창되는 것이라고 영국의 해군전략가들은 판단하고 더욱 경계심을 품었다.[22] 그뿐만 아니라 러시아는 동청철도를 압록강까지 연장하여 조선의 국경에 이르렀고, 하얼빈을 군사 기지로 만들었다. 이것은 분명히 자신을 위협하고자 함이라고 일본은 판단했다.[23]

그렇다면 그 무렵에 러시아에 대한 한국의 의미는 무엇이었을까? 대부분의 열강 관계가 그렇듯이, 한국에 대한 열강의 의미보다는 열강에 대한 한국의 의미가 더 중요했다. 이것이 한국외교사가 지니는 숙명적 비극일 수 있지만, 그것은 엄연한 현실이었다.

의화단 사건을 전후로 하여 한국과 러시아가 국경을 마주하기 이전까지만 해도 두 나라의 관계는 그리 긴밀하지도 않았고, 긴요하지도 않았다.

20 로스트노프(외 지음), 김종헌(옮김), 『러일전쟁사』, pp. 26, 229.
21 Tyler Dennet, *Roosevelt and the Russo-Japanese War*(Glochester : Peter Smith, 1959), p. 99.
22 The General Staff, War Office(UK)(comp.), *The Russo-Japanese War*, Part I, p. 34.
23 Kentaro Kaneko, *The Situation in the Far East*, p. 4.

이 무렵의 러시아의 대한 정책은 "기다리며 사태의 추이를 바라보는 정책"(wait-and-see policy)이었다.[24]

그러다가 시베리아 개발이 시작되고 태평양의 출구로서의 블라디보스토크의 역할이 증대되면서 러시아의 극동 정책은 급변하기 시작했다. 그들로서는 삼림과 수산물 등의 보고인 사할린이 상대적으로 중요한 의미를 갖게 되었다.[25] 그런데 블라디보스토크는 1년에 3개월 동안 어름에 갇혀 있는 데다가, 출항이 가능하다 해도 태평양으로의 진출하려면 그 출구를 막고 있는 일본의 호의가 절대적으로 필요했다.

1900년대에 들어오면서 러시아가 일본에 바라는 것은 러시아 함대가 대한/대마도해협을 자유롭게 통행함으로써 여순항과 블라디보스토크 사이의 항로를 보장하는 것이었다. 러시아는 한반도의 거제도(巨濟島)를 장악하고 싶어 했다.[26] 러시아가 진정으로 두려워한 것은 대한/대마도해협이 일본의 관할로 넘어감으로써 러시아의 흑해함대가 보스포루스해협(Bosporus Straight)에서 터키로부터 겪는 애로를 이곳에서도 겪게 되리라는 점이었다.

이런 점에서 아무르 총독 코르프(Baron A. N. Korf)와 외무성 아주국장 지노비에프(I. A. Zinovieff)는 외무성 회의에서 이렇게 보고했다.

> "조선은 빈한하여 우리에게 상업적 이익은 없으나 만주와 접경되었다는 점에서 우리의 전략적 거점이다. 따라서 조선이 [일본에게] 점령된다면 러시아의 대청(對淸)·대영(對英) 관계의 균형이 깨어질 것이며, 러시아를 적대하는 도구가 될 것이다."[27]

---

24 Seung Kwon Synn, *The Russia-Japanese Rivalry over Korea, 1876~1904*, p. 154.

25 로스트노프(외 지음), 김종헌(옮김), 『러일전쟁사』, p. 459.

26 Seung Kwon Synn, *The Russo-Japanese Rivalry over Korea, 1876~1904*, p. 158.

27 「露西亞外務省特別會談記錄」(1894. 5. 8.), 『中日戰爭文獻彙編』(7), pp. 209~210; 「外交大臣(Giers)上沙皇(Tsar)奏」(1894. 6. 28.), p. 234.

그에 따라 러시아는 일본 외무대신 니시 도쿠지로(西德二郎)와 주일 러시아 공사 로젠(R. R. Rosen) 사이에 이른바 니시－로젠(Rosen)의정서(1898. 4. 25.)를 체결하고 그 제1조에 "일·러 양국 정부는 한국의 주권과 완전한 독립을 확인하는 동시에 그 내정에 직접 간섭하지 않기로" 약정했다.

그러나 결과적으로 보면, 러시아는 그 조약문을 너무 순진하게 믿고 있었다. 러시아가 보기에 대한제국은 중국과 일본에 동시에 예속이 되어 있음에도 불구하고 니시－로젠 의정서에 따라 대한제국의 독립이 보장되었다고 생각했다. 따라서 러시아로서는 대한제국을 합병할 필요까지는 없으나, 어떠한 구실로도 그곳에 강력한 일본 또는 여타 열강이 세워지는 것을 허용해서는 안 된다는 정책에 성공했다고 생각했다.

초기에 러시아는 한반도보다는 북만주를 더 중요시했던 것은 사실이다. 그러나 아관파천(俄館播遷)이라는 돌발 사건이 극동의 역학 관계를 어렵게 만들었다. 그것은 두 가지 점에서 문제를 일으켰는데, 첫째는 이 사건을 치르면서 러시아는 대한제국을 보호국으로 만들 수 있다는 희망을 품게 되었다는 점이고, 다른 하나는 러시아 이외의 국가들이, 특히 일본이 러시아의 의중에 의구심을 더욱 강력하게 품게 되었다는 점이었다.

1902년 초가 되자 대한제국은 러시아와 한 협정을 체결했다는 사실을 발표했는데 그 협정에는 협정일로부터 마산포와 거제도의 어느 지역도 외국에 매도되거나 영구 조차할 수 없게 되어 있었다. 이때 이미 러시아는 그곳에 저탄장을 마련했으며 그토록 훌륭한 항구에 근거를 잡음으로써 상당한 이득을 보았다는 것이 전 세계적으로 공인되었다.[28] 이러한 사건은 일본을 초조하게 만들었음이 틀림없다.

그런 상황에서 돌출된 것이 한반도의 중립지대 논의였다. 1903년 9월 20일에 극동 총독 알렉세이에프(E. I. Alexeieff)가 작성한 러시아 측의 의

28 H. B. Hulbert, *The Passing of Korea*, pp. 175~176; 신복룡(역주), 『대한제국멸망사』, p. 218.

안이 로젠에 의해 일본 정부에 제출되었는데, 그에 따르면,

　　제1조 러일 양국은 한국의 독립과 영토적 불가침성을 존중한다.
　　제6조 러일 양국은 한국 영토의 북위 39° 이북지역을 중립지대로 인정하여,
　　　　양측은 군대를 위 지역에 투입하지 않는다.[29]

는 것이었다. 그러나 1903년의 상황에서 일본은 이미 대한제국 정벌의 의
지를 구체화하고 있었기 때문에 북위 39° 이남에만 국한하는 영향권에 만
족하지 않았다. 그렇다고 해서 러시아가 밀릴 상황도 아니었다.

　　특히 아관파천 이후 조선에서 비교적 우위를 차지하게 된 러시아는 1903
년 12월이 되자, 이제 공공연히, "일본은 러시아의 대한해협 통과의 자유
를 허용함으로써 블라디보스토크와 여순 사이의 해군 통신을 원활하게 허
락하고, 대한제국이 어떤 전략적 목적에 이용되지 않는다는 사실을 약속
하며, 그 한 방법[대개]으로 러시아는 러시아와 대한제국의 북경 사이에
중립지대를 설정할 수 있다"는 뜻을 피력했다. 그러나 일본은 이러한 제
안을 일단 거부했다.[30]

　　그러다가 1904년 초가 되면 일본은 마음을 바꾸어 중립지대 논의를 의
제로 내놓았다. 그러나 러시아의 중립지대 논의가 한만/한러 국경에 걸친
"선"(line)의 구상이었던 것과는 달리, 일본의 중립지대 논의는 압록강을
사이에 두고 남북으로 50km의 중립지대를 설치하자는 "공간"(space)의 개
념이었다. 이 제안을 들은 러시아는 단호하게 거절했다.

　　남북으로 50km라면 합쳐 100km의 중립지대를 설치한다는 뜻이고, 더
나아가서 만주 남쪽 50km의 긴 띠(帶)의 중립지대가 설치된다는 것은 곧
자기들이 우위를 차지하고 있는 만주 영유권의 침해를 뜻하는 것이며, 아
울러 중립지대의 논의는 "대한제국을 둘러싼 러시아와 일본의 양국 사이

29 로스트노프(외 지음), 김종헌(옮김), 『러일전쟁사』, p. 50.
30 Tyler Dennet, *Roosevelt and the Russo-Japanese War*, p. 101.

의 문제"에 국한하고자 하는 러시아의 의중과는 달리 일본에 호의적인 유럽 열강까지 여기에 연루시키는 문제이기 때문에 러시아로서는 이를 받아드릴 수가 없었다.[31]

당시의 대장대신이었던 로바노프(A. B. Lobanov, Prince)는 극동의 정세를 가장 정확히 읽고 있는 인물 가운데 하나였다. 1897년 3월 8일에 그가 남긴 다음의 기록은 이 시점에서 대한제국이 그들에게 얼마나 중요한 의미가 있는지 잘 보여 주고 있다.

> "한국은 우리에게 지고(至高)의 가치(paramount importance)를 갖는 지역이다. 북만주도 우리에게 중요한 지역이기는 하지만 그곳은 요동과 한국에 접근하기 위한 통로로서의 가치를 가질 때만 그러하다."[32]

러시아가 압록강 남북의 중립지대 논의를 받아들일 수 없는 이면에는 압록강 연안의 벌채권과 깊이 얽혀 있었다. 이 일을 추진한 사람은 브리네르(Y. I. Bryner)였다. 그는 독일 혈통의 스위스인으로서 모험심이 많아 이르쿠츠크로 이주하여 현지 아내를 얻어 정착했다가 다시 블라디보스토크로 이주한 이민 2세였다.[33] 그는 고종(高宗)이 러시아공사관에 피신하여 있을 때인 1896년 웨베르(I. Waeber)의 협조로 조선 외부(MOFA)를 통해 두만강·울릉도·압록강의 벌목권을 받게 되었다. 그 과정에서 서울에 있는 러시아의 요원들은 조선에서 가장 부패한 관리들을 이용했으며,[34] 그들을 통해 사사건건 일본의 이익을 봉쇄했다.

---

31 The General Staff, War Office(UK)(comp.), *The Russo-Japanese War*, Part I, p. 17.

32 B. A. Romanov, *Russia in Manchuria : 1892~1906*(Ann Arbor : J. W. Edwards, Pub. Co., 1952), p. 115.

33 그는 저 유명한 헐리우드의 배우 율 브린너(Yul Brynner)의 아버지이다.

34 H. B. Hulbert, *The Passing of Korea*, pp. 191~192; 헐버트(지음), 신복룡(역주), 『대한제국멸망사』, p. 237; "The Russo-Japanese War," *Korea Review*(Vol. IV, No. 3), March 1904, p. 99.

브리너는 "조선산림회사"(Real Compania de Maderas)를 설립하여 1896년 8월에 조선 정부로부터 20년 기한으로 벌채권을 획득했다. 벌채권은 두만강과 압록강의 연안으로 확대되었으며, 벌채권의 소유자는 도로건설권, 전신선가설권, 건물의 건설권, 기선운영권과 기타의 특권을 보유함에 따라 이권이 허여된 기간 동안 조선 북부의 실질적인 주인으로 군림할 수 있었다.

당시의 거래 조건을 보면, 조선 정부가 아무런 지출을 하지 않으면서 회사 전 재산의 1/4을 소유하고, 회사 순이익의 1/4을 받을 권리가 있었다. 그 대신 조선 정부는 브리네르에게 세금이나 관세를 면제했다. 회사의 본부를 블라디보스토크에 두었다가 제물포에 옮긴 브리네르는 조선 정부의 순이익 배당금에 대한 보증으로 러청은행에 1만5천 루블 규모의 담보금을 지속해서 맡겨 놓는다는 약속도 받아냈다.[35] 그러나 조선 정부는 이 벌목권을 허가한 대가로 그 이익의 1/10도 받지 못했다.[36]

브리네르는 주식 가운데 25주를 러시아 동부 지역에 투자하고, 모스크바 요로에 25주를 기증했으며, 150주는 황실청에 배당하였고, 30주는 차후의 배당을 위해 예비주로 남겨놓았다. 각 주의 가격은 5천 루블로, 총 400주였으니 주가 총액은 2백만 루블이었다.[37] 연간 목재 생산량은 2,500만 입방피트였고, 재고가 쌓일 때는 3백만 입방피트가 넘었다.[38]

압록강 벌목의 사업 규모가 커지고 자본금이 늘면서 브리너로서는 감당할 수 없을 만큼 사업이 확대되자 1902년 다른 러시아 왕실의 측근으로

35 박종효, 『격변기의 한러 관계사』(서울: 선인출판사, 2015), p. 470.
36 H. B. Hulbert, *The Passing of Korea*, p. 185; 신복룡(역주), 『대한제국멸망사』, p. 229.
37 박종효, 『격변기의 한러 관계사』, p. 479. 30년 전 알래스카의 판매액이 750만 달러였음을 상기하면 압록강 벌채권의 규모를 짐작할 수 있다. 다소의 차이는 있지만 좀 늦은 1920년대에 루블과 달러의 환율은 1 : 1이었다.
38 박종효, 『격변기의 한러 관계사』, p. 492; 심국웅(옮김), 『쿠트로파트킨회고록 : 러일전쟁』, p. 326.

서 투자자인 베조브라조프(Alexandro M. Bezobrazoff)에게 개발권을 매도 하였다. 이 회사의 이권이 어느 정도였는지는 황제와 황비가 이 업체에 몇 백만 루블을 투자했다는 사실로서도 잘 입증되고 있다.[39]

압록강 벌목 문제가 여기에서 멈췄더라면 러일전쟁에서 이 문제를 더, 그리고 소상하게 다뤄야 할 이유가 없다. 문제는 이 사건이 더 비화하였 다는 사실이다. 러시아의 벌목은 압록강을 타고 뗏목으로 떠내려 보내는 것이었으므로 운송에는 문제가 없었다. 그러나 그것이 압록강 하구에 도 착했을 때 하역이 문제였다. 러시아로서는 이 문제를 해결하려면 그곳 용 암포(龍巖浦)를 조차해야 했다. 러시아가 이 문제를 조선 정부에 제기하 자 일본과 열강에게 매우 복잡한 인상을 주었다.

러시아의 역사를 살펴보면 일단 어느 지역을 획득한 다음에는 그곳을 절대로 포기하지 않았다는 사실을 열강은 알고 있었다.[40] 1903년 5월 러시 아는 용암포를 조차하고 이름도 니콜라스항(Port Nicolas)으로 바꾸었다. 이어서 그들은 안동(安東)과 해저 통신 시설과 요새화 작업에 착수했다. 러시아는 용암포에 포대를 설치하였다. 이 당시 조선은 부패와 재정 결핍 으로 말미암아 러시아의 이러한 횡포에 저항할 능력이 없었다.[41] 시간이 흐르자 러시아인들이 가설한 전신선이 정당한 이유도 없이 파괴되었다.

이러한 러시아의 극동 정책은 러시아의 내정과 연결되어 있었다. 곧 러

---

39 이에 대한 자세한 논의는, 박종효, 『격변기의 한러 관계사』, p. 468; 심국웅(옮 김), 『쿠트로파트킨회고록 : 러일전쟁』, pp. 321~322; 로스트노프(외 지음), 김종 헌(옮김), 『러일전쟁사』, p. 35; The General Staff, War Office(UK)(comp.), *The Russo-Japanese War*, Part I, p. 15; G. P. Gooch and Harold Temperley(ed.), *The Anglo-Russian Rapprochement : 1903~1907*, Vol. IV(London : His Majesty's Stationary Office, 1927), p. 112 참조.

40 H. B. Hulbert, *The Passing of Korea*, p. 185; 신복룡(역주), 『대한제국멸망사』, p. 229.

41 "The Russo-Japanese Conflict : A Review," *Korea Review*(Vol. V. No. 1), January 1905, p. 14; Asakawa, *The Russo-Japanese Conflict : the Causes and Issues*, p. 257.

시아의 어수선한 정치 상황이 사태를 더욱 뒤틀리게 했다. 비교적 지적이고 합리적이며 유능한 러시아 주한 공사 웨베르가 멕시코 공사로 전보되고, 다소는 천박하고 우악스러운 스페이어(A. de Speyer)가 그 후임으로 온 것이 조선으로서는 나쁜 조짐이었다.[42] 웨베르는 탁월한 외교관이면서 부패한 조선의 관리를 다루는 솜씨가 마치 "죽은 반초(班超)가 살아온 것 같았다."[43]

러시아 국내에서는 온건파였던 외상 람스도르프(1903~1904)가 퇴임하고 강경파인 내장원대리인 베조브라조프가 실세로 등장함으로써 니꼴라이 2세는 베조브라조프 일파의 영향력 아래에 놓여 있었다. 지난 11년간 차르 정권의 극동정책을 주관했던 대장대신 위테가 1903년 8월에 사임한 뒤, 베조브라조프 일파는 자신의 사리사욕을 충족시키고자 극동에서 어떠한 모험도 감수할 인물들이었다.[44]

러일전쟁의 전사(前史)로서 고려해야 할 또 다른 사실은 TSR의 건설이었다. 이 문제가 거론되기 시작한 것은 1880년대 후반으로서, 1887년이 되면 TSR의 타당성 조사에 착수했다. 1891년에 시공한 TSR은 1897년에 첼라빈스크–이르쿠츠크선(Celabinsk-Irkutsk Line) 4천km가 개통되었다.

이 무렵에 청일전쟁의 전후 처리와 함께 변화된 극동의 상황에서 이왕의 정책을 재정립할 필요가 있다고 여긴 차르는 1895년 2월에 궁정 회의를 소집했다. 알렉산데르 3세의 아들 알렉산더 대공(Alexander Mikhailovich, Grand Duke)이 회의를 주재했고, 육군대신, 해군대리대신, 대장대신, 외무성대리대신 시시킨(Shishikin), 참모부대신, 해군참모총부대신 그리고 외무성 아주국장이 참석했다. 이 자리에서 제시된 결론은 다음과 같다.

42 "The Russo-Japanese Conflict : A Review," *Korea Review*(Vol. V. No. 1), January 1905, p. 15.
43 량치차오(지음), 최형욱(옮김), 「일본병탄조선기」(1910), 『조선의 망국을 기록하다』(서울 : 글항아리, 2014), p. 129~130.
44 로스트노프(외 지음), 김종헌(옮김), 『러일전쟁사』, p. 36.

(1) 러시아의 태평양함대를 증강하여 러시아가 일본의 우위임을 보여준다.
(2) 전쟁 강화 회담이 진행되는 동안 러시아의 국가 이익을 침해하는 사실이 제기된다면 일본에 공동으로 압력을 제시한다.
(3) 우리의 주요 목적은 한국의 독립이다.
(4) 위의 사실이 영국이나 기타 열강과 협조되지 않을 경우, 또는 한국의 독립 보장이 필요할 경우 다시 회의를 재개하여 제시된 문제를 토의한다.
(5) 그 후속 조치로 지중해의 함대를 극동으로 발진시킨다.[45]

위의 회의록을 보면 TSR에 대한 직접적인 언급은 없다. 그러나 그 행간에 깔린 어조는 이제까지의 어느 회담보다 극동 진출에 대한 강한 의지를 담고 있고, 그만큼 TSR에 대한 효용도를 강조한 것이었다. 따라서 1896년 5월이 되면 러시아의 극동 외교 정책의 다음과 같이 구체적 골격을 갖추게 되었다.

(1) 만주에서 블라디보스토크를 잇는 노선을 찾아야 한다.
(2) 한국에서 완전한 병합의 문제를 잠시 유보하고 보호국으로 가는 광범한 길을 모색한다.
(3) 남만주에서 부동항을 물색한다.[46]

위의 결정에서 주목되는 것은 이제 TSR에서 러시아의 동방 진출이 멈추는 것이 아니라 TMR에까지 확장된다고 하는 사실이었다. 러시아가 시베리아철도의 완공을 서두르면서 일본을 유념했겠지만, 그것이 애초부터 반드시 "일본을 제어하는 것"만을 유념한 것은 아니었다. 그러나 막상 그

---

45 「露西亞宮廷特別會議記錄」(1895. 2. 1.), 『中日戰爭文獻彙編』(7)(臺北 : 鼎文書局, 1972), pp. 301~307; A. Malozemoff, *Russian Far Eastern Policy : 1881~1904*, pp. 59~60.
46 B. A. Romanov, *Russia in Manchuria : 1892~1906*, p. 107.

모습을 바라보는 일본의 느낌은 매우 불안한 것이었다. TMR은 그렇지 않아도 러시아에 대한 시선이 곱지 않던 일본에게 더 강렬한 공로증(恐露症 Russo-phobia)을 불러일으킨 것이 사실이다.

러시아는 TSR이나 TMR이 개통되기 이전까지는 어떤 분쟁이 일어나지 않기를 진심으로 바랐다.[47] 5천7백 마일의 철도가 건설된다고 해서 그것으로 일이 완성되는 것은 아니었다. 이를 유지하려면 1마일에 50명의 수비대가 필요하여 전선(全線)에 걸쳐 수송/병참 및 경비를 위한 30만 명의 무장한 유급 수비대가 필요했다.[48] 이것은 벅찬 부담이었다.

TSR의 건설로 남만 정책에서 자신을 얻은 러시아는 1902년 3월 16일에 북경 주차 러시아공사를 통하여 7개항을 요구하는 문서를 일본 측에 전달했다. 그 내용을 보면,

> (1) 시모노세키조약 이후 중국에 환부(還付)한 어떤 영토를 외국에 조차하거나 매도하지 않는다.
> (2) 몽골의 현존 통치권을 보장한다.
> (3) 러시아의 동의 없이 만주의 어떤 항구나 도시도 개항하지 않는다.[49]

위의 내용 가운데 제3항을 보면 러시아는 아직도 3국 간섭의 환상에서 깨어나지 못한 채, 사태의 심각성을 인지하지 못했음을 알 수 있다. 이러한 제안에 대하여 일본은 1904년 1월 13일자로 통첩을 보내면서, "만주에 관한 한 러시아의 제안을 받아들일 수 있지만, 그와 같은 조건을 러시아도 한국에서 이행해야 한다."는 요청서를 보내면서 조속한 대답을 요구했다.

---

47 William L. Langer, *The Diplomacy of Imperialism : 1890~1902*, pp. 398, 406.
48 "The Russo-Japanese War," *Korea Review*(Vol. IV, No. 4), April 1904, p. 147. 하바로브스크에 이르는 전장 7천km가 완공된 것은 전쟁이 끝나고 10년이 지난 1916년이었다. 이와 함께 중국까지의 여행시간이 수에즈운하를 거칠 때의 45일에서 18~20일로 단축되었다. 로스트노프(외 지음), 김종헌(옮김), 『러일전쟁사』, p. 20.
49 The General Staff, War Office(UK)(comp.), *The Russo-Japanese War*, Part I, p. 14.

그러나 이에 대한 러시아 측의 답변이 없자 2월 4일에 일본은 회담의 중단을 선언하고 6일에 페테르부르크 주재 일본 공사는 람스도르프 백작에게 외교관의 철수를 통보했다.[50] 그 소식과 함께 3월이 되자 러시아와 일본이 전쟁을 일으킬 수도 있다는 소문이 이미 서울-인천 일대에서 퍼지고 있었다.[51]

전쟁사를 읽으면서 가장 고심하는 부분은 개전 책임의 문제이다. 그것을 밝히기가 어렵다는 뜻이 아니라, 개전 책임은 승패에 따라 승전국에게 유리하게 귀책된다는 점에서 공의롭지 않다는 점이다. 러일전쟁의 경우도 마찬가지인데, 개전 책임이 일본에 있는 것임이 분명한데도 결과적으로 강화 회담은 패전국 러시아로 돌아갔다. 이 문제를 밝혀보려면 전쟁 전야에 두 나라의 군비 또는 전쟁 준비 계획을 살펴보는 것으로 그리 어렵지 않게 밝혀질 수 있다.

당시 러시아의 군비를 보면 그가 강대국임은 틀림없었지만, 실속보다는 많이 과장되어 있었다. 러시아는 흑해를 정복하고자 치른 대 터키전쟁에서 320만 명의 병력을 투입하여 75만 명을 잃었고, 발트해로 나가고자 치른 스웨덴과의 전쟁에서 180만 명을 투입하여 70만 명이 희생되었다. 이러한 상황에서 러시아가 취할 수 있는 전략은 전쟁의 성격을 공세적 전쟁에서 방어적인 전쟁으로 바꾸는 것이다.[52]

러시아가 일본을 두려워한 것은 아니지만 그렇다고 해서 일본의 대로 필전론(對露必戰論)과 같은 강경파가 지배했던 것은 아니다. 그들은 극동에서의 세력 팽창이 필요했으나 반드시 전쟁을 치러야 할 처지는 아니었다. 곧 전쟁이 발발할 때 일본군은 40만 병력과 1,100문의 포를 전투에 투입할 터인데, 러시아는 이제 새로운 영토 확장을 위해 저들과 충돌할

---

50 The General Staff, War Office(UK)(comp.), *The Russo-Japanese War,* Part I, p. 17.
51 "The Russo-Japanese War," *Korea Review*(Vol. IV, No. 3), March 1904, p. 103.
52 심국웅(옮김), 『쿠로파트킨회고록 : 러일전쟁』, p. 30~31.

필요가 없다고 판단했다.[53]

그러나 막상 일본과의 군사적 충돌을 가상할 때 승리를 거둘 수 있는 것은 해군이었기 때문에 러시아는 일관되게 함대 시위에 주력했다.[54] 이 것이 러시아의 실수였다. 왜냐하면, 사실 일본은 러시아의 함대를 방어할 수는 있었지만, 육전대를 방어할 수는 없기 때문이다.[55] 일본 측에서 볼 때 이러한 군사 상황은 다행한 일이었고, 따라서 러시아의 군사 개입에 대한 두려움을 극복하고 개전할 수 있었다.

3. 일본의 준비

러시아와 일본은 피터대제 치하에서 러시아가 캄차카(Kamchatka)반도 를 점령했을 때 외교적으로 처음 만났다. 그러다가 1860년, 북경조약에 따라 러시아가 우수리(Ussuri)의 광대한 지역을 평화적으로 점령한 후, 조 선의 국경과 동해까지 진출하면서 두 나라는 좋은 의미로든 나쁜 의미로 든, 더욱 미묘한 관계로 접근했다.[56]

청일전쟁을 치른 뒤 3국 간섭이 러시아의 의도대로 귀결되자 일본으로 서는 이제 러시아가 만주를 지나 조선으로 손을 뻗쳐 이를 보호국으로 만 들 것이며, 그렇게 되면 자신들이 청일전쟁의 승리자가 아니라 사실상 패 배자가 된다고 생각했다.[57] 그럼에도 전쟁 직후의 일본은 피로감이라는 측면에서뿐만 아니라 전략적으로도 러시아와 적대 관계를 내색해야 할 이 유가 없었다. 일본으로서는 중국과 러시아를 한꺼번에 적으로 만들 생각

53 심국웅(옮김), 『쿠로파트킨회고록 : 러일전쟁』, p. 44.
54 A. Malozemoff, *Russian Far Eastern Policy: 1881~1904*, p. 64.
55 陸奧宗光, 『蹇蹇錄』(東京 : 岩波書店, 1941), p. 281.
56 심국웅(옮김), 『쿠로파트킨회고록 : 러일전쟁』, p. 82.
57 B. A. Romanov, *Russia in Manchuria : 1892~1906*, p. 102.

이 없었기 때문이었다.[58]

　사실상 청일전쟁과 강화조약이 끝난 이후의 일본의 국민 정서는 승리의 감격보다는 다가올 전쟁에 대한 준비로 절치부심하고 있었다. 일본의 이와 같은 의지는 청일전쟁 직후의 일본제국 회의 일지(1895. 6. 15.)를 읽어봄으로써 확인된다.

　　오늘날 국내외적으로 나라는 단단하나 지극히 가난하다. 바야흐로 지사(志士)는 일신을 바쳐 국가에 보답할 때이니 뜻을 함께 하는 무리는 다음과 같은 요령으로 단결하여 충애(忠愛)의 대의(大義)를 이루기 바란다.
　　　(1) 제국의 영광을 되찾을 수 있도록 신속히 군비(軍備)를 확장하고 외교를 쇄신한다.
　　　(2) 요동반도(遼東半島)의 반환에 대하여는 내각이 그 책임을 묻는다.
　　　(3) 한국의 독립을 유지하고 한국에 대한 일본제국의 지위와 세력을 유지한다.[59]

　이런 상황에서 조선의 을미사변(乙未事變)과 아관파천(俄館播遷)이 일어났다. 을미사변을 주도한 미우라 고로(三浦梧樓)는 일본에는 우국적이었을지 모르지만, 외교적으로는 매우 미욱한 인물이라는 것은 일본 학계에서도 잘 알려진 사실이었다.[60] 아관파천이 일어났을 때 실은 구미, 특히 미국이 일본보다 더 놀랐던 것으로 보인다.

　을미사변 이후 고종의 신변 보호를 위해 고생한 사람들은 미국의 선교사들이었다. 파천 자체가 실수였지만, 어차피 파천이 피할 수 없는 길이었다면, 그리고 그때 고종이 좀 더 신중했었더라면 미국공사관으로 피신을 하는 것이 순리였다. 그러나 고종은 미국공사관에로의 파천을 타진했으나 거절당했다. 그러면서도 미국은 조선의 친러시아 노선을 불안하게 바라보았다.

58　Kentaro Kaneko, *The Situation in the Far East,* p. 4.
59　「日本帝國會議志」(1895. 6. 15.), 『中日戰爭文獻彙編』(7), p. 30.
60　Asakawa, *The Russo-Japanese Conflict : the Causes and Issues,* p. 260.

사태가 어려워지자 일본은 1903년 6월 23일에 주요 각료 · 원로들의 어전회의(御前會議)를 소집하여 "한국에 대한 일본의 우선권과 만주에 대한 러시아의 우선권을 각각 인정하는 만한교환론(滿韓交換論)에 의한 대(對)러시아 교섭을 결정하였다.[61] 교환이라고는 하지만, 실은 한국을 일본의 지배하에 두고, 만주에서는 러시아 지배력의 약화를 노리는 일본의 교지(巧智)였다. 일본으로서는 러시아가 한국을 지배하는 한, 잠을 이룰 수가 없었다.[62]

이상하리만큼 러시아와 일본 문제에 관심이 많았던 영국 공사 새토우가 1899년 1월 25일 아오키 슈조(靑木周藏)를 만나 조선 문제를 담론하는 과정에서 아오키는 "한국에 대한 일본의 우선권과 만주에 대한 러시아의 우선권"을 각각 인정하는 만한교환설을 중재해 줄 수 있는지를 새토우에게 타진했다.[63] 이러한 담론의 밑바닥에는 일본이 한국에 대하여 매우 중대한 정치적 · 상업적 · 산업적 이해관계와 영향력을 가지고 있으며, 이는 일본의 안위에 너무도 치명적이기 때문에 일본으로서는 어느 열강에 한국을 포기하거나 양분할 수 없음을 분명히 하는 것이었다.[64]

러일전쟁사를 기술하면서 겪는 어려움 가운데 하나는, 그것이 전쟁사였음에도 불구하고 외교관들의 치열한 두뇌 싸움이었다는 점이다. 그리고 이 싸움이 러시아와 일본 사이의 문제였음에도 영국이 깊이 개재되어 있었다. 일본도 그와 같은 사실을 잘 알고 있었다. 당시 영국은 러시아가 인도와 콘스탄티노플을 공격할는지도 모른다는 점을 걱정하고 있었기 때문에 일본이 극동에서 러시아를 견제함으로써 러시아가 영국의 이권을 침

---

61 『日本外交史年表竝主要文書』(上)(東京 : 原書房, 1965), p. 150.

62 Ernest Satow, *Korea and Manchuria between Russia and Japan : 1895~1904*, p. 94.

63 Ernest Satow, *Korea and Manchuria between Russia and Japan : 1895~1904*, p. 93.

64 Tyler Dennett, *Roosevelt and the Russo-Japanese War*, pp. 96, 100.

해할 겨를이 없기를 바랐다.[65]

피차의 이해관계는 달랐지만, 러시아를 견제해야 한다는 공통된 목표는 일본과 영국의 우의를 촉진하기에 충분했다. 일본으로서는 단순한 동맹의 문제가 아니라도 영국에게 "배워야 할 것"이 더 있었다. 이러한 우의는 개전 초기는 물론 전후 처리에까지 지속하여, 영국은 끝까지 일본의 편에 섰고, 일본은 「일·영 통상항해조약 및 부속 의정서」(1894. 7. 16.)를 조인함으로써 영국을 안심시킬 수 있었다.[66]

그러나 만주를 둘러싼 일본의 대영국 관계는 더 교활했다. 세월이 흘러 1911년 1월에 페테르부르크에서 이토 히로부미와 위테/람스도르프 사이에 오고 갔던 만한교환론과 같은 중요 사안을 마치 영국이 들어보라는 듯이 대외에 공포한 것은 러시아와 일본 양국 간에 동맹이 성립될 수 있다는 가능성을 과시함으로써 영국을 위협하려는 목적에서 취해진 외교적 술책이었다.[67] 이런 점에서 보면 영일 관계는 밀월인 듯하지만 늘 애증이 교차하고 있었다.

당시 러시아 주차 일본 공사였던 구리노 신이치로(栗野愼一郎)는 유럽 열강과 협조해 가면서 일본의 지위를 유지하고, 이권을 발전시킨다는 투철한 우국주의자였다. 그 바탕에는 일본도 선진국들 사이에 유지되고 있는 일정한 세력 균형의 틀 속으로 들어가는 것이 자신의 안전과 이익을 지키는 길이라는 생각이 있었다. 구리노 신이치로는 일본의 우익들이 아시아주의를 제창함으로써 서양과 대립하는 것을 무엇보다 두려워했다. 일

65 A. M. Pooley(ed.), The Secret Memoirs of Count Tadasu Hayashi(London : G. P. Putnam's Sons, 1915), p. 68; 신복룡·나홍주(역주), 『林董秘密回顧錄』(서울 : 건국대학교출판부, 1989), p. 55.

66 陸奧宗光, 『蹇蹇錄』, pp. 69~70; "Trench to Kimberley"(August 21, 1894), Park Il-keun(ed.), Anglo-American Diplomatic Materials Relations to Korea, 1866~1886 (Seoul : Shinmundang, 1982), p. 349, No. 493(Inclosure); 日本外務省(編), 『日本外交年表竝主要文書』(東京 : 原書房, 1965), pp. 143~152 참조.

67 로스트노프(외 지음), 김종헌(옮김), 『러일전쟁사』, p. 45.

본이 서양의 의구심을 고조시키고, 이에 서구가 일치해서 일본에 대항해 오는 상황을 막아야 한다는 것이 그의 판단이었다.

영국과 일본의 밀월 관계는 이미 청일전쟁 당시에도 입증된 바 있지만, 의화단 사건을 계기로 두 나라는 더욱 가까워졌다. 3국 간섭 이래 국제적 고립에 고심하고 있던 일본은 의화단 진압에 참여하면서 드디어 열강의 대열에 끼어들었기 때문이었다.

의화단 사건이 일어났을 때 일본군은 이의 진압을 구실로 연합군에 참여했는데, 이것이 일본으로서는 러일전쟁의 예비 훈련으로 아주 좋은 학습이 되었다. 이때 일본은 중국의 지형지물은 물론 풍토와 인심 및 군수품과 병참, 그리고 신체적 적응에 이르기까지 많은 자료를 축적할 수 있었다.

의화단 사건 이후 러시아가 여순에서 철수하든 하지 않든 그 어느 쪽도 만주에 대한 일본의 야심을 고조시키는 것이었지 약화하는 것이 아니었다. 철병하면 그 틈새가 넓어지니 유리했고, 철병하지 않으면 간섭의 구실이 될 수 있었기 때문에 의화단 사건에서의 러시아의 철병 여부가 러일전쟁의 직접적인 구실이 되는 것은 아니었다.

그러나 일본은 아모이[厦門] 출병에 실패하고, 중국 본토에 대한 이권 획득을 달성하지 못하였다. 이러한 사태에 대처하려는 일본의 외교 정책으로서 러시아와의 타협을 모색하는 러일협상론과, 영국과 제휴하여 러시아 견제를 노리는 영일동맹론이 대립하였으나, 결국 1902년 1월 영일동맹이 성립되어 러시아와의 대립이 명확해졌다.

영국의 바람은 러시아가 황화(黃禍, Yellow Peril)를 막아주고 일본이 러시아를 막아줄 수만 있다면 더 바랄 것이 없었다.[68] 영국의 새토우 공사는 평소에도 일본이 한국을 합병하는 것이 동양 평화에 도움이 된다는 소신을 가진 인물이었다.

---

68 Seung Kwon Synn, *The Russo-Japanese Rivalry over Korea, 1876~1904*, p. 158.

새토우 공사의 논지에 따르면, 한국과 일본은 가까이에 있으며, 한국의 정치가 열악하고 자립할 능력이 없기에 한일합방이 동양 평화에 도움이 된다는 것이었다.[69] 그런 관계에도 불구하고 일본은 늘 영국에 대한 열패감과, 영국이 다른 열강 특히 러시아나 청국과 어떤 밀약이 있지나 않을까 하는 데 대하여 미심하고도 두려운 감정을 품었다.

영국으로서도 국제 무대에서 버거운 러시아를 상대하면서 극동의 강국으로 부상하는 일본을 우방으로 두는 것은, 그것이 진심이든 위장이든, 나쁠 것이 없었다. 영국은 일본의 궁극적 야심이 만주에 있는 것이지 한국에 있는 것이 아니며, 일본이 군사적으로 장강(長江) 이남의 영국의 상업적 이익을 저해하지 않는 한 일본을 거스르고 싶지 않았다.[70]

러일전쟁을 준비하면서 일본은 미국과의 우호적 관계를 유지하는 데 유념했다. 일본은 먼저 이번 전쟁에서의 전략적 조언을 미국에 요청했다. 미국 정부는 곧 필리핀 총독 맥아더 장군(Arthur MacArthur)에게 협조를 지시했다. 이에 맥아더 총독은 아들이자 부관인 맥아더(Douglas MacArthur) 중위를 일본으로 파견하여 기라성 같은 일본의 개국 원수들을 앞에 놓고 전략을 조언했다. 그 자리에는 노기 마레스케(乃木希典) 대장, 토고 헤이하치로(東鄕平八郎) 제독, 오야마 이와오(大山巖) 만주군사령관, 구로키 다메모토(黑木爲楨) 1군사령관이 참석했다. 이때 그는 한국이 일본의 식민지가 되리라는 느낌과 함께 일본인의 검소한 생활과 예의 바름에 깊은 인상을 받았다.[71]

러일전쟁을 하나의 전쟁으로 보기 이전에 치열한 외교전이었다고 한다면 그 외교 주역의 면면을 살펴볼 필요가 있다. 그 외교 진용의 앞자리에

69 Ernest Satow, *Korea and Manchuria between Russia and Japan : 1895~1904*, p. 45; Tyler Dennett, *Roosevelt and the Russo-Japanese War*, p. 111.

70 Ernest Satow, *Korea and Manchuria between Russia and Japan : 1895~1904*, p. 86; Tyler Dennett, *Roosevelt and the Russo-Japanese War*, p. 102.

71 Douglas MacArthur, *Reminiscences*(McGraw-Hill Book Co. Inc., 1964), pp. 30~31.

는 이토 히로부미(1841~1909)가 있었다. 이토는 천민에 가까운 적빈한 집 안에서 태어났다. 성(姓)도 없었다. 그러나 그의 아버지는 명민한 아들을 평시에는 잡역에 종사하지만, 전시에는 보병이 되는 아시가루(足輕)인 이 토 나우에몬(伊藤直右衛門)의 양자로 보냈다. 어려서 요시다 쇼인(吉田松 陰)을 만난 것이 운명적이었다. 쇼카존수쿠(松下村塾)에서 개명(開明)한 그 는 에도(江戶)로 진출하여 도막파(倒幕派)에 가담하면서, 남들보다 유난 히 영어 공부에 몰두했다.[72]

인맥을 파악하는 탁월한 후각과 상사의 호감을 살 줄 아는 뛰어난 친화 력을 가진 이토는 외치파의 거두 이와쿠라 도모미(岩倉具視)를 만나 1871 년 유럽을 거쳐 미국을 돌아보는 외교 사절의 일원이 되었다. 그는 이때 남북전쟁의 영웅이자 당시 대통령인 그랜트(Ulysses S. Grant)를 면담하면 서 깊은 영감을 받았다.

그 뒤에 이토 히로부미는 케임브리지대학 출신인 사위 스에마쓰 겐 조우(末松謙澄)를 통하여 미국, 특히 T. 루즈벨트(Theodore Roosevelt : 1858~1919) 대통령과의 인연의 끈을 놓지 않았다. 그가 건국기에 네 차례 (1885~1886, 1892~1896, 1898~1898, 1900~1901)에 걸쳐 총리대신을 역임 하면서 추구한 것은 요시다 쇼인의 정한론(征韓論)의 맥을 성사하는 것이 었다.

이토 히로부미의 뜻을 가장 충실하게 이행한 후배는 외무대신 무쯔 무 네미쓰(1844~1897)였다. 메이지유신 직후 외무성 재외국에 들어간 그는 대장성으로 옮겨 지조재정국(地租財政局) 국장(1872)을 거쳐 다시 외무성 으로 이적하여 활약하다가 1882에 미국을 방문했다. 이어 그는 주미공사 (1888~1890)와 상무대신(1890)을 거쳐 외무대신(1892~1894, 1895)을 지내 면서 청일전쟁과 시모노세키조약의 체결에 공로를 세웠다. 그러나 그는 청일전쟁의 마감과 함께 일찍 세상을 떠났다.

---

72 한상일, 『이토 히로부미와 대한제국』(서울 : 까치, 2015), pp. 19, 24.

가쓰라 타로(桂太郎 : 1847~1913)는 독일 유학 출신으로, 1884년에 유럽 시찰한 뒤 독일공사관 무관으로 봉직하면서 프로이센의 군제(軍制)를 깊이 공부하고 귀국하여 육군차관(1886)을 지냈고, 청일전쟁 당시에는 3사단장으로 무공을 세워 대만 총독(1896)을 거쳐 육군대신(1898)과 총리대신(1901, 1908)을 지내면서 일본의 군국주의의 기틀을 마련한 인물이었다.

사이온지 긴모찌(西園寺公望 : 1849~1940)는 일본인으로서는 드물게 프랑스에 유학(1870~1880)한 뒤 귀국하여 1880에 메이지(明治)법률학교 설립하였으며, 뒤에 외교계에 투신하여 독일 · 오스트리아 · 룩셈부르크 공사(1885~1891)로서 격동기의 대유럽 외교를 수행한 공로로, 문부대신과 외무대신(1894) 거쳐 총리대신(1906, 1911)으로 러일전쟁의 전후 처리에 이바지했다.

하야시 다다스(林董 : 1850~1913)는 젊은 날에 총명함을 인정받아 주일 영국 공사 파크스(Harry Parkes)의 주선으로 런던에 잠시 유학(1867~1868)하던 중에 메에지유신의 소식을 듣고 서둘러 귀국하여 외무성에 투신했다. 그 뒤 그는 외무부상, 주청 · 주러 · 주영 공사, 주영 대사(1890)를 맡아 영일동맹을 성사하였으며, 외무대신(1906, 1911)으로 러일전쟁의 전후 처리에 중요한 임무를 수행했다.

구리노 신이치로(栗野愼一郎 : 1851~1937)는 하버드대학에서 수학한 뒤, 1881년에 외무성에 채용되어, 주미 공사, 주러시아 공사, 주프랑스 공사를 지낸 인물로서, 1882년의 임오군란과 1884년 갑신정변 이후의 전후(前後) 처리에서 능력을 발휘하였으며, 1902년 2월에는 러시아 외상인 람즈도르프에게 영일동맹의 체결을 통보하였다. 그 뒤 그는 프랑스공사와 대사(1906~1907)로 활약했다. 그는 1907년 주프랑스 대사로서 프랑스 외상인 피숑(Stephen Pichon)과 협정을 체결하였다

다카히라 고코로(高平小五郎 : 1854~1926)는 가이쇼우(開城)학교를 졸업한 뒤 외무성 입사하여, 외무차관과 외상을 지낸 다음, 미국 공사(1900)

의 자격으로 포츠머스회담 전권위원을 지낸 미국통의 외교관이다.

코무라 주타로(小村壽太郎 : 1855~1911)는 1874년 하버드대학에 유학하여 법학/정치학을 공부하고 귀국하여 외무성과 사법성에서 근무하다가, 갑오농민전쟁 당시에는 점령지 민정장관을 지냈다. 그는 그 뒤 1895부터 조선 공사, 외무차관, 주미 · 주청 공사를 지내고, 가쯔라 타로 내각에서 내무대신을 거쳐 외무대신의 자격으로 1905년 포츠머스강화회의 전권 대표를 지냈으며, 1908에 다시 외무대신을 맡은 인물로서, 극동 외교의 핵심을 이루고 있었다.

마지막으로 지적할 인물은 카네코 겐타로(金子堅太郎 : 1853~1942)이다. 그는 이와쿠라 도모미를 따라 미국에 시찰을 떠났으나 귀국하지 않고 미국에 남아(1871~1878) 하버드(Harvard)대학에서 수학하며 코무라 주타로와 같은 집에서 하숙한 친미파의 핵심 인물이었다. 귀국한 그는 도쿄(東京)대학 교수로 잠시 봉직하다가 이토 히로부미의 비서로 발탁되어 상무대신(1898)을 거쳐 사법대신(1900)과 추밀원고문(1906)을 지냈다.

위의 인물들 거론하는 것은, 여기에서 주목할 인물 카네코 겐타로 때문이다. 하버드대학 시절에 이미 동기동창으로서 T. 루즈벨트와 친교를 맺고 있던 그는 그 뒤 루즈벨트의 친일 정책과 대한(對韓) 정책에 결정적인 역할을 한 인물이었다. 루스벨트는 대통령이 되기에 앞서 카네코 겐타로로부터 두 권의 책을 선물 받았다. 하나는 니토베 이나조(新渡戸稲造)가 저술한 『무사도』(武士道, Bushido, The Soul of Japan, 1900)였다. 루스벨트는 이 책을 통해 무사도를 처음 알게 되었고 이후 그가 지속적으로 친일 성향을 갖게 된 데에는 이 책이 많은 영향을 끼쳤다.

다른 하나는, 카네코 겐타로의 말을 빌리면, 예일대학교의 "7인의 신사"가 쓴 작은 책자(a précis)였는데, 그 내용인즉, "일본은 한국이 러시아에 먹히는 것을 막아준 대가로 한국에서 우월한 영향력을 행사할 만한 권리를 가지고 있다."는 내용이었다. 이와 같은 인간 관계는 하버드대학에 재학 중인 일본 청년 지식인들에 대한 T. 루즈벨트 대통령의 인간적인 매료와 무관하지 않았다. 그 뒤 T. 루즈벨트 대통령은 일본과 영국의 문제에 관해서는 이 동양의 하버드 출신의 조언에 많은 귀를 기울였다.[73]

위의 인물들에서 공통되는 것은 그들이 대부분 하버드대학 출신이라는 점이다. 이들은 "하버드대학일본유학생회"(The Japan Club of Harvard)를 조직했다. 그 핵심 인물은 카네코 겐타로였다. 그는 러일전쟁의 전운이 감도를 무렵인 1904년, 하버드대학에서 『극동의 정세』(*The Situation in the Far East*)라는 주제로 연설을 했고, 이를 곧 책으로 출판했다.

그날의 연설에는 하버드대학 총장도 청중으로 참석할 만큼 그의 영향력은 컸다. 이 책은 러일전쟁의 개전 책임과 일본이 이겨야 하는 당위성을 설명하고자 작성된 것이었다. 그는 미국과 일본 사이에 존재하는 제반 문제들은 바로 이 하버드 출신들(Harvard men)이 수행하고 있다고 장담했다.[74]

이 친미파 인사들은 미국이 유럽에 대하여 가지고 있는 미묘한 감정을 이용했다. 특히 카네코는 미국인의 기독교 정신을 교묘하게 자극했다. 그는 이렇게 결론을 내리고 있다.

> "이번 전쟁에서 일본이 지면 장차 동양에서 기독교와 문명이 사라질 것이다. 이런 상황에서 중국이 진흙탕인 것을 안 미국은 그곳에 발이 빠지고 싶지 않아 남쪽을 바라보니 필리핀이 있었다. 따라서 미국은 중국에 대한 야심을 버리고 1898년에 대스페인전쟁의 승리로 얻은 필리핀을 극동의 요새로 삼기로 하면서 일본과 흥정하기 시작했다."[75]

이에 대하여 미국의 학계에서는 지금도 "미국이 필리핀을 병합하고자 조선을 일본에 양보했다는 논리는 허구"[76]라는 입장을 취하고 있다. 기독

73 Tyler Dennett, *Roosevelt and the Russo-Japanese War*, pp. 110, 115.

74 Kentaro Kaneko, *The Situation in the Far East*, p. 10.

75 Kentaro Kaneko, *The Situation in the Far East*, p. 33, 7, 20.

76 Tyler Dennett, *Roosevelt and the Russo-Japanese War*, p. 115.

교. 국가도 아니면서 기독교를 세일한 그의 영리함이 놀랍다.

카네코 겐타로 및 하버드일본유학생회의 이와 같은 논리에 논거를 제공한 데에는 두 사람의 역할이 있었다.

첫째는 케난(George Kennan, Elder : 1845~1919)이었다. 암흑기의 러시아 문제에 대하여 남보다 먼저 눈을 떴던 그는 청일전쟁과 러일전쟁 시기에 *AP*통신과 *Outlook*의 극동특파원으로서 독보적인 영향력을 행사하고 있는 논객이자 로비스트였으며, T. 루즈벨트의 영향력 있는 조언자였다.

케난은 1904년에 러일전쟁 전야의 상황을 살피고자 한국에 왔으며, 1905년에는 전황을 취재하고자 다시 왔다. 그는 이 취재를 기초로 *The Outlook*에 "The Capital of Korea,"(October 22, 1904), "Korea : A Degenerate State,"(October 7, 1905), "Admiral Togo,"(August 12, 1905), "Are the Japanese Moral?"(September 14, 1912) 등 네 편의 글을 발표했는데, 그 내용은 한국에 대하여 참아 거론하기도 민망한 악담이었다.

케난의 말에 따르면, 한국의 민도와 문화는 아이티(Hayti)와 산도밍고(San Domingo) 수준이며, 일본과 비교하면 네덜란드와 베네수엘라의 차이를 보이고,[77] 비누를 쓰지 않고 이를 닦지 않아 하이에나의 냄새가 나 한국 사람과 인터뷰를 할 수가 없었다는 것이다.[78] 그는 또한 고종을 알현했는데 "마치 철없는 아이 같고 보어족(Boar)처럼 고집스럽고 중국인과 [남아프리카의 미개인인] 헤텐토트족(Hottentot)처럼 무지했으며, 묶어놓은 사슴처럼 겁에 질려 있었다. 황태자는 불구자로 넋이 나간 사람 같았다."[79] 그리고 그는 한국이야말로 다시 갈 곳이 못 된다고 글을 맺었다.[80]

[77] George Kennan, "Korea : A Degenerate State," *The Outlook*, October 7, 1905, p. 307.

[78] George Kennan, "The Capital of Korea," *The Outlook*, October 22, 1904, p. 467.

[79] George Kennan, "Korea : A Degenerate State," *The Outlook*, October 7, 1905, pp. 308~309.

뒷날, 미국외교사 연구의 대종을 이뤘던 데네트(Tyler Dennet)가, "우리는 일본이 하와이를 노리고 있다는 사실을 알고 있었다."[81]고 말할 정도로 일본의 의중을 파악하고 있던 미국이 왜 그렇게 일본에 대하여 친화적이었는지는 참으로 기이한 일이다.

하버드대학일본유학생회에게 일본의 역사적 소명과 긍지를 심어줌으로써 영향을 끼친 두 번째 인물은 아사카와 간이치(Kanich Asakawa, 朝河貫一 : 1873~1948)였다. 일본 후쿠시마(福島) 출신인 그는 와세다(早稻田)대학을 졸업하고 미국으로 건너가 다트머스대학(Dartmouth College)에서 학부를 마치고 예일(Yale)대학에서 극동사를 연구하여 박사학위를 받았다.(1902)

아사카와는 박사 학위 논문을 보완하여 한 노작을 출판하였는데, 그것이 곧 『러일전쟁 전사(前史)』[K. Asakawa, *The Russo-Japanese Conflict : The Causes and Issues*(Cambridge : The Cambridge University Press, 1904)]였다. 이 책은 선악이나 정오를 떠나 극동사 연구의 중요 텍스트가 되었다.

아사카와는 그 명성으로 예일대학 사학과 교수(1910~1945)가 되어 35년 동안 재미 일본 유학생들에게 야마토 다마시(大和魂)을 고무하며 러일전쟁의 정당성과 일본 필승의 논리를 세계에 전파하고 세계에 일본의 부상을 알리는 데 큰 역할을 했다.

그렇다면, 아사카와나 케난이나 또는 하버드대학일본유학생회가 미국을 그토록 설득한 개전의 논리는 무엇일까? 일본은 습기가 스며들듯이 내려오는 러시아의 남진정책에 대한 자위(自衛) 수단이었다고 말한다. 1875년을 전후로 하여, 비록 쿠릴열도와의 교환이라는 단서가 붙기는 했지만, 남부사할린을 러시아에 양보했을 때 일본의 극우 무사들이 분기한 것은 사실이었다.[82] 그러나 그것은 일본에게 존망의 문제는 아니었다. 문제는

80 George Kennan, "The Capital of Korea," *The Outlook*, October 22, 1904, p. 471.
81 Tyler Dennett, *Roosevelt and the Russo-Japanese War,* p. 108.

무장이 해제된 사무라이들의 주체할 수 없는 우국심과 정한의 논리에 대한 집착이 더 크게 작용했다.

이제 일본으로서는 기호지세(騎虎之勢)였다. 극우 세력의 전의를 막을 길도 없었고, 막아야 할 이유도 없었다. 그러한 정황은 일본 주차 영국 공사 새토우가 솔즈베리 경(Lord R. A. Salisbury)에게 보내는 편지(1900. 3. 22.)에 잘 나타나 있다. 그는 이렇게 말하고 있다.

> "러시아와 일본 간의 전쟁이 불가피한 것으로 여겨집니다. 일부에서는 즉시 개전하든지, 시베리아 횡단철도가 완공되기 이전에 전투를 개시해야 한다고 주장합니다만, 1903년 이전에는 불가능할 것으로 여겨집니다."

일본으로서 먼저 고민해야 할 것은 전쟁 준비였다. 상당한 전쟁 비용은 이미 대만에서 캐낸 은(銀)으로 대충(代充)했다.[83] 군량미는 한국의 미곡으로 충분했다. 이에 대비하여 경부선이 호남[錦山]을 거쳐 미곡을 일본으로 반출하려던 일본은 금강(錦江)대교의 건설과 소백산맥의 터널로 말미암은 공기(工期)의 지연을 걱정하여 경부선이 호남을 거치지 않고 조치원에서 좌향하도록 함으로써 러일전쟁을 대비할 수 있도록 했다.[84]

전비(戰費)의 상황을 살펴보면, 청일전쟁 당시 1년 군사비가 1,100만 엔이었던 것이 1900년에는 6천만 엔으로 팽창되었으며, 향후 10년(1895~1905)에 걸쳐 대략 4억엥이 필요한 것으로 추산했다.[85]

전쟁 준비를 하면서 일본은 어차피 해전에서 승패가 결정될 것이며 그곳은 대한/대마도해협이 될 것으로 판단했다. 그 중심에는 연합함대사령관 토고 헤이하치로가 있었다. 그는 대마도(對馬島)가 가지는 전략적 가

82 The General Staff, War Office(UK)(comp.), *The Russo-Japanese War*, Part I, p. 8.
83 "The Russo-Japanese War," *Korea Review*(Vol. IV, No. 6), June 1904, p. 247.
84 『한국철도사』(2)(서울 : 철도청, 1977), pp. 10~12.
85 William L. Langer, *The Diplomacy of Imperialism : 1890~1902*, p. 405.

치를 깊이 인지하고 군사적 편의를 고려하여 하나의 섬이었던 대마도를 남북으로 갈라 그 가운데 해협을 만드는 일에 초인적인 노력을 기울였다.

그리하여 토고 헤이하치로는 1900년에 시공하여 폭 25미터, 깊이 3미터의 이른바 만제키세토(萬關瀬戸, Manzeki Canal)를 1901년에 완공하여 대마도 서부의 아소만(淺茅灣)과 미우라만(三浦灣)을 접속함으로써 함대의 기동성을 높여 초전에 러시아함대를 격파할 수 있었다.[86]

4. 한국의 선택과 실수

이 글의 주제, 곧 러일전쟁과 한국의 망국과 관련하여 핵심적인 질문은 그 당시 한국의 지배 계급은 그 위기의 순간을 대처하면서 어떤 선택을 했고, 그 선택 과정에서 어떤 실수를 했는가 하는 점이다. 한국이 지정학의 측면에서 열강의 각축장이 되기에 충분하다는 사실은 그만큼 위험도가 높다는 뜻도 되지만 달리 생각하면, 그 위기를 극복하는 지모와 결기(決起)와 이해(利害)를 갖추었을 때 전화위복이 될 수 있었을 것이다.

그러나 대한제국 정부는 그런 문제 해결에서 지혜롭지 못했고 공의롭지도 않았다. 이를테면 당시 이완용(李完用)의 무리는 대세를 가장 정확하게 파악하고 있었다. 그러나 그다음의 노선 선택에서 그들은 국가의 이익이 아니라 개인의 이익을 선택했을 뿐이다. 이 문제를 일괄적으로 표현하면 지배 계급의 부패를 뜻한다. 여기에서 지배계급의 부패를 지적한다고 해서 그들의 타락에 촛점을 맞추는 것은 이 글의 논지가 아니다.

절대적 군주국가에서 관료의 부패는 궁극적으로 군주의 책임이다. 동양의 전제정치에서는 십상시(十常侍)보다 더 무서운 것이 혼군(昏君)이었

86 http://upload.wikimedia.org/wikipedia/ja/Manzekiseto(검색일 2014. 5. 22.) 지금은 폭 40m, 깊이 4.5m, 길이 500m로 확장되었고 그 위에 철교를 부설했다.

다. 케난이 한국을 방문하여 국왕이 일본에 대하여 어떤 대비를 하고 있는가를 주변 선교사들에게 물었더니, 왕실에서 무당을 불러 물이 끓는 솥에 일본 지도를 집어넣고 삶아 일본을 "뱅이"[87]했다는 사실을 들려주었다.[88] 이런 체제에서 용장(勇將)이나 현신(賢臣)은 의미가 없다.

한 국가의 부패지수는 그 나라의 예산 규모로 짐작할 수 있다. 1904년을 기준으로 왕실비를 제외한 중앙정부의 총예산은 1,400만 냥이었는데 그 가운데 5,180,614냥이 국방비였고, 백성에게 쓰는 돈은 28,642냥으로서, 그 가운데 교육비가 27,718냥, 공공비용이 424냥, 치안비가 500냥이었다. 이는 당시 인구가 1,200만 명 정도였던 것으로 추산한다면, 1인당 담세율은 1.25냥으로서, 일본의 담세율의 1/4.5 정도였다.

이에 견주어 궁중 예산은 1,751,634냥(兩)이었다. 그 가운데 왕과 그 주변에서 쓰는 경비가 1,103,395냥으로 63%였다. 그밖에도 186,041냥(10.6%)은 종묘제례비였고, 30만 냥(17.1%)은 대궐 건축/수리비였고, 궁궐수비대의 유지비는 170,256냥(9.7%)이었고, 대궐 특수수비대 유지비는 81,978냥(4.7%)이었다.

그밖에도 특별 지출로 조대비(趙大妃)의 장례식(1890) 비용은 65만 냥이었고, 민비(閔妃)의 장례비용 100만 냥이었다.[89] 국방비의 1/5을 민비의 장례식으로 소비했다. 당시 러시아의 외교 업무는 미분화 상태여서 주로 외무성보다는 대장성에 더 의존하고 있었는데, 대장성의 유능한 관리와

---

87 "뱅이"라 함은 "방어"(防禦)의 취음(取音)이다. 전근대사회에서 적이나 원수의 허수아비나 초상화 등을 만들어 그를 겨냥하여 활을 쏘거나 가슴에 못을 박거나 끓는 물에 삶아 저주함으로써 자신을 보호하던 주술적 방법이다. 다른 말로는 "액맥이" 또는 "액땜"이라고도 한다. 정황으로 볼 때 이 기록이 케난의 러일전쟁 취재라고는 하지만 왕비는 민비(閔妃)를 지칭하는 것으로 보이며, 이때 민비는 시해 이후이므로 청일전쟁 당시의 이야기로 보인다.

88 George Kennan, "The Capital of Korea," *The Outlook*, October 22, 1904, p. 470.

89 George Kennan, "Korea : A Degenerate State," *The Outlook,* October 7, 1905, pp. 312~313. 케난은 이 당시 한국화 1냥과 미국 1달러의 환율을 4 : 1로 계산했다.

웨베르를 비롯한 현지 외교관들은 한국의 이와 같은 내상(內傷)을 잘 알고 있었다.

러일전쟁 기간에 한국의 운명을 결정하는 계기는 **중립화** 논의 때였다. 그 선악을 떠나 이때가 한국의 운명의 기로였다. 한일합방이라고 하는 비극을 거치기 이전의 시기에 러시아와 일본을 견줄 때 한국인은 일본에 훨씬 더 친화적이었다. 일본과 청국[중국]을 비교할 때도 마찬가지였다. 임진왜란 당시나 청일전쟁 때 조선의 향민(鄕民)들을 일본군이 중국군을 무찌르는 데 향도(向導)로 협조했다. 그와 같은 현상은 러일전쟁 때도 마찬가지였다.

구한말의 대외 인식에서 가장 강렬한 반감은 공로증이었다. 그러한 예로서, 이승만(李承晩)의 『독립정신』에 관한 대외 의식은 강렬한 반러(反露) 정서였지 항일의식이 아니었다. 마찬가지 정서에서 러일전쟁 당시 천도교 대표 손병희(孫秉熙)는 일본에 군자금 만원(萬圓)을 지원했다.[90] 전선으로 향하는 병사를 보면서 한국인들은 일본군에게 환영하는 뜻의 손을 흔들었다.[91]

이준용(李埈鎔)은 새토우를 찾아가 러시아가 한국을 병합할 의지를 보인다면서 영국의 도움을 요청할 정도로 겁에 질려 있었다. 한국 정부로부터 도움을 요청받은 영국은 본토로부터 1만2천 마일이나 떨어진 한국을 돕기에는 물리적으로 어렵다고 완곡히 거절했으나[92] 이는 구실에 지나지 않았다. 거리가 문제였다면 한국의 입지는 중국이나 일본과 매한가지였기 때문이다.

이러한 상황에서 러일전쟁의 전운이 감돌자 열강, 특히 그 가운데에서도 영국을 중심으로 한국을 중립화하는 문제에 대하여 암묵적으로 의견이

---

90 李敦化, 『天道教創建史』(3)(서울 : 天道教中央宗理院, 1933), p. 43. 그것이 한화(韓貨)인지 일화(日貨)인지는 알 수 없다.

91 "The Russo-Japanese War," *Korea Review*(Vol. IV, No. 4), April 1904, p. 154.

92 Ernest Satow, *Korea and Manchuria between Russia and Japan : 1895~1904,* pp. 58~59, 62.

모아지고 있었다. 그 무렵 극동에서 활약하는 유럽 외교관들 사이에는 한국을 독립시키는 문제보다 먼저 취해야 할 조치는 중립화한다는 데 동의하고 있었다.

영국은 이미 1895년, 3국간섭 때부터 그런 생각을 품고 있었다. 곧 1895년 9월 25일자 새토우의 일기에 따르면, 그는 이토 히로부미에게 한국의 중립화 의사를 개진했다. 그때 이토는 새토우의 중립화에 동의하면서 이런 대답을 했다.

> "귀하(새토우)와 나는 조선의 중립화에 동의한다. …… 조선의 독립은 현실적으로 불가능하다. 조선은 어느 강대국에 병합되든가 보호국이 될 수밖에 없다. 조선에서 일본의 지위를 지키려면 러시아의 요구를 거절할 수도 없고 그렇다고 해서 러시아가 조선을 병합하도록 방치할 수도 없다."
> …… 열흘이 지나 새토우는 이노우에 가오루(井上馨)를 만나 "역사의 흐름을 볼 때 일본이 조선을 이끌고 가는 것(lead)이 순리라는 영국의 일관된 의사를 피력했다."93

새토우는 극동에서의 분란을 최소화하고 그럼으로써 영국의 상권을 보호한다는 데 집착했다. 그러한 집착에 따라 새토우는 다시 일본의 외무대신 무츠에게 조선의 중립화에 동의하느냐고 물어 보았다.(1896. 4. 4.) 그러나 이미 조선 정복과 러시아에 대한 복수심으로 가득 차 있던 일본에게 그런 질문을 하기에는 이미 때가 너무 늦었다는 것을 새토우는 곧 감지했다.94

수사학적으로 가끔 일본은 조선의 중립화를 거론했다 하더라도 이미 그것은 일본의 단호한 거절 사항이었다. 이러한 상황에서 주일 영국 공사

---

93 Ernest Satow, *Korea and Manchuria between Russia and Japan : 1895~1904*, pp. 44~45.

94 Ernest Satow, *Korea and Manchuria between Russia and Japan : 1895~1904*, pp. 69, 44.

새토우는 1897년 3월에 일본의 육군대신 겸 척식대신인 다카시마 토모노스케(高島鞆之輔)를 만나 조선의 중립화를 타진했으나 긍정적인 대답을 얻지 못했다.[95]

그런 기미를 모른 채, 1901년 초가 되면 러시아는 다시 한반도의 중립화를 거론하기 시작했다. 곧 외무대신 람스도르프의 훈령에 따라 주일 공사 이스볼스키(A. P. Iswolski)는 일본 외상에게 중립화의 의지를 타진했으나, 일본은 "한국의 중립화에 따른 내외의 영향을 고려할 때 현안들이 해결될 때까지 이에 관한 논의를 미루는 것이 바람직하다."는 냉담한 반응을 보였다.[96]

1903년 말에 이르면 이미 전쟁을 피할 수 없다는 것이 분명해지자 고종은 다시 을미사변의 트라우마로 괴로움을 겪기 시작한다. 고종은 일본인의 사실상의 포로가 되었으며 권력을 행사할 모든 기회를 박탈당했다. 상황이 곧 바뀌 최후의 승리는 러시아 측에 돌아갈 것을 믿고 있으며 계속해서 러시아 군대에 협조하겠다는 것이 그의 판단이었다. 통신망이 일본에 장악된 상황에서 고종의 타진에 대하여 러시아가 어떤 응답을 보냈는지는 확인되지 않는다.

11월에 고종은 시종무관 현상건(玄尙建) 정령(正領, 대령)에게 특별 친서를 주어 페테르부르크의 니콜라이 2세에게 보내는 한편, 파블로프(M. Pavlov) 공사를 불러 일신상의 위험이 있을 경우, 불가피하게 러시아공사관에 피신처를 얻든지 아니면 러시아로 망명하는 문제에 대하여 러시아 측의 협조 가능성을 타진하였다. 그에 대한 러시아의 반응은 문헌으로 확인되지 않는다.

95 Ernest Satow, *Korea and Manchuria between Russia and Japan : 1895~1904*, p. 83.
96 『日本外交文書』(34), 文書番號 393「韓國ノ永久中立保障ニ關シ提議ノ件」(1901. 1. 7)(東京 : 日本國際連合協會, 1956), p. 521; No. 399「韓國ノ永久中立保障ニ關シ露國政府ヘ回答書傳達ノ件」(1901. 1. 17), p. 526.

중신들이 이미 친일로 돌아선 상황에서 고종 홀로 친러시아 노선을 걸은 것을 풀이하기는 쉽지 않지만, 그것은 일본에 대한 고종의 적개심과 파블로프의 외교 수완 때문이었을 것이다. 1904년 1월 21일, 드디어 한국 정부는 국외 중립을 선언했다. 그것도 일본의 통신망을 피하고자 북경 주차 프랑스공사관을 통해 발표했다.[97]

영국 · 프랑스 · 독일 · 덴마크 · 청국 · 이탈리아는 이를 승인했다. 또한, 2월 23일에는 한국 정부를 강압하여 공수동맹(攻守同盟)을 전제로 한 '한일의정서'를 체결하였다. 일본은 이 의정서에 따라 광대한 토지를 군용지로 점령하고 통신망을 접수하였으며, 경부선 · 경의선의 부설권, 연해의 어업권, 전국의 개간권까지 획득하였다.

물론 이 무렵에 한국의 독립을 보장하는 열강들, 특히 미국과의 수호조약은 유효했다. 그럼에도 그 어느 열강도 일본의 뜻을 저지한다든가 러시아의 입장을 대변하지 않았다. 이 당시 한국의 가장 "오래된 우방" 미국은 스페인과 전쟁을 치르면서 혹독한 제국주의 교련을 받고 있었으며, 영국은 수단(Sudan) 문제와 북부 나일강(Upper Nile)을 둘러싼 프랑스와의 분규로 한국의 문제에 연루되고 싶지 않았다.[98]

결국 한국의 중립화 논의는 하나의 소극(笑劇, farce)[99]으로 끝났다. 한국은 중립의 두 가지 필요 조건, 곧 열강의 확고한 보장과 강인한 자기지탱력이라고 하는 두 개의 기둥으로 가능하다는 사실을 모른 채 무책임한 주변의 외국 공사들의 오도된 조언을 따른 결과 역사의 웃음거리만 되었다. 훌륭한 외교는 동맹 관계를 잘 이용하는 것이 아니라 적대국과의 관계를 지혜롭게 처리하는 것이다. 문제는 최고지배자의 무능과 관료들 사이의 국론 분열이었다. 한국은 적과 동지를 구별하지 못했다.

---

97 박종효, 『격변기의 한러 관계사』, 2015), p. 540.

98 Thomas Cowen, *Russo-Japanese War*, p. 38.

99 Thomas Cowen, *Russo-Japanese War*, p. 21.

중립 논의가 수포가 되자 열강들이 극약 처방으로 제시한 것이 곧 **한반도의 분할** 논의였다. 고·중세의 일을 논외로 하더라도, 한반도의 분할 논의는 어제오늘의 이야기가 아니었다. 청일전쟁의 마침과 함께 기세가 오른 러시아도 극동에서의 안정이 바람직했다. 물론 일본으로서도 전쟁 피로의 회복과, 설령 러시아에 대한 복수를 도모한다 하더라도 5년 이상의 군비(軍備)가 필요했다. 이 문제에 대하여 남다른 관심이 있었던 새토우 공사가 1896년 4월에 무쯔 외무대신을 만나 분할의 의견을 타진했을 때 무쯔는 "도저히 있을 수 없는 일"이라고 일축했다.[100]

1896년 4월에 알렉산드르 3세가 죽고 러시아 황제 니콜라이 2세의 대관식에 특사 자격으로 참여했던 메이지공신(明治功臣) 야마가타 아리토모(山縣有朋)는 러시아 외무대신 로바노프 공작에게 조선을 분할하여 러시아와 일본이 지배할 것을 제의했다. 러시아는 일본이 한반도를 분할하여 서울을 포함한 남한을 차지하고 싶어 한다고 판단했다. 그렇게 되면 장차 한반도 남단은 일본의 소유가 될 것이고, 결과적으로 자신들이 한반도 남쪽에서 전략적으로 가장 중요한 해군 기지를 가질 수 없게 된다는 사실에 대하여 러시아는 경련을 느꼈다.[101]

이 당시 야마가타 아리토모와 사이의 분할안은 로바노프의 주장처럼 38°인지, 아니면 39°인지에 대해 의견이 각기 다르다. 다만 일본은 서울이 자기들의 땅에 포함되기를 바란다는 뜻을 비쳤다. 그러나 이에 대한 논쟁

---

100 Ernest Satow, *Korea and Manchuria between Russia and Japan : 1895~1904,* p. 67~68.

101 『舊韓末條約彙纂』(中)(서울 : 국회도서관, 1961), pp. 179~181; 古屋哲夫, 『日露戰爭』(東京 : 中央公論社, 1980), pp. 28~29; William L. Langer, *The Diplomacy of Imperialism,* p. 406; 「山縣大使朝鮮國ニ關シ提議ノ件」(1896. 5. 26.) & 「朝鮮ニ關スル露國トノ協約ニ付報告竝ニ意見具申ノ件」(1896. 7. 8.), 『日本外交文書』(29), pp. 812~813, 820~821; 煙山專太郎, 『日淸·日露の役』(東京 : 岩波書店, 1934), p. 25; B. A. Romanov, *Russia in Manchuria : 1892~1906,* pp. 104~105; Seung Kwon Synn, *The Russo-Japanese Rivalry over Korea : 1876~1904,* p. 219; 本多熊太郎, 『魂の外交』(東京 : 千倉書房, 1938), p. 113.

은 큰 의미가 없다. 왜냐하면 1890년대에는 위도의 개념이 보편화되지 않았기 때문이다.

그리고 설혹 위도로 거론되었다고 하더라도 지도 제작의 기술상 한 자릿수의 위도를 표기한 지도도 없었으며, 있었다 하더라도 두 자릿수 단위의 지도밖에는 없었기 때문에 38°니 39°니 하는 논의가 있을 수 없었다. 그뿐만 아니라 이 자리에서는 매우 조악한 지도를 놓고 "손가락으로 가리키며 논의했다"는 설이 유력하므로 그것이 정확히 38°인지 39°인지를 밝히는 것은 어려운 일이다.

여기에서 하나의 원초적 의문이 생긴다. 곧, 1896년 같은 4월에 외무대신 무쯔는 새토우 공사에게 조선을 분할할 의사가 추호도 없다고 말하고, 같은 시간에 페테르부르크의 대관식에 참여한 야마가타는 왜 로바노프 외상과 한반도 분할을 논의했을까? 왜 두 사람의 말이 달랐고, 누가 거짓말을 한 것일까? 서로의 의견이 달랐을까? 아니다. 이것은 야마가타가 진실을 말하지 않은 것이며, 한반도의 분할은 있을 수 없는 일이라던 무쯔의 말이 맞는다. 그러면 야마가타는 왜 그런 거짓말을 했을까? 그것은 일단 러시아를 안심시키고 시간을 벌기 위해서였다.

그렇다면 러시아는 일본의 그와 같은 위장분할론을 모르고 동의했을까? 그만큼 어리석었을까? 그렇지 않다. 러시아는 일본보다 한 수 위에서 "속아준 것이었다." 러시아가 진심을 감추고 야마가타의 제안을 받아들이는 척 한 데에는 다음과 같은 고려가 작용했다.

> (1) 러시아는 한반도를 독식하려는 의사를 밝힐 경우에 영국과의 마찰이 두려웠다. 영국 국방성 참모본부도 대관식에서의 한반도분할론을 감지하고 있었고,[102] 영국이 감지하고 있다는 사실을 러시아도 알고 있었다.

---

102 The General Staff, War Office(UK)(comp.), *The Russo-Japanese War*, Part I, p. 16.

(2) 러시아의 꿈이 부동항을 얻는 것이었다 할지라도 그들이 진실로 원한 것은 한국의 남부이지 북부가 아니었다. 야마가타와 로바노프가 논의할 적에 그는 지리적으로 가까운 원산(元山)은 언급도 하지 않고 마산(馬山)에 관심을 보였다.

(3) 러시아는 일본에 견주어 한국의 독립을 더 소망했다. 그것은 한국에 관한 호의가 아니라, 조기에 분단을 고착한다는 것은 한반도 전역을 지배하리라는 꿈에 지장이 될 수도 있다는 점을 그들은 깊이 고려했다. 이 점은 그 무렵 러시아가 터키의 분할보다는 독립을 바랐던 역사적 경험과 같다.[103]

이상과 같은 점에서 볼 때, 러시아 황제의 대관식에서 러시아와 일본이 암묵적으로 한반도 분할에 동의하면서도 서로 만족스럽지 않았다. 결국 그들의 합의는 "공동 사용"(condominium) 곧 공동보호령(a joint protectorate)이라는 어중된 합의였고, 이에 대하여 독식을 바라던 일본은 불만의 해결을 위해 러일전쟁으로 치닫고 있었다. 불완전하거나 명료하지 않은, 그래서 서로의 진심이 아닌, 속이고 속는 합의는 오히려 전쟁이라는 재앙을 부를 수밖에 없었다.[104]

5. 개전

당초에 밝혔듯이, 러일전쟁의 세부적인 전개 과정은 이 글의 주요 관심사가 아니다. 이 글은 전쟁사가 아니며, 다만 러일전쟁이 한국의 망국

103 William L. Langer, *The Diplomacy of Imperialism : 1890~1902*, p. 406

104 William L. Langer, *The Diplomacy of Imperialism : 1890~1902*, pp. 405~407. 랭거(William L. Langer)는 로젠 남작의 회고록[Baron Rosen, *Forty Years Diplomacy* (New York : A. A. Knopf, 1922), p. 125]을 인용하여, 이 과정에서 조선 측 특명대사로 파견된 민영환(閔泳煥)이 고종의 밀명에 따라 은밀히 러시아 황제에게 "보호국"이 되기를 요청했다고 기록하고 있는데, 그 진위를 파악하기는 어렵다.

에 어떤 함의를 갖느냐에 관심을 보일 뿐이다. 그럼에도 이 글이 논리의 흐름을 이해하려면, 전쟁의 전개 과정을 소략하게나마 언급하지 않을 수 없다.

먼저 살펴보아야 할 사실은 두 나라의 군사력이었다. 일본의 경우를 보면, 상비군으로 3~4$\frac{1}{2}$년 복무의 현역병이 38만 명, 5년 복무의 후비병이 20만 명, 90일 훈련을 마치고 1$\frac{1}{2}$~7$\frac{1}{2}$년을 복무하는 보충역이 5만 명, 40세 이하의 미입대 국민병이 22만 명으로 합계 85만 명이었으며, 4,800만 인구(1898년 현재) 가운데 훈련을 받지는 않았으나 군무에 동원될 수 있는 병력(untrained men available for service)이 4백만 명이었다.[105] 러시아 전사연구소는 일본의 해군이 장갑함 6척, 순양함 12척, 구축함 27척, 어뢰정 19척, 포함 8척으로 모두 80척이었다고 알고 있었다.[106]

그러나 전쟁은 무기만의 싸움이 아니다. 문제는 병사들의 사기였다. 그들이 조국을 위해 죽을 의미를 실감하고 있는지의 여부가 중요한데, 사무라이 정신의 애국주의로의 변신과 독일의 군제를 익힌 일본군은 부족한데가 없었다.[107]

영국 국방성 정보처가 입수한 자료에 따르면, 이 당시 러시아 극동군의 병력은 보병 96개 대대 92,000명, 기갑부대 35개 중대 5,100명, 포병 25개 대대 6,400명, 공병 13개 대대 2,770명, 합계 106,200명이었고, 참호부대 26개 중대 7,700명, 철도수비대 11,450명, 국경수비대 116개 중대 23,450명, 합계 148,800명이었다. 이 병력만으로는 결코 전쟁을 시작할 수 없었다. "적국[일본]은 단기간 내에 병력을 보강할 수 있었으나 우리는 주력 부

---

105 The General Staff, War Office(UK)(comp.), *The Russo-Japanese War*, Part I, pp. 20~21.

106 그러나 육군대신 쿠로파트킨은 당시 일본 구축함이 50척, 포함이 17척으로 과평가하고 있었다. 로스트노프(외 지음), 김종헌(옮김), 『러일전쟁사』, p. 97.

107 The General Staff, War Office(UK)(comp.), *The Russo-Japanese War,* Part I, p. 18.

402 · 한국사에서의 전쟁과 평화

대를 적시에 다시 집결하는 데 어려움이 많았다."[108] 이 광활한 동부 시베리아지대에 인구가 단지 100만 명이 있었고 이 중 약 40만 명 정도가 아무르와 해안지구에 거주하였다.

이와 같은 불모지대에 주력 부대를 유지하려면 정부가 막대한 예산 지출을 감수해야 했다. 러시아가 이 부족한 병력을 증강하기에는 6개월이 필요했다.[109] 단선 철로인 TSR은 노인, 아이들, 허약자, 병자들을 운송하기에도 바빴다.[110] 당장에 투입한 육전대는 코사크(Cossack) 부대였다.[111] 포 1문당 60발의 포탄이 지급되었는데, 이 정도의 양은 단 하루의 격전으로 소비될 수 있었다. 또한 각 포병중대 간에 전신선이 부설되었음에도, 통일된 포격통제시스템이 마련되지 않았다.[112]

카네코 겐타로는 이와 같은 양국의 병력 규모를 설명하면서, "러시아는 이제까지 전혀 전쟁을 준비한 바 없다고 말하지만, 인구 1억4천만 명에 460만 명의 군대와 48만8천 톤의 전함을 보유한 러시아와 인구 4천500만 명에 군대 67만5천 명에 25만2천 톤의 함선을 가진 일본 가운데 어느 쪽이 전쟁을 일으켰겠는가?"[113]라고 물었다.

일본이 대륙론자와 만주에 파견한 정보 장교를 통하여 지형지물을 탐색한 것과는 달리 러시아는 첩보 활동이 부실했다. 그들은 비슷한 동양인들 사이에서 적전 간첩을 색출할 수가 없었다. 따라서 수상한 민간인을

108 The General Staff, War Office(UK)(comp.), *The Russo-Japanese War*, Part I, pp. 27, 31; 심국웅(옮김), 『쿠로파트킨회고록 : 러일전쟁』, p. 61.

109 A. Malozemoff, *Russian Far Eastern Policy : 1881~1904*, p. 64.

110 심국웅(옮김), 『쿠로파트킨회고록 : 러일전쟁』, p. 110~111.

111 "The Russo-Japanese War," *Korea Review*(Vol. IV, No. 6), June 1904, p. 241; The General Staff, War Office(UK)(comp.), *The Russo-Japanese War,* Part I, p. 32; 로스트노프(외 지음), 김종헌(옮김), 『러일전쟁사』, p. 63; 잭 런던(지음), 윤미기(옮김), 『조선사람 엿보기 : 1904년 러일전쟁 종군기』(서울 : 한울 2011), p. 76.

112 로스트노프(외 지음), 김종헌(옮김), 『러일전쟁사』, p. 205.

113 Kentaro Kaneko, *The Situation in the Far East*, pp. 16, 25.

잡으면 엄지발가락과 둘째 발가락 사이가 넓은지의 여부로 첩자를 분류했다.[114] 일본인들은 어려서부터 "조리"(ぞうり : 草履)와 "지카다비"(じかたび : 地下足袋)와 "게다"(げた, 下駄)라는 신발을 신었기 때문이었다. 조리와 게다는 모두 지탱하는 끈이 엄지발가락과 둘째 발가락 사이를 갈라놓게 되어 있어 그사이가 넓도록 체형 변화를 일으켰다.

더욱이 러시아 참모들은 일본군의 병력조차 파악하지 못하고 있었다. 그들은 설령 일본군의 병력이 러시아에 견주어 더 우세하다고 할지라도 러시아의 지리적 이점을 이길 수 없으리라는 미망에 사로잡혀 있었다.[115] 러시아의 육전대가 지리적 이점을 안고 있다는 점은 일본군도 잘 알고 있었다. 그러나 전쟁은 해전에서 결정되리라는 것을 러시아는 간과했다.

1904년 2월이 되자 사태가 일촉즉발 전의 위험에 이르렀음을 인식하지 못하는 곳은 오직 러시아밖에는 없는 것으로 보였다. 러시아 황제가 전쟁을 바라지 않았음에도 불구하고 전쟁을 피할 수는 없었다. 협상 실패는 일본의 결의가 확고했음을 러시아가 파악하지 못한 무지에서 비롯되었다. 2월 9일, 첫 전투가 벌어진 인천항에는 구름 한 점 없었으나 안개가 짙게 끼었다. 이때는 정오 5분 전이었다.[116]

코리에츠호(Koryetz)의 선장 벨라이에프(Belaieff)는 러시아 공사와 앞일을 상의했으나 그들의 의중은 중요하지 않았다. 일본은 결코 먼저 선전포고를 하지 않은 채 우류 소토키치(瓜生外吉) 제독이 아사마호(淺間)호와 치요다호(千代田)를 앞세워 러시아의 두 함정에게 조용히 인천을 떠나라고 협박했다. 이를 거절하자 오후 4시에 일본 측이 바리아크(Variag)와 코리에츠를 공격했다. 우류 소토키치 제독은 미국 해군사관학교 정규생으로 탁월한 전략가였다. 일본은 이를 무시한 채 군대를 서울에 투입하고

---

114 "The Russo-Japanese War," *Korea Review*(Vol. IV, No. 6), June 1904, p. 244.
115 "The Russo-Japanese War," *Korea Review*(Vol. IV, No. 5), May 1904, p. 197.
116 H. B. Hulbert, *The Passing of Korea*, p. 199; 신복룡(역주), 『대한제국멸망사』, p. 246.

2월 9일에는 인천 앞바다에서 러시아 함정 2척을 격파하였다.[117]

바리아크호 선장인 루드니에프(V. F. Rudnieff) 제독은 페테르부르크 해군사관학교를 졸업하고 세계를 일주한 다음 여순함대사령관 보좌관으로 복무하다가 1901에 대령으로 진급하여 1902년에 함장이 되었다. 그는 인천항에서 최후의 1인까지 항전할 것을 결의하고 머리를 다친 상태에서 함대가 적의 노획물이 되는 것을 막고자 침몰시킨 후 귀국하여 1등 훈장을 받고 훗날 시종무관이 되었다.[118]

적군의 전리품이 되는 것을 원치 않았던 러시아 해군 지휘부는 바리아크호를 폭파하고 코리에츠도 침몰했다.[119] 장갑순양함 바리아크는 1899년에 미국에서 건조된 6,500톤급 전함으로서 270명이 승선하고 있었고, 코리에츠에 179명이 승선하고 있었다. 코리에츠가 침몰할 때 함장은 전사했고, 갑판에는 하선을 거부한 승무원들의 모습이 보였다.[120] 그 장면을 본 서구인들은 그들의 애국심은 가상하지만 "무모한 짓이지 용기는 아니다"(rashness not bravery)라는 기록을 남겼다.[121]

일본 아사마호의 함장도 전사했다. 일본 해군은 TMR 소속인 비무장의 기선 숭가리호(Sungari)에는 관심을 두지 않았고 바리아크호를 나포하여 일본 천황의 등극 기념일의 선물로 바치려고 생각하였으나 실패했다. 러시아의 부상병들이 상륙하자 미국 정찰함 빅스버그(Vicsburg)호의 함장 마셜(Marshall) 중령은 공사관으로부터 지시가 없다는 이유로 러시아 수병을

---

117 "The Russo-Japanese War," *Korea Review*(Vol. IV, No. 2), February 1904, pp. 55~56.

118 H. B. Hulbert, *The Passing of Korea*, p. 196; 신복룡(역주), 『대한제국멸망사』, p. 243.

119 로스트노프(외 지음), 김종헌(옮김), 『러일전쟁사』, p. 131 :

120 "The Russo-Japanese War," *Korea Review*(Vol. IV, No. 2), February 1904, p. 60; H. B. Hulbert, *The Passing of Korea*, pp. 200~201; 신복룡(역주), 『대한제국멸망사』, p. 249.

121 "The Russo-Japanese War," *Korea Review*(Vol. IV, No. 2), February 1904, p. 57.

받아들이길 거부하였다.[122] 러시아의 수병들은 정박하고 있던 프랑스의 함선 파스칼호(Pascal)로 옮겨 후송되었다.[123]

여순 공격도 함께 진행되었다. 일본은 여순항을 공격한 이틀 뒤인 2월 10일에 천황의 이름으로 러시아에 선전포고했다. 러시아는 적군이 육지에 상륙하기를 기다렸다. 그들은 하얼빈이 격전지가 되리라고 생각했으나 오산이었다. 러시아는 나폴레옹(Napoleon)을 육지로 유인하여 섬멸한 것을 상기했으나 일본은 그 전에 해전에서 결판나리라고 서로 다른 생각을 하고 있었다.[124]

러시아함대는 블라디보스토크로 탈출을 시도하였으나 서해에서 일본 해군의 총공격을 받고 항구 안에 봉쇄당하였다. 공략을 맡은 노기 마레스케의 제3군은 큰 손실을 보았지만 1905년 1월 여순 함락에 성공하였다. 일본은 여순 전투에서 11명의 러시아 제독을 죽였거나 포로로 잡았으며, 수병 1만 명을 포로로 잡았다.[125]

러시아의 군부가 일본에 대한 판단을 바꾸기 시작한 것은 여순항이 함락된 이후였다. 러시아는 이를 자신의 국익에 대한 위협이라고 판단했다. 여순 함락이 일본에 주는 가치는 대단했는데, 이는 황인종이 백인종에 대한 승리를 나타내면서 동시에 극동에서 사기를 높였기 때문이다.[126] 이 점에서 "러시아의 함대를 방어할 수 있지만, 육전대를 방어할 수 없다"[127]는 러시아 주차 일본 공사 니시 도쿠지로의 의견이 맞았다.

육전대의 전투는 압록강에서 가장 치열했다. 당시 양쪽 지휘부는 압록

122 박종효, 『격변기의 한러 관계사』, pp. 559, 547, 561.
123 H. B. Hulbert, *The Passing of Korea*, pp. 200~201; 신복룡(역주), 『대한제국멸망사』, p. 249; "The Russo-Japanese War," *Korea Review*(Vol. IV No. 2), February 1904, p. 62.
124 로스트노프(외 지음), 김종헌(옮김), 『러일전쟁사』 p. 127.
125 George Kennan, "Admiral Togo" *Outlook*, August 12, 1905, p. 915.
126 심국웅(옮김), 『쿠로파트킨회고록 : 러일전쟁』, p. 317.
127 陸奧宗光 『蹇蹇錄』(東京 : 岩波書店, 1941), p. 283.

강이 곧 루비콘강(Rubicon)이라 여기고 있었는데, 이는 압록강이 가지는 국경으로서의 상징성과 이제까지 중립화나 분단을 거론할 때면 늘 주목하던 곳이었기 때문이었다.[128] 유럽으로부터 지원군을 얻은 극동군 사령관 쿠로파트킨[129] 휘하의 러시아군 32만과 오야마 이와오가 이끄는 일본군 25만은 3월에 봉천[奉天 : 현재의 瀋陽]에서 회전(會戰)하여 러시아군이 패퇴하였으나 일본군도 사상자가 7만에 이르는 큰 손실을 보았다.[130]

여순을 접수한 일본군은 결정적으로 요동반도 전체를 점령하게 되었으며 한국과 중국 및 만주에 영향을 끼칠 수 있는 무한한 가능성을 지닌 거점으로 획득하게 되었고 1904년 12월 19(1월 1일) 일본군 2개 연대는 만리장성을 넘었다. 니콜라이 황제는 뒤늦게서야 사태의 심각성을 깨닫고 3월 12일 나는 페테르부르크를 떠나 28일 요녕에 도착하여 독전(督戰)하였으나 전세는 이미 기울어 있었다.[131] 일본군은 여순 전투에서 총 11만 명 이상의 전상자와 15척의 전함을 잃었으며 16척은 심각하게 파손되었다.[132]

대한/대마도해협의 해전은 러시아에 더욱 비극적이었다. 우선 해군의 장비가 더 열악했다. 영국에서 구입한 거리측정기는 작동되지 않았다. 러시아 사람들은 영국이 의도적으로 불량품을 만들어 팔았다고 말한다. 개전 전야에 블라디보스토크에는 4척의 순양함을, 제물포에는 한 척의 순양함을 정박시켰고, 나머지 함대들은 여순항에 있었다. 이 병력으로 대적할 수 없었던 러시아는 강력한 흑해함대를 발진시켰으나, 그들은 피아의 함

---

128 "The Russo-Japanese War," *Korea Review*(Vol. IV No. 4), April 1904, pp. 146, 154; "The Russo-Japanese War," *Korea Review*(Vol. IV No. 5), May 1904, p. 193.

129 본디 쿠로파트킨은 육군대신이었으나, 러일전쟁이 일어나자 사태의 심각성을 고려하여 스스로 강등하여 극동군사령관을 맡고 있었다.

130 심국웅(옮김), 『쿠로파트킨회고록 : 러일전쟁』, p. 185

131 심국웅(옮김), 『쿠로파트킨회고록 : 러일전쟁』, pp. 183.

132 로스트노프(외 지음), 김종헌(옮김), 『러일전쟁사』, p. 321~323.

대를 식별조차 할 줄 몰랐다.[133]

6월 30일의 원산 전투에서는 러시아의 함정이 일본 함정을 향하여 276발의 함포를 사격했는데, 일본 병사 가운데 상처조차 입은 사람이 하나도 없었다.[134] 일본은 러시아의 해군이 이토록 무능하리라고는 예상하지 못했다.[135] 뒷날 이토 히로부미는 러시아가 그토록 허약한 줄 알았더라면 승전이 아니라, 승전과 함께 바로 그때 한국을 병합하지 못한 것을 후회했다.[136]

러시아는 육전에서의 패배를 만회하려고 로제스트벤스키(Z. P. Rozestben-skii) 제독 휘하의 발트함대를 회항시켜 5월 27~28일 대한/대마도해협에서 해전을 전개하였으나 토고 헤이하치로가 이끄는 일본 연합함대에 격파되어 전멸하였다. 1905년 1월 9일에 러시아의 주력함대가 마다가스카르(Madagascar)의 노지-베(Nosy Be) 항에 도착했으나 그때는 이미 제1태평양함대가 괴멸된 뒤였다.[137] 일본은 대한/대마도해협에서 항복을 거부하고 "전사한 러시아 수병 250의 애국심을 기려 나가사키에 진혼탑을 세우고 진혼제를 거행함으로써"고 일본의 평화주의(?)를 세상에 알렸다.[138]

러일전쟁의 최대 미스터리는 러시아함대가 왜 그렇게 무력했을까? 하는 점이었다. 먼저 흑해함대의 문제인데, 그 당시에는 수에즈운하의 수심이 얕아 지중해를 통과할 수 없는 상황에서 함대의 규모는 의미 없는 일이었다. 1904년 10월 2일에 발트해의 리바바 항[Liepaja]을 출항한 함대는 3대양을 거쳐 약 2만9천km 항해하는데, 수뢰정은 엔진이 약하여 예인선으로 끌

---

133 심국웅(옮김), 『쿠로파트킨회고록 : 러일전쟁』, pp. 290~293.

134 "The Russo-Japanese War," *Korea Review*(Vol. IV No. 7), July 1904, p. 302.

135 "The Russo-Japanese War," *Korea Review*(Vol. IV No. 4), April 1904, p. 145.

136 한상일, 『이토 히로부미와 대한제국』, p. 371.

137 로스트노프(외 지음), 김종헌(옮김), 『러일전쟁사』, pp. 317, 422.

138 George Kennan, "Are the Japanese Moral?" *Outlook*, September 14, 1912, p. 81.

고 갔다. 원거리를 항해하려다 보니 석탄을 너무 많이 실었고, 겉의 페인트가 낡아 속도가 느렸다.[139] 항해 비용보다 수리비용이 더 들었다.

러시아함대가 이토록 무너진 데에는 러시아 자신의 결함도 있었지만, 일본 해군을 지휘한 토고 헤이하치로(1848~1934)의 역량과도 무관하지 않았다. 그는 가고시마(鹿兒島)의 사무라이 가문에서 태어났다. 그는 사이고 다카모리의 열렬한 추종자로서 서남전쟁(西南役, 1877)에 참전했다가 막부군(幕府軍)에게 두 형과 혈족 200명을 잃었다.

토고 헤이하치로는 어린 나이에 영국으로 건너가 프리마우스(Plymouth)에 있는 우스터해양학교(Worcester)에서 수련했다. 청일전쟁에서 나니와호(浪速號)의 함장으로서 여순과 위해위(威海衛)의 함락에 공을 세운 그는 곧 제독이 되어 "동양의 나폴레옹"(Yellow skinned Napoleon)이며, "아세아의 넬슨"(Asiatic Nelson)이라는 칭호를 들었으며, 부하들은 그를 "사자"라고 불렀다.[140] 러일전쟁 때는 아세아연합함대사령관으로 해전을 총지휘했다.

대마도 해전에서 러시아의 전사자는 5,045명이었는데 그 가운데 장교가 209명이었다. 상처를 입은 인원은 800명이 넘었다. 전쟁 전반에 걸쳐 러시아는 약 27만 명의 인명 피해를 겪었으며 그 가운데 사망자가 5만 명을 넘었다. 일본은 사망자 47,387명, 부상자 172,425명으로 사상자는 총 219,812명이다. 러시아의 전사상자는 554,885명으로, 부상과 질병으로 말미암아 후유 사망한 74,545명을 합치면 총 사망자는 135,000명으로, 전상율은 14.58%명이었다.[141]

러일전쟁을 이야기하면서 우리가 물어야 할 질문은, 왜 러시아는 패전했는가? 러시아는 어떤 실수를 저질렀는가의 문제이다.

---

139 심국웅(옮김), 『쿠로파트킨회고록 : 러일전쟁』, p. 291.
140 George Kennan, "Admiral Togo," *Outlook*, August 12, 1905, pp. 915~920.
141 심국웅(옮김), 『쿠로파트킨회고록 : 러일전쟁』, p. 84; 로스트노프(외 지음), 김종헌 『러일전쟁사』, pp. 448, 480.

첫 번째로 지적할 것은 병참(兵站)의 문제였다. 특히 수송은 중세의 수준이었다.[142] 의존할 수 있는 것은 TSR뿐이었지만 그 선로를 통해 24시간마다 14대에서 20대의 열차가 왕복 운행해야 한다. 그러나 그 당시 편도의 상황에서는 마주 오는 열차 때문에 1일 8~10량 이상을 왕복운행 할 수 없었다. 블라디보스토크에 도착한 열차는 모스크바로 돌아갈 기회가 없었다. TSR은 너무 늦게 준공되었다. 그래서 이길 수 있는 요인이 종전의 이유로 작용했다.[143]

나폴레옹처럼 내지로 끌어들여 싸우고 싶어도 후방 지원 도시가 없는 러시아로서는 일본의 병참을 이길 수 없었다. 일본은 나폴레옹이나 뒷날의 히틀러(A. Hitler)처럼 모스크바까지 대륙에 깊이 들어가야 할 이유가 없었다. 전쟁을 길게 끌수록 유리하리라는 "러시아의 신화"가 깨졌다. 군량미도 부족했다. 같은 숫자의 일본군에 견주어 러시아군에게는 6배의 인건비가 필요했고, 하루 병참비는 10배에 가까웠다.

러시아의 화폐는 태환(兌換)이 아니었기 때문에 돈으로 한국과 만주에서 물건을 살 수 없자 한국의 위원(渭源)과 북청(北靑) 일대에서는 약탈에 의존하는 경우가 많았다. 약탈에 항거하면 주민을 도륙하고 부녀자를 겁탈했다.[144] 전쟁이 길어질수록 일본에 유리했다.

데카브리스트(Decabrist)의 볼콘스키 백작(Count Wolkonsky)의 고백처럼, 러시아에서의 귀양길[퇴각]은 겨울보다 여름이 더 고통스럽다. 여름의 질척거리는 길에서 그는 쇠사슬을 끌며 걸을 수도 없고 마차도 갈 수도 없으려니와 모기 등 해충과 열사병을 견딜 수가 없다. 그러나 겨울에는

---

142 로스트노프(외 지음), 김종헌(옮김), 『러일전쟁사』, p. 481.
143 심국웅(옮김), 『쿠로파트킨회고록 : 러일전쟁』, pp. 60~62, 109.
144 "The Russo-Japanese War," *Korea Review*(Vol. IV No. 3), March 1904, p. 98; "The Russo-Japanese War," *Korea Review*(Vol. IV No. 6), June 1904, pp. 242~245; "The Russo-Japanese War," *Korea Review*(Vol. IV No. 4), April 1904, pp. 145~148.

얼어 죽지만 않을 만큼 껴입으면 된다. 없는 사람에게는 겨울보다 여름나기가 낫다고 말하지만, 그것은 속 모르는 옛날 얘기일 뿐이다.

러시아에게 겨울 전쟁이 더 유리했지만, 그 해 따라 여름 장마가 더 길었다. 더구나 이미 준비한 일본에 견주어 독도법(讀圖法)에서 러시아는 일본의 적수가 아니었다. 파견이 결정된 1904년 8월 발트함대에 소속된 병사들을 "한쪽은 아무것도 모르기 때문에 가르쳐야 했고, 다른 한쪽은 모두 잊어버렸기 때문에 가르쳐야 했다."145 러시아의 전쟁은 이미 문명국가의 전쟁이 아니었다.146

두 번째는 사기(士氣)의 문제였다. 전쟁은 지키는 쪽에서 유리하다. 그럼에도 불구하고 러시아는 패배했다. 러시아는 이미 전의(戰意)와 전략 그리고 지도층의 정신 무장에서 지고 있었다. 공격대는 수비대에 견주어 3~4배의 화력과 희생이 필요하다. 일본군의 애국심은 거의 종교적 신념에 가까웠다. 그런가 하면 러시아 병사들은 농노 출신이 많아 열악한 환경에서의 인내심과 비굴한 복종심에 익숙해 있었기 때문에 사기라는 면에서 일본군에 뒤떨어질 이유가 없었다.147

그러나 현실은 달랐다. 일본군은 전우의 시체를 쌓아 참호를 만들고 싸웠으나, 러시아 병사들은 지휘부와 기간 장교들의 부패로 말미암아 병사들이 목숨을 걸고 싸워야 할 필요를 느끼지 않았다. 돈을 바라고 싸우는 코사크 용병들의 경우에는 더욱 그러했다. "적군의 총탄보다 군수물자 보급계 일병의 권력이 더 무서웠다."148 병사들이 참호에서 굶으며 떨고 있을 때 후방의 참모부와 장교들은 파티를 열고 있었다.149 인민들은 이렇게

---

145 로스트노프(외 지음), 김종헌(옮김), 『러일전쟁사』, p. 417.

146 "The Russo-Japanese War," *Korea Review*(Vol. IV No. 4), April 1904, p. 151~152.

147 The General Staff War Office(UK)(comp.), *The Russo-Japanese War,* Part I, p. 26.

148 심국웅(옮김), 『쿠로파트킨회고록 : 러일전쟁』 pp. 112, 143.

149 로스트노프(외 지음), 김종헌(옮김), 『러일전쟁사』 p. 376.

수군거렸다.

> "러시아 인민들에게 가장 위험한 적은 현 정부이다. 승리한다면 러시아로서는 새로운 불행이 될 것이다. 이는 현 정부가 계속하여 집권하도록 지원하는 것이기 때문이다."[150]

위의 불평에는 이미 러시아혁명이 잉태되고 있었다. 이런 상황에서 러시아가 어찌 전쟁에서 이길 수 있었겠는가? 흑해함대가 출항할 때 "이번 전쟁에서 우리에게 승리는 없다. 분명히 말하건대 우리는 모두 전사할 것이다. 그러나 항복을 선택하지는 않을 것이다."[151]라던 알렉산드르 3세호 함장 부흐보스토프(N. M. Buxbostov)의 말이 그 당시의 전력을 웅변으로 설명해주고 있다.

이 전함의 승조원 900명 가운데 생존자는 단 한 명도 없었다. 요컨대 러일전쟁은 일본으로서는 사활을 건 이른바 사즉생(死則生)의 전쟁(mortal war)이었고 러시아는 마음 내키지 않는 전쟁(reluctant strife)이었다. 그리고 이 점이 승부를 갈랐다.

셋째로, 청일전쟁 이후 러시아가 주도하는 삼국 간섭을 바라보면서 일본이 아니더라도 서구 사회에서는 막연한 공로증(恐露症)이 만연하고 있었다. 국제 사회에서도 겸손함이 필요할 때가 있다. 그러나 러시아는 오만을 주체하지 못했다. 이때로부터 국제 사회는 러시아를 경계하기 시작했다.

전쟁이 개시되자 영국은 중립국에 압력을 행사할 수 있는 능력이 있었으며 러시아 전함이 입항하는 것을 허락하지 않았다. 따라서 러시아군 지휘부는 석탄·식량·담수 등을 적재한 운송선은 물론 대규모 연합함대의 장거리 항해에 필수였던 군함 수리용 선박도 분함대에 포함하였다. 흑해

---

150 심국웅(옮김), 『쿠로파트킨회고록 : 러일전쟁』, p. 138.
151 로스트노프(외 지음), 김종헌(옮김), 『러일전쟁사』, p. 419.

함대는 장거리 항해를 하면서 전함을 정비하려 했으나 항구마다 프랑스가 방해했다.[152]

이를 의식한 일본은 상대적으로 몸을 더 숙였다. 전시에 동원된 일용직 한국인 노무자에게는 러시아보다 10배의 노임을 지불했고, 음식이나 수송 등의 군수품 보급에 대해서는 정확히 계산했다.[153] 전시에 일본인들은 보편적인 호의를 받았고, 이것은 보이지 않는 도움이 되었다.

그러나 일본으로서도 내면적으로는 몹시 어려운 상황에 놓여 있었다. 미국의 역사학자 바튼(H. Barton)의 말을 빌리면, "만일 회담이 결렬되어 군사 행동이 재개되었다면 일본에는 승리를 쟁취하기 위해 더 이상 투입할 수 있는 군대가 없었을 것이다."[154]

러시아에 대한 질시(疾視)는 포츠머스조약에서 잘 나타났다. 그리하여 미국과 프랑스는 3~4월경 러·일 양국에 강화할 것을 종용하였고 한국/일본해의 해전 뒤 일본의 요청을 받아들인 미국 대통령 T. 루즈벨트은 러시아를 설득하여 협상에 나오도록 만들라는 훈령을 페테르부르크 주차 미국 대사에게 하달했다.

1905년 8월, 포츠머스 강화회의가 열렸다. 일본의 전권(全權) 고무라 주타로 외상과 러시아의 전권 위테 전 재무대신이 참가하여 강화조약이 9월 5일 조인되고 16일 휴전이 성립되었다. 그리고 그 공로(?)로 T. 루즈벨트는 노벨평화상(1905)을 받았다.

도색(塗色)된 수사(修辭)에도 불구하고 전쟁 수행에 중요한 임무를 수행했던 미국과 영국은 일본의 승전에 놀라워했다. 일본의 강대국화가 미국의 이익에 부합하지 않기 때문이었다. 따라서 미국은 조속한 시일 내에 강화조약이 체결되기를 원했다. 영국의 입장 또한 미국과 비슷해

---

152 로스트노프(외 지음), 김종헌(옮김), 『러일전쟁사』, pp. 420~424.

153 "The Russo-Japanese War" *Korea Review*(Vol. IV No. 5) May 1904, pp. 200~201.

154 H. Barton, *Japan's Modern Century*(New York, 1955), p. 250, in 김종헌, 『러일전쟁사』, p. 480 참조.

서 일본과 동맹 관계였음에도 불구하고 일본에 대한 재정적 지원을 거부했다.

약 20억 엔[円]의 전비(戰費) 가운데 12억 엔의 공채 모집에 부응함으로써 일본을 지원하였던 영국·미국도 일본의 승리가 만주의 단독 점령으로 발전할 것을 두려워하였다.[155] 일본은 선택의 여지가 없었다. 전쟁을 지속할 수 없었던 만큼 강화조약의 체결만이 유일한 대안이었다.

포츠머스조약의 내용을 보면,

> 제2조 : 러시아는 일본이 한국에서 정치적·군사적·경제적 이익을 갖는
> 것을 인정하며, 향후 한국 문제에 간섭하지 않는다.
> 제3조 : 일본은 만주에서 철수한다.
> 제5조 : 러시아는 여순과 대련에서의 이권을 일본에 양도한다.
> 제6조 : 러시아는 동청철도와 인근의 탄광에 관한 권리를 일본에 양도한다.
> 제9조 : 러시아는 북위 50° 이남의 사할린을 일본에 할양한다.

는 것이었다.

6. 맺음말 : 한국의 운명

이 글의 결론은 다음과 같다.

[1] 러일전쟁은 태평양의 진출을 노리는 러시아와 대륙에 교두보를 마련하고자 한국을 필요로 하는 일본의 이해가 충돌함으로써 벌어진 전쟁이었다. 이 무렵이 되면 일본은 지난날 청일전쟁 시대의 일본이 아니었고, 러시아는 크리미아전쟁 시대의 러시아가 아니었다.[156]

---

155 로스트노프(외 지음), 김종헌(옮김), 『러일전쟁사』, p. 478~479.

청일전쟁이 초기 자본주의의 모순을 해결하는 방법으로 영향력을 팽창하려던 일본의 전쟁인 것과는 달리, 러일전쟁은 영토를 목표로 삼는 제국주의의 충돌이었다는 점에서 성격이 달랐다. 따라서 러일전쟁은 만주에서의 영향력을 행사하는 교두보로서의 한국을 침탈하려는 일본의 기습 공격에 대한 러시아의 준비되지 않은 전쟁이었다.

[2] 러일전쟁에서 전쟁의 절반은 외교였다. 일본인들은 러일전쟁을 영(0)차대전이라 부른다. 이 전쟁은 일본 외교의 승리였다. 러시아가 아직 탈봉건사회를 거치지 못하고 있는 동안에 일본은 이토 히로부미를 기수로 하여 외무대신 무츠 무네미츠, 주미공사 구리노 신이치로, 외무성 부대신 고무라 주타로, 그리고 러일전쟁 당시의 법부대신이자 견미(遣美) 특사였던 카네코 겐타로와 같은 미국 유학 출신 외교관들의 개인적인 역량이 크게 작용했다.

카네코 겐타로가 1904년 4월에 특사의 자격으로 미국에 파견되어 자신의 모교인 하버드대학일본유학생회에서 『극동의 정세』라는 연설을 했을 때 『보스턴 헤럴드』(*Boston Herald*)는 "인류를 사랑하는 우리 미국인들은 그의 연설을 들으면서 일본의 국가적 염원에 대하여 깊은 동정을 느낀다."(warmly sympathizing with their national aspiration)[157]고 격찬한 사실을 주목해야 한다.

일본이 개전에 앞서 외교 관계에서 가장 신뢰한 나라는 미국이었다. 비단 청일전쟁 전후 때뿐만 아니라 19세기 후반부터 오늘에 이르기까지 미국의 불가사의한 친일정책은 미국이 아세아 대륙을 늪(swamp)으로 생각했고 따라서 대륙에 상륙하지 않은 상황에서 일본과 같은 태평양 연안의 도서(島嶼)를 발판으로 하여 아세아와 군사 · 외교 관계를 유지한다는 정책[158]의 소산이었다.

---

156 "The Russo-Japanese War," *Korea Review*(Vol. IV, No. 2), February 1904, p. 49.
157 Kentaro Kaneko, *The Situation in the Far East,* p. 35.

[3] 러시아의 패인은 부패한 왕조의 자연스러운 현상이었다. 러일전쟁은 부패한 차르 왕조와 애국주의로 무장한 신흥 일본의 결전이었다. 러시아라고 해서 왜 슬라브 민족주의가 왜 없었겠는가? 많은 혁명과 개혁 세력이 등장하여 공익(公益)을 내세우면서 "더 좋은 삶"을 약속했지만, 부패는 늘 유산처럼 민중을 짓눌렀다.

이런 상황에서 민중에게 애국심을 요구하는 것은 그 자체로서 염치없는 일이다. 부패에 대한 반응은 분노가 아니라 체념이다. 부패한 관리에 지친 민중들은 조국을 위해 싸울 전의나 사기를 잃게 했다. 제정러시아 말기의 육군대신 슈콜리모프(Vladimir Sukholimov)는 하루 출장비로 2만5천km의 여비를 신청했다.159 모스크바에서 블라디보스토크의 거리가 1만km이다.

러일전쟁 당시의 니콜라이(Nicolas) 황제는 테니스를 치러 나가다가 흑해함대가 대한/대마도 해협에서 전멸되었다는 전보를 받자 "테니스가 끝난 다음에 이야기하자."고 말하고 전보를 주머니에 넣은 다음 테니스장으로 갔다. 테니스가 끝나고 돌아왔을 때 수상 코코브쵸프(Vladimir Kokovtsov)가 다시 보고하자 "주님의 뜻대로 되겠지."라고 말하고 궁전으로 들어갔다.160 그러고도 전쟁에 이길 수 있었을까? 러일전쟁이 차르 왕조의 몰락과 소비에트 탄생의 신호였다는 논리는 왕조의 부패와 무관하지 않다.

---

158 신복룡, 『한국분단사연구 : 1943~1945』(서울 : 한울 2001), pp. 601~624; Simon Bok-ryong Shin, "A Consideration on the Origins of the Korean War : in Connection with D. Acheson's Speech before the National Press Club," *The Journal of Modern Korean Studies,* Vol. 7(Fredericksburg VA : Mary Washington College April/2000), pp. 77~95; Shin Bok-ryong, *The Politics of Separation of the Korean Peninsula*(Edison, NJ : Jimoondang International & Seoul : Jimoondang, 2008), pp. 567~588.

159 Barbara Tuchman(지음), 이원근(옮김), 『8월의 포성』(*The Guns of August*)(서울 : 평민사, 2008), p. 137.

160 Barbara Tuchman(지음), 이원근(옮김), 『8월의 포성』, p. 133.

[4] 내 나라에서 벌어진 제3국의 전쟁으로 말미암아 한국이 멸망한 것은 한국 외교의 책임이었다. 중립이든 참전이든 멈칫거림이 없는 결단이 필요했으나 한국의 왕실은 그렇지 못했다. 러일전쟁에서 어느 쪽이 승리하느냐의 문제는 한국의 멸망과 직접적인 관련이 없다. 왜냐하면 이미 그 무렵이 되어서는 어느 쪽이 이기든 한국은 승자의 먹이가 될 수밖에 없었기 때문이다. 문제는 한국의 운명이 그 지경에 이르도록 지배 계급은 왜 지혜롭게 망국에 대처하지 못했는가? 하는 점이다.

대한제국 정부는 전쟁이 일본의 승세로 기울자 같은 1905년 5월 18일자로 러시아와 체결하였던 일체의 조약·협정의 폐기를 선언하였다. 이에 일본은 8월 22일 '외국인용빙협정'(外國人傭聘協定)을 체결하여 한국의 외교권을 거의 박탈하는 '고문 정치'(顧問政治)를 성립시켰다. 전승국이 된 일본은 1905년 7월과 8월 미국과 영국으로부터 각각 한국에 대한 독점적 지배권을 확인받았다. 이로써 현상 유지(*status quo*)는 깨졌다. "정복자는 심판받지 않는다."[161]는 국제정치의 논리는 일본 편이었다.

[5] 2005년 3월 4일, 『오마이뉴스』는 한승조(韓昇助, 고려대학교 교수)가 썼다는 논문 한 편을 보도했다. 한승조의 논문은 "공산주의·좌파사상에 기인한 친일파 단죄의 어리석음 : 한일합병을 재평가하자"는 제목으로 일본 『산케이신문』(産經新聞)이 발행하는 월간지 『정론』(政論, せいろん) 4월호에 실렸다. 그의 논문 요지는 이렇다.

"말기의 조선은 일본·중국·러시아의 각축장이 되었고 약육강식 시대에 근대국가의 형태를 갖추지 못한 조선은 이 세 나라 가운데 어느 한 나라에 먹히도록 운명 지어져 있었다. 만일 조선이 중국이나 러시아에 먹혔다면 지금쯤은 중국이나 러시아에 흩어져 소수민족으로 살아가고 있을 것이다. 일본에 먹힌 것은 그나마 불행 중 다행이라고 보아야 할 것이다."

161 심국웅(옮김), 『쿠로파트킨회고록 : 러일전쟁』, p. 92.

일본의 승리를 지지한 것에 대한 선악을 평가하기란 쉽지 않다. 다만 그 뒤에 이어진 세계사의 추이로 미뤄볼 때 러시아에 의한 망국이 한국인에게는 더 절망적이었을 것이다. 그런데 국내의 보도 매체들은 "한 교수가 일제 강점을 축복이라고 주장했다"라는 취지로 보도했다. 그는 한일합방을 "축복"이라고 말한 적이 없다.

대부분의 매스컴이 한승조에게 돌을 던졌다. 한승조의 논리가 맞는지 틀리는지는 심각한 논의를 해야 하는 또 다른 문제이지만, 그가 그런 주장을 한 데에는 충분히 그럴 만한 논거가 있었을 것이다. 그리고 그는 국내 애국 단체들로부터 테러에 가까운 공격을 받고 학교를 사임한 다음 불우하게 생애를 마쳤다.[162] 한국인의 대일 감정과 지적 수준은 거기까지였다.

[6] 청일전쟁과 러일전쟁의 무대가 되는 1890~1900년대의 시대적 상황을 되돌아봐야 하는 이유는 비록 1세기가 넘은 시차에도 불구하고 크게 바뀐 것이 없다는 사실 때문이다. 그 시대의 4국 관계를 보면 러시아·중국·일본에게 주는 한국의 의미가 한국에 주는 그들의 의미를 능가하는 것이었고, 그 결과로 국제 관계의 비극성도 한국에게만 일방적으로 부과되었다. 우리는 이제 다시 그 시대를 반추함으로써 지금 우리의 위상에 대한 교훈을 찾아야 한다. 러일전쟁의 유산과 교훈은 120년이 지난 지금도 살아 있다. 그런 점에서 러일전쟁은 지금도 진행 중이다.

---

[162] 月刊 『政論』(東京 : 産經新聞社, 2005年 4月號); http://www.newstown.co.kr, No. 6935.(검색일 : 2019. 3. 10.)

13장

항일 의병 전쟁

"국모는 내 어머니이다.
자식이 없다면 어쩔 수 없지만
자식이 있는데
내 어머니의 원수를 갚지 않는다면
옳겠는가?"[1]
— 유인석(柳麟錫)

1. 머리말

역사의 주체 또는 형성 단위를 무엇으로 볼 것이냐 하는 문제는 역사학
의 한 중요한 쟁점이 되어 왔다. 오늘날과 같이 역사의 단위를 문화권 중
심으로 보려는 토인비(A. J. Toynbee)의 사관[2]이 그 영향력을 잃지 않는다
해도, 우리는 민족을 역사의 구성 단위로 보려는 견해를 무시할 수가 없
다. 한국의 현대 사회에서 벌어지고 있는 국호의 1919년 설과 1948년 설
도 결국은 한국사를 민족의 역사로 볼 것인가 아니면 국가의 역사로 볼
것인가의 차이이다.[3]

---

* 이 장은 『한국정치사상사』(하)(서울 : 지식산업사, 2011)의 제29장(pp. 383~410) 을
  개고한 것임.
1 『昭義新編』(1) 「다시 백관에게 격문함」
2 Arnold J. Toynbee, *A Study of History,* Vol. I(London : Oxford University Press,
  1973), pp. 51~128.

한국사에서 민족주의의 문제가 무게 있게 제시되는 이유는 우리 역사의 특수성 때문이다. 곧, 우리의 역사는 그 역동적 주체가 무엇인가 하는 점에 주안을 두어 생각해 볼 때, 국가의 형성과 소멸의 역사라기보다는 민족 흥망성쇠의 역사였다는 논지의 성립이 가능하다. 이 사실은 우리 역사에서 민족주의가 그만큼 중요함을 뜻하는 것이다. 이러한 한국의 역사성으로 말미암아, 민족 또는 민족주의의 문제는 정치학의 오랜 주제가 되었다.

세계사적으로 보면, 프랑스대혁명과 더불어 민족주의가 체계화하기 시작한 이래 제1차 세계 대전을 계기로 민족 문제가 본격화되었고, 동아시아적 국면에서 보면, 19세기 중엽부터 서구 세력의 동점(東漸)으로 중국·일본·한국 등지에서 독자적인 민족주의가 형성되었으며, 한국의 역사라는 좁은 견지에서 보면, 1876년의 개항 이래 민족 또는 민족주의 문제가 역사의 한 주류를 이루고 있다.

그런데 한국의 민족운동사가 가지는 하나의 특색인 동시에 괄목할 만한 가치는, 민족이나 국가가 외환(外患)을 맞이했을 때 정권 차원의 정규군에 못지않게 의병(義兵)이라는 이름의 민중 저항이 있었고 국가 보위에 대한 이들의 기여도가 뒤떨어지지 않았다는 사실이다. 의병을 "외국의 침략에 대하여 자발적으로 저항한 비정규적 민병(民兵)"이라고 정의한다면, 우리 민족사에서 의병의 역사는 여말(麗末)의 대몽(對蒙) 항쟁에서부터 서세동점의 한말까지 그 맥락이 이어진다.

이러한 사실에 비추어 볼 때, 한국의 의병투쟁사는 그것이 한국민족운동사의 전부라고는 말할 수 없을지라도, 근대적 개념의 민족주의가 발생하기

---

3 한국사를 민족사로 볼 수 있다는 이 주장은 현재 한국 사학계에서 벌어지고 있는 "건국절이 언제이냐?" 하는 논쟁에 스스로를 옥죌 수 있다. 이 장은 건국절이 민족사의 입장에서 1919년으로 보아야 한다거나 국가사의 입장에서 보아 1948년이어야 한다는 논리에서 비켜서서, 적어도 의병의 문제만큼은 민족사로 보아야 한다는 뜻이지 건국절을 1919년으로 보아야 한다는 논리와는 일정한 거리를 두고 있다.

이전의 전사(前史) 시대의 골격을 이루었다는 것을 부인하기는 어렵다.

2. 의병 운동의 전개와 성격 변화

이 장에서 다루고자 하는 조선 후기, 곧 개항 이후의 의병사는, 겉으로 본다면, 척왜(斥倭)를 내세우고 있지만, 그 밑바닥의 변수로서 서구의 진출을 막아내야 한다는 어양론(禦洋論)과 중화사상으로 무장되어 있다는 점에서 임진왜란(壬辰倭亂)·병자호란(丙子胡亂)의 의병과는 그 성격에서 다소 구별된다.

곧 임진왜란은 한국인의 심성에 중요한 부분을 이루고 있는 대일혐오감(Japanese-phobia)의 진원이라는 비교적 단순 논리로 설명되지만, 병자호란은 대청혐오감(Sino-phobia)을 바탕으로 하여 소중화사상을 바탕에 깔고 있는, 다소는 복잡한 구조를 담고 있다.

그러나 그와는 조금 다르게 18~19세기에 한국에서 전개된 의병사는 표면적인 척왜와 그 이면에 깔린 어양론과 중화사상, 그리고 내정 개혁의 요구라고 하는 더 복잡한 구조를 담고 있기 때문에 종래의 대외 항쟁과는 다소 다른 시각으로 빗겨 서서 여러 측면에서 조명함으로써 그 참모습을 밝힐 수 있다. 이러한 구별을 이해하려면, 편의상 이 시대의 의병사를 다음과 같이 구분하여 설명하는 것이 이해에 도움을 준다.

한말의병사의 **제1기**는 1895년의 을미사변(乙未事變)을 기폭제로 하여 일어난 대일 항전을 들 수가 있다. 을미의병의 최대의 변수는 명성황후(明成皇后)의 시해 사건이었다. 명성황후의 시해가 민중들에 끼친 영향이라는 것은 근왕(勤王) 또는 종묘사직의 안위라는 맥락에서 이해되어야 한다. 곧 민중들의 처지에서 본다면, 황후는 국모요 그의 위해(危害)는 곧 국가의 위해라고 인식되었다. 그들은 이렇게 말한다.

오늘 국모를 시살(弑殺)한 반역과 주상(主上)을 모욕하는 앙화(殃禍)는 천하의 큰 변고이며 적을 토벌하고 복수하는 것은 천하의 대사입니다. 적을 토벌하고 원수를 갚을 수 있으면, 일이 바르게 되고 도리가 순리롭게 되어 효과도 순리롭지 않은 것이 없게 되지만, 난적을 토벌하지 않고 원수를 갚지 않으면 일이 반대로 되고 도리를 거슬러 효과가 거스르게 되지 않는 것이 없게 됩니다.[4]

따라서 최익현(崔益鉉 : 1833~1906)의 주장에서 볼 수 있듯이, "대체로 필부필부가 남에게 살해되어도 그 아들 된 사람이 원수를 갚으려 생각하는 것인데, 더구나 우리 5백 년 선왕(先王)의 종부(宗婦)이자 삼천리 강토의 민생의 자모가 이런 망극한 변을 당했는데도 오히려 필부필부가 생명을 잃은 것만도 못할 수 있겠는가?"[5] 하는 것이 그들의 심정이었다.

그들의 근왕사상에 따르면, 종묘의 비극은 곧 국가의 비극이었다. 유인석(柳麟錫 : 1841~1915)은 이 대목을 다음과 같이 설명하고 있다.

토벌하여 복수하는 것으로 말하면 우리 전하께서 미워하시는 무리를 적으로 한 것이니, 하늘에 계시는 곤전(坤殿)의 영혼이 위안을 받을 수 있지 않겠습니까? …… 신이 듣건대, 옛말에 임금에게 근심이 생기면 신하는 치욕으로 느끼고, 임금이 치욕을 겪으면 신하는 죽어야 한다고 하고, 또 자기의 임금에게 무례한 것을 보면 매가 새를 덮치듯 해야 한다고 하였습니다. 지금 우리나라의 주상께서 받은 치욕은 무례뿐이 아니니, 신이 비록 모든 일이 좌절당하여 험난한 처지에 놓인다고 하더라도 어찌 감히 목숨을 아까워하며 매의 힘을 내지 않을 수 있겠습니까?[6]

---

4 『毅菴先生文集』(4) 疏 「소명에 따라서 入疆하다가 楚山에 이르러 심정을 말씀드려 죄를 기다리며 올린 글」(정유 8월).

5 『勉菴集』 疏 再疏(무술 10월 초 9일) : "夫匹夫匹婦 爲人所殺 爲其子者 皆欲思報其仇 況我五百年先王之宗婦 三千里民生之慈母 遭此罔極之變 曾不若匹夫匹婦之猶能償命者耶"

6 『毅菴先生文集』(4) 疏 「서쪽으로 갈 때 旋善에서 올린 疏」(병신 5월).

이와 같은 명성황후 시해 사건을 더욱 악화시킨 것은 같은 시기에 시행된 단발령(斷髮令)이었다. 단발의 문제가 그 당시에 어떻게 이해되었는가 하는 점은 학부대신 이도재(李道宰)의 다음과 같은 상소에 잘 드러나고 있다.

> "신(臣)의 미련한 생각으로는 단군(檀君)·기자(箕子)로부터 내려오면서 단발의 풍속이 변하여 상투로 되었으며 모발을 사랑하고 아끼는 것이 큰 물건 같이 보이니 이제 만약 하루아침에 머리를 자른다면 4천 년 동안에 아교처럼 굳어진 풍속이 화합하기 어려우며 만백성이 흉흉하여 두려워하는 정황을 측량할 수 없으니 어찌 난이 일어나 과격하지 않을 것을 알 수 있겠습니까?"[7]

이와 관련하여 유인석은 이렇게 묻고 있다.

> 그 밖의 오랑캐들은 전혀 머리털을 사랑할 줄 모르고 편리한 대로 다 깎았는데 그것이 금수로 된 까닭입니다. 화하(華夏)와 오랑캐, 사람과 짐승, 귀함과 천함이 여기서 갈리니 어찌 다른 말을 덧붙이겠습니까?[8]

당시의 민중에게 단발이라는 것은 단순히 육신의 문제가 아니라 역사성의 상실일 뿐만 아니라 이질 문화에 의한 풍속의 파괴라고 여겨졌다. 그러기에 그들은 "차라리 목을 끊고 죽을지언정 머리를 깎이고 살 수는 없다."[9]고까지 말할 수가 있었다.

여기에서 한 가지 주목할 사실은 제1기 의병인 을미의병의 구성원은 과

---

7 『梅泉野錄』(2) 을미(1895) 11월조 : "學部大臣李道宰上疏 …… 然臣之愚慮 自檀紀以來 編髮之俗 轉化爲髻 哀惜毛髮 視若大件物事 今若一朝薙之 四千年膠固之習難化 億兆民洶懼之情莫測 安知不激成亂堦乎"

8 『毅菴先生文集』(6) 書「崔勉菴에게」(갑진 9월 追白).

9 『勉菴集』疏 遺疏 附林炳瓚疏(병오 7월 11일) : "寧斷頭而死 不可斷髮而生 吾志決矣"

연 어떤 사람들이었는가 하는 점이다. 이론의 문제가 아니라 실제 투쟁의
문제에 들어갔을 때 가장 중요한 것은 의지보다도 지난날의 경험일 경우
가 많다. 이러한 논리는 초기의 을미의병에도 적용된다. 민족 투쟁에서
경험이 중요하다면 1895년의 의병에서 가장 중요한 역할을 담당할 수 있
는 무리는 갑오(甲午)농민혁명에 참전하였다가 본업에 돌아가 정착하지
못한 무리였다.[10] 이러한 사실은 초기 의병의 성격을 규명하는 일이라기
보다는 갑오혁명의 외연(外延)을 설명하는 좋은 근거가 될 것이다.[11]

의병 활동의 **제2기**는 을사조약(1905)과 함께 시작된다. 이 시기를 을사
의병이라고 하지만 조약 체결이 연말인 11월 17일(陽)에 체결되었기 때문
에 실제로 의병 활동은 이듬해인 1906년(병오)에 본격화했다.

을미의병이 주로 국모 보수(報讐)와 단발령에 초점을 맞추고 있는 것과
달리, 을사의병은 국권 회복과 일본이 병자(丙子)수호조약을 배신하였다
는 점,[12] 그리고 민족의 멸망이 궁극적으로는 내부적인 민족 배신자에 의
하여 이루어진 것이요, 이들을 타도하는 것은 일본의 침략을 막는 것에
앞서는 것으로 생각하였다는 점[13] 등이 이 시기 의병의 특징을 이룬다.

최익현의 말을 빌리면,

> "신(臣)은 불행히 오늘의 변을 보고 이미 가히 숨어 있을 곳이 없으니
> 옳다면 오직 대궐에 들어가 진소(陳疏)하고 폐하의 앞에서 스스로 목숨을

---

10 『梅泉野錄』(2) 병신(1896) 1월조 : "…… 而甚至東匪餘黨 換面影從者 居其半"

11 1894년 10월의 3차 갑오농민혁명, 이른바 공주 전투를 첫 민족 항쟁의 의병으로
볼 수 있다는 것이 나의 의견이지만, 이에 대해서는 아직 학계의 합의가 이뤄지지
않았다.

12 최익현은 을사의병 때에 일본을 규탄하는 16개 조항 가운데 제14조에서 다음과
같이 말하고 있다. 『勉菴集』年譜(丙午 閏4월) : "昨年十月二十一日之夜 博文權
助好道等 卒兵入闕 環圍內外 威脅政府 勒搆條約 自呼可否 奪印擅調 移我外交
置其統監 使我自主獨立之權 一朝去矣"

13 『勉菴集』「年譜」討五賊疏(을미 11월) : "然則 若齊純以下諸逆者 素以倭賊之倀
鬼 以賣國爲伎倆 無忌無憚 恬不爲怪此 固萬剮凌遲 而猶有餘罪者也"

끊는 것뿐입니다. 그러나 폐하께서 능히 ○○이[불명]하실 수 없음을 잘 알고 있어 빈말로 번거롭게 소란을 피우는 것보다 한갓 글을 갖추어 돌리는 것이 좋을 것 같습니다. …… 차제에 북상하여 이토 히로부미(伊藤博文)와 하세가와 요시미치(長谷川好道) 등의 여러 왜놈들을 불러 모아 함께 담판을 지어 늑약(勒約)을 취한 것을 소멸하고 다시 나라의 자주권을 행사할 수 있도록 하며 백성들의 씨를 바꾸는 화란을 면하게 하는 것이 신의 바라는 것입니다."14

이 당시의 의병이 단순히 외국의 침략에 저항한다는 사실뿐만 아니라 내재적 모순, 곧 반민족적인 5적(五賊)을 토벌하여 죽임[討耐]을 주장했다는 점은, 지난날 갑오혁명이 외국의 침략뿐만 아니라 내정 개혁과 내부의 계급 갈등이라는 삼원적인 투쟁을 전개했던 것과 마찬가지로, 을미의병의 투쟁 목표가 복합적이었음을 뜻한다. 이와 같은 현상은 갑오혁명이나 을미의병에만 국한되는 것이 아니요, 일제 치하의 민족주의가 지니는 공통된 성향이었으며, 이것은 곧 당시의 투쟁력을 상대적으로 약화하는 원인이 되었다.

그렇다면, 민족주의의 정의를 분석하면서 준거의 틀로 잡을 수 있는 요소는 무엇일까? 이 장에서는 (1) 애국심, (2) 역사의 주체로서 민중적 지지 기반의 심도(深度), (3) 근대화(近代化)의 성취도 등 세 가지에 준거하고 있다.

첫째, **애국심**이란 국가 또는 민족과 같이 자기가 소속되어 있는 최고의 정치적 집단의 긍정적 발전에 대한 참여 의지와 그 영욕과 운명에 대한 동화 심리라고 말할 수 있다. 콘(Hans Kohn)이 지적하고 있는 바와 같이,

---

14 『梅泉野錄』(5) 병오(광무 10년) 4월 : "前判書崔益鉉 起兵于湖南 …… 陳起兵之情曰 …… 臣不幸見今日之變 旣無可去之地與義 則惟有詣闕陳疏 自斃於陛下之前而已 然明知陛下之不能有所爲 則空言煩瀆 徒歸文具 …… 次第北上 招博文·好道等諸倭 及各國公使 會同談辦 取勒約而燒滅之 使國復自主之權 民免易種之禍 臣之願也"

"애국심이라는 것은 민족 국가에 대한 충성심"[15]이라는 것이 일반화된 해석이며, 바커(E. Barker)는 "민족주의자들의 충성심은 민족에 대한 것이 아니라, 모든 민족 집단을 포괄하고 있는 국가에 대한 것"[16]이라고 말하고 있지만, 이는 서구적인 배경에서 그런 것이며, 동양 문화권 더욱이 한국의 경우에는 그러한 개념 정의가 반드시 적합한 것은 아니다.

왜냐하면 이 글이 다루고 있는 1860년대부터 1910년에 이르기까지의 시한, 더욱이 그 초기의 한국에서는 서구적 의미로서 민족이나 국가의 개념이 민중의 의식에 일반화해 있지 않았기 때문이다. 이 당시 국가에 대한 충성심이 없었다고는 말할 수 없지만, 오히려 민중의 가슴속에 담겨 있는 애국심의 범위에는 향토애가 더 강렬하게 자리 잡고 있었다.

국가와 군주 또는 종묘사직이 동일시되던 사회이므로 애국심이란 충군적 근왕사상(勤王思想)에 가까웠다. 따라서 이 글에서 사용하고 있는 애국심이라는 용어에는 서구적 개념으로서 국가 또는 민족에 대한 충성심은 말할 것 없고 향토적인 애착과 근왕사상을 이원적으로 뜻하는 것이다.

둘째, 역사의 주체로서 **민중적 지지 기반**의 심도를 살펴보면, 이는 이데올로기로서의 민족주의가 지니는 민중적 뿌리를 뜻한다. 그렇다면 우리는 왜 민족주의의 구성 요소로서 민중적 뿌리를 거론해야만 하는가? 어느 시대를 막론하고 역사에는 그 시대를 지배하는 계층이 있는데, 근현대 사회에서 역사의 추동력은 민중이었다. 민족주의가 하나의 이데올로기로 체계화하려면 주도 계급이 구체적으로 설정되어 전체 민족의 성원으로부터 나름대로 지도적 당위성을 인정받아야 한다.[17]

15 Hans Kohn, *Nationalism : its Meaning and History*(Princeton : D. Van Nostrand Co., 1955), p. 9.

16 A. Cobban, *National Self-Determination*(Oxford : Oxford University Press, 1944), p, 66; 신복룡(외 역주), 『민족자결주의』(서울 : 광명출판사, 1968), p. 100.

17 진덕규, 「한국 민족주의의 구조적 본질 : 서언」, 진덕규(편), 『한국의 민족주의』(서울 : 현대사상사, 1976), p. 136.

여기에서 전체 민족의 구성원이라 함은 어느 한 사람도 누락되지 않는 절대적 전체를 의미하는 것이 아니라, 그 전체의 다수를 이루고 있는 대중 또는 민중이다. 오늘날의 민족주의를 근대적인 소산이라고 규정짓는 것도 바로 이 대중의 존재와 중요성을 전제로 정립된 규범 체계라는 데 그 까닭이 있다.

따라서 중세나 조선왕조 초기의 민족의식을 민족주의로 보지 않는 것은 그 시대에 체계화한 규범이 존재하지 않았다는 것이 아니라, 그러한 규범 체계가 대중의 정치적 구실을 고려하지 않았거나 아니면 대중의 정치적 존재가 무의미한 상황에서 이룩되었기 때문이다. 한국 민족주의의 체계도 대중과 분리해서 생각할 수는 없다.[18] 역사를 민중주의적으로만 생각하려는 것도 위험한 일이지만, 민중이 매몰된 사회에서 민족주의는 무의미하다.

이러한 논지는 민족주의 운동사에서 프랑스 혁명사가 지니는 역사적 의미에서 잘 드러나고 있다. 프랑스혁명을 근대적 민족주의의 시원(始原)으로 삼는 이유는,

(1) 프랑스혁명이 구체제에 매몰된 개체로서의 인간이 정치적 자아를 발견하도록 하였고,
(2) 그 과정에서 민족적이고도 민주적인 새로운 이념에 영향을 받은 민중이 개체의 원자적 집합이라는 성격을 떠나 규모와 형상을 갖추고 전체화(全體化)했으며,
(3) 끝내는 주권이 부여된 민족이라는 이름으로 일컬어졌을 뿐만 아니라 국가와 동일시하게 되었다는 점에 있다.[19]

이와 같이 역사에서 민족의식의 대두란 새로운 중산 계급, 곧 현대적

18 李洪九, 「한국 민족주의의 본질과 방향」, 진덕규(편), 『한국의 민족주의』, p. 176.
19 A. Cobban, *National Self-Determination*, pp. 5~6; 신복룡(외 역), 『민족자결주의』, pp. 6~8.

개념으로서 대중이 형성되어 있는 사회와 불가분의 관계에 놓여 있음을 의미한다.

셋째, 민족주의가 지니는 의미로서 **근대화**의 성취도이다. 어떠한 이데올로기든 긍정적 결실을 이룰 때 그 존재 이유도 성립한다. 그러한 결실이 없다면, 이데올로기는 그 시대에 존재해야 할 명분을 잃는다. 식민지 지배 체제 아래 국가나 신생 국가의 경우에 이데올로기가 추구하는 일차적 결실은 근대화이다. 여기에서 근대화라 함은,

> (1) 통치와 정치 구조에서 특수한 분화 현상이 일어날 것.
> (2) 정치적 참여와 이익의 할당이라는 면에서 시민의 평등에 대한 강조가 점증할 것.
> (3) 사회적 · 경제적 변화를 유발할 수 있는 능력이 증대할 것.[20]

이라는 파이(Lucian W. Pye)의 개념 정의를 따르고자 한다. 다만, 이 장이 조선 후기의 정치 상황을 거론하고 있으므로 여기에서 말하는 근대 또는 근대화의 개념은 대체로 정치적 근대화라는 제한적인 의미로 쓰이고 있다. 달리 말하면, 여기에서 말하는 근대화는 현대적 의미로서 정치 발전이라든가 민주주의의 성취를 위한 의지 또는 그 결과를 뜻하는 것이다.

이처럼 민족주의의 발생과 성숙은 매몰된 개인의 해방이나 자기 발견과 그 궤적(軌跡)을 함께 하고 있다는 점에 비추어 볼 때, 민주주의와 민족주의 사이에는 불가피하고도 고유한 관련성이 있다.[21] 더구나 정치적 개혁, 좁게 말해서는 내정 개혁이 이루어지지 않고서는 민족의 존립이 불가능했던 1860~1910년대의 한국적 상황은 민족주의의 존재 의의로서 정

---

20 Lucian W. Pye, *Aspects of Political Development*(Boston: Little, Brown, & Co., 1966), pp. 45~47.
21 A. Cobban, *National Self-Determination*, p. 7; 신복룡(외 역), 『민족자결주의』, p. 10.

치적 근대화의 성취도에 대한 거론을 피하지 못하게 만든다.

민족주의의 분석 틀인 애국심, 민중적 지지 기반의 심도, 그리고 근대화에 기여한 정도라는 측면에서 본다면, 을미의병은 첫 번째의 조건을 충족시키는 것으로 그친다.[22] 바꿔 말해서 이 당시의 민족운동은 애국심이라는 것 이상의 의미는 없다. 최익현을 주축으로 하는 을사의병은 자신들이 민족 구원을 이룩할 수 없다는 한계성도 잘 알고 있었다. 면암의 결의는 그의 애국심을 나타내는 것이기는 하지만, 당시의 의병이 민족주의자로서 전략 개념을 결여하고 있다는 점을 보여 주는 것이다.

의병 운동의 **제3기**는 정미(丁未 : 1907) 의병으로 이어진다. 그해 6월에 있었던 헤이그(The Haag) 밀사 사건은 여러 가지로 중요한 의미를 갖는다. 일본은 이 사건을 빌미로 하여 조선의 병합을 조급히 서두름으로써 고종(高宗)을 양위시켰고, 동시에 한일신협약을 체결하여 일본 관리의 통치를 획책하는 한편, 한국 군대를 해산하였다. 이와 같은 일련의 사태에 대하여 지식인들은 자신의 운명이 이제는 "군부(君父)가 영원히 폐해지고, 종사가 영원히 멸망하고, 중국의 기맥이 영원히 끊어지고, 인류가 영원히 멸망하는"[23] 단계에 이른 것으로 인식하게 되었다.

이러한 사태 속에서 구한국 군대의 참령 박성환(朴星煥)의 자결과 이를 계기로 한 시위연대(侍衛聯隊)와 일본군의 충돌이 일어났다.[24] 개항 이후 일본과의 갈등기에 관군이 항전의 주역으로 등장한 것은 이것이 처음이었다. 그 뒤 시간이 지나 상해(上海) 임시정부가 수립되고 광복군(光復軍)이 창설된 정신사적 맥락은 바로 구한국 군대의 항전과 이어진다는 점에 중요한 의미가 있다.[25]

---

22 신복룡, 『한국정치사상사』(하), 「근대 민족주의의 생성」, pp. 351~354 참조.
23 『毅庵先生文集』(45) 檄文草(정미 8월) : "君父永廢 宗社永亡 華脈永絕 人類永滅"
24 이에 관한 자세한 상황은 『梅泉野錄』(5) 정미(1907) 7월조 참조.
25 조일문(역주), 「한국광복군총사령부성립보고서」(1940. 9. 17.), 『한국독립운동文類』(서울 : 건국대학교출판부, 1976), p. 92.

3. 정사(正邪)와 화이지별(華夷之別)

의병 활동의 정신적 지주라고 할 수 있는 유생들의 대외 항전은, 일차적으로 서양과 동양의 문화적 갈등에서부터 비롯되었다. 그들의 말을 빌려 표현한다면, 동서양의 차이는 곧 사람과 짐승의 차이[人獸之別]요, 바르고 사악한 것의 차이[正邪之別]요, 중화와 오랑캐의 차이[華夷之別]이었다.

문명[기독교와 기계]이라는 이름으로 동방으로 진출하던 서구인의 눈과 귀로 보고 들으면, 이를테면, "전차 소각 사건"[26]이나 "사진 촬영 사건"[27]처럼, 다소는 코믹하게 들릴 수도 있는 이와 같은 시각(視角)의 차이는 그 당시로서 설득의 한계를 넘는 것이었다. 설득이 안 될 경우에 남은 것은 충돌밖에 없었다.

어느 시대, 어느 공간을 가리지 아니하고, 그 주민의 문화적 차이는 있게 마련이어서, 서로 대비되는 두 문화가 마주칠 때 생기는 마찰은 어쩌면 필연적인 것이었는지도 모른다. 그러나 두 문화의 만남에서 비롯된 갈등이 있다고 해서, 이들을 우열이나 좋고 나쁨[好惡]으로 가릴 수 없는 것이요, 거기에는 다분히 문화 유습에서 오는 선입견과 오해의 요소, 곧 베이컨(F. Bacon)이 이른바 극장의 우상(idola Theatre)[28]의 성격이 짙었다. 그

---

26 처음 서울에 전차가 개통되었을 때, 서울 사람들은 그것이 지신(地神)을 놀라게 하여 재앙이 올 뿐 아니라 주민의 잠을 설치게 한다는 이유로 전차를 소각했다. F. A. McKenzie, *The Tragedy of Korea*(New York : E. P. Dutton & Co., 1908), p. 101; 신복룡(역주), 『대한제국의 비극』(서울 : 집문당, 2020), p. 97.

27 초기의 서양인들이 아이들의 사진을 찍었을 때, 한국인들은 카메라의 렌즈가 아이들의 눈을 빼서 박아넣은 것이며, 사진을 찍으면 혼이 나간다는 이유로 사진사를 구타하는 일이 자주 발생했다. G. W. Gilmore, *Korea from its Capital*(Philadelphia : Presbyterian Board of Publication, 1892), p. 83; 신복룡(역주), 『서울풍물지』(서울 : 집문당, 2020), p. 58.

28 F. Bacon, *Novum Organum : Great Books*, No. 30(Chicago : Encyclopaedia Britannica, Inc., 1980), pp. 109~110.

것은 닫힌 사회에서 불가피하게 일어나는 편견이었다.

그렇다면 동양 문화, 더욱이 조선 후기의 유학에서 본 양학의 모습은 어떤 것이었으며, 또 유생들은 왜 저항했을까? 그 까닭은 대체로 다음과 같은 네 가지로 요약할 수 있을 것이다.

첫째로, 기독교 사상으로 무장된 서세동점에 대하여 느끼는 위기 의식이 한국인들의 대서(對西) 항쟁의 일차적 계기를 이룬다. 조선 후기의 한국인들이 위기 의식을 느끼게 된 원인으로서는, 제너럴 셔먼호(General Sherman) 사건(1866)이라든가 병인양요(1866)나 오페르트(Ernst J. Oppert) 사건(1866) 또는 신미양요(1871)와 같이, 서구 열강과의 직접적인 마찰을 지적할 수도 있다.

그런 점에서 본다면, 서양에 대한 권력자들의 배타성은 이질적 문화가 중국을 거쳐 조선에 감염됨으로써 전통 질서가 파괴되고 이에 따라 자기들에게 불이익이 초래될는지도 모른다고 하는 위기 의식과 중국의 문화 속에 오랫동안 잠기는 과정에서 얻어진 화이관(華夷觀)이 상승효과를 일으킨 것이었다.

위와 같이 당시의 유학자들이 주장하는 것은 서학에 대한 자기 민족 문화의 우월감과 피해 의식이 복합되어 있음을 알 수 있다. 이러한 관념은 서구로 말미암아 빚어진 일련의 사태, 더욱이 그 가운데서도 황사영(黃嗣永)의 백서 사건(帛書事件, 1801) 이후에 더욱 악화하였다. 이 사건은 아마도 그의 종교적 열정이 시대의 흐름보다 너무 앞서간 것이거나, 그로 말미암아 이성이 흐려짐으로써 일어난 사건으로 보는 것이 옳을 것이다.

따라서 이 사건은 그의 신심만을 강조함으로써 그 본질을 설명할 수는 없는 일이었다.[29] 서구에 대한 이들의 자세는 일차적으로는 자기방어적인 것이었다. 여기에서 더 나아가 한국인들은 중국에서 서구인들의 행태를

---

29 신복룡, 『한국정치사상사』(하) 제26장(pp. 297~298) : 「서학의 전래」 참조.

보면서 더욱 방어적 자세를 취했다.

그러나 그보다 더 선험적인 것은 1840년대서부터 시작된 중국의 불행이었다. 아편전쟁(阿片戰爭, 1840)으로부터 시작하여 태평천국의 난(1851 ~1864)을 거쳐 의화단(義和團, 1900) 사건에 이르기까지의 60년 동안에 겪은 중국의 불행을 알고 있는 조선의 지식인들은 그것이 대륙의 불행에서 그치는 것이 아니라 한반도로 이어지리라 확신하고 있었다.[30] 서구인들은 개혁이라는 것을 항상 내세웠음에도 스스로에게는 용납할 수 없는 수법으로 유색 인종에 대한 행동을 합리화하려 한다고 한국인들은 확신하게 되었다.[31]

그들은 중국을 좀먹고 조선을 침범하는 예수교도들을 물리치지 않는다면 민족의 존립이 어렵다고 믿었는데,[32] 이것이 그들의 서구 기피의 일차적 계기가 되었다. 유생들의 처지에서 본다면, 어느 시대인들 당시와 같이 의리가 무너지는 일이 없었을까마는 양화(洋禍)보다 더 참혹한 때가 없어서[33] 민족의 운명은 이제 씨가 바뀔 지경에까지 이르렀는데 이를 모면하는 것이 이 시대의 과업이라고 생각했다.[34]

이와 같은 서학, 곧 사학(邪學)이 조선에 전파된다는 사실은, 주공(周公)·공자(孔子)·정자(程子)·주자(朱子)의 가르침이 타락함을 뜻한다고 유생들은 생각했으며,[35] 이는 곧 자신의 위기를 연상케 했다. 이것은 앞서 지적한 바와 같이 중국의 불행에 대한 동일시 현상이며 중화사상의 외연

---

30 『東經大全』「論學文」: "西洋之人 及其造化 無事不成 攻鬪干戈 無人在前 中國 消滅 豈可無脣亡之患耶"

31 Rupert Emerson, *From Empire to Nation*(Boston : Beacon Press, 1962), p. 382.

32 黃遵憲(著)·조일문(역주),「嶺南萬人疏」,『朝鮮策略』(附)(서울 : 건국대학교출판부, 1977), p. 134 : "而不幸耶蘇敎 …… 闞我無人 思易天下 蠢蠢中土 侵滔東國"

33 『華西雅言』(12) 洋禍 : "充塞仁義 惑世誣民之說 何代無之 亦未如西洋之慘"

34 『勉菴集』疏「倡義討賊疏」(병오 윤4월 11일) : "生民得免易種之禍 則臣之願也"

35 조일문(역주),「嶺南萬人疏」, p. 134 : "耶蘇敎 出於海外夷種 …… 侵滔東國 而周孔逸矣 程朱已矣"

(外延)이라고 볼 수 있다.[36] 이런 점에서 본다면, 위정척사 계열이 대서(對西)·대일 항쟁을 벌이게 된 계기에는 근대적 개념의 국가적 위기의식보다는 가치관의 위기의식이 선행되었다고 볼 수 있다.

위정척사파가 가진 두 번째 관심은 서양 문물이 인륜을 타락시킨다는 점이었다. 한국인들이 서구인들을 타락한 무리로 보는 이유는, 그들에게는 오상(五常)이 없고 더욱이 오륜(五倫)이 타락되었다고 하는 점인데, 이 것은 비단 위정척사 계열의 유생들뿐만 아니라, 그 당시 한국인들의 심층 심리에 깔린 공통된 인식이었다.[37]

한국인들이 보기에, 그들에게는 부자·군신·부부·장유·예악·문물·절열(節烈)·의관이 없이 마치 짐승처럼 살아가고 있으니[38] 얼굴만 사람일 뿐 짐승의 마음[人面獸心][39]으로 살아가는 사람들이라 할 수 있을 것이다. 우리는 그 한 예로써 수찬(修撰) 최헌중(崔獻重)의 상소를 들 수 있다.

슬프다! 오늘날 이른바 서학(西學)이라는 것은 과연 얼마나 요망한 법이

36 『毅庵先生文集』(51) 「宇宙問答」 : "問曰 今時代盛爲耶蘇學 而孔子之敎 幾乎廢 矣 中國朝鮮可以廢孔子之敎乎 宜力辨之 曰 盛爲耶蘇學 爲中國朝鮮最極大禍"

37 갑오농민혁명이 일어나기 직전인 1893년 4월에 동학교도들이 서울 거리에 붙인 괘서(掛書)에는 다음과 같은 구절이 있다. "그대들[서양인]은 부모의 생전에 효도 하라고 말하면서 부모를 공경하지도 않고 사후에는 눈물은커녕 장례식마저도 없다. 이것이 인간으로서 할 수 있는 일인가? …… 분명히 말하건대 비겁자들아! 재산을 정리하여 속히 떠나거라." "Despatch from A. Heard to the Secretary of State, April 4, 1983," in Spencer J. Palmer(ed.), *Korean-American Relations*, Vol. II(Berkeley and Los Angeles : The University of California Press, 1963), pp. 310~311 ff, No. 381; 「東學徒ノ擧動二關シ軍艦派遣方上申ノ件」, 『日本外交文 書』(26)(東京 : 日本國際連合協會, 1952), pp. 416~417, 문서 번호 205.

38 『勉菴集』雜著 「書梁大集在成書室」 : "西洋一禽獸也 凡其父子君臣夫婦長幼之 序 及藝樂文物節烈衣冠之盛 是之不啻背之於芒 眼之於釘"

39 『勉菴集』疏 「持斧伏闕斥和議疏」(병자 정월 22일) : "人人邪學 子焉而不父其父 臣焉而不君其君 衣裳淪於糞壤 …… 且彼人面獸心";『勉菴集』疏 丙寅擬疏 : "而 至若西洋之族 則夷賊之不若 眞是禽獸而人形者也"

기에 사람들을 유혹함이 이토록 심한 것입니까? …… 선왕(先王)의 제도에 따르면, 장례를 지냄에 삼감으로써 마치고[愼終], 제사를 지냄에 그 근본을 보답[報本]함으로써 효성을 폈습니다. 그러나 오늘날의 장례는 마치 시체를 내다 버리듯 하고 제사는 조촐함이 없으니 이를 어찌 참아 견딜 수 있겠습니까? 부모에게도 이러한즉 이는 인간의 도리가 끊어짐이라, 이러한 마음씨로 무리를 모아 처음에는 요망한 도적에서 시작하여 끝내는 역적이 되어 장차 이르지 않음이 없을 것입니다. …… 이른바 이단(異端)에서 하는 아비도 없고 임금도 없는 짓은 가히 짐승들이나 하는 일이니 이 서학이 사라지지 않는다면 그 세(勢)는 반드시 천하를 요망하고[妖魅] 귀신처럼 사악한[鬼邪] 땅으로 빠지게 할 것입니다.[40]

이와 같은 의식 과정을 거쳐 한국인들은 당시 조선 사회에 들어오던 서구의 문물과 기독교 사상과 접촉함으로써 거부와 수용의 갈등 속에서 때로는 긍정하고 때로는 회의(懷疑)하는 가운데 서양에 대한 관념을 정립해 나갔다. 그러나 사람들 대부분이 초기 단계에서는 서구의 문물과 사상에 회의·거부한 것은 거의 공통된 사실이었다. 이를테면 김윤식(金允植)과 같은 식자도 이르기를,

> 나는 개화라는 말을 몹시 괴이하게 생각한다. 듣자니 구라파의 풍습이 이 나라의 습속을 천천히 개혁하는 것을 개화라고 한다는데 동양의 이 문명의 땅에 어찌 다시 개화할 일이 있겠는가? 갑신정변(甲申政變)을 일으킨 도적의 무리는 구라파만 높이 떠받들고 요순(堯舜)과 공맹(孔孟)을 깎아내림으로써 사람이 살아가는 도리를 야만이라 하고, 그들의 도(道)로써 야만을 바꾸는 것을 개화라 부르니 이는 가히 천하의 이치를 끊는 것이요, 관(冠)을 발에 신고 짚신(屨)을 머리에 쓰는 것과 같다.[41]

---

40 『正祖實錄』19년 7월 25일(갑술) 崔獻重 上疏 : "嗚呼 今之所謂西洋之學 此果何樣妖法 而使人惑之甚 …… 先王制體 葬而愼終 祭而報本 所以廣其孝也 今乃葬而如棄 祭不屑爲 是可忍也 而于父母如此 則人理滅矣 以此心術 聚其徒 始也爲妖爲盜 終焉爲賊爲逆 將無所不至 …… 所謂異端之無父無君 猶可以爲禽爲獸 而此學不滅其勢 世必溺天下妖魅鬼邪之域矣"

고 말한 것으로 보아, 당시의 사람들이 서학의 이질성에 대하여는 비판적이었음을 알 수 있다.

위정척사 계열의 세 번째 관심은 서양의 물화가 타락되어 있다는 사실이었다. 그들이 보고 들은 바에 따르면, 이른바 서양 문물이라는 것은 대개가 기괴한 기술과 지나친 음교(淫巧)로 사람의 마음을 타락시키는 기구여서 백성의 일상생활에 도움이 되는 바가 없다는 것이다.[42] 이에 대해서는 화서(華西) 이항로(李恒老 : 1792~1868)의 다음과 같은 주장이 그 본의를 잘 드러내고 있다.

> "서양 오랑캐의 화(禍)는 홍수나 맹수와 같은 것이므로 만일 그것을 발본색원하지 않는다면 아무리 훌륭한 정치가 나온다고 하더라도 어떻게 할 수가 없을 것이다. 입고 먹는 모든 것(服食)이나 기용(器用) 가운데 하나라도 서양 물건이 섞여 있으면 모두 색출해서 대궐의 뜰에 모아 불사라 호오(好惡)의 소재를 분명히 밝히며, 이로써 궁궐 · 종척(宗戚) · 조정 · 백성을 경동(驚動)시켜 그들이 모두 왕의 뜻을 따르게 되면 몸이 닦아지고 가정이 다스려지고 국가가 바르게 되어 서양의 물건을 사고파는 일이 없어질 것이다."[43]

그뿐만 아니라 최익현과 같은 유생들은 이를 반대하여 상소하기에 이르렀다.

41 『續陰晴史』(上)(서울 : 國史編纂委員會, 1970), p. 156 : "余嘗深怪開化之說 聞歐洲之風 而漸革其俗曰開化 東土文明之地 更有何可開之化乎 甲申諸賊 盛尊歐洲 薄堯舜貶孔孟 以彝倫之道 謂之野蠻 欲以其道易之 動稱開化 此可謂天理滅絶 冠履倒置也"

42 『勉菴集』疏 兵寅擬疏 : "臣竊觀近日所謂洋物者 牽皆奇技淫巧 陷溺人心之具 而於民生日用 未有所濟"

43 『勉菴集』「華西李先生神道碑銘幷書」 : "又言 洋夷之禍 如洪水猛獸 若不拔本塞源 雖有善者 亦無如之何矣 凡服飾器用 一有洋物介於其間 則番行搜出聚燒闕廷 昭示好之有在 又以是警動於宮闕宗戚朝廷百姓 而莫不從志 則身修家濟國正 而交易之事絶矣"

"저들의 물화(物貨)는 모두가 음란하고, 사악하고, 기괴한 놀이품이며, 우리의 물화는 백성의 목숨이 달린 것으로서 그 한계가 있습니다. (이러한 상태가 계속된다면), 머지않아 동방의 몇 천 리는 견디지 못하고 나라는 반드시 멸망할 것입니다."[44] "저들이 비록 왜를 통하여 들어왔다고는 하지만 그 실체는 서양의 오랑캐들입니다. 저들과 화약(和約)이 한번 이루어지면 사학(邪學)이 들어와 한 나라에 가득할 것입니다."[45]

그들이 외국과의 통교라는 시류를 몰랐던 것은 아니었다. 그러나 그들의 주장이 결국 쇄국으로 귀결될 수밖에 없었다는 데 문제가 있다. 최익현은 이렇게 거듭 주장하고 있다.

"외국과 서로 통하는 것은 없을 수 없지만, 이(서양) 오랑캐야말로 천지 간에 비상한 요기(妖氣)입니다. 천지·일월을 속이고 강상(綱常)과 윤리를 멸망시키며 어리석은 백성을 유혹하여 그들의 음욕(淫慾)을 채웁니다. 온 천하가 그들의 손아귀에 들어갔고 조금 정결한 곳은 한 조각 우리의 강토 뿐입니다. 저들이 백방으로 방법을 모색해서 우리와 교통을 하고야 말려는 것은 어찌 다른 까닭이 있겠습니까?

저들은 우리나라를 식민지로 만들고 우리 강토를 창고로 만들려는 것이며 우리 선비들을 노예화하고 우리 미녀들을 엽색하려는 것이며, 우리 백성을 금수로 만들려는 것입니다. …… 한 번 그들에게 교통할 길을 터주면 2~3년이 못 되어 전하의 백성들이 서양 오랑캐와 동화하지 않는 자가 거의 없을 것인데 전하는 앞으로 누구와 더불어 임금 노릇을 하시 렵니까?"[46]

이항로나 최익현은 양물이 곧 망국이라고 생각했지만, 여기에서 서양

---

44 『日省錄』高宗 13년(1876) 1월 23일조: "崔益鉉疏日 彼之物貨 皆淫邪奇玩 而我 之物貨 民命所寄 而有限者也 不數年 東土數千里 無復支存 國必隨亡"
45 『日省錄』高宗 13년(1876) 1월 23일조: "崔益鉉疏日 …… 三. 彼雖托倭 其實洋 賊 和事一成 邪學傳授 遍滿一國"
46 『勉菴集』神道碑 蘆沙先生奇公神道碑銘并序.

문물이 과연 그들이 생각한 것처럼 그렇게 음교한 것만이었겠는가? 하는 질문을 할 수도 있다. 그들이 서양 문물의 긍정적 측면을 알아채지 못한 사실은 비난받을 여지가 있다. 그것은 그들의 주장에 오늘날의 의미로서 반(反)진보의 요소가 강렬하기 때문이었다. 유학자들은 이와 같은 입장을 도덕적 우월이라 생각했고, 서구인들은 기독교의 잣대를 들이대며 "미개"라는 이름으로 논박했다. 그리고 그 두 입장에는 타협의 여지가 보이지 않았다.

유생들이 보기에는 "이른바 『중서문견』(中西聞見), 『태서문견』(泰西聞見), 『만국공법』(萬國公法) 등 허다한 그들의 요사스러운 책들이 나라 안에 가득 차 있었다." 그들과 함께 사는 것은 곧 서양 독[洋毒]의 전염이었다. 그들과 닮는 것조차 싫었다. "물고기는 물에서 살기에 그 비늘도 물결처럼 되었고 사슴은 산에서 살기에 그 뿔이 삐죽해졌고 거북은 바위 위에 살기에 그 껍질이 바위처럼 거칠어졌다."[47]는 것이다.

넷째로는 그들이 서양 문물의 전래 과정에 대한 저항 의식을 느끼고 있었다는 점이다. 이는 서구 문물의 매개자가 일본인이라는 사실과 무관하지 않다. 개화 내용의 좋고 싫음을 떠나, 그것이 바로 민중의 공적(公敵)인 일본과 동행했다는 것은, 한국사에서 하나의 비극적인 현상이었다. 서세동점과 관련하여 한일수호조약이 특별한 의미가 있는 것은, 개항과 더불어 유입된 서구적인 요소들에 대하여 한국인들이 보여준 수용 자세가 배타적이었다는 데 있다.

개항은 서양과의 직접적인 접촉이 아니고 동일문화권의 적대적 인접국인 일본에 따라 중개되었다는 간접성에 문제점을 안고 있었다. 이러한 간접성으로 말미암아, 개항에 대한 반대의 주장은, 뒷날 개화란 서구화가 아니라 일본적인 것임을 더욱 공격하게 되었다.[48] 매개자에 대한 인상은 매

---

47 『高宗實錄』 18년 7월 6일(병신) : 「홍재학 상소」.

48 崔昌圭, 『近代韓國政治思想史』(서울 : 일조각, 1975), pp. 158~159.

개 품목의 양질(良質) 여부에 우선한다. 그것이 어찌 사람과의 관계에서 뿐이겠는가?

이러한 사실을 실학(實學)의 경우와 비교해 보면, 그 의미가 뚜렷해진 다. 곧, 실학의 모체가 된 북학(北學)은 일면에서는 중국적인 윤색(潤色) 을 거친 서학이었으나 한국인들에게는 아무런 갈등이 없었다. 그러나 꼭 같은 서학에 뿌리를 내리고 있음에도, 일본을 통한 개화가 거센 반발에 부딪힐 수밖에 없었던 것은, 일면 역사적 필연일지는 모르나, 그 대가는 너무도 컸다. 왜냐하면 그러한 반발은 본질 이전에 형식에 관한 불필요한 마찰이었기 때문이다.

일본을 매개로 한 문명 이입이, 내용과 관계없이 저항을 일으킨 대표적 인 또 다른 예가 곧 황준헌(黃遵憲)의『조선책략』(朝鮮策略) 사건이었다. 조선 정부에서는 급변하는 국제 정세에 대한 정보를 얻고자 1880년 말에 예조 참의 김홍집(金弘集)을 수신사(修信使)의 자격으로 일본에 파견했 다. 그는 일본의 여러 지도자와 회담한 다음 일본 주차 청국 공사관의 참 찬관(參贊官) 황준헌을 만났는데 그때 황준헌은 자신의 저술인『조선책 략』을 김홍집에게 주었다.

이 책은 조선의 외교 정책을 논한 것으로 "중국과 친하고, 일본과 손을 잡으며, 미국과 인연을 맺을 것"[親中國 結日本 聯米國]이 주된 내용이었 다.[49] 김홍집이 귀국하여 이것을 국왕에게 보이고 국제적인 시류를 논했 을 때 유생들 사이에 비난이 들끓었다. 그런데 실제로 그 내용은 영의정 이최응(李最應)[50]이나 지석영(池錫永)[51] 등의 지식인에게도 공감을 주는

---

49 이에 관한 자세한 논의는, 黃遵憲(저)·趙一文(역주),『朝鮮策略』, *passim* 참조.
50 文一平,『韓米五十年史 : 湖岩全集』(1)(서울 : 朝光社, 1945), p. 22.
51 『承政院日記』임오(1882) 8월 23일조 池錫永 上疏 참조. 이 밖에도 당시『조선책 략』에 대한 국내 분위기는,『梅泉野錄』(1/上), 갑오 이전 高宗 17년(경진), 10월조; W. E. Griffis, *Corea : The Hermit Nation*(New York : Charles Scribner's Sons, 1907), pp. 548~549; 신복룡(역주),『隱者의 나라 韓國』(서울 : 집문당, 1999), pp. 89~105; 趙一文(역주),「嶺南萬人疏」, pp. 89~105 참조.

바가 컸다. 그럼에도 유생들은 그것을 받아들이려 하지 않았다. 예컨대 홍재학(洪在鶴)의 다음과 같은 상소가 대표적인 예이다.

"이른바 황준헌의 책이란 것을 가지고 돌아와 전하에게도 올리고 조정 반열에도 드러내 놓으면서 아뢰기를, '여러 조목에 대한 그의 논변은 나의 심산에도 부합된다. 서양 사람이 중국에 거주하지만, 중국 사람들이 다 예수교를 믿는다는 말은 듣지 못하였다.'고 하였으니 이것은 과연 하늘을 이고 땅을 밟고 사는 사람의 입에서 나온 말이라 하겠습니까. 이것이 과연 자기가 한 일과 한 치의 간격이라도 있다 하겠습니까. …… 심지어 이만손(李晚孫)이 죄를 받은 것은 더욱 듣는 사람을 매우 놀라게 하였습니다. 남의 글을 볼 때 그 뜻을 이해해야 하고 글귀에 좀 의심이 생기는 것은 보지 않는 것이 옳습니다."[52]

물화(物貨)나 생각이 일본을 거쳐 들어왔다는 이유로, 유생들이 받아들일 수 없던 또 다른 사실은, 갑신정변의 문제였다. 이 문제에 대하여 가장 격분한 인물은 최익현이었다. 그는 이렇게 비난하고 있다.

"대저 갑신정변은 비록 다섯 역적의 소행이기는 하나, 왜인들이 아니면 그 힘을 빌릴 수도 없고 일이 실패된 뒤에도 왜인들이 아니었다면 그 생명을 도피할 수 없었습니다. …… 오랑캐의 풍속으로 중화를 변화시키고 사람을 금수로 타락시키는 것을 능사로 삼으면서 이름하기를 개화라고 합니다.

그런즉, 개화란 두 글자는 용이하게 남의 나라를 망치고 남의 집안을 넘어뜨리는 것입니다. …… 어찌하여 한결같이 역적들의 모의대로 따라서 국가의 법을 변경하여 …… 당당한 소중화가 이적(夷狄)의 풍속을 따라 금수의 유(類)가 되게 하십니까? …… 한갓 왜놈들의 참람한 칭호만 본떠 하루 아침에 폐하란 칭호를 받는다면 명분과 실상이 맞지 아니 (합니다.)"[53]

---

52 『高宗實錄』 18년 7월 6일(병신) : 홍재학 상소.
53 『勉菴集』 疏 請討逆復衣制疏(을미 6월 26일).

이와 같은 사실들을 종합해 볼 때, 여기에서 중요한 사실은 유생들의 대일 적의가 단순히 임진왜란에만 있는 것이 아니라 실은 일본이 서양의 앞잡이였다는 사실에 있다는 점이다. 이에 대해서는 면암의 또 다른 지적을 들어보는 것이 좋다.

> "병인년(1866)에 패하여 돌아간 것이 서양이요 왜가 아니었다면, 양(洋)이 곧 왜(倭)요, 왜가 곧 양임을 한 마디로 단언할 수 있으니, 그들이 이른 바 왜인이지 양인이 아니라는 것을 또한 어떻게 믿을 수 있겠습니까? 그러므로 우매한 신은 감히 말하건대 설령 거기에서 온 사람들이 왜인이고 양인이 아니라 할지라도 이들은 분명히 양적의 앞잡이요 지난날의 왜인은 아닙니다."[54]

> "왜국과 양은 한 가지이다. 병인년의 소란은 양이 아니고 무엇인가? 갑신년 정변은 왜국이 아니고 무엇인가? 왜를 배척하는 것이 곧 양을 배척하는 것이다."[55]

이상의 논리로 본다면, 유생들의 척왜 명분의 밑바닥에 깔린 것은, 일본에 대한 역사적 숙원(宿怨)과 함께 척양에 대한 의식의 확대이자 발전 현상이라고 볼 수 있다. 유교적 오리엔테이션을 벗어나지 못한 선비들의 눈으로 보면 청국의 예속에서 벗어나자던 갑신정변은 왜인들이 저지른 일이었고, 오랑캐의 풍속으로 중화를 변화시키고, 사람을 금수(禽獸)로 타락시키는 것으로 능사로 삼으면서 이름하기를 개화라 하니, 개화란 남의 나라를 망치는 것일 뿐이었다.[56] 이 무렵의 선비들에게 개항이니 개화니 강화

---

54 『勉菴集』 疏 持斧伏闕斥和議疏 (병자 정월 22일) : "丙寅敗歸者 旣是洋而非倭 則 洋則倭 倭則洋 一言而可決矣 彼所謂倭 而非洋者 亦何是信也 是故 臣愚斷然以 爲說使彼來者 眞固是倭而非洋 的是洋賊之前導 而非前日之倭也"
55 『勉菴集』 年譜 을사(1905) 2월 6일조 : "兵寅之亂 非洋而何 甲申之變 非倭而何 斥倭所以斥洋也"
56 『勉菴集』 「疏」 請討逆復衣制疏(乙未 6月 26日).

니 하는 것은 망국으로 가는 길이었다.

그런데 개화 또는 근대화와 관련하여 위정척사 계열의 배타성을 평가하면서 주의해야 할 사실은 모든 유생은 곧 수구파요 화이관에 빠졌다고 획일적으로 생각하려는 것이다. 바꿔 말해서 한말의 유생들 모두가 당시 표면에 나섰던 의병의 지도자들과 같이 개화나 근대화에 역기능적이었다고 생각하는 것은 위정척사파를 과대평가하는 것보다 더 위험하다. 왜냐하면 그들처럼 표면화되지는 않았지만, 당시 유생들 가운데 많은 사람이 개화에 긍정적이었을 뿐만 아니라 실제로 능동적으로 개화에 참여한 사람들도 있기 때문이다.

예컨대 유생 고영문(高穎聞)의 다음과 같은 상소는 당시 유생들의 한쪽에서 흐르고 있던 개화의 의지를 잘 나타내고 있다.

(1) 외국에 기술자를 파견할 것
(2) 공의당(公議堂)을 설치할 것
(3) 광산을 개발할 것
(4) 오가편법(五家編法)을 실시하여 범죄를 근절시킬 것
(5) 상공회의소와 국립 은행을 설립할 것
(6) 해군을 창설하여 국가를 보위할 것
(7) 직제와 봉록제를 개편할 것[57]

이 밖에도 경북 관찰사 신태휴(申泰休)와 같은 사람은 민간의 서당을 금지하고 신학교를 개설하여, 이를 어기는 무리는 벌을 주었다는 기록도 보인다.[58] 이러한 일련의 사례를 볼 때 조선 후기의 유생들 대부분이 보수적

---

57 『日省錄』高宗 19년(임오) 9월 22일자 : "京居幼學高穎聞 疏陳時務 賜批 疏略曰 目下急務有七 一. 派遣使价于歐西各邦 先覘國風物土 以伸友誼 一. 政府外特設 公議堂 一. 依法採鑛 一. 作五家編法 …… 是則安民懲盜之要法 一. 急設商會所 及國立銀行于都下 一. 特設海軍重鎭以固愼密地 一. 革除京師冗職雜貢 變定新 式 厚定祿俸 廣開生路"

58 『梅泉野錄』(5) 병오(1906) 2월조 : "慶北觀察使申泰休 禁民書塾 改設新學校 違者有罰"

수기(守己)나 척양에 사로잡혀 있었다는 우리의 통념은 잘못된 것이다.

그 당시의 유생들은 크게 확연히 다른 두 노선을 걷고 있었는데, 하나는 소중화에 바탕을 둔 위정척사 계열이었고, 다른 하나는 개명 신학(新學)을 추구하는 노선이었다. 그런데 앞의 무리는 의병에 연계되어 민족주의자로 주목받음으로써 역사의 조명을 받았고, 뒤의 무리는 얼마쯤 과대평가된 위정척사 계열에 묻혀 빛을 보지 못했다는 차이만이 있을 뿐이지, 민족에 대한 그들의 애정에는 사실상 경중의 차이를 둘 수가 없는 문제였다.

외래 문명의 수용을 주체적인 것으로 볼 것이냐, 아니면 타율적인 것으로 볼 것이냐의 문제는 역사학의 오랜 쟁점이 되어 왔다. 이에 대한 이 글의 입장은, 설령 외래문화라 할지라도 그것을 받아들이는 사람들이 그 가치를 이해하여 받아들였고 또 그것이 강압에 의한 것이 아닌 한, 그 수용의 주체는 수용 당사자라는 것이다.

따라서 갑오경장의 전개 과정에서 타율적인 요소가 있었다는 점을 인정한다 하더라도, 그에 대한 한국인의 이해가 있었고 그 시행의 주역이 한국인이었다는 점을 고려할 때, 한국의 개명은 한국인의 역사이지 외압의 결과는 아닐 것이다. 이 점에서 동도서기론(東道西器論)을 자각한 개명유학자들이 보여준 서구 수용의 의지는 중요한 의미가 있는 것이다.

4. 소중화사상

역사는 지리로부터 자유로울 수 없다. 인접 국가는 은수(恩讎)의 세월을 보내면서 수많은 교감이 이뤄진다. 우리는 한중 관계를 다루면서, 아무리 인정하고 싶지 않고 또 그것을 인정하는 것이 괴롭더라도 시인할 수밖에 없는 부분이 있는데, 그것이 곧 중화 또는 모화(慕華)의 문제이다. 이러한 생각은 조선 유학 이전으로 올라가는, 깊은 뿌리가 있다. 이를테면 이미 이규보(李奎報)의 글에,

그대는 보지 못했는가?
중화인이 우리를 소중화라 말한 것을
이 말은 진실로 채택할 만하네[59]

라고 하였던 점으로 보아, 중화주의는 이미 중세 시대부터 존재했음을 알 수 있다. 그러던 것이 정도전(鄭道傳)의 숭명 사상을 거쳐, 이익(李瀷)의 시대에 이르면, 이르기를,

 "공양왕(恭讓王) 때 박초(朴礎)가 상소하기를 '당나라는 우리나라를 군자의 나라라 하였고 송나라는 우리를 문물 예악의 나라라 하였으며, 우리나라 사신이 말에서 내리는 장소에 간판을 달기를 소중화관(小中華館)이라 하였습니다.' 하였으니 이는 다 대국(중국)을 정성껏 섬겼기 때문이다. 마침내 충렬왕(忠烈王)이 왕위를 계승하자 원나라의 총서(寵婿)가 되어 말만 하면 들어주지 않는 일이 없었으며 또 왜국을 정벌할 것을 꾀했는데 일은 비록 이루어지지 못했으나 중세 이상에는 국가가 왜에 대한 근심이 없었던 것은 이를 힘입었기 때문이었다."[60]

이와 같은 중화사상은 조선조를 관통하여, 노론(老論) 계열의 송시열(宋時烈)을 거쳐 한말 위정척사파에 이르면 중화주의는 그 극점에 이르게 된다. 그렇다면 그 모화의 뿌리는 어디에서부터 오는 것일까?

첫 번째로 지적할 수 있는 것이 이른바 기자동래설(箕子東來說)이다. 이는 중국 은(殷)나라의 성인인 기자(箕子)가 서쪽으로부터 조선으로 건너와 문화의 씨를 뿌렸으니 우리는 중국 성현의 후손이라는 뜻이다.[61] 이

---

59 『東國李相國全集』(17) 古律詩 題華夷圖長短句 : "君不見華人謂我小中華 此語眞堪採"
60 『星湖僿說』(25) 經史門 小中華館.
61 『毅庵先生文集』(51) 宇宙問答 : "問日 朝鮮稱小中華 願問所以小中華的然之 實抑亦有必然之歟 日 朝鮮始國於唐堯之世 有與於塗山之會 而及箕子來君 則以叙九疇之見 有設八條之敎 爲關小中華" 1960년대 이후 한국 사학계는 기자동래설을 허구로 인정하고 있으며, 기자는 중국의 성인이 아니라 동이족이라고 주장한다.

주장에 따르면, 조선은 본디 중국의 변방 문화이자 주변부(周邊部) 사학에 지나지 않게 된다. 중화주의자들은 "우리 조선은 기자의 옛 나라요, 요의 동쪽 번병(藩屏)이었다. 민속은 태평하여 삼대의 융성할 때보다 못하지 않았고, 문물은 빛나서 오랫동안 소화(小華)라 일컫는 아름다움이 있었다."[62]고 주장한다.

중화사상의 두 번째 계기는 공맹(孔孟)의 위대함에 대한 망연자실함이다. 중국의 역사에는 칭송받을 부분이 있는 것은 사실이다. 그 많은 수치의 역사에도 불구하고 중국인의 민족적 자부심은 그들을 통일 국가로 지탱해온 힘이었다. 그들은 이렇게 말한다.

> "오대주(五大洲) 가운데서 가장 큰 주이며 …… 세계 인구 가운데서 3분의 1을 차지하고 있는 나라가 …… 중국이다. 4천여 년의 역사가 일찍이 한 번도 중단되지 않은 나라는 …… 다섯 나라인데 …… 그 가운데 넷은 나라가 멸망하였고 …… 홀로 중국만이 독립하여 끊이지 않고 오랫동안 계속 발전하여 오늘에 이르렀다."[63]

이러한 사실은 중국인들의 자부심이자 주변 국가로부터 경외를 받기에 충분했다. 위정척사파의 이와 같은 중화주의의 중심에는 화서(華西) 이항로가 있었다. 그는 자신이 중국[華]을 서쪽[西]에 두고 사는 것이 더 자랑스러웠을 것이다. 그들은 송시열이 주자를 추모하며 만든 화양동(華陽洞)의 만동묘(萬東廟)를 폐문하는 대원군(大院君)의 조처를 따를 수 없었다.[64]

중화사상의 세 번째 계기는 이른바 임진왜란 시기의 재조지은(再造之恩), 곧 국가의 멸망으로부터 자신을 구출해 주었다는 보은의 심리가 깔

---

62 『勉菴集』 雜著 倡義檄文.
63 梁啓超, 한무희(역), 「中國 學術思想變遷의 大勢」, 『飮氷室文集』(서울 : 三省出版社, 1979), p. 155.
64 『高宗實錄』 10년 11월 3일(무신) : 「호조참판 崔益鉉 상소」.

려 있다.[65] 유생들이 생각하는 중국과 조선의 관계는 입술과 이 사이[脣齒 之間][66]였다. 인간관계와 마찬가지로 국가 사이에도 시혜(施惠)가 있을 수 있고 그것을 잊지 않는 것은 미덕일 수 있다.

그러나 그러한 시혜가 단순히 보은의 차원을 넘어 존숭과 사대(事大)의 차원으로 발전하게 되면 그것은 국가 정체성의 파괴로 이어질 수 있다. 이러한 사대의 모습은 명나라가 멸망한 뒤에도 명의 연호인 숭정(崇禎) 기원을 계속 쓴 것으로도 잘 드러난다. 은혜에 대한 감사가 지나쳐 자주를 잃었을 때 그 감사는 굴욕이 될 수 있다.

중화주의에 대한 네 번째 계기는 병자호란의 국치(國恥)였다. 이러한 관념의 첫머리에는 송시열이 서 있다.[67] 그런데 송시열의 국치 인식의 밑바닥에는 미묘한 의미가 깔려 있다. 그 의미는 두 가지를 포함한다. 하나는 병자호란 때 조선이 삼전도(三田渡)에서 '항복'하였다는 사실 그 자체가 치욕이 아니라 그 상대가 만주족인 오랑캐 청나라라는 사실이었다. 중국을 지배하고 있다고 해서 모두 중화의 대상은 아니었다.

병자호란으로 말미암은 국치의 또 다른 측면은 조선이 그토록 존숭하던 명나라가 만주족에 의해 멸망하였다는 사실이다. 조선의 유생들은 명나라의 멸망을 자신과 동일시했다. 그러므로 복수하고 치욕을 씻는 것[復讐雪恥]이 시대적 소명이었다. 그들은 나라를 위하여 복수하고 중화를 보존하는 대의가 부모의 상례(喪禮)를 치르는 것보다 중요하다고 여겼다.[68] 그들의 관심은 천하에 하나밖에 남지 않은 중화의 일맥을 보존하려는 것이었다.[69]

---

65 『勉菴集』 疏 丙寅擬疏 : "臣竊惟 我朝之於皇明 旣三百年臣事 而壬辰再造 又有 萬世不忘之恩. 故有必報之義"

66 『春秋』 僖公(上) 5년 : "수레의 덧방나무와 바퀴는 서로 의지하고, 입술이 없어지면 이가 시리다."(諺所謂輔車相依, 脣亡齒寒者).

67 『勉菴集』 疏 丙寅擬疏.

68 『毅菴先生文集』(4) 疏 : 「소명에 따라서 入疆하다가 楚山에 이르러 심정을 말씀드려 죄를 기다리며 올린 글」[정유(1897) 8월].

69 『毅菴先生文集』(4) 疏 : 「진정서 : 기전에 돌아와 올린 진정서」[경자(1900) 10월].

우리는 위정척사파들의 위와 같은 중화사상을 용납할 수는 없지만 이
해할 수는 있다. 그러나 이러한 인식이 확대되어 "영남만인소"(嶺南萬人
疏)에서 볼 수 있듯이 스스로를 봉신(封臣)이나 속방으로 보는 단계에 이
르게 되면, 그 평가는 달라질 수밖에 없다.[70] 위정척사 계열의 민족의식을
평가할 때 우리 가슴에 더 깊이 와 닿는 것은 바로 그들이 민족을 외치면
서도 실은 민족을 오도하는 역기능들이다.

민족의 안위를 걱정해서 취한 방법이 그 실상에서는 민족의 존엄성을
위협하는 원인이 되었다면, 우리는 그들의 진의를 이해하면서도 그 평가
에서는 다소 회의적이고 논쟁의 여지가 있을 수밖에 없다. 더욱이 한국의
민족주의가 지향해야 할 과제 가운데 하나가 탈(脫)중화사상이라는 점[71]
을 생각할 때 위정척사 계열의 소중화사상은 비판적인 재평가를 받아야
마땅하다.

요컨대 소중화라 함은 중국이라는 거대한 문화와 자신의 동일시 과정
에서 나타난 마조히즘(masochism)이자 적층문화(積層文化)였다. 이들의
중화사상에 녹아든 모화 의식은 단순히 중국 문화에 대한 선망이나 존경
에서 그치는 것이 아니라, 서세동점 속에서는 "차라리 중화의 도를 지키다
가 멸망할지언정 이적(夷狄)이 되면서 살아남기를 원치 않는다."[72]고 말할
만큼 동일시 현상은 강렬했다. 그리고 그것은 민족의 자존(自尊)을 파괴
하는 일이었다.

70 조일문(역주), 「嶺南萬人疏」, p. 135 : "夫中國者 我之所臣事也 課稅玉帛 結轍遼
薊 謹守信度 祗服藩職者 二百年于玆"

71 Chong-Sik Lee, *The Politics of Korean Nationalism*(Berkley and Los Angeles : The
University of California Press, 1963), pp. 20~23.

72 『勉菴集』疏 再疏(무술 10월 초9일) : "自故未有不亡之國 寧爲華夏而亡 不爲夷
賊而存.";『勉菴集』雜著, 抱川鄕約誓告文 : "天不變 道亦不變 順之則爲周邊人國
變人 而死猶榮焉 違之則爲夷賊爲禽獸 而生不如死之久矣"

5. 민족의식과 상관성

위정척사의 계보에서 살펴보았듯이, 한말 유생들의 민족의식은 당초 이항로의 어양론(禦洋論)에서 처음 싹트고 있다. "양적과는 싸워야 하고 화친해서는 안 된다."[73]는 기본적인 입장은 근대 민족주의의 계기가 되는 민족 국가의 이념보다는 근왕사상의 외연(外延)으로서 의미를 띤다. 그런 점에서 본다면 그것을 현대적 개념의 민족주의로 보는 데 다소 미흡한 점이 있는 것은 사실이다.

그렇다면 위정척사파들의 논리와 생각은 한국 민족주의 역사, 특히 대일 항쟁의 역사에서 어떤 위상을 차지하고 있으며, 그들의 민족주의적 강도(强度)는 어느 정도였으며, 그들의 역기능은 어떤 것이었으며, 이런 모든 것을 종합할 때 위정척사파를 어떻게 평가할 수 있을까?

우선 위정척사파의 논리와 생각을 들어보면, 앞서 말한 민족주의의 가치 가운데 첫 번째인 애국심이라는 측면에서는 부정적일 수가 없다. 주로 이항로 주변의 인물들로 구성된 위정척사파의 주장에 시대착오적인 요인이 있었던 것도 사실이다. 그러나 그들의 우국심의 순수성에 대하여는 의심할 나위가 없다. 이항로의 주장을 들어보면, 그는 먼저,

> "예로부터 이단이 사람의 마음을 좀먹는 것이 어찌 끝이 있었을까마는 양학의 가르침보다 더한 것이 없었고, 오랑캐가 나라에 재앙을 불러일으킴이 어찌 끝이 있었을까마는 서양 오랑캐보다 더한 것이 없었습니다. 저들은 우리나라에 숨어들어와 널리 사학(邪學)을 전파함으로써 그 무리를 심어 안팎으로 상응하여 우리의 허실을 정탐하고, 군대를 이끌고 쳐들어와 우리의 풍속을 더럽히고, 우리의 화색(貨色)을 약탈함으로써 한없는 욕심을 채우고 있습니다. 그러므로 안으로 가다듬고 밖으로 오랑캐를 몰아내는 것은 마치 줄기와 가지의 모양과 같은 것이어서 그 어느 한쪽도 빼어놓을

---

73 『勉菴集』神道碑, 華西李先生神道碑銘并書 : "言洋賊可攻不可和"

수 없는 일입니다."74

라고 주장하고 있다. 그들의 주장에는 국가를 보위하려는 의지가 묻어
난다.

　　그렇다면 이런 상황에서 자신들이 취할 수 있는 길은 무엇일까? 유인석
은 그 해답으로 세 가지를 제시하고 있는데,

> 첫째는 의병을 일으켜 적을 소탕하는 것이요,
> 둘째는 돌아가 지키는 것이요,
> 셋째는 스스로 몸을 깨끗이 함(자결)이다.75

　　그리고 이 세 가지의 길 가운데서 위정척사파들은 첫 번째 길을 택하였
고 그 가운데 소수가 세 번째의 길을 선택했다. 위정척사파의 이와 같은
투쟁 정신이 한국 민족운동의 역사에서 차지하는 의미가 큰 것임에는 틀
림이 없지만, 그들에게는 간과할 수 없는 약점과 역기능의 요소가 있었다.
그것은 다름이 아니라 민족주의의 중요 구성 요소인 근대화를 거부했다는
점이다. 그들은 우선 그 시대의 조류인 개항과 통상에 동의하지 않았다.
그들의 주장을 들어보면 이러했다.

> "아아! 애통합니다. 해외 통상의 도모가 실상은 천하 망국의 근본임을
> 누가 알았겠습니까? 문을 열고 도적을 들이는 놈들은 이른바 세력 있는 가
> 문인데 이들은 호랑이 앞의 창귀(倀鬼) 노릇을 즐겨하고 있습니다. ……

---

74 『日省錄』高宗 3년(1866) 10월초 3일조 : "李恒老疏曰 …… 自古 異端蠱人心術者
　　何限 而莫甚於洋敎 夷狄禍人國家者何限 而亦莫甚於洋賊 蓋潛入我國 廣傳邪學
　　者 欲以植其黨 與表裡相應 偵我虛實 率師入寇 糞穢我衣裳 奪掠我貨色 以充溪
　　壑之慾也 然則 內修外攘之擧 如根本技葉之相 須不可闕一也."
75 독립운동사편찬위원회(편), 『독립운동사자료집(1) : 의병항쟁사자료집』(서울 : 고
　　려서림, 1984), p. 16 : 「從義錄」: "先生會衆士友 謂之曰 大禍之此 處義有三 一
　　曰擧義掃淸 二曰去而守之 三曰自靖 各從其志."

요순우탕(堯舜禹湯) 제왕의 전(傳)함도 오늘에 이르러 끊어져 버리고, 공맹정주(孔孟程朱) 성현의 맥도 다시 부지(扶持)할 사람이 없습니다."[76]

그들에게 개화는 곧 망국이었다. 그들은 갑신정변을 용서할 수가 없었다. "오랑캐의 풍속으로 중화를 변경시키고 사람을 금수로 타락시키는 것을 능사로 삼으면서 이름하기를 개화라 하니, 이 개화란 두 글자는 쉽게 남의 나라를 망치고 남의 집안을 넘어뜨리는 것이었다."[77] 최익현이 보기에,

> "이른바 민당(民黨)이란 것은 길거리의 무식한 무리를 불러 모은 것으로서, 구차하게 도당을 합치고 임금에게는 충성하고 나라를 사랑한다는 이름 아래 마음대로 대신들을 지시하여 오라 가라 하여 군부(君父)를 지탄 배척하고 정승을 능멸 모욕하되 밤낮으로 지렁이처럼 얽혀 다니며 …… 조정은 장차 한마디 말도 하지 못하고 한 가지 일도 시행하지 못하게 될 것이니 …… 임금을 핍박한 죄를 용서받을 수 없었다."[78]

그들은 민권의 개념을 알지 못했고 세계 조류를 읽지 못했다. 그들은 삼강오상(三綱五常)과 중화를 높이고 오랑캐를 물리치는 것과 같은 대경대법(大經大法)이 근본이고, 부국강병을 시도하는 일과 기예와 술수는 말엽(末葉)이라고 생각했다.[79] 그들이 주장하는 양이(攘夷)에는 대안이 없고, 쇄국에는 전략이 없었다. 그들에게는 근대화라는 개념조차 형성되어 있지 않았다.

---

76 『昭義新編』(1) 「팔도열읍에 고하는 격문」(을미 12월) : "嗚呼痛矣 誰知海外通商之謀 實爲天下亡國之本 開門納賊 所謂世臣家 甘作虎前之倀 …… 堯舜禹湯帝王之傳 至今日而墜絕 孔孟程朱聖賢之脈 更無人而扶持."

77 『勉菴集』疏 請討逆服依制疏 : "徒以用夷蠻夏 降人爲獸爲能事 而名之曰開化 此開化二字 容易亡人之國 覆人之家."

78 『勉菴集』疏 再疏(무술 10월 9일).

79 『勉菴集』「書」擬答俞吉濬(을미 12월 7일).

근대화란 크게 계층적 질서의 재편을 요구하는 사회적 측면, 국가 의식이나 민권 개념을 주로 하는 정치적 측면, 지적 발전을 추구하는 문화적 측면, 그리고 산업 사회를 지향하는 경제적 측면 등으로 나누어 생각할 수 있다.[80] 적어도 그 시점에서 본다면 개화라는 개념이 근대화라는 개념에 가장 가까운 것이었다. 그럼에도 그들의 생각은 한국인의 의식 구조에 미래지향적 가치관을 형성시키는 데 긍정적인 요소로 작용하기보다는 과거지향적이고 배타적인 부정적 요소로서 작용했다.[81]

그런 점에서 위정척사에 참여했던 유생들은 개화의 개념과는 사뭇 배치되고 있다. 이러한 상황에서 그들은 계층 질서나 민권 또는 산업 사회로 향하는 의지를 보일 수가 없었다. 그리고 무엇보다도 중요한 것은 그들의 애국심은 기미를 보였을 뿐 국가적인 것으로 선명하게 드러나지 않았다는 점이다.

민족주의는 결국 국가를 지향할 없다. 왜냐하면 국가로 발현되지 않고 존립할 수 있는 민족이란 없기 때문이다.[82] 위정척사 계열이 이토록 근대화를 외면했다는 사실은 이들의 민족주의적 성격을 평가하면서 치명적인 약점이 될 수 있다. 바꿔 말해서 그들은 민족 보전에 치중한 나머지 근대지향이라는 지표에 냉담했다는 이유로 엄격한 의미에서 민족주의의 계보에서 제외하려는 견해가 없지 않다.[83]

이상과 같은 위정척사파의 약점과 그로 말미암은 부정적 평가에도 한국 민족주의 운동사에서 여전히 중요한 위치를 차지하고 있는 것은, 그들의 우국심이 충군이나 근왕사상에 뿌리를 두고 있었다고는 하지만 그것이

---

80 신복룡, 『동학사상과 갑오농민혁명』(서울 : 선인, 2006), pp. 491~499.
81 김만규, 『한국의 정치사상』(서울 : 현문사, 1999), p. 362.
82 A. Cobban, *National Self-Determination*, p. 73; 신복룡(외 역), 『민족자결주의』, p. 112.
83 千寬宇, 「한국민족주의의 역사적 구조-재발견」, 陳德奎(편), 『한국의 민족주의』, pp. 80~81 참조.

근왕에 머무르지 않고 호국 의지로 승화된 가치를 외면해서는 안 된다는 뜻이다.

여기에서 근왕사상이 지니는 더 높은 가치라 함은 세 가지로 나누어 설명할 수가 있는데, 그 가운데 첫 번째가 민족 또는 국가의 자주라고 하는 문제였다. 이에 대해서는 최익현의 다음과 같은 외침을 들어보는 것이 좋을 것이다.

> "신은 바라건대, 폐하의 마음으로부터 먼저 남의 나라에 기대어 살아가려는 뿌리를 끊어버리시고 폐하의 뜻이 흔들리거나 굽히지 않도록 확립하십시오. 차라리 자주를 하다가 멸망하더라도 남을 의지하여 살지는 않아야 합니다. 무릇 여러 신하 가운데 외세에 기대어 살려는 자는 모두 사람이 많은 곳에 내어다가 처벌하고 한 나라를 호령한 연후에 안을 충실히 하는 방도를 부지런히 힘쓰시고 자강의 모책(謀策)을 빨리 도모하사 …… 모든 마음을 오직 백성을 편케 하고 국가를 보전하는 데에 두신다면 비록 의리가 없다 해도 또한 천하의 공의를 두려워해서 감히 우리나라를 삼키지 못할 것입니다."[84]

요컨대 유생들에게 '자주'라는 개념이 그들의 사상 전체를 이루는 것은 아니요, 근왕·충군의 외연적인 발상이었다고 하더라도, 만약 이들에게 이러한 자주 의식으로 확대나 승화가 없었다면 그들이 과연 한국 민족주의 계보에 포함될 수 있는가는 의심스러운 일이다.

그들의 근왕 개념이 더 높은 가치로 승화된 두 번째의 모습으로는, 그들이 서구 문물의 오염(이 의미에는 오해의 요소가 있다고 치더라도)으로부터 민족의 순수성을 지키려고 노력한 점을 지적할 수 있다. 여기에서

---

84 『勉菴集』 疏 再疏(갑진 12월 24일) : "臣願 自聖心先斷依附他國之根株 確立聖志 不撓不掘 寧自主而亡 不依附而存 凡群臣之中 依附外國者 並皆肆諸市朝 以號令 一國 然後務勤內修之方 函圖自强之策 一如臣前箚所言者 心心念念 惟在於安民 而保國 則彼雖無義 亦當畏天下之公議 而不敢遂吞我矣."

그들이 서양 문물의 경이적인 효과에 대하여 미처 눈을 뜨지 못한 데 비난의 여지가 있다.

그들이 양물에 대해서 그토록 이해하지 못했던 밑바닥에는 소중화사상으로 무장된 의식 구조가 깔렸기 때문이었다. 그러나 그들의 양물 금지의 시원적인 계기가 일차적으로는 주자학적 소중화사상에 기초한 것이라고 할지라도, 그들의 양물 금단은 민족 보전의 문제의 빗나간 표현이었다.

위정척사 계열의 의병화 과정을 평가하면서, 세 번째로 짚고 넘어가야 할 문제는, 그들의 무장 투쟁에 어떠한 의미를 부여할 수 있을까 하는 점이다. 사실상 민족운동은 종교와 밀착되는 경우가 많고, 더욱이 한국의 민족운동사에는 그러한 성격이 짙기 때문에, 그들의 전략 개념이 빈약하다는 것은 공통된 현상이었다.[85]

전략 개념이 빈약하다고 하는 것은 설령 무장 투쟁에 투신한다 하더라도, 그들의 종교적 이상주의는 비정한 제국주의의 전략·전술 앞에 무기력하게 꺾였음을 뜻하는 것이다. 이런 점에서 한말의 유생을 주축으로 하는 의병들도 마찬가지였다.

물론 세뇨보스(C. Seignobos)의 고백처럼, 외세에 의하여 압박 받는 민족들이 무력으로 독립을 쟁취하리라는 희망은 희박하다.[86] 그러나 그들이 무장 투쟁에 호소하는 것은 성취의 가능성 때문이 아니라 의지의 표현이라는 점에 더 큰 중요도를 두기 때문이었다. 최익현의 표현처럼, 나가는 것이 기개요, 의리였다.

> "어떤 사람이 선생의 거사가 성공할 수 있겠느냐고 물으니, 선생이 말하기를, '나도 성공하지 못할 것을 안다. 그러나 국가에서 선비를 기른 지 5백 년에 기력을 내어 적을 토벌하고 국권을 회복함을 의(義)로 삼는 사람이

---

85 신복룡, 『동학사상과 한국민족주의』(서울 : 평민사, 1985), pp. 133~136 참고.
86 A. Cobban, *National Self-Determination*, p. 66; 신복룡(외역), 『민족자결주의』, p. 100.

한 사람도 없다면 얼마나 부끄럽겠는가? 내 나이가 80에 가까우니 신자(臣子)의 직분을 다할 따름이요, 사생(死生)은 깊이 생각할 것이 아니다.'라 하였다."[87]

최익현은 그는 평소에 중망이 있었고 충의가 한 시대에 뛰어났다. 그러나 그는 군대를 부리는 데 익숙하지 못하고 나이 또한 늙어서, 일찍이 기모(奇謀)가 있어 승산을 계획했던 것이 아니다. 몇 백 명의 오합지졸은 기율이 없었고, 유생 종군자는 큰 관을 쓰고 넓은 옷소매의 의복을 입어 장터[場屋]에 나아가는 것 같았으며, 총탄이 어떠한 물건인지 알지도 못했다. 시정(市井)에서 한가로운 사람들을 모아 간신히 대오를 충당하니 보는 사람들은 이미 반드시 패배한다는 것을 점칠 수 있었다.[88] 그럼에도 유생들의 거병이 사람들 입에 오르내리는 것은, 그 결과를 보려는 것이 아니라 그 의지에 초점을 맞추고 있기 때문이다.

근대화보다는 민족 보전에 더욱 중점을 두었던 이들 척사위정(斥邪衛正) 계열의 주장과 투쟁은 근대 민족주의의 계기가 되는 민족 국가 사상보다는 근왕사상에 이론적 바탕을 두고 있다는 점에서, 그것을 현대적 개념으로서의 민족주의라고 보는 데에는 무리가 있는 것은 사실이다.

그러나 그 당시 대외적으로 겹쳐진 모순은 바로 한민족의 자존(自尊)이라는 민족적 주체성을 위해 도전했고, 이러한 의식이 민족의 개별적인 자주를 확보하려는 민족의식의 초기적인 인식 과정으로 연결될 수 있었다는 점에서 그들은 민족주의의 한 시원적 주류라고 볼 수 있다.[89]

87 『勉菴集』「年譜」丙午年(1906) 2月條 : "或問先生此舉 果能有成乎 先生曰 吾亦知其不能成 然國家養士五百年 無一人能出氣力 以討復爲義者 不亦恥乎 吾雖年近八耋 當盡臣子之職而已 死生非所深較也"
88 『梅泉野錄』(5) 병오(1906) 4월조 : "益鉉素有重望 忠義侠一世 然不閑軍旅年又衰耄 未嘗有奇謀定算 數百烏合之重 蕩無紀律 儒生從軍者 大冠廣袖 如赴場屋 不知銃丸爲何物 至購募市井閑氓 僅充隊伍 觀者已卜其必敗"
89 崔昌圭, 『近代韓國政治思想史』, p. 135.

6. 맺음말

민족주의나 민족의식이란 다분히 정감적인 것이다. 따라서 그들이 추구하는 목적은 극히 주관적이어서 이를 평가한다는 것도 지극히 어려운 일일 수밖에 없다. 그럼에도 위정척사 계열의 민족주의에 대해서는 다음과 같은 결론을 내릴 수 있다.

[1] 위정척사파의 민족주의는 기본적으로 유교적 근왕사상에 뿌리를 두고 있다. 그들에게는 근대 민족 국가에 대한 의지나 지식이 부족했고, 따라서 군부(君父)를 받드는 것이 대의라는 좁은 의식에 빠져 있었던 것은 사실이다.

[2] 위정척사파의 배타성이나 반근대화 정서의 밑바닥에 깔린 가치는 중화주의였다. 이것은 위정척사파의 민족주의를 평가하면서 업장(業障)처럼 따라다니는 문제이다. 그들이 서구나 일본으로부터의 자주를 주장하면서도 중화주의로부터의 자주를 이루지 못한 것은 그들의 한계이자 약점이었다.

[3] 위정척사파는 동아시아 민족주의의 주요 목표인 근대화를 부정했고 이에 역기능을 한 것도 사실이다. 그들은 봉건적 중상주의 시대를 살면서 초기 자본주의의 모순을 안고 활로를 찾아 쳐들어오는 적국을 감당하지 못했다. 이런 까닭에 그들을 민족주의의 계보에서 제외하려는 입장이 있을 수 있다.

[4] 그러나 민족주의의 여러 덕목 가운데서 애국심을 첫 번째 미덕이라고 볼 때, 위정척사파는 애국심으로 무장되었고 그것이 의병의 무장 투쟁으로 승화되었다는 사실만으로도 한국민족운동사에서 차지하는 의미는 크다.

[5] 따라서 위와 같은 요소들을 종합적으로 고려할 때, 위정척사파는 한국민족운동사에서 주요한 위상을 지닌다.

14장

조선의 멸망

―정한론(征韓論) 앞에 선 조선의 운명

> 나는 조선의 정벌을 위해
> 일신을 바칠 각오가 되어 있다.
> 그러니 나를 조선에 파견하라.
> 내가 조선의 조정에 도착하여
> 그곳 대신들을 몹시 분개하도록 하겠다.
> 그렇게 되면 저들은 나를 폭살할 것이니
> 그때는 나의 죽음을 구실 삼아
> 조선을 침략하라.[1]
> ― 사이고 다카모리(西鄕隆盛)

1. 머리말 : 은수(恩讎)의 2천년

우리에게 반일(反日)은 익숙한 체험이 되었다. 그것은 아마도 태어나면서부터 집요하게 세뇌된 가정 교육이었고, 학교에서도 그렇게 배웠으며, 대중 매체도 끝없이 시청자들을 세뇌하였다. 우리는 일본에게 축구나 야구도 져서는 안 되었다.

이제 우리에게 반일은 논리나 학문 또는 역사가 아니라 일상의 정서(情緖)가 되었으며, 이로부터 벗어나는 것은 비민족적이며 위험하기까지 하

---

* 이 글은 『한국정치사』(서울 : 박영사, 2003), pp. 407~436을 개고한 것임.
1 『東亞先覺志士記傳』(上)(東京 : 原書房, 1966), p. 43.

다. 우리 가운데 누구도 이러한 대일 혐오 감정으로 자유로울 수가 없다. 맹목적 혐오감은 자신의 약점을 호도하고 상대방의 강점을 애써 부인하도록 만든다. 때로는 열패감의 강변(强辯, under-dog crying)으로 나타날 때도 있다.

그러나 정신을 차리고 보면 일본은 어느덧 저 멀리 앞서 가고 있다. 우리의 반일 함성은 우리에게 되돌아올 뿐이지 당사자인 일본은 물론 제3국인에게도 외면당하고 있다. 일본을 규탄하는 목소리는 때로 우리끼리만의 얘기로 그치는 경우가 많았다.

일본은 우리에게 2천년의 업장(業障, karma)이다. 지정학적으로나 역사적으로 볼 때 인접한 국가가 화목할 수 없다는 것은 인간사에서 가장 쓰라린 시련이었다. 인간들은 근린(近隣)이니 선린이니 하는 용어로 양국 관계를 설명하고, 범위를 좁혀 한일 관계를 설명할 때에는 일의대수(一衣帶水)니 "가깝고도 먼 나라"라는 용어를 쓰고 있다.

그러나 돌아보면 두 나라의 역사는 증오와 유혈의 역사였고 은원(恩怨)이 깊은 2천년이었다. 물론 그 오랜 세월 동안에 고결한 주고받음[授受]이 없었던 것은 아니지만 그 큰 흐름은 곧 침략과 생존을 위한 투쟁의 교호(交互) 작용이었으며, 이웃으로서의 행위는 우리가 소망했던 것처럼 그렇게 선량한 것은 아니었다.

이제 우리는 한일 문제와 관련하여 자신을 성찰하는 자리로 돌아와야 한다. 일본이 자신의 과오를 시정하는 문제는 그들 지성사에서 자정(自淨)되어야 할 사안이다. 참으로 시인하고 싶지 않지만, 우리는 내부의 결함과 실수를 아프게 되돌아보아야 한다.

한국이 일본에게 멸망할 수밖에 없었던 우리의 과오는 무엇이었을까? 일본의 역사 왜곡을 탓하기에 앞서 우리의 내부 식민지사학은 어떻게 청산할 수 있을까? 우리는 저들에게 어떤 점에서 뒤떨어지고 있을까? 일본이 한국을 병합할 수 있었던 강점은 무엇일까?

이와 같은 물음에 대한 냉철한 반성이 없이 증오심과 적개심만을 우리의 후손에게 물려주는 것은 균형 있는 역사 교육이라고 할 수 없다. 해방 70여 년이 지난 지금, 증오와 적개심은 우리의 세대에서 끝내야 한다. 역사란 함께 더불어 사는 것을 가르치는 도량(道場)이며 지난날의 아픔을 되풀이하지 않기 위해 마음을 다짐하는 곳이지, 적개심의 수련장은 아니다.

2. 일본의 지적(知的) 풍토

일본이 국제 사회의 강대국으로 부상하게 된 저력을 물질 문명의 힘으로 보는 것은 그 본질에서 많이 빗나간 것이다. 일본의 국력은 소니(Sony)나 토요다(豊田)가 아니라, 그것을 가능케 해준 또 다른 측면에 있었다. 그것은 지성이 핍박당하지 않는 지적 풍토이다. 일본이 1853년에 페리 제독(Admiral M. Perry)의 함포 외교에 의해 타의적으로 문호를 개방하기 이전까지 막부(幕府) 정권은 강력한 쇄국 정책을 견지하고 있었다.

그 결과 일본은 서구적 개념으로서의 문명이 낙후되는 역기능적인 측면을 보여 준 것은 사실이지만, 쇄국을 통하여 막부 정권의 안정을 이룩할 수가 있었으며 자신의 독자적인 문화를 이 기간에 발전시킬 수 있었다. 이런 점에서 본다면 일본의 쇄국 정책은 한국의 경우와 달리 전적으로 부정적인 것이었다고만은 볼 수 없다. 그들은 막부 260년의 기간에 문예에 침잠(沈潛)할 수 있었고, 전통 문화를 계승·발전시킬 수 있었다.

이와 같은 풍토는 1868년의 메이지유신(明治維新)을 겪는 과정에서도 변질되지 않았다. 유신과 더불어 그들에게도 분명히 문화 충격이 있을 터이지만 그들은 당황하거나 저항하기보다는 현실을 직시하고 그것을 받아들였다. 오른손의 칼을 빼앗긴 사무라이(侍)들은 그들의 좌절을 더 높은 차원으로 승화시키고자 고뇌했다.

17세기 말엽까지만 해도 대부분의 사무라이들은 문맹이었으나 19세기 중엽이 되어서는 각 영지마다 영주[藩主]가 세운 사립학교가 몇 백 개소나되었다. 이때부터 그들은 일본 문자뿐만 아니라 한문에도 눈뜨기 시작했다. 그들의 노력으로 메이지유신의 무렵이 되어서는 40~50%의 소년과 15%의 소녀가 정규 학교 교육을 받고 있었다.[2]

이와 같이 외우내환(外憂內患)이 없는 가운데, 그리고 자유로운 분위기 속에서 글을 읽을 수 있었던 사회 분위기는 그 뒤 오늘날까지 전승되어 학문과 양심의 자유가 보장되어 지성이 핍박당하지 않는 전통이 수립되었다. 적어도 일본 국민은 자기들 사회에서는 정의로운 민족이었다. 이것이 일본의 첫 번째 저력이다.

만약 일본의 저력을 물질의 승리로 해석하려 한다면 풀리지 않는 부분이 있다. 그것은 일본의 근·현대사에 나타난 전쟁사의 부분이다. 일본은 현대사에서 매 10년마다 전쟁을 치렀다. 그러고도 일본은 재기하고 부흥했다. 물질 문명만으로써는 바로 이러한 일본의 전쟁사와 그 생존이 설명되지 않는다. 그것은 병기의 싸움이 아니라 일본 지식인의 승리였다.

대한제국 멸망기의 한국은 바로 이 점에서 일본에 지고 있었다. 물론 우리의 선대에도 호학(好學)하는 풍토가 없었던 것은 아니다. 그러나 우리가 과연 국가나 민족을 위한 대승적(大乘的) 학문에 얼마나 몰두했으며, 또 이 땅의 지식인들이 얼마나 대우받으며 살았던가?

이러한 점을 일본의 그것과 비교해 보는 것은 대한제국 멸망의 이유를 이해하는 데 도움이 될 것이다. 왜냐하면 일본의 조선 병탄(倂呑)에는 일본 지식인의 적극적인 참여가 있었던 것과는 달리, 우리의 지식인 가운데는 민족의 비극을 외면한 사람이 더 많았기 때문이다.

그렇다면 일본의 지식인은 그들의 국가 발전을 위해 어떻게 자기 희생을 감내했는가? 그 한 사례로 모로하시 데츠지(諸橋轍次 : 1883~1982)의

2 Robert E. Ward, "Modernization and Political Culture in Japan," Claude E. Welch(ed.), *Political Modernization*(Belmont : Wadsworth Publishing Co., 1967), p. 91.

일생을 돌아보는 것은 매우 교훈적이다. 학교를 통한 정규 교육보다는 독학으로 한학(漢學)에 몰두했던 모로하시는 그의 학문이 어느 정도의 경지에 이르자 일생의 과업으로 한문 사전을 만들어 보리라고 결심하고 1922년부터 집필에 착수했다.

각고의 5년이 지난 1927년에야 그는 제1권을 탈고하고 출판을 서두르게 된다. 그러나 이 무렵에 관동(關東)대지진(1923. 9.)과 태평양전쟁(1941)이 일어남으로써 원고와 조판이 모두 불타버리고 말았다. 그러나 낙심하지 않고 교정보던 인쇄 용지를 찾아 다시 사전 제작을 서둘렀다.

사전 작업에 착수한 지 24년이 지난 1946년, 모로하시는 과로로 말미암아 오른쪽 눈을 완전히 실명하게 되고 왼쪽 눈도 겨우 사물의 형체를 알아볼 수 있을 정도로 시력을 잃었다. 그로서 더욱 괴로웠던 것은 사전 작업을 도와주던 도제(徒弟) 4명이 전화(戰禍)에서 목숨을 잃었다는 사실이었다.

모로하시가 눈과 제자를 잃고 절망하고 있을 때 의과대학에 진학했던 그의 장남 토시오(敏夫)가 학업을 중도에 포기하고 아버지의 작업에 참여했으며 차남 게이스케(啓介)와 삼남 모리오(莊夫)도 나이가 들면서 이에 참여했다. 그들에게 중요한 덕목은 가업(家業) 의식이었다.

이와 같이 2대에 걸친 4부자가 노력을 기울인 끝에 사전이 완수된 것은 집필을 시작한 지 37년이 흐른 1959년이었다. 이 책은 총 14,332 페이지로서 13권으로 엮어져 있고 48,902자의 한자와 이로써 구성된 단어가 사전식으로 수록되어 있다. 이 책은 인류의 역사상 한 필자의 이름으로 지어진 가장 방대한 원고 분량이다. 이 『대한화사전』(大漢和辭典)은 다이슈칸쇼텐(大修館書店)에서 사운(社運)을 걸고 4년을 걸려 인쇄를 마쳤다.[3]

---

3 이상의 기록은 모로하시가 직접 쓴 「序」, 『大漢和辭典』(1)(東京 : 大修館, 1976), pp. 1~5와 12권의 말미에 붙은 「跋」, 그리고 13권의 말미(pp. 1~16)에 붙은 鈴木一平의 「出版 後記」, 紀田順一郎(編), 「大漢和群典を讀む, 附錄 : 諸橋轍次略年譜」(大修館 : 東京, n.d.), pp. 283~286; 『現代人物事典』(大阪 : 朝日新聞社, n.d.), p. 1423을 참고하여 작성함.

『대한화사전』이 출판되자 가장 당황한 것은 중국인들이었다. 한문의 종주국인 중국에서도 이만한 사전이 없는데 작은 섬나라, 그들이 왜(倭 : 矮)라고 비칭(卑稱)하던 일본에서 이러한 책이 출판되자 크게 수치를 느낀 대륙과 대만(臺灣)에서도 새로운 자전의 편찬에 착수했지만 모로하시의 노작(勞作)을 능가하는 사전은 아직 출판되지 않았다.

하나의 책을 쓰고자 눈까지 잃으며 37년을 보낸 모로하시 2대 4부자의 의지와 그 어려운 출판을 감당한 다이슈칸쇼텐의 의지는 한국인들이 모멸적으로 지칭하는 "쪽발이"나 "왜" 또는 "경제적 동물"의 경지에서는 설명될 수 없는 것들이다. 현대 일본의 부흥은 결코 물질의 힘이 아니라 일본 지성사의 승리이다. 한국에는 이와 같은 민족주의적 지성사가 일본에 견주어 뒤떨어져 있었다.

일본의 지식인들이 우대 받는 풍토를 보여주는 예로서 다음과 같은 일화를 음미해 보는 것도 흥미 있는 일이다. 오늘날 독서의 대중화와 더불어 고급 양장본보다도 저렴하게 읽기 쉬운 보급판이 크게 유행하고 있다. 이러한 독서의 경향으로부터 나온 것이 문고판(pocket book)인데 세계적으로 명성을 얻고 있는 것이 미국의 펭귄북(Penguin Book), 프랑스의 끄 새쥬(Que Sai-je), 그리고 일본의 이와나미(岩波)문고이다.

이 문고판들은 직장인은 물론 전선에 배속되어 있는 군인들의 윗주머니에도 들어 갈 판형으로 만든 것이다. 이들이 전역(轉役)한 뒤 사회인으로 돌아왔을 때 지식과 교양, 공공 기관의 행정에서 문고판의 독서는 매우 유익한 역할을 했다. 일본에서 이와나미서점이 사회적으로 어떠한 대우를 받았는가 하는 점은 그 설립자인 이와나미 시게오(岩波茂雄)가 세상을 떠나기 직전에 일본의 출판인으로서는 최초로 문화훈장(文化 勳章)을 받았다는 사실에서도 잘 나타나고 있다.[4]

---

4 이와나미 시게오(岩波茂雄)의 생애에 관해서는 安部能成, 『岩波茂雄傳』(東京 : 岩波書店, 1957), *passim* 참조.

3. 역사와 역사가들 : 합방의 논거

역사학이 때로는 공담(空談)의 학문처럼 비칠 수도 있지만, 인생이나 국가사의 궁극적인 질문의 귀착점이 역사 또는 역사가일 경우는 허다하게 많다. 역사를 공부하지는 않았지만 역사를 책임져야 할 인물들이 역사가에게 미래의 진로를 묻는 것은 그 질문이 역사가의 능력의 범위를 벗어날 수도 있다.

그러나 역사학은 지만 당대의 역사적 맥락에 비추어 사건과 풍습, 당시의 사고 방식 등을 가능한 한 정확하게 재건하는 데 도움을 줄 수도 있다.[5] 1860년대의 개항기 일본에서 위정자들이 그들의 미래를 결정하는 과정에서 역사가들의 논리에 귀를 기울인 것이 바로 그러한 사례에 들며, 일본의 역사가들이 정한론의 논거를 제공한 것이 그 대표적인 사례였다.

일본의 대한 정책의 궁극적 목표는 한국의 합병이었으며, 임진왜란(壬辰倭亂)은 그들의 국력의 정비가 끝난 16세기 초엽부터 구상된 합병 정책이 그 한 예로 나타난 것이었다. 일본의 사학자들은 명(明)을 정복하는 데 필요한 통로의 사용 곧 차도론(借道論)으로써 도요토미 히데요시(豊臣秀吉)의 조선 침략을 설명하려고 하지만[6] 그것은 사실과 다르다.

일본이 진실로 명을 정복할 뜻이 있었다면 당시로서는 험한 산과 깊은 계곡의 조선을 경유하면서 승산도 없는 전쟁에서 인명의 손실을 감수하기보다는 해로로 산동반도(山東半島)를 직접 공격하는 것이 전략적으로 올바른 선택이었다. 따라서 차도론은 당초부터 침략의 구실에 지나지 않는 것이었고 조선 그 자체가 그들의 목표였다.

---

5 「교황(John Paul II) 참회의 이론적 배경이 된 국제신학위원회 보고서」, 『신동아』 2000년 4월호 부록, § 4.

6 京口元吉, 『秀吉の朝鮮經略』(東京 : 白楊社, 1939), p. 438; 池內宏, 『文祿慶長の役』(東京 : 南滿洲鐵道株式會社, 1914), pp. 195ff; 日本軍參謀本部(編), 『日本戰史 : 朝鮮役』(東京 : 村田書店, 1924), pp. 25ff.

이 당시의 도요토미의 조선 침략과 정복의 목표는 1900년대를 전후한 일본의 정한론(征韓論)과는 그 본질에서 다소 다르다. 바꾸어 말해서 정한론은 생존의 문제였지만 도요토미 시대에는 조선을 정벌해야 그들이 살 수 있을 만큼 생존의 문제가 그렇게 절박한 것은 아니었다.

그렇다면 도요토미로서는 조선의 정벌이 왜 필요했을까? 부분적으로는 그의 공명심이 작용했을 수도 있지만 그보다 더 내밀(內密)한 곳에는 한일 관계의 역사에 대한 향수가 있었다. 사실이든 사실이 아니든, 일본의 역사학에서는 한국의 고대 국가가 자신들의 속령(屬領)이었다는 점에 몰두해 왔다.

역사가들은 이를 입증하고 해석하는 데 노력을 기울였고, 정치인들은 이를 실천하려는 노력에 게으르지 않았다. 여기에서 말하는 조선 복속(服屬)의 논리는 『일본서기』(日本書紀)의 다음과 같은 기록에 그 이론적 기초를 두고 있다.

추아이(仲哀)천황 9년(AD 200) 10월 기해삭(己亥朔) 신축(辛丑)에 징구(神功) 황후가 신라를 정벌하고자 와니노쓰(和珥津)를 출발하니 …… 군선(軍船)이 바다에 가득하고 정기(旌旗)가 태양 빛을 받아 빛났다. 북치고 나팔 부는 소리에 산천이 모두 떨었다. 신라의 왕이 멀리서 바라보다가 갑자기 나타난 병사들이 장차 자기 나라를 멸망시키는 줄 알고 두려움에 정신을 잃었다.

…… 신라왕은 곧 흰 깃발을 들고 스스로 엎드리더니 흰 천으로 얼굴을 싸고 토지의 도면과 백성의 호적을 봉(封)하여 왕선(王船) 앞에 나와 항복했다. …… 이때 고구려와 백제의 두 나라 왕은 신라의 왕이 토지의 도면과 백성의 호적을 거두어 일본국에 항복했다는 말을 듣고 은밀히 사람을 보내어 그 군세(軍勢)를 알아보도록 했으나 자기들이 이기지 못할 것을 알고 스스로 병영의 밖으로 찾아와 머리를 조아리며 아뢰되 "이제로부터 영원토록 서번(西藩)이 되어 조공(朝貢)을 끊지 않겠습니다."라고 했다. 이로써 우찌스미야게(內官家屯倉 : 직할령)를 정하니 이곳이 소위 삼한(三韓)이다. 황후는 신라로부터 돌아왔다.[7]

바로 이 대목이 소위 임나일본부(任那미마나日本府) 설의 문헌적 기초가 되는 것이다. 일본의 역사학자들은 그들의 선대가 조선의 남부 지방을 다스렸다는 사실을 중요하게 여겼고 이를 기초로 한 연고권(緣故權)을 끈질기게 주장해왔다. 그리고 도요토미의 조선 정벌도 바로 지난날의 이와 같은 연고권의 복구(復舊)에 지나지 않는 것이라는 입장을 취해 왔다.[8]

그와 같은 임나일본부가 실존했는가의 여부는 역사학(古代史學)이 풀어야 할 문제이며, 정치학이 구명해야 할 사안(事案)은 아니지만, 오늘날의 한국 사학계나 일부 일본 사학계에서는 이러한 주장이 허구라는 것으로 의견이 집약되고 있다.

그럼에도 불구하고 일본 사학자들은 징구황후의 신라정복설을 쉽게 포기하려 하지 않음으로써 일본 국수주의자들을 고무시켜왔는데, 이러한 현상은 정한론이 구체적 현실로 가시화(可視化)되기 시작한 1880년대에 들어서서 더욱 집요하게 거론되었다.

한국의 역사학자들이 임나일본부설을 반박하는 중요한 논거(論據)로서 제기하는 것이 곧 광개토대왕비(廣開土大王碑 : 375~413)의 해석을 둘러싼 변조(變造)의 주장이다. 만주 집안현(輯安縣) 통구(通溝)에 있는 문제의 광개토대왕비가 근대 사학에 노출되기 시작한 것은 1875년을 전후한 때였고 발견자들은 현지의 중국인들이었다. 그들은 그 비석을 발견하고서도 그의 역사적 의미를 몰랐다.[9] 그러나 막상 희귀한 이 금석문(金石文)이 발견되었을 때 관심을 보인 것은 일본인들이었다.

---

7 『日本書紀』(9) 氣長足姬尊：神功皇后 仲哀 9年 10月 己亥湖 辛丑條："船師滿海 旌旗耀日 鼓吹起聲 山川悉振 新羅王遙望以爲 非常之兵 將滅己國 讐焉失志 …… 卽素旆而自服 素組以面縛 封圖籍 降於王船之前 …… 於是 高麗·百濟二國王 聞新羅收圖籍 降於日本國 密令伺其軍勢 則知不可勝 自來于營外 叩頭而欵曰 從今以後 永稱西藩 不絕朝貢 故因以 定內官家屯倉 是所謂三韓也 皇后從新羅還之"

8 日本軍參謀本部(編),『日本戰史 : 朝鮮役』, p. 2.

9 王健群(著)·林東錫(譯),『廣開土王陵碑研究』(서울 : 역민사, 1985), p. 305.

1880년대에 들어오면서 대륙 진출의 필요성이 명료해지고 청국과 러시아와의 대결이 불가피함을 인지하고 있던 일본의 군부에서는 이때 이미 만주의 지형·지물을 탐사하고자 조사 요원을 파견한 바 있었는데 이들에게 광개토대왕비는 중요한 의미를 가지고 있었다.

왜냐하면 비문에 적혀 있는 내용의 해석에 따라서는 이제까지 고고학적 입증이 어려웠던 임나일본부설을 뒷받침할 수 있는 근거를 찾을 수 있을 뿐만 아니라 청일전쟁이나 러일전쟁의 개전 이유로서의 한반도에 대한 연고권을 입증할 수 있었기 때문이었다.

이와 같은 상황에서 단순한 군사적 목적뿐만 아니라 역사적 자료의 수집을 위해 파견된 정예의 청년 장교들이 있었는데 그들 가운데도 실력과 민족적 열정에서 가장 탁월했던 인물이 사코우 가게아키(酒勾景信) 중위였다. 우선 그의 정체를 알고자 그의 간단한 경력을 살펴보면 다음과 같다.

사코우 가게아키는 지난날의 시마츠(島津)의 번사(藩士)로서 가에이(嘉永) 3년(1851) 8월 15일 휴가노구니(日向國)의 도성(都城)에서 출생했다. 어려서 번교(藩校)에 입학했는데 한학(漢學)에 조예가 깊었다. 무진(戊辰)의 역(役)[明治維新]에 오우우(奧羽)의 각지를 전전하다가 메이지 4년(1871) 8월에 어친병(御親兵)에 징병되어 상경한 뒤 근위보병 제2대대에 편입, 메이지 6년(1873)에 교도단(敎導團)에 들어가 메이지 7년(1874) 10월에 졸업, 군조(軍曹)가 되었다.

육군사관학교가 개설되자 사코우는 곧 입학시험에 응시하여 8년(1875) 2월에 군조를 면하고 사관생도가 되었다. 10년(1877) 1월 포병과 생도가 되어 3월에 사관 견습으로 출정, 4월에 소위 시보(試補), 7월에 육군 소위로 임명, 보병 제14연대에 배속되어 각지를 전전하다가 9월에 후쿠오카(福岡)에 개선한 공으로 단광욱일장(單光旭日章)과 금일봉을 받았다. 11월에 사관학교에 돌아와 특과생으로 다시 1년을 수업한 뒤 11년(1878) 12월에 졸업, 12년(1879) 도쿄 진대(鎭臺) 포병 제1대대에 배속되었다가 8월에 참모본부로 전임되었다.

사코우는 메이지 13년(1880) 9월 청국 파견의 명을 받고 타마이 로코(玉

井朧虎) 소위와 더불어 상해(上海)로 건너갔다가 다시 북경(北京)으로 북상했다. 그 뒤 그는 북경과 우장(牛莊)에서 4년을 보냈다. 그에 앞서 그는 만주를 조사한 바 있는 시마 히로키(島弘毅)와 이즈인 가네오(伊集院兼雄) 등의 뒤를 이어 오로지 북지나(北支那)와 만주에서 군사 활동에 필요한 지지(地誌)의 자료 수집과 조사를 맡았다.

메이지 17년(1884) 5월 포병 대위로 진급함과 더불어 귀국 명령을 받고 나고야(名古屋) 제3연대 중대장에 임명되었다. 19년(1886) 6월 근위 포병연대로 옮겼고, 22년(1889) 요새 포병 간부연습소가 소슈(相州) 우라가(浦賀)에 설립되자 그곳의 부관으로 뽑혀 가족을 거느리고 우라가로 이주했다. 24년(1891) 3월 종육위(從六位)의 서훈을 받았으나 그 뒤의 경력은 알려져 있지 않다.[10] 그는 1891년에 말에서 떨어져 머리를 다쳐 죽었다.[11]

그렇다면 그가 수행했다고 여겨지는 정찰 업무는 구체적으로 무엇일까? 이 분야의 노작(勞作)인 이진희(李進熙)의 저술을 통해서 이에 관한 내용을 정리해보면 다음과 같다.

사코우 중위는 만주 지역의 지리 정보를 탐사하다가 1882년에 광개토대왕비를 직접 볼 수 있었다. 그는 쌍구법(雙鉤法)[12]에 의해 그 탁본(拓本)을 만들어 상부에 보고했다.

사코우의 탁본을 접수한 일본군 참모본부 소속 요코이 타다나오(橫井忠直)와 오하라 리겐(大原里賢) 소좌(少佐)가 이를 탐구하던 가운데 신라와 일본의 고대 관계에 관한 부분에서 일본에 불리한 부분이 있음을 발견하고 1899년 이전의 어느 시점에서 다시 한학에 유능한 장교를 파견하여 몇몇 글자에 석회를 바르고[塗灰] 일본에 유리하도록 내용을 변조한

---

10 東亞同文會(編). 『對支回顧錄』(下)(東京 : 原書房, 1968), p. 237.

11 李進熙, 『廣開土大王陵碑의 探求』(서울 : 일조각, 1985), p. 144 참조.

12 쌍구법(雙鉤法) : 탁본을 한 후에 비면(碑面)의 마모(磨耗)로 말미암아 글자가 선명하지 않을 경우, 탁본한 사람의 주관적인 판단에 따라 개칠(改漆)하여 글자를 드러나게 하는 방법.

다음 새로운 탁본을 만듦으로써 한국과 일본의 고대사를 조작했다는 것이다.[13]

그들이 조작한 내용이 어떠한 것이었느냐에 대한 자세한 내용은 이 글의 범위를 넘어서는 것이다. 다만 여기에서 지적하고자 하는 것은 사코우를 비롯한 일본군 참모 본부 소속 청년 장교들의 행위이다. 일본학자들은 더 말할 나위도 없고, 중국의 학자들은 대체로 위와 같은 조작 사실을 부인하고 있다.[14]

그러나 한국 학자들의 주장처럼 사코우 중위와 그 무리가 그 비문을 조작했다는 것을 사실로 인정할 경우, 그 행위자가 역사학자나 금석문의 대가도 아닌 일개 육군 중위였다는 사실에 대하여 우리는 놀라움을 금할 수 없다. 역사적으로 침략 전쟁의 첨병들은 지리학자들이었다.

우리는 그것이 사실이 아니기를 바라지만, 일개 육군 중위가 이역만리의 오지(奧地)에 들어가 1,500년 전에 세워진 고비(古碑)를 찾아 그것을 판독한 다음, 육군 소좌 중심으로 하는 무리가 그것을 자기 민족에게 유리하도록 변조했다면, 그 행위는 비난받아야 하고 역사학적으로 지탄받아야 할 일이지만, 그들의 실력과 (비록 빗나간 것이라고는 하지만) 그들의 우국적(憂國的) 열정, 그리고 역사에 대한 경도(傾倒)에 우리는 다시 한 번 생각해보아야 할 것이다.

입장을 바꾸어 오늘을 살아가고 있는 한국의 어느 육군 중위가, 설령 그가 명문 대학에서 역사학을 전공한 학군 장교(學軍將校, ROTC)라 할지라도, 어떤 계제에 일본의 홋카이도(北海道)에 원정을 갔다가 그곳의 설원(雪原)에 묻힌 1,500년 전의 비석을 발굴하여 그 내용을 판독한 다음 그것을 우리 민족의 역사에 유리하도록 개작할 만한 역사학적 소양과 민족

---

13 李進熙, 『廣開土大王陵碑의 탐구』, pp. 100, 124~133, 144; 千寬宇, 「廣開土大王陵碑의 해석 문제」, 『한국사의 재조명』(서울 : 독서신문사, 1977), p. 114 참조.
14 王健群, 『廣開土王陵碑研究』, pp. 163~166.

적 야심을 가진 청년 장교가 과연 몇이나 될까?

구체적으로 논증할 수 있는 자료를 제시하기는 어렵지만, 일본이 한국을 연구한 노력과 인력에 견주어 한국이 일본을 연구한 노력과 인력은 어느 정도의 대비를 이루고 있을까? 좀 더 범위를 좁혀서 말한다면 한국사를 공부하는 일본 학자와 일본사를 공부하는 한국 학자의 수효와 노력을 비교우위론적으로 설명한다면 그 대답은 어떠한 것이 나올까?

사코우와 같은 대한(對韓) 인식은 그 뒤에도 꾸준히 이어져 내려오는데 그 가운데서도 글과 행동을 통하여 한일 합병을 가장 강도 높게 주장했던 사람은 다루이 도키치(樽井藤吉 : 1850~1922)였다. 나라(奈良)현 출신인 다루이는 목재상의 아들로 태어났으나 일본의 국수주의에 남달리 심취했을 뿐만 아니라 일본의 봉건 질서인 무사적 우국심에 강한 향수를 지녔던 사람이었다.

다루이는 정한론의 거두인 사이고 다카모리(西鄕隆盛)의 사츠마(薩摩) 반란[西南の役 : 1877]이 일어났을 때 동북 지방에서 이를 호응하는 역할을 했으나 성공하지 못하게 되자 스스로 정한의 기틀을 마련하기로 결심하고 규슈(九州)에서 쪽배[扁舟]를 타고 바다를 건너 한국의 다도해 부근에 이르러 어느 무인도를 탐사하여 정한군(征韓軍)의 교두보를 마련하는 작업을 한 바 있었다.[15]

그러나 다루이 도키치가 한일관계사에서 주목받는 것은 위와 같은 그의 기이한 행적이 아니라 그의 저술 때문이었다. 그는 행동하는 정한론자인 동시에 저술을 통해서도 한일 합병을 주장한 사람이었다. 그가 그의 대표적 저작이라 할 수 있는 『대동합방론』(大東合邦論)[16]을 처음 출판한 것은 1893년(明治 26년)이었는데 어떠한 이유인지는 모르겠으나 이 당시

---

15 『對支回顧錄』(下), pp. 33~34; 黑龍會, 『東亞先覺志士記傳』(下), pp. 282~283.

16 森本藤吉, 『大東合邦論』(n.p., 1893); 樽井藤吉, 『再版大東合邦論』(東京 : 東洋印柳林式會社, 1910); 『覆刻大東合邦論』(東京 : 長陵書林, 1975).

그는 모리모토 도키치(森本藤吉)라는 필명을 썼고 그 뒤 재판을 발행한 1910년(明治 43년)에야 본명을 밝히고 있다. 그는 이 책을 쓰면서, 당시 "한국인들이 일본어에 익숙하지 못하다는 실정을 고려하여" 순한문체로 서술했다.[17]

"일본인들은 과거에 사는 사람들"[18]이라는 말과 같이, 다루이 도키치도 한일 합방의 당위성을 역사에서 찾으려고 했다는 점에서, 사코우나 그 밖의 정한론자들과 다름이 없었다. 다루이가 제시하는 한일 합방의 논거는 예외 없이 징구 황후의 임나일본부설에서부터 시작하고 있다. 그는 이렇게 말한다.

> "일본의 역사책이나 중국의 『송서』(宋書)・『양서』(梁書)・『남사』(南史)를 읽어본 바에 따르면 당시 한국의 땅은 일본에 예속되어 있었다. …… 신라의 제4대 왕인 석탈해(昔脫解)도 역시 일본인이었다. 징구황후 섭정 46년(AD 201)에 신라와 백제 사이에 임나일본부를 설치함으로써 그 뒤 3백 년 동안에 벼슬아치와 수비병의 왕래가 빈번했고 한국의 여자를 아내로 맞이하거나 한국의 남자를 남편으로 맞이하는 사람도 있었다. 도요토미 씨가 조선을 쳐들어갔을 적에 그곳에 병사들을 많이 남겨두고 왔다. 그런 점에서 볼 때 한국인의 땅에는 일본인의 씨가 섞여 있음을 가히 알 수 있다."[19]

이와 같이 일본은 한국에 대하여 연고권을 가지고 있는 데다가, "자주의 기상이 부족한 조선"[20]이 세계의 낙토(樂土)[21]이며 세계 5대 강국 가운데

---

17 『大東合邦論』(1893), p. 1(凡例).

18 Ruth Benedict, *The Chrysanthemum and the Sword : Pattern of Japanese Culture*(New York : New American Library, 1974), pp. 98ff.

19 『大東合邦論』, pp. 77, 97 :「據日本史及宋書・梁書・南史等觀之 當時韓土隸我日本」…「新羅第四王昔脫解亦日本人也 神功攝政四六年 置任那日本府於新羅百濟之間 爾後三百年 吏員戍卒 往來頻繁 有娶韓女子 有嫁韓人者 豊臣氏班師之日 所遣兵士亦頗多云 然則韓土亦混我日本民種可知矣」.

20 『大東合邦論』(1893), p. 85 :「自古朝鮮不振之原 其最大且重者 在乏自主之氣象 而時運次之」.

하나이면서도 속방을 두지 않은 일본22과 합병하는 것은 자연의 순리라는 것이 그의 논리이다.

한국은 "가난하고, 문명이 뒤떨어져 있고, 청국과 러시아와 접경하고 있어 방위비가 많이 들고, 조선을 개명시키는 데 노력을 기울여야 하고, 기후가 불순하고, 정치적으로 불안하며, 자주의 기상이 없기 때문에"23 지금 합병을 하는 것이 일본으로서는 손해를 보는 일이지만, 일본 측에서 본다면 청국 및 러시아와의 통상이 편의로워지고, 한국인은 몸집이 크고 힘이 세어 일본의 병제(兵制)에 따라 병기(兵器)를 익히면 러시아의 남진을 막는 데 유리하다는 것이다.24 합방을 할 경우에 한·일 두 나라가 함께 유리한 점으로서는,

> (1) 피차 적국이 하나씩 감소되며,
> (2) 합방으로 나라가 커지면 다른 나라가 두려워하게 될 것이며,
> (3) 정치적으로 가장 공평한 쪽[일본]이 조선을 합방하여 공의로움을 이루지 못하면 누구도 이를 이룰 수 없으며,
> (4) 양국이 더욱 친밀해지고,
> (5) 대마도해협이 더욱 공고해지고,
> (6) 해외 외교관의 주재비가 절감되고,
> (7) 무역·통상이 편의로워지고,
> (8) 청국과 러시아로부터 가장 두려움을 받을 수 있다는 점25

---

21 『大東合邦論』(1893), p. 87 : 일본이 세계의 낙토(樂土)인 이유는 (1) 기후가 온화하고 (2) 땅이 기름지며 (3) 산에 맹수의 피해가 없고 (4) 산천이 빼어나며 (5) 사방이 바다이며 (6) 한 핏줄이며 (7) 국민이 황실을 숭모하고 (8) 개국 이래로 남의 나라에 굴종한 사실이 없기 때문이다.

22 『大東合邦論』(1893), p. 94 : 「我國自人口觀之 則實萬國中第五之大國也 而未有一屬國 …… 果然將何以救之乎 蓋有隨國人特性 與同感友國相和 以合其力之一策」.

23 『大東合邦論』(1893), pp. 111~112.

24 『大東合邦論』(1893), p. 113 : 「且夫與之相合 則得與淸俄通商之使 是我第一之利也 韓人身幹大 齊力强 故習我兵制 用我兵器 則足防俄寇 是我第二之利也」.

등이다.

위와 같은 주장에는 분명히 치졸하고 비논리적인 측면이 있다. 그러나 한국인들을 설득하고자 쓴 이러한 논지는 오히려 일본인들을 고무시켰고, 이러한 주장은 그 뒤 계속해서 정한파의 입지를 굳건하게 해주었다. 뿐만 아니라 한국의 입장에서 볼 때, 일본의 역사학자들이 위와 같이 한일 관계의 역사에 몰두하고 있을 때 우리는 그에 대응할 만한 이론의 정립이 미흡했다.

물론, 그 뒤 얼마의 시간이 흘러 단재(丹齋) 신채호(申采浩)나 백암(白巖) 박은식(朴殷植)으로 이어지는 민족주의 사관이 등장했다고는 하지만 그것은 이미 합방의 비극을 겪고 난 다음의 늦은 각성이었을 뿐이다.

4. 사무라이 : 민족주의적 강도(強度)

한 나라의 멸망은 크게 보아서는 일차적으로 그 나라 국민 전체가 책임져야 할 문제이지만 작게 본다면 그 나라의 정치 지도자들의 책임이다. 더 구체적으로 책임을 추궁한다면, 오늘날과 같이 정치권력이 분화되지도 않았고 공화정이 아니었던 전근대적인 왕권 지배 체제 아래에서의 한 나라의 멸망은 궁극적으로 그 군주가 책임져야 하며, 더 나아가서는 그를 보필했던 신하들이 공동으로 책임져야 한다.

이러한 논지는 한국의 지배 계급이 일본의 그것에 압도되면서 대한제국이 멸망했다는 사실을 의미한다. 이 문제는 일본의 지배 계급 사이에 이어져 내려오고 있는 정치적 유산과 관련하여 생각해보아야 할 것이다.

일본의 지배 계급의 정치적 유산으로서 가장 중요한 인자로 지적할 수 있는 것은 사무라이 정신이다. 8세기경부터 일본에서는 사유지의 개간이

25 『大東合邦論』(1893), p. 123.

허락되고 그에 따라 장원(莊園) 제도가 확립되자 지방의 호족(豪族)들은 중앙정부의 수탈을 막고 부랑자와 도적으로부터 사유 재산을 보호하고자 사병(私兵)을 거느리기 시작했는데 이것이 사무라이의 시초가 되었다.

그러다가 16세기에 도쿠가와 이에야스(德川家康)가 막부를 수립함에 따라 기틀을 잡은 이들은 탁월한 검술, 충성, 그리고 명예로운 죽음을 궁극적 가치로 삼으면서 지배 계급으로 등장했다. 당초에는 무인으로서의 자질을 특히 강조했던 이들은 도쿠가와 시대에 들어오면서부터는 270년의 평화로움 속에서 단순히 무예만이 출중한 무리가 아니라 영주의 집사(執事)로서 가부키(歌舞技)나 다도(茶道)와 원예와 같은 정적(靜的)인 기예(技藝)의 전문가가 되었고[26] 점차로 문예와 역사에도 관심을 기울이기 시작했다.

사무라이라고 하는 이 단일 계급은 물리적인 힘과 지적 능력을 함께 갖추고 있었기 때문에 엄청난 특권을 누리고 있었다. 그들이 지나갈 때면 하층 계급은 머리를 조아려야 했으며, 결과에 대하여는 아무런 두려움이나 책임감을 느끼지 않고 하층 계급에 들어 있는 사람들을 죽이는 것[無禮討]은 별로 문제가 되지 않았다.

위로부터 아래에 이르기까지 계층적으로 잘 조직되어 있고, "저마다의 알맞은 위치를 갖는다는 것"(to take proper station)[27]에 익숙한 일본 사회에서 사무라이들은 주군(親分 : おやぶん)과 부하(子分 : こぶん)의 관계를 유지하면서 막부 시대의 행복을 만끽할 수 있었다.

그러나 일본의 모든 사회가 그러했듯이 메이지유신을 겪으면서 사무라이들에게도 커다란 시련이 찾아왔다. 1868년에 일본의 천황과 근왕파(勤王派)들이 봉건주의[幕府]와의 피나는 투쟁을 통해 미카도(帝) 정권의 정당함을 인정받게 되자 막부 통치는 일단 사라지고 일본 정부의 중앙집권

---

26 Ruth Benedict, *The Chrysanthemum and the Sword*, p. 64.

27 Ruth Benedict, *The Chrysanthemum and the Sword*, Chapt. 3 : pp. 43ff.

화가 완수되었다. 그러나 봉건 영주(大名)들의 반란을 감시하려면 그들을 모두 도쿄에 모아 저항할 수 없도록 강제하는 것이 현명하다고 생각한 천황 정부는 우선 그들의 가신(家臣)인 사무라이를 해산할 필요가 있었다.

영주들이 도쿄로 소환되자 사무라이는 해산되고 그들에게는 항상 관인(官印)처럼 되어 있는 칼을 차는 것이 금지되었다. 이러한 조치는 자신이 하층 계급으로 몰락하게 되는지도 모른다는 생각으로 그들을 면면상고(面面相顧)하게 만들었으며 이제까지 누리던 그들의 자존심이 꺾여버림으로써 사태는 숙명적으로 살벌하게 되었다.[28]

옛날에는 칼을 차고 환상적인 갑옷을 즐겨 입었던 사무라이들은 이제 방직 공장의 직공으로 전락할 수밖에 없었다. 지난날 완전 무장을 하고 지방을 돌아다니며 평화로운 농민을 떨게 하였던 사무라이들은 이제 일당 15펜스를 받고 공장에서 시달리지 않을 수 없었으며 생활의 여유는커녕 궁핍으로 인한 마비키(間引：まびき)[29]를 할 수밖에 없었다.

옛날 같으면 아내가 집안에서 키모노(着物：きもの)를 입고 단정히 앉아 남편이 정사(政事)를 마치고 귀가하기를 기다리고 있었겠지만, 이제는 남자들이 공장이나 가게에서 일을 하고 있는 동안 아내는 공장에서 실을 바삐 짜지 않을 수 없었다.[30] 명예를 최고의 가치로 생각하는 그들로서 신분의 몰락이란 견딜 수 없는 고통이었다.

이처럼 명백한 위기에 직면하게 된 사무라이들은 문명도가 높고 정치와 · 사회 생활이 훨씬 더 훌륭하게 표현된 제도를 갖추고 있는 서구로 눈길을 돌리게 되었다. 사태가 절망적으로 바뀌게 되자, 만약 일본이 서구

---

28 H. B. Hulbert, *The Passing of Korea*(London：William Heinemann Co., 1906), pp. 4~5; 신복룡(역주), 『대한제국멸망사』(서울：집문당, 2020), pp. 4~5.

29 마비키(間引)：본시는 텃밭의 밀식(密植)된 모종을 솎아낸다는 뜻이었으나, 사회학적으로는 굶주림이 극심한 때에 자녀 가운데서 몸이 허약하여 장래성이 없는 아이를 골라서 죽이는 일종의 영아(嬰兒) 살해 제도를 뜻함.

30 F. A. McKenzie, *The Tragedy of Korea*(New York：E. P. Dutton & Co., 1908), p. 252; 신복룡(역주), 『대한제국의 비극』(서울：집문당, 2020), pp. 237~238.

의 제도를 채택한다면 대부분의 관·공직은 자연스럽게 자기들에게 돌아올 것이며, 그렇게만 된다면 자신들은 평민의 지위로 떨어지지 않을 수도 있다는 사실을 그들은 알게 되었다.

일본이 자신의 낭만적인 미망(迷妄)을 벗어버리고 놀랍게 체질 개선을 할 수 있었던 근본적인 이유가 여기에 있다. 그들의 제안은 사회의 오랜 불만과 내란의 위험성을 제거하고 국론을 통일시킬 수 있었기 때문에 중앙정부는 그들의 제안을 받아들였다. 사무라이들이 영주에게 바쳤던 충성이 천황(天皇)을 중심으로 하는 중앙정부로 향하게 됨으로써 오늘날의 일본형의 애국주의가 형성될 수 있었다.[31]

이렇게 하여 메이지유신을 전후로 소외되었거나 발탁되었던 사무라이들의 개인적 야망은 일본의 근대화에 결정적인 역할을 하게 되었다.[32] 이 점에서 한국은 일본과 다른 점이 있었다. 곧, 당시 한국에서의 근대화의 지지 세력들은 권력을 중심으로 하는 지배 계급이 아니라 소외된 지식 계급, 곧 당론(黨論)에서는 몰락한 남인(南人)의 무리였고 학문적 시각에서는 북학파(北學派)에 속하는 서학(西學)의 신봉자들이었다.

실학파라고 하는 지식인들은 당대의 현실 참여 의지가 없었고 영향력도 없이 단지 먼 훗날을 위해 고뇌했던 무력한 지식인에 지나지 않았다. 그들은 집권의 의지도 없고 수권(受權)의 능력도 없는 몰락한 지식인(marginal men)들이었다.

이와 같이 한일 간의 근대화 과정과 유형이 다른 데 대하여는 서구 문물의 전래 과정의 서로 다름에서도 그 원인을 찾을 수도 있다. 곧 두 나라 사이에는 근대화의 수용 과정이 달랐다는 사실이다. 일본은 비록 그것이 타의적인 것이었다고는 하지만 서구 문물을 직접 체험했고 그 우열의 문

---

31 H. B. Hulbert, *The Passing of Korea*, p. 5; 신복룡(역주), 『대한제국멸망사』, pp. 4~5.

32 Robert E. Ward, "Modernization and Political Culture in Japan," p. 91.

제에서 자신의 패배를 인정하는 데 한국보다 훨씬 더 신속하고 정직했다.

그러나 한국인들은 주자학의 세계관에 기초를 둔 중화사상과 왜양일체(倭洋一體)라는 화이관(華夷觀)에 빠져 있었기 때문에 서구 문화를 직접 만날 수 있는 기회, 이를테면 서양의 선교사나 병인양요(丙寅洋擾, 1866), 신미양요(辛未洋擾, 1871) 등의 사건을 거치면서도 그들의 문물을 받아들일 의지도 없었고 비교우위론의 입장에서 자신의 패배를 인정하지도 않았다.

결국 한국에는 지배 계층의 변신이 없었던 것과는 달리 일본에서는 잠재적 지배 계층이었던 사무라이들이 기회를 놓치지 않고 서구 문물을 수용했다. 이 점에서 한국은 일본과 달랐다. 한국에는 일본의 사무라이에 대응할 수 있는 실질 세력으로서의 지배 집단이 형성되지 않았다는 점이야말로 한국이 일본에 멸망할 수밖에 없었던 이유이다.

한일 관계사라는 시각에서 일본의 사무라이로서 주목할 만한 인물로서는 사쓰마(薩摩)의 다이묘(大名)였던 사이고 다카모리(1827~1877)를 들 수 있다. 멀리 하야시 시헤이(林子平 : 1738~1793)에서 발원하여 요시다 쇼인(吉田松陰 : 1830~1859)을 거치면서 그 맥락이 형성되고 이어져 내려온 일본의 전형적인 무사였던 그는 천황에 대한 신봉자로서 메이지유신을 이룩하는 데 결정적인 역할을 함으로써 왕정복고(王政復古)의 4대 원훈(元勳)으로 추앙을 받았다.

대외 정책의 측면에서 본다면 투철한 대륙론자였던 사이고는, 그 당시 이와쿠라 도모미(岩倉具視)나 이토 히로부미(伊藤博文)와 같이 서구적인 견문을 가지고 있던 무리가 먼저 내치에 치중해야 한다고 주장한 것과는 달리 당장이라도 조선을 정벌해야 생존할 수 있다고 주장함으로써 정한파(征韓派)라는 계파를 형성했다.

사이고는 1873년 6월의 각의(閣議)에 참석해서도 여전히 정한론을 옹변(擁辯)했다. 즉각적인 조선 정벌이 현재로서 불가능하다는 내치파의 반론에 대하여 그는 이렇게 주장했다.

"나는 조선의 정벌을 위해 일신을 바칠 각오가 되어 있다. 그러니 나를 조선에 파견하라. 내가 조선의 조정에 도착하여 그곳 대신들을 몹시 분개하게 만들어 놓을 것이다. 그렇게 되면 저들은 나를 폭살할 것이니 그때 나의 죽음을 구실 삼아 조선을 침략하라."[33]

사이고는 자신의 정한론이 관철되지 않자 고향 가고시마(鹿兒島)로 돌아가 사립사관학교를 세우고 후진들을 양성하던 가운데 1877년에 사관생도들의 추대를 받아 반란을 일으켰으나(西南の役) 뜻을 이루지 못하고 패전·자살함으로써 일본 역사상 마지막 다이묘가 사라졌다는 평판을 들었다.[34] 그는 비록 좌절했다고는 하지만 그것으로 정한론이 사라진 것은 아니었다. 왜냐하면 정한파와 내치파의 의견 차이는 정한 그 자체가 아니라 그것을 결행하는 시기와 방법의 차이였을 뿐이기 때문이다.

사이고의 언행 가운데서 우리에게 충격을 주는 것은 죽음을 각오한 그의 결기(決起)이다. 이것은 일본 민족주의의 강도(强度)를 말해주는 대목이다. 그들은 정신력이 분명히 물질을 이긴다는 확신을 가지고 있다. 그들은 전투에서도 정신력은 죽음이라고 하는 자연적인 현상조차도 극복할 수 있다고 믿는다.[35]

이러한 심리 상태는 제한적 영토라고 하는 도서(島嶼) 민족이 가지는 공통된 극기(克己)의 의지이다. 그들은 진취적 공격성과 집단 또는 국가가 개인에 우선한다는 공동체 의식에 철저하게 길들여 있다. 그들은 공공선의 성취를 위한 자기 희생을 최대의 미덕으로 생각하며, 죽음까지도 이 가치의 하위 개념이라고 생각한다.

그런데 그런 논리가 무리한 요구라는 것을 쉽게 알 수 있음에도 불구하

---

33 『東亞先覺志士記傳』(上), p. 43.
34 사이고 다카모리(西鄕隆盛)의 행적에 관해서는 『對支回顧錄』(下), pp. 617~622; 『東亞先覺志士記傳』(上), pp. 34~45 참조.
35 Ruth Benedict, *The Chrysanthemum and the Sword*, pp. 22, 25.

고 일본 사회에는 그와 같은 악역(惡役)을 스스로 맡고 나서는 인물들이 줄을 서 기다리고 있다. 일본어에는 이런 사람을 가리켜 "憎(にく)まれ役(やく)"라고 부르는데, 이는 "조직을 위해 누군가 남의 미움을 받으면서 자기를 희생하는 역할을 참고 견디는[堪耐] 사람"이라는 뜻이다.

이런 용어가 있다는 자체가 일본의 심성을 잘 나타내 주는 일이 아닐 수 없다. 그러기에 그들은 공존·공영과 같은 어휘에 익숙해 있으며, 후천적 오리엔테이션 이전에 생래적(生來的)으로 자기 희생의 아름다움을 확신하고 있다.

정벌하려는 측에서 신명을 버릴 각오가 되어 있었다면 이에 대응하는 조선으로서는 그보다 더 강인한 의지를 가지고 저항했어야 한다. 그러나 당시의 한국인들은 그렇지 않았다. 물론 고결한 애국심을 가지고 항전한 선열들이 없는 것은 아니지만 그 수효는 그렇게 많지 않았다.

많은 사람이 망명이라는 이름으로 현장을 떠났고, 어떤 사람은 절의(節義)를 내세워 스스로 목숨을 끊었고 그에 못지않은 숫자의 사람들이 훼절(毁節)하거나 부역(附逆)했다. 이런 점에서 볼 때 우리는 일제 치하에서 항일(抗日)한 투쟁의 내면을 넘치게 미화하거나 과찬해서는 안 된다. 왜냐하면 대한제국은 결국 멸망했고, 끝내 우리의 힘에 의한 독립을 이룩하지 못했기 때문이다.

일본의 민족주의적 강도를 논의하면서 또 하나 간과할 수 없는 부분은 그들의 민족적 단일성이다. 고대 일본 민족의 형성 문제를 논외로 한다면 오늘날의 일본은 적어도 13세기 동안 단일 민족의 신화(神話)를 그 유산으로 가지고 있다. 통일이나 통합의 문제는 일차적으로 공간적 개념인데 이런 점에서 본다면 도서 국가로서의 일본 민족은 오히려 영국보다도 더 단일성에 집착하고 있다.

현대사에 이르기까지의 13세기 동안 일본은 내란을 겪으면서도 민족적 단결의 전통과 형태는 변함없이 지속해 왔다.[36] 그들은 적어도 여몽(麗蒙) 연합군에 의한 침략(1274~1275, 1281)을 제외한다면 외환(外患)을 겪은 적이 없는데 이와 같은 국경의 안정은 그들이 단일 민족의 전통을 형성시킨 일차적 계기가 되었다.

물론 현대의 민족주의 이론에서는 콘(Hans Kohn)의 주장처럼 연대 의식과 같은 주관적인 요소들이 주요한 인자를 이루고 있는 것은 사실이지만[37] 그렇다고 해서 혈연이나 지연과 같은 객관적인 요인들의 중요성이 감소되는 것은 아니다.

2018년 10월 현재 일본의 인구는 1억2,736만 명이며 통상 야마토족(大和族)의 피의 순수도(純粹度)가 98.5%에 이른다.[38] 1967년을 기준으로 99.7%에 이르던 현상[39]과는 조금 달라졌다고는 하지만 여전히 피의 순수도는 높다. 따라서 그들에게는 이민족(異民族)의 문제가 그렇게 심각하지 않다.

더구나 1.6%의 이민족 가운데서 0.5%가 한국인(전체 이민족 가운데 31.2%)은 주로 제2차 세계 대전을 전후하여 입국한 한국인이라는 점을 고려한다면 적어도 제2차 세계 대전 이전의 일본 민족은 전적으로 단일했다고 해도 과언이 아니다. 이러한 동질성은 그들의 집단주의적 애국심의 일차적 계기가 되었다.

사회는 급격히 다원화되어 가고 있고 일본의 메이지유신이 일어난 지 이미 150년이 지난 지금의 시점에서 그들의 사무라이 정신이나 혈통의 문제를 거론한다는 것은 보는 이에 따라서 의미 없는 일일 수도 있다. 그러나 현실은 그렇지 않다. 일본 민족의 정신사에 오랫동안 자리 잡고 있는 무사도(武士道)는 메이지유신이 지난 1세기 반 만에 쉽게 사라지지는 않는다.

36 Robert E. Ward, "Modernization and Political Culture in Japan," p. 96.

37 Hans Kohn, *Nationalism : Its Meaning and History*(Princeton : D. Van Nostrand Co., 1955) pp. 16~17.

38 https://terms.naver.com/entry.nhn?docId=1136627&cid=40942&categoryId=34030 (검색일 : 2018년 11월 10일).

39 Robert E. Ward, "Modernization and Political Culture in Japan," pp. 95~96.

미시마 유키오(三島由紀夫)가 1970년에 방위청 옥상에서 할복(腹切)하면서 군국주의의 부활을 호소했고, 제2차 대전이 종전된 것도 모르고 항전하던 요코이 쇼이치(橫井庄一)가 괌(Guam)의 밀림에서 28년 만에 나와 항복하면서 "천황 폐하에게 죄송하다"고 말했을 때 많은 일본인이 감격했던 사실은 일본의 사무라이 정신이 아직도 그들의 의식 속에 흐르고 있음을 의미한다.[40] 이 정신은 일본 민족의 정신적 고향이며 행동구심점으로 엄존(嚴存)하고 있다.

5. 청년 문화 : 그 우국적(憂國的) 기상

일본의 정치 문화는 도서민족의 속성을 이해하는 데에서부터 설명해야 한다. 섬을 생활 근거지로 삼는 민족은 비단 일본뿐만 아니라, 우선 그들의 생활 공간이 협소하고 폐쇄적이기 때문에, 응집력이 강하고 공격적이다. 이러한 민족성은 매스미디어의 발달과 세계의 근거리화(近距離化) 현상으로 말미암아 외형적으로 많이 씻긴 것처럼 보이지만 그 바탕의 심층 심리는 그렇게 쉽게 사라지는 것은 아니다.

일본이 개항과 메이지유신을 겪고 나서 새로운 세계관에 눈뜨면서부터 나타난 대륙론자들의 주장이나 정한론은 바로 이와 같은 일본의 지정학적 유산과 민족성에 그 기초를 두고 있다. 사이고 다카모리의 반란이 좌절되고 외형상 대륙론자나 정한파가 패퇴한 것으로 보였으나 그들의 대한 인식인 조선 침략의 당위론이 사라진 것은 결코 아니었다. 그것은 잠시의 잠복 기간을 거쳐 다시 머리를 들기 시작했다. 그들은 협소하고 폐쇄적인 일본열도로부터 눈길을 돌려 "검푸른 바다"(玄海灘)를 바라보기

---

40 요코이 쇼이치(橫井庄一)의 생애에 관해서는 橫井庄一,『明日への道』(東京 : 文藝春秋, 1974)와 朝日新聞特派記者團,『グアムに生きた二十八年 : 橫井庄一さんの記錄』(東京 : 朝日新聞社, 1972)을 참조함.

시작했다.

특히 후쿠오카(福岡)를 중심으로 하는 번족(藩族)과 그 후손들 사이에는 대륙론을 구체화시키는 결사들이 1875년 무렵에 나타나기 시작했는데 타게베 고시로(武部小四郎)의 교시사(矯志社), 오치 히고시로(越智彦四郎)의 겐닌샤(强忍社), 하코다 로쿠스케(箱田六輔)의 겐시샤(堅志社)와 같은 결사들이 그 주종을 이루고 있었다.[41] 그들의 명칭에는 모두 대륙에 대한 강인한 결기(決起)가 담겨 있다.

당시 대륙 낭인의 계보는 다음과 같다.

(1) 경성파(京城派) : 다나카 시로(田中侍郎) · 세키야 오노타로(關屋斧太郎) · 혼마 규스케(本間九介) · 시바다 고마지로(柴田駒次郎) 등, 이미 1891~1892년경부터 서울에 머물면서 1894년 초까지 사태의 추이를 관망하던 무리

(2) 부산파(釜山派) : 1893년에 요시쿠라 오세이(吉倉汪聖)가 조선을 돌아보면서 오사키 기이치(大崎正吉) · 치바 규노스케(千葉久之助) · 다케다 한시(武田範之) · 시라미즈 겐키치(白水健吉) · 구츠우 슈스케(葛生修亮) · 오쿠보 하지메(大久保肇) 등으로 부산에 있는 오사키의 법률사무소를 근거로 하여 "부산의 양산박(梁山泊)"을 만든 무리

(3) 지쿠젠파(筑前派) : 세키야 오노타로가 요시쿠라 오세이의 충고에 따라서 지쿠젠의 청년 대륙론자를 모아 만든 무리

(4) 이륙파(二六派) : 경성파와 부산파가 부산에서 모여 자신들의 세력을 강화하고자 오사키를 도쿄에 파견하여 모집한 스즈키 치카라(鈴木力) · 도키사와 우이치(時澤右一) 등의 무리로서, 그 이름이 이륙파인 것은 메이지 26년(1893)을 기념하기 위한 것임[42]

---

41 『玄洋社社史』(東京 : 玄洋社社史編纂會, 1917), pp. 103~105.

42 『玄洋社社史』, pp. 444~445; 淸藤幸七郎, 『天佑俠』(東京 : 新進社, 1893), pp. 11~12.

이들이 외견상으로는 여러 갈래로 나뉘어 있는 것같이 보였지만 내면으로는 그 뒤 세칭 "겐요샤(玄洋社)의 삼걸(三傑)"이라고 불리던 하코다 로쿠스케, 히라오카 고타로(平岡浩太郎), 도야마 미츠루(頭山滿) 등의 세 명이 그 주축을 이루고 있었고, 이들은 모두 교시사에 소속되어 있었다. 이 무리는 이합집산을 거쳐 1881년에 겐요샤로 통합되어 히라오카가 초대 회장으로 선출되었다.[43] 이들의 창립 정신은 다음과 같은 5개 조항의 어서문(御誓文)에 잘 나타나 있다.

(1) 널리 회의를 일으켜 만기(萬機)의 공론(公論)을 결정한다.
(2) 상하의 마음을 하나로 뭉쳐 경륜(經綸)을 편다.
(3) 관·무(官武)에서 서민에 이르기까지 각기 뜻을 모아 민심을 어우른다.
(4) 예로부터 내려오던 누습(陋習)을 타파하여 천지의 공도(公道)를 튼튼히 한다.
(5) 지식을 세계에서 구하여 황실의 기초를 크게 떨친다.[진기(振起)][44]

위와 같은 명분 이외에 그들은 겐요샤 헌칙(憲則) 3개조를 제정했는데 그 내용은 다음과 같다.

제1조 황실을 존경하며 받든다.[경대(敬戴)]
제2조 나라를 애중(愛重)한다.
제3조 인민의 권리를 고수한다.[45]

결국 겐요샤라 함은 메이지유신 이후 안으로는 내전을 겪고 밖으로는 서세동점을 맞으면서 위축된 국민감정을 진작시키고 국력을 "검푸른 바

43 『玄洋社社史』, pp. 104, 223~224.
44 『玄洋社社史』, 머리글(面數 없음).
45 『玄洋社社史』, p. 225.

다" 너머로 뻗어보기 위해 대륙론자들이 만든 우국지사의 단결이며, 애국지사의 단결이며, 존왕순충(尊王殉忠)의 단결이며, 민권신장론자의 단결이며, 군국주의자의 단결이었다.[46]

그러나 초기의 겐요샤는 그 야심에 견주어 그 활동이 체계화되었다거나 활발했다고는 볼 수 없는데, 그 이유로서는 조직 안의 파벌주의, 개인의 충성심, 비조직적 감성, 기반의 미숙, 여건의 미비 등을 들 수 있다.[47] 이와 같은 약점에도 불구하고 겐요샤가 가지는 역사적 의미마저 감소되는 것은 아니다. 왜냐하면 겐요샤가 그들 스스로가 뜻한 바의 대의(大義)를 이루지는 못했다고 할지라도 그 정신은 연면히 이어져 내려왔기 때문이다.

이러한 고리의 역할은 주로 초대 회장이었던 히라오카 고타로에 의해서 이루어졌다. 그는 후쿠오카의 번사(藩士)였던 히라오카 니사브로(平岡仁三郎)의 아들로 태어났다. 히라오카는 어려서 오카자키 시로(岡崎四郎)에게서 학문을, 우스키 구자에몽(臼杵久左衛門)에게서 총법(銃法)을, 히라노 요시로(平野吉郎)에게서 봉술(棒術)을, 이쿠오카 고키치(幾岡五吉)에게서 검술을, 오니시 진사쿠(大西仁策)에게서 구독(句讀)을 배운 전형적인 사무라이였다.

사이고 다키모리가 사쯔마(西南)의 반란을 일으키자 열광적인 대륙론자였던 히라오카는 이에 동조했다가 포로가 되어 1년의 감옥 생활을 했고, 특사로 출감한 뒤에는 동양의 고전을 숙독하면서 하코다 로쿠스케, 도야마 미츠루, 신토 기헤이타이(進藤喜平太) 등과 더불어 코요우샤(向陽社)를 설립하여 대륙 진출을 도모하다가 겐요샤의 회장이 되었다.[48]

대륙에 대한 히라오카의 꿈은 그의 조카인 후쿠오카(福岡) 출신의 사무라이 우치다 료헤이(內田良平 : 1874~1937)에게로 이어졌다. 히라오카 고

46 『玄洋社社史』, pp. 2~3.
47 韓相一, 『일본 제국주의의 한 연구』(서울 : 까치, 1980), pp. 52~53.
48 히라오카 고타로(平岡浩太郎)의 생애에 관해서는 『東亞先覺志士記傳』(下)(東京 : 原書房, 1966), pp. 721~723 참조.

타로에게는 히라오카 료고로(平岡良五郎)이라고 하는 형이 있었는데 그가 13세에 우치다 다케조(內田武三)의 양자로 들어가 아들을 낳았으니 그가 우치다 료헤이이다.[49]

우치다 료헤이는 그의 삼촌이었던 히라오카 고타로로부터 많은 것을 배웠는데, 특히 조선 정벌에 대한 꿈을 이어받았고, "무관(無冠)의 대사(大使)"[50]라는 칭호를 들을 만큼 탁월한 외교적 수완을 가지고 있는 히라오카로부터 조직과 통솔의 기술을 배웠으며 그 후광을 받았다.

우치다 료헤이가 대륙론자로서 먼저 행동으로 옮긴 것은 텐유쿄(天佑俠)의 조직이었다. 텐유쿄의 발생 배경을 알려면 당시의 한일 관계를 살펴보는 것이 필요하다. 일본은 메이지유신 뒤 10년의 세월을 보내면서 미완성된 초기 자본주의의 시대에 들어간다. 원료 공급과 시장 개척, 그리고 무사 계급의 불만을 해소하기 위한 한 방법으로서 대만(臺灣)을 침략했하고(1874) 유구(琉球)를 정벌했으나(1879), 그것으로써 국내적인 모순을 해결할 수는 없었다.

그들은 끝내 운요호(雲揚號) 사건을 조작하고(1875) 가까스로 병자수호조약(丙子修好條約, 1876)을 체결함으로써 그들의 숙원이었던 조선으로의 진출에 성공할 수가 있었다. 그러나 한국에 진출한 이래 일본은 그들의 소기의 목표를 달성한다는 것이 뜻과 같지 않았다. 그들은 임오군란(壬午軍亂, 1882)의 반격을 통하여 다소의 득을 볼 수는 있었으나 갑신정변(甲申政變, 1884)을 통하여 한반도에서 다시 세력을 잃게 되었다.

그때 우치다에게 행운이 찾아왔다. 우치다 료헤이가 무리를 규합하고

---

49 우치다 료헤이(內田良平)의 생애에 관해서는 黑龍俱樂部(編), 『國士內田良平傳』(東京 : 原書房, 1967); 瀧澤誠, 『評傳內田良平』(東京 : 大和書房, 1976); 『玄洋社社史』, 제27~28장(pp. 429~505); 『東亞先覺志士記傳』(上), 제14~18장(pp. 147~296), 제41장(pp. 569~585); 瀧澤誠, 「內田良平のこと存ど」, 『評論』(49)(1983年 11月號)(東京 : 日本經濟評論社), pp. 20~31 참조.

50 『東亞先覺志士記傳』(上), pp. 860~868 참조.

있던 무렵, 이제 일본으로서는 한반도에서 어떤 "사건"을 유발하지 않는 한 정한론의 구체적 실천은 어렵게 보였다. 이러한 계제에 김옥균(金玉均) 암살 사건(1894. 3.)이 일어났다.

원로 대륙론자이며 겐요샤의 논객(論客)이었던 마토노 한스케(的野半介)[51]는 이토 신이치로(齋等新一郎)와 오카모토 류노스케(岡本柳之助) 등에게 우인회(友人會)를 조직하도록 하여 상해로 파견하는 한편 김옥균의 암살은 국욕(國辱)이므로 김옥균을 조문하는 뜻에서 조선에 출병[弔合戰]해야 한다고 주장했다. 이러한 호전적 분위기는 우익결사대인 텐유교의 결성을 가져왔고 이들이 일본의 주전론을 이끌어갔다.[52]

마토노는 육군참모차장 가와카미 소로쿠(川上操六)[53]를 만나 조선 출병을 주장했다. 메이지 군부의 대부이며 대청주전론자였던 가와카미는 마토노에게 조선에서 어떤 "불길"[放火]만 일어나면 개전할 수 있음을 시사했다. 마토노는 겐요샤의 실력자인 도야마와 히라오카에게 이 사실을 보고했고, 조선에서의 "방화"를 위한 작업을 시작했다.[54]

마토노는 1894년에 일본에 호의적이었던 김옥균이 피살된 것을 구실로 조선의 정벌을 구상하고 외무대신 무츠 무네미츠(陸奧宗光)를 찾아가 대청 개전(對淸開戰)과 조선 정벌을 주장했으나 완곡하게 거절을 당한다. 도야마와 히라오카는 그 방화의 책임자로 우치다 료헤이를 지목했다. 조직의 자금은 히라오카가 제공했다. 우치다는 청년 대륙론자의 규합에 착수했다.

이때 한국에서 갑오농민혁명이 일어났고 청국은 천진조약(天津條約)을 위반하면서 토벌군을 파병했다. 여기까지는 일본이 바라던 바대로 사건이

---

51 마토노 한스케(的野半介)의 행적에 관해서는 『東亞先覺志士記傳』(上), pp. 491~493 참조.
52 이에 관한 자세한 정황은 『玄洋社社史』, pp. 431~440 참조.
53 가와카미 소로쿠(川上操六)의 행적에 관해서는 『東亞先覺志士記傳』(上), pp. 211~212 참조.
54 『東亞先覺志士記傳』(上), pp. 142~145과 『玄洋社社史』, pp. 434~438 참조.

전개되었다. 이제 남은 것은 청일 양군의 개전의 불씨였다. 그러던 차에 전주화약(全州和約)이 이루어졌다는 사실은 일본에게 당혹과 실망을 안겨 주었다. 일본이 이와 같은 어려운 처지에 빠지게 되자 이왕에 대륙 진출과 청일의 개전을 획책하고 있던 우치다는 결사(結社)를 서둘렀다.

우치다는 스즈키 덴간(鈴木天眼), 도키사와 우이치, 쿠사카 토라키치(日下寅吉), 오하라 기코(大原義剛), 오사키 기이지, 다케다 한지, 오쿠보 하지메, 다나카 시로, 시라미즈 겐키치, 요시쿠라 오세이, 치바 규노스케, 이노우에 토사부로(井上藤三郎), 니시와 에이스케(西脇榮助) 등 14명의 협객으로, "아메다라스 오카미(天照大神)의 음우(陰佑)"를 입어 큰일을 도모한다는 뜻으로 텐유쿄(天佑俠)라는 결사대를 조직했다.[55]

일본 측의 기록에 따르면 이들은 1894년 6월에 부산에 상륙하여 남원(南原)·순창(淳昌)을 거쳐 전봉준(全琫準)과 회맹(會盟)하고, 각기 역할을 분담하여 3개월 동안 전라도 각지에서 동학군을 도와 유격전을 전개함으로써 동학란을 전국적인 규모로 확대시키는 데 결정적인 역할을 했다고 한다. 여러 가지의 정황으로 볼 때 텐유쿄가 한국에 상륙하여 전봉준을 만나 "방화"의 일을 수행하기 위해 암약했던 것은 사실이다.

그러나 그들과 전봉준의 밀약[56]은 사실과 다르다. 이를테면 그들은 6월 중순에 입국하여 3개월 동안 활약했다지만 한국 측 기록에는 이미 그들이 6월 3~6일을 전후하여 노조(路照 : 旅行證明)가 없어 차례로 체포되었다는 점[57]과, 그들이 활약했다는 6월부터 9월까지의 3개월은 일본군이 대궐

---

55 淸藤幸七郎, 『天佑俠』, pp. 117~118; 『玄洋社社史』, pp. 462~463; 『國士內田良平傳』, p. 68.

56 甲午革命 당시의 텐유쿄의 활약에 관한 일본측의 과장된 기록으로서는 『玄洋社社史』, 제27~28장(pp. 429~505); 『東亞先覺志士記傳』(上), 제16~18장(pp. 173~296); 淸藤幸七郎, 『天佑俠』, passim; 『國士內田良平傳』, 제2장(pp. 55~77) 참조.

57 『統理交涉通商事務衙門日記, 舊韓國外交關係附屬文書』(5) : 統署日記(3)(서울; 高麗大 亞細亞問題硏究所, 1973) : 高宗 31년(1894) 6월 15일, 16일, 17일, 20일, 21일자 참조.

을 침입하여 배일 감정이 매우 격렬했던 때인데 과연 전봉준이 그들과 제휴했겠는가 하는 의문이 남는다.[58]

이런 문제뿐만 아니라 당시 우치다가 무리 가운데서도 나이가 어린 것과는 달리 다른 회원들은 겐요샤의 중진이었다는 점이라든가, 그가 해외의 활동 경험이 없음에도 불구하고 과연 텐유쿄를 통솔할 수 있었겠는가라는 원초적인 의문에서 텐유쿄 또는 우치다의 활약은 믿을 수 없다.[59]

일본은 대부분 전략가의 예상을 뒤엎고 청일전쟁에서 승리했다. 왜(倭, 矮)로서의 열등감에 빠져 있던 일본은 득의에 찼고 대륙론자들은 갈채를 아끼지 않았다. 그러나 그들의 감격은 오래 지속하지 않았다. 러시아의 주도 아래 이루어진 삼국 간섭은 일본이 청일전쟁에서 얻은 전리(戰利)를 모두 포기할 수밖에 없도록 만들었다.

이제 일본의 대륙론자들은 러시아를 새로운 적으로 지목하지 않을 수 없었다. 이 무렵, 일본 국내에서는 조정의 암묵적 지시 아래 강렬한 우국심으로 응축되고 있었다. 그들의 꿈은 청일전쟁의 승리에도 불구하고 삼국 간섭을 통하여 많은 것을 잃고 남은 것은 러시아에 대한 복수심뿐이었다.

때맞추어 러시아는 시베리아를 개척하고 흑룡강 일대를 차지하고, 국력에 걸맞지 않은 병비(兵備)를 갖추어 동진을 계속하더니 이제는 한반도에 그 발판을 구축하기에 이르렀다. 러시아의 이러한 동진은 일본을 죽이기에 충분한 것이라고 대륙론자들은 생각했다. 그들이 보기에 당시에 러시아를 응징하지 않고 화평을 맺는 것은 곧 일본이 패망하는 소인(素因)이 될 것이라고 그들은 생각했다.[60]

---

58 全琫準과 텐유쿄와의 관계에 관한 자세한 논의는 신복룡, 『全琫準評傳』(서울 : 들녘, 2019), pp. 165~171; 신복룡, 『東學思想과 甲午農民革命』(서울 : 선인, 2006), pp. 201~207 참조.

59 韓相一, 『日本帝國主義의 한 연구』, p. 60.

60 「對露の危機」, 『黑龍會日露戰爭期論策集』(釜山 : 黑龍會海外本部, 1903), pp. 37~38.

대부분의 대륙론자들이 그러했듯이 우치다 료헤이도 러시아를 다가오는 적(敵)으로 생각했다. 그는 "천황과 국가를 위해 일신을 바쳐 3국 간섭의 치욕을 씻으리라"[61]고 결심했다. 그는 우선 러시아를 알아야겠다고 생각하고, 대러시아의 적개심으로 일본이 들끓던 1895년 8월, 나가사키(長崎)에서 배를 타고 블라디보스토크로 떠났다.

우치다 료헤이와 동행한 동지는 히라도(平戶) 출신의 시바 타다요시(椎葉糺義), 구마모토(熊本) 출신의 고소 마사미(古莊幹實), 그리고 『오사카아사히신문』(大阪朝日新聞)의 기자로 스스로의 호(號)를 말갈(靺鞨)이라고 지었을 정도로 대륙에 집착했던 우에노 이와타로(上野岩太郎)였다.[62]

블라디보스토크에 도착한 우치다는 만주의 실정을 알아보고자 청국의 지부(芝罘)·여순을 돌아보았다. 여순항을 방문했을 때 그는 황금산(黃金山) 위에 나부끼는 흑룡기(黑龍旗)를 바라보며 깊은 영감을 받았다. 블라디보스토크로 돌아온 우치다는 그곳에 유도장(柔道場)을 설립하고 러시아에 관한 기초 지식을 수집하는 한편 이곳을 부산의 경우와 마찬가지로 대륙의 협객들이 모이는 양산박(梁山泊)으로 삼았다.

1900년이 저물어갈 무렵, 우치다 료헤이와 그 동지들은 대륙 경략(經略)을 위한 결사(結社)를 추진하기에 이른다. 1901년 1월 13일, "오랫동안 흑룡강(黑龍江) 강변에서 노숙(露宿)하고, 장백산(長白山)의 바람으로 저녁을 지어 먹고, 요동(遼東)의 들판에 세운 장막 속에서 밤을 지새우며 그 지역의 풍속과 인정을 시찰하고 아시아의 추세를 살펴왔던"[63] 20여 명은 구체적 조직과 행동에 들어갔다.

1897년 8월이 되자 우치다는 러시아의 심장부를 이해하고자 시베리아

---

61 瀧澤誠, 『評傳內田良平』, p. 125.
62 『東亞先覺志士記傳』(上), p. 571.
63 韓相一, 『일본 제국주의의 한 연구』, p. 76.

철도를 타고 페테르부르크로 떠났다. 그는 흑룡강변을 지나면서 일본의 세력이 흑룡강까지 뻗어야 한다고 생각했다. 그는 1898년 2월 초순, 페테르부르크에 도착하여 그곳에서 해군인 야스시로 로쿠로(八代六郎), 히로세 다케오(廣懶武夫), 블라디보스토크에서 가깝게 지냈던 공사관 통역 미야타 노모리(宮田野豊), 그리고 중국 전문가인 시마카와 키사브로(島川毅三郎)를 만나 러시아에 관한 정보를 얻는다. 이때 그는 러시아가 이전에 알고 있던 바와 같은 강대국이 아니라는 사실을 깨닫고 대로필전론(露必戰論)과 대로필승론(露必勝論)을 주장하기에 이른다.[64]

1898년에 일본에 돌아온 우치다는 동지 20여 명과 함께한 비밀 결사를 창립했다. 그들은 도쿄의 고지마치(麴町)에 있는 우치다의 집에서 모여 취지서 초안과 가규약(假規約)을 만들고, 2월 3일 간다(神田)의 킨키간(錦輝館)에서 창립 회원 59명이 참석한 가운데 고쿠류카이(黑龍會)를 창립했다. 이름을 고쿠류카이라 한 것은 시베리아와 만주 사이를 흐르고 있는 흑룡강(黑龍江)을 중심으로 대륙 경영의 대업을 이룩한다는 뜻이었다.

흑룡회 회원들은 일차적으로 『최신만주도』(最新滿洲圖)와 『로국동방경영부면전도』(露國東方經營部面全圖) 등의 지도와 월간지 『고쿠류』(黑龍)를 발간하는 한편 『러시아망국론(亡國論)』(후에 『러시아論』으로 改題) 등을 출판했다.[65] 그들은 또한 그간의 견문을 토대로 동아동문회(東亞同文會)의 기관지인 『동아시론』(東亞時論)을 통하여 대로필전론을 전개해나갔다.[66]

막상 러일전쟁이 일어났을 때 일본군은 청일전쟁을 통하여 얻은 정보

---

64 『東亞先覺志士記傳』(上), pp. 582~584.
65 『東亞先覺志士記傳』(上), pp. 678~682; 淸藤幸七郎, 『天佑俠』, pp. 117~118; 『玄洋社社史』, pp. 462~463; 黑龍俱樂部(編), 『國士內田良平傳』, p. 68.
66 黑龍會의 이후의 활동상에 관해서는 『東亞先覺志士記傳』(上), 제47장(pp. 674~996); 瀧澤誠, 『評傳內田良平』, 제6장(pp. 183~204); 韓相一, 『일본 제국주의의 한 연구』, 제3장(pp. 73~89), 제4장(pp. 90~125) 참조.

로 만주 지역을 샅샅이 알고 있었다. 그들은 기후, 강우량, 진흙 수렁 길, 산악지대, 고량(高粱 : 수수)의 특성까지 조사를 마친 상태였다. 그들은 러시아가 점령하고 있는 위치에 대해 정확한 정보를 입수하고 있었다.[67] 그것은 만주에서 암약한 일본군 정보 장교와 우익 청년들의 작품이었다.

당시 일본 국민의 보편적 정서가 러시아와의 전쟁을 필연으로 생각했다고 믿을 만한 자료는 없다. 전쟁은 지배 계급의 필요조건이었을 뿐이다. 특히 초기 자본주의의 재력가들에게는 군수(軍需) 산업을 통한 호황이 필요했다. 따라서 일본의 부르주아 계급은 자국 정부가 한국을 상대로 점령에 비견되는 적극적인 정책을 추진하도록 요구했다.[68]

여기에서 지적해두어야 할 사실은 흑룡회의 그와 같은 야망이 초기의 국외자(局外者)들의 눈에는 허황한 것으로 보였지만, 그들의 꿈은 끝내 이루어졌다고 하는 사실이다. 그것이 곧 만주국(滿洲國)의 건설이었고 대동아공영권(大東亞共榮圈)의 건설이었다. 따라서 청년대륙론자들의 꿈은 꿈으로 그치지 않고 하나의 현실로 나타나게 되었으며, 이 점에서 그들의 우국적 기상은 가상한 것이었다.

이 글의 주제인 대한제국의 멸망과 관련하여 이 문제를 반추(反芻)해본다면, 당시 한말(韓末)의 우리 사회에서는 이에 대응할 만한 민족주의적 청년 문화가 형성되어 있지 않았다는 것이 비극이었다. 우리의 역사를 되돌아볼 때 그러한 유산이 없었던 것은 아니었다. 예컨대 고구려(高句麗)의 조의(皁衣)·선인(仙人)과 같은 청년 문화가 있었지만, 고구려의 멸망과 이로 인한 대륙적 기상의 상실, 그리고 하천 문화[농경 문화]로의 몰락은 공격적인 일본의 적수가 되지 못했다.

67 심국웅(옮김), 『쿠로파트킨회고록 : 러일전쟁』, p. 94.
68 로스트노프(외 지음), 김종헌(옮김), 『러일전쟁사』, pp. 41~43.

6. 맺음말 : "착하지 않은 사마리아인"의 이웃으로 살기

대일관계사가 주류를 이루고 있는 한국의 근대 민족주의 운동의 특징을 한마디로 요약할 수는 없지만, 그 가운데 하나로서 민족감상주의가 차지했던 비중을 무시하기는 어렵다. 민족감상주의는 민족을 응집시키는 일차적이고 부분적인 계기는 될 수 있지만 민족의식이나 민족 운동을 끝까지 지속시키는 힘은 아니다.

일본이 무서워서가 아니라, 일본을 적국으로 두고 살아가기에는 우리가 너무 불편하고 고통스럽다. 민족 문제는 엄연한 현실이며 전략과 경륜, 그리고 의지가 필요한데, 대한제국은 이러한 점들을 소홀히 했고, 결국 그 약점을 극복하지 못한 것이 이유가 되어 멸망했다.

이러한 약점은 해방 70여 년이 넘은 지금까지도 잔존하고 있다는 것이 문제를 더욱 악화시키고 있다. 일제시대를 체험한 기성세대가 후대에게 들려주는 "경험으로서의 일본관"은 아직도 감상주의를 벗어나지 못하고 있고, 역사학은 문제의 핵심을 지적하는 데 실패하고 있다. 한일관계는 텔레비전의 멜로 드라마나 담징(曇徵) · 왕인(王仁)에 대한 나르시쿠스적 향수만으로는 설명될 수 없다.

이 글의 결론은 다음과 같다.

[1] 전쟁을 죄악시하는 것이 도덕적 견지에서는 옳을지 모르지만, 우리에게는 전쟁을 엄연한 현실로 받아들이는 현실주의가 필요하다. 우리가 바랐든 바라지 않았든, 이제 전쟁은 우리 곁에 일상화된 실제 상황이 되었다. 그러나 우리의 대일 항전은 강도에서 일본의 적수가 되지 못했고, 범국민적이지도 않았다.

[2] 우리는 한일관계사에서 일본에 대한 일정한 체념(諦念)이 필요하다. 세상에 바꿀 수 없는 것이 있고 바뀌지 않는 것이 있다. 일본의 대외관은

바뀌지 않는 것 가운데 하나이다. 그 갈등은 앞으로도 천년을 더 지속될 것이다. 그러므로 일본을 바라보는 우리의 시각(視角)과 자세에는 긴 호흡이 필요하다.

카네코 겐타로는 "일본이야말로 진실로 '착한 사마리아인'(good Samaritan)⁶⁹으로 살아 왔다."고 강변하고 있지만,⁷⁰ 이 말을 믿을 사람은 그리 많지 않다. 그러므로 우리로서는 이제도 그리고 앞으로도 '착하지 않은 사마리아인들'과 함께 살아가는 지혜와 인내를 찾는 것이 차라리 더 쉬운 길일 수 있다.

[3] 일본이 두 번의 전쟁에서 일본이 이긴 것은 지배 계급과 우국적 청년들의 정신력이지 무기는 그 다음의 문제였다. 그들은 스스로 이 승리를 가리켜 "일본 정신"(大和魂, やまとだましい)의 승리라고 말한다.

[4] 건강한 국가 경영만이 전쟁을 막고 이길 수 있다. 조국으로부터 보호받지 못한 무리들에게 조국의 수호를 요구할 수는 없다. 자기의 땅에서 버림받은 가난한 사람들은 더 이상 조국의 수호에 열의를 보이지 않다.⁷¹ 그들이 민족 전선에 스스로를 희생하지 않았다 하여 그들을 탓할 수만은 없다. 이 점에서 한국의 민족주의의 강도는 일본에 떨어진다.

[5] 전쟁의 승리는 그 시대 지배 계급의 능력과 의지의 소산일 뿐이다. 영웅사관으로 역사를 설명할 수는 없지만, 그 시대의 지배 계급의 결심이 민족과 국가를 중흥시킨 사례와 인물은 역사에 허다하기 때문이다. 우리에게는 베네딕트 루드가 지적한 일본의 두 가지 무기 곧 우치다 료헤이 같은 칼도 없었고, 이노우에 가오루(井上馨)과 같은 국화도 없었다.

[6] 적국은 늘 이웃 나라였다. 인간사가 다 그렇듯이 인간은 가까운 사

---

69 『신약성서』 루카복음 10 : 30~37.

70 Kentaro Kaneko, *The Situation in the Far East : An Address before the Harvard University, April 28, 1904*(Cambridge : The Japan Club of Harvard University, 1904), pp. 20~21.

71 『플루타르코스영웅전』, 「티베리우스 그락쿠스」, § 8.

람과 싸우지 멀리 있는 사람과 싸우지 않는다. 그래서 역사에 화목했던 인접 국가는 없었다. 이것은 국제관계사가 안고 있는 가장 아픈 유산이다. 중국과 소련, 미국과 멕시코, 프랑스와 독일, 독일과 영국, 인도와 중국, 인도와 파키스탄 이스라엘과 시리아 등……

한국과 일본도 그런 범주를 벗어나지 못하고 있다. 따라서 한일관계의 비극성은 일종의 운명적인 요소를 담고 있다. 그러나 우리는 일본이 자원 보급과 시장 문제를 한국에 의존할 수밖에 없었던 19~20세기 초엽의 역사 상황[72]을 이해할 수 있지만 용서할 수는 없다.

---

72 Tyler Dennet, *Roosevelt and the Russo-Japanese War*(Grochester : Peter Smith, 1959), p. 96.

15장　망국의 책임을 묻지 않는 역사

> "한 나라가 멸망하는 것을 보면
> 그 나라가 스스로 멸망할 짓을 저지른 뒤에
> 다른 나라가 그를 멸망시킨다."[1]
> ─ 맹자(孟子)

1. 머리말

역사에서 수많은 흥망성쇠가 있었던 점을 생각한다면 한국이라고 해서 패전과 망국의 역사가 남다를 것이 없다. 역사는 직실(直實)해야 하며 부끄러운 일도 역사이다. 따라서 이를 언제까지 피해갈 수만도 없다. 한국의 현대사가 정직하고 용기 있게 짚고 넘어가야 할 문제는 바로 패전과 망국에 관한 담론이다.

이 글이 그와 같은 문제의식을 갖게 된 것은 토인비(A. J. Toynbee, I : 3)[2]의 교훈으로서, "인류의 역사에는 26개 문명 가운데 16개 문명이 멸망했는데, 그 가운데 6개의 비서구문명의 멸망은 모두 내재적 모순 때문이

---

* 이 글은 『한민족독립운동사연구』 82호(2015)에 「1910년, 대한제국의 망국을 바라보는 한 인문학자의 視線」(pp. 261~307)과 『해방 정국의 풍경』(서울 : 지식산업사, 2018)의 제11장(pp. 139~156) : 「친일 : 그 떨쳐야 할 업장(業障)」을 개고한 것임.
1 『孟子』: 離婁章句(上) : 國必自伐而後人伐之.
2 A. J. Toynbee, *A Study of History*, Vol. IV(Oxford : Oxford University Press, 1973), I : p. 3.

었다."는 구절이다.

그럼에도 불구하고 우리의 역사에는 자신에 대한 회오(悔悟)가 보이지 않는다. 일본에 의한 망국의 여한이 너무 절절했던 탓인지 아니면, 부끄러움을 모르는 탓인지, 그도 저도 아니면 이른바 자학사관(自虐史觀)이라는 것에 대한 진저리 때문인지, 우리의 역사에는 망국에 대한 성찰이 부족한 것은 사실이다.

이러한 사관의 망각 시대에 우리의 역사를 읽는 도구로 등장한 것이 곧 민족주의 사관 또는 국수주의 사관이었다. 위로는 신채호(申采浩)로부터 시작하여 천관우(千寬宇) - 이기백(李基白)으로 이어지는 민족주의 사관은 식민 사관의 탈각이라는 이름으로 해방 이후 한국사학사의 주류를 이루었다.

민족주의 사관으로 무장한 그들은 한국사학사에 이바지한 바가 크다. 사료의 해석과 발굴에서부터 시작하여 왜곡된 친일 사학에서 벗어나려는 노력이 가상했다. 그러나 국수주의 역사학으로 분류되는 이러한 입장은 다음과 같은 몇 가지 점에서 되돌아볼 필요가 있다.

> (1) 국수주의자들의 글은 망국의 역사를 기술하면서 침략자들을 비난하는 동안 자신의 허물을 돌아보기보다는 일본을 규탄하고 탓하는 데에 초점을 맞추고 있다. 이런 식의 "탓의 역사학"은 비분강개한 민족 심리에 위안을 줄 수는 있어도, "왜 국가는 멸망하는가?" 하는 원초적인 질문에 대답을 제공하지 못한다. 한국의 망국사를 설명하면서 일본의 죄상을 비난할 수는 있지만, 그것만으로는 역사의 전체상을 보여 줄 수 없다.
>
> (2) 한국 현 대사에서의 친일 논쟁은 40여 년 동안 지속한 일제 식민 통치의 역사적 책임을 소수 친일 세력에게만 한정함으로써 오히려 한층 더 폭넓고 깊이 있는 성찰과 반성의 기회를 가로막고 망국의 책임을 희석하는 결과를 초래했다. 세계사에는 수많은 망국의 사례가 있지만, 소수의 "부역자"들에 의해서 나라가 무너지지는 않았다. 망국은 국가의 총체적 부실로 말미암은 것이지 침략자의 야망이나 소수의 내부 부역(附逆)으로 이루어지지 않는다.

(3) 이들은 맑스주의적 투쟁의 논리에 접한 사실이 없으면서도 역사에서의 투쟁사를 기록하는 데 많은 노력을 소모했으며,[3] 적국과의 투쟁 개념을 중시했다. 그럼으로써 그들은 의도하지 않았던 사조, 곧 좌파 역사학의 이론이 머리를 드는 광장을 마련해 주었다. 민족주의 사관이 밀려들어 올 때 좌파의 이론도 함께 들어오기 때문이다. 인간의 역사에 악의가 승리하는 경우도 많지만, 흔하지는 않아도 "착한 사마리아인"도 있다. 인간이 홉스(Thomas Hobbes)의 말처럼 "서로에게 이리[狼]"일 수 있어도 더불어 사는 것의 미덕에 대한 최소한의 양식은 갖추고 있다. 인간이 오로지 선량한 것이 아니듯이, 오로지 사악한 존재만도 아니다.

(4) 일제시대에 대한 망령은 한국인에게 너무도 가위눌리는 비극이었고, 그래서 해방 이후의 역사학은 "분노의 역사학"(angry history)이었다. 역사가 공의롭지 않은 때가 어찌 없었을까마는, 그것이 혈사(血史)요 통사(痛史)만은 아니었다. 해방 이후의 감격 시대의 역사를 돌아볼 때 비분강개의 역사는 영웅중심주의를 낳았고, 영웅주의는 권위주의를 낳았다는 점에서 바라지 않았던 불행을 초래했다.

결국 이제 역사학이 발달한 지금, 우리가 해야 할 남은 작업은 어두운 역사의 원인과 책임에 대하여 우리의 지평을 넓혀야 한다는 점이다. 역사를 인정가화(人情佳話)와 미담과 승전의 이야기만으로 채울 수는 없다. 어둠이 없으면 밝음도 비치지 않는다. 어둠을 보았을 때 밝음은 더 아름다울 수 있다.

2. 문민우위(文民優位)의 원칙

한국의 역사를 읽노라면 그 숱한 전화(戰禍)를 겪으면서도 유교 국가

---

3 Werner Sasse, 「정재정 교수와 다부치 교수 발표에 대해」, 유네스코한국위원회 (편), 『21세기 역사 교육과 역사 교과서』(서울: 오름, 1998), p. 151.

체제 아래에서 고집스럽게 문민우위의 원칙을 지키려 한 것은 참으로 놀라운 일이다. 문예를 높이고 그것이 곧 백성의 정신적 삶의 질을 높일 수만 있다면 문민 숭상을 탓할 이유가 없다. 이와 같은 인격 도야에서의 근면함의 문제는 이미 공자(孔子)의 생각에 중요한 자리를 차지하고 있었다. 그는 이렇게 말하고 있다.

> 내가 일러준 대로 게으름을 피우지 않는 사람은 바로 안회(顔回)이다.4
> 자장(子張)이 정치에 대하여 여쭙자 공자께서 말씀하시되,
> "평소에 게으름이 없으며 행동에는 충(忠)으로 할지니라."5
> 자로(子路)가 정치에 대하여 여쭙자 공자께서 이렇게 말씀하였다.
> "남보다 먼저 하고 다른 이보다 더욱 노력해야 하느니라."
> 더 말씀해 주실 것을 청하자 공자께서 이렇게 대답하였다.
> "게으름이 없어야 하니라."6

그런데 여기에서 공자의 근면 의식은 노동을 뜻하는 것이 아니라 면학(勉學)을 뜻하는 것이었음에도 불구하고 주자학의 세뇌를 거치면서 근면이 노동의 의미로 변질됨으로써, "근면은 너희[民]가 지켜야 할 덕목이지 우리[士]가 지켜야 할 덕목은 아니라"는 쪽으로 분화하기 시작했다. 곧 여기에서 후학들이 면학과 노동을 오해하기 시작했다.

그러한 문민 의식이 노동의 문제와 충돌할 때, 우리가 원했든 원치 않았든, 초기 자본주의 시대에 진입하고 있던 19세기 말에서 20세기 초엽의 사회에서 유교가 저발전의 "일정한" 요인이 되었던 것은 사실이다. 근면이 면학과 노동이라는 각기 다른 의미로 분화하면, 문예가 노동이나 생산성에 도움이 되지 않는다.

---

4 『論語』子罕 : "子曰 語之而不惰者 其回也與"
5 『論語』顔淵 : "子張問政 子曰 居之無倦 行之以忠"
6 『論語』子路 : "子路問政 子曰 先之勞之 請益 曰 無倦"

문민들은 안빈낙도(安貧樂道)라는 이름으로 자신의 가난한 삶을 숨기려 했으나 그것은 위선이었다. 서경덕(徐敬德)은 자신의 처지를 이렇게 미화했다.

> 부귀에는 다툼이 있어 손대기 어려우나
> 초야(林泉)에는 꺼림 없이 몸을 둘 만하거니
> 나물 캐고 고기 잡아 배를 채울 만하고
> 달과 바람 읊조리어 정신을 맑게 할 만하네.7
> 富貴有爭難下手 林泉無禁可安身
> 探山漁水能充腹 咏月吟風足暢神

아마도 선비의 이와 같은 빈곤의 문제를 일찍부터 걱정하고 경계했던 인물은 사마천(司馬遷)일 것이다. 그는 "바위틈에 사는 기행(奇行)도 없이 오래 가난하면서 인의(仁義)를 즐겨 말하는 것은 부끄러운 행실"8이라고 모질게 나무랐다. 맹자(孟子)는 "벼슬함이 반드시 가난을 벗어나고자 하는 일은 아니지만, 때로는 가난을 벗어나기 위한 경우가 있다."9고 권고했지만, 조선의 선비들은 그 말을 따르려 하지 않았다.

선비들은 남에게서 선물을 받아 사는 것조차도 부끄럽게 여겼다.10 그들은 "선비란 주림과 추위와 수고로움과 몸이 곤궁함과 노여움과 부러움을 참아야 한다."11고 요구한다. 이것은 인간의 원초적 욕망을 억누르는 것이어서, 인륜이라는 이름만으로 억압할 수 없는 문제였다. 유학은 인간이 성인으로 살기를 요구했다.

적어도 한국인의 의식이 주자학(朱子學)에 침윤되기 이전의 상황에서

---

7 『中宗實錄』 39년 6월 6일(계유).
8 『史記』(129) 「貨殖列傳」(69): "無巖處奇士之行 而長貧賤 好語仁義 亦足羞也"
9 『孟子』 「萬章章」(하): "孟子曰 仕非爲貧也 而有時乎爲貧"
10 『晦齋集』(13) 「李全仁의 關西問答錄」: "古人以苞苴及門爲恥"
11 『星湖僿說』(17) 人事門 善人福薄

근면함은 숭상받아 마땅한 덕성이었다. 한국의 고대 사회에서 삶의 조건
이 평탄한 것은 아니었다. 지금보다 좀 더 북위(北緯)에 살았던 우리 선
조들의 시대에 토지는 척박했고, 겨울이 길어 수렵에 의존해야 했으며,
자연 채식이 어려워 농경에 주력했다. 이런 생활 조건에서 살아남는 길
은 근면함이었다. 이러한 현상은 남방 지역보다 북방 지역의 삶에서 더
욱 두드러지게 나타났다. 그들은 강인한 체력과 근면함으로 삶을 영위할
수 있었다.

그런데 그 유학 또는 주자학이 한국사에 접착되었을 때 거기에 담긴 근
면의 본의는 많이 굴절되기 시작했다. 노동에 대한 주자의 인식은 숙종
(肅宗) 시대의 대사헌 이단하(李端夏 : 1625~1689)의 다음과 같은 상소(上
疏)가 잘 보여주고 있다.

> "그런데 지금의 경우는 귀천을 따지지 않고 모두 호포(戶布)를 내니,
> 만약 선비로 말한다면, 평생 고생하며 부지런히 책만 읽은 사람들인데 한
> 글자도 읽지 않는 무리와 같이 포(布)를 내는 것은 또한 억울하지 않겠습
> 니까?"[12]

위의 글에 나타나고 있는 노동은 군역(軍役)과 부역(賦役)을 의미하는
것이다. 그러나 그 행간에 들어 있는 주장은 노동 기피를 위한 사대부의
변명을 대변하고 있다. 군역의 문제가 자신들의 문제, 곧 양반에게도 부과
해야 할 것이냐의 문제에 직면했을 때, 그들은 자신의 기득권을 양보할
뜻이 없었다. 그들은 승려나 노비가 신분 상승을 위해 군적에 몸을 맡기
는 것에 대해서는 연민을 가지면서도,[13] 자신들이 군역이나 부역에 포함
되어야 한다고는 생각하지 않았다.

후기 주자학자들이 부분적으로 신분 철폐를 주장한 것은 사실이지만,

---

12 『肅宗實錄』 7년 4월 3일(병술).
13 『星湖先生文集』(30) 雜著 論兵制.

그것이 군역에까지 확대되는 것은 아니었다. 위의 글은 노동에 대한 개명에도 불구하고 그 내용은 역설적으로 신분에 따른 노동의 불균형한 배분을 주장하고 있다. 이단하는 노동을 할 사람과 노동을 하지 않을 사람은 이미 운명적으로 결정되어 있으며 이 질서를 무너트리는 것은 위험하다고 말함으로써 주자학이 가지는 근대성의 한계를 드러내고 있다. 그들의 눈에 노동은 여전히 천직(賤職)이었다.

후기 실학 시대에 이르면 노동에 대한 인식은 많이 달라진다. 그 앞에는 이익(李瀷)이 있었다. 그는 노동의 균등성을 주장하는 과정에서 그것이 구현되지 않는 까닭 가운데 하나는 과거합격자의 과다 배출이라고 주장한다. 이것은 공신전(功臣田)과 과전(科田)의 은급 대상인 관료의 비대화 현상을 의미한다.

조선조에서 관료의 과다 현상은 인구비로 볼 때 고려 시대에 견주어 3배이고, 중국에 견주어 5배라는 기록도 있다.[14] 이들의 토지 점유는 농민에 대한 처우를 악화하였다. 예컨대, 이익이 주장하는 입격(入格)의 과다 배출의 폐해를 들어보면,

(1) 입격자는 일반 백성들이 감당하고 있는 부역(民役)을 감당하지 않으며,
(2) 벼슬하는 무리는 재물을 바치거나 아첨하여 선비의 습속을 해치고,
(3) 농사를 붓끝으로 지음으로써 헛된 수고에 분주하다가 가문을 망친다.[15]

결국 유교는 전통 사회의 개인이 누릴 권리를 주장하기보다는 의무를 다하도록 요구하였다. 그것은 중요한 사회적 가치로서의 공정함과는 거리가 먼 것이었다. 한국의 유생들은 노동에 관한 유교의 기본 의식을 자기 편한 대로 왜곡했다.

---

14 『惺所覆瓿藁』(11) 論 厚祿論; 同書(11) 論 官論.
15 『星湖僿說』(7) 人事門 科薦合一.

백만장자의 유산으로 장학재단을 남기고 세상을 떠난 로즈(Cecil Rhodes)를 역사상 가장 성공한 인물로 추앙하며, 근면하고 성실히 살다간 프랭클린(Benjamin Franklin)을 모범적인 시민으로 생각한 베버(Max Weber)는 자본주의의 정신을 설명하면서, 프랭클린이 그의 『자서전』에서, 비록 자신은 아무 종파에도 속하지 않은 이신론자(理神論子)이지만, 엄격한 캘빈주의자(Calvinist)인 아버지에게서 청년 시대에 항상 가르침을 받았던 성서의 한 구절, 곧 "네가 자신의 사업에 근실한 사람을 보았느냐? 이런 사람은 왕을 섬기리라."(『구약성서』「잠언」22 : 29)는 구절을 즐겨 인용했는데, 베버는 이 점이 뜻하는 바가 크다고 칭송한다.[16]

19세기 말에서 20세기 초엽에 걸쳐 시대정신이 미완성된 자본주의 사조로 바뀌고 있을 때 궁핍한 선비의 가치는 급격하게 몰락했다. 이런 점에서 볼 때 조선 선비의 몰락은 철학이나 이상보다는 사회경제사의 요소를 더 많이 안고 있다. 그런 몰락 과정을 통하여 나타난 주변부 지식인(marginal man)이 실학자들이었다. 그들은 그 시대의 몰락한 재야지식인이었다.

물론 실학자들 가운데에는 이수광(李睟光)처럼 판서의 반열에 오른 사람도 있지만, 대개는 초야에서 일생을 보냈다. 그리고 그들은 명문거족의 후예라는 공통점을 지니고 있다. 그럼에도 당대 현실에 끼친 영향력으로 따지자면 실학자들은 "풀잎 하나 움직일 바람"도 일으키지 못했다.[17]

그리고 그들의 꿈이 머리를 들기까지는 19세기의 민란과 갑오경장의 시대까지 기다려야만 했고 그들의 글이 세상에 알려지기까지에는 1936년 무렵 정인보(鄭寅普)와 최남선(崔南善)을 중심으로 하는 개명학자들이 조선광문회(朝鮮光文會)의 활동을 통하여 그들의 이상을 책으로 알릴 때까지 기다려야 했다.

---

16 Max Weber, *The Protestant Ethic and the Spirit of Capitalism*(New York : Charles Scribner's Sons, 1958), pp. 42, 53.

17 임형택, 「개항기 유교지식인의 '근대' 대응 논리 : 惠岡 崔漢綺의 氣學을 중심으로」, 『大東文化硏究』(38)(서울 : 성균관대학교대동문화연구원, 2001), pp. 121~122.

이와 같은 논리에 대한 반론으로 실학이 제시한 경세를 그 증거로 제시할 수도 있다. 그러나 실학을 역사적으로 평가하면서 가장 조심해야 할 사실은 그들에게 구체적인 행위(praxis)가 없었다는 점이다. 실학자들의 저작은 그들의 시대가 지나간 뒤에야 세상에 알려졌다.

유형원(柳馨遠)이나 이익 또는 그의 문도들의 이상(理想)이 아무리 훌륭했다 하더라도 그들은 출발에서부터 한계를 안고 있었다. 실학자들의 동기가 어디에 있든, 지배계급의 이기심에 대한 실망이었든 아니면 서학에 대한 호기심이었든, 그들은 대개가 은자(隱者)였다. 그들은 어디까지나 학자였지 현실 정치에 참여한 인물은 아니었다.

문민우위의 또 다른 문제는 무인(武人)을 하대(下待)한다는 점에서, 그 이전 고려 시대의 무신정권 시대라든가, 전란기의 사조와 관련해 볼 때, 한국사가 안고 있는 아픈 유산이었다. 그 원인은 결국 "힘[筋力] 쓰는 일은 선비가 할 일이 아니며, 무반(武班)이나 할 짓이라는 생각"에 기초하고 있다. 그 시원을 더듬어 올라가 보면, 김부식(金富軾)으로 대표되는 고려의 관료 귀족들이 가지고 있던 기본 가치인 유교국가주의에서부터 그 뿌리를 찾을 수 있다.

고려의 신흥사대부들은 유교적 가치를 정책에 투영함으로써 불교 국가의 요소를 탈염(脫染)하는 데 성공했다. 이 투쟁에서 유교적 사대부들이 승리한 뒤에 그들은 유교 정신에 따라 힘이 아니라 경학(經學)을 위주로 하는 문민우위의 체제를 다져갔다.

문민 우위의 원칙이 낳은 가장 두려운 병폐는 군사 문제를 문관이 다루었다는 사실이었다. 이를테면 거란의 침입(993~994)을 막은 서희(徐熙), 여진을 정벌(1104)하고 9성을 축조(1108)한 동북면행도통(東北面行都統) 윤관(尹瓘), 묘청(妙淸)의 난(1135)을 진압한 중서시랑(中書侍郞) 김부식, 조선조 건국 초기 평안도와 함경도의 국방을 책임진 김종서(金宗瑞), 임진왜란 전야의 병조판서 이이(李珥), 임진왜란 당시 광주(光州) 목사로 행주산성 전투에서 승리하고 도원수가 된 권율(權慄)이 모두 문관 출신이었다.

이러한 현상은 문관도 군사 문제를 훌륭하게 다룰 수 있었음을 보여 주
는 사례가 아니라 애당초에 무관으로 대접받고 그 직능을 수행했어야 할
인물들이 무관을 경시하는 풍토로 말미암아 모두 문관의 길을 걸었음을
보여 주는 것이다. 이것은 문무관의 경계에 대한 침범 행위였다.

이와 같은 문민 우위의 관념은 공자의 이상국가론에 이미 잉태되어 있
었다. 자공(子貢)이 공자에게 "정치란 무언인가?"를 묻자 그가 대답하기를
"먹는 것(食)과 군사(兵)와 믿음(信)을 갖추어야 하는데 그 가운데 먼저 버
릴 것이 있다면 군대이다."[18]라는 말에 이미 문민우위의 원칙이 담겨 있었
고, 이 교리는 그 후학들에게 강고하게 전수되었다.

이러한 논리는 서양의 경우에도 마찬가지여서, 절대주의 시대에 접어들
자, 탈레랑(Charles M. de Talleyrand)의 말을 빌리면, "전쟁은 너무 심각한
일이어서 군인들에게 맡겨둘 수 없다."[19]고 한다. 그렇다고 해서 문관이
전쟁을 맡으면 승리를 장담할 수 있는 것은 아니다.

유교 지배에서의 그들의 문민 우위 사조가 어느 정도였는가 하는 점은
다음과 같은 이언적(李彦迪)의 기록에 잘 나타나 있다.

> 내가 경상감사로 있을 때 우병사(右兵使) 김질(金軼)과 같이 배를 타고
> 김해로 갔던 일이 있었는데, 조식(曺植)이 그 말을 듣고 그르게 여겨 나에
> 게 이렇게 말하였다.
> "감사가 어찌 무지한 무부(武夫)와 더불어 같은 배를 탈 수 있겠는가?"[20]

위의 일화는 매우 인상적이다. 문신은 무신과 함께 배도 타서는 안 된다는
그들의 의식에서 뒷날 전화(戰禍)에 싸인 조선왕조의 모습을 보는 듯하다.

18 『論語』 顔淵篇.
19 Bernard L. Montgomery(지음), *A History of Warfare*, 승영조(옮김), 『전쟁의 역사』
(서울 : 책세상, 1995), p. 31.
20 『晦齋集』(13) 李全仁 關西問答錄.

한국전쟁사에서 문민우위의 원칙이 어떻게 오도되었는가 하는 점과 관련해서는, 임진왜란이 많은 교훈을 준다. 전쟁이 끝난 뒤의 논공행상에서 작록(爵祿)을 받은 인물들 가운데 어가(御駕)를 따른 문관 중심의 호성공신(扈聖功臣)이 86명이었다. 이에 견주어 실제로 무공을 세운 선무공신(宣武功臣)은 18명에 지나지 않았고, 그 가운데 문관의 수가 절반을 차지했다.

그러나 실제로 전투에 참여했던 곽재우(郭再祐)·정충신(鄭忠信)·김천일(金千鎰)·고경명(高敬命)·송상현(宋象賢)·김덕령(金德齡)·휴정(休靜)·영규(靈圭)·처영(處英)은 전후 공훈에서 누락되었다. 사관(史官)이 개탄한 것처럼, 어가를 호위했던 80여 명의 호종공신(扈從功臣)에게 봉작했고, 그 가운데 중관(中官, 내시부)이 24명이며 미천한 복예(僕隸)들이 차지했으나 무관은 겨우 9명이었다는 사실[21]은 그 당시 군사에 대한 유학적 사고가 얼마나 편협했던가를 잘 보여 주고 있다.

무관 출신 이완(李浣)도 병마절도사와 훈련대장을 거쳐 형조판서에 올랐지만, 병조판서를 맡지는 못했다. 무관으로서 남이(南怡)만이 병조판서에 올랐으나 곧 교체되었다. 병마절도사는 대체로 문관인 감사의 겸직이었다. 해방정국에서도 양반의 자제가 아니면 국방경비대의 장교로 임관하지 않았다.[22] 무관직을 하대하면서도 그 직책은 문관이 맡아야 한다는 논리가 매우 무리하게 여겨진다.

하대는 비인격적 처우를 유발했다. 역사적으로 무사를 모욕하는 곳에는 늘 재앙이 따랐다는 점에서 문민 우위의 사조는 한국사가 안고 있는 애물이었다. 문관의 자부심이 지식이라면 무관의 자부심은 국가 간성으로서의 명예였다. 그러나 조선사에서 그러한 명예는 지켜지지 않았다. 고려시대의 무신정권이 칭찬받을 만한 일은 아니지만, 그들에게도 할 말이 있

---

21 『선조실록』 37년 6월 갑진.

22 『하우스만(Jim Hausman) 증언 : 한국 대통령을 움직인 미군 대위』(서울 : 한국문원, 1995), p. 127.

었다. 동서양을 막론하고 유능하거나 전공이 높은 군인이 승진하는 것은 아니었다.[23]

문민 우위의 원칙은 정부 직제에서도 잘 나타나고 있다. 그러한 사례로서 수군의 직제를 보면 전국에 수군절도사(정삼품)가 경상·전라도에 각 3명, 경기도·충청도·영안도(永安道 : 함경도)·평안도에 각 2명, 황해도·강원도에 각 1명으로서 모두 16명이었으나, 3명인 경우에는 좌·우절도사가 각기 두 자리를 차지하고 2명의 경우에는 관찰사가 그 한 자리를 차지하고 1명의 경우에는 관찰사가 겸임함으로써 실제로 수군절도사는 6명이었다.[24] 이럴 경우에 수군절도사의 직제는 사실상 문관의 보직이었음을 보여주는 것이다.

요컨대, 문관이 무관의 직무를 수행한 것은 국가 방위의 문제를 너무 쉽게 생각한 것인 동시에 무관에 대한 하대의 의미를 담고 있었다. 무관이 정치를 하는 것이 바람직하지 않듯이, 문관이 무관의 직무를 수행한 것도 바람직한 현상은 아니었다.

물론 일제 항전기에 의병에는 문관이 더 많았던 것은 사실이지만 이것이 무관의 역할을 문관이 감당했다는 논리의 정당성과는 별개의 것이다. 전쟁은 무관이 맡았어야 할 임무이지만 현실은 그렇지 못했다는 것이 망국의 원인과 무관하지 않다.

3. 부패

한 국가의 멸망은 애상(哀喪, pathos)을 안겨 준다. 조선왕조의 경우를

---

23 Barbara Tuchman, *The Guns of August;* 이원근(옮김), 『8월의 포성』(서울 : 평민사, 2008), p. 132.
24 『經國大典』 兵典 外官職.

보면, 그 망국의 이유를 여러 가지 측면에서 살필 수 있지만, 무엇보다도 중요한 것은 왕조의 피로였다. 19세기 말엽이 되면 조선은 이미 국가로서의 활력을 잃은 채 타성으로 연명하는 이른바 "지루한 제국"(Empire of boredom)[25]이었다.

부패로 말미암은 민중의 지친 삶은 조국의 운명에 대한 연민을 잃고 있었다. 그들 앞에 벌어지고 있는 국가의 운명은 그들에게 그리 절박하지 않았다. 밖으로부터의 일격이 아니더라도 스스로 지탱하기 어려운 국가의 공통된 특징은 암군(暗君)의 시대와 관료의 타락, 그리고 의욕을 잃은 민중의 삶이 동시에 벌어지며 그 결과는 끝내 왕조의 멸망을 이어진다. 이럴 경우에 외침(外侵)에 대한 저항력은 거의 무방비상태일 수밖에 없다.

그렇다면 조선조의 관료는 왜 그리 부패했는가?

첫째로는 가난을 청빈이라는 이름으로 호도하며 부끄럽게 여기지 않았던 유교적 전통과 무관하지 않다. 청백리(淸白吏)라는 용어는 미담일 수는 있어도 그리 바람직한 지도자상은 아니다. 앞서 지적한 바와 같이, 유교에서의 교학과 노동의 차별과 분화는 끝내 생산성의 하락을 가져왔다.

백성에 대한 유가의 사상이 백성의 먹을거리[養民]에 많은 관심을 기울이고 있었던 것은 사실이다. 그들은 생산성이 낮은 고대 사회에서 삶의 질은 결국 먹을거리의 문제임을 잘 알고 있었다. 세종(世宗)의 가르침처럼, "백성에게는 먹는 것이 하늘이었다."[26] 그러나 관료에게 청빈을 요구하는 풍조는 빈곤을 낳았고, 빈곤은 수탈을 낳았기 때문에 청빈이 부패를 낳는 역설이 성립되었다. 청빈은 인간의 원초적 욕구에 대한 억압이었기 때문에 처음부터 이루어질 수 없는 꿈이었다.

---

25 이현휘, 「소명으로서의 역사학과 정치로서의 역사학」, 『동양정치사상사연구』(14/2, 2015), p. 178.
26 『세종실록』 29년 4월 15일(병오) : "食爲民天"

한국사의 경우에 가난을 미덕으로 칭송한 사례는 허다하다. 이를테면, 맹사성(孟思誠, 古佛)이 고향 온양에 근친(覲親)을 가는데, 그가 내려온다는 소식을 들은 진위(振威)와 양성(陽城) 현감은 그를 마중 나갔으나 그의 행색이 너무 초라하여 알아보지 못하고 길을 비키도록 꾸짖었다는 이야기[27]는 교과서에도 등장했다.

그들은 이러한 삶을 청빈이라고 스스로 위로하면서 후회나 자책을 보이지 않았다. 이색(李穡)이 함창(咸昌)으로 유배의 길을 떠나면서 "돌아보니 땅도 없고 집도 없으니 과연 어디로 돌아가나?"[28]라고 쓸쓸히 말하는 대목에서 선비의 노을을 보는 것만 같다. 조선의 선비들은 "땅"을 딛고 살지 않고 허공에 뜬 삶을 살았다. 가난에 초연한 사람은 신이거나 바보이다.

한국사에서 "노동의 발견"은 아마도 실학의 업적일 것이다. 이 문제를 고민한 사람은 유형원이었다. 그는 이렇게 주장하고 있다.

> "어떤 사람은 말하기를 '선비 이상에게 토지를 주면서도 병역 의무를 부담시키지 않는 이유는 무엇인가? 그렇게 하면 군대 수효가 감소하지 않겠느냐?'고 묻는 이도 있다. 이것[선비에게 군역은 면제해주던 방법]은 선비를 양성하는 제도의 큰 조목이니 어찌 그렇게 하지 않으리오?
> 대체로 국가에서 선비를 양성하는 것은 모두 백성들을 위해서 한 것이다. 여기에서 귀천의 분별이 육체노동과 정신노동에 따라서 나뉘게 된다. …… 만약 선비를 양성하는 제도를 없앤다면 온 국가가 모두 흑암 몽매에 빠지게 되어 곧 혼란이 생길 것이며 백성들도 손발을 움직이지 못할 정도로 될 것이다."[29]

유형원이 노동의 의미를 발견한 것은 사실이지만, 그가 고민한 것은 양반 계급의 몰락으로 말미암은 노동의 감소이지 노동의 극대화를 위한 구

---

27 『燃藜室記述』(3) : 「世宗朝 故事本末」世宗朝의 相臣 孟思誠 條.
28 『高麗史』「列傳」李穡.
29 『磻溪隨錄』(1) 田制(上) 分田定稅節目.

체적 방안은 아니었다. 이데올로그(ideologue)나 사상가의 가치는 그 우수성의 여부에 못지않게 설득력과 자기지탱력을 가져야 한다. 이 점을 소홀히 여길 경우에 그 본질의 중요도에 관계없이 그 사상은 도태되었는데, 한국사에서의 빈곤의 문제는 곧 스스로의 빈곤을 초래함으로써 그 설득력을 상실했을 뿐만 아니라 지식인[선비]의 몰락을 초래했다.

신이나 인간에 대한 감정을 통하여 즐거움을 느끼거나 감정의 자연적인 순화 기능을 가진 사람들이 물질적으로 풍요로운 사람들보다 더 심리적으로 평안할 수는 있겠지만, 그들의 가난은 그들에게 나타나고 있는 거의 모든 악의 근원이 되고 있다는 것이 서구적 인식의 기본 틀이었다.[30]

그렇다고 해서 동양인들이 재산의 문제를 처음부터 등한히 여겼다는 뜻이 아니다. 이를테면 기자(箕子)의 다음과 같은 헌책(獻策)을 들어볼 필요가 있다.

> 기자가 무왕(武王)에게 아뢰었다.
> "나라를 다스리는 데에는 여덟 가지의 책무(八政)가 있으니, 첫째는 먹고사는 일(食)이요, 둘째는 재산(貨)이요, 셋째는 제사(祀)요, 넷째는 관료(司空)요, 다섯째는 교육(司徒)이요, 여섯째는 치안(司寇)이요, 일곱째는 외교(賓)요, 여덟째는 국방(師)입니다."[31]

민생에 대답을 주지 못하는 이데올로기나 관료는 무능하다. 인간의 삶에서 나타나는 죄악의 첫 동기는 재산에 대한 탐욕이었다. 따라서 스스로 물욕으로부터 얼마나 초연했는지 아닌지와 관계없이 성현들은 재산에 대한 탐욕을 끝없이 경계했다. 전설이 된 강태공(姜太公, 呂尙)의 일화는 청빈의 사표처럼 우러름을 받았다. 그는 가난했고 나이도 [72세] 늙었음에도 위수(渭水)에서 곧은 낚시질만 했다.[32] 그가 너무 가난하여 아내는 집을

---

30 Alfred Marshall, *Principles of Economics*(New York : St Martin's Press, 1959), p. 2.
31 『書經』「周書」洪範(3).

나가 푸줏간의 일을 돕고, 여관에서 손님을 맞이하는 심부름꾼의 일을 했다.[33] 동양 사회에서는 이를 "미담"으로 여기면서부터 삶의 모습이 왜곡되기 시작했다.

청빈을 미덕으로 여기는 것은 공자의 고집스러운 교의였다.

> "선비는 금옥을 보배로 여기지 않고 충신(忠信)으로 보배를 삼으며, 토지를 바라지 않고 의리를 세우는 것으로 토지를 삼는다."[34]
> "선비는 끼니를 잊으며 학문의 즐거움 속에 걱정을 잊음으로써 장차 늙음이 다가오는 것도 모르며 살아야 한다."[35]
> "오직 도를 깨우치지 못함을 걱정하되 가난을 걱정하지 말아야 하며,[36] "선비가 살아가는 것을 걱정하면 이미 선비가 아니다."[37]
> "거친 밥에 물 마시고 팔을 굽혀 베게 삼아도 즐거움은 그 속에 있다."[38]

공자의 이와 같은 논리는 매우 혼란스럽다. 왜냐하면 그도 역시 양민 (養民)의 중요성을 결코 소홀히 여기지 않았으면서도 구름 위의 이야기를 하고 있기 때문이다.[39] 이와 같은 생산성의 외면은 너무 빈곤을 낳는다. 그리고 정치인이 가난하면 부패라는 죄를 짓는다.[40] 그들이 자신들의 말처럼 가난한 삶이 행복했는지 아닌지는 알 길이 없지만, 아마도 그들에게는 지식인들에게 공통으로 나타나는 우울함(hypochondria)이 있었다.

가냠한 사람들은 박복(薄福)했다는 이익의 고백[41]이 더 사실에 가까웠

---

32 『史記』「齊太公世家」 太公望.

33 『說苑』(8) 「尊賢」 鄒子說梁王曰條.

34 『禮記』(40) 「儒行」: "儒有不寶金玉 而忠信以爲寶 不祈土地 立義 而爲土地"

35 『論語』「述而」: "子曰 發憤忘食 樂而忘憂 不知老之將至"

36 『論語』「衛靈公」: "子曰 君子憂道 不憂貧"

37 『論語』「憲問」: "子曰 士而懷居 不足以爲士矣"

38 『論語』「述而」: "子曰 飯疏食飮水 曲肱而枕之 樂亦在其中矣"

39 『論語』「子路」: "旣富矣 又何可焉曰敎之"

40 『플루타르코스영웅전』,「누마」, § 16; 「휠로포에멘」, § 4.

을 것이다. 지식인들에게 그 시대의 아픔에 대한 우울한 기억들이 있다는 것은 서양사에서 아리스토텔레스(Aristoteles)의 분석(*Problems*, § 30)[42]이나 앨프레드 마셜(Alfred Marshall)의 글[43]에도 잘 나타나 있다. 그들의 우울함은 단순히 인생에 대한 원초적 고민에서 온 것이 아니라 삶의 방법에서 온 것일 수 있었다.

빈곤을 어떻게 생각하느냐의 논리는 한국 문화와 서구 문화의 근본적인 갈림길이었다. 서구에는 작위의 세습을 통해서 재산의 지속적 소유가 가능했다. 그리고 청빈(淸貧, probity)이라는 허식을 숭상하지 않았다. 서양사에서 재산의 중요성을 주목한 사람은 이미 고대 로마의 누마(Numa) 왕 시절부터였다. 그는 땅을 가난한 사람들에게 모두 나누어 주었다. 가난은 인간이 잘못을 저지르도록 만드는 것이기 때문에 그는 가난을 몰아내고 농민들을 농업에 전념하도록 만들고 싶었다.[44]

한국사의 경우를 보면 한국인은 치부(致富)와 빈곤의 문제에 대하여 지나치게 엄격하였으며 앨러지를 느끼고 있었다. 그렇다고 해서 나라가 그리 맑았던 것도 아니다. 어쩌면 치부의 죄가 컸기에 역설적으로 가난이나 청빈을 강조했을 수도 있다. 우리의 조상들은 "가난은 죄가 아니다. 그러니 부끄러워할 것이 없다."고 가르쳤다.

그러나 가난이 죄가 아닐 수는 있지만 "매우 불편한 것"임에는 틀림이 없고 뜻을 펴는 데 장애 요소가 되고 있다는 사실을 부인한다는 것은 위선이다. 부자라고 반드시 그 재산을 훔친 것은 아니며, 가난한 사람이라고 반드시 청렴한 것도 아니다.[45] 이지함(李之菡)의 말을 빌리면, "누구는 말

---

41 『星湖僿說』(17) 「人事門」 善人福薄.
42 『플루타르코스영웅전』, 「리산드로스」, § 2.
43 Bernad Corry, "Alfred Marshall," *International Encyclopedia of the Social Sciences*, Vol. 10(New York : The Macmillan Co., 1968), p. 25.
44 『플루타르코스영웅전』, 「누마」, § 16.
45 『淮南子』(17) 說林訓.

하기를 '군자는 의(義)를 말하지 이(利)는 말하지 않는다.'라고 할지 모르지만, 그 말이 얼마나 잔인한가?"[46]

이에 대한 반론도 만만치 않다. 곧 유교의 항산(恒産)의 문제는 뒷날 이 사회에서 자본주의가 성숙하는 데 이념적 토양이 되었음직 하다. 유교자본주의론자들의 주장에 따르면, 유교문화권의 높은 교육열과 엄격한 노동윤리가 경제 발전의 견인차 구실을 하였을 뿐만 아니라 유교적 지배 이념에 바탕을 둔 강력한 정부의 역할은 높은 경제 발전을 달성하는 힘이 되었다고 주장한다.[47] 그러나 현실은 그렇지 못했다. 왜냐하면 계급을 통한 수탈이 생산성의 하락을 초래했기 때문이었다. 수탈의 문제는 이미 고대 사회부터 치자의 중심 개념이었다.

빈곤의 두 번째 이유는 토지제도의 모순이었다. 대체로 조선조의 토지제도는 장자상속제였다. 이 제도는 토지의 분산을 막고, 대지주제도(Latifundium)를 지속함으로써 토지의 효용율을 극대화하려는 제도였다. 이러한 제도는 지식인[선비]들의 토지 소유를 막는 결정적인 요소가 되었고 이것이 빈곤−부패−수탈의 악순환의 고리를 이루었다. 그래서 토지 자체가 숭배의 대상이 될 수 있다.[48]

그러나 조선 사회에서의 토지는 왕의 은급이거나 궁방토(宮房土)거나 과전(科田)이었다. 조선왕조의 개국 자체가 토지를 겸병하고 있는 훈구 주자학파에 대한 신흥 귀족의 토지 쟁패 투쟁이었다. 조선조의 초기만 해도, 그와 같이 토지 없는 선비의 삶이 유향소(留鄉所)를 통하여 조금은 해결될 수 있었으나 그곳이 반정부의 온상이 되어 철폐된 뒤에 그들로서는 그마저 의지할 곳이 없게 되었다.

---

46 『土亭集』「疏」 抱川 縣監으로 있을 때 올린 疏.

47 박호성, 「동아시아 가치 논쟁과 한국 민주주의의 과제」, 『정치사상연구』(4)(한국 정치사상학회, 2001), pp. 78~79.

48 Charles E. Merriam, *Political Power*(New York : Collier Books, 1964), p. 87; 신복룡(역), 『정치권력론』(서울 : 선인, 2006), p. 124.

그러한 상황에서 대안으로 등장한 것이 곧 서원(書院)이었다. 국가가 승인하는 형식의 사액(賜額) 서원의 경우 면세전(免稅田) 3결(結)과 노비 1구(軀)를 받았지만, 이 경우도 그 규모는 관학(官學)의 최하급 단위인 군(郡)·현(縣) 향교(鄕校)의 것(田 5결, 노비 10구)에 미치지 못했다.[49] 그러나 서원마저 없어지면서 이제 선비가 경제적으로 의지할 마지막 거처마저도 사라졌다.

그나마 선비들이 의지하며 살던 서원이 대원군(大院君)의 철퇴를 맞았다. 유생들의 서원 복원 상소[50]를 요구했으나 "설령 공자가 다시 살아난다고 해도 용서할 수 없다."[51]는 대원군의 소신 앞에 무력하게 꺾였다. 전적이라고 말할 수는 없지만, 서원의 철폐가 조선조 선비의 삶에 치명상을 입혔다.

사대부 사회를 이끌던 조직력은 전토(田土)를 상속하는 공신전(功臣田)이었다. 공신전은 자손에게 전수(傳受)한다.[52] 공신전은 왕권의 유지에 이바지한 여러 신하에게 은급으로 주던 사전(賜田)을 말한다. 이는 이미 고려 시대부터 있었던 것이지만 이성계(李成桂)의 왕위 찬탈의 부도덕성을 호도하고 충성을 독점하려는 방법으로 광범위하게 실시했다가, 그 뒤 사직의 보위라는 이름으로 공신들에게 하사되었다.[53]

이렇게 얻어진 토지를 기반으로 하는 사대부 또는 지주들은 인도주의적이지 않았다. 소작농에 대한 그들의 처신은 비인격적이었다. 이를테면,

---

49 이태진, 「사림과 서원」, 『한국사 : 양반사회의 모순과 대외항쟁』(서울 : 탐구당, 1981), p. 160.

50 『高宗實錄』 10년 10월 29일(갑진) 掌令 洪時衡 상소; 『高宗實錄』 10년 11월 3일 (무신) : 호조 참판 崔益鉉 상소.

51 朴齊炯, 『近世朝鮮政鑑』(上)(서울 : 탐구당, 1975), pp. 102, 195: "大院君大怒曰 苟有害於民者 雖孔子復生 吾不恕之"

52 『經國大典』 戶典 田宅.

53 全錫淡, 「朝鮮農民經濟史 : 朝鮮 前期를 중심으로」, 全錫淡·朴克采(외), 『조선 경제사탐구』(서울 : 범우사, 1990), p. 33.

하층 계급에 대한 인권 침해의 현상을 들어보면 다음과 같은 것들이 있었다.

(1) 토지 이탈의 불허
(2) 함부로 이름을 지을 수 없는 피휘(避諱)
(3) 두로(斗栳, 말과 되)의 조작에 의한 착취
(4) 사형(私刑, lynch)[54]
(5) 초야권(初夜權)[55]

이렇게 지주의 횡포가 가능했던 것은 조선조에서는 토지를 나누어주는 사회 구조가 경직되어 있었기 때문이었다. 비효통(費孝通, Fei Xiao-tong)의 중국경제사 이론인 "중국에서는 토지가 토지를 낳지 않는다."(Land breeds no land)는 명제[56]와는 달리, 조선에서는 "토지가 토지를 낳았다."(Land breeds land.) 사람이 귀천을 가리지 않고 의지하며 사는 것은 재물이며 전근대 농업경제의 사회에서 재물은 일차적으로 토지였다.[57]

토지 모순의 연속석상에서 빈곤의 세 번째 문제점을 관료의 수탈이었다. 백성의 입장에서 보면, 수탈은 그 자체로서 고통스러웠지만, 체념과 노동 의지의 상실이라는 악순환을 낳았다. 수탈은 대체로 조세 메커니즘을 통해서 이뤄지는데 조선의 세제(稅制)는 허술했다. 토지의 넓이에 따라서 징세할 것인지(田糧制) 아니면, 토지의 비옥도에 따라서 조세할 것인지(田品制), 그도 아니면 풍흉에 따라서 징세할 것인지(損失制) 문제가 명료하지 않았고, 시대나 방백의 재량에 따라 달랐다. 구조적으로 볼 때

---

54 傅衣凌, 「明末 남방의 佃變과 奴變」, 양필승(편저), 『중국의 농업과 농민운동』(서울 : 한나래, 1991), pp. 281~289.
55 고병찬, 『고병찬 가족 연대기』(서울 : 푸른별, 2008), pp. 92~93 참조.
56 Karl A. Wittfogel, *Oriental Despotism*(New Haven : Yale University Press, 1958), pp. 80~81.
57 『星湖僿說』(10) 人事門 田制.

방백의 재량이 클수록 수탈의 정도도 더 커진다.

조선조에서 양민(養民)의 문제에 가장 구체적으로 접근한 인물은 아마도 율곡(栗谷) 이이(李珥)였을 것이다. "백성은 생활할 수 있는 일정한 재산이 있어 편안히 살며 생업을 즐기는 삶"[58]을 그는 꿈꾸었다. "백성을 기르는 것을 먼저 할 것이요, 백성을 가르치는 것은 뒤에 하는 것"[59]이라고 그는 확신했다.

그럼에도 조선조 선비의 주조(主調)가 가난을 미화한 것은 사람들이 공자가 말한 청빈과 빈곤을 혼동했기 때문이었다. "아름다운 가난"(good poor)[60]이라는 것은 이상일 뿐이다. 그것은 지식인의 허위의식이다. 사람이 풍성해지면 지체가 낮은 사람도 생각을 높이 갖도록 만든다.[61]

그런데 한국인의 성정(性情)을 논의하는 개항기 외국인들의 견문기에 따르면, 한국인은 대체로 불결하고 게으르다는 데 의견의 일치를 보이고 있다.[62] 그렇게 기록하면서도, 한국인들의 가난과 나태를 이야기할 때 그것이 그들의 기질이 낮은 결과라고 여겨서는 안 된다는 점을 강조한다. 곧 한국인들이 게으른 듯이 보이는 결정적인 이유는 백성들이 일할 어떠한 동기도 갖지 못했기 때문이라는 것이다.

게으름이 천성적인 것이 아니라, 노역(勞役)의 과실(果實)들이 탐욕스러운 부패 관리들에게 갈취당하기에 십상이며, 그럼에도 이에 저항할 수 없다는 체념에서 생겨난 것이라고 그들은 설명한다.[63] 백성은 어차피 빼

---

58 『栗谷集』「策」盜賊策 : "宜平民有恒産 而安居樂業"

59 『栗谷集』「雜著 東湖問答」論敎人之術 : "養民然後可施敎化";『經筵日記』(2) 선조 6년 2월 : "養民爲先 敎民爲後"

60 Lytton Strachey, *Eminent Victorians*(New York : The Modern Library, 1918), p. 217.

61 『플루타르코스영웅전』, 「에우메네스」, § 9.

62 A. Henry Savage-Landore, *Corea or Chosun : The Land of the Morning Calm* (London : William Heinemann, 1895), p. 8; 신복룡 · 장우영(역주), 『고요한 아침의 나라 조선』(서울 : 집문당, 2020), pp. 7~8.

앗길 것을 알았고 관료의 수탈을 저지하고자 문제를 일으킬 뜻도 없었기 때문에 노동에 힘을 기울이지 않았다.

갑오동학농민혁명을 전후로 비숍(Isabella B. Bishop : 1931~1904)이 조선 땅을 밟았다. 일본을 거쳐 조선에 들어온 그의 눈에 비친 조선의 모습은 불결하고 비참한 것이었다. 그가 가장 놀란 것은 관료들의 부패였다. 그는 이러고도 나라가 멸망하지 않은 것이 희한하게만 느껴졌다. 그러면서 조선은 희망이 없는 나라라는 인상을 받았다. 그는 동학농민혁명을 목격한 몇 사람 되지 않는 외국의 여행자로서 이 나라의 운명에 대하여 매우 비관적인 결론을 내리기에 이르렀다.

그러나 비숍은 조선을 떠나 시베리아한인촌을 찾아본 뒤로 자신의 판단이 잘못되었음을 깨닫게 되었다. 조선에 있는 한국인들이 가난한 것은 노동의 의욕과 생산성이 낮았기 때문이었다는 사실도 알았다. 왜 조선 사람의 노동 의지와 생산성은 그토록 낮은가?

결론은 부패한 관리의 수탈 때문이었다. 아무리 뼈 빠지게 일한다고 하더라도 어차피 내 것이 될 수 없다는 체념이 끝내 한국인을 가난으로 몰아넣었다는 것이다. 관리는 기생충이었다. 그래서 "한국인은 밖에 나가면 더 잘 사는 민족"이라고 그는 진단했다.[64]

결국 선비는 빈곤의 문제로 말미암아 시대정신의 변화에 자신이 적응하지 못한 채 타의적으로 현실에서 배제되었다. 그들은 수신(修身) 말고서는 자기 계발에 유념하지 않았다. 그리고 그 선비가 관료로 진출했을 때 부패로 확산하였다. 서세동점기에 초기 산업자본주의의 도입에 따른

---

63 G. W. Gilmore, *Korea from its Capital*(Philadelphia : Presbyterian Board of Publication, 1892), p. 31; 신복룡(역주), 『서울풍물지』(서울 : 집문당, 2020), pp. 18~19.

64 I B Bishop, *Korea and Her Neighbors*(New YorK : Fleming H. Revell Co., 1897), pp. 240~241; 신복룡(역주), 『조선과 그 이웃 나라들』(서울 : 집문당, 2020), pp. 229~230.

사회 구조의 재편으로 이제 선비는 실존의 문제에 부딪히게 되었다.

주인으로부터 5탈렌트를 받아 5탈렌트를 벌어온 종을 축복하고 1탈렌트를 받아 더 늘리지 못한 종을 저주하는 기독교의 정신[65]이 이 사회에 밀려 들어왔을 때 생산성이 귀중한 가치로 등장하면서 선비나 청빈은 이제 더 이상 미덕이 아니었다.

양계초(梁啓超)는 당시의 조선 상황을 다음과 같이 개탄하고 있다.

> "조선 정치의 문란함은 다스릴 수 없을 정도로 썩어 가까이 갈 수도 없으며, 남산의 대나무를 다 베어 붓으로 쓴다 하더라도 그 만분의 일을 설명할 수 없다. 소식(蘇軾)이 말하기를, 육국(六國)을 멸망한 것은 육국 자신이지 진(秦)나라가 아니며, 진나라를 멸망한 것은 진나라 자신이지 천하가 아니다. 조선이 멸망하는 길을 가지 않았다면 일본이 100개의 나라라 하더라도 저들이 어찌 하겠는가?"[66]

양계초의 분석에 과장이 있는지의 문제는 알 만한 일이니, 그리 중요하지 않으나 당시 조선의 실상에 대한 예시가 되기에는 충분하다. 문제는 지배계급의 의지였다. 아테네의 장군 포키온(Phocion)의 말에 따르면, "젊은이들이 기꺼이 훈련을 받고, 부자들이 세금을 잘 내고, 정치인들이 도둑질을 하지 않는 데에도 멸망한 나라는 일찍이 없었다."[67]

부패한 나라, 부패한 정부, 부패한 지휘관이 이끄는 전쟁에서 승리한 부대는 역사에 존재하지 않는다. 임진왜란이 벌어지기 4년 전에 조선을 정탐하려고 왔던 다치바나 야스히로(橘康廣)는 "우리가 반드시 이길 수 있다. 왜냐하면 이 나라는 너무도 부패했기 때문"이라고 말했다.[68]

65 『마테오복음』 25 : 14~25.
66 량치차오(지음), 최형욱(옮김), 「조선의 멸망」(1910), 『조선의 망국을 기록하다』 (서울 : 글항아리, 2014), p. 103.
67 『플루타르코스영웅전』, 「포키온」, § 23.
68 성락훈(옮김), 『懲毖錄』(서울 : 동화출판공사, 1977), pp. 36~37.

가장 심각한 것은 왕실과 관료의 부패였다. 선조(宣祖)가 평양성을 버리고 몽진할 때 백성들은 어가(御駕)에 돌멩이를 던지고 칼을 빼 들고 가는 길을 막았으며,[69] 당포(唐浦) 해전에서 이순신(李舜臣)은 조선의 백성들이 왜군을 돕는 것을 보며 절망했다.[70] 임진왜란 당시에 왜군의 칼 가운데에는 죽도(竹刀)에 흰 물감을 칠한 것이 많았지만[71] 조선 병사들은 싸워보지도 않고 도주했다. 그들에게는 목숨을 걸고 싸워야 할 의욕이 없었다.

일본이 조선을 침략하면서 노린 헛점은 바로 왕실과 대신의 부패였다. 이토 히로부미(伊藤博文)가 당초에 조선 지배층에 쓰기로 계산한 매수 자금은 3천만 엔(圓)이었다. 이는 송병준(宋秉濬)이 요구한 1억 엔에 많이 못 미치는 액수였다.[72] 1904년 3월 13일에 이토는 세 번째로 한국에 왔다. 이때 이토는 궁내부대신 민병석(閔丙奭)을 통해 황제에게 30만 엔, 엄비(嚴妃)에게 1만 엔, 황태자 부부에게 5천 엔을 전달했다.

애초의 계산 대로라면, 이토 히로부미는 엄비에게 2만 엔을 기증하고자 궁내부철도원 감독 현영운(玄暎運)의 아내를 시켜 엄비의 의향을 들어, 황태자에게 5천 엔, 황태자비에게 5천 엔, 엄비에게 1만 엔씩 분배키로 하고, 다이이치은행(第一銀行) 경성(京城) 지점에서 발행한 2만 엔의 예금어음을 궁내부 예식원(禮式院) 참리관(參理官) 현백운(玄百運)을 거쳐 현영운의 처에 교부하고 민병석을 통하여 잘 전달되었는지 확인했다.[73]

---

69 성락훈(옮김), 『懲毖錄』, p. 68.
70 『李忠武公全書』(2) 「狀啓」(1) : 「唐浦破倭兵狀」.
71 성락훈(옮김), 『懲毖錄』, p. 71.
72 한상일, 『이토 히로부미와 대한제국』(서울 : 까치, 2015), p. 402.
73 『고종시대사』(VI)(서울 : 국사편찬위원회, 1972), p. 39(光武 8年(1904년) 3月 23 日); 『日本外交文書』(37/1)(東京 : 日本國際連合協會, 1956), p. 297(明治 37年 4 月 1日字) : 「伊藤特派大使ヘ呈セシ覺書二通及同大使謁見始末書送附ノ件: 附 記 2 皇室二金員寄贈始末」.

이 무렵 조선 왕실은 재정이 궁핍했다. 그럼에도 1906년 조선 황태자의 결혼 비용에 125만 엔을 썼다. 당시 일본 황태자(뒷날의 히로히도, 裕仁)의 결혼비용이 35만 엔이었으며, 조선의 육군의 1년 유지비가 125만 엔이었다는 점[74]을 고려하면 당시의 조선 왕실의 부패와 낭비, 그리고 재정의 난맥상을 잘 알 수 있다. 설명하자면 황태자의 결혼식 비용이 1년치 육군 유지비와 같았다.

이 과정에서 읽을 수 있는 또 다른 사실은, 대일 침략 과정에서 러시아는 부패하고 천박한 관료를 매수한 것과는 달리 일본은 많이 배우고 교활한 지식인을 매수했다는 사실이다. 일찍이 1896년 10월에 주일 일본 공사 새토우(Ernest Satow)가 일본의 외무대신 오쿠마 시게노부(大隈重信)를 만났을 적에 일본은 러시아공사관에 파천한 고종(高宗)을 환국시키는 방안으로 조선의 관료들을 매수하고자 자금력과 인맥 관리에 탁월한 거상(巨商)의 전담자(かかり)인 도다 도노모(戸田賴毛)[75]가 이미 조선에서 암약 중인 것을 토로했다.[76]

위에서 등장하는 현영운은 게이오대학(慶應大學) 출신의 엘리트 관료로서 출중한 일본어 실력으로 궁내부 주위에서 고종의 수족 노릇을 하다가 농상공부 협판(차관)에 올랐으며, 현백운은 그 아우였다.

위의 글의 행간에 어른거리는 그림자는 망국의 원인이 무엇일까를 은연중에 보여 주고 있다. 부패가 망국의 직접적인 이유는 되지 않을 수 있

---

74 한상일,『이토 히로부미와 대한제국』, p. 310. 앞서 12장「러일전쟁」편(p. 392)에서는 케난(George Kennan)의 말을 인용하여 "당시 국방비가 5,180,614냥이었다."고 기록했는데, 한상일은 "육군비가 125만 엔"이라고 기록하여 액면상으로는 차이가 난다. 그 원인이 엔화와 당시 한국의 화폐단위였던 "냥"과 환차(換差) 때문인지, 아니면 "국방비"와 "육군유지비"의 차이인지 알 수 없다.

75 도다 도노모(戸田賴毛)의 행적에 관해서는 허지은,「근세 왜관 館守의 역할과 도다 도노모(戸田賴毛)」,『한일관계사연구』(Vol. 48, 2014, 한일관계사학회), pp. 171~222 참조.

76 Ernest Satow, *Korea and Manchuria between Russia and Japan : 1895~1904* (Tallahasse : The Diplomatic Press, 1966), p. 77.

으나 그로 말미암은 민심의 이탈은 망국의 원인으로 맨 앞에 서 있는 화두이다. 많은 혁명과 개혁 세력이 등장하여 공익(公益)을 내세우면서 "더 좋은 삶"을 약속했지만, 부패는 늘 유산처럼 한국 사회를 짓눌렀다.

부패의 문제는 결국 재산에 대한 인식과 관련이 있다. 정치의 문제에 들어가면 재산의 중요성은 더욱 증대된다고 서구인들은 생각했다. 정치인은 인류가 공통으로 필요로 하는 것과 밀접한 관계가 있는 것들에 자신의 탁월한 능력을 쏟아부어야 하므로 재산이 있어야 한다. 너무 가난한 사람은 권위나 위신이 부족했다.[77]

"세계의 역사를 구성하고 있는 두 개의 거대한 요소가 있는데, 하나는 종교이고 다른 하나는 경제"[78]라는 관점은 케임브리지학파(Cambridge School)의 중요 명제였다. 소크라테스(Socrates)의 다음과 같은 대화는 물질을 보는 서구사상이 동양의 그것과 어떻게 같고 다른가를 잘 보여주고 있다.

> [돈이 많은] 케팔로스(Cephalus)에게 소크라테스가 이런 말을 했다.
> "선생님께서 노년을 평안하게 지내시는 것은 성품 때문이 아니라 돈이 많기 때문이라고 생각하고 있습니다. …… 그것은 가난한 사람이 노년에 행복할 수 없는 것과 마찬가지 일입니다. 이를테면 아무리 훌륭한 사람일지라도 가난한 사람은 노년에 평안할 수가 없고, 아무리 부자라도 사람이 훌륭하지 못하면 결코 만족한 삶을 살 수 없는 것과 같습니다."[79]

인간의 삶에서 재산[토지]에는 한계효용체감의 법칙이 작용하지 않는다. 돈은 가치관을 마비시키고, 무엇이 공의로운지에 대한 판단을 흐리게 한다. 그런 상황에서 그들의 눈앞에 펼쳐지는 조국의 운명은 그리 중요한

---

77 『플루타르코스영웅전』, 「페리클레스」, § 16; 「휠로포에멘」, § 4; 「알키비아데스」, § 21.

78 Alfred Marshall, *Principles of Economics*, p. 1.

79 Plato, *Republic*, Book I, § 330.

가치가 아니었다. 인간은 생계형 부패에 대해서는 어느 정도 암묵적 동의를 하는 편이다. 그러나 그 부패가 위로 올라갈수록, 그것이 끝내 왕후(王侯)의 경지에 이를 때, 그 국가의 운명은 장담할 수 없다.

4. 중화주의(中華主義)라는 백내장

베이컨(F. Bacon)이 인간의 삶에서 경계해야 할 오견(idola) 가운데 치명적인 것으로 지적한 것은 동굴의 우상(idola specus)이다.[80] 인간이 정상적인 시야로 바라볼 수 있는 범위는 130° 전후이다. 그러나 대롱을 통해 세상을 바라볼 때 그가 볼 수 있는 시야는 아주 제한적일 수밖에 없다.

한국사상사에서 나타나는 옹색한 시야의 근본적인 원인은 곧 중화주의라는 프리즘을 통해서 세상을 보려 했다는 점이다. 그러나 그 주체인 중국의 가치와 국력이 쇠퇴하고 있는 상황에서도 주자학의 세계관에 스스로를 가둔 것은 군주를 비롯한 지배 계급의 몽매 때문이었다.

한국인들은 중국과 갈등이 일어날 때마다 중국에 대한 심각한 배신감을 느낀다. 그러나 그것은 중국의 배신이 아니라 중국에 대한 우리의 오해와 무지가 빚어낸 결과였다. 주변 국가들을 사이팔만(四夷八蠻)으로 보려는 중국인의 천하관은 한국을 대등한 국가로 본 적이 없으며 앞으로도 그런 일은 없을 것이다.

중국에게 한국은 늘 번방(藩邦)이거나 조공국이었다. 그들은 지금까지도 이홍장(李鴻章)과 원세개(袁世凱)의 프레임에 갇혀 있다. 그럼에도 임진왜란에서 "나라를 구출해준 은혜"(再造之恩)의 사고에서 벗어나지 못한 한국의 위정자나 선비들은 국난이 일어날 때면 중국만 쳐다보는 사이에 세계 조류의 변방으로 밀려나고 있었다. 그러한 역사적 유산이 망국과 무

---

80 F. Bacon, *Novum Organon*(Chicago : Encyclopeadia Britanica, Inc., 1980), p. 109.

관하지 않았다.

그렇다면 유교 사회를 지탱하는 힘은 무엇이었을까? 그것은 강상명분론(綱常名分論)에 따른 신분 질서의 유지였다. 그들의 유교적 논리에 따르면, 양인(良人)과 천인(賤人), 양반과 상민 사이에서는 결코 침범할 수 없는 차등 관계가 존재하며, 이로부터 발생하는 지배와 복종의 불평등 관계는 마땅히 받아들여야 하는 윤리요 운명이었다. 지배층은 백성을 상대로 차등적 신분 질서를 불변의 관념으로 받아들이도록 설득했으며, 그 구체적인 노력이 교화(敎化)로 나타나게 되었다. 교화는 신분 계급 관계를 관철하려는 정권의 의지였다.[81]

더 나아가서 유자들은 "백성의 마음은 정사(政事)에 따라 좌우될 수 있다."[82]고 생각했다. 그들이 보기에, "군자(위정자)의 덕(德)은 바람이요, 소인(백성)의 덕은 풀(草)이니, 풀 위에 바람이 불면 풀은 반드시 바람 부는 대로 쏠린다."[83] "백성이 귀하다."는 그들의 주장에도 불구하고, 성인이 임금이 되어[南面] 천하를 다스리는 데에 필요한 덕목 가운데 백성은 들어 있지 않았다.[84] 유학의 정치에서 백성은 결코 주인이 아니었다. 이런 점에서 보면 유학의 교학 사상을 민본이라든가 민주주의로 유추하는 데에는 일정한 한계가 있다.

유교는 윤리와 도덕에 기초하여 바른 삶에 대한 도덕적 규범을 제공함으로써 제왕학[聖學]의 성립에 이바지했다는 칭송을 받을 만하다. 그러나 달리 생각하면, 그러한 제왕학은 기본적으로 지배 계급의 규범이지 피지배계급을 두둔할 뜻을 가진 것은 아니었다. 그것은 상명(尙名)이라는 이름의 계급주의를 벗어나지 못했다. 이런 까닭으로 유학은 본질에서 신분

---

81 원재린, 「朝鮮 前期 良賤制의 확립과 綱常名分論」, 『조선의 건국과 '經國大典 體制'의 형성』(연세대학교 국학연구원 제331회 국학연구발표회, 2003), p. 83.

82 『書經』 周書 蔡仲之命 : "民心無常"

83 『孟子』 滕文公章句(上) : "君子之德風也 小人之德草也 草尙之風必偃"

84 『禮記』(16) 大傳 : "聖人南面而聽天下 所且先者五 民不與焉"

질서의 벽을 허물 뜻이 없었는데, 이것이 사회의 균형 있는 발전에 장애 요인이 되었다.

신분의 철저함은 이미 『예기』(禮記)에 명시적으로 기록된 계율이었다. 곧 "예(禮)는 서인(庶人)에게 내려가지 않고 형벌은 대부(大夫)에게 올라 가지 않는다."[85] 공자가 사회를 바르게 하고자 고민한 가치는 "질서를 지 키는 일"[序]이었다. 예치는 서구의 "자유"의 관념과 일정한 거리가 있고,[86] 예라는 것이 본디 속박의 의미가 있는 것이어서 개인주의나 자유 의지와 는 다른 뜻을 가지는 것이다.

유교가 안고 있는 큰 아픔은 그것이 출신의 귀천을 전제로 한다는 점이 다.[87] "귀천의 질서가 없어지면 어떻게 나라를 다스릴 것인가?"[88]라고 공 자는 묻고 있다. 이 대목에서 공자가 정치에 관하여 진실로 하고 싶었던 말은 아마도 "천하에 도가 있으면 서민들은 정치에 대하여 의론할 일도 없다."[89]는 말일 것이다. 이어서 공자는 "그 직위에 있지 않거든 그 정치를 도모하지 말라."[90]고 충고하였다. 이는 남의 영역을 넘보는 일에 대한 경 고이다. 이는 "차등" 또는 "차별"을 뜻한다.

유교에서 "평등"을 말하지 않는 것은 아니지만, 그것은 어디까지나 인간 의 도덕적 본성이 평등함을 말한 데 지나지 않는다. 유교에서는 원리론적 평등보다도 실제적인 차등과 차별을 중시한다.[91] 차별은 인간 관계에서 따름과 좇음[隨從]을 뜻한다. 이는 유교에서 물러설 수 없는 명제였다.

85 『禮記』(1) 曲禮(上) : "禮不下庶人 刑不上大夫"
86 최영성, 「한국 유교 전통에서 본 척사위정파의 자유주의관」, 『근현대 한국 자유주 의 연구(1) : 1880~1910』(한국정치학사상학회 학술발표회, 2003. 5.), pp. 6~7.
87 『禮記』(25) 祭統 : "骨有貴賤 …… 是故貴者取貴骨 賤者取賤骨 示均也"
88 『春秋』昭公(7) 29년 겨울 : "仲尼日 貴賤無序 何以爲國"
89 『論語』季氏 : "天下有道 則庶人不議"
90 『論語』憲問 : "子曰 不在其位 不謀其政"
91 최영성, 「한국 유교 전통에서 본 척사위정파의 자유주의관」, pp. 6~7.

한국 사회를 "유교국가론"으로 정의할 수 있는지는 논란의 여지가 있지만, 조선 시대만 하더라도 『경국대전』(經國大典)은 통치율이기에 앞서 유교적 예치(禮治)를 구현하기 위한 "신분법"이었다. 그것을 그 시대의 헌법 질서로 보는 데에는 동의할 수 없다. 조선의 지배층이 바라던 것은 주(周)나라 성왕(聖王)의 시대를 구현하려는 것이었다.

조선조의 지배층은 그와 같은 율법으로부터 물러설 뜻이 없었고 이를 철저히 준수했다. 그들은 신분에 따른 "담장 치기"(walling)와 "칸 막음"(compartmentalization)이었다. 백성들에게 신분은 우리[籬, fence]와 같은 것이었다. 그 우리를 뛰어 넘는 것은 범죄이다.

유교의 계급의식이나 신분 차별로 보려는 중화주의를 국제적으로 확산하여 망국이라는 명제와 관련하여 볼 때 가장 위험한 논리는 사대주의(事大主義)였다. 사대라 함은 국가 간의 계서(啓書)를 전제로 하여, 강대국가와 종속국가 사이의 국제 관계에서 약소국이 강대 국가에게 예식과 의무를 치러야 한다는 생각을 의미한다. 특히 동양에서는 중국을 상국으로 섬기는 주변의 약소국가들의 종속적 의존을 뜻하는데, 좁은 의미로 한국사에서는 중국 천자에 대한 신라·고려·조선 왕들이 존숭(尊崇)하는 예의를 의미한다.

사대라는 용어는 본디 『춘추』(春秋)에 정(鄭)나라 유길(游吉)과 사경백(士景伯)과의 대화에서 나오는 것으로서,[92] 제후들이 진(晉)나라에 귀의(歸依)하는 예(禮)를 의미했다. 그 본질은 소국이 대국을 섬기고 대국은 소국을 보듬는 것을 의미한다. 맹자는 그러한 예를 이렇게 해석했다.

"오로지 어진 사람이라야 능히 큰 나라로서 작은 나라를 보듬[字小]을 수 있고, 오로지 지혜로운 사람이라야 능히 작은 나라로서 큰 나라를 섬길[事大] 수 있다. 큰 나라로서 작은 나라를 보듬는 것은 하늘의 도리를 즐거워

92 『春秋』 昭公 30년 6월.

하는 무리[樂天者]요, 작은 나라로서 큰 나라를 섬기는 것은 하늘을 두려워 하는 무리[畏天者]이니, 하늘의 도를 즐기는 무리는 천하를 지키고 하늘을 두려워하는 무리는 자기의 나라를 지킨다."[93]

사대는 본시 외교 정책과 의전(儀典)에서 시작된 것이었지만, 시간이 흐름에 따라서 본질이 변질되었으며, 여기에 인간의 심층 심리에 자리 잡고 있는 외국인 선망(羨望)의식(xenophilia)과 혼합되어 이념이나 민족성의 문제로까지 그 외연(外延)이 확대되었다. 그러나 사대주의가 한국정치 외교사에서 중요한 가치였던 것은 사실이지만 민족성의 문제로까지 비약될 사안도 아니고, 그렇다고 해서 자랑스러운 유산도 아닌, 하나의 생존 전략이었을 뿐이다.

사대의 예를 갖추어야 하는 봉신 국가가 강대국에 치러야 하는 의무로서는,

(1) 수공국(受貢國)과 조공국과의 사이에 군신 관계가 성립하면 조공국의 왕은 수공국의 황제로부터 일정한 관작을 받음과 동시에 번속국(蕃屬國)의 국왕에 봉(封)해지는 사왕(嗣王)의 절차를 밟는다. 조공국가가 부마국(駙馬國)이 되는 경우도 있다. 조공국은 수공국에게 신하의 예[稱臣]를 갖춘다.

(2) 조공국은 수공국의 연호(年號)와 책력(冊曆)을 사용한다. 한국사에서는 진덕여왕(眞德女王: 서기 650년) 이래로 중국의 연호를 쓰기 시작하여 건양(建陽: 1896~1897년) 시기까지 지속하였다.

(3) 조공국은 수공국에 토산물을 진상(進上)한다. 조공은 단순히 방물(方物)의 진상만을 의미하는 것은 아니며, 수공국으로부터의 답례가 있었으므로, 무역과 문물 교류의 의미를 함께 지니고 있었다.

(4) 조공국은 외교 문제에 대하여 수공국에게 정치적 자문을 받는다. 이는 수공국가가 조공국을 정치적으로 계도하는 의미를 가지고 있다.

---

93 『孟子』梁惠王章句(下).

(5) 어느 한쪽이 필요할 때 지원군을 파견한다. 현대적 의미로서 상호 방위 조약에 해당하는 파병의 의무는 조공국의 국가 존립의 중요한 방편이었다.

(6) 정례적으로 연하사年賀使 : 하정사(賀正使)·사은사(謝恩使)·성절사(聖節使)를 파견한다. 이는 조공국이 수공국에 바치는 일방적인 의례로서 종속(宗屬)의 의미를 갖는다. 이 부분은 조공국의 자주를 훼손하는 측면을 가지고 있었기 때문에 사대라는 용어에 굴욕의 의미가 부여되었다.

위의 설명에서 보는 바와 같이, 당초에 제후의 예를 담론할 때, 그 의무는 쌍무적(雙務的) 관계였고, 거기에는 강자와 약자의 공존과 공생의 좋은 의미가 담겨 있었다. 그러나 이 선의는 오래 지켜지지 않았고, 강대국의 요구로 말미암아 수모와 예종이 뒤따랐다. 왜냐하면 당초의 사대는 교린(交隣)의 의미가 강했으나 점차로 군사와 정치의 의미를 내포하는 것으로 변질되었기 때문이다. 여기에 문화적 개념으로서의 중화주의가 가미되었다. 이러한 이중적 압박이 봉신국가에게 명예로운 것은 아니었다.

이러한 계제에 문화우월주의로서의 중화 질서에 대한 저항이 두 길로 일어났다. 하나는 실학자들의 자아 발견이었다. 그러나 임진·병자(壬辰丙子)의 양란을 거치고 민중의 고뇌를 대변한 실학자들의 지적(知的) 탐구와 명상을 거치면서 좁게는 중국에 대한 인식과 넓게는 세계관의 변화를 가져오기 시작했다. 그들은 "중국"(中國)이라는 개념에 대한 회의(懷疑)에서 비롯하여[94] 어렴풋이 청한종속론(淸韓宗屬論)의 모순을 깨닫기 시작했고, 이것이 한중관계의 지각(地殼)을 변동시키기 시작했다.

중국이 스스로를 세계 문명의 중심지[中國, central country]라고 인식했고 주변 지역을 가리켜 사이(四夷)라고 지칭했을 때,[95] 어차피 종족적이

---

94 『湛軒書』內集 補遺(4)「毉山問答」:「日中國之於西洋經度之差 至于一百八十 中國之人 以中國爲正界 以西洋爲倒界 西洋之人 以西洋爲正界 以中國爲倒界 其實戴天履地 隨界皆然 無橫無倒 均是正界」.

든, 문화적이든, 아니면 지리적이든 간에 한국은 사이의 개념에 포함될 수밖에 없었고, 이와 같은 사실은 중국이 주변 국가를 인식하면서 피할 수 없는 편견으로 작용했다.[96] 최한기(崔漢綺)나 홍대용(洪大容)의 중심 개념은 탈중화사상이었다.

중화사상에서 껍질을 벗는 데 이바지한 다른 한 줄기는, 크게 보면 서구사상이고, 구체적으로는 기독교 문명이었다. 그들이 한국문화사에 끼친 영향을 여러 각도에서 조명할 수 있지만, 이 글과 관련하여 중요한 대목은 신분의 해방이었다. 이 신분 해방이 개인 구원에서 집단 구원으로 발전된 것이 국가의 자주였다.

한국의 근대화, 또는 개화사상의 형성에서 기독교 사상의 의의를 과대 평가할 위험이 있는 것은 사실이지만, 기독교가 새로운 사상이나 새로운 학문을 서양으로부터 한국에 이식하면서 불우한 진보주의자들이 교회 주변에 모일 수 있도록 기회와 장소를 제공해 주었다고 하는 사실이 중요하다.[97]

중국인들이 가지고 있던 사이팔만(四夷八蠻)의 논리와 세계관이 변질된 것은 그들 스스로의 명상에 의한 것이 아니라 서세동점(西勢東漸)이라고 하는 역사적 충격에서 비롯된 타의적 변화였다. 그들이 세계 문명의 원류라는 자긍심을 포기한 것은 아니었지만, 서방 세력을 통해 배울 것이 있다는 사실을 깨달은 것은 그들이 서구 문명의 경이로움을 직접 목격한 이후였다.

곧 중국인들이 화하적(華夏的) 자존을 다시 생각하기 시작한 것은 1860

---

95 金翰奎, 「四夷 개념을 통해 본 고대 중국인의 세계관」, 『부산여대논문집』(10)(1981), pp. 243~256.

96 全栂宗, 『中國의 天下思想』(서울 : 民音社, 1988), pp. 196~197.

97 Chung, David, *Religious Syncretism in Korean Society*(Ph. D. Dissertation at Yale University, 1959), p. 120; 정대위, 「한국 근대화와 기독교」 (2), 『한국사상』(6)(서울 : 일신사, 1963), pp. 98~100.

년대에 태평천국(太平天國)의 진압 과정에서 문명의 이기(利器)의 탁월함을 피부로 느낀 이후라고 할 수 있지만, 서구를 견문한 선각자들의 눈을 통해서도 그들의 세계관이나 문명관은 서서히 변모하고 있었다.[98]

실학과 기독교 문명을 통한 근대에로의 이행과 함께 민중에게 중국은 이제 더 이상 후원자(patron)가 아니었다. 이제 중국인은 강대국으로서의 존엄한 존재가 아니라 "대국놈"이었고 "되놈"이었다. 그것을 들어내 놓고 말하지 않았을 뿐이다. 한국인의 눈에 비친 중국은 탐욕에 찬 "비단 장수 왕서방"에 지나지 않았으며 불결함과 수전노의 대명사였다. 이러한 과정에서 적층(積層) 문화로서의 중화사상과 새로운 세계관 사이에서의 애증(愛憎)이 한국인의 의식에 혼동을 일으킨 것은 사실이지만 본질은 기피 심리(xenophobia)였다.

그러나 민중의 개명과는 달리, 정작 민중을 계도해야 할 입장에 놓여 있던 지배 계급은 여전히 중화주의에 안주하고 있었다. 그것은 마치 백내장처럼 세계사의 흐름을 보지 못하도록 민중의 눈을 흐릿하게 만들었다. 영토와 자원 수탈에 혈안이 된 서구제국주의의 동진(東進)과 거기에서 교훈을 얻은 일본의 정한론(征韓論)에 몰두하고 있을 적에도 조선 지식인의 사고는 중화주의에 갇혀 있었다. 실학이라는 개명지식인의 자각이 있었지만, 그들은 지배 계급과 민중을 설득할 만한 독자층을 확보하고 있지 못했다. 뒷날 되돌아보았을 때 그들은 선각자였을 뿐이었다.

조선의 유학자들은 중화로부터 심한 분리(分離)불안을 느끼고 있었을 뿐 다가오는 새 문명에 어찌 적응해야 할지에 대한 대안이 없었다. 송시열(宋時烈)의 후학들은 이렇게 가르쳤다.

"우리나라가 신하된 몸으로 명(明)나라를 섬긴 지 이미 3백 년이 지났고,

---

98 容閎,『西學東漸記』(서울 : 을유문화사, 1974), 제5장(pp. 44~52), 제14장(pp. 152~157), 제16장(pp. 166~174), 제17장(pp. 175~184) 참조.

임진년에 다시 세워 또 만세에 잊지 못할 은혜를 입었으므로 기필코 갚아
야 할 의리가 있을 뿐이다. 옛날 우리 효종(孝宗)대왕께서 천지가 번복되
고 갓을 발에 신고 짚신을 머리에 이는[冠屨倒置] 일을 통분하게 여길 때
오로지 송시열만이 바른 정신을 가지고 있었다."[99]

송시열은 "중화의 햇살이 비치는 마을"[華陽洞]에서 살며 아침에 일어나
중국 천자의 사당에 들려 명나라 황제를 향하여 사은숙배(謝恩肅拜)하고
서실에 돌아와 『맹자』의 주자집주(朱子集註) 서(序)를 몇 십 번 읽고 일과
를 시작한 것이 후학들로서는 너무도 감읍(感泣)했다.

자식들에게는 명의 복장을 입히고, 머리도 명나라식으로 길렀다. 그들
로서는 "나라의 수치를 씻고 인심을 바로 잡으며 만세의 강상(綱常)을 세
우고 천하에 중화의 일맥을 보존하는 것"[100]이 소망이었다. 그들의 시야를
막은 것은 주자학에 대한 경도와 중화 질서에로의 매몰이었다.

송시열이 세상을 떠나자 그의 후학들은 명나라 황제를 숭모하고, "황하
(黃河)의 물길이 만 번 굽이쳐 흘러도 끝내 동방에 이른다."(萬折也必東)
는 순자(荀子)의 뜻[101]을 받들어 만동묘(萬東廟)를 짓고, 중국 천자와 선
조(宣祖)의 어필을 절벽에 새겨넣고, 죽고 멸망한, 그래서 중국에서도 쓰
지 않고 있는 명나라 천자의 연호(年號)를 쓰며, 중국에 대한 숭모의 뜻을
기렸다.

만동묘의 대문을 들어서면 작은 마당이 있고, 중국 천자의 위패를 모신
사당을 올라가려면 다시 가파른 돌계단을 지나야 한다. 그 계단의 경사는
거의 70°에 가까워 건장한 청년도 곧은 자세로 걸어 올라갈 수 없다. 왜
그랬을까?

"대국 천자를 뵈러 올라가는 길인데 어찌 뻣뻣이 걸어 올라갈 수 있는

99 『勉菴集』「疏」丙寅擬疏.
100 『毅菴先生文集』(4)「疏」: 情辭 : 畿甸에 돌아와 올린 진정서(庚子(1900) 10월).
101 『荀子』宥坐 編.

가? '개처럼 네 발로' 기어 올라가라."는 뜻이었다. 계단을 내려올 때도 마찬가지이다. 이것이 소중화(小中華) 사상의 본질이었다. 그렇다고 해서 역사의 전환기에 조선이 살아남을 수 있는 방략이 그 안에 담겨 있는 것도 아니었다.

문명교체기라 할 수 있는 개화기에 이르면 중화주의자들의 의식은 현실과 더욱 멀어지게 된다. 그들은 시대사조를 읽을 안목이나 마음의 준비도 없었고, 중화로부터 서구로 눈길을 돌릴 의지도 없이 여전히 갈라파고스(Galapagos) 거북증후군에 머물러 있었다.

중화주의자들의 눈에는 이른바 서구 학풍이 나라 안에 가득 차 있는 것이 걱정스럽기만 했다. 새것을 좋아하고 기이한 것을 숭상하는 명사(名士)와 석유(碩儒)들이 서학에 빠져 헤어날 줄 모르며 찬미하는 모습을 보면서 그들은 역사의 오염을 개탄했다.[102] 그리고 그들의 그와 같은 대롱시각[管見]이 역사를 오도했다.

5. 공도(空島)정책 : 바다를 버려 나라를 잃었다.

*이 절은 제8장 「한국사에서의 해양 정신」과 중복되므로 생략함.

6. 망국의 전야

역사를 결정하는 근본적인 요인은 무엇일까? 세계 대세의 흐름일까? 예정 조화[神意]일까? 아니면 주기(週期, cycle)일까? 이 점에 대한 나의 판단은 확고하다. "역사는 사람이 저지른 일들의 총화(總和)이다. 특수사나 분

---

102 『高宗實錄』18년 7월 6일(병신) : 홍재학의 상소.

류사가 아닌 한 결국 역사(歷史)는 인간의 역사(役事)의 모둠일 뿐이다. 문제는 사람이었다." 그러므로 "왜"(why) 나라는 멸망했는가?라고 물었을 때 대답은 "누구"(who) 때문이라고 대답할 수밖에 없다.

민족이든 국가든, 그들의 멸망사는 사람이 저지른 재앙(人災)이었다. 이 명제는 이 책을 일관하고 있는 논지이다. 한국이 일본에 멸망한 것이 아니라 한국인이 일본인에게 멸망한 것이다. 그러므로 이 문제는 양쪽의 사람들, 특히 국가 경영을 책임지고 있었던 사람을 살펴보는 데에서부터 문제를 풀어야 한다.

적진의 사령관은 이토 히로부미(伊藤博文)였다. 출신이 미천한 이토는 자신의 외양을 권위 있게 치장하고자 명예나 위계 또는 훈장에 병적으로 집착했다.[103] 그는 비상한 두뇌와 친화력을 가진 인물로서 위로는 다이묘(大名)로부터 아래로는 야쿠자(八九三)에 이르기까지 폭넓은 인맥을 갖추고 있었으며, 특히 상사의 의중을 읽을 줄 아는 특출한 인물의 소유자였다. 운명적이었는지 그 참혹한 다이묘의 싸움 중에 질병이었든, 또는 횡사였든, 그의 정적들은 "적절한 시기"에 죽었다. 그는 대세(板)를 읽는 탁월한 능력을 갖추고 있었고, 삶의 길을 찾는 후각도 상당히 발달한 인물이었다. 키가 작은 것 말고는 그가 갖추지 않은 것이 없었다.

스승 요시다 쇼인(吉田松陰)으로부터 정한론(征韓論)의 유지를 받은 그는 멀리 보면서 내치파들이 쟁투하는 동안 일찍부터 서구로 눈길을 돌렸다. 그는 그 연배에서 가장 먼저 영어를 터득했다. 그것은 그의 노력과 예지였다. 전통적인 정한론자들이 조선과 만주, 그리고 동부 시베리아를 무대로 삼아 꿈을 이루려 할 때 그는 훌쩍 유럽과 미국으로 나가 프로이센의 군제(軍制)를 배우고, 영국의 식민 정책을 학습하고, 미국이 주도하게 될 세계 대세의 파도를 타고 있었다.

---

103 이토 히로부미와 조선 합병의 문제에 관한 최근의 노작으로는 한상일의 글이 있다. 한상일, 『이토 히로부미와 대한제국』(서울 : 까치, 2015), p. 31.

이토 히로부미는 1883년을 전후로 하여 두 차례 비스마르크(Otto von Bismarck)를 찾아갔다. 이때 그는 프로이센이 왜 강한가? 하는 질문을 품으면서 그들의 육군과 대 러시아 정책을 배웠으며, 비스마르크의 카리스마를 배웠다. 이때 비스마르크는 "세계 각국은 표면적으로는 신의를 바탕으로 한 교제를 말하고 있지만 실은 약육강식"이라고 일러주었다. 이토 히로부미는 그에게 경도되었고, 뒷날 비스마르크의 담배 피우는 모습까지 흉내 낼 정도로 그를 존경했다.[104]

비스마르크 이외에도 이토 히로부미의 대한정책에 가장 영향을 끼친 몇 사람의 영국인이 있다.

첫 번째 인물은 밀너(Alfred Milner : 1854~1925)였다. 그는 본디 독일인이었으나 할아버지가 영국 여인과 결혼하였기 때문에 영국으로 귀화한 이민 가족이었다. 그의 외가는 영국의 명문이었다. 밀너는 옥스퍼드대학에 진학하여 신학을 공부했는데, 이때 이미 젊은 경제사학자로 문명을 날리던 아놀드 토인비(Arnold Toynbee : 1852~1883 ; Elder)를 만나 식민 정책에 눈뜨게 되었다. 이 사람은 후대의 역사학자 토인비(Arnold Toynbee)의 삼촌이었다.

밀러는 졸업과 함께 대장성에 들어가 부상(副相)에 올랐는데, 이때 마침 영국의 식민지인 이집트에 금융 위기가 발생하자 그를 수습하는 책임자로 부임했다. 그는 1889년부터 4년 동안 이집트에 근무하면서 금융 위기를 수습한 다음, 귀국하여 자신의 이집트 통치 경험을 주제로 『영국의 이집트 통치』(Alfred Milner, *England in Egypt,* London : Edward Arnold, 1892)을 출판하여 식민 통치의 전문가로 부상했다. 이집트에 대한 그의 인식은 "이집트는 아직 헤로도토스(Herodotus)의 시대를 살고 있다."[105]는 것이었다.

---

104 한상일, 『이토 히로부미와 대한제국』, pp. 133, 84.

105 Alfred Milner, *England in Egypt*(London : Edward Arnold, 1902,), p. 2.

밀너는 훼비안협회(Fabian Society)의 회원으로서, 제1차 세계 대전 이후에는 로이드 조지(Lloyd George)의 전시 내각에서 전쟁상(1918~1919)을 지낸 뒤 곧 식민상(1919~1920)을 지냈다. 그는 이집트에 근무할 당시에 [뒤에 언급할] 크로머 경(Lord Cromer, Baring)과 함께 이집트 지배를 이끌었다.

식민지에 대한 밀너의 입장은 "통치국이 피지배국가의 외형적 안정에만 힘쓰지 말고 먼저 그 민족을 말살하고 피지배국가의 뿌리 깊은 악행을 제거해야 하는데, 그러려면 밀정에 가까운 군사(janissary)를 먼저 파견한 다음 그 명분으로 군대를 해산시키고, 강력하고 잔혹한 폭정을 시행하면서 곪아 터진 군중들이 느끼는 망국의 슬픔이나 불만을 아무런 죄책감 없이 깔아뭉개라"[106]는 것이었다.

그 무렵에 일본에는 이노우에 마사지(井上雅二 : 1877~1947)라는 인물이 있었다. 효고현(兵庫県) 출신인 그는 해군병학교(兵学校)에 입학하였으나 대륙 진출의 꿈을 안고 자퇴하여 도쿄(東京)전문학교(지금의 早稲田大学) 아세아주의(亞細亞主義) 단체인 동아동문회(東亜同文会)에서 활동하면서 학업을 마쳤다. 그는 졸업과 함께 1900년에 중국의 의화단(義和團) 사건의 소식을 듣고 중국으로 건너가 강유위(康有為) 파에 가담하여 반청 봉기를 지원하면서 중국에서의 서구의 식민지 개척사를 공부했다.

러일전쟁이 벌어지자 이노우에 마사지는 동아동문회 특파원과 체신성 촉탁의 자격으로 조선에 입국하여 1905년에 조선의 경제 고문인 메가다 다네타로(目賀田種太郎)의 재무관으로 근무하다가 1907년에 궁내부 서기관으로 전보되어 귀국했다. 뒷날 그는 중의원 의원(1924)을 거쳐 동양척식회사(東洋拓殖會社)의 상무고문(常務顧問)으로 활약했다.[107]

---

106 Alfred Milner, *England in Egypt*, p. 370. "by first ruining the Egyptian people, and to set up, through the aid of foreign janissaries, a strong, ruthless despotism, ready to trample without compunction on the festering mass of misery and disaffection."

구미유학파가 아님에도 불구하고 이노우에 마사지는 영어에 유창했다. 그는 중국에서 서구 식민지사를 공부하던 가운데 바로 밀러의 『영국의 이집트 통치』를 읽고 깊이 심취하여 이를 일본어로 번역하여 『韓國經濟資料 : 埃及に於ける英國』(東京 : 淸水書店, 1906)을 출판했는데, 이 책이 정한론자들에게 깊은 감동을 주었다. 물론 이토 히로부미도 그 독자 가운데 하나였다. 이노우에 마사지의 이 책에는 물론 그의 식민 정책에 관한 의견도 포함되어 있지만, 주로 크로머 경의 통치술을 설명하고 합리화하는 것이었다.

이토 히로부미가 식민 통치의 성공 모델로 여긴 두 번째 인물은 앞서 밀러가 격찬한 크로머 경(Lord Cromer : 1841~1917)이었다. 그의 본명은 바링(Evelyn Baring)이었다. 그도 밀러처럼 독일계 이민의 후손으로 영국에 정착하여 금융업으로 크게 성공한 가문이었다. 청년 시절에 그는 군인이 되고 싶어 육군사관학교(Royal Military Academy)를 졸업하고 그리스 영토로서 영국의 지배를 받던 코르프(Korf)주둔군 포병대에서 근무하면서 고대 그리스/로마/이집트에 관심을 갖기 시작했다.

1869년에 귀국한 크로머는 다시 육군참모대학(Army's Staff College)을 졸업한 뒤 전쟁성에 들어가 크리미아전쟁 전후 처리 문제에 관여했고, 그 뒤 인도 총독 노드부르크 경(Lord Northbrook)의 비서로 봉직하면서(1872~1876) 최고훈장(The Most Exalted Order of the Star of India : CSI)를 받았다. 크로머는 온유함(softness)과 잔혹함(harshness)을 겸비한 수재였다.[108] 이 무렵의 바링은 사실상 부총독이었다.[109]

크로머가 이집트에 부임한 것은 1877년이었는데, 밀너와 마찬가지로 이집트의 금융 위기를 타개하고 대영 항쟁을 진압하기 위한 특수 임무를 띠

---

[107] https://en.wikipedia.org/wiki/Evelyn_Baring,_1st_Earl_of_Cromer; Google.jp. (검색일 : 2020. 5. 20.)

[108] Alfred Milner, *England in Egypt,* p. 87.

[109] Afaf Lutfi Sayyid-Marsot, *A History of Egypt : From the Arab Conquest to the Present*(Cambridge : Cambridge University Press, 2007), p. 89

고 있었다. 마침 그때가 미국의 남북전쟁 시기여서 크로머는 이집트 면화를 수출하여 거금을 마련함으로써 이집트의 금융 위기를 해결했을 뿐만 아니라 수에즈운하의 건설이라는 거대한 프로젝트에 참여하게 되었다. 이처럼 탁월한 능력을 보이자 영국은 크로머를 이집트 책임자로 임명했는데 (1883~1907) 그의 공식 직함은 이집트 총독이 아니라 이집트 주차 총영사 (British controller-general in Egypt)였다.

크로머는 이집트를 "수탈"110하면서도 가책이라기보다는 그것이 "백인의 의무"(white man's burden)라고 생각했고, "우리는 이집트에서 영향력을 행사하고 있을 뿐이지 점령하고 있는 것이 아니다."라는 견해를 고수했다. 크로머나 밀너는 모두 "논리적인(logical) 프랑스나 권위주의적인 (authoritative) 독일은 이런 일을 해낼 수 없다. 오직 영국만이 이 일을 할 수 있다."111는 생각을 하고 있었다. 이것이 일본의 조선 통치에 많은 암시를 주었다.112

이토의 대한정책은 위와 같이 이집트와 인도에 대한 영국의 정책을 적용한 것인데, 이를 정리하면, (1) 첨수(添水) 정책(종이에 물이 스며들 듯이 침투함), (2) 회유(懷柔) 정책, (3) 정탐(偵探) 정책, (4) 황실 이용 정책, (5) 외식(外飾 : 겉만 번지레하게 가꿈) 정책, (6) 농락(籠絡 : 그물에 가둠) 정책, (7) 방휼(蚌鷸 : 도요새가 조개와 다투다가 다 같이 어부에게 잡힘) 정책, (8) 시위(示威) 정책 (9) 단맥(斷脈 : 왕실의 후계를 끊음) 정책, (10) 자구(藉口 : 계속하여 구실을 만듦) 정책이었다.113

110 "이집트인들이 영국에 가는 것은 관광이나 학업을 위해서가 아니라 크로머의 무덤에 침을 뱉으러 영국에 간다."는 말이 있다. 한상일, 『이토 히로부미와 대한제국』, pp. 264~267.

111 Alfred Milner, *England in Egypt*, pp. 358, 356.

112 Tyler Dennett, *Roosevelt and the Russo-Japanese War*(Glochester : Peter Smith, 1959), p. 117.

113 「日人의 對韓政策 : 일인이 한국을 멸망하는 정책」, 『신한민보』 1909년 9월 22일자.

그렇다면 이토 히로부미가 영국의 이집트 통치에서 배운 것을 어떻게 구체적으로 조선 병합에서 실천했는가? 이노우에 마사지의 이론을 종합하면,

(1) 먼저 피식민지 국가에 차관을 제공함으로써 재정을 장악한다. 차관은 족쇄이기 때문에 식민지 정책의 발판으로서 매우 중요하다.[114] 영국은 그 족쇄로서 로즈차일드(Rothschild Bank)에서 4백만 파운드의 차관을 제공하여 이집트 지분의 수에즈운하 주식을 매입하도록 했다.[115]

(2) 피식민지 백성을 배고프지 않게 해준다.(full-belly policy : 飽滿政策) 이는 이집트 총독 크로머의 교훈이다. 굶주림과 압제에 시달린 피식민지국가의 백성들에게는 굶지 않게 해주는 식민지국에 더 고마움을 느낀다. 크로머 경은 이와 같은 정책의 성공로 "무관의 제왕"(Uncrown King)과 "장막에 가린 통감"(Veiled Protectorate)이라는 칭호를 들었다.[116]

(3) 세금을 줄여 민생고를 덜어 주면서 동시에 수탈의 인상을 주지 않는다. 이는 인도 총독 로렌스(Sir John Lawrence : 1811~1879)에게서 배운 교훈이다.[117] 이집트가 크로머의 이와 같은 정책의 진의를 깨달은 것은 얼마의 시간이 흐른 뒤였다.

(4) 영국의 크로머 경이 이집트 지배에 성공하자 그렌빌 독트린(Granville Doctrine)이라는 역사상 유례가 없는 정책을 발표했다. 이는 당시의 외상이었던 그렌빌 경(Lord Grenvile)의 이름을 딴 것으로서, 이에 따르면, "영국이 이집트를 통치하는 과정에서 크로머 경에게 항명하는 관리는 해임할 수 있다"[118]는 기이한 제도였다. 1907년이 되

---

114 Alfred Milner, *England in Egypt*, p. 82.

115 Afaf Lutfi Sayyid-Marsot, *A History of Egypt : From the Arab Conquest to the Present*, p. 84; Afaf Lutfi Sayyid-Marsot, *Egypt and Cromer : A Study in Anglo-Egyptian Relations*(Cambridge : Cambridge University Press, 1985), p. 70

116 Afaf Lutfi Sayyid-Marsot, *Egypt and Cromer : A Study in Anglo-Egyptian Relations*, pp. 75~77; Afaf Lutfi Sayyid-Marsot, *A History of Egypt*, p. 89

117 한상일, 『이토 히로부미와 대한제국』, pp. 263~273.

어 영국에 진보주의 정권이 집권하고 이집트의 산업이 다소 안정되
자 크로머는 이제 자기의 역할이 끝났음을 알고 물러섰다.[119]

이토 히로부미가 이처럼 조선 병합을 도모하고 있을 때 고종의 대응은
어떠했는가? 이를 알려면 특명 전권 대사 이토 히로부미가 을사조약을 체
결하고 열흘이 지나 귀국에 앞서 고종에 출국 인사를 하는 자리에 나눈
다음과 같은 대화를 읽어볼 필요가 있다.

메이지(明治) 38년(1905) 11월 28일 :
이토 히로부미 대사가 황제를 알현하러 들어가자 황제가 물었다.
……
황제 : 아직 당해(當該) 대신으로부터 아무 말도 듣지 못했으나, 본건[本
件 : 을사조약의 체결] 같은 것도 경(卿)이 여기에 있기에 이를
신속히 마무리를 지었다고 생각하오. 그런데 실제로 언제 출발
예정인가요?
대사(大使) : 내일 아침 출발 예정으로, 오늘은 말하자면 고별인사 겸해
참내(參內)했습니다.
황제 : 그건 너무 서두르는 것이 아니오? 하다 못 해 사나흘[數三日]만이
라도 연기함이 어떨까요? 그리하여 뒷일을 어떻게 조치할까에 관
해 각 대신에게 자세히 설명할 수 있기를 바라오. 짐(朕)이 이렇
게 경에 애틋[戀戀]한 것은 감히 짐의 개인적인 정분[私情]일 뿐
아니라 실로 우리나라를 위해 경의 재량(裁量)에 기대할 것이 없
을까 생각하기 때문이오.
　경의 지금 머리카락이 반백(半白)이라, 생각하건대 그렇게 된
것도 전부 국사(國事)에 마음과 몸을 다하여 나랏일에 이바지한
[盡瘁]한 결과이니, 바라건대 일본의 정치는 후진의 정치가에 맡

118 Afaf Lutfi Sayyid-Marsot, *Egypt and Cromer : A Study in Anglo-Egyptian Relations*,
pp. 74~75.
119 Afaf Lutfi Sayyid-Marsot, *Egypt and Cromer : A Study in Anglo-Egyptian Relations*,
p. 79.

기고 지금 남아 있는 흑발(黑髮)의 절반을 짐의 보필에 쓰지 않
겠소? 비록 그 수염이 서리처럼 흰 것[霜白]을 볼 때 우리 국가에
위대한 공헌을 하고 그 성효(成效)를 기대할 수는 없겠으나, 짐이
경의 노체(老體)를 되돌아보지 않고 이렇게 강요하는 이유는 짐
이 경을 신뢰함이 정부 대신보다 낫기 때문이오.
　　[신하들을 바라보며]
　　그리고 항상 짐은 신료(臣僚)에 대해서도 이토(伊藤)의 말을
듣는 게 좋겠소. 어려운 일도 이토에게 말하면 어떻게든 잘 해
줄 것이라 감히 말하는 까닭이오.
대사 : (그 말을 듣자 대사가 빙긋이 웃었다.)120

이것이 망국의 군주가 침략의 수괴 앞에서 할 말인가? 이러고도 고종을
"영명하고 고뇌한 개혁 군주"라 말할 수 있는가? 한상일(韓相一)의 지적처
럼, "고종은 이토의 속마음을 읽지 못했다"121는 말이 맞을 수 있다. 그렇
다 하더라도 그것은 그의 미욱한 탓이지 이토를 탓할 일이 아니다.

역사적으로 망국의 군주가 영명했던 사례는 없다. 바꾸어 말하면 군주
가 영명한데 나라가 멸망한 사례가 왕정 체제에서는 없었다. 케난(George
Kennan, Elder)의 악의적인 비난122을 인용하지 않더라도, 고종은 이미 국
가 경영 능력을 상실하고 있었다. 조선에는 국내외적 격변기에 위기 의식
과 예지를 가지고 국가를 경영할 지도자가 없었다. 이것은 영웅중심주의
와는 별개의 문제이다.

이토는 조선 침탈을 진행하면서 한국인의 입에서 먼저 합방이 나오도
록 유도했다. 그는 이용구(李容九)와 송병준(宋秉濬)을 매수하여 한일합

---

120 金正明(編), 『日韓外交資料集成』(6/上)(東京 : 巖南堂出版社, 1964), pp. 71 :
　　No. 35「內謁見始末 : 伊藤特派大使御暇 兼 內謁見始末」(明治 38年(1905) 11月
　　28日).

121 한상일, 『이토 히로부미와 대한제국』, p. 230.

122 George Kennan, "Korea : A Degenerate State," The Outlook, October 7, 1905, pp.
　　308~309.

방 청원서를 제출하도록 했다. 총리대신 이완용(李完用)은 이를 기각했다. 이는 그가 한일합방을 반대하고자 함이 아니라 합방의 "공로"를 이용구의 무리에게 빼앗기고 싶지 않았기 때문이었다.[123]

이를 보고 양계초(梁啓超)는 "일본이 조선을 병탄하는 데는 송병준과 이완용의 공로가 이토 히로부미보다 크다."[124]고 기록했다. 식민지 개척에는 상류 지식인을 먼저 매수해야 한다는 밀너의 가르침[125]을 일본은 충실히 이행한 셈이다.

백성들은 어떠했는가? 게일 목사(Rev. James Gale)의 묘사가 가슴을 찌른다.

> "기독교인들은 무심히 앉아 조국의 멸망을 지나가는 개를 바라보듯 했다. 이는 애국자의 모습이 아니다. 교회는 끝까지 일본이나 일본인을 적대시하지는 않았다. 그것은 옳은 일이 아니었다."[126]

양계초의 표현은 더 구체적이다. 그의 말을 빌리면,

> "주변국 사람들은 한국의 망국에 눈물을 흘리는데 조선인들은 흥겨워하고, 고위 관리들은 날마다 새로운 시대의 영광스러운 자리를 얻기 위해 분주하고 기뻐했다."[127]
> "아, 나는 조선의 멸망을 보면서 나라의 멸망이 너무도 쉬움을 탄식한다. …… 조선을 망하게 한 무리는 처음은 중국인이었고, 이어서 러시아인이었

---

123 한상일, 『이토 히로부미와 대한제국』, p. 399.
124 량치차오(지음), 최형욱(옮김), 「일본병탄조선기」(1910), 『조선의 망국을 기록하다』(서울 : 글항아리, 2014), p. 157.
125 Alfred Milner, *England in Egypt,* p. 370.
126 James Gale, *Korea in Transition*(Cincinnati : Jenning & Graham, 1909), pp. 41~42, 135; 신복룡(역주), 『전환기의 조선』(서울 : 집문당, 2020), pp. 33~34, 127 : "Converts seemed to sit by and see the country go to the dogs."
127 량치차오(지음), 최형욱(옮김), 「일본병탄조선기」(1910), pp. 264~265.

으며, 끝은 일본인이다. 그렇지만 중국·러시아·일본인이 조선을 망하게
한 것이 아니라 조선이 스스로 멸망한 것이다."[128]

양계초는 조선의 멸망을 슬퍼하며 5언시 24수를 지었다. 그 가운데에는
다음과 같은 시도 있다.

> 10만 명이 사는 성에 욱일기가 나부끼는데
> 태평 시절에 심취한 모습이 가련하구나.
> 十萬城中旭日旗 最憐深醉太平時
>
> 둥지가 무너지는데 어찌 알이 성하랴
> 아, 가련한 벌레들이여
> 覆巢安得卵 嗟爾可憐蟲[129]

양계초는 약소국의 망국에 대한 연민이 깊었는데 특히 조선의 멸망을
애통하게 여겼다. 양계초의 그와 같은 개탄이 청한의 종속 관계 때문이었
으며, 그런 동정이 단순히 이웃의 불행에 대한 비통함이라기보다는 속국
을 잃은 데 대한 애통함이 있었을 것이다.[130] 그렇다 하더라도 망국에 대
한 국왕과 대부와 지식인의 책임을 면탈(免脫)하는 것은 아니다.

7. 친일(親日) : 그 떨쳐야 할 업장(業障)

글머리에 고대 로마의 고사 한 편을 소개하고자 한다.

128 량치차오(지음), 최형욱(옮김), 「조선의 멸망」(1906), p. 53.
129 량치차오(지음), 최형욱(옮김), 「양치차오와 조선」, p. 264; 량치차오(지음), 최형
    욱(옮김), 「가을바람이 등나무를 꺾다」(1910), pp. 195, 236.
130 량치차오(지음), 최형욱(옮김), 「麗韓十家文抄書」(1910), p. 266.

『플루타르코스영웅전』 코리올라누스(Coriolanus) 편에 이런 일화가 나온다. 로마의 집정관인 코리올라누스는 선정을 베풀고 로마의 국위를 선양했으나 귀족들의 모함을 받아 반역죄인이 되어 추방되었다. 그는 복수를 하고자 적국인 볼스키족(Volsci)의 족장 툴루스(Tulus) 찾아가 병력을 요구했다. 툴루스가 기꺼이 허락하자 코리올라누스는 볼스키족을 이끌고 조국인 로마 정복의 길에 오른다.

이때 한 늙은 여인이 코리올라누스 앞에 나타난다. 바라보니 자신의 노모였다. 그는 며느리와 손주들을 데리고 아들 앞에 나타나 이렇게 말한다.

"네가 조국을 유린하려거든 이 어미의 시체를 밟고 넘어가라."

코리올라누스는 차마 조국을 유린하지 못하고 돌아가 볼스키족의 손에 비참한 최후를 마쳤다.[131]

『플루타르코스영웅전』 가운데 가장 감동적인 이 대목을 읽노라면 조국이 무엇인가를 새삼 느끼게 된다. 사실, 알고 보면 조국은 속지주의(屬地主義)이다. 우리가 부모를 선택하여 태어날 수 없었듯이 조국도 우리의 선택 사항이 아니었다. 그러나 우리는 조국이라는 말 앞에 숙연해지며 솟구치는 열정을 느낀다.

2002년 월드컵축구를 응원한 전국의 시청자 가운데 오프 – 사이드(off-side) 규정을 안 사람이 몇이나 될까? 적었을 것이다. 그럼에도 우리는 그날 온 국민이 하나가 되어 조국을 외쳤다. 5천 년 역사에 그런 일이 일찍이 없었다. 그때 많은 사람이 조국을 발견했을 것이다.

그런데 역사에는 조국에 대한 그런 열정의 대오를 비껴가는 사람들이 많았다. 그 변명은 얼마든지 가능하다. 혹독한 식민지 지배 정책에의 굴복, 지난 시절 부패한 왕정에 대한 환멸, 신문명의 신기함, 독립할 수 없으리라는 절망감, 그리고 반세기에 걸친 세뇌와 길들여짐 등으로 말미암아 일제 말엽이 되어서까지 독립의 열망을 가진 사람은 그리 많지 않았다.

---

131 『플루타르코스영웅전』, 「코리올라누스」, § 34~35.

비분강개함이야 누구엔들 없었을까?

그로부터 해방된 지 75여 년이 흘렀다. 역사가 바뀌기에 75년은 그리 긴 시간이 아니었다. 이러한 시대에 일본에 대한 시각을 달리한다는 것이 마음 편한 일은 아니다. 시대의 조류를 역류한다는 것이 얼마나 위험하고 힘든 것인가를 나는 잘 알고 있다. 목청을 높여 반일을 외쳐야 하는 것이 곧 애국인 세상이다.

주한일본대사관 앞에 소녀상을 세우고, 안국역에는 "왜놈을 저며 죽이자"[屠殺]는 시를 스크린 도어에 부착한 데 대해서 누구도 "다른 말"을 해서는 안 되는 시대에 살면서, 친일과 같은 민감하고 금기시된 문제에 다른 의견을 제시한다는 것이 얼마나 거칠고 무례한 저항을 받는가를 나는 겪어 본 적이 있다. 이런 상황에서 나는 친일의 문제를 좀더 냉정하게 고민해 볼 것을 제안하며 이 글을 쓴다.

이 글의 논리는 릭비(Andrew Rigby)의 모델[132]을 바탕에 깔고 있다. 릭비는 영국 코벤트리대학(Coventry University) 부설, 평화와 화해연구소(Centre for Peace and Reconciliation Studies)에서 종족 분쟁을 연구했고 특히 팔레스타인 문제의 해결에 심혈을 기울인 학자로서 현재는 그 대학의 종신교수로 재직하고 있다.

망국의 시기에 조국을 가장 먼저 배신한 무리는 지식인들이었다. 무구(無垢)한 백성에게는 조국을 배신할 능력도 없다. 역설적인 논리이지만, 망국 시기에 동양의 정치 풍향과 한국의 장래를 가장 정확하게 예측했던 사람은 이완용(李完用)이었다. 그에게도 명리(名利)와 절의(節義)에 대한 숙려(熟慮)의 시간이 있었을 것이다. 그러나 그는 명리를 선택했다. 이것이 곧 지식인의 함정이었다.

---

132 Andrew Rigby, *Justice and Reconciliation : After the Violation*(Boulder : Lynne Rienner Publishers, 2001); 릭비(지음), 장원석(옮김), 『과거 청산의 비교정치학』 (제주 : 온누리, 2007).

1972년 1월 11일 일기

[30사단 신병훈련소에서] 신상명세서를 들여다보던 소대장이, 공부를 모두 마치고 뒤늦게 입영한 나를 바라보며 내뱉듯이 말했다.

"너는 탈영하지는 않겠구나."

내가 의아한 듯이 바라보자 그가 말했다.

"알파벳을 아는 놈은 철조망을 넘지 않는다구."[133]

지식인은 매우 타산적이다. 망국의 순간에도 당연히 조국을 걱정했어야 할 지식인은 머리[계산]와 가슴[대의]이 따로 놀았다. 그리고 그들은 머리를 따랐다. 후대는 지금 시점의 잣대로 "부역자" 또는 "친일파"로 그들을 낙인찍었다. 조국이 저지른 악정(惡政)이나 학정(虐政)으로 혈육을 잃어 원한에 맺힌 사람이 아닌 바에야 조국의 멸망 앞에 어느 길이 옳은지를 모를 사람은 없었다.

우리는 친일 문제를 논의하기에 앞서 친일의 본질을 정교하게 정의할 필요가 있다. 도대체 친일이란 무엇일까? 그 본질은;

(1) 의도적으로 일본의 이익을 위해 동족에게 위해를 끼쳤는가?
(2) 일제로부터 동포에 대한 위해(危害)나 협박이 없었음에도 일본의 식민지 지배를 위해 협조했는가?
(3) 그와 같은 행위로 말미암아 재산이나 신분상의 편익을 받았는가?
(4) 끝까지 참회하지 않았는가?

그러나 위와 같은 준거에 따라 우리가 하기 쉬운 말로 "친일 청산"을 외치지만 해방정국에서의 친일 문제는 그리 간단하지 않았다. 친일을 공부하는 사람들에게는 이 문제를 만날 때마다 가슴이 먹먹해진다. 역사가 반드시 정죄(定罪)를 뜻하는 것은 아니지만 그렇다고 해서 정죄로부터 자유롭지도 않다.

133 신복룡, 『병영일기』 1972년 11월 11일자, *mimeo*.

격동의 해방정국에서 분출하는 복수심과 망국에 대한 추궁 속에 모두 애국자처럼 외치는 동안에 이미 이성은 문제 해결의 도구가 아니었다. 더욱이 해외파 민족주의자들은 일본의 촉수 안에 머물렀던 국내파 민족주의자들에 견주어 더 몸짓이 거칠었고 목소리도 컸다. 그 가운데에 김구(金九)가 자리 잡고 있었다.

해방정국에서의 친일 논쟁은 이승만(李承晩)의 보수 진영에 너울을 씌우는 구실로 이용되었다. 그럴 만한 여지가 있는 것도 사실이다. 한민당(韓民黨) 당원들 가운데 친일로 분류될 수 있는 사람들이 섞여 있었기 때문이다. 그러나 적어도 친일 논쟁은 한민당으로서 더 물러설 수 없는 화두였다. 그들은 역공하지 않는 한, 설 땅이 없다는 것을 잘 알고 있었다.

가장 격노하여 반격에 나선 인물은 조병옥(趙炳玉)이었다. 당시 정보망을 장악하고 있었던 그는 정치판에서 내로라하는 사람들의 친일 비리를 꿰뚫고 있던 터라 할 말이 많았다. 그래서 나온 논리가 "친일(pro-Jap)은 먹고 살다 보니 저지른 일(pro-Job)"이었다는 것이다.

이를테면, 조병옥은 싱가포르가 함락되고 마닐라가 일본군에게 점령당하자 여운형(呂運亨)과 안재홍(安在鴻)이 조선 총독 고이소 구니아키(小磯國昭)에게 불려가 소위 대동아전쟁(大東亞戰爭)에 협력할 것과 황국 신민이 되겠다고 맹서한 전력(前歷)을 공격하고, 김규식(金奎植)의 아들이 상해(上海)에서 일본군의 밀정으로 8년간 활약한 사실을 들추었다. 따라서 고의로 자기의 영달을 위하여 민족 운동을 방해하였거나 민족운동자들을 살해한 무리가 아니면 생계로 인정하고 감싸야 한다고 강변하면서 그는 더 따져보겠느냐고 으름장을 놓았다.[134]

이승만과 김구의 관계에서 본다면 선명성이라는 점에서 김구가 우위에 섰던 것은 사실이다. 이는 이승만의 정치적 야망으로 볼 때 대중 동원이나 정치 자금 그리고 인물을 모아가는 과정에서 지주나 매판자본가를 깨

---

134 趙炳玉, 『나의 회고록』(서울 : 민교사, 1959), p. 173.

곳이 물리칠 수 없었음을 의미한다. 친일 청산을 주장하는 김구가 논리적으로는 맞는 말을 했지만, 현실과는 거리가 있는 문제였다. 50년에 걸친 일본 통치 아래에서 때 묻지 않은 사람이 거의 없는 상황에 숙청을 시도할 경우에 새로운 사회 건설에 쓸 만한 사람이 부족한데 어쩌랴?

이승만으로서는 친일파 처단을 주장하는 김구나 좌익의 주장을 따를 수 없었다. 그는 "민족 반역자나 친일파는 일소해야 하지만 지금은 우선 우리의 힘을 뭉쳐놓고 볼 일이다. 우리의 강토를 찾아낸 후에 우리의 손으로 재판하여야 하며 지금은 누가 친일파이고 누가 반역자인지 모른다."는 입장[135]이었다. 친일파를 처리할 수 없다는 그의 표면적인 구실은 그것이 끝내 국론을 혼란케 하여 통일을 지연시킬 뿐이라는 것이었다.

친일 논쟁에 하지(John R. Hodge)가 이승만의 편을 든 것도 한민당으로서는 큰 힘이 되었다. 하지로서는 본디 친일파를 두둔할 뜻이 있었던 것이 아니며 한민당 밖에서는 영어를 알 만한 인물로 허물없는 사람을 찾기 어려웠다는 데 애로가 있었다.

김구는 1945년 12월 27일 "3천만 동포에게 고함"이라는 방송에서 친일파에 대해 언급하며, 이런 말을 했다.

> "적지 않은 협잡 정객과 또 친일분자·민족반역자들을 숙청하여야 한다. 그것은 대의명분의 문제가 아니라 실제로 그들이 통일을 방해하고 있기 때문이다. 그러므로 우리는 최소한도라도 죄악이 많아 용서할 수 없는 불량분자만은 엄징하지 않으면 안 된다."[136]

더욱이 김구가 "일제시대에 국내에 남아 있던 사람은 모두 친일파였고, 따라서 그들은 감옥에 가야 한다."[137]고 주장했을 때 그 말을 들은 한민당

---

135 「이승만의 기자 회견」, 『매일신보』 1945년 11월 6일자.
136 『동아일보』 1945년 12월 30일자.

사람들은 아연실색했다. 김구의 주장에 대하여 여운형은 "국내파 민족주의자의 고통을 모르는 언행"이라는 반발과 함께 제휴의 희망을 버렸다.

아마도 김구를 추모하는 독자들이 나의 글에 대하여 분노하는 것은 "우리의 현대사에서 친일로부터 자유로운 사람은 많지 않다"는 말 때문이었을 것이다. 이에 대하여 "증류수에서는 고기가 살 수 없다"고 항변한 독자의 주장에 대해서도 나는 굳이 반론하고 싶지 않다.

그러나 공산권이 무너지고 1989년에 체코슬로바키아의 대통령으로 당선된 하벨(Baclav Havel)의 말처럼, 장기간에 걸쳐 자행된 체계적 권력 남용과 외압 아래에서 정도의 차이는 있지만, 대부분이 체제에 묵종한 사회에서 최종적으로 누가 죄인이며 누가 그를 심판할 수 있는가?[138]

냉정하게 말하자면, 해방이 되자 이승만은 친일 재벌 장진영(張震英)의 돈암장(敦岩莊)에서 살았고, 김규식은 친일 재벌 민규식(閔奎植)의 삼청장(三淸莊)에서 살았고, 김구는 본디 일본 공사 다케조에 진이치로(竹添進一郎)의 집이었다가 금광 재벌 최창학(崔昌學)이 매입한 경교장(京橋莊)에서 살았고, 박헌영(朴憲永)은 함열(咸悅) 갑부 김해균(金海均)이 제공한 혜화장(惠化莊)에서 살았다. 그런 모습은 "받아 마땅한 대접"이 아니었다.

과거사 청산은 당사자에 대한 "할퀴기의 역사"(scratching history)가 되어서는 안 된다.[139] 그런 식이라면 일본 정부와 지주에게 세금과 소작료를 지불하고 부역(賦役)에 동원된 나와 당신의 아버지도 친일로부터 자유로울 수 없다.

실제로 친일의 죄상을 따지자면 중위보다 오장(伍長)이 더 악랄했다. 진보 진영에 포진하고 있는 오장의 자식들이 중위의 자식들을 친일파라고

---

137 Mark Gayn, *Japan Diary*(Rutland: Charles E. Tuttle Co., 1981), p. 433 : November 7, 1946 in Seoul.

138 Andrew Rigby(지음), 장원석(옮김), 『과거 청산의 비교정치학』, pp. 110~111.

139 Andrew Rigby(지음), 장원석(옮김), 『과거 청산의 비교정치학』, p. 86.

배척하는 것은 무지이며 코믹하다. 박정희(朴正熙)와 그의 딸이 훗날 대통령이 되지 않고 중위나 평범한 시민으로 생애를 마쳤더라도 그의 행적은 친일의 멍에를 썼을까? 그렇지 않았을 것이다.

이런 점에서 볼 때 해방 이후의 행적에 따라서 해방 이전의 행적을 논의하는 것은 당사자나 그 자식들에게 주홍글씨(stigma)를 써넣는 작업의 성격이 짙다. 박정희의 정치적 과오를 물으려면 유신 시절의 반민주적 통치를 논박하는 것이 합리적이지 친일의 과오를 거론하는 것은 오히려 그의 과오를 빗나가게 겨냥하는 것이다.

그러므로 망국의 문제는 멀리 맹자(孟子)로 돌아가서 다시 생각해 보아야 한다. 강요에 따른 것이었든 자발적이었든, 우리는 그 시대를 살면서 모두 애국자였을 뿐, 암묵적으로 협조한 바는 없었을까? 망국 앞에 무죄인 사람은 거의 없다.

친일 신사들에 대하여 연민을 가진 사람들은 이미 식민지 국가의 신민으로 태어나 이름도 일본식으로 짓고 살던 당시 민중들에게서도 국방비 헌납은 이뤄지고 있었다는 점을 지적하는 경우도 있다. 이를테면 1937년부터 1941년까지 조선인의 국방 헌납은 총액 1억1천432만4천255엔이었다.

그들의 논리에 따르면 우리 사회에서는 오랫동안 "헌납=친일"이요, "공출=수탈"이라는 도식이 지배해왔다. 그러나 헌납은 거물 친일파들만의 행위가 아니었으며 조선군사후원연맹(편)『半島の銃後陣』(1940)에 수록된 헌납 사례가 934개 사례가 소개되어 있다.[140]

그 무렵의 소시민들은 제국대학을 졸업하고 고등문관시험에 합격하여 군수나 판사가 되어 '다쿠시'(taxi)를 타고 화신백화점에서 엘리베이터 타고 쇼핑하는 일에 사람들은 부러운 눈길을 보내고 있었다. 1942년 2월에 일본군이 싱가포르를 함락했을 때 조선의 초등학교 학생들에게는 고무 공

---

140 김인호, 「일제 말 조선에서의 국방 헌납 : 조선군사후원연맹(편), 『半島の銃後陣』(1940)을 중심으로」, 한민족독립운동사학회 발표 논문(2014. 12. 20.), pp. 1, 4~5.

하나씩을 선물했는데 그리 기뻐할 수가 없었다.

안중근(安重根) 의사가 사형 판결을 받을 무렵 한국인들은 이토 히로부미의 죽음을 사죄하는 대죄단(待罪團)을 조직하고, 천주교는 안중근을 살인자로 규정하고, 이토 히로부미를 추모하는 행사를 준비하고, 그의 동상 제작을 추진하면서 그를 활불(活佛)로 추앙하여 1932년에 장충단(獎忠壇)에 박문사(博文寺, はくぶんじ)를 지어 준공식을 거행할 때 한국인 지식인 1천 명이 참석하여 그를 추모했다. 황국신민서사(皇國臣民誓詞)의 문안 지은 사람도 학무국 촉탁으로 있던 이각종(李覺鍾 : 靑山覺鍾)이었고, 학무국 사회교육과장 김대우(金大羽)가 지었다.

매국과 매춘과 조직폭력배와 유사종교와 ○○○는 일차적으로 생계형으로, 돈의 노예이다. 망국에 조선인이 동원된 것은 망국이 그에게 황금의 축복이 될 수 있었기 때문이었다. 그렇다 하더라도 어찌 그 돈을 받고 조국을 팔아넘길 수 있는가?라는 질문은 그 다음의 문제였다. 돈을 벌고자 조국을 버리는 무리는 역사의 어느 순간에나 늘 있었다.

마가렛 미첼(Margaret M. Mitchell)의 소설 『바람과 함께 사라지다』(*Gone with the Wind*, 1939)에서 버틀러 대위(Captain Butler)는 다음과 같은 대사를 남겼다.

> 큰돈을 버는 데에는 두 번의 기회가 있다.
> 첫째는 나라의 살림이 번창할 때이고
> 두 번째는 나라가 멸망할 때이다.
> 국가가 번영할 때는 수금이 느리고,
> 나라가 멸망할 때는 목돈이 들어온다.
> There are two times for making big money.
> One is on the upholding of a country
> The other is in its destruction.
> Slow money on the upholding
> Fast money in its crack-up.

난세에 그 목돈의 유혹을 뿌리칠 수 있는 사람은 많지 않다. 부역자들에게도 할 말이 있을 것이다. 여운형의 경우처럼 더 큰 것을 얻기 위해서 작은 친일을 했다고 고백한 사람도 있고,[141] 대학이나 신문사와 같은 더 큰 것을 지탱하기 위해 일본에 협조하지 않을 수 없었다고 김성수(金性洙)나 백관수(白寬洙)는 말했다.[142]

팔레스타인 부역자들의 대부분은 필요악이었다. 그들의 부역이 없었더라면 점령 치하에서 생존을 위해 몸부림쳤던 수많은 팔레스타인 가족들의 삶을 더욱 고통스러웠을 것이라고 말한다. 그들은 빗나간 방식으로 공동체의 복지에 헌신하려고 했던 "애국적(?) 반역자"였다고 릭비는 설명하고 있다.[143]

조직적인 부역자들은 어느 정도 거부감을 가지면서 적국에 협조했다. 그들은 자신들의 행동을 통해 대중이나 특정 집단에 봉사할 수 있다고 믿었다. 이상주의적인 부역자들은 자신의 봉사로 말미암아 적군이 얻어가는 이익보다 우리에게 돌아오는 이익이 더 크다고 믿는 경향이 있다. 이럴 경우에 구체적인 동기가 다를 수 있지만, 개인의 이익이 아니라 보다 큰 공동체를 위하여 마지못해 적군에게 협조했다고 그들은 말한다.

점령 지역이나 억압 아래에서의 삶을 생각할 때 유죄와 무죄의 차이는 정도의 문제이다. 그 과정에서 극단적인 상황을 경험하지 못한 사람들이 나름의 이유를 제시하며 도덕적 · 법률적 원칙을 위반한 사람들을 쉽게 판단해서는 안 된다.[144]

일본의 집요하고도 구체적인 정한(征韓) 전략과는 달리 한국의 대응은 그렇게 절박하지도 않았고 전략적이지도 않았다. 합방 이전이나 이

141 『金昌淑文存』(서울: 성균관대학교출판부, 1994), pp. 244~245.
142 신복룡, 『해방정국의 풍경』(서울 : 지식산업사, 2016), pp. 132~133 참조.
143 Andrew Rigby(지음), 장원석(옮김), 『과거 청산의 비교정치학』, p. 173.
144 Andrew Rigby(지음), 장원석(옮김), 『과거 청산의 비교정치학』, p. ix; 26.

후를 가리지 않고 지배 계급의 전략 부재로 말미암아 한국인들은 자신도 모르게 일본에 길들고 있었다. 친일을 저지르면서도 그것이 친일인지도 모른 채 친일이 익숙한 사람도 있었다. 1926년 이완용의 장례식 운구 행렬과 만장(輓章)은 4km를 이루었고 고종(高宗)의 국장 이후 가장 화려(?)했다.

우리 안의 친일은 오늘이라고 해서 나아진 것이 없다. 그 한 사례로, 우리 사회에서는 언제인가부터 느닷없이 중국으로부터 수입해온 "따오기 복원 운동"이 활발하게 진행되고 있다. 예산이 72억 원이다. 그리고 위정자도, 국민도 뭐가 잘못되었는지 모르고 있다. 이 문제는 먼저 그 노랫말을 살펴보는 데에서 시작해야 한다.

> 보일 듯이 보일 듯이 보이지 않는
> 따옥 따옥 따옥 소리 처량한 소리
> 떠나가면 가는 곳이 어디메이뇨
> 내 어머니 가신 나라 해 돋는 나라(1절)
> 내 아버지 가신 나라 해 돋는 나라(2절)

이 노래에서의 핵심어(keyword)는 처량함, 내 어머니, 내 아버지, 떠나감, "동쪽의 해 돋는 나라"이다. 왜 내 어머니와 내 아버지는 동쪽에 해 돋는 나라[일본]에서 살고 있을까? 왜 우리는 그토록 처량하게 해 돋는 나라를 그리워하며 노래를 부르고 있을까? 이 노랫말에 담긴 메시지는 유쾌하지 않다.

작사자가 어떤 의도로 그렇게 썼는지 대하여는 각자가 짐작할 일이다. 관계자들은 부인하겠지만 나는 이 가사에서 교묘하게 은폐된 친일을 느낀다. 따오기의 국제적 학명이 *Nipponia nippon*이라는 것은 의미심장하다. 따오기는 꿩과 까마귀와 함께 일본의 세 가지 국조(國鳥) 가운데 하나이다.

따라서 일본이 중국에서 따오기를 수입하여 복원한 것은 우리와 입장이 다르다. 모르고 했다면 무지요, 알고 했다면 기군망상(欺君罔上)을 한 것이다. 이 사례를 통하여 우리는 입으로 친일 청산을 외치면서도 실상 친일에 대하여 잘 모르거나 알게 모르게 익숙해 있음을 보여준다.

우리는 무엇이 친일이고 우리 몸 안에 얼마나 친일이 깊이 각인되어 있는지도 모른 채 반일을 외치고 있다. 스스로 민주 투사요 일제 청산을 외치는 노동자들의 붉은 머리띠는 일제시대에 학병과 징용을 나가던 젊은이들이 머리에 두르던 하치마키(はちまき, 鉢卷)의 유산이다. 우리는 친일 청산 요구하면서 으레 이완용을 비롯한 을사 5적과 합방 7적의 이름을 거론한다. 물론 그들이 역사에 지은 죄를 용서받을 수는 없다. 그렇지만 그들이 망국의 원인의 모든 것은 아니다. 그러므로 친일 청산의 문제는 프랑스의 나치부역자 숙청과는 다르다.

나치가 철수한 직후부터 프랑스의 민족주의자들이 1만 명의 부역자를 처형 또는 사형(私刑)하고, "인민재판"(crossroads justice)으로 4천5백 명의 약식 처형이 이뤄졌다. 자식에게 우유를 제공한 독일 병정에게 몸을 허락했다는 이유로 삭발하고 조리돌림한 처사가 바람직한 것이었나에 대한 성찰도 필요하다.

"독일에 점령된 뒤 2주가 지나도록 신문의 발행을 계속한 것은, 논지를 불문하고 부역"이라는 드골(De Gaul)의 결정이 우리에게도 가능했을까? 제2차 세계 대전 동안 점령 지역에 거주했던 대다수의 생존 전략은 영웅적인 순교보다 생존의 본능에 따랐다.[145]

노르웨이에서 25명이, 덴마크에서 36명이, 벨기에서 230명이 처형되었으며, 네덜란드에서는 920만 명의 인구 가운데 15만 명이, 벨기에에서는 800만 명의 인구 가운데 7만7천 명이, 덴마크에서는 400만 명의 인구 가운데 1만4천 명이, 인구 400만 명인 노르웨이에서는 6만 3천 명이 유죄판

---

145 Andrew Rigby(지음), 장원석(옮김), 『과거 청산의 비교정치학』, pp. 18~19, 28.

결을 받았고, 800만 명의 프랑스에서는 12만 명이 재판을 받았다.[146]

스페인의 경우를 보면 오히려 지식인들이 과거를 외면하기로 한 "망각의 협약"이 정치적 안정을 실현하는 데 도움을 주었다. 프랑코(Franco)의 명예를 훼손하고, 군대와 보안 부대에 대한 숙청을 시도할 때 쿠데타가 일어나리라고 믿을 만한 증거는 많았다. 그 문제를 현재 속으로 끌어들이는 것은 또 다른 유혈 사태와 갈등, 그리고 고통을 초래할 것 같았다. 그래서 원칙은 살리되 "망각"을 중요 도구로 이용했다. 그렇게 해서 프랑코 정권 아래에서의 부역자 사마린치(Juan Samarinch)도 용서를 받고 IOC의 위원장이 되었다.[147]

죄인을 고발하고 정죄할 때는 해묵은 원한이 부역보다 더 무겁게 작용하는 경우가 많다. 부역으로 지목되었던 칼 야스퍼스(Karl Jaspers, 1946)는 이런 말을 남겼다.

> "뉴른베르크 재판은 범죄의 책임자를 가려내려는 의도보다는 '나는 저들처럼 죄짓지 않았음을 보여 주려는 충동'도 크게 작용했다. 이는 독일인 모두가 범죄자로 비난받는 것을 모면하는 장점이 있었다.[148]
> 팔레스타인의 경우에는 점령군에 의해 죽은 사람보다 동족에게 죽은 사람이 더 많았다. 아르헨티나 독재 7년 동안에 1~3만 명이 살해되거나 실종되었다. 이에 대하여 최초로 침묵을 깬 무리는 "어머니였다."[149]

그러니 어디서부터 어떻게 이 문제를 풀어야 하나? 적어도 지금의 현실에서 친일 문제를 보는 독립운동사학계의 보편적 시각은 이렇게 정리할 수 있다.

---

146 Andrew Rigby(지음), 장원석(옮김), 『과거 청산의 비교정치학』, pp. 20~21, 43.
147 Andrew Rigby(지음), 장원석(옮김), 『과거 청산의 비교정치학』, pp. 3, 151, 68.
148 Andrew Rigby(지음), 장원석(옮김), 『과거 청산의 비교정치학』, p. 5.
149 Andrew Rigby(지음), 장원석(옮김), 『과거 청산의 비교정치학』, pp. 77, 176.

(1) 민족을 위해 큰일을 했다는 사실이 그보다 작은(?) 허물[친일]을 덮어 주는 것은 아니다. 아울러 허물이 애국 활동을 부인하는 것도 아니다. 허물과 공로가 총량(總量)이나 경중(輕重)으로 상쇄되는 것은 아니다.

(2) 먼저 잘못을 저질렀으나 뒤에 회개한 무리(前非後改)보다 먼저 훌륭한 일을 했으나 나중에 잘못을 저지른 무리(前善後非)의 잘못이 더 크다.

(3) 똑같은 폭압의 상황에서 벌어진 허물이라 할지라도 지도층의 허물은 하층민의 허물보다 더욱 준엄하게 묻는다.

그러나 이런 논리가 친일파들에게 면죄부를 주는 논리로 인용된다면 그것은 이 글의 진심이 아니다. 젊어서 일곱 가지를 잘했으니 말년에 세 가지 잘못한 일을 덮어달라고 말하는 이른바 선선후과(先善後過)의 무리가 있다. 애국과 친일은 이런 식의 산술적 상쇄가 가능한 수학 문제가 아니다.

고문 경찰 김태석(金泰錫)과 노덕술(盧德述)을 잡아다가 정죄하고 이광수(李光洙)나 최남선(崔南善)에게 낙인을 찍는 것이 친일 청산이라고 생각하면 착오이다. 그러나 50년 가까운 일본 지배 기간에 "민족에게 죄짓고서도 처벌된 사람이 하나도 없었다는 사실"은 부끄러운 역사의 죄과(罪科)이다. 이는 어떤 논리로서도 합리화될 수 없는 일이다.

그렇다면 해방 70여 년이 지나도록 아직 해결되지 않고 분파를 이루는 친일 부역의 문제를 어떻게 풀어야 할까? 나는 다음과 같은 과정을 거쳐 이 일을 매듭짓는 것을 권고한다.

첫째, 당사자 또는 그 후손은 진정으로 참회하고 용서를 구한다. 정신적 외상을 치료하는 가장 좋은 방법은 과거의 고통을 거론하고 인정하며 여건이 좋아진 다음에는 "기억과 더불어 사는 법"이다.[150] 예수께서 간음

---

150 Andrew Rigby(지음), 장원석(옮김), 『과거 청산의 비교정치학』, p. 45.

한 여인의 평결을 요구받았을 적에 그도 즉답을 못 하고 몸을 굽혀 땅에 뭔가 쓰기 시작했다. 율법학자와 바리사이파들이 다그치자 예수께서 몸을 일으켜 그들에게 이르셨다.

"너희 가운데 죄 없는 자가 먼저 저 여자에게 돌을 던져라."

그리고 다시 몸을 굽혀 땅에 무엇인가 썼다.[151] 예수는 뭐라고 바닥에 썼을까? 성서해석자들은 그 여인에게 "다시는 죄짓지 말라"고 부탁한 이야기로 그치지만 내가 주목하는 것은 그가 다시 바닥에 무엇이라고 썼을까? 하는 대목이다. "나는 어떠했을까?"라고 쓴 것은 아닐까?

남아프리카의 경우에는 인권 침해의 가해자들이 자신의 범죄 행위에 대하여 모든 것을 고백할 때는 기소를 면제했다. 후회나 가책의 표현을 요구하지 않았다. 고백을 속속들이 다 듣고 알게 되면 속이 시원할지 모르지만, 마음은 더욱 비참해지기 마련이다.[152]

둘째로, 친일의 대가로 받은 일체의 반대급부를 환수한다. 그것은 속죄의 첫 단추이다. 자기들의 재산이 친일의 대가가 아니라 선대부터 있었던 것이라고 강변할 수 있다. 그리고 일부는 재판에서 승소했다. 이와 관련해서는 남아프리카에서 있었던 다음의 일화를 인용하는 경우가 흔히 있다.

톰(Tom)과 버나드(Bernad)라는 두 소년이 있었다. 톰은 늘 버나드를 괴롭혔다. 어느 날 톰이 버나드의 자전거를 훔쳐갔다. 버나드는 톰이 자신의 자전거를 타고 학교에 가는 것을 보았으나 힘이 부족하여 따지지도 못했다. 그러더니 톰이 갑자기 버나드를 찾아와 손을 내밀면서 화해하고 과거를 흘려보내자고 손을 내밀었다. 그러자 버나드가 톰의 손을 내려다보며 물었다.

"그렇다면 내 자전거는 어찌 되는 거냐?"

그랬더니 톰이 말했다.

"나는 지금 자전거 이야기를 이야기하고 있는 것이 아니야. 나는 그저

151 『요한복음』 8 : 1~11.
152 N. Chomsky, *On Power and Ideology*(Boston: South End Press, 1987), p. 51.

화해하고 싶을 뿐이야."[153]

이것이 유명한 "남아프리카의 자전거 화해 이야기"(Bicycle reconciliation story in South Africa)이다. 국가는 큰 피해를 본 국민에게, 국가들 사이의 화해를 위해 자신의 손실과 불의를 수용하라고 요청한다. 자전거는 돌려주지 않은 채 아무 일도 없었던 것처럼 살아갈 수는 없다. 자전거를 되찾지 못하는 한 화해는 이뤄질 수 없다.

셋째로, 국민적 합의로 일몰제(sunset law)를 제정한다. 세상의 매듭을 푸는 데 가장 많이 쓰는 말이 "잊어버려."라는 것이다. 그러나 말이 쉽지 그 아픔을 어찌 잊을 수 있겠는가? 원효대사(元曉大師)가 한때 수행한 적이 있는 괴산 군자산(君子山)에는 이런 전설이 내려오고 있다.

> 어느 날 원효(元曉)가 상좌 중과 길을 걷다가 중도에 개울을 만났다. 마침 장마철이어서 물이 불어 건너기가 어려웠다. 옷을 입고 건너자니 물이 깊어 옷이 젖을 지경이었고, 옷을 벗고 건너자니 그리 깊지는 않았다. 그런데 원효는 서슴없이 옷을 벗더니 아랫도리를 다 드러내고 물을 건너려 했다. 마침 그때 옆에는 젊은 여인이 난감하게 서 있었다. 원효는 주저 없이 그 아낙을 업고 물을 건넜다.
>
> 내를 건너 저편에 이른 원효는 아무 일도 없었다는 듯이 옷을 입고 길을 걸었다. 이때 따라오던 상좌 중이 원효에게 말씀을 드렸다.
>
> "스님, 이제 저는 스님의 곁을 떠나렵니다."
>
> "왜 그런 생각을 했느냐?"
>
> "출가한 스님이 벌거벗은 몸으로 젊은 여인을 업고 내를 건넜으니 계율에 어긋난다고 생각했기 때문입니다."
>
> 이 말을 들은 원효가 상좌 중에게 이렇게 말했다.
>
> "너는 아직도 그 여인을 업고 여기까지 왔단 말이냐?"[154]

153 "Giving Back the Bike : Reconciliation's Promise," June 2000; https://www.culturalsurvival.org/publications/cultural-survival-quarterly/giving-back-bike-reconciliations-promise.

넷째로, 연좌제를 배제한다. 친일 이야기를 하면서 박정희를 거론하는 의견이 있었다. 친일파가 정권을 잡아 나라가 이렇게 어려워졌다는 논리이다. 박정희는 육군 중위의 몸으로 일본 군대에서 복무했다. 없었더라면 좋았을 일이니 허물이 될 수 있다. 그러나 그것은 식민지에 태어난 젊은이가 겪어야 할 아픔이었다. 나는 그를 두둔할 뜻은 추호도 없다. 그러나 육군 중위가 친일파라면 그 숱한 한국인 육군 중위 가운데 왜 하필이면 박정희만 문제가 될까?

나는 형사법학자는 아니지만 "친일파에게는 공소시효가 없다"는 논리에 법률적 하자가 없는지를 가끔 생각해 본다. 왜냐하면 그 행간에는 연좌제의 뜻이 담겨 있기 때문이다. 이는 학살과 같은 반인륜 범죄를 저지른 나치 치하나 붕괴 이전 공산 치하와 남미에서 저지른 반인륜 범죄의 추적과는 다소 다른 성격의 것이다. 과거만을 지향하는 기억은 별로 좋은 것이 아니다.[155]

고대 로마의 격동기에 반역자 페르펜나(Vento Perpenna)에게 복수의 화신이 된 폼페이우스(Pompeius)에게 카토(Cato)는 이런 말을 했다.

> "지난 일을 묻지 말고 앞으로의 일을 걱정해야 합니다. 지난 일을 문책하기로 한다면 도대체 어느 시점까지 거슬러 올라가야 하는지를 결정하기가 쉽지 않습니다."

이런 고사도 한 번 들어볼 만하다.

> 조조(曹操)가 원소(袁紹)에게 대승을 거두고 전리품으로 얻은 금은보화와 비단을 병사들에게 상으로 나누어 주었다. 빼앗은 문서 가운데 편지 한 묶음이 들어 있었는데 모두가 허도(許都)와 조조의 부하 장수들이 원소에

154 신복룡, 『한국정치사상사』(상)(서울 : 지식산업사, 2011), p. 236.
155 Andrew Rigby(지음), 장원석(옮김), 『과거 청산의 비교정치학』, p. 1.

게 은밀하게 내통하며 보낸 것들이었다. 주변에 있던 사람들이 조조에게 아뢰었다.

"일일이 이름을 대조하여 모두 죽이시지요."

그 말에 조조가 이렇게 대답했다.

"원소가 강성했을 무렵에는 나도 마음을 바로 하지 못했는데 남들이야 오죽했겠는가?"

그러고서는 그 편지들을 모두 태워 버리도록 하고 다시는 그 문제를 따지지 않았다.[156]

지금 이 시대의 가진 무리 가운데 한말부터 일제시대와 해방정국에 이르기까지 100년의 역사를 살아온 조상 3족(친가 · 처가 · 외가)의 3대(나 · 아버지 · 할아버지) 9족의 이력서와 호적/제적등본과 족보를 내놓고, "우리 집안은 정말로 하늘을 우러러 부끄럼이 없다."고 말할 수 있는 집안이 과연 몇이나 될까?

그리 많지 않을 것이다. 9족은 먼 촌수가 아니다. 모두 3촌 이내이다. 열 사람의 의인만 살아 있었더라도 소돔과 고모라를 멸망시키지 않겠다던 여호와의 약속[157]은 우리에게도 유효한 것이 아니었을까?

5. 맺음말

이 글의 결론은 다음과 같다.

[1] 일본은 1853년에 개국하여 근대 문명을 받아들이기 시작했으며, 한국은 1876년에 일본을 통한 서구 문물을 간접적으로 수용했다. 그 수용

---

156 『삼국지』 제30회.
157 『구약성서』 「창세기」 18 : 32.

과정이 달랐던 것은 인정하지만 그것이 문제를 악화시켰던 것은 아니다. 23년의 시차가 그렇게 심각한 것도 아니었다. 문제는 지배 엘리트가 이러한 변동의 시대에 지혜롭게 자기 변신을 하지 못함으로써 일본의 지배 엘리트에게 패배한 것이다.

결과적으로는 한국이 일본에게 멸망한 것이지만, 구체적으로는 한국인이 일본인에게 패배한 것이다. 이런 점에서 한국인은 일본인에게 분명히 배울 것이 있다. 그들은 한국이 그토록 모멸적(侮蔑的)으로 표현하는 "쪽발이"만도 아니고 좀비(ZOMBIE)[158]는 더구나 아니다. 그들을 비하하는 것이 조금은 마음의 위로가 될지 모르지만, 그것은 패자의 신음(under-dog crying)일 뿐이다. 한국인이 이러한 미혹(迷惑)에서 깨어나지 않는 한 역사의 비극은 되풀이될 수도 있다.

[2] 문제는 사람이었고, 특히 지도자였다. 역사를 되돌아보면 어차피 권력의 주변에는 "영혼의 노숙자"(spiritual homeless)가 많았다. 물론 대한제국이 멸망할 당시 우리가 겪은 제국주의 열강의 외압(外壓)이 중국이나 일본에게 가해진 그것과는 성격이나 강도에서 다른 점이 있었던 것도 사실이다. 그뿐만 아니라 대한제국이 안으로 구조적 모순을 안고 있었던 점도 멸망의 원인으로 지적되기에 충분하다.[159] 그러나 이러한 논리에도 불구하고 대한제국의 멸망이 역사적 필연이었거나 운명적인 것은 아니었다.

그러므로 대한제국의 멸망은 피할 수도 있는 비극이었다. 그것은 당시 지배계급의 실수로 빚어진 인재(人災)였다. 이 글이 대한제국 멸망사를

---

158 한국 사회에서 좀비(ZOMBIE)라는 용어는 잘못 쓰이고 있다. 이는 본디 일본 민족성을 지칭하는 용어로서, 아첨하고(Zany), 호들갑스럽고(Ostentatious), 단견(短見)이고(Monocular), 천박하고(Blowzy), 뒤에 가서 딴소리하고(Intriguing), 감정적인(Emotional) 사람의 머리글자를 따서 만든 용어이다. 우시바 야스히코(牛場靖彦)(著)·김용발(역), 『좀비족 : 위기는 人間이다』(서울 : 경영능률연구소, 1986), passim.

159 이 점에 관한 주요 저술로서는 김영작, 『한말 내셔널리즘 연구』(서울 : 청계연구소, 1989), 제1장 제4절(pp. 45~74) 참조.

인물사적으로 비교·검토한 것은 이러한 분석의 시각이 대한제국이 멸망한 이유를 설명할 수 있는 유일한 관건(關鍵)임을 의미하는 것은 아니며, 그 중요한 부분을 이루고 있음을 의미할 뿐이다. 역사란 결국 인간의 역사(役事)였음을 강조하고자 하는 것이다.

[3] 다시 국난이 온다면 나를 포함하여 우리 모두는 조국을 위해 죽을 수 있다고 장담할 수 있을까? 장담할 수는 없다. 거대한 국가 폭력 앞에서 한 개인이 저항하는 것이 그리 쉬운 일은 아니었을 것이다. 조국과 동포를 배신한 사람을 대상으로 정의를 추구하는 데에는 여러 가지 측면에서 심각한 어려움이 있다. 그런 점에서 본다면 우리는 망국의 원인을 몇 명의 친일파에게 추궁함으로써 망국이라는 거대 담론을 희석했다.

우리가 모두 죄인이고 망국의 책임자이다. 친일의 논쟁이 "먼저 태어난 사람의 슬픔과 늦게 태어난 사람이 행운을 누리는 방법"이 되어서는 안 된다.[160] 우리의 망국사에는 분노만 분출할 뿐 역사에 대한 자성이나 회오가 없다. 고등학교 『국사』 교과서는 여전히 "우리 자신의 힘으로 광복을 쟁취했다."고 가르치고 있다.

[4] 망국의 죄인들을 잊을 수는 없지만, 이제는 내려놓고 가자. 카에사르(Julius Caesar)가 『이탈리아내전사』(De Bello Civili, III)에서 말한 것처럼, "강을 건넌 다음에는 배를 강변에 두고 가야 한다."(Postquam nave transiit flumen, navis relinquenda est in flumine)[161]

이제는 우리도 자신이 저지른 수많은 잘못에 대하여 정직하고 자유롭게 고백하고 사죄할 만큼 성숙되지 않았을까? "불의한 처사를 칭송하지도 않고, 불운한 사람을 고소하다는 듯이 모욕하지 않는 것이 역사가가 가야 할 바른길"[162]이기 때문이다.

---

160 안병직, 「과거 청산과 역사 서술: 독일과 한국의 비교」, 역사학회 창립 50주년 역사학 국제회의, 『역사 속의 한국과 세계』(2002. 8. 15.~18.), pp. 796~797.

161 한동일, 『라틴어수업』(서울 : 흐름, 2017), p. 63.

162 『플루타르코스영웅전』, 「리산드로스」, § 36.

16장

한국전쟁

―김일성(金日成)의 개전 의지를 중심으로

> "우리는 3일 이내에 서울을 점령할 것이며
> 낙엽이 지기 전에 남한을 해방할 수 있다."
> ― 김일성(金日成)

> "한국전쟁의 기원에 관하여는
> 남북한 모두가 정직하지 않았다."
> ― 메릴(John Merrill)

---

* 이 글은 『한국분단사연구 : 1943~1953』(서울 : 한울출판사, 2006), pp. 635~672를 개고한 것임.

** 1950년에 한국에서 벌어진 남북전쟁을 이제까지 보편적으로 "한국전쟁"이라고 불러 오다가 이명박(李明博)의 보수 정권의 집권과 더불어 어느 날 "6·25전쟁"으로 명칭 이 바뀐 데에는 설명이 필요하다. 흔히 전쟁의 명칭을 붙일 때는 7년전쟁이나 백년 전쟁과 같이 기간으로 명명하는 경우, 장미전쟁과 같이 상징으로 명명하는 경우, 왕 위계승전쟁과 같이 목적에 따라 부르는 경우, 보불전쟁·청일전쟁·러일전쟁과 같 이 교전 국가를 축약하여 부르는 경우, 미국의 독립전쟁이나 남북전쟁과 같이 전쟁 의 성격에 따라서 부르는 경우, 한국사에서는 임진왜란이나 병자호란처럼 간년(干 年)을 명칭으로 쓰는 경우는 있으나 개전 일자를 명칭으로 부르는 경우는 없다.

사건이 일어난 날짜를 명칭으로 쓰는 일은 그날 하루로 사건이 시작되고 종결된 경우, 이를테면 9·11사태와 2·26사건, 10·26사태와 같은 경우가 있다. 한국전 쟁을 "6·25전쟁"으로 부른 데에는 개전 일자와 개전 책임에 낙인(stigma)을 찍으 려는 의도를 분명히 한 것이다. 전쟁은 승전일이나 종전일을 기념하지 개전일을 기념하지 않는다. 미국의 경우에는 부시 대통령(George Bush, Elder)이 2003년에 7월 27일을 한국전쟁휴전기념일로 제정하였다.

1. 머리말

　전쟁은 장소를 가리지 않고 시도 때도 없이 나타나는 역사의 재앙이었다. 전쟁은 피 흘리는 정치요 정치는 피 안 흘리는 전쟁일 뿐이다. 따라서 역사상 전쟁이 있었다는 것이 비극이 아니라 그것이 남긴 상처를 어떻게 극복하느냐가 더 중요한 일이었다. 그런 점에서 본다면 한국전쟁도 예외는 아니다. 한국전쟁의 상처가 지나간 지 70년이 지난 지금의 시점에서 특히 그 개전 이유에 초점을 맞추어 그 의미를 살펴보는 이유는 그러한 비극의 재발을 억지(抑止)하는 데에 있다.

　보는 이에 따라서는 매우 단순할 수도 있지만 실상 한국전쟁은 매우 난해하고도 미묘한 성격을 안고 있다. 한국전쟁은 개전의 이유와 개전 책임에 대해 가장 논란이 많은 전쟁이었다. 따라서 지금까지도 미국의 관문서를 중심으로 하는 전통주의자들의 남침설, 수정주의자들의 북침설, 그리고 재수정주의자들의 내전설 등 그 해석은 매우 구구할 수밖에 없다.

　이 글은 한국전쟁이 김일성(金日成)에 의한 내전임을 기정의 명제로 하고, "왜 김일성은 전쟁을 결심했는가? 김일성은 무엇을 의도했는가? 그리고 김일성은 전쟁을 통해 무엇을 얻었는가?"라는 제한적인 질문을 화두(話頭)로 삼아 1950년 6월의 상황을 되돌아보려는 데에 그 본뜻이 있다. 이제 와서 남침이냐 북침이냐를 논쟁하는 것은 어쩌면 진부한 일일 수도 있다.

　만일 남한 사람들이 먼저 공격 준비를 했다면 그들이 과연 전쟁 개시 불과 3일 만에 자기의 수도 서울을 빼앗길 수 있었을까?[1] 이 글은 남한의 우익적 분위기 속에서 매몰되었거나 과장된 진실과 북한이 은폐하거나 왜곡한 사실을 밝히고 싶었다. 지금은 "역사로서의 한국전쟁"(Korean War

---

1　D. 볼코고노프, 한국전략문제연구소(역), 『스탈린』(서울 : 세경사, 1993, pp. 375~376.

as a History)[2]의 연구는 이념에 따른 윤색을 탈각(脫殼)하고 사실을 규명하는 데 노력이 필요하다.

커밍스(Bruce Cumings)의 주장에 따르면, "한국전쟁에 관한 한 남·북의 역사학자들은 절반의 진실만을 말했고, 결정적인 사실을 누락했으며, 야비하게 윤색했고, 명백한 거짓말을 했으며, ……기존의 주장에서 빗나가는 주장을 하면 적성(敵性)으로 혐의를 받았다."[3] 메릴(J. Merrill)이 지적하고 있듯이 한국전쟁의 기원에 관하여 남·북한 모두는 정직하지 않았다.[4]

여기에서 우리가 다시 반추해보아야 할 것은 암울했던 우익의 시대에 일관되게 강요된 종래의 입장, 즉 미국이 주도하는 반공 이데올로기적 논리와 이와 맞물려 돌아간 국내적 수요(需要), 그리고 필연적으로 귀결되었던 미국의 합리화도 다시 음미해볼 필요가 있다. "6월 25일 고요히 잠든 일요일 새벽 …… 남침 야욕에 사로잡힌 김일성의 전면 공격으로 ……"[5] 식의 개전 설명은 사태를 너무 피상화했다. 한국전쟁은 위와 같은 반공 구절 한 마디로 설명하기에는 너무 복잡하고 미묘한 측면이 있다.

2. 한국전쟁의 성격

이 글은 한국전쟁이 내전이었다는 전제 아래 쓴 것이다. 내전설의 논거

2 和田春樹, 『朝鮮戰爭』(東京 : 岩波書店, 1995), pp. 337ff.

3 Bruce Cumings, *The Origins of the Korean War*, Vol. II(Princeton : Princeton University, 1990), p. 590.

4 John Merrill, "Internal Warfare in Korea, 1948~1950 : The Local Setting of the Korean War," Bruce Cumings(ed.), *Child of Conflict : Korean-American Relations, 1943-1953*(Seattle : University of Washington Press, 1983), p. 134.

5 『한국전쟁1년지』(1950년 5월 1일~1951년 6월 30일)(서울 : 국방부전사편찬위원회, 1951, A14; 초등학교 6학년 1학기 『사회』(서울 : 대한교과서주식회사, 2002), p. 123; 중학교 『국사』(서울 : 대한교과서주식회사, 2002), p. 304; 고등학교 『국사』 (서울 : 대한교과서주식회사, 2002), p. 351.

는 다음과 같다.

    (1) 한국전쟁 이전에 동족 내부의 갈등이 심각했다.

    (2) 전쟁은 이미 1949년 5월의 하계 공세에서부터 시작되었고, 한반도는 국지전에 돌입하고 있었다. 6월 25일 이전에 38°선을 둘러싼 크고 작은 교전은 수없이 있었다.[6] 1950년 6월 이전에 남북한은 이미 교전 상태에 있었다. 2천~3천 명의 연대 병력에 의한 충돌도 있었으며, 이러한 충돌을 통해 한국전쟁 이전에 이미 남한에서만도 10만 명이 피살되었다.[7]

    (3) 신생 독립국에서의 해방 직후는 해방 정국의 주도권을 위해 이념과 관계없이 내부적 투쟁 과정을 겪는다. 한국전쟁의 말기에는 중공과 미국이 참전함으로써 국제전으로 비약했으니 그것이 내전일 수 있느냐는 반론이 있을 수 있으나, 배후에 열강이 개입하지 않은 내전이란 없다는 점에서 볼 때 열강의 개입은 내전의 성격을 가늠하는 요인이 아니다. 한국전쟁이 가지는 냉전적 요소를 전적으로 부인할 수는 없지만, 그것은 종속 변수에 지나지 않는다. 한국전쟁은 내부의 파열이 독립 변수였다.

6 方善柱,「鹵獲 北韓筆寫文書 解題」(1),『아세아 문화』(1)(춘천 : 한림대학교 아시아문화연구소, 1986), p. 38. 1950년 6월 25일 이전의 38°에서의 충돌에 관한 논의는, 白善燁,『軍과 나』(서울 : 대륙연구소, 1989, p. 29;「슈티코프가 몰로토프에게 보낸 암호 전문」(1949년 1월 27일; 2월 3일, 2월 4일),『한국전쟁 관련 러시아 문서』(Bolis Yeltzin 러시아 대통령이 金泳三 대통령에게 기증한 문서, 1996, *mimeo*), pp. 241~248. 한국의 학계에 배포된『한국전쟁 관련 러시아 외교 문서』는 3종이 있다. 김영삼 대통령이 받아온 문서, 한국의 외무부가 배포한 문서(1994, *mimeo*)와 서울신문사의 문서(1995, *mimeo*)이다. 이 글에서『러시아 문서』(YS)로,『러시아 문서』(外)로,『러시아 문서』(서)로 약기(略記)하여 인용했다.

7 John Merrill, "The Origins of the Korean War," *Current Review*(December/1988, Seoul : USIS), p. 19. 미국의 관문서에 따르면 북한은 1949년부터 한국전쟁 이전까지 874회에 걸쳐 남한을 침공했으며[Department of State, *The Conflict in Korea : Events Prior to the Attack on June 25, 1950*(Washington, D.C. : USGPO, 1951), pp. 19~20 : Appendix 1], 반면에 북한의 주장에 따르면 남한은 1949년 1월~9월 사이에 38선에서 북한을 432회 도발했다고 한다.「38선에서의 무력 충돌에 관한 조국통일민주전선조사위원회 보고서」(1949년 10월 8일 상임위원회 5차 회의),『북한관계사료집』(과천 : 국사편찬위원회, 1988), p. 319.

(4) 따라서 1950년 6월 25일은 전면전의 시작이 아니라 유격전과 국지전
　　의 끝이었을 뿐이다.

미첼(C. R. Mitchell)의 내전(civil war, internal war) 발전단계론에 따르
면 한 국가에서의 내전이 강대국이 개입하는 전면전으로 발전하기까지는
다음과 같은 네 단계를 거친다고 한다.

(1) 국론이 파열된 국가(disrupted state)에서 모순의 극복을 무력적 내
　　쟁[게릴라 전투]으로 해결하려는 성향과 이를 위해 외세에 의존하는
　　유형의 국가를 수립하려는 시도의 존재.
(2) 강대국이 배후에서 노려보고 있었다. 그들은 침략적이고 팽창적이고
　　간섭적인 조처를 하면서 다른 국가의 내쟁에 간섭하기 전에 통치 기
　　구가 거칠 수 있는 어떤 보편적인 정책 결정 과정이 있는지의 여부
　　를 예의 검토한다.
(3) 외세의 도움을 모색하는 국내 집단과 그러한 도움을 요청받아 내쟁
　　(內爭)의 진행 과정에 개입하는 외세[배후 국가]와의 관계.
(4) 폭력적인 내쟁의 발발을 촉진하거나 다른 나라의 그러한 국내 상황
　　에 연루되기 쉬운 국제 체제.[8]

이 분석의 틀을 한국전쟁의 개전 전야에 대입해보면 다음과 같다.
첫째로, 분열된 국가나 정국이 난마와 같은 신생국에서 대화나 타협에
의한 통합의 가능성이 무산될 때 지배 계급은 다음 단계로 소규모의 폭력
[테러나 유격전]을 통한 모순 극복을 상정(想定)하게 된다. 해방 정국의 상
황을 보면 초기의 만주 유격대 출신들은 유격전에 의한 승리가 가능하리
라고 생각했다.
그러나 그 뒤 대구(大邱) 사건과 남로당(南勞黨)의 와해, 제주(濟州) 4·3

---

8 C. R. Mitchell, "Civil Strife and the Involvement of External Parties," *International Studies Quarterly*, 14/2(June 1970), pp. 170 ff.

사태, 여수·순천(麗水·順天) 사건의 좌절은 그들이 유격전을 통한 승리의 희망을 좌절시켰다. 게릴라의 성공 가능성이 적을수록 내전이 전면적으로 확대될 가능성은 커진다. 그리고 정규군이 대치하고 있는 전선에서 소규모의 전투가 빈번하게 발생한다. 이와 같은 당시의 상황은 당시 북한군 작전 국장 유성철(俞成哲)의 회고담[9]에 잘 나타나 있다.

이러한 상황에서 김일성을 초조하게 만든 것은 남한의 정치 상황이었다. 김일성이 판단하기에, 미국과 남한의 우익 세력들은 한국 안에 하나의 "반민주적인 정부"를 수립할 수 없다는 사실과 좌익이 주민들 사이에 강력한 영향력을 갖고 있다는 사실을 알게 된 뒤에 모든 좌파 정당과 단체들의 전위인 노동당을 상대로 적극적인 투쟁[테러]을 전개하고 있었다. 이와 같은 테러와 박해의 결과 좌익은 지하로 잠적하고, 그 결과 남로당은 1948년 말 기준으로 90만 명의 당원이 24만 명으로 감소하였다.[10]

둘째로, 한 국가의 내쟁을 예의 주시하던 강대국은 자신이 이에 개입할 수 있는 적실성을 검토하게 된다. 해방 정국에서 미국의 한국 지배는 일본을 보호하기 위한 교두보로서의 적실성이 있었으며, 한국에 대한 소련의 직접적·간접적 지배를 막으면서 민주주의의 전시장으로 삼으려는 것이었다. 이와 같은 미국의 이해관계와, 태평양 진출을 목표로 하는 소련으로서 남한에 적대 국가의 건설을 묵과할 수 없다는 이해관계의 상충이 한반도에 상존하고 있는 계제에 한반도에서는 내쟁이 지속되고 있었다.

미국은 "한미원조협정"(1948년 12월 10일)과 "한미상호방위협정"(1950

---

9 俞成哲, 「나의 증언(8)」, 『한국일보』 1990년 11월 9일자.

10 Evgueny P. Bajanov & Natalia Bajanova(eds.), and Tong-chin Rhee(Rewritten and Tr.), "Embassy's Analysis of the Political and Economic Situation in South and North Korea," *The Korean Conflict, 1950~1953 : The Most Mysterious War of 20th Century, Based on Secret Soviet Archives*(September 15, 1949), *mimeo*, pp. 26~28; 徐柱錫, 「한국의 국가 체제 형성 과정 : 제1공화국의 국가 기구와 한국전쟁의 영향」(서울 : 서울대학교 박사학위논문, 1993), p. 77.

년 1월 29일), 소련은 "조소(朝蘇)군사협정"(1949년 3월 17일)을 이유로 개입할 수 있는 논거가 충분했다. 소련은 이 조약이 체결되기 이전에 이미 1949년 2월 6일에 소총 탄알 230만 발, TT 탄약 320만 발, 82mm 지뢰 1만5천 개, IPS(?) 1천200정(?), 중기관총 100정, 박격포 40문을 북한에 제공했다.[11]

셋째로, 남북한의 지도자 모두가 그들의 종주국(parent state)에 정권의 안보를 담보하고 있던 터였다. 김일성은 모스크바를 방문하여 스탈린(J. Stalin)과 남침을 논의했고, 이승만은 북진통일을 외치면서 미국의 협조를 요청했다. 그들은 자신의 집권 또는 상대방의 섬멸을 위해서라면 국가를 내전으로 몰아가는 것을 주저하지 않았다.

건국 초기인 1948년까지만 해도 "남한의 진보 세력은 막강하며, 혁명적 분위기가 무르익었다"고 김일성은 생각했다. 그뿐만 아니라 조선인민군은 패퇴한 일본 34군과 58군의 무기를 접수하여 무장하고 있었다. 1940년대 말부터 1950년대 초까지의 기간에 북한에 주재한 소련 군사 고문의 숫자는 같은 기간에 중공에 주재한 소련 고문의 숫자보다 많았다.[12] 그는 오직 무장 통일만을 생각하고 있었다.[13]

넷째로, 미국이나 소련은 한국이 내전을 통해 자신이 원하는 방향으로 통합될 수만 있다면 이를 피해야 할 이유가 없었다. 미국은 세계의 어디에서인가 전쟁을 기다리고 있었다. 소련이 한국전쟁을 어떻게 생각하고 있었느냐를 읽기란 쉽지 않다. 이에 대한 공개 문서들을 종합해보면, 김일성은 1950년 3월 30일부터 4월 25일까지 모스크바에 머물면서 스탈린

---

11 「비류조프가 슈티코프에게 보낸 암호 전문」(1949년 2월 4일자), 『러시아 문서』 (YS), p. 249; 「김일성이 스탈린에게 보낸 암호 전문」(1949년 4월 28일자); 「그로미코가 슈티코프에게 보낸 필사 서한」(1949년 6월 4일자), 『러시아 문서』(YS), pp. 255~267 이 무기는 무상 원조가 아니라 무역의 형태로 이뤄졌음.

12 Sergei N. Goncharov, John W. Lewis, Xue Litai, *Uncertain Partners : Stalin, Mao, and the Korean War*(California : Stanford University Press, 1993), p. 133.

13 Sergei N. Goncharov, John W. Lewis, Xue Litai, *Uncertain Partners,* pp. 131~132.

과 한국전쟁을 협의했는데[14] 이 자리에서 오고간 논의를 정리하면 다음 과 같다.

(1) 한국전쟁은 김일성이 구상했고 스탈린이 이에 동의함으로써 이루어 진 것이다. 그러나 당초부터 스탈린이 김일성의 구상을 충동했다거 나 또는 성공을 확신한 것은 아니었다. 1949년 9월까지도 스탈린은 남한에 대한 김일성의 도발에 동의하지 않았다.[15]

(2) 1950년 초에 김일성이 모스크바를 방문하여 남침 계획을 설명했을 때 스탈린은 미국의 개입을 걱정했고, 초기 단계에서는 김일성이 신 중할 것을 부탁하면서 개전을 만류했고, 38°선에서의 분쟁을 피하도 록 충고했다.[16] 그러나 스탈린은 "남조선에서 미군이 물러난 지금에 38°선의 분할 규정을 준수할 의무가 없으며 초전(初戰)에 승리하면 미국이 개입할 겨를이 없어 승전할 수 있을 것"이라는 김일성의 주 장을 믿었다.[17]

"미국은 그토록 작은 나라를 구출하기 위해 개입하지는 않을 것"[18] 이라는 모택동(毛澤東)의 판단도 소련의 결심에 도움을 주었다. 미 국이 국공 내전에서 국부군을 지원하지 않았다는 사실도 미국이 참 전하지 않으리라는 확신을 고무해주었다.[19]

(3) 이 자리에서 김일성은 박헌영의 말 도움을 받아 개전의 첫 총성과 함께 남한에 있는 1천500~2천 명의 빨치산과 20만 명의 지하 당원

14 Evgueny P. Bajanov(*et al.* ed.), "Report on Kim Il-sung's Visit to the USSR"(March 30-April 25, 1950), *The Korean Conflict, 1950~1953*, pp. 42~44; 『러시아 문서』 (서), KO-6D, p. 1.

15 K. Weathersby(ed.), Doc. II : "Ciphered Telegram from Shtykov to Vyshinsky"(3 September 1949), *CWIHP Bulletin*, Issue 5(Spring 1995), pp. 6~7.

16 「그로미코가 슈티코프에게 보낸 암호 전문」(1949. 11. 20.), 『러시아 문서』(YS), p. 70.

17 『러시아 문서』(서), KO-4D, 3; KO-6D, 2-4; KO-8D, p. 4.

18 Sergei N. Goncharov (*et. al.* ed.), *Uncertain Partners*, p. 137.

19 Evgueny P. Bajanov(*et al.* ed.), "Stalin's Cable to Shtykov"(February 2, 1950), *The Korean Conflict, 1950~1953*, p. 40.

이 봉기함으로써 남한이 즉시 붕괴하리라고 장담했다.[20] 김일성은 지리산의 게릴라들에게 희망을 걸고 있었던 것이 사실이다.[21] 스탈린은 중공의 도움을 받는다는 것을 전제로 하여 김일성의 의지를 저지할 뜻이 없었다.[22]

이상의 논의를 정리해본다면, 소련은 남한의 공산화가 바람직한 것은 사실일지라도 미국과의 전쟁을 감수할 뜻은 없었다. 이에 관해서는 케난 (George Kennan, Younger)의 분석을 주목할 필요가 있다.

> "현재 스탈린은 전쟁을 원하지 않고 있다. 그는 자본주의가 그 자신의 하중(자체의 모순)으로 말미암아 자멸할 것이며 공산주의는 자본주의의 그와 같은 몰락을 촉진하는 역할을 할 것이라고 그는 믿고 있다. …… 러시아의 입장에서 볼 때 전쟁이란 끔찍한 소모전이며 파괴적일 뿐이다. 그들은 세계공산주의의 본거지인 소련을 위험에 빠뜨리는 위험을 저지르지 않을 것이다. 따라서 지금으로서는 소련이 서방 세계를 군사적으로 휩쓸 구상을 하고 있지는 않다."[23]

20 Kathryn Weathersby(ed.), Doc. IV : "Ciphered Telegram from Tunkin(Charge d'Affaires of the Soviet Embassy in Pyungyang) to Vyshinsky"(11 September 1949), *CWIHP Bulletin,* Issue 5(Spring 1995), p. 6; Evgueny P. Bajanov(*et al.* ed.), "Tunkin's Cable to the Kremlin" (September 14, 1949), *The Korean Conflict, 1950~1953,* pp. 22~24 & "Report on Kim Il-sung's visit to the USSR"(March 30~April 25, 1950), pp. 42~44;「한국전 문서 요약」,『러시아 문서』(하), 13; Robert Simmons, "The Korean Civil War," *Without Parallel*(New York : Pantheon Books, 1974), p. 148; Sergei N. Goncharov(*et al.*), *Uncertain Partners,* pp. 144~145.

21 Sergei N. Goncharov(*et al.*), *Uncertain Partners,* p. 141.

22 *Khrushchev Remembers*(London : Andre Deutsch Co., 1971), pp. 368~370. 한국전쟁은 소련의 동의를 얻은 김일성의 주도하에 이루어진 것이라는 논리에 대해 가장 강력하게 반대하는 사람은 러스크(Dean Rusk)이다. Dean Rusk, *As I Saw It*(New York : W. W. Norton, Co., 1990), pp. 165, 173.

23 George F. Kennan, "Is War with Russia Inevitable? : Five Solid Arguments for Peace," *Department of State Bulletin*(Feb. 20, 1950), pp. 267~278.

이어서 그는 "향후 소련에서 집권하는 사람들은 무력을 행사함으로써 세계에서 자신의 지위를 향상할 수 있으리라고 생각한다 할지라도 그러한 무력을 미국에 행사하려고 할 순간에는 머뭇거릴 것"[24]이라고 진단했다.

그러나 김일성의 주장대로 남한을 공산화할 수만 있다면 그것은 기쁨을 가져오는 것임에는 틀림이 없었다. 스탈린으로서는 내 손에 피를 묻히지 않고 남의 손으로 적을 이기는 방법[差刀殺人]이라면 굳이 마다할 이유가 없었다. 단 전쟁이 전면전이 아니어야 하며 미국이 참전하지 않는다는 조건 아래에서만 그러했다.

스탈린의 입장에서 볼 때, 남한을 점령하면 소련의 동방 국경에서 완충 지대를 넓힐 수 있고 일본을 견제할 수 있는 정치적 지렛대를 확보할 수 있으며, 일본을 공격할 수 있는 발판을 확보할 수 있고, 유럽에 주둔하고 있는 미국의 국력을 분산시킬 수 있는 이점을 가지고 있었다. 다만 스탈린으로서는 미군이 참전하지 않으리라는 김일성의 오판을 믿었다는 점에 실수가 있었다.

망설임이라는 점에서는 모택동의 경우도 마찬가지였다. 1950년 초까지만 해도 모택동이 한국전쟁을 바라지 않은 이유는 내전으로 말미암아 너무 황폐해 있는 내정을 회복할 필요가 있었을 뿐만 아니라 대만(臺灣)의 회복이 더 급선무였으며, 북한군이 남한을 성공적으로 장악할 능력이 있다고 스탈린이 말했다는 김일성의 말을 믿지 않았기 때문이었다.[25]

이런 점에서 볼 때 한국전쟁의 배후에 강대국이 있었고 결과적으로 국제전으로 비화한 것은 사실이다. 그러나 전쟁의 시작은 내전이었다. 요컨대 남북한의 후견국인 미국이나 소련은 한국에서 주도권을 장악하기 위해 전쟁을 피해야 할 이유가 없었다. 결국 한국전쟁은 타협으로 풀 수 없었

---

24 George F. Kennan, *Memoirs 1925~1950*(New York : Pantheon Books, 1967), p. 296.

25 Sergei N. Goncharov(*et al.*), Uncertain Partners, pp. 139~140, 146.

던 해방 정국의 정치적 갈등을 분쟁 해결의 마지막 수단인 무력으로 해결하려는 김일성의 의지가 내전으로 폭발한 것이었다.

김일성은 중국의 공산화에 고무받았음이 분명하다. 특히 그가 1950년 5월 13~16일 사이에 북경을 방문했을 때 종전의 망설임과는 달리 이제 개전을 기정 사실로 하고 있던 모택동이 북한을 지원해주리라는 언질을 신뢰했다.[26] 그리고 중국의 해방이 이루어진 현재, 남한을 해방할 차례가 되었다는 유혹을 뿌리칠 수 없었다.[27]

3. 1950년대의 체제 : 전쟁의 원인

그렇다면 한국전쟁으로 상징되는 1950년의 역사 상황은 어떠했을까? 그것은 우발적이거나 예측할 수 없는 상황이 아니라 해방과 더불어 닥쳐온 국내외 모순의 마지막 폭발 상황이었다.

1) 분단 모순의 여진(餘震)

어느 시대나 역사에는 모순과 격랑이 있기 마련이지만 한국 현대사 대부분의 모순은 분단에 그 뿌리를 두고 있다. 그것이 정치적 핍박이든, 경제적 궁핍이든, 사회적 오염이든, 도덕의 타락이든 그 뿌리와 변명은 거의 분단을 향하여 머리를 두고 있다.

한국의 역사를 돌아보면 대체로 500년 왕조의 태평 시대가 이어지다가 그것이 멸망하면 100년의 전국시대의 아픔을 겪고 다시 새 왕조가 들어서

---

26 『러시아 문서』(서), KO-4D, 1; KO-5D, p. 2; 「한국전 내용 구성」, 『러시아 문서』(外), pp. 2, 11; 「한국전 문서 요약」, 『러시아 문서』(外), pp. 6, 20, 26.
27 D. 볼코고노프, 한국전략문제연구소(역), 『스탈린』, p. 369.

는 주기의 반복이었다. 한국현대사에서 해방정국으로부터 오늘에 이르기까지의 시기에 분단과 한국전쟁은 바로 그 모순의 절정기였다.

그렇게 숨 막힐 듯한 암흑시대에 돌파구가 봉쇄된 미래를 바라보면서 남북의 지도자들은 난세를 극복할 경륜을 갖추지 못한 채 마지막까지 인내했어야 할 판도라의 상자를 연 것이 곧 한국전쟁이었다. 그 개전 책임이야 전적으로 김일성의 그릇된 판단에서 비롯된 것임은 틀림없지만 그는 지하에서 한국전쟁은 통일을 위한 고뇌에 찬 결단이었노라고 자기 나름의 변명할 것이다.

그러나 김일성이 분단 극복의 지름길을 전쟁의 방법에서 찾은 것은 지혜롭지 못한 선택이었다. 전쟁이 아니더라도 분단을 극복할 방법은 분명히 있었다. 그것을 열강이니 냉전의 유산이니 하는 이유로 돌리는 것은 부끄러움을 모르는 역사이며 "탓의 역사학"(history of attribution)에 지나지 않는다. 형제 살인(fratricide)이라고 하는 카인(Cain)의 길을 선택을 하지 않았더라면 분단을 70여 년 동안 지속시키는 비극은 없었을 것이라는 점에서 한국전쟁은 안타까운 일이었다.

2) 국내 정치 세력의 파열

해방 정국을 논의하는 기존 학설의 추세는 대체로 분단의 원인에 초점을 맞추는 것은 이해할 수 있으나 그들은 한국의 분단에 대한 내재적 원인을 소홀히 하고 있다. 내재적 원인이라 함은 지도자 사이의 갈등을 뜻한다. 물론 분단의 원인으로 외재적 요인, 이를테면 강대국의 대한 정책이 차지하는 요인을 간과해서는 안 되지만, 우리 현대사의 연구는 냉전적 우익의 시각에서 공산주의자들을 비난하는 데 너무 오랫동안 매몰되어 왔다.

내재적 갈등론을 따르면서 더욱 주의해야 할 사실은 분단이나 전쟁의 문제를 좌우익의 갈등에 초점을 맞추다 보니 좌익 내부의 갈등이나 우익 내부의 갈등을 간과하는 실수를 저질렀다는 점이다. 혈육 사이의 싸움이 남남 사이의 다툼보다 더 치열하듯이. 동종 내부의 갈등은 반대파에 대한 적개심보다 강렬하여 역사 발전의 장애물이 되었다.

신생 독립 국가의 국민 정서란 혁명적 격정(Jacobin mentality)이었다. 자주 독립에 대한 조급한 기대감, 이성의 마비와 이로 인한 전략의 부족, 억압된 잠재의식의 폭발, 속도 조절의 실패, 적과 동지의 이분법적 인간 관계, 지난날의 비극에 대한 추궁(追窮)과 복수심, 신분 상승에 대한 기대 감, 영웅 심리, 격렬한 몸짓과 웅변, 잃어버렸던 재산에 대한 반환 욕구, 이러한 현상의 총화로 나타나는 분파주의 등 국민은 개인적으로나 집단적 으로 자제하기 어려운 혼란에 빠질 수 있다.

당시의 지배 계급의 분파를 보면 우익 내부의 갈등인 이승만(李承晚)과 김구(金九)의 갈등, 중도파에서의 여운형(呂運亨)과 김규식(金奎植)의 갈 등, 그리고 좌익에서의 박헌영(朴憲永)과 김일성의 갈등은 이념을 달리하 는 좌우익의 갈등보다 더 치열했다. 해방정국에서 지도자들의 암살을 크 게 보면 우익은 우익의 손에 죽었고 좌익은 좌익의 손에 죽었다.

이들의 갈등은 이념의 차이로써 설명될 수 있는 것이 아니며 대체로 과 거의 사사로운 체험, 악연과 애증 또는 소승적 이해관계로 뒤얽혀 있었다. 한국현대사는 개인적인 은원(恩怨)이 너무 깊다. 이 글은 한국전쟁의 확 산 과정에서 내부적 파열이 먼저 존재했다는 사실을 주목하고 있다.

이를테면, 미소공동위원회는 1947년 "공동 성명 제11호"의 합의에 따라 협의 대상 단체를 접수하기 시작했다. 남한에서 협의를 신청한 정당 · 사 회단체는 모두 463개였으며, 그들이 주장하는 회원 수는 전체 7천만 명으 로, 그 가운데 약 80%는 38°선 이남에 소속되어 있었다.[28]

당시 한국의 인구는 2천500만 명이었고, 1946년 말 현재 남한의 인구가

---

28 신복룡(편), 『한국분단사자료집』(III-3)(서울 : 원주문화사, 1992), pp. 537~9; 『조선 일보』(1947. 7. 13.)

1천930만 명이었다. 이는 모든 성인이 7번 정당·사회단체에 가입했음을 뜻하는 것으로서 비록 허수(虛數)를 감안한다 하더라도 도무지 있을 수 없는 현상이었다. 이 숫자가 얼마나 무의미한가를 잘 알고 있는 미·소 대표는 한국 사회에서 타협에 의한 통일의 가능성을 체념하기 시작했다. 따라서 미소공위의 실패는 통일로 가는 길목을 막아선 "돌아올 수 없는 다리"였다.

3) 빗나간 영웅심과 승리의 유혹

해방과 함께 33세의 젊은 나이에 최고 권좌에 오른 김일성은 좀 허황한 생각에 사로잡혀 있었고, 모두 딸 것만 같은 도박사의 자기 최면에 빠져 있었다. 그렇다고 해서 건국 초기의 불안정한 국가 기반 위에서 자기의 힘만으로 한반도를 공산화할 능력도 없던 그는 남한에서의 게릴라전을 너무 믿었다. 소수에 의한 테러 위주의 도시 게릴라가 아닌 전투 개념으로서의 유격전을 전개하려면,

  (1) 연륙(連陸)한 퇴로가 있어야 하며,
  (2) 강추위가 없어야 하며,
  (3) 밀림이나 동굴과 같은 엄폐 수단이 있어야 하며,
  (4) 생식(生食)으로 식사가 가능해야 하며,
  (5) 주민의 호의적 동조가 있어야 하며,
  (6) 재래식 무기에 대한 의존도가 높아야 한다.[29]

그러나 한국의 지형지물은 이와 같은 조건에 부합되지 않는다.
공산 측이나 침략을 겪은 남한 정부나 미국의 지도자들에게서도 착각은 꼭 같이 일어나고 있었다. 이승만은 위기감을 느끼지 못했고, 맥아더

---

29 신복룡, 『한국분단사연구』, pp. 635~671.

(D. MacArthur)는 자신이 도쿄(東京)에 주둔하고 있다는 사실만으로도 북한은 개전하지 못할 것이며, 그 수많은 남침 첩보에도 불구하고 설령 북한이 쳐들어온다 한들 대수이랴 여겼고, 막상 전쟁이 일어났을 때도 추수감사절 이전에 전쟁은 종식될 수 있다고 장담했다.[30] 그에게 휴전이라는 개념이 없었으며, 지난날 미주리 함상에서 일본이 했듯이 북한이 항복 문서에 조인하는 것을 멋지게 생각하고 있었다.

결과론적인 이야기이지만, 맥아더의 명령에 따라 UN군이 브레이크 없는 트럭처럼 압록강까지 북진한 것이 통쾌하기야 했겠으나 꼭 바람직한 전략이었는지에 대해서는 다른 의견이 있을 수 있다. "휴전선은 짧을수록 좋다"는 원칙대로 만약 한국군 1사단이 평양을 점령하고 안주-함흥선을 장악한 1950년 10월 20~24일의 상황에서 북진을 멈추고 중국과 북한을 위협하며 휴전을 교섭했더라면 중공군의 개입은 없었을 것이며, 그 뒤의 남북 관계는 물론이고 통일 논의도 훨씬 남한에게 유리했을 것이다.

4) 열강의 이해관계

전후 처리 과정에서 미국은 왜 한반도를 독식하거나 아니면 한반도에서 38°선 이상의 몫을 요구하지 않았을까? 그것은 일본열도를 점령한 데에서 온 맥아더의 포만감 때문이었다. 트루먼(H. S. Truman)은 원폭 실험의 성공과 투하를 통해서 극동에서의 미국의 입지가 강화되고 선택의 폭이 넓어지리라고 예상하였다.

그러나 전후 처리 과정에서 소련이 일본의 분할을 요구했고, 맥아더로서는 이를 도저히 받아들일 수 없었다. 그는 한반도에서 이권을 양보함으로써 일본을 지키려 했다. 한반도에서 더 많은 것을 얻으려던 트루먼의 냉전 인식을 봉쇄한 것은 맥아더의 허영과 야망이었다.

---

30 S. Weintraub, *MacArthur's War*(New York : The Free Press, 2000), p. xiii.

소련이 극동 전쟁에 참전하고 일본의 패망과 종전이 확실해질 무렵, 미국의 수뇌부들은 소련이 일본의 분할 점령을 요구할 수도 있다는 가능성을 예견했다. 실제로 트루먼이 "일반 명령 제1호"를 스탈린에게 전달했을 때 스탈린은 홋카이도(北海島)의 북부를 소련에 할양한다는 내용으로 수정해줄 것을 요구했다.[31] 그러나 일본에 대한 미국의 '배타적 점령'이 위협받는다는 것은 미국의 대극동정책을 기초부터 흔들어 놓는 것이었다. 미국은 이 점을 받아들일 수 없었다.

소련의 입장의 입장에서 보면, 당초부터 분할 지배를 공공연히 요구할 수도 없었고 미국의 배타적 지배를 방관할 수도 없는 상황에서 이익의 분점(分占, sharing)을 구상하던 터에 북한에서 소비에트화의 성공에 자신을 얻어 탁치로부터 분할 점령으로 선회하기 시작했다.

소련으로서는 남한 내의 우익 조직에 견주어 좌익이 우세한 상황에서 굳이 신탁통치 대신에 한반도의 분단에 따라 1/4의 지분에서 1/2의 지분으로 이익이 증가하는 것을 마다할 이유가 없었고, 통일을 서둘러야 할 이유가 없었다. 소련은 미국이 "지쳐 나가떨어지기를 기다리는 게임"(a game of out-waiting)을 하고 있었다.

한국전쟁이 일어나자 미국이 걱정하는 것은 한국의 공산화 그 자체가 아니라 한반도를 포기한다면 한반도에 대한 소련의 독점적 지배를 방치하게 되고 정치적 · 군사적으로 일본과 중국에 대한 소련의 입장이 크게 강화된다는 점이었다.

이러한 판단은 하나의 썩은 사과가 생기면 그 주변의 사과도 곧 함께 썩을 것이라는 이른바 "썩은 사과의 이론"(rotten apple theory)[32]에 근거하고 있다. 미국의 판단에 따르면, 한국은 일본의 자연스러운 경비견(警備

31 Paul C. McGrath, *U.S. Army in the Korean Conflict*(Unpublished Manuscript, Washington, D.C.: NA, 1953), p. 74.

32 Noam Chomsky, *On Power and Ideology: The Managua Lectures*(Boston: South End Press, 1987), pp. 32~4.

犬, watch dog)[33]이었다. 만일 한반도가 함락되면 태평양은 더 이상 미국 해군의 내해(內海)가 되지 않을 것이다.

6월 29일 아침, 맥아더는 수원(오산)비행장에 도착하여 한강 남 연안에서 전선을 살펴보았다. "한국이 공산화되면 일본은 어찌 되나?" 하는 생각이 먼저 떠올랐다.[34] 전선을 돌아본 그는 2개 사단이면 적군을 물리칠 수 있다고 안일하게 생각했다. 이번 전쟁은 미국의 내수 산업, 특히 군수 산업을 일으킬 기회 정도로 쉽게 생각했던 맥아더는 제2차 세계 대전이라는 격전을 치른 뒤 아마도 "몸을 푸는 정도의 가벼운 게임" 정도로 여겼을 것이다.

4. 전쟁의 범위

한국전쟁에 대한 김일성의 개전 의지를 다루면서 남한의 우익 사회에서 논의의 여지도 없이 기정 사실로 된 것은 그가 남한 "전역"을 무력으로 공산화하려고 했다는 점이다. 그러나 당시의 사태를 면밀히 검토해보면 김일성은 당초부터 전면전(total war)을 획책했다고 믿기는 어렵다. 그의 전면전의 의지나 전국공산화를 설명하려면 다음과 같은 몇 가지 의문에 대한 논증과 대답이 필요하다.

1) 왜 북한군은 서울을 중요한 공격 목표로 삼았는가?

김일성의 개전 의지를 전면 남침으로 설명하는 과정에서 제일 먼저 부딪히는 의문은 왜 그가 서울의 장악에 그토록 몰두했을까 하는 점이다.

33 Oswald G. Villard, Oswald, "We Must Free Korea Now," *Asia and the Americas*, Vol. XL, No. 11(November 1945), p. 520.

34 Douglas MacArthur, *Reminiscences*(New York: McGraw-Hill, 1964), p. 333.

당시 서울은 남한의 7사단(의정부 방면)과 1사단(문산 방면)이 지키고 있어서 북한군이 서울을 장악한다는 것은 그리 수월하지 않으리라는 것을 잘 알고 있었을 것임에도 불구하고 서울을 주공 목표로 삼았다.[35]

물론 서울이 남한의 수도이므로 서울이 제일 공격 목표였으리라고 쉽게 생각할 수 있으나 김일성의 서울 점령 작전은 그보다 더 깊은 뜻이 있는 것 같다. 이와 관련해서는 당시 송악산에 주둔해 있던 6사단의 정치보위부 책임 장교였던 최태환(崔泰煥) 중좌의 회고를 들어보는 것이 중요하다.

> "송악산 주능선에 배치되어 열흘 이상을 보낸 6월 23일에 …… 사단으로부터 대대장급 이상의 군관들을 소집했다. …… 정치국원 김두봉(金枓奉)의 연설이 시작되었다.
> '이제 부득이 해방 전쟁을 수행하게 되는데 1주일 동안만 서울을 해방할 것입니다. 서울은 남조선의 심장입니다. 그러므로 심장을 장악하게 되면 전체를 장악하는 것이나 다를 바가 없습니다. 거기서 남조선 국회를 소집하여 대통령을 새로이 선출하고 인민공화국과 대한민국 정부가 통일되었음을 세계 만방에 알리면 어느 외국도 우리를 간섭·침범하지 못할 것입니다.'라고."[36]

이 회고록에 따르면 김일성의 중요 목표는 서울로 제한되어 있음을 알 수 있다. 적어도 개전 당시 김일성의 점령 목표에는 수원(水原) 이남이 포함되어 있지 않았다. 북한군 병기부국장 정상진(鄭尙進)의 증언처럼 "우리는 이승만이 항복하리라고 확신했다."[37] 러시아를 지배하기 위해 나폴레옹(Napoleon)이나 히틀러(A. Hitler)가 하바로브스크까지 점령할 필요는 없는 것이다.

---

35 白善燁, 『軍과 나』, 44.

36 최태환·박혜강, 『젊은 혁명가의 초상 : 인민군 장교 최태환 중좌의 한국전쟁 참전기』(서울 : 공동체, 1989), pp. 110~113.

37 Sergei N. Goncharov(et al.), Uncertain Partners, p. 155.

북한이 서울의 점령에 주력한 것은 그들이 옹진(甕津)을 그토록 중요시한 데에서도 잘 나타나고 있다. 지리적으로 볼 때 "옹진은 남한이 북한을 침략할 때 중요한 의미를 갖는 것이지 북한이 남한을 공격할 때는 의미가 없다. 북한은 옹진을 점령해도 남이 바다이기 때문에 남진에 도움이 되지 않지만, 남한이 옹진을 점령하면 곧바로 평양을 노릴 수 있으므로 옹진은 남한에 중요하다."[38]고 주장하면서 옹진 전투는 남한이 도발했을 것이라고 커밍스(B. Cumings)는 암시하고 있지만, 이는 사실과 다르다.

옹진반도는 남한의 서해안을 바라보는 후두부(喉頭部)여서 옹진 일대에 배치된 남한군 2개 연대를 격파하면 3일 이내에 서울을 점령하는 것은 매우 쉬우며 2개월이면 남한을 점령할 수 있다고 김일성은 판단하고 있었다.[39] 남한의 군대는 이 타격을 받음으로써 사기 상실 상태에 빠질 것이며, 점령한 영역을 확보함으로써 방어선을 1/4 축소할 수 있으리라는 것이 그의 구상이었다.[40]

김일성은 1949년 8월 당시에 개전을 결심하지 않았지만 적어도 이때 이미 옹진반도만이라도 점령할 것을 스탈린에게 타진하고 있었다. 옹진반도의 장악이 추가적인 진격을 위한 교두보로 사용될 수 있다는 사실을 김일성은 중요시하고 있었다.[41] 그러나 이러한 작전은 전략적인 성공을 거둘 수는 있지

---

38 Bruce Cumings, *The Origins of the Korean War*, Vol. II, pp. 571~572.

39 K. Weathersby(ed.), Doc. Ⅵ : "Ciphered Telegram from Shtykov to Vyshinsky"(19 January 1950), *CWIHP Bulletin,* Issue 5(Spring 1995), p. 8;「툰킨이 비신스키에게 보낸 암호 전문」(1949년 9월 3일자),『러시아 문서』(YS), pp. 277~278;「슈티코프가 비신스키에게 보낸 암호 전문」(1950년 1월 19일자),『러시아 문서』(YS), pp. 73~75;『러시아 문서』(서), KO-4D, 2;「한국전 내용 구성」,『러시아 문서』(外), p. 5

40 「툰킨(Tunkin)이 외무성에 보낸 암호 전문」(1949년 9월 14일자),『한국전쟁 관련 러시아 문서』(YS), pp. 14~15;『러시아 문서』(서), KO-4D, p. 3;「한국전 내용 구성」,『러시아 문서』(外), p. 4.

41 Evgueny P. Bajanov (*et. al.* eds.), "Memorandum of Conversation of Ambassador Shtykov with Kim Il-sung and Park Hon-young"(August 14, 1949), *The Korean Conflict, 1950~1953*, p. 18.

만, 정치적으로는 많은 것을 잃게 되리라는 것이 소련의 판단이었다.

왜냐하면 북한은 동족상잔의 전쟁을 일으켰다는 비난을 면하기 어려울 것이며 미국이 하여금 한반도 문제에 더 깊이 개입하도록 만들 것이기 때문이었다.[42] 그러한 소련의 반대에도 불구하고 그가 스탈린을 만나려고 모스크바를 방문할 당시 그의 의제는 "옹진 작전"(Ongjin Operation)이었다.[43] 적의 급소는 나의 급소이다. 옹진반도는 한국의 골란고원(Golan Heights)이었다. 골란고원은 시리아와 이스라엘에게 모두 중요한 곳이지 이스라엘에게만 중요한 요충이 아니다.

커밍스의 주장과는 달리 미국이 옹진반도를 중요시하지 않았다는 사실은 뒷날 휴전 회담 당시에도 잘 나타나고 있다. 불행한 일이지만 한반도의 분할을 처음으로 구상할 당시인 전시 회담 당시만 해도 미국은 옹진을 중요하게 여기지 않은 국무성과[44] 옹진반도를 남한에 포함해야 한다는 전쟁성 작전국의 입장[45] 사이를 오락가락했다. 그러다가 휴전 회담의 시기에 이르면, 미국의 군부는 옹진반도를 포기하고 그 이남에 휴전선을 설정하고 싶어 했다.[46]

여기에서 제기되는 또 하나의 의문은 인민군이 서울의 남에 있는 수원(水原)의 장악을 중요시했다는 점이다.[47] 그것은 오산(烏山) 비행장을 장

---

42 K. Weathersby(ed.), Doc. Ⅱ : "Ciphered Telegram from Shtykov to Vyshinsky"(3 September 1949), *CWIHP Bulletin*, Issue 5(Spring 1995), p. 6;「툰킨이 비신스키에게 보낸 암호 전문」(1949년 9월 3일자), 『러시아 문서』(YS), pp. 277~278.

43 「한국전 문서 요약」, 『러시아 문서』(外), p. 21.

44 Mark Gayn, *Japan Diary*(New York : William Sloane Associates Inc., 1948), p. 378 : "October 23, 1946 in Russian Zone in North Korea."

45 "Basic Initial Directive to the Commander in Chief U.S. Army Forces in the Pacific for the Administration of Civil Affairs in Korea South of 38 Degree North Latitude"(September 1, 1945), SWNCC 176-3, RG 165, ABC 014 Japan, Washington, D.C.: NA; 신복룡(편), 『한국분단사자료집』(Ⅳ), p. 306.

46 Walter G. Hermes, *U.S. Army in the Korean War : Truce Tent and Fighting Front*(Washington, D.C. : OCMH, U.S. Army, 1966), pp. 114~115.

악함으로써 남한의 공군력을 무력화시키려는 의도 이외에 서울에 있던 정부 요인의 퇴로(退路)를 차단하려는 것이었다. 이는 서울을 점령한 2~3일 동안에 그들은 무엇을 했는가의 문제와 맞물려 있다.

북한군으로서 서울에 최초로 진주한 부대는 3사단 9연대로서 그 시간은 27일 23 : 00시였다. 그리고 곧 이어 4사단이 진주했다. 이들이 3일(27~29일) 동안에 서울에서 한 일은 "군인, 경찰, 그리고 민족 반역자를 색출하여 처단"하는 것이었다는 것이 미국 전사가들의 해석이다.[48]

그러나 이들의 색출 작업은 미국 측의 설명처럼 "처단"이 목적이 아니라 요인의 납치와 이를 통해 남북 협상의 우위를 장악하기 위한 정치 공작이었다. 그러한 작업의 일환으로 북한군은 6월 말에 당시 서울에 남아 있던 김용무(金用茂) · 원세훈(元世勳) · 백상규(白象圭) · 장건상(張建相) · 오세창(吳世昌) · 김규식(金奎植) · 조소앙(趙素昻) · 유동열(柳東說) · 조완구(趙琬九) · 안재홍(安在鴻) 등과 48명의 국회의원을 공산군의 영문(營門)으로 끌고 나가서 "항복식"을 거행하고 "조선민주주의인민공화국에 대한 지지를 표명하는 성명서"를 발표하게 했으며 끝내 이들을 북한으로 이송했다.[49]

2) 왜 북한군은 초전의 그 중요한 3일 동안 서울에서 지체했는가?

김일성의 개전 의지를 설명하면서 가장 미묘한 미스터리는 북한군이 그 중요한 초전 단계에 왜 더 남진하지 않고 3일 동안 서울에 머물렀는가

47 Roy Appleman, *U.S. Army in the Korean War : South to the Naktong, North to the Yalu*(Washington, D.C. : OCMH at the U.S. Army, 1961), p. 53; 유성철, 「나의 증언」(10), 『한국일보』 1990년 11월 13일자.

48 Roy Appleman, *U.S. Army in the Korean War : South to the Naktong, North to the Yalu*, pp. 32, 53.

49 心山사상연구회, 『金昌淑文存』(서울 : 성균관대학교출판부, 1994), p. 62; B. Cumings, *The Origins of the Korean War*, Vol. II, p. 671.

하는 점이다. 당시의 정황을 이해하려면 최태환의 다음과 같은 회고담을 들어볼 필요가 있다.

> "우리에게는 이날(6월 24일) 서울 이남의 지도가 지급되지 않았다. 다만 37°선인 평택(平澤)까지 나와 있는 1/50,000 지도를 지참하고 있었다. 남침한 뒤 지역 행정을 관할할 내무서원들의 사전 준비 교육도 없었다. 또한 서울을 점령한 뒤 3일이라는 세월을 허송했고 6사단에는 국군과 맞닥뜨려도 접전을 피하라는 방호산(方虎山) 사단장의 지시가 있었다."[50]

그렇다면 북한군은 왜 서울에서 3일을 지체했을까? 그것은 당초부터 수원 이남으로의 남진 계획이 없었기 때문이었다. 당시 미국 국무차관보 러스크(Dean Rusk)는 "북한군이 모스크바 또는 북경(北京) 측에 다음 행동 방향을 상의하기 위해서였다."고 증언하고 있으나,[51] 당시 북한군이 남한 전역의 점령이냐 또는 서울만의 점령이냐와 같은 중요한 작전 계획(grand design)은 이미 개전 전에 결정된 것이지 서울을 점령한 뒤 소련이나 중공으로부터 작전 지시를 받았으리라고 보기는 어렵다.

공병과 통신을 소홀히 함으로써 "피치 못할 전략상의 공백에 따른 3일간의 휴식"이었다는 당시 북한군 공병부 책임 고문 스타니코프(Stanikov) 중좌의 증언[52]은 설득력이 부족하다. 이를 뒷받침하는 것으로는 당시 북한군 작전국장 유성철(俞成哲)의 회고담이 있다.

> "6월 28일 아침, 탱크 사단을 앞세운 인민군 제4사단이 서울에 입성했다는 보고를 받고 나는 '이제 전쟁이 끝났구나.'라고 생각했다. …… 우리의 남침 계획은 사흘 안에 서울을 점령하는 것으로 끝나게 되어 있었다. 이러한 작전 개념은 우리가 남한 전역을 장악할 의도가 없었기 때문은 아니다.

50 최태환 · 박혜강, 『젊은 혁명가의 초상』, pp. 110~113.
51 Dean Rusk, *As I Saw It,* p. 163.
52 주영복, 『내가 겪은 조선전쟁』(서울 : 고려원, 1990), p. 304.

단지 우리는 남한의 수도를 점령하면 남한 전체가 우리의 손으로 들어오는 것으로 착각했다. …… 적의 수도를 점령함으로써 전쟁에서 승리하는 것은 세계의 전사(戰史)에서 비일비재한 일이다.

　또한 우리는 서울을 점령하면 남한 전역에 잠복해 있는 20만 남로당 당원이 봉기하여 남한의 정권을 전복시킬 것이라는 박헌영(朴憲永)의 호언장담을 철석같이 믿고 있었다. …… 전선사령부는 서울의 점령에도 불구하고 이승만(李承晩) 대통령 등 남한 정부가 대전으로 이동하고 국방군의 항전이 계속된다는 보고를 받고 화급히 계속 남진하라는 명령을 제1보조지휘소 김웅(金雄) 사령관에게 하달했다. …… 만약 이때 인민군이 쉬지 않고 진격을 계속했다면 6 · 25의 역사는 전혀 달라졌을지도 모른다."[53]

한국전쟁은 3일을 예정했으나 실제로는 무려 3년이 걸린 전쟁이었다. 이 말은 뒤집어 말해 인민군이 3일을 제외한 온 기간에 작전에도 없는 전쟁을 치렀다는 것을 뜻한다. 인민군이 서울 점령 3일째인 7월 1일부터 다시 남진을 시작함으로써 한국전쟁은 제한전에서 전면전으로 확대되었다.[54]

　유성철의 증언인즉 한국전쟁은 당초 3일의 전쟁이었다. 이것은 3일 이내에 서울의 점령을 끝낸다는 김일성의 주장[55]에서도 잘 나타나고 있다. 이것은 그들이 단기전을 계획하고 있었음을 의미한다. 북경을 방문한 북한 군사고문단에게 모택동도 단기전을 권고했다[56]

　평양에 주재하던 소련 군사 고문인 바실리예프 장군(Maj. Gen. Vasiliev)과 포스트니코프 장군(Maj. Gen. Postnikov)도 "7월의 우기(雨期)를 걱정하며" 6월 말에 개전이 불가피하다고 권고했고 김일성도 이에 동의했다.[57] 장기전을 획책했다면 7월의 우기는 당연히 겪어야 할 일이지, 걱정할 사

53　俞成哲, 「나의 증언」(10), 『한국일보』 1990년 11월 13일자.
54　俞成哲, 「나의 증언」(11), 『한국일보』 1990년 11월 14일자.
55　『러시아 문서』(서), KO-4D, 2; KO-6D, p. 3.
56　『러시아 문서』(서), KO-7D, p. 1.
57　『러시아 문서』(서), KO-9, p. 3; 「한국전 내용 구성」, 『러시아 문서』(외), p. 11; 「한국전 문서 요약」, 『러시아 문서』(외), pp. 14, 28.

안이 아니었다.

이와 관련하여 당시 미군 군사 고문이었던 하우스만(James Hausman)은 다음과 같이 증언하고 있다.

> "어쨌든 인민군은 서울을 점령한 뒤에도 탱크를 계속 남하시킬 작전을 전개하지 않은 채 3일이나 꾸물거렸다. 이 3일 동안에 남에서는 역사가 이루어지고 있었다. UN 개입 결의가 있었고, 맥아더 원수의 한강 전선 시찰이 있었다. 인민군이 왜 3일을 서울에서 꾸물거렸는가에 대해서는 설이 구구하지만, 그 당시 내 생각으로는 한국군의 항복을 기다리는 것이 아니었던가 한다. 서울이 점령되었으니까 남한은 공산주의에 항복할 것이며 따라서 군인들도 속속 총을 버리고 항복할 것으로 판단하고 있었지 않았나 짐작된다."[58]

북한이 서울에서 3일을 체재한 결정적인 이유는 전면적 남진으로 인해 미국이 참전하는 사태를 막아보려는 계산이었다. 미국의 참전 여부는 스탈린과 김일성의 중요한 화두였다. 이에 대해 확신이 없었던 스탈린은 당초 김일성의 남침 계획에 마음 내키지 않았고 따라서 이를 신중히 처리할 것을 충고했다.

그러한 예로서, 스탈린이 북한의 남침을 어떻게 생각했던가를 보여주는 문건이 있다. 1949년 3월 7일에 스탈린은 김일성을 만난 자리에서 그의 남침 의도를 듣고 다음과 같이 충고한 대목을 중요시해야 한다.

> "남으로 진격해서는 안 된다. 왜냐하면,
> (1) 조선인민군은 남측 군대에 대하여 압도적 우위를 확보하고 있지 못하다. 본인이 알고 있는 한, 수적인 측면에서 인민군은 오히려 그들에게 뒤처져 있다.

---

58 하우스만(Jim Hausman) · 정일화(공저), 『한국 대통령을 움직인 미군 대위 : 하우스만 증언』(서울 : 한국문원, 1995). p. 208.(이하 『하우스만 증언』으로 略記함).

(2) 남반부에 미군이 여전히 존재하고 있어, 적대 행위가 발생하면 개입할 것이다.

(3) 38°선에 관한 소·미간 협정이 유효하다는 사실을 잊어서는 안 된다. 그 협정이 우리 측에 의해 파기된다면, 미국이 간섭할 것이라고 믿을 만한 이유가 증대하게 된다."[59]

이상의 논리를 요약하면, 스탈린이 초기에 남침을 만류한 이유는,

(1) 미군 또는 일본이 군사적으로 개입할 가능성이 있으며,
(2) 남침은 미국이 UN을 무대로 하여 소련을 침략자로 비난하는 호재가 될 수 있으며,
(3) 북한의 군사력이 압도적으로 우세하지 못하고 특히 해군에서 열세하며,
(4) 남한의 경찰과 군대가 강하기 때문이다.[60]

요컨대, 미국의 참전에 대한 우려로 인해 김일성은 수원 이남으로의 남진을 결행할 수 없었다. 그 뒤 1964년 극동군구 사령관 말리노브스키(Rodin I. Malinovskii) 원수는 다음과 같이 당시를 회고했다.

"김일성이 공격 3일째에 접어들었어도 서울 이남 지역으로 공격 부대를 빨리 전진시키지 못하는 것을 보고 한국전쟁에서 그에게 승산이 없을 것이

59 Evgueny P. Bajanov(et al. ed.), "Conversation between Stalin and Governmental Delegation of the DPRK headed by the Chairman of Cabinet of Ministers of the DPRK Kim Il-sung"(March 7, 1949), The Korean Conflict, 1950~1953, p. 20.

60 Evgueny P. Bajanov(et al. eds.), A. Gromyko(Foreign Minister) & N. Bulganin (Minister of Defense), "Pre-final Drafts of the Politburo's Decisions"(September 23, 1949, No. P71/191), The Korean Conflict, 1950~1953, pp. 33~34; 「코발레프(북한 민정국 총무부)가 소련군참모본부 첩보총국에 보낸 암호 전문 No. 54611」(1949년 5월 18일자), 『러시아 문서』(YS), pp. 3~4; 「전연방공산당(볼셰비키) 중앙위원회 정치국 회의록 71호(1949년 9월 24일자) : 조선 주재 소련 대사에 대한 훈령」, 『러시아 문서』(YS), p. 64; 「한국전 내용 구성」, 『러시아 문서』(外), 1, 4; 「한국전 문서 요약」, 『러시아 문서』(外), p. 12.

라는 나의 확신은 더욱 굳어졌다. 그는 서울의 주력 부대가 포위망을 뚫고 나가도록 놔두었다."[61]

북한군이 서울에서 3일을 허송한 문제와 관련하여 또 다른 중요한 문건이 있다. 1950년 6월 26일, 곧 개전 다음 날에 북한 대사 슈티코프(T. F. Shtykov)는 참모 제1차장인 자하로프(Matbei Zakharov)에게 전황을 보고했고[62] 이것이 스탈린에게 전달되자 스탈린은 다음과 같은 암호 전문을 슈티코프에게 보냈다.

"북한군이 계속 남진할 것인지 아니면 거기에서 머물 것인지에 관하여 귀관의 보고서는 언급이 없다. 내 생각으로는 공격은 절대적으로 계속되어야 한다. 남한이 빨리 해방되면 될수록 우리가 개입할 기회는 줄어들 것이다."[63]

위의 문건이 가지는 의미는 매우 크다. 왜냐하면 우리는 이 전문을 통해서 다음과 같은 몇 가지 사실을 추론할 수 있기 때문이다.

(1) 북한군이 서울을 점령한 이후까지도 북한군이 계속 남진할 것인지 아니면 거기에서 공격을 멈출 것인지에 대해 스탈린은 모르고 있었다는 점이다. 이는 서울 이남으로의 진격이 당초부터 결정된 바가 없었음을 의미한다.
(2) 개전을 망설였던 스탈린은 의외로 쉽게 서울이 함락되자 남한 전역의 공산화를 기대했다는 점이다.

---

61 G. 코로트코프, 이건주(역), 『스탈린과 김일성』(II)(서울 : 동아일보사, 1992), p. 55.
62 K. Weathersby(ed.), Doc. 14 : "Top Secret Report on Military Situation by Shtykov to Comrade Zakharov"(26 June 1950), *CWIHP Bulletin,* Issue 6-7(Winter/1995~1996), pp. 39~40.
63 K. Weathersby(ed.), Doc. 15 : "Ciphered Telegram from Fyn-Si(Stalin) to Soviet Ambassador in Pyongyang(Shtykov)"(1 July 1950), *CWIHP Bulletin,* Issue 6-7 (Winter/1995~1996), p. 40; Evgueny P. Bajanov(*et al.* ed.), "Coded Message N34691/sh"(July 1, 1950), *The Korean Conflict, 1950~1953,* p. 64.

(3) 그러면서도 스탈린은 끝까지 한국전쟁에 연루되는 것을 꺼리고 있었다.

3) 왜 북한은 동부 전선의 공격을 소홀히 했는가?

김일성이 전면전을 획책했다면 그는 38°선 전역을 돌파했어야 한다. 그러나 그는 동부 전선의 돌파에 총력을 기울이지 않았다. 이를 정확하게 판단하려면 당시 남진한 북한군의 전선별 전력을 분석해볼 필요가 있다. 남침 당시 북한군의 총 병력은 13만5천 명이었다.

이들을 부대별로 살펴보면, 7개 전투 사단(1~7사단) 7만7천800명, 105 기갑여단 6천 명, 766독립보병여단 3천 명, 12모터사이클연대 2천 명, 3개 예비사단(10·13·15사단) 2만3천 명, 국경수비대(1·2·3·5·7여단) 1만8천600명, 인민군 제1·제2 지휘소 소속 5천 명이었고, 그 배후에는 거의 3천 명의 소련 군사전문가가 활약하고 있었다.[64]

당초의 작전 계획에 따르면, 남침은 두 갈래로 이루어지게 되어 있었다. 즉 황해도 금천에 사령부를 둔 제1보조지휘소[사령관 金雄 중장]는 해주[海州 : 3여단]·개성[開城 : 6사단]·연천[漣川 : 3·4사단] 방면에서 서울을 직접 공격하게 되어 있었고, 제2보조지휘소[사령관 武亭 중장] 예하의 2사단과 7사단은 춘천(春川)·홍천(洪川)을 거쳐 수원 방향에서 서울의 남을 포위하게 되어 있었다. 동해안에서는 766독립여단 3천 명이 강릉과 속초를 해상에서 공격하게 되어 있었다.[65]

삼척에 상륙한 북한 해군이 이용한 배는 재래식 거룻배[三板]였으며, 전

---

64 당시 한국군의 규모는 6만4천700명이었다. Roy Appleman, *U.S. Army in the Korean War : South to the Naktong, North to the Yalu*, pp. 7, 10~11, p. 15. 백선엽의 기록에 따르면, 당시 북한군의 규모는 19만8천380명이었고 남한군의 규모는 10만5천752명이었다. 백선엽, 『軍과 나』, p. 47.

65 Roy Appleman, *U.S. Army in the Korean War : South to the Naktong, North to the Yalu*, Appendix, Map 3; 俞成哲, 「나의 증언(9)」, 『한국일보』 1990년 11월 11일자.

투 방식도 정규전이라기보다는 유격전에 가까웠다.[66] 이들은 한국 전역을 장악함으로써 미국의 개입과 제7함대에 맞설 각오가 되어 있는 장비가 아니었다. 미국도 북한군이 동해안에 주력 부대를 투입하지 않을 것이라는 점을 잘 알고 있었기 때문에 동해안의 방위에 주력하지 않았다. 아마도 북한군은 남진이 쉬울 것으로 생각했기 때문에 동해안의 공격을 소홀히 하고 있다고 미국은 판단했다.[67]

춘천 방면의 진격은 더디었다. 그 이유는 북한의 탱크 부대가 산악 지대를 통과하기가 쉽지 않았고 남한군 6사단의 저항이 결연했기 때문이라는 것이 정설로 되어 있다.[68] 그러나 오늘날 이러한 주장은 도전받고 있다. 예컨대 커밍스(Bruce Cumings)의 주장에 따르면, 춘천에 대한 공격은 치열하지 않았으며, 강릉에 대한 공격은 미미하여 28일까지도 함락되지 않았다. 그럼에도 불구하고 남한군이 춘천에서 퇴각한 것은 북한군의 공격이 치열해서가 아니라 이미 서울이 함락되었기 때문이라는 것이 커밍스의 주장이다.[69]

커밍스의 주장과는 달리 최근의 자료에 따르면 동부전선에서 수원으로 진격한 북한군은 정예 사단도 아니었고 전략적으로도 매우 혼란한 상태였다는 것이 입증되고 있다. 소련 정치국(Politburo)의 9월 7일자 작전 평가에 따르면,

> "본부와의 협의와 통신의 결여로 말미암아 개별적으로 그리고 준비가 미비한 채 서울에 도착한 전투 대대와 연대들은 효과적이지 못했다. 남동 방면으로부터 도착한 사단은 혼란된 상태에서 즉각 작전에 투입되었기 때문에 적은 쉽사리 이들을 격파했다. 그들은 그러한 작전을 따르지 말고 이전

66 Robert K. Sawyer, *Military Advisors in Korea : KMAG in Peace and War* (Washington, D.C. : Center of Military History, U.S. Army, 1988), p. 117.
67 Van Fleet, James, "The Truth about Kore," *Reader's Digest*(July, 1953), p. 5.
68 Roy Appleman, *U.S. Army in the Korean War : South to the Naktong, North to the Yalu*, pp. 27~28; Robert K. Sawyer, *Military Advisors in Korea*, pp. 116~117.
69 Bruce Cumings, *The Origins of the Korean War*, Vol. II, p. 583.

에 우리가 지시한 대로 이 사단을 서울의 북동 및 동부 지역에 전개하고, 그곳에서 재편 작업을 하면서 최소한 하루의 휴식을 취하게 하며, 전투 배치 작업을 한 뒤에 조직적으로 전투에 투입했어야 한다."[70]

여기에서 의문이 제기되는 또 다른 부분은, 김일성이 진실로 남한 전역을 장악하려 했다면 2사단과 7사단의 병력은 홍천에서 서울 향한 수원을 공격할 것이 아니라 계속 남진하여 횡성(橫城) − 원주(原州) − 제천(堤川) − 단양(丹陽) − 영주(榮州)를 거쳐 민중 봉기와 연고가 깊은 대구(大邱)를 장악했어야 옳았다.

당시 북한군은 T34 탱크 242대, SU72mm 자주포 176대, 장갑차 54대를 보유하고 있었다. 이 전차의 시속은 40km였고 행동반경은 350km였다.[71] 당시 남한군은 대전차 무기를 전혀 보유하지 않았고 "전차공포증"에 사로잡혀 있었기 때문에[72] 북한군이 전차 부대에 의한 신속한 남진을 감행했었다면 그들은 쉽게 남한 전역을 장악할 수 있었다.[73] 그러나 북한군 2사단과 7사단이 그렇게 하지 않은 것은 수원을 장악하여 서울 또는 서울 주민을 볼모로 하여 남북 관계에서 우위를 차지하려 했기 때문이었다.

또 한 가지 문제가 되는 것은 개전 시간이다. 남침은 정확히 6월 25일 04 : 00시에 옹진반도에서부터 시작되었다. 이 시간에 모든 전선에서 포격이 시작된 것은 아니었으며, 옹진에서 시작하여 시차를 두고 동부 전선으로 공격이 이어졌다.[74] 시차를 두고 공격하는 전면전은 없다.

70 Evgueny P. Bajanov(et al, eds.), Politburo of the CC of All-Union Communist Party(Bolshevik), "Decision of September 7," NP 78/73, Extract from the Minutes N78 of Politburo Meeting 73, The Korean Conflict, 1950~1953, p. 72.

71 『하우스만 증언』, pp. 249~250.

72 백선엽, 『軍과 나』, p. 32

73 Dean Rusk, As I Saw It, p. 163.

74 Roy Appleman, U.S. Army in the Korean War : South to the Naktong, North to the Yalu, p. 21.

요컨대 북한은 당초부터 동부 전선의 돌파에 주력하지 않았다. 바꿔 말해서 그들의 일차적 목표는 수도의 장악이었지 전국을 장악하는 것은 아니었다. 이러한 사실은 "공습을 분산시키지 말고 전선[옹진－서울, 의정부－서울]에 집중하라"는 스탈린의 작전 지시[75]에도 잘 나타나고 있다.

4) 왜 북한군은 남침 장비로서 경장비(輕裝備)에 치중했는가?

남침군의 장비를 살펴보는 것은 김일성의 개전 의지를 읽을 수 있는 또 다른 좋은 자료가 된다. 6월 23일자로 인민군 657부대에 하달된 군장(軍裝) 명령에 따르면, 전투원은 1개 분대에 모포 1매, 3인에 식기 1개, 비상식량, 군화 1켤레, 세면도구, 예비 발싸개, 잘게 썰은 마초(馬草) 2일분으로 제한되어 있다.[76]

이와 같은 경장비는 속전을 의미하며 남한 전역을 장악하려는 장비로서는 매우 적절하지 않다. 앞서 지적했듯이 장마가 오기 전에 전쟁을 종식한다는 것 자체가 속전을 의미하는 것이었으며, 장기전은 불리하다는 사실을 잘 알고 있던 김일성으로서는 3일 안에 전쟁을 끝내야 하는데 그 시간 안에는 남한 전역을 완전 장악하는 것이 불가능하므로 옹진·서울의 장악에 주력했다.[77]

운송 장비는 열악하여 후방 보급은 당초부터 고려되지 않았다.[78] 따라서 서울을 점령한 인민군 4사단 자동차관리과는 미군과 남한군이 남기고 간 차량을 수거하여 전방으로 보내는 것이 중요한 임무였다.[79] 화력을 살

75 『러시아 문서』(서), KO-10, p. 5.
76 「인민군 657부대에 대한 명령서」, RG 242, SA2010 Item 1/52, Suitland : NA.
77 「한국전 문서 요약」, 『러시아 문서』(外), p. 14.
78 『귀순 인민군 면담 기록』: 인민군 6사단 포병 대대 池基哲 소좌의 증언(서울 : 국방부전사편찬위원회, 1969), 문서 번호 0-21, p. 18.
79 『귀순 인민군 면담 기록』: 인민군 4사단 자동차관리과장 李相燕 소좌의 증언, p. 4.

펴보면, 보병에게는 아시보(Ashibo) 소총, 99식, 그리고 중공군이 제2차 세계 대전 당시 미군으로부터 물려받은 M-1 등이었으며, 포(砲)는 4개 포병 소대마다 1대가 지급되었는데 그나마 포탄이 부족하여 전시 중에 포병을 보병으로 훈련해 재편했다.[80] 공군은 더욱 열악하였다.[81]

남한 전역을 장악하는 데 필요한 군량미도 비축되어 있지 않았다. 6월을 개전 일자로 잡은 것은 이때가 보리의 추수기여서 현지의 식량 조달이 가능했기 때문이었다.[82] 개전 직전에 북한군참모부가 4사단 참모장에게 내린 「정찰명령서 제1호」(The North Korean Reconnaissance Order No. 1)[83]와 보병 4사단 이권무(李權武)의 이름으로 하달된 「작전명령서 제1호」(Operation Order No. 1)[84]에도 서울 이남의 작전이 보이지 않는다.[85] 김일성이 이토록 단기전에 전념했던 것은 그의 유격전의 경험과 관련이 있다.

위의 질문의 연속선상에서 왜 북한군은 한강(漢江) 도강 장비를 갖추

80 『귀순 인민군 면담 기록』: 인민군 8포병 연대 조준사 송영찬의 증언, pp. 3~5.

81 Evgueny P. Bajanov(et al. eds.), "Coded Message N1713 Stalin to Mao"(May 23, 1951), The Korean Conflict, 1950~1953, p. 129; 池基哲 소좌의 증언, p. 19.

82 李相燕 소좌의 증언, 3; 『귀순 인민군 면담 기록』: 인민군 최고사령부 참모장 金允文 소좌의 증언, pp. 1~2.

83 Operation Order No. 1 by Operations Section, 4th Infantry Division, North Korean Army, RG 407, Entry 429, Box 350, OTIS Issue No. 2(Washington, D.C. : NA). 이 자료의 영역문은 U.S. Department of State, The Conflict in Korea : Events Prior to the Attack on June 25, 1950, pp. 26~28; 신복룡(편), 『한국현대사관계 미국관문서자료집』(하), pp. 358~360에 수록되어 있음.

84 The North Korean Reconnaissance Order No. 1, by the General Staff of the North Korean Army, U.N. Security Council Document S/2179. 이 자료의 영역문은 U.S. Department of State, The Conflict in Korea : Events Prior to the Attack on June 25, 1950, pp. 28~32; 신복룡(편), 『한국현대사관계 미국관문서자료집』(하), pp. 358~360에 수록되어 있음.

85 커밍스는 "정찰 명령 1호와 작전 명령 1호는 가짜"라고 주장한다. 그 논거로서 그는 거기에 기재된 지명이 일본 발음으로 표기되어 있다는 점을 지적하고 있으나(Bruce Cumings, The Origins of the Korean War, Vol. II, pp. 588~590) 당시 미국 관문서에 나타난 한국의 지명이 일본식으로 표기된 것은 흔히 있는 일이었다.

지 않았는가? 라는 질문이 제기된다. 그들은 이미 간첩들을 통하여 6월 18일에 인천－서울 간의 한강의 수심과 넓이를 조사한 바 있다.[86] 한강 대교가 폭파된 것은 6월 28일 02시 15분이었다. 당시 미국 군사고문단 (KMAG)과 한국군 사이에는 한강대교를 폭파하지 않는다는 데 합의가 이루어져 있었다.

그러나 상부의 명령에 따라 공병감 최창식(崔昌植) 대령의 지휘로 다리는 폭파되었다.[87] 그 시간은 미국 군사고문단이 도강한 지 7분이 지난 뒤였다. 당시 한강 인도교에는 4천 명의 피난민이 운집해 있었는데 교량 폭파로 말미암아 500~800명이 현장에서 죽었으며 도강을 기다리고 있던 1·2·3사단 병력의 병기와 보급품이 북한군에게로 넘어갔다.[88]

당시의 상황을 유성철은 다음과 같이 증언하고 있다.

"38°선을 넘어 서울로 진격할 때 인민군은 전략적으로 중요한 다리에는 주민으로 가장한 유격대를 보내어 국방군이 다리를 폭파하지 못하도록 했으나 한강 다리는 신경을 쓰지 않았다. 우리는 할 수 없이 한강 도하를 준비하고 국방군의 실수로 파괴되지 않은 한강 철교에 철판·가마니를 깔아 탱크가 이동토록 했다. 당시 인민군은 부교 등 대규모 도하 장비를 제대로 갖추지 못하고 있었기 때문에 이를 준비하는 데 하루가 걸렸다."[89]

북한군이 한강 도하 작전을 전개하기 시작한 것은 6월 30일 오전부터였

86 方善柱, 「鹵獲北韓筆寫文書解題」(1), p. 35.
87 한강 폭파의 명령자가 누구인지는 논쟁의 여지가 있다. 미국의 관문서에는 국방부 차관 장경근(張暻根)이 명령자로 되어 있으나[Roy Appleman, U.S. Army in the Korean War : South to the Naktong, North to the Yalu, pp. 32~33], 한국 측 기록 에는 참모총장 채병덕(蔡秉德)이 공병감 최창식(崔昌植) 대령에게 명령한 것으로 되어 있다. 전쟁기념사업회, 『한국전쟁사』(1)(서울 : 행림출판, 1992), p. 167
88 Roy Appleman, U.S. Army in the Korean War : South to the Naktong, North to the Yalu, p. 33; 『하우스만 증언』, p. 203.
89 유성철, 「나의 증언」(10), 『한국일보』 1990년 11월 13일자.

다. 북한군 3사단 8연대는 처음으로 한강변 용산(龍山, 서빙고) 지점에서 도강을 시도했다. 도강 장비로서는 나룻배와 소련제 고무 보트뿐이어서 중포(中砲) 이상을 도강할 수 없었다.[90] 그들은 목선을 만들어 한 번에 2.5톤 트럭 1대 또는 20~30명을 도강시킬 수 있었다.[91]

그러나 이런 정도의 도강 능력으로서는 남진이 어렵다고 판단한 북한군은 폭파된 철교를 복구하기로 작전을 변경했다. 이에 따라 그들은 7월 1일 04시에 4사단 5연대 3대대 병력을 주력 부대로 하여 마포 대안(對岸)인 영등포로 도강하도록 했다.

7월 1일부터 북한군은 남진을 시작했다. 그날은 미 지상군 24사단의 스미스(Charles B. Smith) 부대가 부산에 상륙한 날이었다.[92] 이때 쌍방 간에 치열한 접전이 전개되어 북한군 4사단은 227명이 사살되고 1천822명이 상처를 입었으며 107명이 실종되는 피해를 보고서야 7월 3일 08시에 영등포를 장악할 수 있었다. 그리고 한강 철교의 복구 작업이 개시되고 3사단 병력이 한강을 도강했다.[93]

이러한 정황으로 미루어볼 때 북한군은 당초부터 한강의 도강이나 폭파에 유념하지 않았음을 알 수 있다. 이는 북한군의 작전이 그만큼 어리석었다는 뜻이 아니라 그들이 당초부터 도강을 계획하지 않았고 도강 장비도 갖추고 있지 않았음을 의미한다. 당시 북한군 2군단 공병 참모 주영복의 증언에 따르면, 심지어 그들은 소양강(昭陽江)의 도강 장비조차도 갖추고 있지 않았다.[94]

---

90 池基哲 소좌의 증언, p. 7.

91 Roy Appleman, *U.S. Army in the Korean War,* p. 53.

92 Roy Appleman, *U.S. Army in the Korean War,* pp. 60~61.

93 Roy Appleman, *U.S. Army in the Korean War,* p. 55. 당시 한강 인도교는 폭파되었지만 기차가 다니는 철교의 한 선로는 끊어지지 않았다. 인민군은 교각이 약간 굽어져 내려앉은 철교에 나무 널빤지를 깔고 탱크를 건너게 했다. 『하우스만 증언』, p. 208; 주영복, 『내가 겪은 조선전쟁』, pp. 304~305.

94 주영복, 『내가 겪은 조선전쟁』, pp. 269, 286 이하.

당시 북한군이 서울에 3일간 머문 것은 한강 도강 장비를 마련해오지 않았기 때문이라는 증언이 있다.[95] 그러나 이는 도강 의지가 있었음에도 불구하고 장비를 갖추지 않았다는 뜻이 아니라 당초부터 도강 의지가 없었음을 의미하는 것이다. 왜냐하면 남한 전역을 장악하겠다는 작전을 세우고 남침한 북한군이 도강 장비를 갖추지 않았다는 것은 상식적으로도 설명되지 않기 때문이다.

5) 전면전을 획책할 경우 미국이 개입하리라는 것을 북한은 예상하지 못했을까?

앞서 인용한 스탈린과 김일성의 회담에서 그들은 미국의 개입을 걱정했다. 서울의 점령에서 전투를 끝내면 미군은 참전하지 않을 것이요, 확전은 미국의 개입을 부르리라고 예상했을 것이다. 북한이 미군의 참전을 예상하지 않았다는 사실은 6월 25일의 개전 상황에 대한 다음과 같은 정세 분석에서 잘 나타나고 있다.

  (1) 6월 25일은 일요일이다.
  (2) 전방의 장교·사병 가운데 25%가 휴가 중이다.
  (3) 남한의 군사는 훈련을 받지 않아 방어 능력이 없다.
  (4) 남한 정부에 대한 민심의 이반(離叛)이 일어나고 있다.[96]
  (5) 미군은 투입되지 않을 것이다.[97]

---

95 한국전쟁기념사업회 주최 국제회의 "The Korean War Revisited on the Fortieth Anniversary,"(Seoul : Hilton Hotel, June 25~27, 1990)에서 白善燁(당시 1사단장)과 필자와의 면담.

96 당시 남한의 정치 상황이 이승만에게 불리했고 김일성이 이에 고무되어 개전했으리라는 가설은 논쟁의 여지가 많다. 김일영은 1950년 5·30 선거 당시의 이승만은 결코 위기 상황이 아니었다고 주장한다. 김일영, 「농지 개혁, 5·30 선거, 그리고 한국전쟁」, 『한국과 국제 정치』 11/1, 1995년 봄·여름호(서울 : 경남대학교 극동문제연구소), pp. 301~335.

공산 측은 미국의 군사 개입의 빌미를 제공하지 않기 위해서라도 내전의 성격을 벗어나지 말아야 했으며 그러므로 전국토의 점령을 구상하지 않았다. 스탈린은 개전 직전에 북한에 있던 소련 군사고문단을 철수시켰다. 후르시쵸프(Nikita S. Khrushchyov)가 이러한 조치의 위험성을 지적하자 스탈린(Joseph Stalin)은 "그들이 포로로 잡혀 이번 일에 우리가 연루되었다는 증거를 남기고 싶지 않다."[98]고 대답했다. 그뿐만 아니라 전선에 배치되었던 옵서버들도 북한군이 38°선을 돌파하는 것을 확인한 후 곧 후방으로 돌아갔다.[99]

당시 인민군 의료 문제 담당 소련 측 고문이었던 셀리바노프(Igor Selivanov) 소장의 회고에 따르면, "우리는 포로가 되어서는 안 되었다. 어떤 경우에도 소련인과 소련 군수 물자를 구하든지 파기하라. 절대로 미국인들의 손에 소련군의 김일성 군대 참전 사실이 넘어가도록 해서는 안 된다는 스탈린의 지시를 잘 알고 있었기 때문이었다."[100]

소련군은 중공 인민군의 복장을 하고 한국으로 내려갔다.[101] 이는 확전 (서울 이남으로의 진군)을 할 경우에 미국이 참전하리라는 것을 소련이 예상했고 이를 두려워하고 있었으며, 따라서 확전의 의지가 없었음을 의미하는 것이다.

북한군이 남한 전역을 장악할 의지가 없었다는 논의의 마지막 단계에 이르게 되면 우리는 하나의 원초적 의문에 빠지게 된다. 그렇다면 왜 확전이 되었느냐는 점이다. 커밍스는 이 대목과 관련하여, 북한은 남한의 1사단 12연대, 7사단, 그리고 2사단이 그토록 쉽게 무너지는 것을 목격한

97 池基哲 소좌의 증언, p. 4; 金允文 소좌의 증언, p. 1.
98 *Khrushchev Remembers*, p. 370.
99 주영복, 『내가 겪은 조선전쟁』, p. 268.
100 G. 코로트코프, 『스탈린과 김일성』(II), pp. 68~69.
101 「니콜라예프 장군(General Nikolayev)의 증언」, G. 코로트코프, 『스탈린과 김일성』(II), pp. 69~70.

후 남진을 결정했다고 설명하고 있다.[102] 그러나 이보다 더 중요한 요인은 그들의 오판과는 달리 미국의 참전으로 말미암아 그 시점에서 북한은 전쟁을 돌이킬 수가 없었다는 점이다.

따라서 북한이 당초의 국지전 의지와 관계없이 서울 이남으로 진격하기로 작전을 바꾼 것은 미국 지상군의 투입이 확실시된 6월 30일 이후였다. 와다 하루끼(和田春樹)의 지적처럼, 남한군이 패주하여 부산 방면을 향해 급히 퇴각했기 때문에 인민군 점령 지역이 확대된 것[103]이지 처음부터 부산의 점령을 목표로 삼았던 것은 아니었다. 그리고 북한군은 준비도 없이 남으로 너무 깊이 들어가 고립되어 있었기 때문에 후방이 취약하여 패퇴할 수밖에 없었다.[104]

5. 김일성의 개전과 미국의 대응

한국전쟁의 전개 과정에서 가장 큰 미스터리는 과연 북한이 미국의 함정(陷穽)에 빠진 것인가 하는 점이다. 함정설을 주장하는 최근의 저술로는 전 일본 『적기』(赤旗)의 기자로서 평양 특파원을 지낸 하기와라 료(萩原遼)가 있다. 한국전쟁은 김일성의 작은 음모가 맥아더의 큰 음모에 걸려든 것이라고 그는 설명하고 있다.[105]

이러한 주장에도 불구하고 좌파들의 흔한 논리대로 미국이 한국전쟁을 도발(provoke)했다고 입증할 만한 자료는 없다. 그러나 미국은, 꼭 한국이

---

102 Bruce Cumings, *The Origins of the Korean War*, Vol. II, pp. 617~618.

103 和田春樹, 『朝鮮戰爭』, p. 86.

104 Sergei N. Goncharov(*et al.*), *Uncertain Partners*, p. 163.

105 萩原遼, 『朝鮮戰爭 : 金日成とマカ-サ-の陰謀』(東京 : 文藝春秋, 1994), *passim.* 이 책이 남한에서 번역·출판되었을 때는 부제(副題)가 "맥아더와 김일성의 음모"에서 "김일성과 스탈린의 음모"로 바뀌었다. 崔兒洵(역), 『한국전쟁 : 김일성과 스탈린의 음모』(서울 : 한국논단, 1995).

라고는 집어 말할 수는 없지만, 어디에서인가 전쟁이 일어나기를 기다리고 있었다. 그뿐만 아니라 미국이 만주 포격을 감행하지 않은 것으로 미루어볼 때, 한국전쟁을 "제2의 사라예보"(a second Sarajevo)로 여기며 반가워했다[106]고 믿을 만한 증거는 없지만, 미국은 한국에서 전쟁이 일어나리라는 것을 정확히 알고 있었음에는 틀림이 없다.

일반적으로 전쟁이 일어날 때는 아무리 보안에 철저한 기습 공격이라해도 사건이 일어나기에 앞서 반드시 전조(前兆)가 나타난다. 이를테면 1회의 어떤 사건이 일어나기에 앞서 흔히 29회의 경미한 사고가 나타나고 300건의 잠재적 사고가 나타난다. 이를 1 : 29 : 300의 법칙 또는 하인리히 법칙(Heinrich's Law)[107]이라고 한다. 하물며 전쟁이 일어나기에 앞서 얼마나 많은 첩보와 정보가 있었겠는가를 추정하기란 그리 어렵지 않다.

우선 미국이 전쟁의 발발을 알고 있었고, 심지어는 전쟁을 기다리고 있었다는 주장의 논거로서는 다음과 같은 일들이 지적될 수 있다.

> (1) 1947년 8월에 한국을 방문하여 정치적 · 군사적 상황을 돌아보고 귀국한 웨드마이어(Albert C. Wedemeyer)는 대통령에게 제출한 보고서에서 "소련의 사주를 받은 북한 인민군의 남침 가능성'을 보고했다.[108]
> (2) 1949년 4월 11일과 5월 11일에 대통령의 특사인 조병옥(趙炳玉)과 미국 주재 대사 장면(張勉)은 국무성을 방문하여 한국 관계 책임자

---

106 Bruce Cumings, *The Origins of the Korean War,* Vol. II, p. 585.

107 Herbert Heinrich, *Industrial Accident Prevention : A Scientific Approach*(New York : McGraw-Hill, 1931); 황병무, 『전쟁과 평화의 이해』(서울 : 오름, 2001), p. 268 참조. 하인리히(Herbert Heinrich : 1886-1962)는 미국의 저명한 산업 안전 전문가였다.

108 A. C. Wedemeyer, *Report to the President : Korea, 1947*(Washington, D.C. : USGPO, 1951), p. 24; 신복룡 · 김원덕(역), 『한국분단보고서(하)』(서울 : 풀빛, 1992), p. 301; 신복룡(편), 『한국현대사관계 미국관문서자료집』(상)(서울 : 원주문화사, 1992), p. 322.

인 버터워드(W. W. Butterworth) 극동과장과 본드(Niles Bond) 계
장을 만나 전쟁의 발발을 예고하면서 특히 서해안에서의 긴장을 우
려했다.[109]

(3) 합참(JCS)은 1949년 6월에 이미 북한의 남침 정보를 확보하고 있
었다.[110]

(4) 1949년 6월 27일 육군장관 페이스(Frank Pace)가 국무장관 애치슨
(Dean Acheson)에게 보내는 비밀 문서에서 북한으로부터 전면전
(full-scale invasion)이 있으리라고 예고했고 이 문서는 당시 동북
아과 한국 담당관이었던 본드(N. Bond)에게 전달되었다.[111]

(5) 1949년 7월 13일에 주한 미국 대사 무쵸(J. J. Muccio)는 한국에
전쟁의 위험이 있다는 비망록을 국무성에 발송했다.[112]

(6) 극동사령부는 1949년 7월 21일 주한미국대사관을 일본으로 옮기는
작전 계획을 비밀리에 배포한 바 있었다.[113]

(7) 이와 같이 한국에서의 상황이 급박해지자 미국은 자세한 상황을
알아보기 위해 1949년 12월 14일 국무성 동북아과의 본드를 한

---

109 "Memorandum by Butterworth"(April 11, 1949), *FRUS : 1949*, Vol. VII(Washington,
D.C. : USGPO, 1976), pp. 984~986; "Memorandum by Butterworth"(May 11,
1949), pp. 1019~1021.

110 "Report by the Joint Strategic Survey Committee to the JCS on Implications of a
Possible Full-scale Invasion form North Korea Subsequent to Withdrawal of U.S.
Troops From Korea"(13 June 1949), *JCS Records,* Part II, 1946~1953 : *The Far
East,* Reel VIII, No. 0965.

111 "Memorandum by Department of the Army to the Department of State"(June 27,
1949), *FRUS : 1949*, Vol. VII, pp. 1046~1057.

112 "Muccio to Bond"(July 13, 1949), *FRUS : 1949*, Vol. VII, pp. 1060~1061.

113 Harold J. Noble, *Embassy at War*, p. 21. 커밍스는 개전 당시에 미국은 전쟁 발발
에 대비하여 [인천에] 미국인 가족의 철수를 위한 배가 마련되어 있었다며 미국이
개전을 사전에 알고 있었다고 주장하고 있으나(*Origins of the Korean War*, Vol.
II, p. 609) 당시 인천에 노르웨이의 비료수송선인 라인홀트호(Reinholt)와 대만의
수송선이 정박해 있었을 뿐[Harold Noble, *Embassy at War*, p. 22; Roy Appleman,
U.S. Army in the Korean War : South to the Naktong, North to the Yalu, p. 39;
Robert K. Sawyer, *Military Advisors in Korea*, p. 122] 미군 가족의 대피를 위해
미국의 다른 선박이 정박해 있었다는 기록은 없다. 미국인 가족들은 라인홀트호
로 일본으로 소개(疏開)되었다.

국에 파견했다. 그는 12월 20일까지 한국에 머물면서 정보를 수
집했는데 그가 만난 미국 대사 무쵸와 당시 국방장관 신성모(申
性模)는 그에게 북한의 전면적인 남침의 가능성을 예고했다.[114]

(8) 극동사령부는 남침이 있으리라는 정보를 1950년 3월 10일에 입수
했다.[115] 극동사령부가 접수한 보고 중에는 "6월 25~28일 사이에
전쟁이 발발한다" 보고도 있었으나 묵살되었다.[116]

(9) 1950년 봄에 트루먼(H. S. Truman)은 한국이 전쟁의 위협에 놓여
있다는 보고를 받았다. 트루먼은 이 점을 유념하면서 1950년 6월
1일자로 의회에 보내는 교서에서 이를 환기했으며, 당시 합참의장
이던 브래들리(O. Bradley)는 트루먼의 그와 같은 지적이 적실한
것이라고 증언했다.[117]

(10) 미국은 1950년 4월 14일자로 저 신비에 쌓인 「안보 각서 68호」
(NSC-68)를 작성했다. "미국의 현대사에서 치명적인 문서 중의 하
나"[118]인 이 문서는 미국의 재무장의 필요성을 역설하는 매파들의
의견서였다.

(11) 1950년 6월 17일부터 22일까지 미국 대통령 특사로 국무성 고문
덜레스(John F. Dulles))가 한국의 정정(政情)과 군사분계선을 시
찰하고 귀국 길에 도쿄의 연합군사령부(SCAP)를 방문하여 맥아더
(D. MacArthur) 사령관을 만난 자리에서 남한이 군사적으로 취약

114 "Secretary of State to the Embassy in Korea"(December 9, 1949), *FRUS : 1949*,
Vol. VII, p. 1107. 이에 관한 자세한 논의는 Author's Dialogue with Niles Bond
(Former Assistant Chief, Division of Northeast Asian Affairs, Department of State),
at USIS, Seoul by Satellite(March 30, 1988) 참조. 이 대화의 전문은 『시사평론』
(13), 1988년 5월호(서울 : USIS), pp. 1~5에 「한반도 분단의 재조명과 관심」이라
는 제목으로 수록되어 있음.

115 "Acheson's Testimony," *Military Situation in the Far East*(*MacArthur Hearings*)
(Washington, D, C. : USGPO, 1951), p. 1991.

116 「니컬스(Donald Nicols : 당시 미공군첩보대장) 회고록」,『발굴 자료로 쓴 한국현
대사』(서울 : 중앙일보사 현대사연구소, 1996), 314~315

117 "Bradley's Testimony," MacArthur Hearings, p. 1052; H. S. Truman, *Memoirs* :
Vol. II, *Years of Trial and Hope, 1946-1952*(Garden City : Doubleday & Co.,
1956), pp. 331~332.

118 Noam Chomsky, *On Power and Ideology*, p. 15.

하며 전쟁 가능성이 있음을 보고했다. 그러나 맥아더는 이를 심각
하게 받아들이지 않았다.[119]

(12) 6월 25일 오후 2시(New York Time)에 유엔사무총장 리(Trygve
Lie)가 유엔 안전보장이사회 비상 회의를 소집하여 유엔의 결의를
통과시키기 이전에 이미 미국의 유엔대표부에서는 북한을 규탄하
고 유엔 가맹국이 집단으로 대응한다는 안전보장이사회의 결의안
초안을 작성한 바 있다.[120]

(13) 당시 미군의 정보 문서가 인용한 정보의 주요 요원은 한국연락장교
단(KLO, Korean Liaison Office)이 북한에 파견한 첩자들이었다.
이들의 활동에 힘입어 미군은 6월 23일에는 1~2일 안에 남침이 있
으리라는 것을 알고 있었다.[121] 이들은 72회에 걸쳐 북한의 남침
정보를 보고했으나 묵살되었다.[122]

이러한 정황 속에서 남침의 소식이 전해지자 당시 미주리주 인디펜덴
스의 사저(私邸)에 머물다가 6월 24일(NYT) 오후에 보고를 받은 트루먼
대통령은 곧 워싱턴으로 돌아와 국무성과 국방성의 책임자를 소집하여 맥

119 "Memorandum by John F. Dulles"(June 29, 1950), *FRUS : 1950*, Vol. VII, Korea
   (Washington, D.C. : USGPO, 1976), pp. 237~238.
120 이 문서의 작성자는 미국의 유엔 부대사인 그로스(Ernest A. Gross)로서 "Document
   4(UN doc. S/PV. 473 : Statement to the Security Council by the Deputy Representative
   of the United States to the United Nations(Gross)"(June 25, 1950), U.S. Department
   of State, *United States Policy in the Korean Crisis*(Washington, D.C. : USGPO, 1951),
   pp. 14~15; 신복룡(편), 『한국현대사관계 미국관문서자료집』(下), pp. 473~475에
   수록되어 있다. 북한의 『로동신문』(1996년 6월 23일자)은 1996년 한국전쟁 특집
   기사에서 이 대목을 거론하면서 이것이야말로 한국전쟁은 미국의 음모에 의한 북
   침이라는 확실한 증거라고 주장했다. 다행히도 당사자인 그로스는 이에 관한 회
   고록을 남겼다.[Ernest Gross, *The Reminiscences*(New York : The Oral History
   Research Office at Columbia University, 1966), *mimeo*] 그런데 『그로스 회고록』을
   면밀하게 검토해보면 몇 가지 의혹이 남는다. 가장 중요한 사실은 국무성 UN국
   (Office of UN Political and Security Affairs, DS)에서 파견한 웨인하우스(David W.
   Wainhouse)가 뉴욕으로 출발하기에 앞서 UN 결의안의 초안 작성을 완성해 두었
   다는 점이다.
121 方善柱, 「鹵獲北韓筆寫文書解題」(1), 『아세아문화』(1), pp. 43~44.
122 이창건, 『KLO의 한국전쟁 비사』(서울 : 지성사. 2005), p. 122.

아더 사령관에게,

  (1) 주한 미국인 가족의 철수를 위해 해군과 공군을 급파하며,
  (2) 한국에 탄약과 장비를 지원하고,
  (3) 7함대는 대만해협의 경계를 강화할 것.[123]

을 지시했다. 이때가 25일 21시 26분이었다.

6월 27일 밤에 소집된 UN 안전보장이사회는 북한의 남침을 저지하도록 남한을 군사적으로 지원해줄 것을 회원국에게 요구하는 2차 결의안을 통과시켰다.[124] 한편 맥아더는 6월 28일 오전 급거 수원으로 비행하여 한강 남쪽 전선을 시찰하면서 미국 지상군의 파병이 긴요하다는 결론을 내렸다.

이러한 의견에 따라서 트루먼 대통령은 30일 오전에 일본에 주둔하고 있는 미 지상군 2개 사단을 파견하고, 북한의 해안 봉쇄를 결정했다.[125] 한국전쟁에 대하여 미국이 이토록 신속하고도 강력하게 대응한 것은 소련이 이번 전쟁을 통하여 미국의 집단 안보 의지를 시험하고 있다고 믿었기 때문이었을 뿐만 아니라[126] 소련의 위협에 대한 유럽의 방위에 골몰하고 있는 우방들의 기우를 떨쳐버리기 위함이었다.[127]

당시의 전후 사정을 고려해보면, 북한은 전쟁을 준비하고 있었고 미국은 전쟁을 기다리고 있었다. 이는 미국의 당시 상황이 어디에서인가 전쟁

123 H. S. Truman, *Memoirs*, Vol. II, p. 334.

124 Roy Appleman, *U.S. Army in the Korean War : South to the Naktong, North to the Yalu*, p. 38.

125 D. MacArthur, *Reminiscences*, pp. 332~333; Roy Appleman, *U.S. Army in the Korean War : South to the Naktong, North to the Yalu*, p. 47; Dean Rusk, *As I Saw It*, pp. 162~163; 『하우스만 증언』, pp. 208~209.

126 Kenneth W. Thompson, *Cold War Theories*, Vol. 1(Baton Rouge : Louisiana State University Press, 1981), p. 180.

127 Ernest Gross, *The Reminiscences,* p. 706.

이 필요했음을 의미하는 것이다. 그러나 이러한 주장이 함정설이나 도발유도설로 확대하여 해석된다면 이는 필자의 의도를 벗어나는 것이다.

매트레이(J. Matray)의 주장처럼 한국전쟁은 "마음 내키지 않는 십자군"(reluctant crusade)[128]도 아니었고, 미국 관변 측의 기록처럼 불각(不覺)의 전쟁(surprised or unexpected war)[129]도 아니었다. 미국의 입장에서 볼 때 한국전쟁은, 애치슨의 고백처럼, 고맙고도 기다리던 전쟁(thankful and waited war)이었다.[130]

6. 맺음말

이 글의 결론은 다음과 같다.

[1] 한국전쟁의 성격은 내전이었으며, "기나긴 갈등의 한 단계"[131]에 지나지 않았다. 이 글이 내전설에 근거했다고 해서 1950년 6월 25일의 남침에 대한 김일성의 책임이 면죄되는 것은 아니다. 남북전쟁 당시 섬터 요새(Fort Sumter)에서 누가 먼저 발포했느냐는 물음은 남북전쟁사에서 중요한 이슈가 아니며, 월남전에서 누가 먼저 총을 쏘았느냐고 묻지 않는 것과 같은 이치이다.[132]

---

128 James I. Matray, *Reluctant Crusade : American Foreign Policy in Korea, 1941~1950* (Honolulu : University of Hawaii Press), 1985.

129 Harold J. Noble, *Embassy at War*, p. xix; Roy Appleman, *U.S. Army in the Korean War : South to the Naktong, North to the Yalu*, pp. 21, 37; Robert K. Sawyer, *Military Advisors in Korea*, p. 114; Dean Rusk, *As I Saw It*, p. 161.

130 Bruce Cumings, "Introduction : The Course of Korean-American Relations, 1945~1953," Bruce Cumings(ed.), *Child of Conflict : Korean-American Relations, 1943~1953*, p. 49.

131 Noam Chomsky, *On Power and Ideology*, p. 99.

김일성이 죽은 후에도 김일성이 선제공격했다는 법적 문서는 나타나지 않았다. 그들의 문서는 끝까지 남핸미국]의 도발에 대한 반격이었다고 말할 것이다.133 내전의 첫 발포 책임자는 무의미할 수도 있다. 그럼에도 불구하고 김일성은 개전 전야에 더 깊이 생각했어야 했으며, 승리의 유혹에서 좀 더 냉정했어야 했다.

[2] 1950년 6월 25일의 남침은 분명히 김일성의 결심 사항이었다. 그는 전쟁을 통해 국가 건설의 초기 모순을 극복하고자 했다.134 그에게 "전쟁은 정치의 마지막 과정이었다."135 그러나 한국전쟁이 내전이었든, 적화 야욕이었든, 해방 전쟁이었든, 민족사의 입장에서 볼 때 한국전쟁은 통일을 적어도 70년을 되물렸다는 점에서 그의 개전 결심은 비난을 면할 수가 없다.

[3] 김일성은 한반도 전역을 무력으로 장악하려고 개전한 것은 아니었다. 그는 서울을 점령함으로써 남한의 요인들을 억류한 상태에서 정치 협상을 전개하여 남한 정부의 항복을 받아냄으로써 한반도 전역의 공산화가 가능하리라고 오판했다.

[4] 미국은 한국전쟁이 발발하리라는 정확한 정보를 가지고 있었고 전쟁을 기다리고 있었다. 한국전쟁은 군비 증강을 노리는 매파들에게 호기(好機)를 제공했으며, 그들은 한국전쟁을 십분 이용했다. 이 점에서 미국은 북한 지역의 초토화에 책임이 있다.

[5] 한국전쟁의 개전 책임은 일차적으로 김일성에게 있었다고는 하지만 그에게는 개전 책임에 대한 희생양이 필요했고 그의 오랜 정적이었던 박헌영을 그 희생양으로 선택했다. 한국전쟁의 발발과 수행 과정에서 보여

132 Bruce Cumings, *The Origins of the Korean War*, Vol. II, pp. 571, 619.

133 Sergei N. Goncharov(*et al.*), *Uncertain Partners*, p. 150.

134 이에 관한 자세한 논의는 徐柱錫, 『한국의 국가 체제 형성 과정』, pp. 56~57.

135 "MacArthur's Testimony," *MacArthur Hearings*, p. 45.

준 전략적 오류나 극좌 모험주의로 말미암아 그가 개전 책임에서 전적으로 자유로울 수는 없었지만, 그에게 죽음을 씌울 일은 아니었다.

17장

한국전쟁에서 비정규군의 투쟁

주군에게 충성하여
땅을 받았다는 말을 하지 말게나.
장수 한 명을 위해
만 명이 백골이 되었다네.[1]
－조송(曹松, 唐, 900년경)

"우리가 여자라고 해서
조국이 멸망한 다음에도
살아남아야 합니까?"[2]
－스파르타의 여인
알키다미아(Archidamia)의 연설에서

1. 머리말

전쟁!

전쟁은 우리에게 무엇인가? 전쟁을 이야기하다 보면 우리에게는 무엇
이 떠오르는가? 참전 용사들은 조국, 포성, 죽음, 전우, 적군, 유혈, 불구,

---

* 이 글은 「전쟁과 공동체 의식」, 『우리나라 전쟁과 호국 안보 공동체』(서울 : 전쟁
기념관, 2017), pp. 274~334를 개고한 것임.
1 조송(曹松)의 시 "기해세"(己亥歲) : "憑君莫話封侯事 一將功成萬骨枯"
2 『플루타르코스영웅전』, 「피로스전」, § 27.

추위와 굶주림, 고향, 부모 · 형제, 처자식 그리고 그 광기의 의미가 무엇이었던가를 생각할 것이고, 후방에 남은 부모 형제와 자식들 그리고 여염의 필부필부들은 애꿎은 고통을 감내하며 시대의 아픔을 한탄했을 것이다. 피 흘린 참전 용사들의 고통이 더 컸을 터이지만 후방에 남은 무리라고 편안할 리는 없었다. 그들은 심리적으로도 그럴 뿐만 아니라 물리적으로도 온갖 고통을 겪었다.

후방에 남은 무리가 겪은 것은 단순히 전쟁으로 말미암은 물자의 부족뿐만 아니라 그들에게 부과되는 의무도 결코 가볍지 않았다. 그것은 의무이기 때문만은 아니었으며, 조국이라는 운명적 우상에 대한 연민과 젊은이의 열정이 그들을 가만히 두지 않았다. 그래서 그들은 자의든 타의든, 결국 비전투원으로 준(準)전투적 투쟁에 연루될 수밖에 없었다.

역사에는 군번 없는 전사들이 많았다. 그리고 비전투원이 전투원보다 더 많이 죽었다. 이제까지의 전쟁사는 정규군의 전투 상황에 초점을 맞추었다. 그러는 사이에 그 뒤안길에 묻힌, 이른바 굴든(Joseph Goulden)의 "말 못 한 전쟁사"(untold story of war)는 묻힌 역사가 되었다. 역사가를 배출하지 못한 계층의 이야기는 묻히기 마련이다. 이병주(李炳注)의 말처럼, "승자의 기록은 햇볕을 받아 역사가 되고, 패자의 기록은 달빛을 받아 전설이 된다."[3] 그러나 "수양산 그늘이 강동 80리를 덮듯이"(首陽山陰江東八十里) 전쟁의 그늘은 오래도록 비전투원의 가위를 누른다.

따라서 이 글은 정규전의 이야기가 아니라 한민족 또는 대한민국이라는 이름 아래 치러진 그 수많은 전쟁 가운데 한국전쟁에 초점을 맞추되 비정규군들은 그 아픈 시간에 어디에서 무엇을 하고 있었으며, 무슨 고통을 받으며, 무슨 생각을 하고 있었으며, 어떻게 전쟁을 도왔고, 끝내 조국을 위해 싸우다가 어떤 희생을 겪었는가를 다루고자 한다.

그렇다고 해서 이 글의 목표가 정규군의 전공(戰功)을 외면하려는 것이

---

3 조용헌, 『5백년 내력의 명문가 이야기』(서울 : 푸른 역사, 2002), p. 110.

아니라 역사의 뒤안길에 묻혀 있는 민초나 군번 없는 용사들의 이야기를 통하여 전쟁의 또 다른 이면을 들여다보고자 함이다. 따라서 미담이나 승전의 찬사뿐만 아니라 전쟁의 추악하고도 부끄러운 측면도 외면하지 않았다. 정규군의 전투는 이미 많이 논의되었다.

전쟁이 전문화되고 병기 기술이 발달함에 따라 남녀노소가 함께 싸우던 원시시대의 전쟁이 전사들의 전쟁으로 바뀌면서 국가마다 병력을 줄이고 정예화하며(少而精) 상비군의 유지를 추진함으로써 국방 예비 능력이 차지하는 정도가 높아지고 있다.[4] 일찍이 사마광(司馬光)이 지적한 바와 같이, 이제 나라는 "군대가 정예하지 못한 것을 걱정하지, 많지 않음을 걱정하지 않는다."[5]

여기에서 넓은 의미의 국방 예비 능력이라 함은 상비군 이외에 국가가 전쟁에 동원하려고 가용하는 일체의 역량을 가리키는 것으로서 국가의 인력·물자·재력·화기(火器) 등을 포함한다. 좁은 의미의 예비 역량은 국가의 비정규적 무장 조직의 예비 병력과 보조 인력을 가리키며, 구체적으로 말한다면 어느 정도의 조직과 훈련을 거친 준군사적 인원과 조직을 가리킨다. 지금 여기에서 다루고자 하는 것은 바로 그 예비 역량으로서의 후비(後備) 능력을 뜻한다.

2. 반공전선의 첨병 : 서북청년회(西北靑年會)

식민지 시대를 벗어난 신생국가의 정치적 지향이 좌파적인 데에는 그럴 만한 이유가 있었는데 그들을 수탈한 식민지국가가 대체로 자본주의국가였기 때문이었다. 한국도 마찬가지여서 해방 직후의 정치적 정향은 좌

---

4 王普豊(지음), 황병무(옮김), 『현대국방론』(서울 : 국방대학원, 1997), p. 528.
5 『續資治通鑑』 宋英宗治平二年 : 司馬光言 : "国家患在兵不精 不患不多"

파적 경향이 강렬했다. 이를테면, 1946년 8월 현재 글을 읽고 쓸 줄 아는 8천453명을 대상으로 "어떠한 정부 형태를 원하는가?"에 대한 여론 조사에서 사회주의 71%, 자본주의 14%, 공산주의 7%, 모름 8%의 결과를 보여주고 있다.[6]

이것은 그때의 시대정신(Zeitgeist)이 사회주의였음을 의미하는 것이 아니라 한때의 풍조였을 뿐이다. 그러한 징후로 1946년 초에 좌익 노동자들이 조직한 전평(全評, 노동조합전국평의회)의 거대 조직에 대하여 우익들은 두려움을 느끼기 시작했으며 그 결과 대응 세력으로 나타난 것이 우익을 대표하는 서북청년회(西北靑年會)였다.

서북청년회는 어느 날 급조된 것이 아니라, 그것이 조직화하기에 앞서 이미 우익 단체들이 좌익에 대응 논리를 표방하며 조직을 이끌고 있었다. 이를테면 김구(金九)의 한독당(韓獨黨)은 백의사(白衣社)라는 외곽 단체를 거느리고 있었다. 백의사는 중국 장개석(蔣介石)의 지하 공작 단체로서 국민당 조직처 대처장(代處長) 강택(康澤)이 조직하고 특무처장 대립(戴笠)이 이끌던 남의사(藍衣社 : 復興社)를 본떠 백의민족을 상징하는 뜻으로 1945년 12월 서울에서 조직된 극우 단체였다.

평남 출신으로 중국 낙양(洛陽)군관학교를 졸업하고 중국군에 복무하면서 임정의 신익희(申翼熙)·김원봉(金元鳳) 등과 함께 독립운동에 참여했던 염응택(廉應澤, Blind General, 廉東振)이 북한에서 내려온 청년·학생들을 규합해 조직한 것이 백의사인데, 이를 이끈 인물은 함북 출신인 양근환(梁謹煥)이었다. 그들은 반탁 우익 진영 인사들의 사기를 고무하고 정치 활동을 돕고자 정치 공작대를 조직한 것이다. 그밖에 원산에서 반공 활동을 하던 양호단(養虎團)도 있었고, 평안도 출신의 독신 청년들은 서울 종로의 호림장(虎林莊)을 근거지로 반공 활동을 전개하고 있었다. 이

---

6 "Opinion Trends," No. 22(23 August 1946), USAMGIK, RG 332, Box 39, Suitland : WNRC; 신복룡(편), 『한국분단사자료집』(III-2)(서울 : 원주문화사, 1991), p. 291.

밖에도 장택상(張澤相)이 이끄는 흑호단(黑虎團)이 있었다.[7]

서북청년회가 정식으로 발족한 것은 1946년 11월 30일이었다. 서청은 서북청년단 · 대한혁신청년회 · 북조(北朝)청년회 · 함북청년회 · 평안청년회 · 황해청년회 · 양호단의 7개 단체가 통합하여 발족한 것으로서 회원 7~9만 명과 57개소의 지부를 가진 전국 조직이었다.[8]

초대 위원장 선우기성(鮮于基星)은 평북 정주(定州) 출신으로 105인 사건과 상해임시정부의 요인이었던 선우혁(鮮于爀) · 선우훈(鮮于燻)의 장조카였다. 정주 오산(五山)학교 재학 시절에 광주학생운동(1929)이 일어났을 때, 선우기성은 서북지방의 항일 학생 운동을 주도한 경력을 가지고 있었다.[9] 그밖에 부위원장에는 장윤필(張允弼, 함북)과 조영진(趙英珍, 함남)으로 구성되어 있었다.

이 무렵에 광복군 총사령관 이청천(李靑天)이 1947년 4월 21일에 국내에서 정치적 재기를 구상하며 대동청년단(大同靑年團)의 조직에 착수하자 선우기성을 비롯한 지도부가 여기에 합세했고, 문봉제(文鳳濟)와 김성주(金聖柱)를 비롯한 잔류파가 서청을 재건했다. 이들은 9월 26일, 천도교대강당에서 대의원 500여 명이 참석한 가운데 재건대회를 개최하고 문봉제를 제2대 위원장으로 선임했다. 이 자리에는 이승만(李承晚)과 김구(金九)가 참석하여 격려했다.[10]

이 무렵 하지(J. R. Hodge) 장군은 서북청년회가 설립하는 평화신문사를 도와주었다. 이념의 첨예화, 치안의 부재, 그리고 정서적 적대감이 좌우익 간에 많은 유혈 충돌을 유발할 무렵 서청의 활동은 우익과 군정의

7 이주영, 『서북청년회』(서울 : 백년동안, 2015), pp. 23~7; "Activities of Northwest Korean Youth Association," *G-2 Weekly Summary*, No. 90(25 May-01 June 1947), Inclosure #3.
8 문봉제, 「서북청년회」(1), 『중앙일보』 1972년 12월 21일자.
9 손진, 『서북청년회가 겪은 건국과 6 · 25』(서울 : 건국이념보급회 출판부, 2014), pp. 49, 58.
10 이주영, 『서북청년회』, pp. 101, 121.

비호를 받았다.

군정이 서청과 같은 극우 단체를 선호한 것은 아니지만 좌익을 응징한다는 공통된 목표로 말미암아 미 군정은 이들의 테러리즘을 방조했다. 좌익을 탄압해줄 수 있는 대리자는 군정으로서 필요악이었다. 1948년 8월 대한민국이 건국될 당시 서청의 숫자는 자칭 460만 명이었다.[11] 이 숫자는 과장되었을 것이다.

이 무렵 서북청년회의 실제 임무는 우익의 작업을 대행하는 것이었다. 이들의 배후에는 당시의 군정 경찰이 있었고 행동 철학은 이승만의 노선이었다. 서청이 경찰과 손을 잡게 된 이유는, 반공이라는 점에서 서청이 한민당 및 조병옥(趙炳玉)의 군정 경찰과 이념이 같았으며, 당시는 미 군정에 의해 좌익 활동이 합법적으로 인정되었으므로 경찰이 능동적으로 좌익의 타도에 앞장설 수 없는 상황에서 전위 부대가 필요했기 때문이었다. 위험한 일을 하는 서청으로서도 후견인이 필요했다.[12] 그들의 이념은 다음과 같은 서북청년회 단가(團歌)에 잘 나타나고 있다.

우리는 서북청년군, 조국을 찾는 용사로다.
나가 나가 38선 넘어 매국노 쳐버리자
진주(眞珠) 우리 서북(西北) 지옥이 되어
모두 도탄에서 헤매고 있다.
동지는 기다린다, 어서 가자 서북에
등잔 밑에 우는 형제가 있다.
원수한테 밟힌 꽃봉이 있다.
동지는 기다린다, 어서 가자 서북에[13]

당시는 군정청에서 월남민들에게 쌀 · 보리쌀 · 밀가루 · 옥수수 등의 양

---

11 이주영, 『서북청년회』, p. 22.
12 문봉제, 「서북청년회」(9), 『중앙일보』 1973년 1월 4일자.
13 손진, 『서북청년회가 겪은 건국과 6 · 25』, p. 8.

식과 이불·담요·의류 등을 유·무상으로 배급해줄 때여서 서청은 경무부장 조병옥, 수도경찰청장 장택상, 상공부장 오정수(吳禎洙), 상역국장 한승인(韓昇寅) 등의 협조를 얻어 배급권을 이용하여 자금을 마련했다.

선우기성은 삼흥(三興)실업 전무 최태섭(崔泰涉, 뒷날 한국 유리 대표), 신영(新榮)피복 대표 이영(李榮), 현대건설 승상배(承相培), 동아산업 이한원(李漢垣), 모피수출협회 유윤화(俞允華), 화신산업 박흥식(朴興植)과 금광 재벌 최창학(崔昌學)으로부터 금품을 받았다. 후원회장은 이북 출신 실업가들의 친목 단체인 신흥경제구락부의 대표 김동원(金東元, 제헌국회 부의장)이 맡았으며 30여 명의 재계 인사들이 이에 가입하고 있었다.[14] 대외 섭외는 영어와 러시아어에 능통한 고정훈(高貞勳)이 맡았다.

서청과 조선공산당 및 남로당과의 충돌은 불가피한 것이었다. 1947년도 3월 부안(扶安)에 파견되었던 서청 요원이 변사체로 발견되자 그 일대에 좌익이라는 혐의를 받던 주민에게 보복을 자행한 사건을 필두로 좌익과 서청 사이에 피어린 싸움이 시작되었다. 이를 계기로 서청은 충청남도 경찰의 부탁을 받고 전평이 장악하고 있던 대전의 군시제사(郡是製絲) 공장을 습격했다. 서청의 간부들이 대전으로 내려갈 때 김구로부터 "잘 싸우라"는 격려와 함께 장개석 총통에게서 받은 털 깃 달린 까만 외투를 선물로 받았다.[15]

1947년 4월 30일에는 서청의 임일(林一)의 지휘 아래 유성(儒城) 온천 방면에서 활동하는 남로당원들을 소탕할 목적으로 몇 개의 소부대로 나누어 출동했다가 역습을 받고 이창복(李昌福)을 비롯한 몇 명의 대원이 피살되었다.[16]

이를 계기로 임일은 1947년 6월 10일 대전에서 남선(南鮮)파견대를 결

14 문봉제, 「서북청년회」(31-33), 『중앙일보』 1973년 1월 30일, 1월 31일; 2월 1일자.
15 문봉제, 「서북청년회」(19-22), 『중앙일보』, 1973년 1월 17일, 20일자.
16 문봉제, 「서북청년회」(26), 『중앙일보』, 1973년 1월 24일자.

성했다. 이는 지방에서 좌익에 의한 테러가 발생했을 때를 대비하여 설치된 특공대였다. 그들은 좌익들의 문제가 일어나면 한 번에 20~40명의 대원을 파견하여 대응했다. 임일은 함경북도 청진 출신으로서 평생 야인으로 반공투사로 생애를 보냈으며 말년에는 목사로 삶을 마감했다.[17]

1947년 6월에 시천교당(侍天敎堂)에서 민전(民戰) 대회가 개최되었다. 이 자리에는 여운형(呂運亨) 민전 의장(근로인민당 당수), 홍남표(洪南杓) 남로당 부위원장, 장건상(張建相) 근로인민당 부당수, 민전 의장단 성주식(成周湜) 등 1천여 명의 좌익이 참석했는데 서청 대원이 회의장에 수류탄을 투척했다.[18]

이밖에도 서청 대원들은 『자유신문』·『중앙일보』·『조선인민보』 등 좌익 신문사와 전평·조선공산당·민청(民靑) 등을 습격했으며, 이에 대한 좌익의 보복도 그치지 않았다. 서청의 배후에는 군정청 노동부장 이대위(李大偉)와 인사행정처장 정일형(鄭一亨) 등의 이북 출신이 있었다.[19]

1947년 9월 이후에는 대원 10여 명을 상인, 변절자, 걸인 등으로 위장시켜 북한에 보내어 지하 조직과 연결했다.[20] 그들의 주장에 따르면, 조선공산당 평남도당위원장 현준혁(玄俊赫)의 암살에 동원되었으며,[21] 김일성의 외종조부 강양욱(康良煜)을 노려 자객들을 보낸 바도 있었다.[22] 현준혁은

17 손진, 『서북청년회가 겪은 건국과 6·25』, p. 24.
18 문봉제, 「서북청년회」(36), 『중앙일보』, 1973년 2월 4일자.
19 문봉제, 「서북청년회」(12), 『중앙일보』, 1973년 1월 7일자.
20 이주영, 『서북청년회』, pp. 111~112.
21 『쉬띠꼬프(Terentii F. Shtykov) 일기』(과천 : 국사편찬위원회, 2004), p. 5; 문봉제, 「서북청년회」(12), 1973년 1월 7일자; 심지연, 『송남헌회고록』(서울 : 한울출판사, 2000), p. 21. 이 부분에 대해서는 좀 더 정교한 분석이 필요하다. 서청이 창립된 것이 1945년 11월 30일이며, 김구가 귀국한 것이 1945년 11월 23일인데 현준혁이 암살된 것은 그에 앞선 1945년 9월 28일이니까, 그의 죽음을 김구나 서청 또는 백의사와 관계 짓는 데에는 논리적 무리가 있다. 여기에는 아마도 서청의 공명심이 작용했을 수 있다.
22 문봉제, 「서북청년회」(12), 『중앙일보』, 1973년 1월 7일자.

평안남도 개천(价川) 출신으로 일제시대에는 대구사범학교 교사로 공산
주의 활동을 하다가 해방과 더불어 월북한 인물이었다.

　1948년에 대한민국 정부가 수립하면서 서북청년회는 대한청년단(大韓靑
年團)으로 흡수되었다. 한국전쟁의 발발과 함께 서청의 진로와 행동에도
변화가 일어났다. 1950년 말에 중공군이 참전하고 국군과 유엔군이 후퇴하
게 되면서 서북청년회 북한 조직 대원들도 상당수가 남한으로 내려왔다.

　이 무렵의 서청은 민족주의 노선에서 국가주의로 변모하고 있었다. 그
들은 "우리의 생명과 재산을 보호해주는 것은 민족이 아니라 국가"라고 생
각했다.[23] 이 무렵 서청이 스스로 표방한 행동 강령은,

> (1) 38°선의 분쇄
> (2) 한국 청년 운동 단체의 통합
> (3) 한국의 국제 문제를 교란하려고 획책하는 음모의 분쇄
> (4) 친일파의 숙청
> (5) 남북통일의 구현을 위한 민족주의적 상호 투쟁
> (6) 통일을 방해하는 관료의 섬멸
> (7) 언론 · 종교 · 집회 자유의 보장
> (8) 국민 경제의 안정과 피난민의 보호
> (9) 국방을 위한 심신 단련[24]

이었다.

　서청의 단원들은 전쟁과 함께 군문에 투신했는데 육군 제3사단 제18연
대, 속칭 백골부대(白骨部隊)는 3천 명의 서북청년회 대원들로 구성된 정
규군이었다. 제18연대의 용맹성은 한국전쟁 초기의 포항 · 기계(杞溪) · 영
천 전투에서 잘 나타났다. 그들은 3사단 소속으로 휴전 직전에는 철원 ·
평강 · 김화의 "철의 3각지" 전투에서 싸웠다. 18연대 창설 명령을 받은 사

---

23 손진, 『서북청년회가 겪은 건국과 6 · 25』, p. 172.
24 선우기성, 『한국청년운동사』(서울 : 금문사, 1973), p. 762.

람은 함남 영홍 출신의 한신(韓信) 대위였다.[25]

그들은 "이북에서의 원수를 남한에서 갚는다."는 식의 복수심에 불타고 있었다. 서청의 불법 행위가 극심해지자 하지 장군은 서청을 해산시키라고 3차에 걸쳐 지시했다. 그러나 한민당은 "서청과 같은 열혈한 반공 우익 청년 단체를 해체하는 것은 민족의 자주 독립을 완성하려는 미 군정의 본래의 임무와 사명에 어긋나는 처사이며, 국립 경찰만으로는 남한의 치안을 유지할 도리가 없는 상황에서 서청을 해체해서는 안 된다"고 주장하며 해체를 막았다.[26]

요컨대 서청은 우익의 반공 투쟁의 첨병이었다. 당시 대부분의 테러 요청은 한민당으로부터 받은 것이었으며, 그밖에 독촉(獨促, 이승만)·청총(전국청년총연맹, 錢鎭漢)·광청(光靑, 吳光鮮)·부인회(黃基成)·한독당(김구) 등도 청부의 고객들이었다. 그들은 김일성 암살을 기도하다 미수에 그쳤으며, 대구 사건, 제주 4·3사건, 여수·순천 사건 당시 좌익을 습격한 무리도 이들이었다. 이들은 빨갱이 사냥(red hunt)을 명분으로 사형(私刑)을 자행했으며, "걸어 다니는 몽둥이"(walking sticks)였다.[27]

이들이 활동한 2년 동안 서청 자신도 4백여 명이 목숨을 잃었으며 38°선을 넘나들며 지하 활동을 하다가 죽은 회원까지 합치면 희생자는 적어도 1천 명에 가까울 것으로 추산된다.[28] 위원장 선우기성은 매주 금요일 밤, 서울중앙방송국(HLKA)을 통해 북한 동포에게 보내는 방송을 했는데 이것이 대북 방송의 시발이었다.

서북청년회는 문교 정책에도 간여했다. 이 무렵 월남 학생들은 연령 초과로 말미암아 진학 문제가 심각했다. 서청에서는 당시 문교부장 유억겸

25 손진, 『서북청년회가 겪은 건국과 6·25』, p. 126.
26 조병옥, 『나의 회고록』(서울 : 민교사, 1959), pp. 154~156.
27 "Activities of Northwest Korean Youth Association," G-2 Weekly Summary, No. 90(25 May-01 June 1947), Inclosure # No. 90.
28 문봉제, 「서북청년회」(1), 『중앙일보』, 1972년 12월 21일자.

(俞億兼)과 협의하여 서북청년회 위원장의 확인만으로 월남 학생들의 학력을 인정하여 상급학교에 입학할 수 있도록 하고 이북 학생들을 수용하고자 야간 대학을 설립할 것 등에 합의하여 1947년 2월부터 약 1,700여 명의 학생을 입학시켰다. 이때 서청이 학력을 확인해준 대원이 6천여 명에 이르렀다.[29] 이를 계기로 정치대학(政治大學), 단국대학(檀國大學), 청구대학(靑丘大學) 등에 야간 대학이 병설되었다.

서북청년회를 흡수 통합한 대한청년단은 1953년 휴전과 함께 9월에 이승만 대통령의 명령에 따라 해산되는 비운을 맞았다. 그러다가 4·19 학생혁명과 5·16군사정변을 거친 다음인 1963년에 청우회(靑友會)로 재건되었다. 지금은 사단법인 대한민국건국회(大韓民國建國會)의 이름으로 그 명맥을 유지하고 있다. 그들에 대한 역사적 평가의 호오(好惡)에 관계없이 그들은 대한민국 건국의 일익을 담당했다는 자부심을 가지고 살아간다.

아직도 이념의 갈등으로부터 자유롭지 않은 시대[30]에 서청의 공과(功過)를 말하기란 쉽지 않다. 반공을 미덕으로 여길 경우, 서청과 같은 극우 단체는 분명히 애국 단체로 볼 수 있다. 그러나 그들이 반공이라는 이름으로 저지른 무고하고도 비인도적인 공격은 그들의 투쟁 의지를 많이 퇴색시켰다.

3. 군번 없는 용사들 : 켈로(KLO)

현대전의 성격을 나타내 주는 가장 대표적인 지표 가운데 하나가 곧 참

---

29 선우기성, 『한국청년운동사』, p. 712; 문봉제, 「서북청년회」(28-29), 『중앙일보』, 1973년 1월 26; 27일자.
30 이 글을 쓸 무렵, 편집위원회에서는 서북청년회를 한국전쟁사에 포함시키는 데 대하여 진보 학자들의 저항을 받았다.

모(General Staff)의 기능(병과)이다. 이를테면 참모를 부를 때 G-1(인사), G-2(정보), G-3(작전), G-4(병참), G-5(민군), G-6(통신)라 한다.[31] 그러나 일단 전투 병과에 들어가면 육군의 경우에 보병·포병·기갑·방공·정보·공병·통신·항공·화학·병기·병참·수송·부관·헌병·경리·정훈·의무·법무·군종·감찰·군악·의장대·특전·조교·어학병·카투사(KATUSA) 등 약 300개의 병과로 분류된다. 오늘날과 같은 사이버 전쟁의 시대에는 더욱 전문적으로 분화되었다.

여기에서 우리가 주목해야 할 부분은 G-2, 이른바 정보의 문제이다. "스파르타인들은 적군의 숫자가 얼마인지를 묻지 않았으며, 다만 그들이 어디에 있는지만 물었다."[32]고 하지만, 그것은 어디까지나 2천년 전의 일이고, 현대전에서 첩보는 전투에서 고려해야 할 우선 사항이다.

그래서 신병이 신병교육대에 입소했을 때 교관에게서 들은 첫 번째 경고는 유행성출혈열의 감염을 우려하여 "잔디밭에 앉거나 눕지 말라"는 것이었고, 두 번째는 "작전에 실수한 장수는 용서받을 수 있지만, 경계에 실패한 장수는 용서받을 수 없다."는 것이었다. 첩보에 실패한 사례를 가장 잘 보여주고 있는 것이 워털루에서 나폴레옹(Napoleon)의 실수였다.

동양 사회에서도 이미 고대사에 세작(細作)이라는 것이 있었는데 이는 적진에 밀파된 첩보병이었다. 동양 고대사에서 첩보의 이론을 가장 먼저 그리고 깊이 깨달은 인물은 손자(孫子 : 기원전 545년경~470년경)였다. 그는 "삼군의 일로는 정보를 잘 쓰는 것만 한 것이 없다."고 주장하면서 "군사에 첩자를 쓰지 않는 일이란 없다."고 강조하고, 더 나아가 "역(逆)정보를 가히 쓸 만하다."고 가르쳤다.[33] 일찍이 손자의 전략적 가치에 주목한 바 있는 미국국방대학교 전략연구부장인 콜린스(J. L. Collins)는 "첩보가

---

31 따라서 "G-1"이라 함은 General Staff One의 약어이다. 해군은 N-x로, 공군은 A-x 로, 합참은 J-x로 표기하는 경우도 있다.

32 『플루타르코스영웅전』, 「클레오메네스전」, § 4.

33 『손자병법』(孫子兵法) : 用間篇.

없이 전투에 나가는 것은 눈을 가리고 링에 오르는 선수와 같다."[34]는 말을 남겼다.

현대 사회에서는 첩보원을 오열(五列, Fifth Column)이라고 부른다. 이는 "적을 이롭게 하거나 적과 내통하는 자"를 뜻하는데, 그 어원은 스페인 내란 때 프랑코(Francisco Franco) 장군이 지휘하는 군대가 왕당파의 거점인 수도 마드리드를 포위하고 시내에도 자기를 지지하는 "다섯 번째의 부대"가 있다고 소문을 퍼뜨려 왕당파의 내부 분열을 일으키게 한 데서 생겨난 단어였다.

이 문제를 한국전쟁에 적용해 보면 켈로(KLO : Korea Liaison Office), 곧 주한미군연락단의 문제에 직면하게 된다. 이 문제는 앞 절(서북청년회)와 관련하여 살펴보아야 한다. 켈로가 조직되기에 앞서 도쿄 미극동군사령부(FEC) G-2는 서울에 대북 정보 수집 시스템을 구축하면서 서청에 주목했다. 그것은 처음에는 정의사(正義社)라는 위장기관으로 출발했다.

켈로는 미 극동군 G-2 책임자 윌로비(Charles A. Willoughby) 소장의 예하 부대로 지휘책임자는 애보트(Leonardo Abbott) 소령이었고, 그 밑에 러시아계 문관인 앤디(Endy)가 있었다.[35] 실무책임자는 미 24군단 CIC 공작과장 런치(Lunch) 대위였다.[36] 1948년 4월 18일, 애보트의 요청으로 서북청년회 부위원장 김성주는 전준(田俊)·박태현(朴泰鉉)·유인국·전훈(田勳)·문명길·강태환·김정하 등을 정의사 요원으로 선발했다. 정의사는 북한군 참모본부의 작전 계획, 군사 배치, 군사 이동 상황을 국방부에 보고했다.[37]

34 콜린스(John M. Collins)(지음), 김영곤(외 옮김), 『대전략론』(서울 : 국방대학원, 1979), p. 51.

35 『KLO·TLO문서집』(Chuncheon : Institute of Asian Culture Studies at Hallim University, 1996), Vol. I, pp. ii~xi; Vol. II, p. 310.

36 최규봉, 「나의 지난 삶을 돌아보며」, 이창건, 『KLO의 한국전쟁 비사』(서울 : 지성사, 2005), p. 35.

37 손진, 『서북청년회가 겪은 건국과 6·25』, pp. 128~129, 162~164.

애초 켈로가 탄생할 무렵에는 고트(Goat : 대장 전훈)·선(Sun : 대장 崔奎峰)·위스키(Whisky : 대장 박태현) 등 세 부대였는데 본부는 선린상고(善隣商高) 건물에 있었다. 그들은 1951년 10월에 8240부대로 이름을 바꾸었다.[38] 계인주(桂仁柱) 대령이 부대장으로, 손진(孫塡)이 부관으로 활약했다. 계인주 대령은 평북 선천(宣川) 출신으로 만주군관학교를 졸업하고 그곳 일본대사관 무관으로 재직하다가 해방을 맞이했다.

계인주는 1947년에 의정부경찰서장으로 부임하여 최규봉과 함께 위폐범을 일망타진한 것이 인연이 되어 육본정보과 제3과장으로 전출되었다가 육군정보학교 교장으로 영전하였다. 그는 곧 김포지구위수사령관으로 전보되었으나 북한 간첩인 부하들의 무고로 간첩죄로 몰리는 일을 겪게 된다. 이때 그는 일본 밀항을 시도하다가 체포되었으나 미군의 도움으로 석방되어 육군본부정보국(HID : Headquarters Intelligence Department) 대장 등을 지낸 인물이었다.[39]

이들 가운데 특이한 인물은 고정훈이었다. 그는 본디 진남포 출신으로 일본 아오야마학원(靑山學院) 영문과와 만주국 북만대학교(北滿大學校) 노어노문학과를 졸업한 뒤 남하하여 서청에서도 활약하였다. 1946년 3월, 고정훈은 미소공위 당시에 소련 측 통역관으로 활약하다가 미군 측 대표에게 접근하여 남한으로 넘어와 육군사관학교 7기를 졸업하고 국방경비대장 송호성(宋虎聲)의 보좌관과 육본 정보국 차장을 지낸 특이한 인물이었다.[40] 남북한을 아우르는 한국현대사를 한 명의 전기(傳記)로 설명할 수 있다면, 그것은 고정훈이다.

켈로 단원 가운데에는 장개석(蔣介石) 군의 편에 있었다가 중공군의 해방군에 차출되어 참전한 포로들도 7명이 있었다. 이들은 중공을 상대로

38 최규봉, 「나의 지난 삶을 돌아보며」, p. 111.
39 최규봉, 「나의 지난 삶을 돌아보며」, pp. 46~49.
40 최규봉, 「나의 지난 삶을 돌아보며」, p. 72; 손진, 『서북청년회가 겪은 건국과 6·25』, pp. 162~164.

한 첩보 수집에 많은 공을 세웠다. 그들은 두 번 북파 작업을 마친 뒤에 대만(臺灣)으로 귀환한다는 조건으로 입대한 무리였다. 그러나 그 약속은 지켜지지 않았다.[41]

켈로가 대북 침투 활동을 하던 중에 북한의 간첩이 침투하여 고공 훈련을 하면서 수류탄을 비행기에 던지고 저 혼자만 낙하하는 바람에 비행기가 회령 상공에서 폭파되고 대원 전원이 전사하는 사건이 일어났다. 이 사건으로 미군 정보 장교 39명이 목숨을 잃었고, 많은 대원이 귀환할 길이 없어 소식이 끊겼다.

이 사건을 계기로 미국은 세 부대를 통합사령부로 환원하고, 1952년 10월에는 각 도서(島嶼) 파견대도 리바이벌(Revival), 플래쉬(Flash), 베이저(Beja), 스타(Star), 웜퍼스(Wumpus), 이글(Eagle), 트러블(Trouble), 다이아몬드(Diamond), 파인애플(Pineapple) 등으로 불렀다. 여자의 비율이 20% 정도였는데, 이들은 부부로 위장함으로써 발각의 위험을 줄일 수 있어 효율적이었다. 여성 대원들의 훈련소는 경기도 덕소(德昭)에 있었다.[42]

켈로 대원들은 공중 침투, 특공 무술, 총검술, 수영, 생존 훈련, 산악 구보, 독도법은 물론이고, 북한 사투리와 초보적인 중국어를 배웠으며,[43] 2인 1조로 활동했다. 대원의 숫자는 약 5천 명 정도였다.[44] 그들은 담력을 키우고자 무당을 불러 작두춤을 보면서 신기(神氣)를 받았다.[45]

「애보트의 보고서」(1951. 5. 15.)에 따르면 그들의 임무는 북한의 정부 기관과 군부 및 산업 기관에 침투하여 정보를 수집하는 동시에 미군사령

41 이동욱, 「42년 만에 전사 인정받은 군번 없는 냉전의 전사 KLO 비화」, 『월간조선』 1995년 10월호, p. 436.
42 이창건, 『KLO의 한국전쟁 비사』, pp. 259, 296; 이동욱, 「42년 만에 전사 인정받은 군번 없는 냉전의 전사 KLO 비화」, pp. 441~444.
43 이동욱, 「42년 만에 전사 인정받은 군번 없는 냉전의 전사 KLO 비화」, p. 436.
44 최규봉, 「나의 지난 삶을 돌아보며」, p. 111.
45 최규봉, 「나의 지난 삶을 돌아보며」, p. 126.

부 G-2와 극동군사령부 사이에 연락을 취하고 적의 이동·집결·규모·병참의 파악, 후방 교란, 요인 암살 등의 업무를 수행했다.[46]

이들의 1950년 3월 15일자 첩보(SUN-93)에는 김일성이 인민군 대대장급 장교 360명을 소집하여 남침 준비를 독려하는 상황과 인민군 제1·2·3사단과 제4독립여단의 구성과 위치, 민족보위성의 직할부대, 내무성 산하 국경경비대의 제1·3·5·7여단, 내무성 경비국의 직속부대, 각 시군의 경찰 관하의 보안대의 구성과 사령부의 위치 등을 탐지한 보고가 들어 있다. 이러한 고급 정보는 민족보위성이나 인민군참모부, 각 사단사령부의 인물이 아니면 알 수 없는 것이었다.[47] 그들은 북한이 남침하리라는 보고를 72회 올렸으나 받아들여지지 않았다.[48]

이밖에도 1950년 1월부터 5월까지 공작원 55명이 수집한 첩보 57점에는 인민군의 상황, 이동, 장비, 주민 소개(疏開), 교량과 도로의 건설 등의 정보가 있었고, 1950년 3월 31일자 위스키 7호의 첩보에는 북한 지역 16개 비행장에 대한 정보로서 일제강점기에 건설하여 아직 사용 중인 것, 해방 후에 건설되었으나 아직 완공되지 않은 것, 현재 사용하지 않지만, 곧 사용할 수 있는 것[49] 등이 있었다.

켈로의 활동 가운데 가장 주목할 만한 것은 인천 상륙 작전의 선도대 역할이었다. 극동군사령부는 인천 상륙 작전을 계획하고, G-2에 근무하던 정보통인 계인주 육군 대령과 연정(延禎) 해군 소령을 끌어들였다. 켈로에 속한 서북청년회 출신 특수 임무 대원들은 인천 앞바다의 영흥도(永興島)를 전진 기지로 삼아 덕적도(德積島)와 팔미도(八尾島) 등을 샅샅이 탐색했다.

---

46 萩原遼, 『朝鮮戰爭 : 金日成とマカ-サ-の陰謀』(東京 : 文藝春秋, 1994), pp. 264~265.

47 萩原遼, 『朝鮮戰爭 : 金日成とマカ-サ-の陰謀』, p. 267.

48 이창건, 『KLO의 한국전쟁 비사』, p. 383.

49 萩原遼, 『朝鮮戰爭 : 金日成とマカ-サ-の陰謀』, pp. 265~256.

이들은 당시 해군첩보대의 도움을 받았다. 함명수 소령의 지휘를 받은 이들은 인천 상륙 작전에서 영흥도의 첩보를 맡았다. 이들은 인민군의 통행증을 입수하고 인민군 방어 요원을 암살하는 등의 역할을 수행했다. 이들은 특히 인민군의 보급로, 기뢰 매설 현황, 상륙 지점의 암벽 상황 등을 수집하여 미군측에 보고하고, 피납된 동료들을 구출하려다가 임병래(任炳來) 등의 대원들이 공격을 받았다. 이들은 체포 직전에 기밀 유지를 위해 자결했다.[50]

특공대 클라크(Eugene F. Clarke) 해군 대위(지휘관), 클라크혼(F. Clark-horn) 육군 소령, 포스터(John Foster) 육군 중위, 계인주 육군 대령, 연정 해군 소령은 상륙 작전 당일인 9월 14일 밤 인천 등대에 침투하여 15일 0시에 팔미도 등대에 불을 밝히라는 명령을 받고 그 섬에 잠입하여 초병을 죽이고 약속 시각에 등대에 불을 켰다. 이를 신호로 먼바다에서 대기하던 261척의 대선단이 인천 항구로 들어가 함포 사격을 시작했다.[51] 이들이 해안 작전에서 사용한 소형 선박들은 조선공학을 전공한 김재근(金在瑾) 박사가 설계하여 제공한 것이었다.[52]

1950년 10월 25일, 중공군이 참전한 뒤 전사한 워커(Walton H. Walker) 장군의 뒤를 이어 8군 사령관에 부임한 리지웨이(M. Ridgway) 장군은 작전명령 "라운드 업"(Round-Up)을 하달했다. 선(Sun) 대원들은 정치보위부장의 명의로 발행된 가짜 신분증을 지참하고 중공군의 동태를 파악하도록 파견되었다.

모든 명령은 증거를 남기지 않도록 구두로 전달되어 암기해야 했다. 대원들은 또한 북한 지역에 전단을 배포하는 공작도 수행했는데, 거기에는 "김일성(金日成) 장군(葬群)의 노래(奴來)," "위대한(胃大漢) 지도자(地盜

---

50 곽성훈, 「9월의 호국 인물 임병래 중위」, 『전쟁기념관』 2020년 9월 회보, 끝 쪽.
51 최규봉, 「나의 지난 삶을 돌아보며」, pp. 63~67; KLO 부대장 延禎 사망 기사, 『중앙일보』 2002년 2월 14일자.
52 최규봉, 「나의 지난 삶을 돌아보며」, p. 186.

者) 김일성(金日成) 장군(葬群) 만세(蠻勢)" 등이 적혀 있었다.[53]

켈로 대원들은 또한 1952년 가을에 원산도립병원에 침투하여 장교를 납치해서 돌아와 북한의 장티푸스 실태를 파악했으며,[54] 1952년 봄 화천 발전소 탈환 작전을 전개했다.[55] 이들은 또한 서해안에 추락한 MIG기를 인양하고, 전투 중에 실종된 밴 플리트(Van Fleet) 장군의 아들 구출 작전을 전개했는데 그 책임자는 최필립(崔弼立)이었다.[56]

켈로 대원들은 1950년 8월부터 1951년 1월까지 공중 침투 28회, 파견 대원 218명, 귀환 89명, 첩보 건수 55건을 수행했다.[57] 이들이 수집한 첩보 건수는 총 14,719건, 이 가운데 상당 부분은 1952년 9월부터 1953년 1월에 몰려 있다.[58] 켈로의 기율은 엄혹했으며 훈련은 가혹했다. 하극상은 용서받지 못하고 고공에서 낙하산 없이 투하하여 죽였다. 자질이 부족하거나 사상이 의심스러운 인물은 깊은 산중에 내다 버렸는데 이를 가지치기(trimming) 또는 간벌(間伐, pruning)이라 했다.[59]

켈로 대원 가운데 3천여 명의 특수 요원이 희생되었으나 정규군이 아니라는 이유로 보상을 받지 못했다.[60] 이들은 대체로 1952년 4월 전후에 창설되었다. SOU는 사이판에서 훈련을 받았는데, 미국 국무성의 지휘를 받았다. 최규봉의 증언을 들어보면,

"우리의 활동이 제대로 드러나지 않은 이유는 국가로부터 어떤 신변 보장도 받을 수 없었을 뿐만 아니라 무관심 속에 방치되어 왔기 때문이었다.

53 이창건, 『KLO의 한국전쟁 비사』, p. 308.
54 최규봉, 「나의 지난 삶을 돌아보며」, pp. 170~180.
55 이창건, 『KLO의 한국전쟁 비사』, p. 269.
56 최규봉, 「나의 지난 삶을 돌아보며」, pp. 123~125.
57 이동욱, 「42년 만에 전사 인정받은 군번 없는 냉전의 전사 KLO 비화」, p. 434.
58 조성훈, 『한국전쟁의 유격전사』(서울 : 군사편찬연구소, 2003), pp. 553, 562~563.
59 이창건, 『KLO의 한국전쟁 비사』, pp. 306, 312.
60 KLO 부대장 延禎 사망 기사 : 『중앙일보』 2002년 2월 14일자.

휴전 후에 부대가 해체될 때 우리는 '보안 누설을 하지 않겠다.'는 서약서를
제출했다."[61]

한국전쟁이 일어나자 윌로비 소장은 상부로부터 개전 첩보를 입수하
지 못했다는 질책을 받고, 켈로에서 얼마나 많은 남침 정보를 입수하여
보고했는가를 세상에 밝힘으로써 자신에게 쏟아지는 비난을 모면하고자
켈로 문서의 존재와 내용을 흘리기 시작하여 이들이 세상에 빛을 보게
되었다.[62]

이들은 휴전과 함께 공식적으로 해산되었으나 일부는 부대에 잔류하
였고, 귀환하지 못한 대원의 숫자도 많았다.[63] 켈로에서 파생된 첩보대
가 TLO(Technical Liaison Office), 미 공군 산하의 6006부대, SOU(Special
Operation Unit)이다.

이들은 적진을 침투하여 교란, 첩보 수집, 중요 시설물 폭파, 요인 암살
등의 활동 이외에도 상공에서의 전달 살포 등의 임무를 수행했다. 그들은
정규군이 아니었기 때문에 계급이 없이 다만 고유 번호만 가지고 있었다.
그들은 보수나 격려금도 없었고, 훈장도 받지 못했다. 휴전과 더불어 북한
에 파견되었던 SOU 대원 가운데에 살아서 귀환한 요원이 없었다.[64]

KLO의 명맥은 그 뒤에도 이어졌다. 1990년 가을 사담 후세인(Saddam
Hussein)이 쿠웨이트를 침공했을 때 KLO는 쿠웨이트의 용병이 되어 쿠웨
이트를 해방하는 작전을 수립했다. 그들은 세계에서 가장 용맹한 용병인
네팔(Nepal)의 구르카족(Gurkha),[65] 라오스의 몽(Nmong), 이라크의 수니

---

61 「최규봉(KLO부대장) 회고록 : 나와 6 · 25」, 『조선일보』 2010년 5월 18일자; 이동
   욱, 「42년 만에 전사 인정받은 군번 없는 냉전의 전사 KLO 비화」, p. 433.

62 『KLO · TLO문서집』 Vol. I, pp. ii~xi.

63 조성훈, 『한국전쟁의 유격전사』, p. 565.

64 이동욱, 「42년 만에 전사 인정받은 군번 없는 냉전의 전사 KLO 비화」, pp. 433,
   447.

파(Sunni)를 용병으로 모집하여 출국하려 했으나 뜻을 이루지 못했다.[66]

4. 부름받지 않은 전사 : 학도의용군/소년병

1860년, 미국 인디아나주의 어느 한적한 마을에 선량한 한 퀘이커 교도의 가정이 다복하게 살고 있었다. 그러던 어느 날 그 가정에 폭풍이 몰아쳤다. 남북전쟁이 일어난 것이다. 살인과 전쟁을 거부하던 그 가정에 혼란이 벌어졌다. 어린 아들이 참전하겠노라고 나섰기 때문이었다. 엄마는 울며불며 말리다가 말을 듣지 않자 남편에게 하소연했다. 그때 남편이 이렇게 말했다.

"나는 저 아이의 아버지일 뿐 그의 양심이 아니요. 나는 그를 붙잡을 수가 없다오."

어린 아들은 끝내 북군에 지원하여 참전했다.

며칠이 지나 함께 떠난 이웃 아들의 말이 주인 없이 빈 몸으로 돌아왔다. 아버지는 자기 아들도 전사했으려니 여기고 시체라도 찾고자 집을 나섰다. 며칠을 헤맨 끝에 먼발치에서 아들을 발견했다. 그는 자기가 쏘아죽인 남군의 어린 소년을 부둥켜안고 울고 있었다.

이 이야기는 저 유명한 영화 『우정 있는 설복』(*Friendly Persuasion*)에 등장하는 클라이맥스의 장면이다. 거장 윌리엄 와일러(William Wyler)가 감독하고, 게리 쿠퍼(Gary Cooper)가 아버지 역을, 도로시 맥과이어(Dorothy

---

65 구르카(Gurkha)는 본디 네팔 서북부 고산지역에 있는 지명이며 그곳에 사는 부족을 구르키족이라 한다. 혹한(酷寒)과 혹서(酷暑)와 굶주림에 초인적인 적응 능력을 가진 이들은 세계 최강의 특수 부대 용병(傭兵)이 된다. 지금도 영국은 해마다 쿠르카 청년 200명을 영국군에 입영시켜 훈련을 마치고 자국의 특수 요원으로 유지하고 있다. 2018년 싱가포르에서 북한의 김정은과 미국의 트럼프(D. Trump)가 회담할 때 김정은의 경호를 맡은 특수부대는 싱가포르 소속 구르카 용병이었다.

66 이창건, 『KLO의 한국전쟁 비사』, pp. 351~354.

McGuire)가 어머니 역을, 그리고 앤서니 퍼킨스(Anthony Perkins)가 아들 역을 맡아 1956년에 제작되어 영화사에 남을 명작이 되었다. 1957년에 칸 영화제에서 그랑프리(Grand Prix)를 받은 이 영화는 휴전 직후 황폐한 한국인의 가슴을 울려주어 지금도 우리의 추억 속에 남아 있다.

이 이야기는 남의 이야기가 아니라 바로 우리의 이야기이다. 부모가 세상을 떠나면 청산에 묻지만, 자식이 죽으면 가슴에 묻으며, 부모의 몽상(蒙喪)은 3년이지만 자식과 남편의 몽상은 평생을 간다는데 한국전쟁의 뒤안길에는 그와 같은 부모와 아내가 수없이 많았다. 그 부모와 아내가 아직도 창밖에서 울고 있다. 그 아들과 남편이 곧 학도의용군이다.

1) 국내학도의용군

어느 시대, 어느 나라를 가릴 것 없이, 가슴으로 살아가는 젊은이들로서는 조국이 환란에 빠진 모습을 보고 그냥 못 본 채 돌아설 수 없었다. 한국사에도 젊은이들이 피 흘린 사례는 많았지만, 한국전쟁만큼 그들에게 조국의 운명이 절박한 적이 없었다. 그들은 조국이 부르지도 않았는데, 그 부름에 앞서 전선으로 달려갔다.

해방의 감격이 닥쳐왔을 때 기쁨만이 있는 것은 아니었다. 분단과 사회혼란을 바라보면서 위정자들은 젊은이들의 도움이 필요했다. 그래서 만든 것이 곧 전국의 중고등학교와 대학생을 대상으로 하는 학도호국단이었다.

1949년 3월 8일, 독일 유겐트(Jugend)의 국가주의에 심취했던 초대 문교부장관 안호상(安浩相)은 여수·순천 사건을 치른 뒤 청년들에게 호국의지를 심어준다는 뜻에서 전국의 중등학교 이상의 편제를 군대식으로 바꾸고 일정한 군사 훈련과 교육을 시행했다. 그는 서울운동장에서 학도호국단의 결단식을 거행하면서, "이 세상에서 가장 소중한 것이 둘 있다. 하나는 하늘과 땅이요, 다른 하나는 조국의 독립이다."라고 외쳤다.[67]

한국전쟁이 일어나자 한국군의 패퇴와 함께 학도호국단을 뿌리로 하여 전국학련구국대의 일부가 학도의용대를 조직했는데 그 주체 세력은 김득신(金得信) · 손도심(孫道心) · 이동원(李東元) · 심영택(沈英澤) · 조병후(曺秉厚) · 신국봉(申國鳳, 일명 申國柱) · 장덕순(張淳悳) 등이었다.[68] 이들이 이른바 학도의용군의 모태가 되었다.

뒤늦게 제정된 "병역법시행령"(대통령령 제1452호, 1959. 2. 18.) 제107조에 따르면,

> "학도의용군이라 함은 1950년 6월 29일 이후 (재일교포 학도의용군을 포함한) 학도의용군으로 육 · 해 · 공군 또는 유엔군에 예속되어 1951년 2월 28일에 해산할 때까지 계속 근무하면서 전투에 참가하고 그 증명이 있는 자로서 군번을 부여받지 않은 사람들만을 뜻한다."[69]

한국전쟁이 일어나던 무렵 대부분의 중학교와 대학교에 설치된 학도호국단원의 숫자는 대략 35,000~40,000명 정도로 추정된다.[70] 이들 가운데 많은 학생이 열차의 지붕에 올라 대구와 마산으로 내려가 집결했다. 그 가운데에는 나이가 어리다고 입대를 거절당한 학생도 있고, 혈서를 쓰고 입대를 허락받은 학생도 있었다.[71] 그들은 실탄 장전도 모른 채 기차 안에서 장전 · 분해 · 결합을 배웠다.

학도의용군은 통영에서 배를 타고 부산 제2 훈련소에 입소하여 3주간의 훈련과 함께 군번 024×××를 받았다. 그들 가운데 500명은 부산 통신교

---

67 정국로, 『한국학생민주운동사』(서울 : 도서출판 반, 1995), pp. 144~145.
68 정국로, 『한국학생민주운동사』, pp. 144~145.
69 이상호 · 박영실, 『6 · 25전쟁 소년병 연구』(서울 : 군사편찬연구소, 2011), p. 102; 나종남(외 엮음), 『6 · 25전쟁 학도의용군자료집』(서울 : 군사편찬연구소, 2012), pp. 7~9.
70 나종남(외 엮음), 『6 · 25전쟁 학도의용군자료집』, p. 19.
71 『민족의 증언』(2)(서울 : 중앙일보사, 1983), pp. 331, 357 : 김만규(金晩圭, 대구 성광중) · 김수한(金守漢, 대구대)의 증언.

육대에 입소하여 유선 교육 4주와 무선 교육 6주 등 모두 13주의 교육을 받았다.[72] 그들의 정신이 무엇이었던가는 다음과 같은 "출전선서문"[73]에 잘 나타나 있다.

(1) 우리는 대한민국의 청년 학도이다. 죽음으로써 나라와 겨레를 지킬 것을 선서한다.
(2) 우리는 강철같이 단결하여 공산 침략자를 쳐부술 것을 선서한다.
(3) 우리는 백두산 영봉에 태극기 날리는 날까지 펜 대신 총을 잡을 것을 선서한다.

인천에서 모인 학도의용대는 다음과 같은 단가(團歌)를 불렀다.

정열과 용맹은 학도의 보배
이 나라의 흥망은 우리의 사명
이 몸을 다 바쳐 나라가 흥한다면
아, 아, 웃으며 꽃이 되리라
임전무퇴(臨戰無退) 교우이신(交友以信)
화랑도 정신
거룩하신 10 용사 뒤를 받들어
백두산 하늘 높이 태극기 휘날릴 때
우리 학도의용대의 보람 있으리
아, 아, 웃으며 꽃이 되리라[74]

학도의용군과 북한군과의 첫 교전은 포항전투였다. 8월 10일 07：00시 포항역에 도착한 800명의 대원은 3사단(사단장 金錫源)에 편입되어 치열

---

72 정윤재, 「우리는 사춘기를 전선에서 보냈다」, 『월간조선』 2001년 7월호, pp. 567~568 : 이종경(李慶鍾)의 증언.
73 이재(외 지음), 『한국전쟁 시 학도의용군』(서울 : 육군본부군사연구실, 1994), p. 81.
74 정윤재, 「우리는 사춘기를 전선에서 보냈다」, p. 571 : 이경종의 증언.

한 전투를 전개하다가 김춘식(金春植)을 비롯한 47명이 포항여중 앞에서 전사했고, 행방불명자 4명, 포로 13명, 부상으로 말미암은 후송 6명의 인명 피해를 보았다. 이들은 후방지휘소를 사수함으로써 북한군의 남진을 늦추는 데 성공하였다.[75]

1957년도에 그들의 죽음을 기려 포항 북구 용흥동 산록에 박종화(朴鍾和)가 지은 다음과 같은 충혼탑을 세웠다.

> 아아, 그대들 아내도 없고 아들도 없네.
> 우리 겨레 모두가 이어 받들리
> 삼천만 온 겨레가 가슴 속에 고이 이어 받들리.
> 그대들 평온히 눈을 감으라.
> 그대들의 의기는 우리 겨레의 이름과 함께
> 천추만대에 태양같이 빛나리.(일부)

이밖에도 학도의용군은 그들의 지식을 기반으로 정훈 교육에 중요 부분을 담당했다. 그들은 정훈국장 이선근(李瑄根) 대령을 설득하여 1950년 11월 24일에 육본 직할 정훈부대의 창설을 허락받게 되었다. 이렇게 하여 탄생한 것이 정훈 제1대대(제772부대) 부대장 이종훈(李宗勳) 소령과 제2대대(제773부대) 부대장 김병률(金炳律) 소령이었다.[76] 그들은 각급 학교를 돌아다니며 반공 강연회를 개최하고 응급치료법도 가르치고[77] 교사가 없는 학교에서 학생들을 가르치기도 했다.

이 무렵 임방현(林芳鉉) · 박권상(朴權相) · 박충훈(朴忠勳) 등이 정훈부에 들어가 대적 선무 활동을 하였으며, 50여 명의 대원은 13연대를 따라 덕유산 공비 토벌에 참전했다.[78] 학도의용대는 북진과 함께 1950년 10월

75 『민족의 증언』(2), p. 321 : 전궤환(全鑌煥, 대구 계성중)의 증언.
76 『민족의 증언』(2), pp. 343, 356 : 유호필(柳浩弼, 단국대)의 증언.
77 『민족의 증언』(2), p. 355 : 황근옥(黃根玉, 단국대)의 증언.

25일에 선무공작대로 편입되어 전국학련구국대 소속 유엽(柳葉)과 송원영(宋元英) 등 50여 명이 7사단과 미군 제1기갑사단의 선무공작원으로 북진했다.[79] 그들은 군복이 모자라 교복을 입은 채로 이북으로 선무하러 올라가 월남민의 구호 활동에 종사했다.

2) 재일학도의용군

한국전쟁이 일어나기에 앞서 이미 일본에는 김응렬(金應烈, 京都大)과 이원범(李元範, 明治大)을 중심으로 하는 재일한국학생동맹이 조직되어 있었다.[80] 전쟁이 일어났을 때 문교부장관 안호상은 특사의 자격으로 도쿄(東京)에 와 있었다. 그는 주일공사 김용주(金龍周)와 함께 맥아더(D. MacArthur) 사령부로 찾아가 의용대의 참전을 부탁했다.[81] 그러한 소식과 함께, 지도층 인사들이 외국으로 도피하려다가 적발되는 상황에서, 재일 유학생들은 전화에 휩싸인 조국을 건지고자 입대를 자원했다.

곧 일본 전역에서 약 1천여 명의 학생이 지원서를 제출했으나 그들 가운데 800여 명이 합격했고, 여학생은 모두 돌려보냈다. 나이는 17세부터 42세까지였으나 30세 안팎의 젊은이들을 주축으로 신체검사 등 소정의 검사를 거쳐 대원으로 확정된 인원은 642명이었다. 그들은 일본 육사 출신인 이(李) 소위에게서 훈련을 받았다. 1차로 73명이 미군 군복으로 갈아입고 훈련을 했는데 몇 명은 애인과 부모의 권유로 돌아갔다.[82]

도쿄와 오사카(大阪) 지방의 지원자들은 사이타마(埼玉)의 아사카(朝

---

78 『민족의 증언』(2), pp. 362~363 : 양회수(梁會璲, 서울대); 백동현(白同鉉, 연희대)의 증언.
79 정국로, 『한국학생민주운동사』, pp. 196~197.
80 정국로, 『한국학생민주운동사』, p. 216.
81 『민족의 증언』(2), pp. 371~372 : 안호상의 증언.
82 『민족의 증언』(2), pp. 368~370 : 남지현(南知鉉, 도쿄미술대)의 증언.

霞) 주둔 미군 제1기병사단 제8096보충대대에서, 규슈(九州)와 그 밖의 지방에서 온 병사들은 오이타(大分)에 있는 미군 제3사단의 병영에서 기초훈련을 받았다. 9월 13일에 선발대 73명은 메이지대학(明治大學)에서 결단식을 가진 다음 아사카 미군 기지로 떠났다.[83] 그들은 배 위에서 우지식 작사, 안응수 작곡의 "재일학도의용군의 노래"를 불렀다.

> 청운의 꿈 가슴에 안고 이국땅을 밟은 혈우
> 빛나는 민족정신 온 세계에 떨쳤도다.
> 공산당 침략으로 민족이 짓밟힐 때
> 그 누구의 부름 없이 현해탄 건너 참전한 우리
> 아 우리는 재일학도의용군이다.
> 장하다. 구국정신 역사 속에 길이 빛내자.[84]

선발된 지원병 가운데 제1진 79명이 수송선을 타고 인천에 도착한 것은 9월 16일 오후 무렵이었다. 군번도 없이 명찰 하나만을 부여받은 그들은 제1해병사단과 7사단과 미군 3사단에 배속되었다. 그들은 한국어와 영어를 몰라 고생하다가 일본계 미국 장교인 오자와(小澤, Ozawa) 소위의 도움을 받았다.

그들은 일본말만 썼으므로 이를 두고 북한은 일본군이 한국전쟁에 투입되었다고 선동했다.[85] 훈련을 받은 다음 그들은 부평의 미군 부대로 배치되었으나 바라는 바에 따라 한국군으로 변경되어 남산국민학교에 배치되었다. 그때 그들은 새로 보급을 받은 미군 군복과 장비를 한국의 기간사병들에게 빼앗겼다.[86]

---

83 『민족의 증언』(2), pp. 370~371 : 이활남(李活男, 메이지대학)의 증언.
84 재일학도의용군의 얼 편찬위원회(편), 『언론의 창에 비친 재일학도의용군의 얼(魂)』(부산 : 재일학도의용군동지회, 2004), 화보.
85 『민족의 증언』(2), pp. 370~371 : 이활남의 증언.
86 『민족의 증언』(2), pp. 368~370 : 남지현의 증언.

그들은 9월 24일에 2진 266명, 3진 102명, 4진 273명, 모두 641명이 입대하여 제1해병사단에 집결하여 기초 훈련을 받고 그 가운데 280명이 UN군과 함께 인천 상륙 작전에 참전했다. 3진은 9월 27일에 원산과 이원(利原)의 상륙 작전에 참여했다. 이들 가운데 200여 명은 국군에 편입되기를 희망하여 1사단, 7사단, 9사단에 배속되었다.[87] 이들은 미 제3사단을 따라 원산·이원·부전호·장진호·갑산·혜산진 전투에 참전하고 두만강까지 진격하였다.

그들은 전투 이외에도 군수 기지의 경비, 통역, 점령지 치안 등 다양한 임무를 수행하였다. 이들 가운데에는 일본 소년 항공병 출신인 박두원(朴斗元)·이규달·박청남 등 조종사들도 있었다. 박두원은 김신(金信) 비행단장 휘하에서 적지에 폭격하러 출전했다가 전사했다.[88] 일본학도의용군은 1950년 12월 중순 무렵에 철수하는 미군을 따라 함선을 타고 남하했다. 그들 641명 가운데 59명이 전사하고 95명이 실종되었다.[89]

휴전이 성립되자 무국적자의 귀환을 받아들일 수 없다는 일본과 한국의 외교적 마찰로 말미암아 일본으로 복귀하지 못한 재일학도의용군 160명은 소림사(小林寺, 부산시 초량동)에 수용되어 겨우 끼니를 이어갔다. 그들은 다시 국립정양원으로 이송되어 5·16군사정변 때까지 억류 생활을 하다가 일본으로 돌아간 대원은 259명이었고, 238명은 한국에 남았다.

재일학도의용군에게 일본 학교의 복학을 허용하겠다던 약속은 지켜지지 않았다. 전사자는 일본인 사찰인 대행사(大行寺)에 임시로 안치되었다가 1963년 11월 8일에 국립묘지에 안장되었다. 실종자 83명은 전사로 처리되었으나, 군번도 없이 전사하여 기록조차 없는 용사도 60여 명에 이르렀다.[90] 정부는 1968년 국가유공자 등 특별법을 제정하여 일본으로 귀환

87 나종남(외 엮음), 『6·25전쟁 학도의용군자료집』, p. 253.
88 이재(외 지음), 『한국전쟁 시 학도의용군』, pp. 180~184; 나종남(외 엮음), 『6·25전쟁 학도의용군자료집』, pp. 49~50, 69 : 김완기의 증언.
89 『민족의 증언』(2), p. 367.

하지 못한 재일학도의용군에 대해서는 정착금을 지급했다.

3) 소년병

일생에서 가장 꿈이 많을 나이, 겁이 많을 나이, 엄마가 가장 보고 싶을 나이인 소년들이 전쟁에 참여했다는 것은 참으로 갸륵한 일이다. 이 철부지 소년들은 무슨 생각으로 전쟁터에 뛰어들었을까? 반공 활동의 연장선 상에서 참전한 소년병들은 주로 월남민이 많았다.

국가를 수호해야 한다는 일념에 따른 참전도 있었으며, 생계 유지나 군대에 대한 동경으로 입대한 소년도 있었다. 입대 과정을 보면, 학교 배속 장교의 권유, 학교 소집, 국민방위군 소집령, 경찰 및 헌병의 불심 검문, 자원 입대 등 그 동기가 다양하다.[91]

소년들은 책가방을 교실에 던져두고 교복 차림의 까까머리로 전선으로 나아갔다. 집에 알리지도 않았거나 부모의 손을 뿌리치고 전선으로 달려 간 소년도 많았다. 그들은 일반 사병과 구별하고자 교모에 하얀 띠를 둘렀다.[92] 그들은 행군하며 다음과 같은 노래를 불렀다.

> 무궁화 금수강산 대한의 학도
> 화랑도 그 애국정신 내 몸에 받아서
> 충성과 정열로 손을 깨물어
> 우리들은 신(新)대한의 학도지원병[93]

90 『…재일학도의용군의 얼(魂)』, p. 102.

91 이상호 · 박영실,『6 · 25전쟁 소년병 연구』, pp. 117~132; 김지은, 「인생의 꽃봉오리를 피워보지도 못하고 사라져간 6 · 25참전 소년병 전사자 2,464명」, p. 80 : 임일재(林一宰)의 증언.

92 김지은, 「인생의 꽃봉오리를 피워보지도 못하고 사라져간 6 · 25참전 소년병 전사자 2,464명」, pp. 72~73.

93 오동룡, 「6 · 25 참전소년지원병 전사자 합동위령제 거행」,『월간조선』 2001년 6월호, p. 412.

소년들은 우선 육체적으로 성숙하지 않았다. 1950년 무렵, 우리나라의 1인당 GNP가 50달러였고 세계 10대 빈국(貧國)의 하나였으니 영양 상태로 보더라도 왜소할 수밖에 없었다. 160cm의 키를 가진 소년들에게 M-1 소총은 너무 버거웠다. 총의 길이는 110.3cm, 무게는 4.37kg, 장비는 20kg이었다. 총이 땅에 끌릴 듯했다. 그들의 평균 체중은 50kg 이하였을 것이니 감당하기 어려웠을 것이다. 하중이 몸무게의 1/10을 넘을 때는 구보에 많은 부담을 준다. 하물며 절반임에랴.

식사는 소금물에 비벼 만든 주먹밥이었다. 형은 한국군, 동생은 인민군에 배속된 경우도 있었다. 그것을 형상화한 것이 전쟁기념관에 세워진 "형제"의 동상이다. 전쟁터에서는 "엄마"를 부르는 어린 목소리가 여기저기에서 들려왔다. 졸병들 가운데 한글을 모르는 아이들을 위해 학도병들이 고향 편지를 대필해 주었다.[94]

이상호 · 박영실은 한국전쟁에 참전한 소년병 수치를 4,748명으로, 전사자의 숫자를 2,573명 추산하고 있다. 김지은은 전사자를 2,464명으로 추산하고 있다.[95] 전사율이 54.2%는 세계전사에 흔하지 않은 사례이다.

4) 여성학도의용군

1950년 9월 1일 국방부령 제58호에 따라 부산의 제2훈련소 예속으로 여자의용군교육대를 창설하고, 초대 교육대장으로 김현숙(金賢淑) 소령을 임명하였다. 여자의용군교육대는 대구와 부산에서 구두 시험과 필기 시험을 실시하여 각기 250명, 총 500명을 여자의용군 1기생으로 선발하였다. 이들은 부산 성남초등학교 교정에서 9월 4일 입소식을 가진 다음 훈련에 들어갔다.[96]

---

94 김지은, 「인생의 꽃봉오리를 피워보지도 못하고 사라져간 6 · 25참전 소년병 전사자 2,464명」, pp. 74~6, 81.
95 이상호 · 박영실, 『6 · 25전쟁 소년병 연구』, p. 168; 김지은, 「인생의 꽃봉오리를 피워보지도 못하고 사라져간 6 · 25참전 소년병 전사자 2,464명」, *passim.*

여성의용대는 구월산(九月山)유격대의 작전에서 중요한 역할을 담당했다. 대원은 약 30여 명이 있었으며 대부분 학생으로 간호사의 역할을 담당하였다. 이때 이정숙(李貞淑)은 김종벽(金宗璧) 대장의 보좌관으로 활동했으며, 재령 부대의 구출 작전 때 이를 자원·인도했다.[97]

여성 대원들의 활동으로서 빼놓을 수 없는 것이 위문 공연이었다. 특히 한성여자중학교에서는 밴드부 전원이 참가하였다. 예술대(藝術隊)는 1951년 2월부터 공연을 시작하였다. 그들은 제15육군병원을 시작으로 병참학교, 간부후보생학교, 미군 함정, 마산병원, 마산 일반극장, 부산극장, 부산 동아극장, 부산 제5 육군병원 순서로 후방 지역에서 공연을 시행하였다.[98] 함흥 제일극장에서 군악대와 함께 노래 공연 등으로 주민들을 위한 위문 활동을 하였다.

여성 대원들은 주로 서류 정리와 필경(筆耕) 등 행정 보조 업무를 맡았다.[99] 세탁과 취사도 그들의 임무였다.[100] 1951년 5월 15일에는 2개 대대를 통합하여 1개 대대로 만들고, 1952년 1월 31일에는 안정된 전세에 따라 인원을 감소시켰다. 감소한 결과를 보면 장교 35명 중 여자 의용군 장교는 1명, 사병 31명 중 여자 의용군 사병은 15명과 문관 299명이 남았다.[101]

학도의용군의 해산을 명령하는 대통령령인 "참전학도복교령"(1951. 2. 28.)에 따라 학도의용군은 1951년 2월 말과 3월 초에 공식적으로는 해산되었다. 학도의용군의 숫자는 1951년 4월 현재 275,200명으로 추산되었으며,[102] 실전에 참가한 숫자는 27,700명이었다.[103] 정훈국장 이선근은 학도

96 나종남(외 엮음), 『6·25전쟁 학도의용군자료집』, pp. 266~267.
97 『민족의 증언』(5), p. 270 : 김종벽의 증언.
98 나종남(외 엮음), 『6·25전쟁 학도의용군자료집』, p. 270.
99 이재(외 지음), 『한국전쟁 시 학도의용군』, pp. 306~307.
100 『민족의 증언』(2), 355 : 오세숙(吳世淑, 진명여고)의 증언.
101 이재(외 지음), 『한국전쟁 시 학도의용군』, p. 302.
102 이재(외 지음), 『한국전쟁 시 학도의용군』, p. 70.

의용군 희생자가 2만 명 정도였다고 증언했다.[104]

옹진학도유격대는 1951년 봄에 창설되었는데, 1954년 초 해산될 때까지 전사자가 272명, 실종자가 100여 명, 중상자가 130여 명이었다.[105] 그들이 복무를 마치고 귀향했을 때 새삼 병역통지서를 받아 다시 입대하는 경우도 흔히 있었다. 그들이 제대했을 때 가장 고통스러운 것은 이미 학령 연령이 넘어 복학과 상급학교 진학이 어려웠다는 사실이었다.[106]

5. 전쟁의 그늘 : 국민방위군/보국대

1) 국민방위군

전쟁은 종합 과학이다. 병기와 화학은 물론 건설 · 의학 · 기상 · 통신 · 교통 · 어학 등 현대 과학의 모든 분야가 동원된다. 그러다 보니 그 부족한 부분을 채우고자 모든 국민이 참여할 수밖에 없게 되었는데, 여기에서 민간인의 동원을 피할 수 없었다.

그 결과 1948년 12월 19일 이승만 대통령의 지시로 국내의 모든 청년 단체가 통합해 대한청년단으로 단일화되었다. 그러나 이범석(李範奭)의 민족청년단(족청)만은 통합을 거부하였다. 이에 이승만은 통합에 찬성하지 않는다면 국무총리를 사퇴하라고 강력하게 압박했다. 결국 이범석은 굴복하여 민족청년단을 해산했다.[107]

---

103 박양호, 『한국전쟁의 실상과 학도병 이야기』(서울 : 화남, 2009), p. 97; 나종남(외 엮음), 『6 · 25전쟁 학도의용군자료집』, pp. 56~57.

104 『민족의 증언』(2), p. 347.

105 나종남(외 엮음), 『6 · 25전쟁 학도의용군자료집』, p. 184.

106 김지은, 「인생의 꽃봉오리를 피워보지도 못하고 사라져간 6 · 25참전 소년병 전사자 2,464명」, p. 83.

대한청년단은 창설된 뒤에 조직망을 재조직·강화하고 간부들을 청년 단 배속 장교로 임관시켜 대원을 조직적으로 훈련함으로써 준(準)군사기 관으로서의 활동을 활발히 전개했다. 그 조직을 보면, 총재 이승만 대통 령, 단장 내무부 장관 신성모(申性模), 부단장 문봉제(외 2명), 최고지도위 원 유진산(柳珍山, 청년조선총동맹), 서상천(徐相天, 대한독립청년단), 장 택상(외무부 장관), 이청천(李青天, 대동청년단), 전진한(錢鎭漢, 사회부 장관), 사무국장 윤익헌(尹益憲, 대동청년단), 감찰국장 김윤근(金潤根, 대 동청년단), 건설국장 김두한(金斗漢, 청년조선총동맹), 서북청년단장 김성 주(서청) 등이었다.[108]

이런 계제에 한국전쟁이 일어나고 중공군이 참전하자 정부로서는 이들 청 년 단체를 중심으로 국민 동원을 구상했다. 그래서 서둘러 조직한 것이 국민 방위군이었다. 이들은 여러 군사 단체와 청년 단체, 그리고 정부 수립 이후 정규군 이외의 준군사조직을 하나로 통합한 조직이었다. 그 근거는 "국민방 위군설치법"(법률 제172호, 1950. 12. 21.)으로서, 제2국민병이라는 거대한 인적 자원을 바탕으로 12월 21일에 창설되었다. 그 법의 내용을 보면,

제1조 본법은 국민방위군의 설치·조직과 편성의 대강을 정하여 국민 개병 의 정신을 앙양시키는 동시에 전시 또는 사변에 있어서 병력 동원의 신속을 기(期)함을 목적으로 한다.

제2조 국민으로서 연령 만 17세 이상 40세 이하의 남자는 지원에 의하여 국민방위군에 편입할 수 있다.

제3조 아래의 각호에 해당하는 자는 국민방위군에 편입할 수 없다
(1) 현역군인, 군속 (2) 경찰관, 형무관 (3) 병역법 제66조 각호(소집 면제자)의 1에 해당하는 자 (4) 비상시향토방위령에 의한 자위대대 장, 부대장 (5) 병역법 제78조에 의하여 군사 훈련을 받는 학생, 생도

107 이주영, 『서북청년회』, p. 137.

108 남정옥, 「국민방위군」, 조성훈(외), 『한국전쟁사의 새로운 연구』(1)(서울 : 군사편 찬연구소, 2001), pp. 140, 173.

제4조 국민방위군은 지역을 단위로 하여 편성함을 원칙으로 한다.

제5조 국민방위군은 육군총참모장의 명에 의하여 군사 행동을 하거나 군사 훈련을 받는 이외에는 정치 운동, 청년 운동과 일반 치안에 관여할 수 없다.

이렇게 하여 소집된 인원은 50~68만여 명으로서 각 교육대에 배속되었다.[109] 교육은 반공 단체의 통합 조직인 대한청년단이 맡았다.[110] 이들은 경상남북도와 제주도에 설치된 교육대로 이동·수용하여 관리와 훈련을 실시했다. 교육대는 제주도·거제도·통영·거문도 등 52개소에 다급하게 설치되었다.[111] 군대의 생명은 실전 경험이며, 하루를 쓰기 위해 천일을 키운다는 것을 그들은 모르고 있었다.

정부는 국민방위군 사령관 김윤근 육군 준장, 부사령관 윤익헌 대령(대한청년단 총무국장), 참모장 박경구 중령(대한청년단 감찰국장 겸 청년방위대 부사령관), 인사처장 유지원 중령(대한청년단 훈련국장), 작전처장 이병국 소위(대한청년단 예산부장), 후생실장 김두호 소위(대한청년단 의무실장)를 임명했다. 김윤근은 제3대 대한청년단장으로서 군대 경험이 없는 씨름 선수였다. 실권자 부사령관인 윤익헌은 황포군관학교(黃埔軍官學校)를 졸업한 광복군 출신으로서 유능한 사람으로 알려져 있었다.[112]

뒷날 1951년 재판 과정에서 증인으로 출두한 정일권(丁一權)은 "군사 경력이 없는 김윤근을 어떻게 준장으로 임명했는가?"라는 질문에 "이승만 대통령의 지시 사항"이라고 대답했다.[113] 사령관 취임식(1951. 1. 8.)에서

109 『육군발전사』(상)(서울 : 육군본부, 1970) : 팜플레트 70-22-1, p. 437.

110 손진, 『서북청년회가 겪은 건국과 6·25』, p. 169.

111 김교식, 『광복 20년 거창사건과 국민방위대』(서울 : 계몽사, 1972), p. 362; 남정옥, 「국민방위군」, pp. 140~141.

112 남정옥, 「국민방위군」, p. 196; 이주영, 『서북청년회』, pp. 144~5; 김교식, 『광복 20년 거창사건과 국민방위대』, p. 351.

113 윤용남, 『우리는 대한민국의 군인이었다』(서울 : 상상미디어, 2012), pp. 184, 221, 244~247.

김윤근은 이렇게 호언했다.

"우리는 앉아서 죽어야 할[坐而待死]할 위험한 길을 가지 말고 시기가 늦기 전에 죽음을 각오하고 총궐기하자. 우리 앞에는 국민방위군 50만 명이 있고, 그 뒤에는 몇 백만 명의 장정 남녀가 있다."[114]

애초의 좋은 계획에도 불구하고 국민방위군은 출발부터 잘못되었다. 방위군이 강화와 평택에서 출발하여 제주도로 갔으나 아무런 대책이나 지시가 없었다.[115] 총예산 298억80만 원 가운데 그들이 받은 돈은 그 절반밖에 안 되는 138억2,631만 원뿐이었으며 부대 관리비가 책정되지 않았다.[116] 예산이 하달되는 과정에서 이미 비리가 있었다.

여기에 김윤근을 비롯한 지도부의 부패가 사태를 악화시켰다. 1950년 12월 17일부터 1951년 3월 31일까지 유령 병력 12만 명을 충원하여 식량 52만 섬을 20억원에 팔아 부사령관 윤익헌이 기밀비로 3억1,753만 원을 착복하고 행정부의 감찰위원회와 정부 요로에 상납했다.[117] 지도부는 축재라기보다는 탕진에 더 많은 돈을 썼다. 15억 원을 고급 요정에서 탕진했다. 짚차에 돈을 싣고 다녔다.[118]

제1차 대전의 영웅으로서 영국군 모병의 포스터 인물로 선정된 바 있는 키치너 원수(Lord Kitchener)의 경구에 따르면, "장군은 술과 여자의 유혹을 받기 쉽다."[119] 그러나 그것은 어디까지나 정도의 문제이다. 그들은 대용식 젤리를 만든다는 구실 아래 유령 제과 회사를 만들어 원료로 쓴다며

114 원상순, 「김윤근과 국민방위군사건」, 『흑막』(서울 : 신태양사, 1960), p. 48.
115 원상순, 「김윤근과 국민방위군사건」, 『흑막』, p. 48.
116 김교식, 『광복 20년 거창사건과 국민방위대』, p. 411.
117 『육군발전사』(상) : 팜플레트 70-22-1, p. 437.
118 김교식, 『광복 20년 거창사건과 국민방위대』, p. 374.
119 Barbara Tuchman(지음), 이원근(옮김), 『8월의 포성』(The Guns of August)(서울 : 평민사, 2008), p. 339.

사병들의 부식비에서 백미 4,500섬을, 가공료로 5천 섬을, 그리고 현금으로 3억7천만 원을 착복했다.[120]

훈련이 없는 일요일은 방위군들이 이(虱)를 잡는 날이었다.[121] 한 끼 식사는 곡물 1홉 3작에 소금국이 전부였고, 어떤 때는 멸치 몇 마리를 주었다. 잠잘 때 덮는 것은 2명당 가마니가 한 장이었다. 너무 추워 낮에 돌을 구웠다가 밤에 가마니 밑에 깔고 잤다.[122] "군대는 위(胃)로써 싸운다."는 나폴레옹의 말[123]이 무색했다.

1951년 1월 15일 부산극장에서 국회가 개회되자 김종회(金鍾會) 의원이 문제를 제기했다. 사건이 확대되자 엄상섭(嚴詳燮) 의원의 긴급 동의로 소선규(蘇宣奎)·엄상섭·태완선(太完善)·서민호(徐珉濠)로 국회조사위원회를 구성했다. 서민호 의원은 "전문가들의 말을 빌리면, 그들이 귀환하면 80%는 노동을 할 수 없고, 20%는 더 이상 살기 어렵다."고 증언했다. 원칙적으로 귀환병에게 1인당 쌀 아홉 되와 현금 6,450원을 주기로 되어 있으나 실제로는 쌀 서 되와 현금 500원을 주어 귀환시켰다.[124] 옷은 집에서 입고 온 그대로였다. 밥은 민가에서 구걸해 먹었다.

아사자 10만 명이 발생했다. 사태가 이 지경에 이르렀음에도 불구하고 신성모 국방장관은 국회에 출석하여 "이번 일은 오열의 준동으로 벌어진 가장 위험한 일이니 그들에 의해 동요되지 않기를 바란다."고 답변했다.[125] 결국 군사 재판에 회부된 김윤근은 불기소 처분되고 부사령관 윤익헌이 3년 6개월의 형을 받았고, 나머지는 모두 2년 이하의 징역형을 받았다.

---

120 『육군발전사』(상) : 팜플레트 70-22-1, p. 437.
121 「柳艶秀일기」, 『전쟁과 유물』(6)(서울 : 전쟁기념관, 2014), p. 451.
122 「柳艶秀일기」, 『전쟁과 유물』(6), pp. 453, 459, 463.
123 Arther Ferrill(지음), 이춘근(옮김), 『전쟁의 기원』(*The Origins of War*)(서울 : 인간사랑, 1990), p. 18.
124 『육군발전사』(상) : 팜플레트 70-22-1, p. 437.
125 원상순, 「김윤근과 국민방위군사건」, p. 49.

김윤근을 공개 처형하라는 벽보가 나붙을 정도로 국민의 여론이 들끓는 판에 그들의 판결을 본 이승만 대통령은 공판 결과에 대해 매우 못마땅했다. 그도 그럴 것이 그는 신임하던 이선근이 재판장이니만큼 재판이 엄정하리라고 기대했기 때문이었다.[126]

이러는 과정에서 최경록(崔慶祿)이 헌병사령관으로 부임하여 이들을 고등군법회의에 회부했다. 그는 방위군의 참상을 직접 목격한 바가 있기에 사건의 처리에 엄정했다. 피고들은 공금 가운데 현금 24억3,151만2,206원과 군량미 1,887섬을 횡령했다는 죄목으로 1951년 8월 13일 대구 근교에서 사령관 김윤근 준장, 부사령관 윤익헌 대령, 재무부장 강석한 중령, 조달과장 박창환, 보급과장, 박기환의 총살형이 집행되었다. 당시 전시특명검열관이었던 김석원은 "역사의 죄인들이 어떤 최후를 맞는가를 목격하고자 사형 집행 장소에 갔다."고 회고한 바 있다.[127]

그에 앞서 3월 19일 국민방위군 해산령이 내려지고 4월 30일에 "국민방위군설치법" 및 "비상시향토방위병법률폐지안"이 상정·통과됨으로써 형식상 국민방위군의 실체는 사라졌다. 그러나 그 후유증은 한국 현대사에 어둡고 긴 그늘을 남겼다. 이 사건으로 신성모가 국방장관에서 해임되고(5월 5일) 이기붕(李起鵬)이 그 후임으로 임명됨으로써 또 다른 비극이 움트기 시작했다. 정일권 육참총장의 후임으로 이종찬(李鐘贊)이 임명되었다.

이 사건은 한국전쟁의 개전과 더불어 한국군이 왜 일패도지(一敗塗地)했는가에 대한 대답을 담고 있다. 김석원은 방위군 사건의 검은 돈이 대통령 비서실까지 들어갔다는 증언을 남겼다.[128] "태초에 부패가 있었다." 사회과학에서는 부패가 순기능을 하는 경우도 있고 역기능을 하는 경우도 많다고 말한다.

126 김교식, 『광복20년 거창사건과 국민방위대』, pp. 422~423.
127 『민족의 증언』(4), p. 139; 원상순, 「김윤근과 국민방위군사건」, p. 51.
128 김교식, 『광복 20년 거창사건과 국민방위대』, p. 388.

따라서 나이(Joseph S. Nye)의 연구[129] 이래 부패는 이제 함께 껴안고 가야 할 사회악으로 인식되고 있다. 부패는 결국 뇌물을 뜻하는데 손익 분석(cost/benefit analysis)의 입장에서 보면 독직자(瀆職者)로서는 그것이 합리적(?) 선택이었다는 데 문제가 있다.

역사를 되돌아보면 부패는 당사자의 몰락과 직결되어 있다. 그런데 같은 공직자의 부패라 할지라도 어떤 직종의 공직자에 의해 저질러졌는가에 따라 그 결과가 다르다. 이를테면 공무원의 부패는 정권의 몰락으로 끝난다. 그러나 군인의 부패는 국가의 명운을 좌우한다. 그리고 학자의 부패는 민족의 멸망으로 이어진다.

그래서 로마의 흥망성쇠는 군인의 부패와 함수 관계를 이루었다. 청렴은 장군의 미덕이다. 『플루타르코스영웅전』에서 한니발(Hannibal)로부터 격찬을 받은 바 있는 포키온(Phocion)에게 뇌물을 먹이는 일은 적군의 성채를 함락하기보다 어려웠다.[130]

티베리우스 그락쿠스(Tiberius Gracchus)의 말을 빌리면, "이탈리아를 떠도는 짐승들도 모두가 몸을 숨길 토굴을 가지고 있지만, 조국을 위해 싸우다 죽은 용사들에게는 공기와 태양 빛밖에는 흙 한 덩어리도 없던 때"에 로마는 기울기 시작했다.

자기의 땅에서 쫓겨난 가난한 사람들은 더 이상 조국을 지키는 일에 열의를 보이지 않는다는 것이 그락쿠스의 평생 지론이었다.[131] 이들의 말의 행간에 어른거리는 그림자는 망국의 원인이 무엇일까를 은연중에 보여주고 있다. 부패로 말미암은 민심의 이탈은 망국의 원인으로 맨 앞에 서 있는 화두이다.

129 Joseph S. Nye, "Corruption and Political Development : A Cost-Benefit Analysis," in *The American Political Science Review*, Vol. 61, No. 2(1967).
130 『플루타르코스영웅전』, 「포키온전」, § 21.
131 『플루타르코스영웅전』, 「티베리우스 그락쿠스전」, § 9.

2) 국군보국대

딱히 국민방위군과 같게 볼 수는 없지만, 이 시대의 암울한 사건으로 국군보국대가 있었다. 앞서 지적한 바와 같이, 제2국민병 제도로는 후방 지원이 불가능하게 되자 정부는 "비상향토방위령"(1950. 7. 22.)과 "징발에 관한 특별조치령"(1950. 7. 26., 대통령 긴급명령 6호)을 발표하여 징용 제도를 실시했다.

이때의 징용은 가난하거나 사회적·경제적 배경이 미미한 청장년들을 대상으로 하였기 때문에 불합리하여 원성을 샀다. 대부분의 보충병들은 "빽"하고 소리치며 죽는다는 것이 당시의 유행어였다.132 현지 미군들이 면사무소를 찾아가서 보국대원을 요청하면 20명씩 차출해 주었다. 미군은 그들에게 맨몸으로 작업하도록 지시했다.

현대사를 되돌아보면 한국인들은 그와 같은 징용이 낯설지 않았다. 한국인들은 이미 조선조에 부역(賦役)이라는 제도를 통하여 강제 노동을 체험한 바 있어 그 제도에 동의하지 않으면서도 마음 내키지 않게 적응해 나가고 있었다. 일본 식민 통치를 통하여 동원 체제는 익숙한 생활의 일부가 되었다. 중일전쟁이 전면화된 1937년, 조선에서 일본은 총동원 체제를 구축하고, "국가총동원법"(1938. 4. 1.)을 제정했다.

동원 종류는 강제 노동, 징용, 근로보국대, 여자정신대 등이 있었는데, 징용에만 266,000명이 끌려갔다. 동원 기간은 1년이었으며, 동원 지역은 조선 내 동원, 해외 동원(징용), 재일조선인의 동원133이 있었다. 이어서 정무총감령으로 "학생 생도의 근로 봉사 작업 실시에 관한 건"(1938. 6. 11.)을 실시하여 방학 동안 가까운 소학교에서 도로 공사, 사방 공사, 황

---

132 윤용남, 『우리는 대한민국의 군인이었다』, pp. 89, 117.
133 안자코 유카(庵逧由香), 「총동원체제 하 조선인 노동력 '강제동원' 정책의 전개」, 『한국사학보』 14호(2004), pp. 317, 337.

무지 개간·매립, 수로 공사에 학생들을 동원하였다.

이어서 내무부장이 통첩한 "국민정신총동원근로보국운동의 건"(1938. 7. 1.)과 "국민근로보국협력령"(칙령 775호, 1941. 12. 22.)의 제정을 통하여 동원을 상례화함으로써 14~50세 남자와 14~25세 아래의 미혼 여성, 곧 국내 총 노동력의 80%인 425만 명이 동원되었다. 근로보국대의 동원 기간은 1년에 30일이었다.[134]

동원 체제는 노동에 국한하지 않고 정신 동원에까지 확대되었다. 이를테면, 정신 동원이라는 이름으로 궁성 요배(遙拜), 신사 참배, 기원절 봉축식, 내선일체(內鮮一體) 정신, 동아 질서 건설에 관한 연설을 들어야 했다.[135]

이와 같은 유산을 안고 있는 한국인들에게 징용은 낯선 것이 아니었다. 그런 상황에서 한국전쟁이 일어나자 북한군 치하에 들어간 지역에서도 강제 동원이 시행되었는데, 이를 남한에서의 국군보국대와 구별하여 인민보국대라고 불렀다. 북한군 점령 치하에서는 청년과 장년들이 징병되었거나 징병을 피해 잠적했으므로 주로 여성과 노인들이 동원되었다.

남한에서의 국군보국대에는 인권 유린의 비리가 빈번했다. 노무단과는 달리 이들에 대해서는 아무런 인사 기록이나 처우, 인원, 실태에 대한 자료가 없다. 이들의 연구가 소홀한 이유는 한국전쟁사에서 가리고 싶은 부분이었기 때문이었다.[136]

점령 지역 안의 주민들은 민청·여성동맹·농민동맹·직업동맹 등 하나에 의무적으로 가입하여 이런 단체들이 주관하는 각종 집회와 근로

---

134 김윤미, 「총동원체제와 근로보국대를 통한 '국민 개로'」, 『한일민족문제연구』 14호(한일민족문제학회, 2008), pp. 122, 143~7; 庵逧由香, 「총동원체제 하 조선인 노동력 '강제동원' 정책의 전개」, pp. 331~334.

135 김윤미, 「총동원체제와 근로보국대를 통한 '국민 개로'」, p. 150.

136 양영조, 「한국전쟁 시 노무 동원과 운영에 관한 연구」, 『軍史』(29)(서울 : 국방군사연구소, 1994), p. 127.

봉사에 참여했다. 이를테면 폭파된 한강 철교를 복구하는 데 하루에 1만 8,000명이 동원되었으며, 8월 한 달 동안에 동원된 서울 시민의 숫자는 22만 명에 이르렀다.[137]

보국대원들은 남북 모두로부터 버림을 받고, 귀향에 대한 아무런 도움도 받지 못한 채 많은 사람이 동사하거나 아사했다. 그 피해 정도를 가늠할 수 있는 자료는 아무것도 없다. 그 당시의 보국대는 단위부대장의 권한으로서도 동원할 수 있었고, 피해자들은 거의 교육 수준이 낮았기 때문에 역사적 사료를 남기지도 못했고 권리 구제를 위한 방법도 몰랐다.

6. "알려지지 않은 전사들" : 노무단

한국전쟁이 일어나자 한국군은 더 말할 나위도 없고 미국을 비롯한 연합군으로서 가장 큰 어려움은 병참에 필요한 인력이었다. 미국의 각 부대는 30%의 병참 병력이 부족한 상태였다.[138] 화약이나 보급 물자를 전선에 배송하는 일, 부두의 하역 작업, 비행장과 도로 공사 및 보수 문제를 미군만으로서 해결할 수 없는 문제였다.

이를 해결하고자 미군은 한국인을 고용하는 문제를 고려하기 시작했다.[139] 당시 병력이 부족한 UN군으로서는 전투 병력을 근무 지원에 투입할 상황이 아니었고, 근로기준법이 있었지만 이를 합법적으로 운영하기에는 전시 체제의 기강이 확립되지 못했다.[140]

---

137 서용선·양영조·신영진,『한국전쟁연구 : 점령정책·노무 운영·동원』(서울 : 국방군사연구소, 1995), p. 49.

138 김병곤,「한국전쟁 기간 중 한국노무단(KSC)에 대하여」,『軍史』(23)(서울 : 전사편찬위원회, 1991), p. 229.

139 EUSAK(Eighth United States Army Korea), *LP&TS*(*Logistical Problems and Their Solutions*)(OCMH Historical Manuscript File, 9 Feb 1967), p. 32.

그뿐만 아니라 미군들은 또 차량으로 이동할 수 없는 한국의 산악 지형에 익숙하지 않아 한국인들보다 육체적으로 부적합했다. 짐을 지고 3마일을 이동하는 데 5시간이 걸리는 경우도 있었고, 제일 보급지에서 제2 보급지 사이에 500피트의 절벽도 있었다.[141]

형편이 그렇다 보니 맥아더는 육군참모총장 콜린스(J. L. Collins)에게 보낸 편지(1950. 12. 6.)에서 "이른 시간 안에 물품을 보급해주지 않으면 우리는 여기에서 철수할 수밖에 없다."는 경고의 뜻을 전달했지만 "가까운 장래에 그것은 불가능하다."하다는 답장이 돌아왔다.[142]

1950년 12월 27일, 서울에서 리지웨이 8군 사령관은 이승만 대통령에게 3만 명의 민간인 짐꾼(civilian porter)를 요구하자 이에 이승만 대통령은 "징발에 관한 특별조치령"(대통령 긴급명령 제6호, 1950. 7. 26.)을 선포하고 이튿날 징용의 형태로 1만 명을 미군에 배속했다.

1951년 1월에 나머지 2만 명의 짐꾼들로 미8군에 한국인 운송단(Civilian Transport Corps : CTC)을 조직하여 지게(A-frame carrier)로 장비를 갖추었다. 이 인원으로 전군 85개 중대에 각기 240명의 운송대를 배속하였다.[143]

한국인 노무자를 고용하면서 가장 큰 애로는 언어의 불통과 게으름, 그리고 결근이었다. 그들은 대부분 월남민 출신들이었는데 고향으로 돌아가는 일이 빈번했다. 이로 말미암아 미군으로서는 고용을 효율화하려면 적절한 조직 안에 그들을 포함하는 것이 좋겠다는 생각에서 1950년 7월 3일에 부산에서 한국노무단(Korean Service Corps, KSC)을 창설했다.[144] 한국은 미군

---

140 양영조, 「한국전쟁 시 노무 동원과 운영에 관한 연구」, 『軍史』(29), p. 133.

141 HQ, USAF, FE & EUSA, LKO(Logistics in the Korean Operations)(Washington, D.C. : OCMH, Historical Manuscript File, 1966), I-III, p. 22.

142 James F. Schnabel, US Army in the Korean Army : Policy and Direction : The First Year(Washington, D.C. : OCMH, 1972), p. 294.

143 Stephen D. Austin & Kim Tae-Sam, Unsung of the Korean War : United States Army Korean Service Corps(칭송 못 받는 6 · 25전쟁 영웅들 한국노무단)(Seoul : HQ, United States Army Korean Service Corps Battalion, 2000), p. 60.

제24사단, 25사단, 1기갑사단에 평균 500명의 한국인 노무자를 배속했다.

미군 각 1개 군단에 1개 사단의 노무 사단을 배속한다는 미국의 계획에 따라 1951년 5월 5일에 한국군 제5군단 예하의 101사단(사단장 金應祚 대령, 의정부), 103사단(사단장 朴始昌 대령, 인제), 105예비사단(사단장 金冠五 대령, 춘천)을 모체로 노무 사단을 창설하도록 이승만 대통령에게 요청하여 1954년 1월 24일에 100노무여단(여단장 吳光鮮 대령, 속초)과 200노무여단(여단장 이광 대령, 화천)이 창설되었다.[145]

노무 사단(11개 연대)의 구성을 보면 장교가 772~1,064, 사병 18,900명이었으며, 노무여단은 장교 160~190, 하사관 1,540명, 노무자 20,000명으로 구성되었다.[146] 노무단은 보병사단, 기갑부대, 통신대대, 공병대별로 132~164명씩 6~11주의 교육을 받았다.[147]

지금은 그 의미가 많이 변질되었지만, 당초 미군과 UN군에 차출된 한국인을 이른바 카투사(KATUSA : Korean Augmentation to the United States Army)라 불렀는데 이들은 한국노무단으로 주로 전방의 전투에 직접 투입하여 지원한 부류, 곧 직접고용 현지노무자(Direct Hire Indigenous Labor)로 미군 부대에 고용된 잡역부, 그리고 계약노무자(Contract Labor)로 미군이 발주한 도급 계약에 따라 하역과 운송에 고용된 노동자를 뜻했다.[148]

---

144 EUSAK(Eighth United States Army Korea), *LP&TS*, p. 34; Roy E. Appleman, *U.S. Army in the Korean War : South to the Nakdong, North to the Yalu*(Washington, D.C. : OCMH at Department of the Army, 1961), p. 60.

145 HQ, USAF, FE & EUSA, *LKO*, I-III, p. 19.

146 KSC(Korean Service Corp) HQ., *OH(Organizational History*, July 26, 1950-December 31, 1984), p. 3; 『육군발전사』(상), pp. 429~432; 김병곤, 「한국전쟁 기간 중 한국노무단(KSC)에 대하여」, 『軍史』(23), p. 234.

147 Emory L. Atkins(etc. ed.), *Utilization of Indigenous Manpower in Korea*(Operations Research Office, Department of the Army, 1 March 1951, Doc. No. O-R-O-4), p. 30.

148 양영조, 「한국전쟁 시 노무 동원과 운영에 관한 연구」, 『軍史』 29호(서울 : 국방군사연구소, 1994), p. 157.

창설 당시의 노무단의 예정 규모는 6만 명이었으나 1951년 9월 현재 실제 규모는 34,568명이었으며, 최대 93,154명(1953년 5월)까지 올라간 적도 있었다.[149] 1개 사단에 1만 명씩 배속되어 있을 때는 10만 명까지 올라간 적도 있었다.[150]

미8군 노무담당관 맥카시(J. McCarthy, EUSA Labor Officer)의 증언에 따르면, 1951년 가을 현재 한국인 후방노무자의 숫자는 77,500명이었고 그 가운데 31,000명은 단위 부대에서 직접 작업하고 있었다. 여기에 한국 노무단에 50,700명, 각 부대에서 고용된 30,000명, 제2병참부대에서 고용된 45,000명, 군사고문단에서 고용된 1,300명, 제10대공포대(10th AAA Group)에서 고용된 140명이 더 있었다.[151]

그러나 이 숫자는 믿을 것이 못 된다. 왜냐하면 전쟁의 혼란기에 각 부대에서 정확한 숫자를 보고하지 않았기 때문이다. 정규 노무단을 포함하여 미군에 고용된 한국인의 총수를 약 30만 명으로 보는 견해도 있다.[152]

한국노무단의 운영도 뜻과 같지 않았다. 처음에는 그것이 언어 소통의 어려움인 것만으로 생각했으나 시간이 지나면서 미군들이 한국의 습속을 이해하지 못하고 미국식 사고만을 강조하는 데 있다는 것을 알았다. 그리하여 미국은 한국을 이해하는 20명의 장교를 선발하여 미군노무감독관 1,500명을 1주일 동안 교육하였다.[153]

노무단의 운영에서 일어나는 문제점은 한국인에게도 많았다. 영어 사용자의 부족, 군사 훈련과 행정 경험의 부족, 한국인에 대한 미군의 기피

149 MHD(Military History Detachment), AFFE, *ILK*(*Indigenous Labor in Korea*, July 51~July 53) Project MHD-33, 8086th Army Units, 1954, p. 36.

150 James Van Fleet, "The Truth about Korea," *Reader's Digest*(July, 1953) & LIFE(May 11~18, 1953), p. 12.

151 EUSAK, *LP&TS*, p. 33.

152 하재평, 「한국전쟁 시 국가총력전 전개 양상」『戰史』(3/2001), p. 15.

153 EUSAK, *LP&TS*, pp. 34~37.

심리, 지나친 결근과 빈번한 교체, 보급 지연과 도난에 따른 손실, 절도나 사고에 대한 책임 소재의 불분명, 충원·교체·훈련에 대한 한국군의 책임 소재의 불분명, 모병 제도에서의 한미 간의 관행의 차이 등이 늘 문제를 일으켰다.[154]

노무단의 역할을 보면, 전선 부대에 탄약·연료·군자재·식량·식수·보급품 등을 운반해주는 동시에 진지 공사와 전사·부상자의 수송과 도로와 교량의 보수 공사를 담당했다. 고졸 및 대학 출신자들은 통신·전기·전화·라디오·사진·중장비·대장장이·목수·제재소·자동기기·도로·시멘트·교량·건설·문서·용접·공장·난방·배관·양조·시계·안경·기술교관으로 일했고, 중학교 졸업생들은 자동기계·배관·양철·목공·세탁·피복·그림·구두·전기·가스·창고·트럭병으로 일했다.[155]

노무자들이 이용한 운반 도구는 지게였다. 부두노무자들은 하루에 평균 7톤의 화물을 하역했다.[156] 노무자의 전사자가 하루에 50~60명씩 발생했으며,[157] 보급품의 운반 경로가 멀고 지형이 험준하여, 야간 행군으로 말미암아 길을 잃고 목적지에 도달하지 못하는 경우가 많아 장병들은 하루 한 끼의 주먹밥으로 연명하는 일이 허다했다.[158] 그들로서는 신식 장비를 보급받는 것은 기쁜 일이었지만 특히 군화의 경우에는 크기가 맞지 않아 많은 괴로움을 겪었다.[159]

154 HQ, USAF, FE & EUSA, *LKO*, I-III, p. 22; Emory L. Atkins(etc. ed.), *Utilization of Indigenous Manpower in Korea*, p. 34.

155 Emory L. Atkins(etc. ed.), *Utilization of Indigenous Manpower in Korea,* p. 97.

156 MHD, AFFE, *ILK,* p. 81.

157 Stephen D. Austin & Kim Tae-Sam, Unsung of the Korean War : United States Army Korean Service Corps(칭송 못 받는 6·25전쟁 영웅들 한국노무단), p. 225 : 尹京烈의 증언.

158 김기옥,『한국전쟁전투사(8) : 다부동전투』(서울 : 전사편찬위원회, 1981), p. 199.

159 Stephen D. Austin & Kim Tae-Sam, Unsung of the Korean War : United States Army Korean Service Corps(칭송 못 받는 6·25전쟁 영웅들 한국노무단), p. 73.

개전 직후 체결된 "한미협정"에 따르면 한국의 육·해·공군·해병대에 대한 군수 지원은 미국이 책임지게 되어 있었으나 한국의 산업을 재건하고 미군을 지원하고자 한국 정부는 최대한의 자구 노력을 제공한다는 점을 함께 기록하고 있었다.[160]

이에 따라 국방부령 임시 제3호 "피징용자보수규정"(1950. 8. 21.; 국방부령 제6호 "피징용자보수규정 중 개정," 1951. 3. 2.)을 제정하여 기술공(운전수·전공·인쇄공)에게는 일당 500~970원을, 중노동자(하역부·자동차 조수)에게는 일당 450~830원을, 경노동자(급사·잡역)에게는 일당 400~770원을 지급하면서 급식비로 일당 300원을 공제했다.[161]

미군노무단에서는 노동 구매 업무를 조직적으로 운영하고 그들의 임금과 식비, 그리고 한국인의 습속의 문제를 조사한 결과 노동을 계약제로 하는 것이 좋겠다는 결론에 이르렀다. 그러나 매카시 중령은 계약제로 묶어둘 경우에 임금이 보장되기 때문에 게으름이 더 심해질 것이며 비용이 증가할 것이라고 반대했으나, 결국 상부로부터 1951년 여름에 직접 고용제를 채택하도록 결정했다.[162]

미군에 차출된 노무단의 경우는 봉급의 면에서 한국노무자와 많은 차이를 보였다. 1951년 7월부터 1953년 7월 현재 미군 노무자 1인당 연봉은 295.10달러였는데 이 가운데 식비, 피복비, 의료보험, 개인 비품비, 조직 장비비, 소모품비를 제외한 실수령액은 94.00달러였다. (이 당시 한국인 1인당 GNP는 대략 50달러였다.)

그러다가 1953년 2월 1일에는 달러의 연봉에서 한화 월급으로 지급 방법이 바뀌면서 미국노무단에 채용된 한국인 의사·치과의사의 월급은 270,000~330,000원, 경비원·조수는 18,000~90,000원, 노무자 66,000~75,000

160 HQ, USAF, FE & EUSA, *LKO*, IV-VIII, p. 19.
161 『한국전란 1년지』(서울 : 국방부 전사편찬위원회, 1951), pp. C58, C76.
162 EUSAK, *LP&TS*, p. 37.

원이었다. 당시 한국군 대장의 월봉이 90,000원이었다.[163] 그런 점에서 당시 한국인으로서 미군 부대에 "취직"하는 것은 말할 수 없는 행운이자 선망의 대상이었다.

1950년 7월 개전 무렵 현재 1달러의 환율은 1,818원이었으나 개전과 더불어 인플레이션 및 원화 가치의 하락으로 말미암아 1951년 3월 현재 1달러의 환율은 6,000원으로 폭등했다. 당시의 임금 수준에 견주어 쌀 한 섬(80kg, 현재 22만 원)의 시세를 살펴보면, 1950년(개전 전)에 29,040원, 1951년에 121,450원, 1952년에 509,900원, 1953년(화폐 개혁)에 56,050원이었다.[164] 임금이 원화로 바뀌자 폭등하는 물가로 말미암아 한국노무자들은 쌀로 봉급을 지급해 달라고 요구했으나 미군은 이를 받아들이지 않았다. 만약 그들에게 봉급을 쌀로 지급했다면 그들은 한국 사회에서 특권층이 되었을 것이다. 1일 영양가는 1,000cal였다.[165]

한국노무단의 역사적 평가는 조심스럽다. 그것은 영욕(榮辱)과 은원(恩怨)을 함께 담고 있기 때문이다. 자랑스러운 측면이 있는가 하면 덮고 싶은 치부도 있다. 그러나 역사는 직실해야 하며, 무엇은 말할 수 있고 무엇은 없다면 그것은 역사학이 설 자리를 잃는 것이기 때문이다.

미8군 제2병참사령부 병참 참모 모건 대령(Colonel Morgan)의 증언에 따르면, "한국전쟁에서의 노무단의 운영이 성공적이었는지의 여부에 대해서는 논란의 여지가 있지만, 이들이 없었더라면 전쟁 수행은 불가능했을 것이다."[166]

노무단 가운데 2,064명이 전사하고, 4,282명이 부상했고, 2,448명이 실

163 Stephen D. Austin & Kim Tae-Sam, *Unsung of the Korean War : United States Army Korean Service Corps*(칭송 못 받는 6 · 25전쟁 영웅들 한국노무단), pp. 77~78.
164 통계연구시리즈 http ://data.si.re.kr/node/376(검색일 2017. 4. 20.)
165 EUSAK, *LP&TS*, pp. 39~40.
166 EUSAK, *LP&TS*, p. 33.

종되었다.[167] 다행히도 공식적으로 등록된 카투사들은 비교적 공정한 보상을 받았지만, 이름 없는 희생자들이 많았다. 노무단의 설치는 한국군 증강의 일부로 여겨지지 않았으며 한국군에서 병력과 예비군을 차출해 주었으나 노무자들은 한국군이나 예비군에 소속되지 않았다.

한국 정부가 노무자들을 한국군으로 여겨지지 않은 것은 그들의 나이가 대부분 복무 연령을 초과한 때문이었다. 그들은 준군사조직이었다.[168] 그러나 역사가 늘 그렇듯이 전쟁의 과실(果實)이 공정한 것은 아니었다. 그 당시 미8군의 노무 담당 실무자들은 한국노무단의 의미를 이렇게 평가하고 있다.

(1) 원주민 인력의 사용은 효과적이지 않았다.
(2) 언어 장벽이 가장 큰 어려움이었다.
(3) 긴급 사태에 필요한 군사 훈련이 부족했다.
(4) 미군 부대 안에서 한국인과의 인화(integration)가 이뤄지지 않았다.
(5) 양국어 사용이 효과적일 때 원주민 인력의 고용이 효과적이었다.
(6) 원주민 인력의 고용에 관한 미군의 고용 정책이 일관되지 않았다.
(7) 한국에서 미군이 겪는 어려움은 중앙아시아나 극동의 다른 나라에서 겪는 어려움과 다름이 없었다.
(8) 미군사고문단의 역할이 매우 효과적이었다.
(9) 원주민의 인력 고용에 관한 광범위한 계획이 필요하다.[169]

요컨대, 한국전쟁 동안에 동원된 노무자들의 역할은 미군을 만족하게 해주지는 못했지만, 실전 병력에 못지않은 공로를 쌓았고 고통을 겪었다. 그를 증명하는 것으로서 미8군 사령관 밴 프리트(James Van Fleet) 장군의 다음과 같은 회고록이 남아 있다.

167 MHD, AFFE, *ILK*, p. 33.
168 김병곤, 「한국전쟁 기간 중 한국노무단(KSC)에 대하여」, 『軍史』(23/1991), p. 249.
169 Emory L. Atkins(*et. al.* ed.), *Utilization of Indigenous Manpower in Korea*, p. 79.

"우리는 다행히도 한국노무단(Korean Labor Corps, *sic*)의 도움을 받았다. 그들은 '칭찬받지 못한 전쟁 영웅들'(unsung heroes of the war)이었다. 내가 알고 있는 한, 세계의 전쟁사에서 이와 같은 무리는 일찍이 없었다. 그들은 나이 35세가 넘은 사람들로서 가족을 거느리고 있었다. 그들은 우리 앞에서 싸울 때도 있고 우리가 진격할 때 그 뒤에서 싸우는 때도 있다. 몇천 명이 죽거나 다쳤다. 그들은 우리의 궂은일을 처리했다. 그들은 트럭에서 짐을 부리거나 무기를 정비하거나 취사를 담당했다.

전투가 격렬해지고 우리가 전진하여 새로운 고지를 점령할 때면 노무단은 가장 중요한 업무를 담당했다. 트럭이 갈 수 없는 길에서 그들은 보급품을 운반하고 벙커를 지을 통나무를 운반하고, 화약과 식량을 운송했다. 그들은 등으로 짐을 나르는 데 놀라운 힘과 끈기를 발휘한다. 그들은 우리보다 체격이 작으면서 하루에 등짐 100파운드(45kg)를 지고 10마일(16km)을 달려 옮겨놓은 다음 되돌아온다……. 그들이 없었더라면 우리는 적어도 10만 명의 지원군이 필요했을 것이다."[170]

그러나 지금은 강원도 인제군 신남면 남전리에 노무단 위령비가 초라하게 서 있을 뿐이다. 그 비문은 이렇게 적혀 있다.

IN MEMORY OF THE MEN OF THE 103rd KSC DIVISION
WHO GAVE THEIR LIVES
IN SUPPORT OF X US CORPS, 1951~1953
1951~1953년 사이에 미 제10군단을 지원하고자
자신의 목숨을 바친
한국군 103노무사단의 명복을 빌며……[171]

170 James Van Fleet, "The Truth about Korea," *Reader's Digest*(July, 1953) & *LIFE*(May 11~18, 1953), pp. 11~12.

171 Stephen D. Austin & Kim Tae-Sam, *Unsung of the Korean War : United States Army Korean Service Corps*(칭송 못 받는 6·25전쟁 영웅들 한국노무단), p. 241.

4. 맺음말 : 한국전쟁과 호국 의식의 함의(含意)

[1] 우리가 전쟁을 저주스럽게 여기는 이유는 단순히 전장(戰場)의 참상 때문만은 아니다. 물론 전투 그 자체도 비극적이지만 그밖에도 수없이 많은 무명용사와 "군번 없는 전투병"들이 있었다. 그들에게는 몇 가지 특징이 있다.

> 첫째로 군적(軍籍)이 없고,
> 둘째로 정사(正史)에 기록을 남기지 않았고,
> 셋째로 그래서 후세에 잊힌 무리가 되었다.

그들은 전설이 되었고, 여염의 구전(口傳)이 되었고, 그들이 그걸 바라고 싸운 것은 아니지만, 국가로부터 정당한 평가를 받지도 못했다. 그들은 스스로의 역사를 쓰기에는 너무 어렸거나, 역사를 쓸 기반이 미약했거나, 쓸 만한 능력이 있는 무리의 행적은 의도적으로 정규군이 은폐한 경우도 있다.

[2] 역사가를 배출하지 못한 계급은 역사의 미아가 되는 것이 세계사의 통례이다. 역사가는 이들의 기록을 찾아 복원해 줄 의무가 있다. 연구비만 쫓아다니고, 연구 실적만을 타산할 일이 아니다. 누군가는 이 일을 해야 한다. "인간의 사회를 연구하는 모든 학도로서는 역사의 과정에서 희생당한 사람들에 대해 연민을 가지고 승자들의 주장에 회의를 품는 것이 지배적 신화에 사로잡히는 것을 막아주는 본질적인 안전장치이다."[172]

[3] 역사를 돌아보면 애국자가 넘쳤던 시대도 없었지만, 애국자가 없었던 시대도 없었다. 출생에 따른 운명적인 선택이었든, 학습에 따른 결과였든, 아니면 젊은 혈기의 애국심이었든, 전쟁에는 부름받지 않은 용사들이

---

172 Barrington Moore, *Social Origins of Dictatorship and Democracy*(Boston : Beacon Press, 1967), p. 523.

늘 있었다.

보는 이에 따라 다른 역사적 평가가 있었지만, "뼛속까지 반공이었던" 서북청년회, 이름 없는 전사들인 켈로(KLO), 의협심으로 조국 전선에 산화한 학도의용군/재일학도의용군/소년병과 여성학도의용군, 동원 체제의 희생양들인 국민방위군(국민방위군/국군보국대)과 생계를 위해 투신한 노무단들의 희생은 전투력에 못지않게 이바지했고, 어쩌면 정규군보다 더 고통스러운 삶을 겪었다. 역사가들은 그들의 삶을 양지로 끌어낼 책무가 있다.

[4] 한국전쟁의 개전 무렵에 남한군이 열세였던 것은 사실이다. 북한에게는 준비된 전쟁이었고, 남한과 미군으로서는 예상하지 못한 것이 아니라 오만에 빠진 방심의 전쟁이었다. 그 오만과 방심이 일패도지(一敗塗地)의 초기 전쟁과 중공군의 참전으로 무너지면서 미국은 초조했다.

미국의 전략가들이 한국전쟁에서 저지른 가장 치명적인 오판은 중공군의 전투력을 끊임없이 과대평가하고 한국군의 전투력을 과소평가했다는 점이었다."[173] 그들은 황망했고, 그 과정에서 전시 체제에 동원된 민간인의 피해가 컸다. 그들의 해원(解冤)이 끝날 때 전쟁도 끝날 것이다.

---

173 James Van Fleet, "The Truth about Korea," *Reader's Digest*(July, 1953) & *LIFE*(May 11~18, 1953), p. 2.

18장

서해5도의 정치지리학(1945~1953)

> "아세아에서의 미국의 방위선은
> 해안에 술(fringe, 絨)처럼 널려 있는
> 섬의 고리(chain of Islands)로
> 이어지고 있다."1
> — 맥아더(Douglas MacArthur)

> 내가 말했다.
> "향후 남북한의 군사적 충돌이 일어난다면
> 이곳이 골란고원(Golan Heights)이 될 것입니다."
> 그 말에 해병여단장이 대답했다.
> "그래서 나는 이곳에 나의 무덤으로 쓸
> 땅 세 평을 마련해 두었습니다."
> — 1991년 7월 백령도(白翎島)에서

1. 머리말

한국의 비극적 근현대사를 바라보면서, 한국 개명기의 선각자였던 미국의 목사 헐버트(Homer B. Hulbert)는 말하기를, "지리는 역사를 그리는 화

---

* 이 글은 『외교안보연구』(7/12)(서울 : 외교안보연구원, 2011. 12.), pp. 201~230를 개고한 것임.

1 March 2, 1949, *New York Times*; D. Acheson, *Present at the Creation*(New York : W. W. Norton & Co., 1969), p. 357.

판(畵版)"²이라고 한국의 지정학을 압축하여 설명 바 있다. 이 말은 역사 결정론(historical determinism)을 우리에게 강요하는 듯하여 마음이 무겁지만, 달리 생각해 보면 인간이 지리적 운명을 거스른다는 것이 얼마나 어려운 것인가를 가르쳐준다. 지리는 인성에 영향을 끼치며, 국가와 사회와 인간의 관계 설정의 장소를 제공하며, 풍요와 빈곤을 결정해 주는 주요 계기이다. 이런 점에서 본다면 삶은 일차적으로 장소(topos)의 문제이다.

장소의 문제를 정치학적으로 다루는 이른바 정치지리학(political geography)이나 지정학(geopolitics)의 입장에서 본다면, 육지 · 산악 · 하천 · 기후 등의 여러 가지 주제를 생각할 수 있지만, 그 가운데 중요한 하나는 바다이다. 한국이 외세의 침략을 받고 무력하게 무너진 것은 결국 허술한 국방력 때문이었으며 특히 해상 방위를 소홀히 했기 때문이었다. 그런데 우리나라의 전통적인 국가 방위에는 바다를 지킨다는 개념이 없었다.

역사에서의 이와 같은 해양 기피 현상을 한국의 현대사, 특히 분단에서부터 한국전쟁의 종결에 이르기까지의 8년(1945~1953)의 시간과 서해5도³라고 하는 공간에서 다루어 본다면, 위에서 말한 역사결정론의 성격을 배제할 수는 없지만, 그러한 결정의 뒤안길에는 수많은 인간의 지략(智略)과 계산이 도사리고 있었다. 그리고 인간의 지략과 계산이 그러한 운명의 영역을 벗어나지 못하고 있었으며 어느 길로 역사가 전개될 것인가의 방향을 선택하는 것은 결국 인간의 결심과 지혜였다.

이 글은 역사에서의 그와 같은 해양의 요소를 유념하면서 서해5도를 둘러싼 남북 사이 갈등의 연유와 길항(拮抗)을 살펴보는 데 있다. 이 글의

---

2 Clarence N. Weems(ed.), *Hulbert's History of Korea*, Vol. I(New York : Hillary House Publishers Ltd., 1962), p. ⅴ : Introductory Note : "Geography is the canvas on which history is painted."

3 한국현대사에서 통칭하는 "서해5도"라 함은 틀린 명칭이다. 왜냐하면, 서해5도라 할 때 백령도 · 대청도 · 소청도 · 연평도 · 우도를 가리키지만, 정확히 말하면, 위의 5도 이외에 소연평도를 포함하여 서해 6도가 되기 때문이다.

문제의식은 분단 과정과 한국전쟁의 발발 및 그 전개 과정에서 서해5도가 안고 있는 중요도가 전국(戰局)의 방향을 결정하는 중요 인자 가운데 하나였다는 사실에 기초하여, 그것이 지금의 우리에게 어떤 교훈이 되고 있는가를 살펴보려는 데 있다.

남북 분단의 과정에서 서해5도는 중요한 고려 사항이었고, 한국전쟁의 수행 과정에서 이를 둘러싼 공방의 문제와 휴전 회담에서 이에 대한 전략적 두뇌 싸움이 어떻게 수행되었는가를 밝힐 수 있다면 그것은 현재 서해5도를 둘러싸고 남북한 사이에서 벌어지고 있는 갈등의 본질과 향후의 전략 수립에 도움이 될 것이다.

이 문제를 논의하려면 먼저 서해5도의 역사지리학을 살펴볼 필요가 있다. 한국이 서방 세계에 노출되기 시작한 1800년대 초엽에 서구인들이 주목한 요충지는 서해5도로 둘러싸인 옹진반도(甕津半島), 강화도(江華島)로 둘러싸인 인천항(仁川港), 그리고 아산만(牙山灣) 등의 세 곳이었다.

그런데 프랑스[병인양요, 1866]와 미국[신미양요, 1871]이 인천만을 중시했고, 독일[E. J. Oppert, 1866~68]이 아산만을 중시한 것과는 달리, 유독 영국은 옹진반도 일대를 중시했다. 그 결과로 조선을 탐사하고자 최초로 한국에 온 사람이 영국의 홀(Basil Hall : 1788~1844) 선장이었다.[4]

홀 선장이 백령도에 상륙한 것은 1816년(순조 16년) 9월 1일이었다. 그는 이곳이 향후 조선과의 개항 문제에서 후두부에 해당하는 곳이라고 생각하고 정확한 해도를 그린 다음 자기 아버지의 이름을 따 이곳을 써 제

---

4 홀은 제임스 홀 경(Sir James Hall)의 차남으로 출생했다. 그의 아버지는 케임브리지대학의 크라이스트 칼리지(Christ's College, Cambridge)의 지질학자 겸 화학 교수였다. 홀은 에든버러대학을 졸업하고 해군에 입대하여, 초급 장교 시절에는 주로 북미주에서 근무했으며, 1812년부터 프리깃함 볼테이지(Voltage)호의 장교로 동인도회사에 근무하면서 범선 리라호(Lyra)를 타고 중국 광동성을 방문한 김에 알세스트호(Alceste)의 선장 맥스웰(Murrey Maxwell)과 함께 한국의 서해안에 머물며 해안의 지질과 풍속을 탐사했다. 배질 홀의 생애와 활동에 대해서는 B. 홀(지음), 신복룡 · 정성자(역주), 『조선서해탐사기』(서울 : 집문당, 2020), pp. vi~viii : 「역자 서문」 참조.

임스 홀 군도(Sir James Hall Group)라고 명명했고 이 명칭은 그 뒤 서구에서 통칭하였다. 홀은 이 당시의 견문을 『조선서해탐사기』5라는 기행문으로 남겼다. 홀은 섬에 올라 자신들의 기호품과 조선의 토산품을 바꾸었다. 주민들은 바닥에 글을 써서 의사를 표현하려 했으나 끝내 소통되지 않자 손짓으로 의사를 소통했다.6

그러나 백령도[흰 깃을 가진 새들의 섬]를 Swan Island로 표기한 것을 보면 의사소통이 전혀 이루어지지 않은 것은 아닌 듯하다. 서해5도를 떠난 홀의 일행은 덕적군도(德籍群島)와 격렬비도(格列飛島)를 거쳐 9월 4일에 장항만(長項灣)에 정박했다. 홀 일행은 장항만을 떠나 고군산열도(古群山列島)를 통과했는데, 이때 군산만을 자신의 이름을 따 배질만(Basil's Bay)이라고 명명했다. 그들은 9월 10일에 10일 동안의 여정을 마치고 귀국 길에 올랐다.7

중국을 향하여 가장 서쪽에 있는 옹진반도와 서해5도는 서방 선교사들의 상륙 지점이었기 때문에 서학 전래의 교두보였다는 점도 우연이 아니다. 이를테면 1846년 6월, 메스트르(Joseph A. Maistre) 등의 서방 선교사들의 입국을 위해 상륙지점을 모색하던 김대건(金大建) 신부는 몰려드는 청국의 조기잡이 배들을 이용하여 북경(北京)교구와의 연락을 도모하다가 체포되어 옹진 감옥에 갇혀 있다가 서울로 압송되어 처형되었다.8 백령도와 연평도 일대에는 천주교 박해를 피해 들어온 신자들이 많았다.9

---

5 이 책의 원서는, Basil Hall, *Account of a Voyage of Discovery to the West Coast of Corea, and the Great Loo-choo Island*(London : John Murray, 1818)이다.

6 Basil Hall, *Account of a Voyage of Discovery to the West Coast of Corea, and the Great Loo-choo Island*, pp. 29~30; 신복룡 · 정성자(역주), 『조선서해탐사기』, pp. 24~26.

7 Basil Hall, *Account of a Voyage of Discovery to the West Coast of Corea, and the Great Loo-choo Island*, pp. 42~57; 신복룡 · 정성자(역주), 『조선서해탐사기』, pp. 32~34.

8 달레(지음) · 최석우 · 안응렬(옮김), 『한국천주교회사』(중)(왜관 : 분도출판사, 1980), pp. 101, 153.

개신교의 전래라는 측면에서도 이곳은 매우 중요한 입지였다. 1865년 2월에는 옹진군 창린도(昌麟島) 자라리(紫羅里) 근방의 포구에 청국 배 1척이 들어온 적이 있었다. 그 배에는 한 영국인이 타고 있었는데 그가 "이단서" 16권과 역서(曆書) 1권을 주민에게 남기고 떠났다.[10] 기독교사에서는 그 인물이 훗날 제너럴 셔만호의 뱃길을 안내해준 토마스(Robert J. Thomas, 崔蘭軒 : 1840~1866) 목사라고 추정하고 있다.[11]

이상의 기록들로 미뤄 볼 때 서해5도가 비록 고도(孤島)였다고는 하지만 서세동점기에 서구인들의 중요한 접근 지점이었으며, 섬 주민들은 오히려 육지에 견주어 서구 문물에 먼저 눈뜨고 있었다. 이러한 지정학적인 요인들은 서세동점기에만 국한하지 않고 현대사에까지 이어져 내려왔다. 그 시차는 100년 정도였지만 역사에서 백 년은 그 큰 변화를 일으키기에 충분한 시기가 아니었다.

2. 분단 결정 과정에서의 서해5도[12]

한국현대사를 논의할 때, 범위를 좁혀 한국분단사와 한국전쟁사를 논의할 때 우리는 주관적으로 "미국은 우리에게 누구인가?"라는 질문을 하는 경우가 많다. 그러나 엄밀하고 냉정하게 살펴보면, 그 질문보다 더 절실한 것은 "한국은 미국에 누구인가?"라는 질문이었다. 이 점은 우리가 인정하고 싶지 않고 서글픔을 느끼게 하는 대목이지만 그것이 현실이다. 주체적 사관이라는 점에서 자존심이 손상할 수도 있는 이 미국이라는 인자를 외

---

9 『옹진군지』(옹진 : 옹진군지편찬위원회, 1989), p. 1005.

10 『高宗實錄』 2년 8월 20일(壬子) : 黃海監司 洪淳穆이 올린 狀啓.

11 고무송, 『토마스 목사와 함께 떠나는 순례 여행』(서울 : 쿰란출판사, 2001), p. 142.

12 이 논문의 2~3절에 인용된 일부 일차 자료는 필자의 저술인 『한국분단사연구 : 1943~1953』(서울 : 한울, 2006)에 인용된 바 있다.

면하고서는 한국현대사의 전개 과정을 설명할 수 없다.

1850년대의 중국 개항 이후, 극동에 대한 미국의 인식은 "늪(swamp)의 논리"였다. 극동은 발을 들여놓기에 위험한 곳이므로 병력을 상륙시키지 않는다는 이 논리는 미국의 대한 정책의 기조를 이루었으며, 이미 종전을 앞두고 한국에 신탁 통치가 구상되던 때부터의 복안이었다. 4강대국에 의한 신탁 통치가 실시되면 각국은 5천 명을 넘지 않는 상징적인 군대의 주둔을 제외하고 한국의 영토나 해역에서 지상군과 공군 및 해군을 포함한 모든 군대를 철수해야 한다는 것이 미국 국무성의 방침이었다.[13]

1947년이 되면 한국으로부터의 철군은 군부의 일반적인 분위기로 자리 잡기 시작했다. 극동, 특히 한국에서 지상군의 작전을 피해야 한다는 의견을 먼저 제시한 곳은 합동민정위원회(Joint Civil Affairs Committee)였다. 그들은 미국이 한국에 군대나 기지를 유지할 전략적 이해관계는 "거의 없다"(little)고 판단했다.[14]

이와 때를 같이 하여 합동참모본부(Joint Chiefs of Staff : JCS)도 한국의 전략적 가치에 대하여 위와 비슷한 견해를 피력했다. 그들의 견해를 들어보면,

  (1) 아시아에서 전쟁이 일어나더라도 한국을 비껴갈(by-pass) 것이다.
  (2) 아시아의 전쟁은 공군이나 해군에 의해 그 승패가 결정될 것이므로 한국에 지상군의 주둔은 필요하지 않다.
  (3) 4만5천 명의 군사 주둔은 막대한 경비를 필요로 한다. 한국에 군대가 주둔하려면 1일 100만 달러, 연간 3억 5천만 달러가 필요할 것이다. 따라서 소련이 일본의 안보를 위협할 정도로 남한에서 군사력을 강화하지 않는 한, 이들을 철수시켜 다른 곳에 주둔시키는 것이 더 유용할 것이다.

13 "The Acting Secretary of State to the Secretary of the Navy(Forrestal)"(May 21, 1945), FRUS : 1945, Vol. VII, The Far East, China(Washington, D.C. : USGPO, 1969), pp. 882~883.
14 "Interim Directives for Military Government in Korea," by Joint Civil Affairs Committee(17 February 1947), RG 165, ABC 014 Japan(Washington, D.C. : NA), p. 14.

(4) 미군이 지금 자발적으로 철수하지 않고 급작스럽게 철수할 경우, 미
국의 위신은 국제적으로 실추될 것이다.[15]

1949년까지 미국에 대한 한국의 중요도는 비교적 낮은 곳이라는 이론
에 미국은 기울어 있었다.[16] 미국은 한국에 지상군을 주둔할 의지가 없었
으며, 만약 한국에 분쟁이 일어나 군사 작전을 수행할 필요가 있을 경우에
는 해상권을 장악하는 것으로 충분하다고 인식하고 있었다. 미국은 극동
에 상륙할 경우에 일으킬 수 있는 "접촉성 피부염"의 감염을 두려워하고
있었다.

이와 같은 대한 인식은 한반도에서의 4대국 분할안을 구상할 때 처음으
로 나타나기 시작했다. 미국의 정부 부서에서 한국의 분단을 맨 처음으로
구상한 곳은 전쟁성 작전국(Operation Division : OPD)의 요원들이었다.
그들은 1945년 7월에 한국의 4대국 분할안을 구상하고 있었다.

그 내용을 보면, 소련은 원산(元山)을 제외한 함경남·북도를 점령하고,
영국은 평안남·북도와 황해도를 점령하고, 미국은 원산을 포함한 함경남
도 일부와 강원도·경기도·충청북도·경상남북도를 점령하고, 중국은 충
청남도와 전라남·북도 그리고 제주도를 점령하는 것으로 되어 있다.[17]

여기에서 주목할 사실은 그 분할선에 따르면 미국은 한국에서의 3대 항
구인 부산·인천·원산을 장악하는 것으로 되어 있다. 4대국 분할선을 도
계(道界)에 따라서 결정하면서도 군이 함경남도 남부만은 미국의 점령지
로 구획함으로써 원산이 미국의 점령지에 포함되도록 한 미국의 의지가

---

15 "Memorandum by the Secretary of Defense(Forrestal) to the Secretary of State"
   (September 26, 1947), *FRUS : 1947,* Vol. VI, *The Far East*(Washington, D.C. :
   USGPO, 1972), pp. 817~818.

16 Matthew B. Ridgway, *The Korean War*(Garden City : Doubleday & Co., Inc.,
   1967), p. 11.

17 "Occupation and Control of Japan in the Post-Defeat Period"(nd), RG 165, ABC
   014 Japan(Washington, D.C. : NA)

예사롭지 않다. 이는 미국이 해상권을 장악하여 한반도의 문제를 해결하려는 강력한 의지의 표현이라고 볼 수 있다.

당초에 위와 같이 한반도의 4개국 분할안을 계획했던 전쟁성 작전국에서는 시간이 흐름에 따라 한반도의 분할에 영국과 중국을 참여시키지 않아도 문제가 될 것이 없다고 생각하고 미국과 소련에 의한 2대국 분할안을 다시 마련했다. 이 분할안은 서해안 북위 38° 10'에서 시작하여 동해안 북위 37° 40'을 잇는 사선(斜線)이라는 점에서 이색적이다.(도표 참조)[18]

전쟁성 작전국(OPD)의 분할안(1945. 10. 27.)

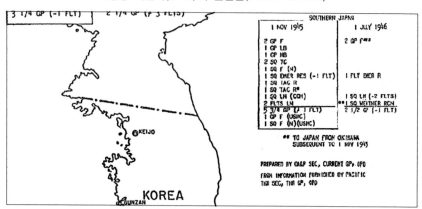

이들이 이러한 분할안을 계획한 것은 군사 전략상 황해도의 해주(海州)·개성(開城)과 서해5도를 장악하는 것이 긴요하다는 판단 아래에 이루어진 것이다. 이 지역은 그 뒤 한국전쟁 당시에도 중요한 공방지(攻防

---

18 "Basic Initial Directive to the Commander in Chief U.S. Army Forces in the Pacific for the Administration of Civil Affairs in Korea South of 38 Degree North Latitude"(September 1, 1945), SWNCC 176-3, RG 165, ABC 014 Japan(Washington, D.C. : NA). 이완범(李完範)은 이 지도가 1945년 7월 9~15일 사이에 그려졌다고 추정했다. 이완범, 「미국 군부의 한국 분할 점령 준비 과정」, 『북한의 개방과 통일 전망』(서울 : 건국대학교 한국문제연구원, 1998), pp. 160~161.

地)였다는 점에서 작전국의 이 수정안은 설득력을 가지고 있다. 이 문건을 작성한 작전국 요원들은 남북한의 군사적 갈등이 일어날 경우에 옹진반도와 서해5도가 가지는 전략적 가치를 깊이 인지하고 있었다.

이 분할안을 논의하는 과정에서 제기되는 의문은 왜 이 분할안이 채택되지 않았을까 하는 점이다. 이에 대한 대답은 휴전 회담 당시 UN군 측 대표들의 의견에서 드러나는데, 그 이유인즉, 분할선이 길어서 유리할 것이 없고, 옹진반도는 그 전략적 가치에도 불구하고 "방어하기 어려운" 경계선이라는 사실을 고려했기 때문이었다. 그리고 이러한 계산을 통하여 옹진반도를 포기하면서도 위안으로 삼을 수 있었던 것은 그 이남에 위치한 서해5도를 장악함으로써 해상권을 확보할 수 있다는 전략적 고려가 작용했기 때문이었다.

한반도에서의 군사 작전은 지상군에 의한 것이 아니라 해상권의 우위에 의한 것이어야 한다는 전략적 고려는 그 뒤에도 변치 않고 일관되게 대한 정책에 투영되었다. 이러한 입장은 극동 정책의 중요한 결정자였던 맥아더(Douglas MacArthur)의 경우에도 마찬가지였다. 그는 1949년 3월 1일 도쿄(東京)에서 가졌던 『뉴욕 타임스』(*New York Times*) 기자와의 대담에서 다음과 같이 자신의 극동방위선 구상을 피력한 바가 있다.

> "지난날 아시아의 침략 국가에 대한 우리의 방어 배치는 미대륙의 서해안|태평양 연안|에 그 기초를 두고 있었다. 그러던 것이 시간이 지나 이제 태평양은 미주대륙에 대한 적국의 침략이 가능한 경로로 여겨지게 되었다. 따라서 오늘날 태평양은 앵글로 – 색슨호(Anglo-Saxon Lake)가 되었으며 우리의 방위선은 아시아 해안에 술(fringe, 統)처럼 널려 있는 "섬의 고리"(chain of Islands)로 이어지고 있다. 내가 생각하고 있는 극동의 방위선은 오키나와를 요새로 하는 유구열도(琉球列島, Ryukus)를 관통한 다음 일본과 알류산열도(Aleutian Islands)로 구부러져 알래스카에 이르는 것이다."[19]

트루먼과의 마찰이 있고 나서 태평양 사령관에서 전격 해임되고 1951년 4월 17일에 의회에서 역사적인 퇴임 기념 연설을 할 때도 그의 극동방위선에 대한 구상은 1949년 당시의 그것과 조금도 다름이 없었다.[20] 극동에서의 공산권에 대한 방위 전략은 대륙에의 상륙이나 육전대의 증강에 의한 봉쇄나 저지가 아니라 해상 방위에 주력한다는 것이 맥아더 구상의 핵심이었다.

마치 "개구리 착지 지점"(frog jumping point)을 잇는 이런 식의 해상 방위는 비용과 희생을 최소화할 수 있을 뿐만 아니라 적들의 해군력이 취약한 점에 비추어 가장 효과적인 방법이라는 데에 미국의 전략가들은 동의했다.

그렇다면 맥아더의 "섬을 고리로 하는 태평양호"의 구상은 어디에서 착상한 것일까? 이에 대한 대답으로서 우리는 마한(Alfred T. Mahan : 1840~1914)의 『인류의 역사에 미친 해상권의 영향』(*Influence of Sea Power upon History*, 1889)[21]에 담겨 있는 제해권(制海權) 이론을 주목해야 한다.

"해상권이 역사를 지배한다."는 논리로 당시 미국 제국주의의 정신과 전략에 깊은 영향을 미쳤다. 학자들은 이러한 이상을 "해양제국주의"(Imperialism at Bay)라고 불렀다.[22] 이와 같이 미국의 정가에 영향력을 끼치고 있던 "섬의 고리"의 논리는 루즈벨트(FDR)의 어록에도 묻어나오고 있다.[23]

19 이 대담 내용은 1949년 3월 2일자 *New York Times*에 전재(全載)되어 있고, D. Acheson, *Present at the Creation,* p. 357에 부분적으로 수록되어 있다.

20 D. MacArthur, *Reminiscences*(New York : McGraw-Hill Book Co., 1964), p. 401; D. MacArthur, "Don't Scuttle the Pacific : Communism, A Global Enemy"(April 19, 1951 at Congress), *Vital Speech of the Day*, Vol, XVIII, No. 14, p. 431.

21 자세한 내용은 Alfred Mahan, *Influence of Sea Power upon History*(Englewood Cliffs : Prentice-Hall Inc., 1980)를 참조할 것.

22 cf. W. Roger Louis, *Imperialism at Bay*(New York : Oxford University Press, 1978)

23 Chang Chi-yun, *Record of the Cairo Conference*(Taipei : China Culture Publishing Foundation, 1953), p. 7.

이 무렵 미국 육군사관학교에 재학 중(1899~1903)이었던 맥아더는 마한이 일으키고 있는 그와 같은 지적(知的) 풍토에 몰입했고, 다른 꿈 많은 초급 장교들이 그랬듯이 그도 당시 미국 팽창주의의 정신적 기조를 이루고 있던 마한의 저술에 탐닉했다. 그리고 그가 존경하고 형이었던 해군 장교 맬컴(Malcolm MacArthur)으로부터 깊은 감화를 받고 있었다.[24]

맥아더의 이와 같은 구상을 정치적으로 해석한 것이 바로 극동방위선에 관한 애치슨(Dean Acheson)의 연설(1950년 1월 12일)이었다. 그의 연설 "아시아에서의 위기"(Crisis in Asia : An Examination of US Policy)는 위기에 싸인 아시아에서 미국 외교 정책의 시련에 관한 것이었다. 이 연설이 한국과 관련하여 갖는 의미는 다음과 같다.

> (1) 극동의 방위선은 알류산열도에서 시작하여 일본과 유구열도를 거쳐 필리핀군도까지 내려가는 선이다.
> (2) 위와 같은 중요도에도 불구하고 이 지역에서 일어나는 군사적 침략을 미국이 막아 주리라고 보장할 수 없다. 이곳에서 군사적 침략이 일어나면 그것을 막는 우선 책임은 피침략국이져야 하며, 그다음으로는 결코 약한 갈대가 아닌 UN의 헌장에 따라 모든 문명 세계의 보장에 의존해야 한다.
> (3) 우리가 한국에 대한 원조를 포기해야 한다거나, 한국이 국가를 수립해가는 중도에 원조를 중단해야 한다는 생각은 가장 철저한 패배주의이며, 아시아에서 미국의 이해관계에 대한 가장 넋 나간 짓이다.[25]

애치슨 연설이 우리에게 주는 의미는 극동방위선에서 왜 한국이 포함되지 않았느냐는 것이었지만, 미국의 관심은 어떻게 하면 극동에서의 분쟁에 지상군을 투입하지 않고 공산 세력을 방위할 수 있는가 하는 문제였

24 D. MacArthur, *Reminiscences*, p. 14.
25 "Acheson's Speech before the National Press Club," *Department of State Bulletin*, Vol. XXII, No. 551(January 23, 1950), pp. 116~117.

다. 그리고 그 답은 "섬의 고리"와 같은 방법으로 해상권을 통하여 공산세력을 봉쇄한다는 것이었는데, 그 행간에 깔린 의미가 뒷날 서해5도의 가치 논쟁과 무관하지 않았다.

3. 한국전쟁의 발발과 옹진 작전

주제와 다소 거리가 있는, 그래서 불필요한 논쟁을 불러일으킬 수 있다는 우려가 있지만, 한반도는 1949년부터 38°선에서 이미 교전 상태에 돌입했고, 그 규모는 사실상 내전(civil war)의 경지였다.[26] 특히 서부지역에서의 무력 충돌이 심하여 전투는 1949년 5월 3일 개성 북쪽 292고지에서부터 시작되었다. 이 전투로 11연대 2대대가 패전하여 고지를 빼앗겼다가 탈환하였다.[27] 개성 전투는 옹진으로 확산되어 5월 21일 북한군의 국사봉 공격으로 시작되어 23일에 격퇴되었다.

1949년 6월, 38°선에서 일련의 소규모 침공이 있었던 데 이어 미국의 전략 부대가 마지막으로 철군하던 순간에 북한군은 옹진을 침공해 들어왔다. 7월까지도 국경은 원상으로 회복되지 않았다.[28] 1949년 7월 하순부터는 사실상 교전 상태였다. 정부는 실전 경험이 많은 김백일(金白一) 대령을 옹진지구전투사령관으로 임명하여 대응했다.[29] 1949년 8월 4일 북한군은 옹진반도를 침공하였지만 결렬한 저항을 받고 퇴각했다. 10월 중순에

---

26 신복룡, 『한국분단사연구 : 1943~1953』, pp. 637~645 참조.

27 『한국전쟁사(1) : 해방과 건국』(서울 : 전사편찬위원회, 1968), pp. 520~521. 정병준은 292고지를 탈환하지는 못했다고 기록하고 있다. 정병준, 『한국전쟁 : 38선의 충돌과 전쟁의 형성』(서울 : 돌베게, 2006), p. 339.

28 Matthew B. Ridgway, *The Korean War*, p. 15.

29 『6·25전쟁사(1) : 전쟁의 배경과 원인』(서울 : 국방부전사편찬연구소, 2005), pp. 500~509.

도 북한은 다시 옹진반도를 며칠 동안 공격했다.[30]

한국전쟁의 최초 공격은 새벽 1950년 6월 25일 4시에 옹진반도에 대한 포격으로 시작되었다. 공격은 서쪽으로부터 동쪽으로 진행되었다.[31] 6시에 북한군은 옹진·개성·춘천에서 38°선을 넘기 시작했다.[32] 이것은 국지전의 종결인 동시에 전면전의 시작이었다. 서부지역 북한군의 규모를 보면, 제3경비단 예하 1·2·3·4·5·6·7대와 6사단 1연대, 치안대대, 13·15보병연대 및 포병연대, 제1사단 예하 2·3·14보병연대 및 포병연대, 그리고 제203전차연대 예하의 제1·3전차 대대였다.

전투 지휘관은 군단장 김웅(金雄) 중장(조선의용군 출신)을 중심으로 제3경비여단장 최현(崔賢) 소장(88여단 출신), 제6사단장 방호산(方虎山) 소장(조선의용군 출신), 제1사단장 최광(崔光) 소장(소련군 출신), 제203전차연대장 최율석 대좌(한인 2세 소련인, 대독전투 참전)였다.[33]

옹진 전투에 투입된 북한군은 최현이 이끄는 제3경비여단과 한일래가 이끄는 6사단 1연대로서 전차 8대, 포 196문, 병력 11,000명이었다. 남한의 17연대[연대장 白仁燁 중령]의 전투 병력은 2,719명이었다.[34] 병력의 숫자도 열세였지만, 화력은 비교할 수 없을 정도로 열악했다. 연대장 백인엽과 박정호 소령은 6월 26일 14 : 00시에 조각배를 타고 섬을 탈출하여 19 : 00시에 연평도 부근에서 해군 소해정을 만나 구출되어 서울 방어에

30 Malcolm W. Cagle, and Frank A. Manson, *The Sea War in Korea*(Annapolis : U.S. Naval Institute, 1957), p. 12.

31 Roy E. Appleman, *U.S. Army in the Korean War : South to the Nakdong, North to the Yalu*(Washington, D.C. : Office of the Chief of Military History, U.S. Army, 1961), p. 21; James F. Schnabel, *U.S. Army in the Korean War : Policy and Direction : The First Year*(Washington, D.C. : Office of the Chief of Military History, U.S. Army, 1972), p. 65.

32 Malcolm W. Cagle, and Frank A. Manson, *The Sea War in Korea*, pp. 25~26.

33 『6·25전쟁사(2) : 북한의 전면 남침과 초기 방어 전투』(서울 : 국방부전사편찬연구소. 2005), p. 113.

34 『6·25전쟁사(2) : 북한의 전면 남침과 초기 방어 전투』, pp. 139, 125.

합류했다.[35]

한국전쟁의 개전과 특히 옹진전투와 관련하여 남북 간에는 오랜 쟁점
이 있다. 곧 6월 25일의 개전을 전후하여 국군 제1사단 17연대가 해주를
선제 공격했다는 문제가 수정주의자들에 의해 제기되었다. 옹진 문제와
관련하여 수정주의자들은 1950년 6월 24일에 이미 남한 육군 17연대가 해
주까지 진격해 올라가 있었다는 당시 남한의 각종 신문을 중요한 근거로
삼고 있다. 이러한 주장은 1980년대를 강타한 수정주의자들에 의한 북침
설의 논거로 꾸준히 인용되었는데, 그 중심에는 세 사람이 있다.

첫 번째로 이 문제를 거론한 인물은 미국의 언론인이었던 스톤(I. F.
Stone)이었다. 그는 『한국전쟁비사』에서 명백한 북침설을 명백히 주장하
고 있지는 않지만, 개전 직전에 서울 주재 미국공사관의 직원과 미국 민간
인들이 은밀히 도쿄(東京)로 철수했다는 사실을 주목하면서, 만약 북한이
선제 공격을 했다면 그토록 탁월한 정보망을 가지고 있었던 미국이 그것
을 몰랐을 리가 없다는 점에서 이는 미국의 도발(provoke)로 보아야 한다
는 입장을 취하고 있다. 맥아더는 한국을 시찰하고 귀국하던 덜레스(John
F. Dulles)로부터 북한군의 동향에 관한 충분한 정보를 받았다는 점에서
더욱 그렇다고 스톤은 주장한다.[36]

둘째는 인도의 저널리스트인 굽타(K. Gupta)였다. 그는 1972년도에 발
표된 그의 논문에서, 한국 정부와 『뉴욕 타임스』가 일제히 "남한의 군대가
해주를 점령했다."고 보도한 사실을 강조하면서, 페이지(Glen D. Page)가
그의 저서 『한국전쟁의 결정』에서 이를 확인한 바 있음[37]을 지적하고 있

35 Matthew B. Ridgway, *The Korean War*, p. 20; 『6·25전쟁사(2) : 북한의 전면 남침
과 초기 방어 전투』, p. 156.

36 I. F. Stone, *The Hidden History of the Korean War*(New York : Monthly Review
Press, 1952), pp. 4~7, 15~16.

37 Glen D. Page, *The Korean Decision, June 24~30, 1950*(New York : The Free
Press, 1968), p. 130.

다. 굽타는 이어 남한이 이러한 결정을 하게 된 것은 1주일 앞서 한국의 분단선을 시찰한 덜레스에 의해 고무받았을 수 있다고 지적했다.[38]

이러한 주장에 대해 옹진반도가 38°선으로 말미암아 섬(島嶼)처럼 고립되어 있어 17연대는 해상 남하가 불가능하여 육로로 남하하 과정에서 38°선을 넘어 북쪽으로 올라갔다가 내려온 것이 북침으로 보였다는 주장, 백인엽의 가족사(家族史)의 문제가 연루되었다는 설 등 아직 학술적으로 검증되지 않은 주장들이 있다. 이제까지 국방부의 공식 입장은 "옹진의 17연대가 해주로 돌입했다는 것은 오보(誤報)이며, 일간신문들도 이를 보도함으로써 공격을 받아 고전하고 있는 군과 불안에 떨고 있는 국민을 일순간이나마 고무시키기 위한 것이었다."[39]고 한다.

이 당시 연합통신의 최기덕 기자가 옹진에서 돌아와 정훈국에 들러 "내가 옹진을 떠나올 무렵 17연대 장병들의 사기는 해주를 공격하고도 남음이 있다."는 요지의 이야기를 했는데 이 당시의 국방부 보도과장 김현수(金賢洙) 대령이 이를 오해하여 17연대가 해주를 장악했다고 보도했고, 그 뒤 17연대가 해주로 돌입하였다는 보도가 계속 와전되어 나중에 북한에 의해 남한이 먼저 북한을 공격하였다는 구실로 악용되는 뜻하지 않은 결과를 가져왔다고 국방부는 설명하고 있다.[40] 최근에는 김일성(金日成) 자신이 17연대의 해주 점령을 부인하고 있다는 점에서 사실이 아니라는 반론[41] 등이 있다.

셋째는 잘 알려진 바와 같이 커밍스(B. Cumings)이다. 지리적으로 볼 때 "옹진은 남한이 북한을 침략할 때 중요한 의미가 있는 것이지 북한이

38 K. Gupta, "How Did the Korean War Begin?" *The China Quarterly*(October/December 1972), pp. 704~705.

39 『6·25전쟁사(2) : 북한의 전면 남침과 초기 방어 전투』, p. 74.

40 『6·25전쟁사(2) : 북한의 전면 남침과 초기 방어 전투』, p. 75.

41 박명림, 「누가 한국전쟁을 시작하였는가?」, 『한국정치학회보』(28/2)(한국정치학회, 1994), pp. 119~131; 박명림, 『한국전쟁의 발발과 기원(I)』(서울 : 나남, 1996), pp. 458.

남한을 공격할 때는 의미가 없다. 북한은 옹진을 점령해도 남쪽이 바다이기 때문에 남진에 도움이 되지 않지만, 남한이 옹진을 점령하면 곧바로 평양을 노릴 수 있으므로 옹진은 남한에 중요하다."[42]고 주장한다.

김일성은 1949년 8월 당시에 개전을 결심하지 않았지만 적어도 이때 이미 옹진반도만이라도 점령할 것을 스탈린(J. Stalin)에게 타진하고 있었다. 옹진반도의 장악이 추가적인 진격을 위한 교두보로 사용될 수 있다는 사실을 김일성은 중요시하고 있었다.[43]

그러나 이러한 작전은 전략적인 성공을 거둘 수는 있지만, 정치적으로는 많은 것을 잃게 되리라는 것이 소련의 판단이었다. 왜냐하면 북한은 동족상잔의 전쟁을 일으켰다는 비난을 면하기 어려울 것이며 미국이 한반도 문제에 더 깊이 개입하도록 만들 것이기 때문이었다.[44]

김일성이 옹진반도를 제일 진격로로 삼은 것은 서울 장악이 그의 궁극적 목표였기 때문이었다. 당시 서울은 남한의 7사단[의정부 방면]과 1사단[문산 방면]이 지키고 있어서 북한군이 서울을 장악한다는 것은 그리 수월하지 않으리라는 것을 그는 잘 알고 있었을 것임에도 불구하고 서울을 주공(主攻) 목표로 삼았다.[45]

따라서 개전 당시 김일성의 점령 목표에는 수원(水原) 이남이 포함되어 있지 않았다. 서울 점령은 결국 남한의 영토에 속해 있었던 옹진반도를 장악하는 것으로부터 시작되었다. 이 과정에서 서해안의 방위는 서해5도

---

42 Bruce Cumings, *The Origins of the Korean War*, Vol. II(Princeton : Princeton University, 1990), pp. 571~572.

43 "Memorandum of Conversation of Ambassador Shtykov with Kim Il-sung and Park Hon-young"(August 14, 1949), Evgueny P. Bajanov & Natalia Bajanova(eds.), *The Korean Conflict, 1950~1953, mimeo*, p. 18.

44 K. Weathersby(ed.), Doc. II : "Ciphered Telegram from Shtykov to Vyshinsky"(3 September 1949), *CWIHP Bulletin*, Issue 5(Spring 1995), p. 6; 「툰킨이 비신스키에게 보낸 암호 전문」(1949년 9월 3일자), 『한국전쟁 관련 러시아 문서』(김영삼본), pp. 277~278.

45 白善燁, 『軍과 나』(서울 : 대륙연구소, 1989), p. 44.

의 수비로써 가능하다는 미국 측의 전략은 당초의 구상대로 수행되지 않았고, 그러한 전략의 실수가 초전의 패퇴로 이어졌다.

역설적으로, 해상권이라는 점에서 공산 측은 UN군 측의 적수가 되지 못했고, 그래서 해상 교전이 없었다는 점이 공산 측에게 치명상을 입지 않게 하였는데, 이것이 오히려 UN군 측으로서는 바람직하지 않은 결과를 초래했다.

한국전쟁은 삼면이 바다라는 지리적 성격에도 불구하고 지상군으로서의 중공군의 참전이 전세를 결정함으로써 UN군은 해상권의 우위라는 이점을 십분 이용할 기회를 상실했다. 이러한 점에서 한반도에서의 전투는 지상군이 아닌 공군과 해군으로서 적을 제압하리라는 미국의 당초의 전략은 빗나가기 시작했다.

4. 휴전 회담에서의 옹진반도

역사적으로 전쟁사를 살펴보면, 휴전 회담에서의 의제와 논의는 개전의 이유를 가장 잘 설명해 준다. 형식상으로 제시되는 선전포고나 개전 이유의 설명은 정치적 고려를 밑바탕에 깔고 있는 수사(修辭)이기 때문에 진실이 호도되어 있지만, 휴전 회담에서의 요구 조건은 숨길 수 없는 그들의 진심으로서 전쟁의 원인을 설명하는 가장 좋은 자료가 된다. 특히 한국전쟁처럼 개전 이유와 선제공격자에 대한 논란이 많은 전쟁일수록 휴전 회담은 그들의 진심을 읽는 최상의 도구가 된다.

휴전 회담은 1951년 7월 10일 개성에서 UN군 측의 조이(C. Turner Joy : 1895~1956)와 남한의 백선엽(白善燁) 그리고 공산군 측에서는 북한의 남일(南日)과 중공의 등화(鄧華)가 대좌함으로써 역사적인 휴전 회담이 개막되었다.[46] 모든 회담이 다 그렇듯이, 한국전쟁의 휴전 회담은 지모와 논리와 담대함의 싸움이었다.

UN군 측 수석대표인 조이 제독은 해군사관학교를 졸업하고 모교의 교수로 재직하다가 제2차 세계 대전이 일어나자 태평양전구 순양함장이 되었으며,[47] 한국전쟁 당시에는 태평양사령부 극동함대사령관으로서 휴전회담의 수석대표(1951. 7.~1952. 5.)를 맡았다. 해군 제독이었던 조이가 휴전 회담에서의 해안선과 연안 도서의 문제를 결정하는 데에 중요한 역할을 한 점도 운명적이었다.

중공대표단에는 직함 없이 막후에서 활약한 이극농(李克農 : 1898~1962)이 큰 틀에서부터 좌석 배치와 발언자와 시간까지 총괄했다. 안휘성(安徽省) 출신으로 공산당에 입당한 그는 장정(長征) 뒤 당중앙연락국장, 팔로군 참모비서장을 지냈고, 건국 후에는 당군사위원회 정보부장, 인민해방군 부총참모장 겸 외교부 부(副)부장을 담당한 지략가로서[48] 당대의 방현령(房玄齡)이라는 평가를 받았다. 장정의 경험을 가진 그가 표면에 나타나지 않은 것은 중공의 전략이었으며, 이 점이 UN군 측의 판단에 혼란을 일으켰다.

공산 측의 회담 대표는 중공인민지원군 부사령관 겸 부정치위원이었던 등화였지만 현장에서 회담을 지휘한 인물은 해방(解方 : 1903~1982)이었다. 장학량(張學良)의 부관으로서 일본 육군사관학교를 졸업하고, 동북연군(東北聯軍) 부참모장과 요녕(遼寧)군구사령관을 지낸 그는 국공내전에서 해남도(海南道) 탈환의 영웅으로 부상했다.

해방의 본명은 해패연(解沛然)이었는데 해남도를 "해방"시킨 자부심으로 이름을 "해방"으로 바꿀 정도였다. 그의 이름이 패연인 것은 "나라고

---

46 C. Turner Joy, *How Communists Negotiate*(New York : The Macmillan Co., 1955), pp. 1~2; Matthew B. Ridgway, *The Korean War,* p. 198; J. F. Schnabel, *U.S. Army in the Korean War : Policy and Direction,* pp. 403~404; Dean Acheson, *The Korean War*(New York : W. W. Norton Co., 1971), p. 122.

47 http ://en.wikipedia.org/wiki/C. Turner Joy.

48 河東(外編), 『中國革命史人物詞典』(北京 : 北京出版社, 1991), p. 269.

한고조(漢高祖) 유방(劉邦)에 미치지 못할 것이 무엇인가?"라는 오연(傲然)함이 담겨 있다. 한고조 유방의 고향이 패현(沛縣)이었다. 그는 한국전쟁 당시에 중공인민지원군 수석참모장(육군 소장)으로서 회담의 대표를 맡았는데,[49] 영시(英詩)를 짓고 일기를 영어로 쓸 정도로 영어에 능통하였으며, 회담장에서는 UN군 대표의 귓속말을 이해할 정도였으나 UN군 대표는 이를 눈치채지 못했다.

중공대표단으로는 허름한 두 청년이 어리바리하게 잔심부름이나 하고 있었다. 하나는 시성문(柴成文)이라는 인물이었다. 휴전 회담에는 본디 군인만이 대표가 될 수가 있었는데 중공은 북한 실정도 잘 모르고 회의의 진행 요령도 서툴러 평양 주재 외교관으로서 두뇌 회전이 빠른 시군무(柴軍武)의 이름을 바꾸어 맞지도 않는 군복으로 갈아 입혀 시성문이라는 이름으로 합류시켰다. 그는 구화(口話)를 할 줄 알았다.

또 다른 한 청년은 잔심부름이나 하는 하급 장교 같았는데 나중에 알고 보니 이름은 포산(浦山)으로서 하버드대학 경제학박사 학위를 받은 미국 전문가였다. 그는 회담 요원으로 참석하여 미군들끼리 하는 말을 들어 보고했다.[50]

회담장은 중공 대표들에게 매우 즐겁고 행복한 자리였다. 신생독립국이자 서방으로부터 후진국으로 취급받던 중공으로서는 세계의 스포트라이트를 받으며 초강대국과 대좌하는 일이 마냥 즐겁기만 했다. 그들은 신생국으로서의 위상을 높이는 창구로서 회담을 이용하고자 했다. 조이 제독이 보기에 그들은 "실전을 통해서 얻을 수 없는 것을 협상을 통해서 얻고자 하며, 실전을 통해서 피할 수 없는 것을 협상을 통해서 피하고자 했다."[51]

49 河東(外 編), 『中國革命史人物詞典』, p. 763.
50 柴成文·趙勇田(지음), 윤영무(옮김), 『중국인이 본 한국전쟁』(서울 : 한백사, 1991), pp. 144~145.
51 C. Turner Joy, How Communists Negotiate, p. 85.

제1차 회의는 의제 선택이었다. UN군 측은 곧바로 회담이 전개되리라고 생각하면서 다음과 같은 3개 기본 합의서를 요구했다.

  (1) 휴전 조약은 궁극적으로 영토를 확정하는 것과는 무관하다.
  (2) 비무장지대는 양측 모두에게 군사적 이점을 주어야 한다.
  (3) 양측 모두 방어적 위치를 확보해야 한다.[52]

그러나 공산 측으로서는 회담을 서둘러야 할 필요가 없었다. 그들은 특유의 지연술로서 UN군 측을 조바심 나게 만들었다. 북한 측은 79분 동안 연설하는 경우도 있었다.[53] 회담은 진척되지 않았고, 8월 10일에는 14 : 45분부터 16 : 55분까지 2시간 10분 동안 말없이 노려보기만 하다가 폐회하는 일도 있었다.[54]

공산군 측은,

  (1) 한국에서의 휴전에 관한 기본 조건으로 양측은 38°선을 군사분계선으로 하며, 그 남북에 비무장지대를 설정하고,
  (2) 한국으로부터 외국 군대가 철수할 것[55]

을 역(逆)의제로 제시했다.

지루한 논의를 거쳐 첫 의제로 채택한 것은 지상군의 휴전선을 어떻게 획정할 것인가로 결정되었다. 이 문제에 대한 UN군의 기본 입장은 "거리

---

52 Summary of Proceedings, 1st Session, Sub-Delegation on Agenda Item 2, Gaesong Armistice Conference(17 August 1951), 『남북한관계사료집』(3)(과천 : 국사편찬위원회 1994), p. 3.

53 Transcripts of Proceedings, Meeting on the Armistice Proposal in Korea(14 August 1951), 『남북한관계사료집』(1), p. 386.

54 Record of Events, 20th Session, Conference at Gaesong, Korea, on the Armistice Proposal(10 August 1951), 『남북한관계사료집』(1), p. 319.

55 C. Turner Joy, *How Communists Negotiate,* p. 19.

가 길고 방어할 수도 없는 휴전선을 반도에 긋는 일은 어리석은 짓"[56]이라
는 것이었다.

애초부터 "휴전선은 짧을수록 유리하다"고 판단한 UN군 사령관 리지웨
이(Matthew B. Ridgway)는 1951년 6월 19일 밴 프리트(James Van Fleet)
에게 지시하여, 평양-원산선을 장악하도록 한 적이 있었다.[57] 그러나 그
를 위해 지불해야 할 희생을 고려할 때 그것은 이루어질 수 없는 소망이
었다.

그래서 구상한 것이 곧 캔자스 라인(Line Kansas)이었는데 이는 서쪽의
예성강 입구-철원-금화-고성을 잇는 것으로서 38°선 아래에 있었던
옹진·연안반도를 포함하지 않음을 주목해야 한다. 1951년 8월 현재 전선
은 234km로서 그 가운데 204km는 38°선 북쪽이고 30km가 38°선 남쪽이
었다.[58]

휴전선에 대하여 공산 측은 "38°선에서 군사분계선을 정해야 한다는 의
견은 절대로 흔들리지 않는 것임"을 주장했다.[59] 그러나 UN군은 38°선에
서의 휴전을 제안하는 공산 측의 입장을 받아들일 수가 없었다. UN군 대
표 하디스(Henry I. Hodes)는 그 이유를 이렇게 설명하고 있다.

> "귀측의 분계선에는 기본적인 오류가 있다. 옹진·연안반도의 분계선이
> 그렇다. …… 이 지역은 군사적 의미가 있는 곳이다. 우리로서는 이곳을
> 방어할 수 없었기 때문에 귀측은 아무런 노력도 없이 이곳을 장악했다. 귀
> 측에서 오늘 그곳에서 철군하더라도 마음먹기에 따라 곧 다시 장악할 수

---

56 Matthew B. Ridgway, *The Korean War*, p. vi.

57 James F. Schnabel, *U.S. Army in the Korean War : Policy and Direction*, pp.
   400~401.

58 Transcripts of Proceedings, Meeting on the Armistice Proposal in Korea(13 August
   1951), 『남북한관계사료집』(1), p. 377.

59 Transcripts of Proceedings, Meeting on the Armistice Proposal in Korea(26 July
   1951), 『남북한관계사료집』(1), p. 158.

있다. 바꿔 말해 귀측이 그곳으로부터 철군한다 하더라도 귀측은 군사적 가치를 포기하는 것이 아니다. UN군 측으로서 이곳에서 얻을 수 있는 군사적 가치가 없다.[60]

여기에서 생기는 하나의 의문은 왜 공산 측은 38°선에서의 휴전을 고집했는가 하는 점이다. 이 점은 옹진반도를 포기한다는 의미가 있었기 때문에 주목해야 할 대목이다. 북한이 옹진반도를 포기할 뜻을 비친 것은, 하디스 대표의 지적처럼, 38°선에서 휴전할 경우에 남한에 돌려주어야 할 땅인 38°선 이남의 옹진반도가 남한으로서는 "방어하기에 어렵고 (indefensible)," 전략적 가치가 적은 지역이었기 때문이었다.[61] 그래서 그들은 38°선 이남의 황해도 지역을 양보하더라도 전략적으로 불리할 것이 없었다. 38°선에서 휴전할 경우에 상실한 13,000㎢를 되찾는다는 명분도 있었다.[62]

그러나 UN군의 생각은 달랐다. UN군 측은 적어도 서부전선에서는 개성을 장악하는 선에서 휴전하고 싶어 했기 때문에 38°선을 휴전선으로 정하고 싶은 생각이 없었다. 휴전선은 현재 UN군과 공산군의 접전지역에 기초하고 있지만, 피아간에 방어 문제를 좀 더 안정되도록 하려면 UN군 사령부는 동해안과 금성[금화]지역으로부터 철수하는 것이 좋으며, 공산군도 마찬가지로 개성으로부터 철수하는 것이 바람직하다고 판단하고 있었다. 공산군 측은 이를 거부했다.[63]

---

60 Summary of Proceedings, 11th Session, Sub-Delegation on Agenda Item 2, Pan Mun Jom Armistice Conference(29 October 1951), 『남북한관계사료집』(3), pp. 106~107, 109.

61 Walter G. Hermes, *U.S. Army in the Korean War : Truce Tent and Fighting Front*(Washington, D.C. : Office of the Chief of Military History, U.S. Army, 1966), pp. 114~115.

62 Carl Berger, *The Korean Knot*(Philadelphia: University of Pennsylvania, 1957), p. 144.

63 Carl Berger, *The Korean Knot,* pp. 114~115.

옹진반도는 남한이 북한을 공격하는 데 중요하다는 커밍스의 주장과는 달리, 미국은 옹진반도의 전략적 가치를 중요시하지 않았다. 당시 UN군의 현지 지휘관들은 1951년 8월의 전선을 돌파하여 "한국의 허리"라고 할 수 있는 임진강 입구－철원－금화－화천－고성의 와이오밍선(Wyoming Line)에서 휴전하는 것이 최선이라고 판단하고 있었다.

와이오밍선을 돌파하면서 겪어야 할 피해가 클 뿐만 아니라 그렇게 되면 서부전선이 갑자기 확장되는 것을 UN군은 부담스럽게 생각하고 있었다.[64] 그리고 그 밑바닥에는 "섬의 고리"로써 서해안의 방위가 가능하다는 계산을 깔고 있었다.

휴전이 쉽게 이뤄지리라는 판단이 빗나가고 공산군의 저항이 예상과는 달리 완강하자 UN군에서는 공세를 강화함으로써 공산군을 위협하고자 했다. 밴 프리트는 휴전 회담 중이라 할지라도 자신의 군대가 강력한 방어선을 구축하는 데 적합한 지역을 장악해야 한다고 주장했다.[65] 따라서 중립 지대에 관한 합의가 이뤄질 때까지 전역에서 전투를 계속한다는 것이 UN군의 인식이었다.[66]

그래서 클라크(Mark W. Clark) UN군 사령관은 공산군에 대한 전면적인 공세를 포기하지 않았다. 그가 판단하기에 UN군이 휴전 회담에서 성과를 올리지 못하고 있는 것은 공산군을 충분히 압박하지 못한 탓이었다. 그는 공산군이 휴전을 모색하거나 수락하도록 강압하는 계획을 입안하고 있었다.[67]

그러나 공산군은 UN군의 그러한 위협에 굴복하지 않았다. 공산군 측은

64 J. F. Schnabel, *U.S. Army in the Korean War : Policy and Direction*, pp. 401~402; "History of the Korean War : Korean Armistice Negotiations"(July 1951~May 1952), RG 407, Historical Manuscript File(Washington, D.C. : NA), p. 1.

65 J. F. Schnabel, *U.S. Army in the Korean War : Policy and Direction*, pp. 400~401.

66 Transcripts of Proceedings, Meeting on the Armistice Proposal in Korea(10 July 1951), 『남북한관계사료집』(1), p. 4.

67 Walter G. Hermes, *U.S. Army in the Korean War*, p. 366.

"UN 측의 군사력에 대한 위와 같은 고려는 사실상 귀측의 군사력을 과장하는 것이며, 비논리적인 이유를 들어 유리한 위치를 차지하려는 의도이지만 그런 것은 실제로 존재하지도 않는다."[68]고 일축했다. 그러나 공산군의 그와 같은 저항은 약자의 항변이었을 뿐이다. 이러한 상충하는 이해관계 속에서 "현재 지상군의 접전 지역을 휴전선으로 한다"는 합의가 이뤄졌다.

5. 서해5도와 북방한계선

지상군의 접전 지역을 군사분계선으로 한다는 데 합의한 뒤 남은 문제는 해안과 도서의 문제였다. 해안과 도서의 문제가 의제로 등장한 것은 1951년 7월부터였는데, 이때까지만 해도 해안에서의 휴전선이 구체적으로 언급된 것은 아니며 피차의 기세 싸움으로 군사적 우위를 과시하는 정도였다. 이를테면 UN군의 다음과 같은 발언은 거의 협박에 가까운 기세였다.

> 우리가 합의에 도달할 수 있는 휴전 조건은 세 가지 영역이다.
> (1) 공중 영역 : UN은 한국 전역에서 우위를 유지하고 있다.
> (2) 해상 영역 : UN군이 한국 전역을 장악하고 있다.
> (3) 육상 영역 : UN군은 대충 동해안 초도리로부터 서쪽으로 평강을 거쳐 남서쪽으로 해창리를 지나 한강 어구에 이르기까지의 지역을 장악하고 있다. 육군의 화력과 공군과 해군을 고려할 때, UN군이 지상의 비무장지대에 현실적으로 영향을 미치고 있다.
> 요컨대, 지상의 비무장지대는 해군과 공군이 장악한 그 밖의 군사지역과의 연관성에 초점을 맞추어 육상의 군사분계선이 유지되어야 한다. 그 충

---

68 Transcripts of Proceedings, Meeting on the Armistice Proposal in Korea(29 July 1951), 『남북한관계사료집』(1), p. 201.

격이 어떠하리라는 것은 귀측은 잘 알고 있다. …… 귀측의 해안선에 위치한 항구, 군사 시설, 통신선, 병참 기지는 UN 해군의 의지 따라서 언제든지 해상 포격을 받을 수 있다.[69]

이때까지만 해도 공산군 측에서는 해상분계선의 문제가 안고 있는 심각성을 인지하지 못하고 있었다. 그러다가 11월에 지상군의 휴전선이 합의에 이르고 해상 문제가 부각되었을 때에 이르러서야 북한의 장평산(張平山) 소장은 "영해(territorial water)를 왜 지금 거론해야 하는가를 동의할 수 없다."고 이의를 제기했다. 그렇게 말한 것으로 보아 그는 영해 문제를 매우 간단하게 생각했거나 그에 대한 문제의식이 없었던 것으로 보인다.

지상군 전투의 용장들인 중공 측 대표는 서해안의 문제에 대하여 전문 지식도 없었고, 어차피 열세인 해상권의 문제를 둘러싸고 절박하게 다투어야 할 이유가 없었다. 그들은 향후에 서해5도가 남북관계에서 어떤 변인(變因)으로 작용할 것인지에 대한 사려가 없었다. 그를 입증하는 예로서, 중공 대표 해방은 이 문제를 다음과 같이 설명했다.

> 하디스 : 우리가 원산 연안 10해리 지점의 섬을 장악하고 있는데, 내가 귀관의 답변을 정확하게 이해했다면, 귀관은 원산 지역에 있는 도서의 점령이 분계선의 결정에 고려 사항이 될 수 없다고 말할 수 있는가?
>
> 해방 : 섬에 관해서 말한다면, 그것은 "그리 중요한 가치를 가지고 있지 않다." 그곳에는 소규모의 병력이 주둔하고 있고, 육지에 비밀 요원과 파괴공작원을 파견하는 곳으로 이용하고 있다. 그러므로 이 섬의 가치를 육지와 비교하는 하디스 장군의 발언은 틀렸다. 그들[도서]의 가치에 대하여는 서로의 입장 차이가 매우 크다.[70]

---

69 Transcripts of Proceedings, Meeting on the Armistice Proposal in Korea(27 July 1951), 『남북한관계사료집』(1), pp. 168~169.

"섬의 가치가 그리 중요하지 않다"는 해방의 설명이 놀랍고 크게 들린다. 공산군 측에서는 지상군이 대치하고 있는 휴전선의 서쪽과 동쪽의 끝에 있는 해안에 이르기까지 행정 도계(道界)를 따라 동서로 연장하면 그것이 해상분계선이 되리라고 간단하게 생각했다.

해방의 주장에 따르면,

> "서해안과 동해안으로 군사분계선을 확장하는 것은 기술적인 문제이다. 서쪽으로 분계선을 확장하는 문제에 관하여 말하자면, …… 임진강 어구로부터 분계선을 확장하여 한강 중심을 지나 황해도와 경기도 사이의 행정선[道界]을 따른다. 그러한 분계선의 확장은 양국의 해·공군을 포함한 군대가 상대방의 영토로부터 철수하는 것을 목적으로 하며, 이 분계선은 지상군의 접전 지역과는 별개이다.[71]"

공산 측에서는 압록강 어구로부터 옹진반도 연안에 이르기까지의 서해안과 원산 앞바다로부터 고성(高城)에 이르기까지의 대부분의 연안 도서가 UN군에 의해 점유되고 있다는 사실의 심각성을 당초에 깨닫지 못하고 있었다.

그러나 UN군의 생각은 달랐다. 양측 대표들이 개성에서 회담을 시작하여 휴전선의 획선에 관하여 4개월에 걸친 논쟁이 지속하는 동안에 한강에서는 특별한 해상 시위가 벌어지고 있었다. 이 시위는 옹진반도를 포함하여 38°선 이하 임진강 서쪽 200평방해리가 자기들의 것이라는 공산군 측의 주장을 봉쇄하기 위해 UN군 측이 의도적으로 전개하고 있는 것이었다.[72]

---

70 Summary of Proceedings, 15th Session, Sub-Delegation on Agenda Item 2, Pan Mun Jom Armistice Conference(2 November 1951), 『남북한관계사료집』(3), pp. 175~176.

71 Transcripts of Proceedings, 12th Session, Meeting at Pan Mun Jom, Sub-Delegation on Agenda Item 3(15 December 1951), 『남북한관계사료집』(4), pp. 231~232.

UN군 측에서는 연안과 도서 문제에 각별한 관심과 계산을 하고 있었다. UN군 대표 가운데 일원인 대로우 대령(Don O. Darrow)은 "영해를 거론하는 이유는 연안 도서를 정의하기 위해서이다. 귀하도 아는 바와 같이 연안(coastal)이라는 용어가 명백하게 어떤 한계를 지은 것이 아니며, 따라서 어떤 섬이 연안 도서에 포함되는지에 대한 명확한 정의가 없다."고 지적했다. 이어서 킨니 대령(Andrew J. Kinney)은 이렇게 부연 설명하고 있다.

> "영해(territorial water)라는 용어는 두 가지 의미를 담고 있다. 하나는 국제법상의 용어로서 육지로부터 3해리를 의미한다. 둘째로 영토 주권(territorial sovereignty)이라는 용어가 있는데 이는 육지로부터 12해리를 의미한다. 내가 알기로 귀측은 그러한 섬을 장악(control)한 적도 없고, 위에서 말한 두 가지 가운데 어느 한 의미에 포함될 섬을 가지고 있지도 않다."[73]

이 무렵이 되어서야 공산 측에서는 도서의 문제가 안고 있는 심각성을 감지했다. 이에 북한 측 대표는 북한에 소속된 도서는 당연히 돌려받는 것으로 알고 있었다. 이에 대하여 UN군 측의 버크 제독(Adm. Arleigh A. Burke)은 모질게 면박한다.

> "나는 우리가 귀측의 연안에 있는 많은 도서를 점령하고 있다는 사실을 지적하고자 한다. 우리가 이들로부터 철수한다면 이에 대한 보상(compensation)으로 비무장지대의 적절한 조정과 귀측의 철군을 기대한다. 몇몇 지역으로부터 귀측이 철수하기로 결정한다면 그에 따라서 우리도 몇 개의 섬으로부터 철수할 것을 고려하지 않을 수 없다. …… 우리는 개성과 금성, 그리고 많은 섬으로부터 철수하였다. 이러한 철수는 양측에게 모두 중요하다. 만

72 Malcolm W. Cagle, and Frank A. Manson, *The Sea War in Korea,* p. 326.
73 Subject : Staff Officer's Meeting held at Pan Mun Jom(20 December 1951), 『남북한 관계사료집』(6), pp. 41~42.

약 이에 대한 보상이 없다면 우리는 군대 철수를 제안하지 않는다."74

이제 『UN군 측의 의도는 명백해졌다. 그들은 자신들이 장악하고 있는 북한의 도서를 협상의 대상으로 삼고 있었다. UN군 측은 대가 없이 섬을 포기할 뜻이 없었다. 그들의 대화는 이렇게 이어지고 있다.

> 귀측은 UN군이 점령하고 있는 도서로부터 UN군의 철수 문제에 대한 보상을 적극적으로 거절했다. 그뿐만 아니라 귀측은 그 섬의 가치가 낮으며 별다른 결과를 유발하지 않을 것이라고 말했다. …… 귀측은 우리가 전투를 통하여 얻은 섬들을 아무런 보상 없이 돌려 줄 것을 요구하고 있다. 이러한 요구는 귀측이 열정적으로 주장하고 있는 휴전의 개념에 직접적으로 배치된다.75

하루가 지난 뒤 UN군 측은 다시 공산군을 압박했다.

> UN : "귀측은 우리가 도서를 점령한 것이 군사분계선에 대한 합의 정신을 위배하고 있다고 주장한다. 이것은 사실과 다르다. UN군에 의한 섬의 점령은 합의 정신과 문건에 부합한다."
>
> 북한 : "적절한 조정(appropriate adjustment)이 이뤄지면 섬을 포기할 수도 있다고 귀관은 말했다. 그 적절한 조정이란 무슨 의미인가?"
>
> UN : "우리는 섬을 점령하고 있는 사실에 대하여 만족하고 있다. 만약 적합한 조정(suitable adjustment)만 이뤄지면 우리는 즉시 철군한다."76

---

74 Summary of Proceedings, 14th Session, Sub-Delegation on Agenda Item 2, Pan Mun Jom Armistice Conference(1 November 1951), 『남북한관계사료집』(3), p. 165.

75 Transcripts of Proceedings, 32d Session, 6th Meeting at Pan Mon Jom(1 December 1951), 『남북한관계사료집』(2), p. 94.

76 Transcripts of Proceedings, 33rd Session, 7th Meeting at Pan Mon Jom(2 December 1951), 『남북한관계사료집』(2), pp. 117~119.

UN군 측의 대답이 모호하다. 이와 같은 논쟁에서 UN군이 발톱을 숨기고 있었던 부분은 결국 서해5도의 문제였다. 해상분계선을 "38°선 이남의 지역"이라는 조건에 따라 결정하더라도 UN군으로서는 서해5도를 놓치지 않는다는 점에서는 움직일 수 없는 확신이 있었다. UN군의 이러한 확고한 입장은 다음과 같은 초안을 받아내는 데 성공했다. 즉,

> "연안 도서(coastal islands)라 함은 비록 지금 어느 한 편에 의해 점령되어 있지만 1950년 6월 24일에 다른 한 편에 의해 관장(controlled)되고 있었던 도서를 의미한다. 연안 해역(coastal waters)이라 함은 밀물 시간에 육지로부터 3해리까지의 바다를 의미한다. 그러나 UN군 사령관은 백령도·대청도·소청도·연평도·우도를 관장할 것이며 앞으로도 점령을 계속할 수 있다."[77]

이 잠정합의안에 대하여 공산 측은 곧 후회했다. 그들은 이러한 합의에 따르면 서해5도가 남한 측에 들어가는 것에 대한 막연한 불안을 가졌던 것으로 보인다. 그래서 위의 합의안이 마련된 3일 뒤인 1월 29일에 서해의 도서만은 도계에 따르는 것이 합리적이라는 주장을 전개했다. 그렇게 되면 서해5도 가운데 우도를 제외한 4도는 본디 황해도 장연군과 옹진군에 소속되어 있었던 곳이므로 이들을 차지할 수 있으리라는 계산이었다.

그러나 이러한 제안은 UN 측에 의해 일언지하에 거부되었다. UN 측의 논리는 "1950년 6월 24일 이전의 도서는 각기 원상을 회복한다."는 기왕의 합의를 지켜야 한다고 강조함으로써 38°선 이남에 위치한 서해5도의 장악 의지를 분명히 했고, 공산 측의 주장은 수포로 돌아갔다.[78]

그런데 1952년 8월에 이르면 공산군 측은 위의 합의된 초안 중에서 "연

---

77 Draft : Armistice Agreement(26 January 1952), 『남북한관계사료집』(6), pp. 91~92
: Article II Concrete Arrangements for Cease-fire and Armistice/ A. General/ 13-b.
78 Subject : Second Meeting of Staff Officers on Details of Agreement of Agenda Item 3, at Pan Mun Jom(29, January, 1952), 『남북한관계사료집』(6), pp. 113~115.

안 해역이라 함은 썰물 때에 육지로부터 3해리까지의 바다를 의미한다."
는 조항을 삭제한 수정안을 제의했다.[79] 그들은 영해를 3해리로 정하면
공해로부터 육지까지의 거리가 너무 가까워지는 것에 대한 두려움을 감
지했다. 그들은 영해를 12해리로 정함으로써 그들의 약점인 해안이 UN
군에게서 더 멀어지기를 바랐다. 그러나 이 점은 서로의 합의에 이르지
못했다.

이러한 상황에서 해상권을 장악하고 있었던 UN군은 1952년 9월 27일에
북한을 봉쇄할 목적으로 클라크 라인(Clark Line)을 선언했다. 클라크는
이 라인을 설정하면서 그 의미를,

    (1) 해안을 통한 공산군의 공격 저지
    (2) UN군의 해상지휘선(UNC's sea lines of command) 확보
    (3) 남북 간의 밀수 무역의 저지
    (4) 이 지역에 대한 적군 공작원의 침투 저지[80]

라고 설명했다. 서쪽에서는 신의주 앞바다에서 시작하여 남쪽으로 내려와
제주도 남쪽을 거쳐 동쪽으로 뻗어 대한해협(大韓海峽)을 지나 동해안에
서 북상하여 두만강 입구에 이르는 이 해안 봉쇄선은 그들의 막강한 해군
력을 바탕으로 획선한, 대담하고도 오만한 봉쇄선이었다. 이 라인이 UN
의 동의 사항인지의 여부에 대한 논의가 있지만 이 정도의 전술적 결정은
전시에 현지 사령관이 판단할 사항이지 UN의 동의를 얻어야 할 사안은
아니었다.

79 Draft : Communist Prepared Armistice Agreement(5 August 1952), 『남북한관계사
   료집』(8), pp. 72~73 : Article II Concrete Arrangements for Cease-fire and Armistice/
   A. General/ 13-b.
80 "Letter from American Embassy in Pusan to the Ministry of Foreign Affairs of
   Korea"(September 29, 1952), 외교통상부 외교사료관 소장, 『유엔사령부의 해상방
   위봉쇄선(Clark Line) 설정 및 폐지 : 1952~53』(분류번호 743.4, 등록번호 427,
   Microfilm Roll No. K-0001), p. 0008.

미국 국무성은 내부 문건으로 이를 추인하는 결정을 권고한 바 있다.[81] 이 봉쇄선은 휴전 협상 당시에 공산군을 압박하는 수단이었을 뿐만 아니라 뒷날 동해안에서의 맥아더 라인(MacArthur Line)과 이승만의 평화선에 암시를 주었을 수 있다.

클라크 라인은 휴전 협정 가운데에서 "협정 조인 10일 이내에 연안 도서로부터 철수한다."는 조항(제2조 A/13항-b)과 "해상 봉쇄를 금지한다"는 조항(제2조 A/15항)에 따라 협정 발효와 함께 폐기되었고 8월 4일에 도서로부터의 철수를 완료했으며, 8월 27일에는 클라크 라인의 철폐를 선언했다.[82]

클라크 사령관은 이와 관련하여 한국의 해상 방위를 공약함으로써 해상 방위에 관한 한국 정부의 불안감을 안심시키는 한편, 북진 통일을 주장하는 한국도 이와 관련된 국제법을 준수할 것을 암묵적으로 압박했다.[83]

서해5도의 문제는 결국 휴전 조약 제2조 A/13-b에 다음과 같이 최종적으로 확정되었다.

> 휴전 협정이 발효한 뒤 10일 안에 상대방 측의 후방 및 연안해와 해안 도서로부터 모든 군대 보급 물자와 장비를 철수해야 한다. …… 위의 연안 도서라 함은 본 휴정 협정의 발효 시에 일방에 의해서 점령된 것이라도 1950년 6월 24일에 타방의 통할(統轄) 아래 있었던 도서를 말한다. 황해도와 경기도와의 도계선의 북방 및 서방에 위치한 모든 도서는 조선인민군최

---

81 "Memorandum by the Assistant Secretary of State for UN Affairs(Hickerson) to the Secretary of State,"(October 2, 1952), *FRUS : 1952~1954*, Vol. XV, *Korea*, Part 1(Washington, D.C. : USGPO, 1984), pp. 551~553 : Tab C : "Recommendations for Extension of UN Selective Embargo."

82 『한국전란4년지』(서울 : 국방부전사편찬위원회, 1955), p. B6 : 일지 1953년 8월 4일자; p. B21 : 일지 1953년 8월 27일자.

83 "Letter from Clark to Pyun Yung Tae(Minister of Foreign Affairs of Korea)"(17 September, 1953), 『유엔사령부의 해상방위봉쇄선(Clark Line) 설정 및 폐지』, p. 0081.

고사령관 및 중공인민의용군사령관의 군사 지배 아래 둔다.

단 백령도(북위 37° 58' 동경 124° 40'), 대청도(북위 37° 50' 동경 124° 42'), 소청도(북위 37° 46' 동경 124° 46'), 연평도(북위 37° 38' 동경 125° 40') 및 우도(북위 37° 36' 동경 125° 58') 등의 도서와 UN군 총사령관의 군사 통치 아래 포함되어야 할 도서는 이 규정에 따르지 않는다. 한국 서해 안을 연(沿)하여 위에서 말한 도계선 남방에 위치한 모든 도서는 UN군 총사령관의 군사 통치 아래 둔다.[84]

요컨대 휴전회담에서 서해5도를 둘러싼 양측의 길항은 그곳의 중요도에 대한 판단의 차이에 기초를 두고 있었다. 어차피 해상권에서 크게 열세를 보이던 공산 측으로서는 도서에 집착함으로써 섬으로부터의 철수에 대한 "보상"을 요구하는 UN군 측의 공세를 감당할 수 없는 바에야 도서에 미련을 둘 필요가 없었다.

그와는 달리 UN군으로서는 도서의 장악에 기초를 둔 해상권을 장악하고 휴전선을 될 수 있는 대로 단거리화한다는 원칙에 따라서 옹진반도에로의 북진과 수복을 위해 희생을 치를 의지가 없었다. 그리고 그것은 단순히 서해라고 하는 국지적인 전술의 문제가 아니라 "해상권이 역사를 지배한다."는 오랜 전통에 기초를 두고 있었다.

그런데 이 무렵 양측의 합의와는 무관하게, 그리고 공산 측으로서는 예상하지도 못한 사건이 발생했다. 그것은 휴전 협정이 조인되고 30일이 지나 발효한 지 3일 뒤인 1953년 8월 30일에 UN군사령관이 서해5도를 연결하는 클라크선언(Clark Proclamation)을 발표한 것이다. 이는 서해5도를 연결하는 선과 북한의 영해와의 중간기선을 남한의 북방한계선(Northern Limit Line : NLL)으로 한다는 내용이었다.

---

84 Walter G. Hermes, *U.S. Army in the Korean War : Truce Tent and Fighting Front*, pp. 518~519. 『한국전란3년지』(서울 : 국방부전사편찬위원회, 1954), p. C398에 수록된 휴전협정문의 동일 조항 중에서 " …… 牛島 등의 島·郡과 …… 모든 도서는"이라는 부분에서 島·郡은 "群島"(islands)를 오역한 것이다.

본디 북방한계선이라 함은 지상에 설정된 휴전선을 사이에 두고 남북으로 2km의 비무장지대를 설정하여 그 북쪽에 그어진 선을 의미했고, 휴전선 남방 2km의 선을 남방한계선이라 했다. 그런 점에서 서해안의 군사분계선을 북방한계선이라고 이름 지은 것은 적절하지 않았다. 그것은 정확히 서해군사분계선을 의미하는 것이었다. 여기에는 그럴 만한 이유가 있었다.

휴전 조약에 해상분계선에 관한 명시적 조항이 없었다는 데에서부터 문제점이 잉태되어 있었다. 휴전 조약상의 군사분계선은 정확히 지상군에게만 적용하는 것으로 되어 있었다. 해상분계선에 관한 명시적 조항이 없었던 이유는, 공산 측의 12해리 영해 주장과 UN군의 3해리 주장이 합의에 이르지 못한 데 일차적 원인이 있지만, 그 이면에는 해상 전투에서 일방적으로 패퇴하고 있던 공산군 측이 UN군에 의한 서해 도서 점령을 격퇴할 여력도 없었고, 향후의 해상권이 남북 관계에 미칠 영향을 간과했기 때문이었다.

애초 클라크가 구상한 북방한계선은 북한군의 남진을 저지하기 위한 것이 아니라 남한의 북진론자들이 "넘어서는 안 될 선"이라는 의미로 설정된 것이었다. 당시 미국으로서는 이승만의 반공·북진 논리가 휴전에 걸림돌이 되리라고 판단했다. 이승만의 반공 노선은, 무쵸(J. Muccio) 대사의 표현처럼 광망증적(狂妄症的) 북진통일론(mania for reunification)[85]으로 나타났다.

그것이 허세였든 아니면 진심이었든 간에 전쟁 이전에는 말할 나위도 없고 초전의 비참한 패배 상태에서도 이승만은 북진통일론을 포기하지 않았으며, 막상 말리크(Y. Malik)의 휴전 제안이 발표되었을 때에도 "휴전은 도저히 수락할 수 없는 것이며, 유화(宥和)야말로 우리를 대전(大戰)

---

85 Dean Acheson, *The Korean War*, p. 122; Dean Acheson, *Present at the Creation*, p. 534; "Interview with Syngman Rhee : If There's a Truce in Korea," *U.S. News & World Report*(March 7, 1952), p. 56.

으로 이끌고 가는 것이지 결코 평화로 이끌고 가는 것이 아니다."[86]라고 주장했다.

미국으로서는 이승만의 이와 같은 고집을 억제해야 한다고 판단했고 그러한 구상으로 나타난 것이 곧 북방한계선이었다. 따라서 이는 북한의 동의를 얻어야 할 사안이 아니었다. 그 대칭 개념으로서의 남방한계선이 없다는 점이 이를 증명해 주고 있다. 북방한계선은 영해선의 개념이 아니었다.[87] 이를 영해로 볼 경우에 연평도와 소청도의 주변 12해리를 영해로 친다고 하더라도 두 섬의 거리가 47해리이므로 두 섬 사이에는 23해리의 공해(公海)가 형성되는 문제와 상충하기 때문이다.

이와 관련해서는 1989년 6월 3일자로 UN군사령관 메네트리(Louis Mene-trey)가 한국의 국방부장관 이상훈(李相薰)에게 보낸 다음과 같은 "이상한" 문건이 있다.

> "정전 협정상에는 북측의 선박들이 단순히 북방한계선을 넘어오는 데 대하여 UN군사령부는 항의할 권한이 없음. 그러나 북측 선박들이 서북도서 해상 3해리 이내에 들어오거나 대한민국 선박에 대하여 발포하고 이를 격침하거나 나포하려는 등 명백한 도발 행위를 자행할 때 UN군사령부는 북측에 항의 전문을 발송하거나 군사정전위원회 본회의를 소집하여 북측의 행위를 항의·비난할 수 있음"[88]

위의 문건 중에서 "북측의 선박들이 단순히 북방한계선을 넘어오는 데 대해 UN군사령부는 항의할 권한이 없음"이라는 문건이 주는 함의가 미묘

---

86 공보처, 「말리크의 휴전 제안에 대한 李大統領 성명」(1951. 6. 27.); 「38선 정전 문제에 관한 李大統領 담화」(1951. 7. 3.), 『韓國戰爭2年誌』(서울 : 국방부전사편찬회, 1953), pp. C1~C3.

87 이에 관한 기왕의 논의로는, 임규정·서주석, 「북방한계선의 역사적 고찰과 현실적 과제」, pp. 55ff; 정태욱, 『한반도 평화와 북한 인권 : 법철학적 기록』(서울 : 한울, 2009), pp. 150ff 참조.

88 『군사정전위원회편람』(2)(서울: 국방정보본부, 1993), p. 425.

하다. 이 구절에 NLL을 둘러싼 갈등의 소지가 내재하여 있기 때문이다. 그런데 UN군에서는 소청도와 연평도를 연결하는 선을 군사분계선과 같은 의미로 쓰기 시작했고, 그것이 일부 보수적 논자들에 의해 "영해의 선"으로 확대하여 해석되었을 뿐이다.[89]

북방한계선에 대한 논의를 전개하면서 겪게 되는 하나의 난감함은 이를 입증하는 어떠한 문건(written document)도 보이지 않는다는 점이다. 이는 소위 "클라크선언문"이 존재하고 있음에도 불구하고 아직 공개되지 않았을 의미할 수도 있고, 아니면 그 선언이 "구두 선언"이었을 수도 있음을 의미한다. 북방한계선과 서해5도에 관한 그 많은 논문의 필자 중에서 NLL의 원문과 소재를 알고 있는 사람이 없다는 것은 기이한 일이다.

현재로서는, "1953년 8월 30일에 클라크 사령관이 클라크라인을 폐기한 뒤 UN의 해군과 공군의 초계 활동을 한정하고자 서해에서의 북방한계선과 그 이남의 완충 구역을 설정하였는데, 이는 대체로 서해5도와 북한의 육지와의 중간선에 연(沿)하는 11개의 좌표를 잇는 선"[90]으로 정의되고 있다.

NNL에 관한 한국 정부의 공식 문건은 국방정보본부의 문서로서, "북방한계선이라 함은 UNC/연합사 교전 규칙 S항 '자'조에 규정된 것으로서 UNC/연합사 해군 및 항공 초계 활동의 북방 한계를 결정짓고자 UN군 사령관이 일방적으로 설정함"이라고 되어 있으나,[91] 한미연합사령부(ROK-US

---

89 이에 대하여 최초로 문제의식을 가진 사람은 리영희였던 것으로 보인다.[리영희, 「북방한계선은 합법적 군사분계선인가?」 『통일시론』(1999/여름호), pp. 23~63.] 그러나 그가 중요한 논거로 삼고 있는 「한국전쟁에 관한 극비 문서」란 *Foreign Relations of the United States : 1952~1954*, Vol. XV, *Korea*, Part 1 & 2에 수록된 일련의 문건을 "과장한" 것이며 그 인용도 매우 허술하여 학술적 가치는 많이 떨어진다. 그가 「한국전쟁에 관한 극비 문서」라고 명명한 문서는 그가 임의로 지은 이름이며, 정확히 학술적으로 그런 문서는 존재하지 않는다.

90 임규정·서주석, 「북방한계선의 역사적 고찰과 현실적 과제」, 『현대이념연구』 (14/1999), p. 52.

91 『군사정전위원회편람』(2), p. 425.

Combined Forces Command)는 1978년 11월 7일에 창설되었고, NNL은 1953년 8월에 결정된 것으로 본다면, 위의 문건은 "해석"이지 원문이 아니다. 따라서 NNL에 관한 어떤 출전(出典)도 없고, 학술적으로 입증되지 않은 "설"(說)만이 무성하다.

NLL에 관한 한 가장 가까운 위치에 있었던 전(前)UN군사령관 정전 담당 특별 고문 이문항(James M. Lee)은 그의 저서에서 이렇게 회고하고 있다.

> "내가 1958년 주한 미군해군사령부 문서철에서 본 바에 따르면, NLL은 1958년에 설정된 해군작전통제선을 의미하는 것이며, 자신은 1966년에 UNC 군사정전위원회 역사분석관으로서 서해5도와 북한 연안의 중간에 잉크로 북방한계선을 써넣은 3급 비밀 문서(confidential)를 본 적이 있다."[92]

그러나 이문항은 정확한 소장처와 작성자 및 작성 일자 및 좌표에 대하여 언급하지 않았다. 그는 필자와의 대담에서 주한해군사령부(Commanding Naval Forces in Korea)에서 그 문서를 복사하여 국방부정보국 연락장교단 단장 이양호(李養鎬) 대령(훗날 합참 의장과 국방부 장관이 됨)에게 전달했다고 증언했다.[93]

이문항의 언급한 바에 따라서 필자는 한미연합사령부의 담당관(익명을 요구)과 접촉하여 클라크선언의 존재 여부에 관하여 문의한 결과(2001. 5. 15~17.) 다음과 같은 답신을 받았다.

> 귀하,
> 본관은 그러한 문건[클라크선언]을 본 적이 없습니다. 본관이 이제까지 살펴본 바에 따르면, 그러한 문건은 존재한다고 믿을 수가 없습니다. NLL은 정전 조약이 체결된 후 정전 교전 규칙(AROE, Armistice Rules of

---

92 이문항(James M. Lee), 『JSA - 판문점: 1953~1994』(서울: 소화, 2001), pp. 91~92.
93 이문항(James M. Lee), 전(前)UN군사령관 정전 담당 특별 고문)과의 전화 대담 (2011. 5. 16, 19.) 이양호 장관과의 대담은 그의 건강상의 이유로 거절당했다.

Engagement)으로 작성된 것을 의미하는 것으로서 그 좌표(coordinates)
는 그때나 지금도 비밀 해제가 되지 않았습니다. 당시 공산군은 NLL을
넘어올 해군력을 갖추고 있지 못했기 때문에 클라크 장군이 NLL을 선포
(proclamation)했다는 것은 상상할 수도 없는 일입니다.[94]

이문항은 "서해상의 군사분계선은 존재하지 않았다"고 강변하면서 1966
년도에 그에 관한 3급 비밀 문서를 보았다고 하고, 한미연합사의 담당관
은 "NLL에 관한 문서는 없다."고 주장하면서 아직 기밀 해제되지 않았다
는 두 증언은 매우 혼란스럽다. 이 문제를 정리하자면,

> (1) 명백한 의미로서의 북방한계선이라는 것은 없고,
> (2) 오늘날 NLL이라는 이름으로 출전 없이 인용되고 있는 것은 정확히
>   북방한계선이 아니라, 정전 교전 규칙(AROE)에 의한 전선일 뿐이며,
> (3) 그 좌표가 어디인지는 아직 공개되지 않았다.

이처럼 출전(出典)이 없고, 그밖에 학술적으로 입증되지 않은 것은 한국
현대사 연구가 그만큼 허술하다는 뜻이겠지만, 그 어느 쪽이든 간에 북방한
계선으로 통칭하는 "클라크선언"은 태생적으로 분쟁의 요소를 안고 있었다.
당시 공보처장 갈봉근(葛奉根)이 북방한계선이 결정된 것으로 알려진
1953년 8월 30일의 다음 날인 31일에 클라크 라인의 철폐에 대하여 성명
을 발표하면서, "전쟁이 종결된 이때 넓은 수역을 무방비상태로 놓아둔다
는 것이 적에게 얼마나 유리한 것인가를 그가 모르고 있다는 것은 모순된

---

94 답신의 원문은 다음과 같다.
Sir,
No. Until I see it, I can't believe that it exists. The NLL was created after the
signing of the Armistice Agreement as part of the AROE(Armistice Rules of
Engagement) and coordinates were(and still are) classified secret. The communists
had no naval assets to cross the NLL so the idea that Mark Clark would make
a proclamation on it seems unimaginable.

일이며, 우리는 이를 유감으로 생각한다."[95]고 언급한 것을 보면 그도 하루 전에 있었던 NLL에 관한 클라크 선언을 모르고 있었음이 분명하다.

이러한 문제점을 안고 있음에도 불구하고 북방한계선이 남한 측에 의해 지속해서 유지되고 있는 논거는,

> (1) 북방한계선이 "전시의 점유 지역"이라는 점이다. 이는 아직 한국전쟁이 지속하고 있음을 의미한다. 이에 대한 논거로서는 휴전 조약 체결 이후 1976년까지 645회의 교전으로 미군 85명, 한국군 368명, 민간인 148명이 사살되었으며, 북한 측의 주장에 따르면 휴전으로부터 1993년까지 미군과 한국군에 의한 343,584회의 정전 협정 위반 사실이 자행되었고(완장 미착용과 같은 경미한 위반 사실은 제외됨), UNC(한국과 미군)의 주장에 따르면 북한에 의한 126,583회의 정전 협정 위반 사실이 자행되었다.
>
> 이러한 위반의 회수 가운데에서 북한이 시인한 것이 95회이고, UNC가 시인한 것이 2회인 것을 감안한다면, 위의 위반 숫자는 선전 목적이 가미된, 과장된 허수일 것이다. 그러나 그 숫자는 양측이 적대적 대치 상태였음을 의하는 것임을 부인할 수는 없다.[96]
>
> (2) 전후 60년 동안 남한이 이를 "실효적으로 지배"하고 있다.
>
> (3) 그동안 이에 대한 "북한의 묵시적 추인"이 있었다. 예컨대, 한국의 일부 학자들은 그러한 논거로서 북한에서 발행한 『조선중앙연감』 (1959, p. 253)의 황해도 연안 해상지도에서 북한이 서해5도의 북쪽을 군사분계선으로 그려 넣은 점을 지적한다.[97] 그러나 이 지도는 서해5도의 북쪽 영해선을 점선으로 "띄엄띄엄" 그려 놓았을 뿐이지 NLL과 같은 형식의 "이어진" 분계선이 아니므로 이를 북한의 추인으로 보기는 어렵다는 견해가 있다.[98]

---

95 『한국전란4년지』, p. B24 : 일지 1953년 8월 31일; 『한국전란4년지』, p. C94 「UN 군사령관의 한국방위수역 철회에 대하여 갈(葛)공보처장 담화(1953. 8. 31.)

96 이문항(2001), pp. 367~371에서 작성.

97 국방부 정책기획본부 정책기획관실, 『북방한계선(NLL)에 관한 우리의 입장』(서울 : 국방부, 2007), p. 18.

이밖에 제6차 남북고위급 회담(1992. 2. 19.)에서 발효된『남북한 사이의 화해와 불가침 교류·협력에 관한 합의서』제2장에서 상호 간의 무력 사용과 침략 금지, 대화와 협상을 통한 문제 해결, 불가침 경계선(10조)과 구역의 규정(11조)에 관한 조항이 이에 해당한다고 주장한다.[99]

(4) 그동안 남북관계를 처리하는 과정에서 북방한계선을 접촉 장소로 이용한 "관행"이 있었다는 점이다. 이를테면, 1984년 남한의 수재 당시에 북한이 구호품을 북방한계선에서 인도한 점, 2011년 북한 표류선의 선원을 이곳에서 북한에 인도한 점 등이 이에 해당한다.

이러한 논리에 대하여 북한이 연평도와 소청도 사이에 영해가 존재한다고 주장하는 데에는 국제법상 논거가 있고 따라서 분쟁의 소지를 안고 있는 것은 사실이다. 그러나 현재 한국전쟁은 "종전되지 않았고," 따라서 전시점유물인 북방한계선은 "전선의 효력"을 여전히 가지고 있다고 보아야 한다. 따라서 이 문제는 남북한 사이에 어떤 제3의 형태로서의 조약에 따라 합의되지 않는 한, 현재의 갈등은 지속할 수밖에 없다.[100]

6. 맺음말

이 글은 현재 남북관계에서 문제점이 되고 있는 북방한계선과 서해5도의 역사적 배경을 제시하고자 할 뿐이지 현재의 북방한계선의 논쟁에 빠

---

98 정태욱, 서해북방한계선(NLL) 재론: 연평도 포격 사건을 계기로」, 『민주법학』 (No. 45/ 2011. 3.), p. 282; 정태욱, 『한반도 평화와 북한 인권: 법철학적 기록』, pp. 175 참조.

99 임규정·서주석, 「북방한계선의 역사적 고찰과 현실적 과제」, p. 57.

100 이 점에 대해서도 논란이 있다. 진보주의 학자들은 한국이 휴전조약의 체약국이 아님을 지적하면서, 남북한의 평화조약의 당사자가 아니라고 주장한다. 조시현, 「서해상의 남북 충돌과 해결 방안 : 국제법의 관점에서」, 평화심포지움 : 서해상의 평화 정착을 위한 규범적 검토 토론문」(국회의원회관, 2011. 3. 24.), p. 1.

져들 뜻이 없다. 현재의 문제는 과거의 사실에 기초하여 국제법학자나 기능주의자들이 해결해야 할 또 다른 문제이며, 이 글의 논의의 범위를 넘어서는 것이다. 이 글은 역사학의 논문이므로 실제로 있었던 사실(what really happened)을 기술할 뿐 그 현대적 해석을 유보하면서 다음과 같은 결론을 제시한다.

[1] 해방정국에서 한국의 분단을 주도했던 미국의 기본 정책은 해상권에 의해 한반도에서 우월한 지위를 차지하되 지상군의 상륙을 억제한다는 원칙에 입각해 있었다. 그 결과 1945년의 분단 결정 과정에서 미국의 전쟁성 작전국은 옹진반도와 서해5도의 점유를 구상했으나, 분할선을 최단거리화해야 한다는 방위전략상의 고려로 말미암아 그러한 분할안이 폐기되었다.

[2] 한국전쟁 당시 옹진반도를 둘러싼 군사적 길항(拮抗)은 치열하고도 심각했다. 전략적 가치로 볼 때 이 지역은 피아간의 공방의 요충지였으나, UN군이나 남한으로서는 이곳을 점유할 경우에 전선이 확대된다는 점과 그로 말미암은 군사비의 증대를 고려하여 이 지역을 포기하였다. 그러한 고려를 하면서도 서해5도를 중심으로 하는 "섬의 고리"를 통하여 공산 세력의 남진을 봉쇄할 수 있으리라고 확신했지만, 초전에 패퇴하는 결과를 빚었고 이어서 중공 지상군의 대거 투입으로 말미암아 미국의 해상 방위 전략에 차질이 발생했다.

[3] 휴전 협상 과정에서 조이 제독을 중심으로 하는 마한주의자(Mahanist)들은 오랜 해상 작전의 경험을 통해 서해5도의 가치를 감지하고 있었으므로 이를 장악하고자 지모를 동원했으나, 공산 측은 향후에 전개될 남북의 군사적 긴장 관계에서 서해5도가 갖는 전략적 가치를 헤아리지 못함으로써 이를 소홀히 취급했다.

중공 대표들이 국공내전의 탁월한 전사로서 지상군의 용병(用兵)에서는 UN군을 저지할 수 있었지만, 해상권에 대해서는 경험이나 지략도 없었고 저항 능력도 없었다. 그리고 그것이 결과적으로 뒷날 남북 관계에서 남한이 서해에서의 제해권을 장악하는 토대를 마련해 주었다. 1973년 11월에 개최된 제346차 군사정전위원회에서 이 일대가 자신들의 영해임을 주장했을 때, 그들의 후회는 이미 너무 늦어 있었다.

[4] 휴전 조약이 체결된 이후에 설정된 북방한계선의 애초 목적은 남한의 반북주의자들이 북한 쪽으로 진군하면서 넘어서는 안 되는 선이라는 의미로 클라크 UN사령관이 일방적으로 획선한 것이다. 당시의 의도로 본다면 이것은 영해선의 의미를 갖는 것은 아니었고 "끝나지 않은 전쟁의 전선"의 의미를 갖는 것이었으나 남북의 분단 체제가 대결 구도로 경직되면서 남한의 보수주의자들에 의해 영해의 개념으로 확대·해석되었다.

19장 한국사에서의 전쟁과 평화

"적국과 전쟁이 없는 나라는
늘 멸망했다"
(無敵國外患者恒亡)
– 맹자(孟子)

"신의 존재가 영원하듯이
조국을 위해 목숨을 바친 사람들도
영원할 것입니다."
– 페리클레스(Pericles)의
"사모스전쟁 전몰장병추모연설"[1]

"전쟁을 즐기는 백성을
흩어 버리소서."
–『시편』 68 : 30

1. 머리말

인간의 원초적인 존재론적 고민으로 돌아가서 한 번 생각해보자. 인간은 선량한 존재인가? 아니면 사악한 존재인가? 우리는 여기에서 그 어느

* 이 글은 한국전쟁기념관 주최 "한국전쟁발발기념 특강"(한국전쟁기념관, 2017. 6. 23.)을 논문으로 개고한 것음.

1 『플루타르코스영웅전』, 「페리클레스전」, § 9.

편에 서야 할 만큼 선학(先學)들에 견주어 학문이 깊지도 못하다. 또 굳이 그 어느 쪽을 택일할 의무도 없다. 그러나 우리는 선량한 사람도 많이 보았고 그와 함께 사탄과 같은 무리도 많이 보았다. 뒤의 무리는 주로 전쟁을 일으킨 이들이었다.

동물과 같은 시대에는 수컷의 본능으로 싸웠고, 그 뒤에는 먹이 때문에 싸웠고, 그다음에는 땅 때문에 싸웠고, 그다음에는 지배자의 허영과 야망 때문에 전쟁에 내몰리더니, 이제는 자원 전쟁의 시대로 들어섰다. 이 싸움은 태초에서부터 있었고, 말할 때마다 도덕을 거론하는 사회에서도 전쟁은 그치지 않고 있다.

기록에 따르면, 기원전 5천년경에 이미 벨기에의 다리엥(Darien) 마을에는 해자(垓字)와 목책이 건설되어 있었고, 샌프란시스코에서는 두개골에 화살촉이 박혀 있었으며, 독일의 슈투트가르트에는 돌도끼로 살해된 선사시대의 유골이 발견된 바 있다.[2] 그런 점에서 인류의 고대사는 자연주의자들에 의해 평화라는 이름으로 미화되었고, 중·근대 이후에는 평화니, 도덕이니, 사랑이니, 종교니 하는 엄숙주의(嚴肅主義, rigorism)로 역사는 위장(僞裝)되었다.

그러나 1960년대에 행태주의(behavioralism)가 미국에서 풍미한 이래 그러한 위장과 허위의식에 싸였던 정치학과 역사학은 인간의 추악한 모습을 하나의 장르로 적나라하게 세상에 노출했다. 추악한 모습이라고 해서 덮고, 숨기고, 언급하지 않았다는 것이 그들의 정직한 고백이었고, 그들의 그러한 고백과 용기는 옳았다.

행태주의자들은 사회의 어두운 영역에 대한 도전과 함께 부패를 학문의 주제로 노출하기 시작했다. 그러한 주제로 우리의 담론의 중심에 선 것이 전쟁이었다. 이제 평화만 외치고 전쟁의 참혹성을 덮으려던 도덕주

---

2 Lawrence H. Keeley(지음), 김성남(옮김), 『원시 전쟁』(*War Before the Civilization : The Myth of the Peaceful Savage*)(서울 : 수막새, 2014), pp. 7~12.

의는 더 이상 설득력이 없다. 따라서 그러한 역사학이나 정치학의 주류에서의 전쟁부도덕론도 이제는 많이 바뀌었다.

한국사로 눈을 돌려보면, 결정적인 이유로서 한국전쟁의 참혹함을 겪은 회오(悔悟)에서 전쟁에 대한 새로운 인식이 비롯되었으며, 이제 우리의 역사에서 백의민족, 동방예의지국(東方禮儀之國), 평화를 사랑하는 민족 등의 개념은 더 이상 덕담이 아니다. 전쟁은 늘 우리 곁에 있다. 그것의 호오(好惡)는 중요하지 않다.

1816년에 서양인 최초로 백령도와 대청도, 소청도, 격렬비도를 탐사하고 해도를 그린 다음 조국 영국으로 돌아가던 홀(Basil Hall) 선장은 귀국 길에 센트 헬레나(Saint Helena)에 유폐되어 있던 나폴레옹(Napoleon)을 만나 조선의 평화스러운 모습을 들려주자 나폴레옹이 "침략 전쟁을 하지 않는 나라도 있다던가?" 하면서 신기하게 여겼다는 기록[3]도 더 자랑이 아니다.

이제 전쟁을 터놓고 이야기할 때이다. 누구의 잘잘못이나 전쟁의 참상은 후세의 역사가들이 평가할 문제이며, 우리가 전쟁에 대한 논의를 회피해야 할 이유는 없다. 역사를 돌아보면, 전쟁을 즐긴 나라도 멸망했고, 회피하지 말았어야 할 전쟁을 회피한 나라도 멸망했다. 우리는 그 뒤의 사례에 해당한다. 전쟁을 자랑할 일도 아니지만 부끄러워해야 할 일도 아니다. 이 글을 그런 얘기를 해보고자 쓴 글이다.

2. 전쟁과 국민공동체

그렇다면 누가 전쟁을 하는가? 고대 사회에서는 노인과 아이들이 아니면 모두 전사(戰士)였다. 제1차 세계 대전 무렵 독일 황제(Kaiser)는 "자식

---

3 문일평, 『호암전집(3) : 史外異聞秘話』(서울 : 조광사, 1946), pp. 98~99.

을 둔 아버지는 전방으로 보내지 말라"[4]는 특명을 내렸지만, 그것은 매우 특이한 사례였다. 한때 용병(傭兵)의 시대가 있었지만 양차 대전을 겪고, 현대사에 가장 참혹했던 한국전쟁과 월남전쟁을 거치면서 세계는 다시 국민개병제로 선회하기 시작했다. 이제 노인은 더 말할 나위도 없고 아이들도 전쟁으로부터 자유롭지 않은 시대가 되었다. 역사낙관론자들의 희망이나 소망과는 달리 세상은 더 사악해지고 있다.

여인들도 징집의 예외가 아니었다. 저 유명한 아마조네스(Amazones)는 여성 전사들이었다. 우리나라에서는 제주도에 그 잔영이 남아 있다. 민방위제도에 따른 직접적인 참전은 아니지만, 유럽의 경우, 특히 그리스/로마를 지킨 데에는 여성의 힘이 컸다. 아테네의 극작가 크세노폰(Xenophon)의 기록에 따르면, 전쟁에서 죽은 젊은이의 어머니들은 영웅 같았고, 살아 돌아온 병사의 어머니들은 죄인의 표정이었다. 킴브리아족(Kimbria)의 여인들은 전쟁에 지고 비겁하게 도망쳐오는 남편과 형제와 아버지를 죽이고 자식들과 함께 자살했다.[5]

한국사의 경우를 보면 김구(金九)의 어머니 곽낙원(郭樂園)도 그러했고, 안중근(安重根)의 어머니 조(趙)마리아도 그러했고, 길주(吉州) 3·1운동의 주역 동풍신(董豊信)[6]도 그렇게 최후를 마쳤다. 이런 점에서 고대 사회에서의 전쟁은 국민개병제였고 총력전이었다. 직업 군인이란 존재하지 않았다. 그러다가 상비군이 조직된 것은 한참 뒤의 일이었다.

1) 군인만의 전쟁은 없다

국민 모두가 전투에 참여하는 총력전은 모병제와는 달리 지도층이 정

---

4 Barbara Tuchman(지음), 이원근(옮김), 『8월의 포성』(*The Guns of August*)(서울 : 평민사, 2008), p. 99.

5 『플루타르코스영웅전』, 「마리우스전」, § 27.

6 『독립운동사(2) : 3·1운동사』(상), (서울 : 원호처, 1971), p. 752.

밀하고 방대한 선전 수단을 조작(操作)하여 국가주의, 민족주의, 애국심 등을 앙양하고 이에 호응하여 국민으로부터의 일체화를 앙진(昻進)하고 거국일치제를 취하는 제도7를 뜻한다. 이 제도에 따르면 민간인도 전투로부터 자유로울 수 없다. 여기에서 전쟁 참여가 자의냐 강제냐의 문제는 중요하지 않다. 다만 국민 정신이라는 점에서 볼 때 지원병에 대해 더 많은 점수를 줄 수 있을 뿐이다.

한국사의 경우를 보면 고대시대로부터 비전투원의 전쟁 참여는 흔히 있던 사례였다. 이를테면 임진왜란 당시의 국토 방위는 무기를 손에 잡아 본 적도 없는 칠백의사(七百義士)를 포함한 의병이 주력 부대를 이루었고, 한일합방 당시에는 정부군의 항쟁이 전혀 없는 상황에서 조국을 구출하고자 목숨을 바친 무리는 오직 의병뿐이었다. 그들은 군사 훈련을 받은 사실도 전혀 없는 문사들이었다.

제4차 중동전쟁 당시에 이스라엘은 전쟁이 일어난 지 10분 이내에 방송 망을 통하여 동원령을 공포하여 1시간 이후에 징발한 민용 차량을 병력 수송에 투입하였고, 48시간이 지난 뒤에는 전국의 30만 병력이 지정된 지역에 집결하여 무장을 끝낸 뒤에 전시 작전에 투입함으로써 전쟁을 승리로 이끌 수 있었다. 이스라엘은 면적이 이집트에 1/37에 지나지 않고 인구도 1/10에 지나지 않지만, 평시에 고도의 예비 동원 능력을 유지함으로써 초기의 수동적 입장에서 후반에는 주동적인 공격으로 전환한다.8

2) 군인은 전쟁만 하는 것이 아니다

군인의 주요 역할이 전투이겠지만 그것뿐이라면 군인의 사회적 공헌은

---

7 이상호 · 박영실, 『6 · 25전쟁 소년병 연구』(서울 : 국방부군사편찬연구소, 2011), p. 12.

8 王普豊(지음), 황병무(옮김), 『현대국방론』(서울 : 국방대학원, 1997), pp. 261~2, 333.

그리 중요하다고 할 수 없다. 오히려 그들이 전투 이외에 수행할 수 있는 사회적 기능이 더 소중할 때가 있고 신생국가의 건설 과정에서는 더욱 그러하다. 한국의 경우도 그 예외가 아니다. 이러한 논의는 군인이 지니고 있는 사회심리적 특성과 밀접한 관련을 맺고 있다.

이를테면, 군인의 강렬한 대결의식이 때로는 적과 동지의 이분법적 사고를 불러일으키지만, 사회적 진보의 계기를 마련해 주며, 합리성과 고도의 능률을 최고의 가치로 생각함으로써 보수 사회의 탈근대화 작업에 기여하며, 산업화된 사회에서 유통되고 있는 원리와 원칙에 집중했다.[9]

그 선악과 공과를 획일적으로 단정할 수는 없지만, 군인의 사회적 기능으로서의 정치 활동은 발전 국가의 과정에서 간과할 수 없는 부분이다. 이를 가리켜 나쁘게는 군부의 정치 개입이라 할 수 있고, 좋게는 근대화의 단축이라고 할 수 있다. 그들은 왜 군인 본연의 업무에서 벗어나 정치에 개입하는가? 이에 대한 답변으로서는,

(1) 민간 단체가 부패하여 가까운 장래에 근절되지 않을 경우
(2) 물질의 진보와 이념의 전망 사이에 상당한 괴리가 보일 경우
(3) 전통적인 사회 구조가 물질의 진보를 이룩하지 못할 경우
(4) 엘리트들이 사회 동원이나 근대화의 계기를 선용하리라는 기대가 좌절될 경우[10]

등을 지적할 수 있다. 이 부분은 군부의 정치 개입에 대한 긍정적인 부분

9 Lucian Pye, "Armies in the Process of Political Modernization," in Welch, Claude E.(ed.), *Political Modernization*(Belmond : Wadsworth Co., 1967), pp. 298~299.

10 Amos Pelmutter, "The Praetorian State and the Praetorian Army : Toward A Taxonomy of Civil-Military Relations in Developing Countries," in Jason L. Finkle, and Richard W. Cable (ed.), *Political Development and Social Change*(New York : John Wiley Co., 1971), p. 307.

만을 지적했다는 비난을 받을 수 있으며, 군부 정치가 이끄는 억압적 지배 (praetorian rule)의 그늘을 외면하는 결과가 될 것이다. 그럼에도 불구하고 군부는 전투 이외의 사회적 기능에서 다음과 같이 국가 발전에 많은 기여를 하고 있다.

첫째로, 군대의 공병은 기술 진보와 건설 산업이라는 측면에서 사회에 이바지한다. 특히 수송과 병기와 의학은 그 시대의 종합 기술이자 첨단 산업이다. 로마의 아피우스로(路)는 기원전 312년에 집정관 아피우스 카에쿠스(Appius Caecus)가 군사적 목적으로 건설한 뒤 카에사르(Julius Caesar)가 보수한 도로로서 로마로부터 브룬디시움(Brundicium)까지 잇는 62km의 길이다.[11]

이 도로는 1960년의 로마올림픽의 마라톤 코스로 썼을 만큼 아직까지 건실하게 이용되고 있다. 따라서 공병 기술(military engineering)은 국가의 건설 산업에 독보적인 기능을 수행하다가 사회의 분화와 함께 민간 토목공사(civil engineering)로 변신하게 되었다. 한국의 경우 육군공병대가 대관령고속도로를 개통한 것과 경부고속도로의 일부 구간 공사에 군부대가 투입된 경우가 이에 해당한다.

둘째로, 군 복무 시절에 체득한 인력 관리와 참모 능력은 퇴역 이후에 공무원이나 기업에서 유용한 쓰임이 된다. 특히 장교의 지휘 경험은 중간 간부의 훈련 과정을 앞당겨 수행한 효과가 있는 것으로서 기업체에서 학군장교(ROTC)에게 입사에서 가산점을 주는 제도가 여기에 해당한다. 그들은 인사와 기획에서 민간 출신을 앞지르고 있다. 지휘 능력은 천품만으로 되는 것이 아니라 훈련과의 조합으로 이뤄지는 것이다.

셋째로, 군대 복무의 3년 기간은 공민 훈련과 국가관의 성숙을 위한 기회를 제공해 준다. 로마제국 최고의 철인 왕인 마르쿠스 아우렐리우스(Marcus Aurelius)는 본디 군인이었으나 전쟁터에서 삶과 죽음의 고뇌를 거친 뒤 철

11 『플루타르코스영웅전』, 「카에사르전」, § 5.

학자가 되었다가 황제에 오른 인물로서 그의 『명상록』(*Meditations*)은 스토아철학의 최고 걸작으로 평가를 받고 있으며, 중국 최고의 역사가 반초 (班超)도 본디 무사였다. 천주교 예수회(Jesuit Society)의 창시자 로욜라 (Ignatius of Loyola)도 본디 군인 출신이었으나 전쟁의 참화를 체험한 뒤로 사제가 된 인물이다. 전선의 밤은 조국을 명상하기에 가장 좋은 기회이다.

넷째로, 이것이 덕성이 될지 아니면 허물이 될지에 대해서는 견해가 다를 수 있지만, 군대의 경험은 우익적 사고의 훈련 기간으로서의 의미가 있다. 특히 한국의 경우처럼 이데올로기의 대결장이 된 나라에서 병영 생활은 반공을 주입식으로 훈련받게 되고 그러한 과정을 거치면서 우파 보수의 체험을 평생 간직하는 경우가 많다.

다섯째로, 군인의 자질로서 간과되는 것이 그들의 지적(知的) 소양이다. 서구의 경우에는 고대로부터 군인에게 시학(詩學)을 가르쳤다. 시라쿠사의 병사들에게 잡힌 아테네의 포로들은 에우리피데스(Euripides)의 시를 암송했다는 이유로 해방되었다.[12] 소(少)카토(Cato, the Younger)는 카에사르와의 투쟁에서 지고난 뒤 자살하기에 앞서 침실에 들어가 플라톤 (Platon)의 『영혼에 관하여』(*Phaedo*)를 읽었다.[13]

나폴레옹(Napoleon)은 이집트 원정에 올라서도 뱃전에서 『젊은 베르테르의 슬픔』을 읽었고, 독일의 카이저(Kaiser) 황제로부터 "슬픈 줄리어스"라는 칭호를 들었던 제1차 대전의 영웅 몰트케(Helmuth von Moltke)는 『파우스트』를 주머니에 넣고 다녔다.[14]

제2차 세계 대전 당시 사하라전투의 영웅 패튼(George S. Patton)은 전선에서 『일리아스』(*Iliad*)를 암송했고, 한국전쟁 휴전 협상 당시 UN

---

12 『플루타르코스영웅전』, 「니키아스전」, § 29.
13 『플루타르코스영웅전』, 「소카토전」, § 68.
14 Barbara Tuchman(지음), 이원근(옮김), 『8월의 포성』, p. 157.

군 측 수석 대표인 조이(C. Turner Joy)는 키케로(Cicero)의 라틴어 원전을 암송했다.[15] 군인은 전공(戰功)만으로 승진하는 것이 아니다. 만약 독일의 카이저 황제가 책 좀 더 읽었더라면 전쟁은 일어나지 않았을 것이다.[16]

군인은 또한 역사와 지리를 읽어야 한다. 그 대표적인 사례가 일본 병사들의 경우이다. 그들은 무섭게 공부했다. 그것은 메이지유신(明治維新) 이후 무장이 해제된 사무라이(侍)들의 전통이었다. 『삼국지』에 등장하는 촉의 제갈량(諸葛亮)이나 위나라의 사마의(司馬懿)나 익주(益州)의 장송(張松)이나 법정(法正)은 물론이고 한니발(Hannibal)이나 카에사르는 탁월한 지리학자였다.

지리를 모르는 역사학은 의미가 없다. 그 둘은 늘 함께 가는 것이다. 그래서 헤로도토스(Herodotus)는 늘 "당신은 그곳에 가 보았는가?"라고 역사학자들에게 물었다. 그는 역사학자이기에 앞서 탁월한 지리학자였다.

조선왕조에서 군사지리학의 서지에 가장 먼저 눈뜬 사람은 아마도 김종직(金宗直)일 것이다. 『경상도지지』(慶尚道地誌)의 편찬자인 그는 이미 북방 경계의 경험을 가지고 있던 인물로서 군사지리서의 중요성을 잘 알고 있었다. 그는 이렇게 말하고 있다.

> "장수가 된 사람은 여도(輿圖)를 몰라서는 안 된다. 평상시의 경우는 그만이거니와, 다급한 때에 이르러 그 산천의 험난하고 평탄함과 도리(道里)의 멀고 가까움에 대하여 진실로 눈과 마음으로 익혀두지 않았을 경우에는 아무리 방략이 있다 할지라도 베풀 데가 없다. …… 지금은 성명(性命)한 임금이 위에 계시어 바다에는 파도가 일지 않는 태평성세이나, 장마가 오기에 앞서 철상(徹桑)의 계책[환난에 대비함]을 미리 세우지 않을 수 없다. 만일의 경보(警報)가 있을 경우, 이 그림을 상고하여 책응(策應)의 방도로

15 신복룡, 『해방정국의 풍경』(서울 : 지식산업사, 2017), pp. 364~365.
16 Barbara Tuchman(지음), 이원근(옮김), 『8월의 포성』, pp. 132, 519.

삼는다면 어찌 작은 도움이야 없겠는가?"[17]

3) 전쟁은 줄일 수 있을 뿐 없앨 수는 없다

전쟁은 시도 때도 없이 일어나는 재앙이었다. 인류의 역사는 그 저주스러운 전쟁과의 동거였다. 전쟁을 피할 수는 없으며 다만 줄이려고 노력할 수 있을 뿐이다. 역사의 첫 장을 펴자마자 우리는 인간 사회가 전쟁으로 얼룩져 있는 것을 보게 된다.[18] "덕을 베풀면 그 사는 곳이 위험하지 않다."[19]고 하지만 인간이 어찌 "오로지 덕성"(sola virtus)만으로 살 수 있겠는가? 여기에 인간은 진보한다는 낙관론자들에 대한 원초적 의문이 있다.

유토피아는 끝내 오지 않을 곳이기 때문에 유토피아일 뿐이다. 전쟁을 부추기는 요인 가운데 하나는 지도자들이 청년들에게 고무하는 덕목 곧 용맹에 대한 예찬이다. 그러나 용맹한 것과 목숨을 가볍게 여기는 것은 별개의 문제이다.[20] 거기에는 무고한 청년이 권력자의 오판이나 허세로 말미암아 목숨을 잃기 때문이다.

이런 점에서 본다면 인류의 역사에서 전쟁은 업장(業障)과 같은 것이다. 암을 극복할 수 없다면 함께 품고 살아가야 한다는 의학자들의 충고처럼, 전쟁을 없앨 수 없다면 그것을 껴안고 갈 수밖에 없다. 어떻게 하면 그 발생 빈도를 줄일 수 있고, 그 피해를 최소화할 수 있을까에 대한 고민

---

17 『佔畢齋集 文集』(2) 誌 慶尙道地圖誌 : "爲將者 不可不知輿圖也 平時則已 至於 倉卒 其山川險易 道里遠近 苟不目慣心熟 則雖有方略 無所施矣 …… 當今聖明 在上 海不揚波 然徹桑之計 不可不豫 萬一有警 按是圖 爲策應之術 豈無小補 雖 於山谿回互 海岸隅限 戶口多少 未能毫分而縷折 其視聚米擬端倪 畫地陳梗槩者 不可同日記也 評事金某 誌."

18 Bernard L. Montgomery(지음), 승영조(옮김), 『전쟁의 역사』(A History of Warfare) (서울 : 책세상, 1995), p. 47.

19 『吳子』: "有德無險處"

20 『플루타르코스영웅전』, 「펠로피다스전」, § 1.

이 오히려 마음 편한 일이다. 이제 전쟁은 삼인칭이 아니다. 전쟁이 아무리 역사에서 사라져야 할 재앙이라 하더라도 그에 대해서는 일정한 체념이 필요하다.

4) 전쟁 : 그 아픈 상처와 재활의 역설

네덜란드의 문화인류학자 하위징아(Johan Huizinga)의 표현에 따르면, 인간은 지구상에서 놀이와 놀이 기구를 가진 유일한 존재라고 한다.[21] 인간은 삶에서 자신의 즐거움을 표현하고, 고통을 잊고, 축제에서 신을 즐겁게 하고자 흥을 돋울 필요가 있었다. 그래서 나타난 것이 놀이(遊戱, play)였다.

놀이는 모든 문화에 앞서 존재하였고, 종교는 이 놀이를 통하여 인간에게 호소력을 높이려 했다. 인간의 문화는 놀이 속에서 출현하고 발달했다. 그런데 그 놀이 가운데, 죽지 않을 수만 있다면, 가장 흥미와 전율을 느끼는 것이 곧 전쟁이다. 그러므로 아무리 저주스러운 것이라 할지라도 그것을 즐기는 사람들이 존재하는 한 전쟁은 사라지지 않을 것이다.

도덕론의 입장에서 본다면 차마 못 할 말이지만, 전쟁을 치른 뒤에 얻는 것도 있다. 전근대 사회에서 말더스(Thomas Malthus)의 『인구론』이 불러온 공포는 인구 감소에 대한 소망을 불러일으켰다. 그러나 불행하게도 그 방법은 기근·질병·전쟁이었다.

이러한 바람직하지도 않고 저주스러운 방법으로 인구를 감소시키지 않았을 경우에 겪게 될 인구 팽창에 다른 참상은 전쟁의 비극에 못지않았을 것이다. 그렇다고 해서 전쟁이 인구 억제의 중요한 수단이었다는 논리는 받아드릴 만한 것이 못 된다. 더욱이 지금과 같은 인구 감소의 시대에는 그런 이론은 이미 퇴색했다.

---

21 J. Huizinga, *Homo Ludens*(Boston : Beacon Press, 1992), pp. 4~5.

그러나 달리 생각해 보면 전쟁은 민족국가를 응집시키는 가장 중요한 계기가 되었다. 중세에 민족 개념이 형성되기 훨씬 앞서 이미 고대 사회에서 맹자(孟子)는 "적국과 전쟁이 없는 나라는 늘 멸망했다"(無敵國外患者恒亡)는 명언을 남겼다.22 맹자는 왜 그런 말을 했을까?

세속적으로 말하면 말(馬)의 무게는 500kg 정도인데 그 체중의 1/10인 50kg의 기수를 태웠을 때 더 빨리 달릴 수 있다. 그기에 기수를 태운 말이 아무것도 싣지 않은 야생마를 잡을 수 있다. 적정량의 짐을 실었을 때 트럭이 더 안정되고 빠르며, 적절한 짐을 졌을 때 사람은 산에 오르기가 편한 것과 같은 이치이다. 아프리카의 원주민들은 강을 건널 때 일부러 묵직한 돌멩이를 안고 간다.

전쟁부흥론이 전쟁을 합리화시킬 수는 없다는 점을 절대 명제로 하면서, 이런 원리를 국가와 전쟁의 관계에 적용해 보는 것은 흥미 있는 일이다. "전쟁은 부흥을 가져온다."는 역사학자 모리스(Ian Morris)의 글23은 너무 잔인하다. 국가에게도 전쟁의 항체(抗體)가 필요하다.

그러나 전쟁은 그 비극성에도 불구하고 전쟁은 민족주의의 계기가 되었고 부흥을 위한 의지를 북돋우어 주었다. 어떤 나라도 전시에 재정 수입을 줄인 나라는 없다.24 어떤 면에서 보면 민족주의는 전쟁의 소산이었다. 황폐함에서 인간은 재기의 의욕을 북돋웠다. 이러한 상황은 중국의 시,

엄동을 지난 매화가 향기롭고
고난을 겪은 장부의 절개가 빼어나도다
(梅經寒苦發淸香 人處艱難顯其節)

22 『孟子』 告子章句(下).

23 Ian Morris, *War! What is it Good For? Conflict and the Progress of Civilization from Primates to Robots*(New York : Farrar, Straus and Giroux, 2014), *passim.*

24 Barbara Tuchman(지음), 이원근(옮김), 『8월의 포성』, p. 429.

를 연상케 해 준다.

전쟁의 결과로 나타난 또 다른 현상은 전쟁 문학이라는 장르의 탄생이다. 『일리아스』(*Illiad*)와 『오딧세이』(*Odysseia*)는 더 말할 나위도 없고 중국의 명시(名詩)는 전쟁과 이별을 무대로 하고 있으며, 투키디데스(Thucydides)의 『펠로폰네소스전쟁사』(*History of the Peloponnesian War*)와 카에사르(Julius Caesar)의 『갈리아전기』(*Commentarii de Bello Gallico*)와 『이탈리아내전기』(*Commentarii de Bello Civilili*), 근현대사에서는 나폴레옹전쟁을 무대로 한 톨스토이(Lev Tolstoi)의 『전쟁과 평화』(*War and Peace*, 1869)가 있다.

현대사에 들어오면, 제1차 세계 대전을 무대로 한 레마르크(Erich M. Remarque)의 『서부전선 이상 없다』(*All Quiet on the Western Front*, 1930)와 『개선문』(*Arc de Triomphe*, 1946), 제2차 세계 대전 이후에 나타난 쇼(Irwin Shaw)의 『젊은 사자들』(*The Young Lions*, 1948), 메일러(Norman Mailer)의 『나자와 사자』(*The Naked and the Death*, 1948), 존스(James Jones)의 『지상에서 영원으로』(*From Here to Eternity*, 1953)와 『용감한 소수』(*Thin Red Line*, 1962) 등의 작품이 있다.

한국사에서는 이순신(李舜臣)의 『난중일기』(亂中日記), 유성룡(柳成龍)의 『징비록』(懲毖錄), 최인훈의 『광장』(1960), 김은국의 『순교자』(1965), 이동하(李東河)의 『굶주린 혼』(1978), 전상국(全商國)의 『아베의 가족』(1979), 조정래(趙廷來)의 『불놀이』(1983) 등이 모두 전쟁 문학들이다.

3. 한국전쟁사와 비극성

1) 피하지 말았어야 할 전쟁과 피했어야 할 전쟁

헨더슨(Gregory Henderson)이 의문을 제기하고 있는 바와 같이, 1910

년에 그 많은 인구를 거느리고 그토록 훌륭한 유산을 가진 한국이 그렇게 쉽게 멸망한 것은 기이한 일이다.[25] 애국지사들이나 민족주의 사가들이 들으면 매우 언짢겠지만, 조국의 멸망 앞에서 한국의 상층부처럼 침묵한 민족이 없다.

임진왜란의 경우를 보면 그 무렵 인구는 483만 명[26] 정도였는데 7년 동안의 전투에 참가한 총인원은 정규군과 의병을 합쳐 17만 명[27]정도였으니까 이 당시의 항일참전율(抗日參戰率)은 약 3.5%가 된다. 바꾸어 말해서 한국의 대일항전은 그 강인성이나 강도의 측면에서 일본의 그것에 견주어 너무 나약했다.

3·1운동의 비폭력 항쟁에서 3월 1일부터 4월 30일까지 만세를 부른 사람의 수효는 전체 인구 16,788,400명 가운데에서 2.76%인 463,086명에 지나지 않았으며,[28] 대한제국이 멸망할 당시인 1907년의 정미(丁未)의병에서부터 합병 1년이 되는 1911년까지 조국을 수호하기 위한 무장 항전에 참여한 수효는 전체 인구 13,120,000명[29] 가운데에서 14만 명[30] 정도였으니까 항일참전율은 1.1%가 된다.

그 뒤 대한제국이 멸망했을 때 한국인들은 얼마나 극렬하게 저항했을까? 을사조약(乙巳條約)이 체결된 날로부터 합방 3년이 되기까지의 8년 동안((1906~1913)에 한국인과 일본인 사이에 벌어진 충돌의 상호 피해 상황을 보면, 일본인 피살자는 136명에 부상자는 277명인데 견주어, 한국인 피살자는 17,779명이었으며, 부상자는 3,706명이었고, 이 기간에 벌어진

25 Gregory Henderson, *Korea : The Politics of the Vortex*(Cambridge : Harvard University Press, 1978), p. 335.

26 『중종실록』 14년 12월 기축;『인조실록』 18년 12월 정미.

27 최영희, 『임진왜란 중의 사회 동태』(서울 : 한국연구원, 1975), p. 61.

28 『일제침략하 한국36년사』(I)(서울 : 국사편찬위원회, 1975), 「조선총독부통계연보」 (1919), pp. 692~693;「소요 사건에 관한 상황」(1919. 5. 1.)

29 「조선총독부통계연보」(1911), p. 1521.

30 이홍직, 『국사대사전』(서울 : 지문각, 1976), 「의병」조.

한국인과 일본인 사이의 충돌 횟수는 2,852회였으며, 이 충돌에 참가한 한국인의 숫자는 141,815명이었다.[31] 너무 나약한 것이 아니었을까? 더 죽이고 더 죽었어야 하는 것 아닐까?

그러나 망국의 시기에 한국의 지도자들은 자살의 길을 선택했다. 그 충절은 가상하지만 "장군은 장군처럼 죽어야지 사병처럼 죽어서는 안 된다."[32] 흔히 하는 말로, 그만한 의지가 있었다면 죽지 말고 그 열정으로 항쟁했어야 한다. 조국이 전란에 휩싸일 때 한국의 지배 계급은 총을 들지 않았다.

한국전쟁 당시에 미국 장성의 아들 142명이 참전했는데 그 가운데 35명이 전사했다. UN군사령관 클라크(M. Clark) 장군의 아들은 대위로 참전하여 세 번 부상을 겪고 후유증으로 죽었으며, 밴 플리트(J. Van Fleet) 장군의 아들은 공군 중위로 참전하여 전사했고, 아이젠하워(DDE) 대통령 당선인의 아들도 소령으로 참전하여 극동사령부에서 복무했다.[33] 그가 한국전쟁에 직접 참여하지 않은 것은 포로가 되었을 경우의 난처함 때문이었다. 서구의 전쟁사를 보면 귀족의 전사율이 사병의 전사율보다 높았다.[34] 그러나 한국인 장군의 아들이 전사했다는 기록은 없다.

조선이 미망에서 깨어나지 못하고 있을 때 일본의 정한론(征韓論)은 구체적으로 진행되고 있었다. 하야시 시헤이(林子平)에서 발원하여 요시다 쇼인(吉田松陰)을 거치면서 그 맥락을 이어온 대륙론자 사이고 다카모리(西鄉隆盛)는 조선을 정벌해야 생존할 수 있다고 주장함으로써 정한파(征韓派)를 형성했다.[35] 이러한 극동의 상황에서 당시의 한국인들은 국제 사

31 「朝鮮暴徒討伐誌」, 『한국독립운동사자료집(3) : 의병항쟁사자료집』(서울 : 고려서점, 1984), pp. 823~827.

32 『플루타르코스영웅전』, 「펠로피다스와 마르켈루스의 비교」, § 3.

33 윤용남, 『우리는 대한민국의 군인이었다』(서울 : 상상미디어, 2012), pp. 221, 244~247.

34 『플루타르코스영웅전』, 「마르켈루스전」, § 9.

회에서의 도덕률이라든가 무저항·비폭력투쟁이 얼마나 환상적이며 이상주의적이었던가를 몰랐다.

"일본이 금석 같은 맹약을 어겼다[食] 하여 그들의 무신(無信)을 탓하려 하지 않노라"[36]는 식의 논리는 열패자의 수사(修辭)일 뿐이다. 약소민족이 무장 투쟁을 통하여 독립을 쟁취할 가능성은 본래부터 희박할지라도,[37] 대한제국 멸망기의 항일 투쟁은 무장 투쟁의 형식을 취했어야만 했다. 그것은, 최익현(崔益鉉)의 주장처럼,[38] 민족정기의 문제이지 성패의 문제가 아니었다.

2) 패배와 영토의 왜소화(Balkanization)

유럽연합(EU)처럼 국가의 지평이 넓어지는 역사적 사례가 없었던 것은 아니지만 세계사는 지속적으로 분화되어 소국화 현상을 보여 왔다는 점에서 보면 한국의 경우에도 예외는 아니었다. 전쟁은 결국 "땅의 정치학"이다. 논란의 여지가 없는 것은 아니지만, 현행 국정교과서에 준거해 보더라도 한국의 영토가 역사적으로 방대했을 때 52만㎢미터 정도였다.

고구려는 고비사막 동쪽으로부터 요동반도를 거쳐 현재의 남만주 일대를 포함하면서 타타르해협(Tartar Straight)이나 또는 그 이남의 어느 곳에서 바다와 연접해 있었고, 삼한은 동서남이 모두 바다와 접해 있었다는 사실로 미루어 볼 때 반도 내에 위치하고 있었으며, 옥저가 만리장성 남쪽까지 뻗어 있었다면 동이족의 남방한계선은 적어도 지금의 천진(天津)까지는 내려갔을 것이다.[39]

---

35 자세한 내용은 제14장 참조.

36 「3·1운동 독립선언서」.

37 Alfred Cobban, 신복룡(역주), 『민족자결주의』(*National Self-Determination*)(서울 : 광명출판사, 1968), p. 73.

38 『勉菴集』 年表 丙午年(1906) 2月條.

그러나 지금 한국의 영토는 남북한이 합하여 22만㎢이다. 남한만 치면 10만㎢이다. 이토록 영토가 날로 줄어든 것은 모두가 전쟁에서 패배한 탓이었다. 가장 치명적인 것은 이른바 삼국통일이라는 미명으로 영토의 3/4을 잃은 고구려의 멸망 때문이었다. 한국사에서 삼국통일은 없었다.

강대국이 되려면 일차적으로 영토가 50만㎢ 이상이고, 그다음은 1억 이상의 인구를 갖추고 있어야 하며, 그다음은 1인당 GNP가 3만 달러 이상이어야 하고, 그다음은 핵(核)을 보유하고 있어야 하며, 끝으로 문명국가로서 부끄럽지 않은 민도(民度, 문자해득률)이다. 그런 점에서 본다면 한국사의 비극은 영토의 왜소화 곧 대당(對唐)전쟁에서의 패배에서 비롯되었다.

3) 후회하지 않는 전쟁은 없다

전쟁을 일으킨 지도자는 늘 호기로웠고, 승리할 것만 같은 자신감에 차 있었다. 그러나 그들의 호언장담에도 불구하고 개전의 의도를 흡족하게 해준 전쟁은 일찍이 없었다. 전화(戰禍)와 폐허를 바라보며 지도자와 병사들 모두가 후회하며 다시는 이런 일이 없으리라고 다짐했다. 그러나 전쟁은 다시 일어났고 이백(李白)이 『관산월』(關山月)에서 탄식했듯이,

> 예로부터 전쟁터로 나간 뒤
> 고향으로 돌아온 사람이 없더라.
> (由來征戰地 不見有人還)

전쟁의 슬픔은 죽음과 병마와 파괴이다. 어차피 죽어야 할 목숨이 조금 더 일찍 죽었다는 이유 때문이 아니라 죽어야 할 이유가 떳떳하지 않았기 때문이었다. 백제 성왕(成王)은 신라의 복병을 만나 좌평 네 명과 병사

---

39 자세한 내용은 제4장 참조.

29,600명의 목숨을 잃고 말 한 필도 살아서 돌아가지 못했다.[40]

1812년 나폴레옹은 60만 대군을 이끌고 모스크바로 진군했으나 49만 명이 전사하거나 동사하고 10만 명이 포로가 되었다. 살아서 돌아온 병력은 5만을 넘지 않았다. 나폴레옹 치하에서 프랑스 청년 25%가 전사했다.[41] 1815년 6월 18일 워털루전쟁이 끝나자 1.5평방 마일의 전쟁터에는 4만 구의 시체가 누워 있었다.[42]

제1차 세계 대전에서는 직접적인 전쟁 비용이 2,300억 달러에 경제적 손실이 278억 달러였으며, 제2차 세계 대전에서는 직접적인 전쟁 비용이 1조4,000억 달러였으며, 전쟁 경비와 손실이 4조 달러에 이르렀다. 미국은 월남전에서 3,520억 달러를 썼다.[43] 왜 이런 어리석은 짓을 했나? 지나고 보면 모두가 지도자들의 허망한 꿈과 착오 때문이었고 후회스러운 것이었다.

역사에서는 분명히 회피하지 말았어야 할 전쟁이 있었지만, 그 숫자는 그리 많지 않았다. 그런 점에서 본다면 전쟁은 대부분이 광기의 역사였고, 발생하지 말았어야 할 비극이었다. 그러나 그런 역사는 다시 되풀이된다는 데에 우리의 아픔과 어려움이 있다.

4) 내란이 외환보다 더 큰 죄를 짓는다

전쟁이라면 으레 외국의 침략으로 일어나는 것으로 생각할 수 있지만, 현실은 그렇지 않았다. 이탈리아의 많은 전쟁은 내전이었으며, 미국 현대사의 남북전쟁을 비롯하여 아프가니스탄이나 시리아, 터키의 내전, 한국

40 『삼국사기』 신라본기 진흥왕 15년.

41 Emile Ludwig, *Napoleon*(New York : Liveright Publishing Co., 1943), pp. 410ff.

42 Alessandro Barbero, *The Battle : A New History of Waterloo*(London : Atlantic Books, 2013), p. 312; Emile Ludwig, *Napoleon,* pp. 410ff.

43 王普豊(지음), 황병무(옮김), 『현대국방론』, pp. 57, 275.

사에서 한국전쟁이 그와 같은 사례에 포함된다. 내란은 외환보다도 더 참혹하고 비극적이었다. 아픔도 더 오래 간다. 혈육 사이의 미움은 남들보다 더 사무친다.

내쟁의 당사자들은 설령 조국이 전화에 휩쓸릴지라도 외세를 불러들여 승리하는 길을 더 선호한다. 그뿐만 아니라, 어떤 내전도 외세의 개임을 불러오지 않는 경우란 거의 없다. 국제 관계의 구조에서 보면 강대국들은 그와 같은 약소국들의 내전을 호기로 여겨 기다리고 있다. 그들은 자신들의 영향력을 확대하고 치부하는 데 이보다 더 좋은 기회가 없다고 판단한다.

전쟁에는 분명히 이익을 보며 미소 짓는 무리가 있다. 따라서 그들은 동족상잔의 비극에 외세를 불러들이는 데 가책을 느끼지 않는다. 망국이 축복일 수 있는 사람은 의외로 많았다. 이럴 경우에 내쟁에 외세가 개입되었다는 이유로 이를 국제전으로 보는 데에는 신중한 검토가 필요하다.

곧 대부분의 국제전은 내쟁이 계기가 되는 경우가 많은데 그렇다고 해서 그것이 국제전은 아니다. 다만 내쟁이 국제전으로 에스컬레이트되었을 뿐이다. 이런 점에서 역사적으로 보면 내전은 거기에서 멈추지 않고 대부분 망국으로 연결되었다. 토인비(Arnold J. Toynbee)의 망국의 내재적 모순 이론44은 더 말할 것도 없고, 맹자(孟子)의 가르침45은 망국사에 많은 교훈을 준다.

그러기에 로마의 영웅 소카토는 카에사르와의 대결에서 항전할 만한 여력이 있었음에도 불구하고 그것이 승패의 문제를 떠나 조국을 전란으로 몰아넣는 짓이라고 생각하고 스스로 목숨을 끊어 카에사르의 분노를 억제함으로써 로마를 내전으로부터 구출하였다.46 로마의 황제 오토(Otho)는 남(南)게르마니아 점령사령관인 비텔리누스(Vitellinus)가 모반하여 로마

---

44 A. J. Toynbee, *A Study of History*, Vol. IV(Oxford : Oxford University Press, 1973), I : p. 3.

45 『孟子』: 離婁章句(上) : "國必自伐而後人伐之"

46 『플루타르코스영웅전』, 「카에사르전」, § 57.

로 진군하고 있다는 소식을 들었다.

오토는 지난날 술라(Sulla)와 마리우스(Marius) 그리고 카에사르와 폼페이우스(Pompeius) 사이에 일어났던 것과 같은 내란이 반복되어 시민들이 고통을 받게 되는 일이 나타나지 말라는 법도 없다는 것을 잘 알고 있었다. 그런 판단을 한 그는 "내란에 따른 동족상잔은 조국에 커다란 죄를 짓는 것이다. 나는 그 길을 피하고자 스스로 목숨을 끊는다."는 유언을 남기고 자살했다.[47]

4. 전쟁과 호국 의지

1) 국가를 지키는 것은 호국 의지이지 무기가 아니다

산업혁명 이전의 전쟁에는 용병(傭兵)에 의한 것이 많았다. 따라서 그들에게는 충성심이 그리 중요한 요소가 아니었다. 그러다가 산업혁명과 더불어 민족국가가 형성되고 자신의 군대를 유지하면서 병기 기술이 발달함에 따라 애국심에 기초한 전쟁이 나타났다.

페리클레스(Pericles)가 전몰장병위령제의 "추모사"(Funeral Oration)에서 외쳤듯이 전쟁은 용기와 충성심의 싸움이지 무기의 싸움이 아니다.[48] 로마의 경우를 보면, 병사들이 한니발과의 전쟁에서 지고 포로가 되었을 때 "로마공화국은 적국에 항복한 비겁자들을 필요로 하지 않는다."는 이유로 원로원은 포로의 귀환을 거부했다.[49]

이를 한국의 현실에 비춰보면,

---

47 『플루타르코스영웅전』, 「오토전」, § 15.

48 Thucydides, *The History of the Peloponnesian War*, II § 39.

49 『플루타르코스영웅전』, 「마르켈루스전」, § 14.

오늘은 북한의 탱크저지선 설치 공사에 사역을 나갔다. 현재 비무장지대 남쪽에는 수많은 탱크 저지용 콘크리트 장벽이 축조되어 있다. 축조 공사를 마치자 공병 장교가 앞으로 나와 우리에게 이렇게 말했다.

"여러분들이 그것을 축조하는 데에는 아무리 서둘러도 2주 이상이 걸린다. 그러나 북한군이 남진할 때 그것의 저지 효과는 30~40분 정도이다. 그러므로 적군의 침략을 막는 것은 인간의 의지이지 병기나 성채가 아니다."[50]

만약 전쟁이 병기와 성채의 싸움이었다면 성을 쌓지 않는 스파르타는 일찍이 멸망했을 것이다. 스파르타를 지킨 것은 젊은이들의 우국심과 용기였다. 스파르타의 그와 같은 용기가 가장 잘 나타난 것이 곧 세계 전쟁사에서 가장 장엄한 전투로 인구(人口)에 회자(膾炙)하는 테르모필라에(Thermopylae) 전투였다.

기원전 450년 봄, 크세르크세스(Xerxes) 휘하의 페르시아 병력 16만 명이 스파르타의 왕 레오니다스(Leonidas)의 기갑 보병 7천 명과 테르모필라에 계곡에서 마주쳤다. 그들 가운데 스파르타의 병력 300명이 섞여 있었다. 이들은 그 병력으로 사흘 동안 항전하다가 몰사했다. 후세의 사가들이 그곳에 비석을 세우고 다음과 같은 비명을 새겨 넣었다.

길손이여,
스파르타인에게 전해다오.
우리는 조국의 명령을 지키고자
이곳에 누워 있노라고.
(Oh Strangers,
Tell the Lacedaemonians that
We Lie Here,
Trusting their Words.)[51]

---

50 신복룡, 『병영일기』, 1972년 1월 17일자.(*mimeo*)
51 Herodotus, *Histories*, VII, § 228.

2) 외세를 등에 업지 않은 전쟁은 없다

국제관계의 성격으로 비춰 볼 때 강대국은 늘 약소국의 분쟁에서 자기들이 개입할 틈새를 노리고 있다. 그래서 신생독립국가가 해방되었을 때 거의 필연적으로 일어나는 내전은 마치 국제전인 것처럼 보인다. 한국전쟁의 경우도 마찬가지이다. 시작은 내전이었지만 끝내 미국과 중공이라는 배후 세력의 개입으로 마치 국제전인 양 보였을 뿐이다. 여기에 전쟁에는 반드시 동맹국이 뒷받침되어야 할 이유가 있다.[52] 스파르타인들이 침략할 때면 반드시 동맹국과 함께 쳐들어갔다.[53]

한국의 역사를 돌아보면, 중국·일본·소련으로 둘러싸인 고도(孤島)와 같았다. 동맹은 우방이라는 명분으로 분식(粉飾)되어 있지만, 그 실상은 이해관계였다. 페리클레스(Pericles)의 경귀를 빌리면, "우리는 베풀음으로써 우방을 맺었지 받는 것으로 우방을 맺지 않는다. 그러기에 우리의 우방은 우리를 더욱 신뢰한다."[54]고 하지만 그것은 수사(修辭)일 뿐 현실은 그렇지 않은 경우가 더 많았다. 참으로 야속한 표현이지만 국제관계에서는 때로 남의 불행이 나의 행복일 수 있다.

역사를 돌아보면 동맹과 적국처럼 무상한 것이 없다. 여기에서 도덕이니 이상이니 하는 것은 수사(修辭)에 지나지 않는다. 이를테면 미국은 1882년의 한미수호통상조약에 명시된 우의(友誼, good office)를 저버림으로써 대한제국 멸망의 묵시적 방조자가 되었다. 그러다가 45년이 지난 한국전쟁에서는 외적을 막는 힘으로 도와주었다. 그러다가 21세기에 들어와 한국과 미국은 다시 소원해지더니, 이제 중국과 미국의 하나를 선택하라고 강요하고 있다.

---

52 Carl von Clausewitz, *On War*(Princeton : Princeton University Press, 1976), p, 79.
53 Thucydides, *The History of the Peloponnesian War,* II § 39.
54 Thucydides, *The History of the Peloponnesian War,* II § 40.

그런가 하면 이번에는 미웠든 고왔든, 5천 년의 은수(恩讎)와 은원(恩怨)이 얽힌 중국이 우리를 핍박하면서 미국과 중국 가운데 하나를 강요하고 있다. 지난날의 그 수많은 은혜와 원한을 이제 다시 계산해야 한다. 통일의 변수로서의 중국의 무게나 무역의 수지 문제가 중요할 수 있지만, 백 년 뒤에도 그것이 그리 중요할까를 멀리 바라봐야 한다. 이제는 한국이 중국의 "품 안의 자식"처럼 취급되던 시대가 아니다.

그러니 답은 무엇인가? 강소 국가(强小國家)로 가는 길이다. 그리고 그 길은 통일로 가는 길이다. 우리에게 중국은 통일의 저울추만큼만 소중하다. 그 이상도 그 이하도 아니다. 우리의 통일에서 중국은 중요한 변수이지만 결정적인 독립변수는 아니다. 한국의 통일은 내재적 요인이 먼저이고, 중국과 미국은 종속변수일 뿐이다. 역사의 교훈에 따르면 통일에는 스스로의 의지가 늘 먼저였다. 강대국의 의중은 그 다음이다.

3) 전쟁은 끝나지 않을 것이다

그렇다고 해서 인간이 전쟁을 중지하고자 노력하지 않은 것은 아니다. 그럼에도 현대 사회에서도 여전히 군사력과 살상 무기의 생산은 증가하고 있다. 2013년 현재 세계 핵탄두 보유량은 9개 국가에 13,864기이며[55] 파괴력으로 보면 세계의 핵무기의 총량은 TNT 500억 톤으로서 세계 인구 71억 명이 각자 7톤의 TNT를 안고 있는 셈이 된다.[56] 그뿐만 아니라 세계 각국의 국방비를 합산하면 1조7천560억 달러로 세계 의료비 지출 총액 7조1천874억 달러에 견주어 25%포인트를 차지하고 있다.

범위를 좁혀 한국의 경우를 보면, 2017년을 기준으로 GDP 1,730조 원

---

55 http ://www.sipri.org/yearbook/2019.

56 Ploughshares Funds, *US Arms Control Association*(Washington, D. C. : The Center for Arms Control and Nonproliferation, 검색일 2013. 12. 1.)

가운데 의료비 지출이 7.7%이며, 2017년 GDP 대비 국방비 지출은 2.4%여서 국방비가 의료비의 32.1%에 이르고 있다.[57] 그런 점에서 본다면, 우리에 앞날에 평화가 오리라는 낙관론의 꿈을 짓밟는 것이 곧 전쟁이다.

1898년부터 1980년대 중반까지 세계 곳곳에서 폭발한 지역 분쟁은 289회이다.[58] 평화를 사랑하는 것이 도덕론자의 눈에는 가치 있는 일일 수 있지만, 국제정치의 시각에서 보면 덧없는 평화는 이상론일 뿐이다.

그러므로 미국 합참 의장 브래들리(O. Bradley)가 맥아더청문회[59]에서 말한 바와 같이, 한국전쟁은 "잘못된 곳에서, 잘못된 시기에, 잘못된 적을 만난, 잘못된 전쟁"이었다. 한국전쟁 당시에 한국군 621,479명이 죽거나 상처를 입거나 실종·포로가 되었으며, UN군 41,852명이 사망·실종되었고, 미군은 3만7천423명이 죽거나 실종되었다.[60]

공산군은 80만1천 명이 사망·실종되었고, 민간인 108만 명이 사망·실종되었다. 중공군의 사망·실종자는 13만 명이며, 그밖에 북한의 피난민 230만여 명이 발생했다. 남한에 전쟁미망인 30만여 명, 전쟁고아 10만여 명이 발생했다. 미군 이외의 UN군은 4,429명이 죽거나 실종되었다. 이들을 모두 합치면 대략 300만 명이 한국전쟁으로 죽었다. 그 가운데 한국인의 사망자는 대략 280만 명인데 당시 남북한의 총인구 약 2,966만 명 가운데 9.5%가 죽은 셈이다. 나누어 말하면 북한의 인구의 18%와 남한 인구의 6%가 죽었다.[61]

---

57 한국은행 DB, 「국민소득」, 국방부 「국방예산」, 보건복지부 「국민보건계정」(검색일 2018. 1. 4.)

58 황병무, 『전쟁과 평화의 이해』(서울 : 오름, 2001), pp. 16~26.

59 "Bradley's Testimony," *Military Situation in the Far East : Hearings Before the Armed Service Committee and Foreign Relations Committee, U.S. Senate*(so-called *MacArthur Hearings*)(Washington, D.C. : USGPO, 1951), p. 732; Harry S. Truman, *Memoirs,* Vol. II, *Years of Trial and Hope*(Garden City : Doubleday & Co., 1956), p. 446.

60 John Halliday & Bruce Cumings, *Korea: The Unknown War*(New York: Pantheon Books, 1988), pp. 200~201.

그렇다면 어찌해야 전쟁을 줄일 수 있을까? 많은 교회와 성당 그리고 불전(佛殿)에서 사람들은 기도하며 절대자의 자비로 전쟁이 멈추기를 기대한다. 그러나 그것은 종교인의 소망일 뿐, 전쟁은 기도로써 멈추지 않는다. 오히려 전쟁 가운데 가장 잔혹한 것이 종교전쟁이다.

전쟁을 줄이는 방법은 지도자의 오만과 오판을 억제할 수 있는 지혜로운 참모의 조언, 욕심을 최소화하려는 금욕적 자제심, 그리고 민족주의가 빚는 편견과 열정을 줄이는 길밖에 없다. 그런 점에서 전쟁은 삶과 역사의 한 부분이다.

4) 통일 비용이 분단 비용보다 싸다

남북한의 해빙 분위기와 더불어 통일이 손에 잡힐 듯한 시기가 있었지만, 통일을 바라지 않는 젊은이의 비율이 높아지고 통일의 가능성은 더욱 멀어지는 것처럼 보인다. 그러나 전문가들의 산출에 따르면, 분단 비용이 통일 비용보다 비싸다.[62]

통일 비용은 통일한 날로부터 10년 동안 약 1조 달러가 소요될 들 것이라는 골드만 삭스(Goldman Sachs Group Inc.)의 계산이 유력하다.[63] 그 액수는 한국 1년 GDP와 거의 같다. 그러므로 무장 평화의 시기에 평화의 대가는 국방비로 표현될 수 있으며 남북 대치 상황에서 전쟁의 억제 비용이 평화보험료로 대치된다는 현실주의적 사고도 제2세의 평화 교육에 포함되어야 한다.[64]

왜 우리는 통일이 당위인 듯 여기면서 통일을 두려워하는가? 그것은 통

---

61 박동찬, 『통계로 본 6·25전쟁』(서울 : 군사편찬연구소, 2014), pp. 200, 265, 309, 449; 이상호·박영실, 『6·25전쟁 소년병 연구』, p. 12.

62 신복룡, 『한국분단사연구』(서울 : 한울출판사, 2006), pp. 735~736.

63 *The Washington Post*, June 17, 2000.

64 황병무, 『전쟁과 평화의 이해』, p. 42.

일 비용에 대한 부담감, 정치지도자들의 역사 의식과 소명감의 부족, 통일에 대한 역사적 경험의 부족 등 여러 가지 요인들이 중첩되어 있기 때문이다. 이 점에서 우리는 독일의 경험과 다르며, 오히려 예멘(Yemen)의 사례와 비슷한 모습을 보여주고 있다.

요컨대, 역사의 전쟁사가 우리에게 주는 교훈이 막중한 것은 한국전쟁이 남긴 비극성 때문이다. 그것이 내전이었는지 아니면 국제전이었는지에 대해서는 입장이 다를 수 있지만, 김일성의 결심으로 벌어진 한국전쟁으로 말미암아 발생한 아픔과 손실은 접어두더라도, 그로 말미암아 분단의 고착화를 초래한 책임을 회피할 수 없을 것이다. 역사를 돌아보면 통일은 망국으로부터 해방되기보다 어렵다. 바꾸어 말하자면, 통일의 감격은 해방의 감격보다 더 클 것이다.

6. 맺는말

한 나라의 국민이 건강하고 행복한 삶을 누리는 데 갖추어야 할 조건은 무엇일까? 애덤 스미스(Adam Smith)의 『국부론』(*The Wealth of Nations*, 1776)에 담긴 논리를 정리해 보면,

   (1) 세금이 가벼워야 하고(easy tax),
   (2) 입법이 예측 가능해야 하고(predictable law),
   (3) 통치권이 안정되어 있어야 한다.(stable government)[65]

---

65 N. Gregory Mankiw, *Macroeconomics*(New York : Worth Publishers, 2007), p. 229; Paul Kennedy, *The Rise and Fall of the Great Powers : Economic Change and Military Conflicts from 1500 to 2000*(New York : Random House, 1987), p. 20.

그러나 전쟁은 그 어느 것에도 도움이 되지 않는다. 세금은 무거워지고, 법의 집행은 공정성을 유보하는 경우가 많고, 정부는 불안하다.

전쟁은 빗나갔거나 일그러진 영웅들의 야망을 채워줄 수는 있지만, 이상을 실현해 줄 수는 없다. 어떤 상황에서도 전쟁은 합리적 선택이 아니다. 광기와 탐욕, 그리고 복수심 앞에 윤리나 도덕적 외침이나 이성의 호소력은 매우 낮았다. 그 참혹함은 인간의 삶에서 가장 심각하다. 광기가 도덕이나 철학을 비웃는 경우는 역사에 얼마든지 나타난다.

한국전쟁 당시에 어느 장교가 사병에게 "내가 만약 하느님이라면 이번 크리스마스 선물로 너에게 무엇을 줄까?"하고 물었더니 그 사병은 "내일(來日)을 주십시오."(Gimmi tomorrow)라고 대답한 데[66]에서 전쟁의 절박함이 잘 나타나고 있다.

그러므로 전쟁은 없었어야 할 재앙이지만 역사에서 전쟁이 없었던 시절이 없었고, 그것은 지금이나 미래에도 마찬가지이다. 아테네의 격언처럼, "전쟁 때는 진군나팔 소리에 잠을 깨고 평화로울 때는 닭 우는 소리에 잠을 깨는 것"이 우리의 삶인데, 우리에게는 포성으로 잠을 깨는 경우가 많았다.

나라가 평화스러우면 아들이 아버지를 땅에 묻지만, 전쟁이 일어나면 아버지가 아들을 땅에 묻는다.[67] 우리는 조금 더 일찍 죽는 것이 슬픈 것이 아니라 미친 지도자들의 야심을 채워주려고 값없이 죽기가 싫을 뿐이다.

그렇다면 우리의 미래는 어떻게 될까? 그것은 이 시대의 젊은이들의 손에 달려 있다. 그런데 현대 젊은이들의 정서는 그들의 선조들과 마찬가지로 여전히 불안정하다.[68] 그러므로 전쟁이 없는 시대는 결코 오지 않을 것이다. 우리는 다만 그것을 막거나 줄이고자 노력할 뿐이다. 전쟁은 우리가 껴안고 가야 할 업장으로 인류의 역사와 함께 공존할 것이다.

---

66 S. Weintraub, *MacArthur's War*(New York : The Free Press, 2000), p. xiii.

67 Herodotus, *History*, I : § 87.

68 Bernard L. Montgomery(지음), 승영조(옮김), 『전쟁의 역사』, p. 860.

참고문헌

1. 1차 자료

1) 한국어 자료

『고종시대사』(서울 : 국사편찬위원회, 1972)

「公山剿匪記—牛金峙之事」, 『官報』 개국 503년 11월 29일자

『舊韓末條約彙纂』(上/中/下)(서울 : 국회도서관 입법조사국, 1965)

『근대법령자료집』(1)(서울 : 국회도서관, 1970)

『남북한관계사료집』(1~8)(과천 : 국사편찬위원회 1994)

『독립운동사(2) : 3·1운동사』(상)(서울 : 원호처, 1971)

독립운동사편찬위원회(편), 『독립운동사자료집(1) : 의병항쟁사자료집』(서울:
　　　고려서림, 1984)

『東經大全』

「利仁之役」, 『官報』 개국 503년 11월 27일자

량치차오(지음), 최형욱(옮김), 『조선의 망국을 기록하다』(서울 : 글항아리,
　　　2014)

러시아 대장성(편), 김병린(옮김), 『구한말의 사회와 경제』(서울 : 유풍출판사,
　　　1983)

런던(J. London)(지음), 윤미기(옮김), 『조선사람 엿보기 : 1904년 러일전쟁 종
　　　군기』(서울 : 한울, 2011).

마키아벨리(N. Machiavelli)(지음), 신복룡(역주), 『군주론』(*Il Prince*)(서울 :
　　　을유문화사, 2020)

『마테오복음』

몽고메리(Bernard L. Montgomery)(지음), *A History of Warfare*, 승영조(옮김), 『전쟁의 역사』(서울 : 책세상, 1995)

베버(Max Weber)(저), 박봉식(역), 『직업으로서의 정치』(서울 : 박영사, 1977)

『북한관계사료집』(과천 : 국사편찬위원회, 1988)

「삼일운동 독립선언서」

『예레미아서』

오지영, 『東學史』(서울 : 영창서관, 1940)

『요한복음』

「인민군 657부대에 대한 명령서」, RG 242, SA2010 Item 1/52(Suitland : NA)

「全琫準供草」

「조선총독부통계연보」(1919), 『일제침략하 한국36년사』(I)(서울 : 국사편찬위원회, 1975),

「朝鮮暴徒討伐誌」, 『한국독립운동사자료집(3) : 의병항쟁사자료집』(서울 : 고려서점, 1984)

조일문(역주), 「한국광복군총사령부성립보고서」(1940. 9. 17.), 『한국독립운동文類』(서울 : 건국대학교출판부, 1976)

『창세기』

『출애굽기』

『한국민족운동사료』: 3·1운동편(3)(서울 : 국회도서관, 1979)

『한국전쟁 관련 러시아 문서』(1996, 김영삼본, *mimeo*)

『한국전쟁 관련 러시아 문서』(서울 : 서울신문사, 1996, *mimeo*)

『한국전쟁 관련 러시아 문서』(서울 : 외무부, *mimeo*)

『황현, 『梧下記聞』

Allen, H. N., *Things Korean*(New York : Fleming H. Revell, 1908); 신복룡(역주), 『조선견문기』(서울 : 집문당, 2020)

Bishop, I. B. *Korea and Her Neighbors*(New YorK : Fleming H. Revell Co., 1897); 신복룡(역주), 『조선과 그 이웃 나라들』(서울 : 집문당, 2020)

Cobban, Alfred, *National Self-Determination*(Oxford : Oxford University Press, 1944); 신복룡(외 역주), 『민족자결주의』)(서울 : 광명출판사, 1968)

Dallet, Charles(지음), 최석우 · 안응렬(옮김), 『한국천주교회사』(중)(왜관 : 분도출판사, 1980)

Gale, James, *Korea in Transition*(Cincinnati : Jenning & Graham, 1909); 신복룡(역주), 『전환기의 조선』(서울 : 집문당, 2020)

Gilmore, G. W., *Korea from its Capital*(Philadelphia : Presbyterian Board of Publication, 1892); 신복룡(역주), 『서울풍물지』(서울 : 집문당, 2020)

Griffis, W. E., *Corea : The Hermit Nation*(New York : Charles Scribner's Sons, 1907); 신복룡(역주), 『隱者의 나라 韓國』(서울 : 집문당, 2020)

Hamel, H.(지음), 신복룡(옮김), 『하멜표류기』(서울 : 집문당, 2020)

Hulbert, H. B.(지음), *The Passing of Korea*(London : William Heinemann Co., 1906); 신복룡(역주), 『대한제국멸망사』(서울 : 집문당, 2020)

Hall, Basil(지음), *Account of a Voyage of Discovery to the West Coast of Corea, and the Great Loo-choo Island*(London : John Murray, 1818); 신복룡 · 정성자(역주), 『조선서해탐사기』(서울 : 집문당, 2020)

"Marine Amphibious Landing in Korea, 1871", Compiled by Miss Carolyn A Tyson, Naval Historical Foundation Publication Series 2.(No. 5/1966); 김원모 (역), 「틸톤의 江華島參戰手記」, 『東方學志』(31)(서울 : 연세대학교 국학연구원, 1982)

McKenzie, F. A., *The Tragedy of Korea*(New York : E. P. Dutton & Co., 1908); 신복룡(역주), 『대한제국의 비극』(서울 : 집문당, 2020)

Nicolson, N. *Diplomacy*(London : Oxford University Press, 1969); 신복룡(역주), 『외교론』(서울 : 평민사, 2009)

Pooley, A. M.(ed.), *The Secret Memoirs of Count Tadasu Hayashi*(London : G. P. Putnam's Sons, 1915); 신복룡 · 나홍주(역주), 『林董秘密回顧錄』(서울 : 건국대학교출판부, 1989)

Sands, William, *Undiplomatic Memories*(New York : Whittlesey House, 1930); 신복룡(역주), 『조선비망록』(서울 : 집문당, 2020)

Savage-Landore, A. Henry, *Corea or Chosun : The Land of the Morning Calm*(London : William Heinemann, 1895); 신복룡 · 장우영(역주), 『고요한 아침의 나라 조선』(서울 : 집문당, 2020)

2) 영어 자료

Acheson, Dean *The Korean War*(New York : W. W. Norton Co., 1971)

Acheson, Dean. *Present at the Creation*(New York: W. W. Norton & Co., 1969)

Atkins, Emory L.(etc. ed.), *Utilization of Indigenous Manpower in Korea* (Operations Research Office, Department of the Army, 1 March 1951, Doc. No. O-R-O-4)

Bajanov, Evgueny P. & Natalia Bajanova(eds.), and Tong-chin Rhee (Rewritten and Tr.), *The Korean Conflict, 1950~1953 : The Most Mysterious War of 20th Century, Based on Secret Soviet Archives, mimeo,*

"Basic Initial Directive to the Commander in Chief U.S. Army Forces in the Pacific for the Administration of Civil Affairs in Korea South of 38 Degree North Latitude"(September 1, 1945), SWNCC 176-3, RG 165, ABC 014 Japan(Washington, D.C.: National Archives)

Chang Chi-yun, *Record of the Cairo Conference*(Taipei : China Culture Publishing Foundation, 1953)

Department of State, *The Conflict in Korea : Events Prior to the Attack on June 25, 1950*(Washington, D.C. : USGPO, 1951)

EUSAK(Eighth United States Army Korea), *LP&TS(Logistical Problems and Their Solutions)* (OCMH Historical Manuscript File, 9 Feb. 1967)

FRUS : 1945, Vol. VII, *The Far East, China*(Washington, D.C. : USGPO, 1969)

FRUS : 1947, Vol. VI, *The Far East*(Washington, D.C. : USGPO, 1972)

FRUS : 1949, Vol. VII(Washington, D.C. : USGPO, 1976)

FRUS : 1950, Vol. VII, Korea (Washington, D.C. : USGPO, 1976)

FRUS : 1952~1954, Vol. XV, *Korea,* Part 1(Washington, D.C. : USGPO, 1984)

Griffis, W. E., *A Modern Pioneer in Korea : The Life Story of Henry G. Appenzeller* (London : Fleming H. Revell Co., 1912)

Gross, Ernest A. "Document 4(UN doc. S/PV. 473 : Statement to the Security Council by the Deputy Representative of the United States to the United Nations(Gross)"(June 25, 1950)

Hermes, Walter G., *U.S. Army in the Korean War : Truce Tent and Fighting Front*(Washington, D.C. : OCMH, U.S. Army, 1966)

Herodotus, *History.*

History of the Korean War : Korean Armistice Negotiations(July 1951~May 1952), RG 407, Historical Manuscript File, NA; 신복룡(편), 『한국분단 사자료집』(V)(서울 : 원주문화사, 1991)

HQ, USAF, FE & EUSA, *LKO(Logistics in the Korean Operations)*, Vols. I~IV (Washington, D.C. : OCMH, Historical Manuscript File, 1966)

"Initial Directive to the Commander in Chief U.S. Army Forces in the Pacific for the Administration of Civil Affairs in Korea South of 38 Degree North Latitude"(September 1, 1945), SWNCC 176-3, RG 165, ABC 014 Japan, Washington, D.C.: NA

"Interim Directives for Military Government in Korea," by Joint Civil Affairs Committee(17 February 1947), RG 165, ABC 014 Japan(Washington, D.C. : NA)

JCS Records, Part II, 1946~1953 : *The Far East,* Reel VIII, No. 0965

Joy, C., Turner, *How Communists Negotiate*(New York : The Macmillan Co., 1955)

Kaneko, Kentaro, *The Situation in the Far East : An Address before the Harvard University, April 28, 1904*(Cambridge : The Japan Club of Harvard University, 1904)

KLO · TLO문서집, Vol. I~II(Chuncheon : Institute of Asian Culture Studies at Hallim University, 1996)

KSC(Korean Service Corp) HQ., *OH(Organizational History,* July 26, 1950-December 31, 1984)

McCune, G. M. and J. A. Harrison(ed.), *Korean-American Relations,* Vol. I(Berkeley and Los Angeles : The University of California Press, 1950)

McGrath, Paul C., *U.S. Army in the Korean Conflict*(1953: Unpublished Manuscript (Washington, D.C.: NA)

MHD(Military History Detachment), AFFE, *ILK(Indigenous Labor in Korea,* July 51~July 53) Project MHD-33, 8086th Army Units, 1954

Military Situation in the Far East: Hearings Before the Armed Service Committee and Foreign Relations Committee, U.S. Senate(so-called *MacArthur Hearings*) (Washington, D.C.: USGPO, 1951)

Montesquieu, Baron de, *The Spirit of the Laws*(New York: Hafner Publishing Co., 1949)

"Occupation and Control of Japan in the Post-Defeat Period"(nd), RG 165, ABC 014 Japan(Washington, D.C. : NA)

"Operation Order No. 1" by Operations Section, 4th Infantry Division, North Korean

Park Il-keun(ed.), *Anglo-American and Chinese Diplomatic Materials Relating to Korea, 1866~1886* (Seoul : Shinmundang, 1982)

Plato, *Republic.*

Ploughshares Funds, *US Arms Control Association*(Washington, D. C. : The Center for Arms Control and Nonproliferation)(검색일 2013. 12. 1.)

"Rear Admiral Schley in Korea," *The Korea Review*(October, 1901)

"Reconnaissance Order No. 1," by the General Staff of the North Korean Army, U.N. Security Council Document S/2179

Ridgway, Matthew B. *The Korean War*(Garden City : Doubleday & Co., Inc., 1967)

Satow, Ernest, *Korea and Manchuria between Russia and Japan : 1895~1904* (Tallahasse : The Diplomatic Press, 1966)

Scranton, W. B., "Historical Sketch of the Korea Mission of Methodist Episcopal Church," *The Korean Repository*, Vol. V, No. 7(July, 1898)

Shin Bok-ryong, *The Politics of Separation of the Korean Peninsula*(Edison, NJ : Jimoondang International & Seoul : Jimoondang, 2008).

The General Staff, War Office(UK)(comp.), *The Russo-Japanese War,* Part I(London : Wyman and Sons, LTD., 1906)

Thucydides, *The History of the Peloponnesian War*

U.S. Department of State, *The Conflict in Korea : Events Prior to the Attack on June 25, 1950*(Washington, D.C. : USGPO, 1951)

U.S. Department of State, *United States Policy in the Korean Crisis*(Washington, D.C. : USGPO, 1951),

Van Fleet, James, "The Truth about Korea," *Reader's Digest*(July, 1953) & *LIFE*(May 11~18, 1953)

Wedemeyer, A. C., *Report to the President : Korea, 1947*(Washington, D.C. : USGPO, 1951); 신복룡 · 김원덕(역), 『한국분단보고서(하)』(서울 : 풀빛, 1992); 신복룡(편), 『한국현대사관계 미국관문서자료집』(상)(서울 : 원주문화사, 1992).

方善柱, 「鹵獲 北韓筆寫文書 解題」(1), 『아세아 문화』(1)(춘천 : 한림대학교 아시아문화연구소, 1986)

신복룡(편), 『한국분단사자료집』 8 Vols.(서울 : 원주문화사, 1992)

신복룡(편), 『한국현대사관계 미국관문서자료집』(상/하)(서울 : 원주문화사, 1992)

외교통상부 외교사료관 소장, 『유엔사령부의 해상방위봉쇄선(Clark Line) 설정 및 폐지 : 1952~53』(분류번호 743.4, 등록번호 427, Microfilm Roll No. K-0001)

3) 중국 자료

李鴻章, 「張佩綸의 靖藩覆擢을 論하는 上疏文」(議覆張佩綸靖藩覆擢), Pooley, A. M.(ed.), *The Secret Memoirs of Count Tadasu Hayashi*(London : G. P. Putnam's Sons, 1915); 신복룡 · 나홍주(역주), 『林董秘密回顧錄』(서울 : 건국대학교출판부, 1997)

『資治通鑑』(서울 : 삼화, 2009)

張佩綸, 「은밀히 동쪽을 정벌할 계책을 정할 것을 청하는 上疏文」(請密定東征之策擢), Pooley, A. M.(ed.), *The Secret Memoirs of Count Tadasu Hayashi*(London : G. P. Putnam's Sons, 1915); 신복룡 · 나홍주(역주), 『林董秘密回顧錄』(서울 : 건국대학교출판부, 1997)

曹松 『詩選』

4) 일본 자료

金正明(編), 『日韓外交資料集成』(6/上)(東京 : 巖南堂出版社, 1964)

東亞同文會(編), 『對支回顧錄』(上/下)(東京 : 原書房, 1968)

『東亞先覺志士記傳』(上/下)(東京 : 原書房, 1966)

朴泳孝, 「內政改革에 관한 建白書 8個條」, 『韓國史資料選集』(5)(서울 : 일조각, 1975)

『秘書類纂朝鮮交涉資料』(中)(東京 : 原書房, 1936)

森本藤吉, 『大東合邦論』(n.p., 1893)

伊藤博文, 『秘書類纂朝鮮交涉資料』(上/中/下)(東京 : 原書房, 1936)

『日本書紀』

『日本外交文書』(東京 : 日本國際連合協會, 1952)

日本外務省(編), 『日本外交年表竝主要文書』(東京 : 原書房, 1965)

『駐韓日本公使館記錄』(1・3・5・6)(서울 : 국사편찬위원회, 1991)

5) 史書/漢籍/經書/辭書

「甲午實記」, 『東學亂記錄』(上)(서울 : 국사편찬위원회, 1971)

『經國大典』

『京都雜志』

『經筵日記』

『高麗史節要』

顧炎武, 『日知錄』

『高宗實錄』

『舊唐書』

『國朝寶鑑』

『南史』(79) 列傳(69) 夷貊(下) 東夷條

『論語』

『端宗實錄』

『唐書』 東夷列傳 新羅條

『黨議通略』

『大東野乘』 金時讓, 涪溪記聞

『大巡典經』

『大韓季年史』(上/下)(서울 : 국사편찬위원회, 1971)

『大漢和辭典』(東京 : 大修館, 1976)

『東國李相國全集』

『東文選』

『東史綱目』

『同春堂先生別集』

『東學亂記錄』(上/下)(서울 : 국사편찬위원회, 1971)

『梅泉野錄』

『孟子』

『勉菴集』

『민족문화대백과사전』(성남 : 한국학중앙연구원, 2020)

朴寅浩,「甲午東學起兵實談」,『月刊中央』(1935년 2월호)

『磻溪遂錄』

『白沙先生集』

『北史』(94) 列傳(82) 高句麗條

『史記』「列傳」

『三國史記』

『三國遺事』

『三國志』(30) 魏書(30) 東夷傳 弁辰條

『象村稿』

『書經』

『宣祖修正實錄』

『宣祖實錄』

『星湖僿說』

『星湖先生文集』

『世說新語』

『世宗實錄』

『昭義新編』

『續陰晴史』(上/下)(서울 : 國史編蔡委員會, 1970)

『續资治通鑑』

『孫子兵法』

『宋書』(97) 列傳(57) 夷蠻條

『隋書』(81) 列傳(46) 東夷傳

『肅宗實錄』/『肅宗實錄』(補闕正誤)

『荀子』

『承政院日記』

『新唐書』(220) 東夷列傳(145)

申叔舟,『海東諸國記』

『新元史』

『新增東國輿地勝覽』

『梁書』(54) 列傳(48) 諸夷高句麗條

「嶺南萬人疏」, 『朝鮮策略』

『禮記』

吳兢(撰), 『貞觀政要』(臺灣 : 中華書局, 1978); 김원중(옮김), 1998, 『貞觀政要』
　　　　(서울 : 홍익출판사)

『吳子』

『五洲衍文長箋散稿』

『栗谷全集』

『栗谷集』

『毅菴先生文集』

『仁祖實錄』

『日省錄』

張三植(편), 『大漢韓辭典』(서울 : 삼영출판사, 1985)

『再造藩邦志』

『佔畢齋集』

『鄭鑑錄』

『正祖實錄』

諸橋轍次, 『大漢和辭典』(東京 : 大修館, 1976)

『周書』(49) 列傳(40) 異域(上) 高麗條

『中日戰爭文獻彙編』(臺北 : 鼎文書局, 1972)

『中宗實錄』

『芝峰類說』

『芝山先生文集』

『晉書』(14) 志(4) 扶餘國條

『懲毖錄』

『天原實錄』(천안 : 천원군 문화공보실, 1982)

『淸光緖朝中日交涉史料 : 中日戰爭文獻彙編』(臺北 : 鼎文書局, 1972)

崔溥(지음), 김지홍(옮김), 『漂海錄』(서울 : 지식을 만드는 지식, 2009)

『春秋』

『太祖實錄』

『太宗實錄』

『土亭集』

『統理交涉通商事務衙門日記, 舊韓國外交關係附屬文書』(5)：統署日記(3)(서울
：高麗大 亞細亞問題研究所, 1973)

河東(外 編),『中國革命史人物詞典』(北京 ： 北京出版社, 1991)

『鶴峯集/鶴峰續集』

『漢書』(28) 地理志(8下) 樂浪郡條

『現代人物事典』(大阪 ： 朝日新聞社, n.d.)

『華西雅言』

黃遵憲(저)・趙一文(역주),『朝鮮策略』(서울 ： 건국대학교출판부, 1977)

『淮南子』

『晦齋集』

『後漢書』(85) 東夷列傳(75)

Corry, Bernad, "Alfred Marshall," *International Encyclopedia of the Social
Sciences,* Vol. 10(New York ： The Macmillan Co. and The Free Press,
1968)

2. 단행본

1) 한국어

고구려연구회(편),『서희와 고려의 고구려 승계 의식』(서울 ： 학연문화사, 1999)

고등학교『국사』(서울 ： 대한교과서주식회사, 2002)

고무송,『토마스 목사와 함께 떠나는 순례 여행』(서울 ： 쿰란출판사, 2001)

구대열,『삼국통일의 정치학』(서울 ： 까치, 2010)

具良根,『갑오농민전쟁원인론』(서울 ： 아세아문화사, 1993)

국방부 정책홍보본부 정책기획관실.『북방한계선(NLL)에 관한 우리의 입장』
(서울 ： 국방부, 2007)

『군사정전위원회편람』(2)(서울 : 국방정보본부, 1993)

金庠基,『東學과 東學亂』(서울 : 大成出版社, 1947)

金在瑾,『거북선의 神話』(서울 : 正宇社, 1978)

金在瑾,『우리 배의 역사』(서울 : 서울대학교출판부, 1989)

김교식,『광복 20년 거창사건과 국민방위대』(서울 : 계몽사, 1972)

김기옥,『한국전쟁전투사(8) : 다부동전투』(서울 : 전사편찬위원회, 1981)

김만규,『한국의 정치사상』(서울 : 현문사, 1999)

김성배,『한국의 민속』(서울 : 집문당, 1980)

김영작,『한말 내셔널리즘 연구』(서울 : 청계연구소, 1989)

김인식,『안재홍의 신국가건설운동』(서울 : 선인, 2005)

김인호,『원균평전 : 타는 바다』(평택 : 평택문화원, 2014)

김종학,『개화당의 기원과 비밀외교』(서울 : 일조각, 2017)

김현숙,『근대한국의 서양인고문관들』(서울 : 한국연구원, 2008)

김훈,『칼의 노래』(서울 : 생각의 나무, 2007)

나종남(외 엮음),『6 · 25전쟁 학도의용군자료집』(서울 : 군사편찬연구소, 2012)

노계현,『고려외교사』(서울 : 갑인출판사, 1994)

노계현,『한국외교사』(서울 : 해문사, 1968)

릭비(Andrew Rigby(지음), *Justice and Reconciliation : After the Violation*(Boulder
　　　: Lynne Rienner Publishers, 2001); 릭비(지음), 장원석(옮김),『과거
　　　청산의 비교정치학』(제주 : 온누리, 2007)

동학사상연구소(編),『東學革命』(서울 : 東學思想研究所, 1979)

로스트노프(외 지음), 김종헌(옮김),『러일전쟁』(서울 : 건국대학교출판부, 2004).

李進熙,『廣開土大王陵碑의 探求』(서울 : 일조각, 1985)

문일평,『韓米五十年史 : 湖岩全集』(1)(서울 : 조광사, 1945)

문일평,『史外異聞秘史 : 湖岩全集』(3)(서울 : 조광사, 1946)

민두기(옮김),『胡適文存』(1935)(서울 : 삼성문화재단, 1972)

바라다트(Leon P. Baradat)(지음), *Political Ideologies : its Origins and Impact*
　　　(Englewood Cliffs : Prentice Hall, 1994); 신복룡(외 옮김),『현대정치
　　　사상』(서울 : 평민사, 1995)

박계홍,『한국민속연구』(서울 : 형설출판사, 1979)

박동찬,『통계로 본 6 · 25전쟁』(서울 : 군사편찬연구소, 2014)

박명림, 『한국전쟁의 발발과 기원』(I)(서울 : 나남, 1996)

朴時仁, 『알타이文化史硏究 : 韓國篇』(서울 : 探求堂, 1973)

박양호, 『한국전쟁의 실상과 학도병 이야기』(서울 : 화남, 2009)

박은식, 「이순신전」, 『朴殷植全書』(중)(서울 : 단국대학교출판부, 1975)

박은식, 『천개소문전』(서울 : 한국독립운동사연구소, 1989)

朴齊炯, 『近世朝鮮政鑑』(上)(서울 : 탐구당, 1975)

박종화, 『임진왜란』(서울 : 을유문화사, 1966)

박종효, 『격변기의 한러 관계사』(서울 : 선인출판사, 2015)

볼코고노프(지음), 한국전략문제연구소(역), 『스탈린』(서울 : 세경사, 1993)

杉村濬(지음), 한상일(역), 「在韓苦心錄」, 『서울에 남겨둔 꿈』(서울 : 건국대
    학교출판부, 1993)

서용선 · 양영조 · 신영진, 『한국전쟁연구 : 점령정책 · 노무 운영 · 동원』(서울
    : 국방군사연구소, 1995)

선우기성, 『한국청년운동사』(서울 : 금문사, 1973)

손진, 『서북청년회가 겪은 건국과 6 · 25』(서울 : 건국이념보급회 출판부, 2014)

스워다우트(R. Swartout)(지음), *Mandarins, Gunboats and Power Politics : O.
    N. Denny and the International Rivalries in Korea*(Honolulu : The
    University Press of Hawaii, 1980); 신복룡 · 강석찬(역), 『데니의 생애
    와 활동』(서울 : 평민사, 1988)

신복룡, 『동학사상과 갑오농민혁명』(서울 : 선인, 2006)

신복룡, 『한국분단사연구 : 1943~1953』(서울 : 한울출판사, 2001)

신복룡, 『해방정국의 풍경』(서울 : 지식산업사, 2017)

신복룡, 『全琫準評傳』(서울 : 들녘, 2019)

신복룡, 『한국사 새로 보기』(서울 : 풀빛출판사, 2001)

신복룡, 『한국정치사상사』(上/下)(서울 : 지식산업사, 2011)

신복룡, 『한국정치사상사』(서울 : 나남, 1977)

신복룡, 『한국정치사』(서울 : 박영사, 2003)

신복룡 · 김원덕(역), 『한국분단보고서』(하)(서울 : 풀빛, 1992)

신용하, 『동학과 갑오전쟁 연구』(서울 : 일조각, 1993)

신채호(저) · 이만열(역주), 『조선상고사』(上)(서울 : 형설출판사, 1983)

신채호, 「조선상고사」, 『단재신채호전집』(서울 : 형설출판사)

신채호, 『조선위인전 : 수군 제일 위인 이순신전』(서울 : 범우사, 1997)

신채호, 『조선위인전 : 연개소문』(서울 : 범우사, 1997)

신채호, 『조선위인전 : 을지문덕전』(서울 : 범우사, 1997)

온창일(지음), 『한민족전쟁사』(서울 : 집문당, 2001)

『옹진군지』(옹진 : 옹진군지편찬위원회, 1989)

王普豊(지음), 황병무(옮김), 『현대국방론』(서울 : 국방대학원, 1997)

牛場靖彦(저)·김용발(역), 『좀비족 : 위기는 人間이다』(서울 : 경영능률연구
소, 1986)

『육군발전사』(상) : 팜플레트 70-22-1(서울 : 육군본부, 1970)

『6·25전쟁사(1) : 전쟁의 배경과 원인』(서울 : 국방부전사편찬연구소. 2005)

『6·25전쟁사(2) : 북한의 전면 남침과 초기 방어 전투』(서울 : 국방부전사편
찬연구소. 2005)

윤용남, 『우리는 대한민국의 군인이었다』(서울 : 상상미디어, 2012)

이능화, 『朝鮮巫俗考』(서울 : 계명구락부, 1927)

李敦化, 『天道敎創建史』(서울 : 天道敎中央宗理院, 1933)

이문항(James M. Lee), 『JSA-판문점 : 1953~1994』(서울 : 소화, 2001)

이병도, 『국사대관』(서울 : 보문각, 1957)

이보연(외 공역), 『미국정치외교사』(서울 : 을유문화사, 1968)

이상백, 『한국사 : 근세전기편』(서울 : 을유문화사, 1980)

이상호·박영실, 『6·25전쟁 소년병 연구』(서울 : 군사편찬연구소, 2011)

이선근, 『한국사 : 현대편』(서울 : 국사편찬위원회, 1971)

이영택, 『취락지리학』(서울 : 대한교육련합회, 1972)

이은상, 『성웅 이순신』(서울 : 삼중당, 1984, 초판 1975)

이이화, 『전봉준』(서울 : 중심, 2006)

이재(외 지음), 『한국전쟁 시 학도의용군』(서울 : 육군본부군사연구실, 1994)

이정일, 『임진왜란 연구 : 수군 활동. 군량 공급, 및 선무공신 책훈을 중심으
로』(서울 : 중앙대학교 박사학위논문, 1989)

이종철·박호원, 『서낭당』(서울 : 대원사, 1994)

이주영, 『서북청년회』(서울 : 백년동안, 2015)

이진희, 『廣開土大王陵碑의 탐구』(서울 : 일조각, 1985)

이창건, 『KLO의 한국전쟁 비사』(서울 : 지성사, 2005)

이형석, 『임진전란사』(상/하)(서울 : 신현실사, 1974)

이홍직, 『국사대사전』(서울 : 지문각, 1963)

장봉선, 「전봉준실기」, 『정읍군지』(정읍 : 이로재, 1936)

장철균, 『서희의 외교 담판 : 고구려 영토 수복 어떻게 가능했나』(서울 : 현음
　　　사, 2004)

재일학도의용군의 얼 편찬위원회(편), 『언론의 창에 비친 재일학도의용군의
　　　얼(魂)』(부산 : 재일학도의용군동지회, 2004)

전쟁기념사업회, 『한국전쟁사』(1)(서울 : 행림출판, 1992)

『전주시사』(전주 : 전주시사편찬위원회, 1974)

정국로, 『한국학생민주운동사』(서울 : 도서출판 반, 1995)

정병준, 『한국전쟁 : 38선의 충돌과 전쟁의 형성』(서울 : 돌베게, 2006)

정비석, 『산정무한』(서울 : 범우사, 2002)

정태욱, 『한반도 평화와 북한 인권 : 법철학적 기록』(서울 : 한울, 2009)

조성훈, 『한국전쟁의 유격전사』(서울 : 군사편찬연구소, 2003)

조용헌, 『5백 년 내력의 명문가 이야기』(서울 : 푸른 역사, 2002)

중학교 『국사』(서울 : 대한교과서주식회사, 2002)

초등학교 6학년 1학기 『사회』(서울 : 대한교과서주식회사, 2002)

최영희, 『임진왜란 중의 사회 동태』(서울 : 한국연구원, 1975)

최인욱, 『성웅 이순신』(서울 : 을유문화사, 1971)

崔昌圭, 『近代韓國政治思想史』(서울 : 일조각, 1975)

崔玄植, 『甲午東學革命史』(전주 : 신아출판사, 1983)

코로트코프(지음), 이건주(역), 『스탈린과 김일성』(II)(서울 : 동아일보사, 1992)

콜린스(J. L. Collins)(지음), 김영곤(외 옮김), 『대전략론』(서울 : 국방대학원,
　　　1979)

킬리(Lawrence H. Keeley)(지음), 김성남(옮김), 『원시전쟁』(*War Before the
　　　Civilization : The Myth of the Peaceful Savage*)(서울 : 수막새, 2014)

터크맨(Barbara Tuchman)(지음), 이원근(옮김), 『8월의 포성』(*The Guns of
　　　August*)(서울 : 평민사, 2008)

『플루타르코스영웅전』,「페리클레스전」;「티베리우스 그락쿠스전」;「포키온전」;「클레오메네스전」;「피로스전」

『한국전란1·2·3·4년지』(서울 : 국방부전사편찬위원회, 1953~1955)

『한국전쟁사(1) : 해방과 건국』(서울 : 전사편찬위원회, 1968)

한동일,『라틴어수업』(서울 : 흐름, 2017)

한상일,『이토 히로부미와 대한제국』(서울 : 까치, 2015).

한상일,『일본 제국주의의 한 연구』(서울 : 까치, 1980)

한우근,『韓國通史』(서울 : 을유문화사, 1970)

홍일식,『한국전통문화시론』(서울 : 高大出版部, 1976)

황병무,『전쟁과 평화의 이해』(서울 : 오름, 2001)

황의돈,『신편 조선 역사』(서울 : 以文堂, 1923)

훠렐(Ferrill, Arther)(지음), 이춘근(옮김),『전쟁의 기원』(The Origins of War)
(서울 : 인간사랑, 1990)

2) 영어 단행본

Afaf Lutfi Sayyid-Marsot, *A History of Egypt : From the Arab Conquest to the Present*(Cambridge : Cambridge University Press, 2007)

Afaf Lutfi Sayyid-Marsot, *Egypt and Cromer : A Study in Anglo-Egyptian Relations* (Cambridge : Cambridge University Press, 2007)

Appleman, Roy E., *U.S. Army in the Korean War : South to the Nakdong, North to the Yalu*(Washington, D.C. : OCMH at Department of the Army, 1961)

Asakawa, K. *The Russo-Japanese Conflict : the Causes and Issues*(Boston : Houghton, Mifflin and Co., 1904)

Bacon, F., *Novum Organon*(Chicago : Encyclopeadia Britanica, Inc., 1980)

Barbero, Alessandro, *The Battle : A New History of Waterloo*(London : Atlantic Books, 2013)

Benedict, Ruth, *The Chrysanthemum and the Sword : Pattern of Japanese Culture*(New York : New American Library, 1974)

Berger, Carl, *The Korean Knot*(Philadelphia: University of Pennsylvania, 1957)

Cagle, Malcolm W. and Frank Manson, *The Sea War in Korea*(Annapolis : U.S. Naval Institute, 1957)

Carlyle, Thomas, *On Heroes, Hero-worship and the Heroic in History*(London : Oxford University Press, 1941)

Carr, E. H., *What is History?*(London : Macmillan Co., 1961)

Chesneaux, Jean, *Peasant Revolts in China : 1840~1949*(London : W. W. Norton & Co., 1973)

Chomsky, Noam, *On Power and Ideology: The Managua Lectures*(Boston : South End Press, 1987)

Chung, David, *Religious Syncretism in Korean Society*(Ph. D. Dissertation at Yale University, 1959)

Clausewitz, Carl von, *On War*(Princeton : Princeton University Press, 1976)

Cowen, Thomas *The Russo-Japanese War*(London : Edward Arnold, 1904)

Cumings, Bruce, *The Origins of the Korean War,* Vol. II(Princeton : Princeton University, 1990)

Davis, G., *The Early Stuarts, 1603~1660*(London : Oxford University Press, 1959)

Dennet, Tyler, *Roosevelt and the Russo-Japanese War*(Glochester : Peter Smith, 1959)

Emerson, Rupert, *From Empire to Nation*(Boston : Beacon Press, 1962)

Etzioni, Amitai, *The Spirit of Community*(New York : Touchstone Book, 1994)

Ginsberg, Morris, T*he Psychology of Society*(London : Methuen, 1964)

Goncharov, Sergei N., Lewis, John W., Litai, Xue, *Uncertain Partners : Stalin, Mao, and the Korean War*(California : Stanford University Press, 1993)

Gooch, G. P. and Temperley, Harold,(ed.), *The Anglo-Russian Rapprochement : 1903~1907,* Vol. IV(London : His Majesty's Stationary Office, 1927)

Goulden, Joseph, C., *Korea : The Untold Story of the War*(New York : McGraw-Hill Co., 1982)

Griswold, A. W., *The Far Eastern Policy of the United States*(New York : Harcourt, Brace and Co., 1938)

Guenter Lewy, *Religion and Revolution*(New York : Oxford University Press, 1974)

Halliday, John & Cumings, Bruce, *Korea : The Unknown War*(New York : Pantheon Books, 1988)

Heinrich, Herbert, *Industrial Accident Prevention : A Scientific Approach*(New York : McGraw-Hill, 1931)

Henderson, Gregory, *Korea : The Politics of the Vortex*(Cambridge : Harvard University Press, 1978)

Hook, Sydney, *Hero in History : Myth, Power or Moral Ideal?*(Stanford : Hoover Institute at Stanford University, 1978)

Huizinga, J., *Homo Ludens*(Boston : Beacon Press, 1992)

Joseph, Philip, *Foreign Diplomacy in China : 1894~1900*(London : George Allen Unwin Ltd., 1929)

Kennedy, Paul, *The Rise and Fall of the Great Powers : Economic Change and Military Conflicts from 1500 to 2000*(New York : Random House, 1987)

Kohn, *Nationalism : Its Meaning and History*(Princeton : D. Van Nostrand Co., 1955)

Langer, William L., *The Diplomacy of Imperialism : 1890~1902*(New York : Alfred Knoff, 1968)

Lasswell, H. D. & Kaplan, Abraham, *Power and Society : A Framework for Political Inquiry*(London : Routledge & Kegan Paul Ltd., 1952)

Lee, Chong-Sik, *The Politics of Korean Nationalism*(Berkely and Los Angeles : The University of California Press, 1963)

Louis, W. Roger, *Imperialism at Bay*(New York : Oxford University Press, 1978)

Ludwig, Emile, *Napoleon*(New York : Liveright Publishing Co., 1943)

Mahan, Alfred, *Influence of Sea Power upon History*(Englewood Cliffs : Prentice-Hall Inc., 1980)

Malozemoff, A., *Russian Far Eastern Policy : 1881~1904*(Berkeley and Los Angeles: University of California Press, 1958)

Mankiw, N. Gregory, *Macroeconomics*(New York : Worth Publishers, 2007)

Marshall, Alfred, *Principles of Economics*(New York: St Martin's Press, 1959)

Matray, James I., *Reluctant Crusade : American Foreign Policy in Korea, 1941~1950* (Honolulu : University of Hawaii Press), 1985.

Mearsheimer, John, *Conventional Deterrence*(Ithaca : Cornell University Press, 1983)

Merriam, Charles E., *Political Power*(New York : Collier Books, 1964); 신복룡 (역), 『정치권력론』(서울 : 선인, 2006)

Milner, Alfred, *England in Egypt*(London : Edward Arnold, 1902)

Moon, Hee-Soo, *La Guerre Sino-Japanaise du Conteste Interantionale : 1894~1895*(Paris : Université de Paris, 1985)

Moore, Barrington, *Social Origins of Dictatorship and Democracy*(Boston : Beacon Press, 1967)

Morris, Ian, *War! What is it Good For? Conflict and the Progress of Civilization from Primates to Robots*(New York : Farrar, Straus and Giroux, 2014)

Nelson, M. F., *Korea and the Old Orders in Eastern Asia*(New York : Russell and Russell, 1967)

Oberdorfer, Don, *The Two Koreas*(New York : Basic Books, 2001)

Page, Glen D. *The Korean Decision, June 24~30, 1950*(New York : The Free Press, 1968)

Palmer, Spencer J.(ed.), *Korean-American Relations*, Vol. II(Berkeley and Los Angeles : The University of California Press, 1963)

Parker, Arthur C., *The Indian How Book*(New York : Dover Publications Inc., 1954),

Pye, *Aspects of Political Development*(Boston: Little, Brown, & Co., 1966)

Reischauer, Edwin, *Ennin's Travels in Tang China*(New York : The Ronald Press Co., 1957)

Romanov, B. A., *Russia in Manchuria : 1892~1906*(Ann Arbor : J. W. Edwards, Pub. Co., 1952)

Russell, Bertrand, *The History of Western Philosophy*(New York : A Touchstone Book, 1972)

Sabine, George H., *A History of Political Theory*(New York : Holt, Reinhart and Winston, 1961)

Sawyer, Robert K., *Military Advisors in Korea : KMAG in Peace and War* (Washington, D.C. : Center of Military History, U.S. Army, 1988)

Schnabel, James F., *US Army in the Korean Army : Policy and Direction : The First Year*(Washington, D.C. : OCMH, 1972)

Stone, I. F., *The Hidden History of the Korean War*(New York : Monthly Review Press, 1952)

Strachey, Lytton, *Eminent Victorians*(New York : The Modern Library, 1918)

Synn, Seung Kwon, *The Russo-Japanese Rivalry over Korea, 1876~1904*(Seoul : Yukbubsa, 1981)

Thompson, Kenneth W., *Cold War Theories*, Vol. 1(Baton Rouge : Louisiana State University Press, 1981)

Tosh, John, *The Pursuit of History*(London : Longman House, 1991)

Toynbee, A. J., *A Selection from His Works*(London : Oxford University Press, 1978)

Toynbee, A. J., *A Study of History*, Vol. IV(Oxford : Oxford University Press, 1973)

Weber, Max, *The Protestant Ethic and the Spirit of Capitalism*(New York: Charles Scribner's Sons, 1958)

Weems, Benjamin B., *Reform, Rebellion and the Heavenly Way*(Tucson : The University of Arizona Press, 1964)

Weintraub, S., *MacArthur's War*(New York : The Free Press, 2000)

Wittfogel, Karl A., *Oriental Despotism*(New Haven : Yale University Press, 1958)

3) 중국어 단행본

李守孔, 『李鴻章傳』(台北 : 台肯學生書局, 1985)

柴成文·趙勇田(지음), 윤영무(옮김), 『중국인이 본 한국전쟁』(서울 : 한백사, 1991)

王健群(著)·林東錫(譯), 『廣開土王陵碑硏究』(서울 : 역민사, 1985)

王紹坊, 『中國外交史 : 1840~1911』(河南 : 河南出版社, 1988)

劉彦, 『中國外交史』(臺北 : 三民書局, 1979)

4) 일본어 단행본

京口元吉, 『秀吉の朝鮮經略』(東京 : 白楊社, 1939)

古筠記念會, 金玉均傳(上)(東京 : 慶應出版社, 1944)

古屋哲夫,『日露戰爭』(東京 : 中央公論社, 1980)

菊池謙讓,『近代朝鮮史』(下)(서울 : 鷄鳴社, 1937)

瀧澤誠,『評傳內田良平』(東京 : 大和書房, 1976)

本多熊太郎,『魂の外交』(東京 : 千倉書房, 1938).

細井肇,『朋黨・士禍の檢討』(서울 : 自由討究社, 1926)

安部能成,『岩波茂雄傳』(東京 : 岩波書店, 1957)

煙山專太郎,『日清・日露の役』(東京 : 岩波書店, 1934)

日本軍參謀本部(編),『日本戰史 : 朝鮮役』(東京 : 村田書店, 1924)

林泰輔,『朝鮮通史』(東京 : 富山房, 1912)

田保橋潔,『近代日鮮關係ノ研究』(下)(서울 : 朝鮮總督府, 1940)

朝鮮總督府,『朝鮮史』(6/4)(서울 : 조선인쇄주식회사, 1938)

朝鮮總督府朝鮮史編修會(編),『朝鮮史編修會事業槪要』(서울 : 1938)

朝日新聞特派記者團,『グアムに生きた二十八年 : 横井庄一さんの記錄』(東
         京 : 朝日新聞社, 1972)

樽井藤吉,『大東合邦論』(東京 : 東洋印柳林式會社, 1910);『覆刻大東合邦論』
         (東京 : 長陵書林, 1975)

池內宏,『文祿慶長の役』(東京 : 南滿洲鐵道株式會社, 1914)

淸藤幸七郎,『天佑俠』(東京 : 新進社, 1893)

萩原遼,『朝鮮戰爭 : 金日成とマカ-サ-の陰謀』(東京 : 文藝春秋, 1994); 崔兒
         洵(역),『한국전쟁 : 김일성과 스탈린의 음모』(서울 : 한국논단, 1995).

幣原坦,『朝鮮政爭志』(東京 : 三省堂, 1907)

和田春樹,『朝鮮戰爭』(東京 : 岩波書店, 1995)

横井庄一,『明日への道』(東京 : 文藝春秋, 1974)

黑龍會(編),『東亞先覺志士記傳』(上/下)(東京 : 原書房, 1966)

黑龍俱樂部(編),『國士內田良平傳』(東京 : 原書房, 1967)

『玄洋社社史』(東京 : 玄洋社社史編纂委員會, 1919)

3. 논문

1) 한국어 논문

차용걸, 「東國城制諸論」, 『사학연구(30) : 자료편』(서울 : 韓國史學會, 1980)

교황(John Paul II) 「참회의 이론적 배경이 된 국제신학위원회 보고서」, 『신동
　　　아』 2000년 4월호 부록

金容燮, 「전봉준공초의 분석 : 동학란의 성격 一斑」, 『歷史研究』(2)(서울 : 한
　　　국사학회, 1958)

金義煥, 「東學軍戰蹟地踏査記(8)」, 『新人間』(324/ 1975년 2월)(서울 : 天道教
　　　中央總部, 1933)

김병곤, 「한국전쟁 기간 중 한국노무단(KSC)에 대하여」, 『軍史』(23)(서울 : 전
　　　사편찬위원회, 1991)

김열규, 「通過儀禮와 部落祭」, 李相日(外編), 『한국사상의 源流』(서울 : 博英
　　　社, 1976),

김윤미, 「총동원체제와 근로보국대를 통한 '국민 개로'」, 『한일민족문제연구』
　　　14호(한일민족문제학회, 2008)

김인호, 「일제 말 조선에서의 국방 헌납 : 조선군사후원연맹(편), 『半島の銃
　　　後陣』(1940)을 중심으로」, 한민족독립운동사학회 발표 논문(2014.
　　　12. 20.)

김일영, 「농지 개혁, 5·30 선거, 그리고 한국전쟁」, 『한국과 국제 정치』(11/1,
　　　1995년 봄·여름호)(서울 : 경남대학교 극동문제연구소)

김지은, 「인생의 꽃봉오리를 피워보지도 못하고 사라져간 6·25참전 소년병
　　　전사자 2,464명」, 『월간조선』 2000년 11월호

김태곤, 「서낭당연구」, 『漢城李相玉博士 회갑기념론문집』(서울 : 교문사, 1970)

김태곤, 「한국 巫俗의 原形 연구」, 『한국민속학』(12)(서울 : 한국민속학회, 1980)

김현주, 「개화기 역사 전기소설에 관한 소고 : 영웅을 통한 근대 국민국가 인
　　　식을 중심으로」, 『경산문화연구』(9)(대구 : 대구한의대학교 경산문화
　　　연구소, 2005)

남영신, 「황토재에서 우금티까지」, 『백년 이웃』(서울 : 두산그룹, 1995/1월호)

남정옥, 「국민방위군」, 조성훈(외), 『한국전쟁사의 새로운 연구』(1)(서울 : 군사편찬연구소, 2001)

리영희, 「북방한계선은 합법적 군사분계선인가?」, 『통일시론』(1999/여름호)

문봉제, 「서북청년회」(1~33), 『중앙일보』(1972. 12. 21.~1973. 2. 1.)

박명림, 「누가 한국전쟁을 시작하였는가?」, 『한국정치학회보』 28/2(서울 : 한국정치학회, 1994)

朴鍾晟, 「갑오농민봉기의혁명성연구」, 『갑오동학농민혁명의 쟁점』(서울 : 집문당, 1994)

박호성, 「동아시아 가치 논쟁과 한국 민주주의의 과제」, 『정치사상연구』(4)(한국정치사상학회, 2001)

傅衣凌, 「明末 남방의 佃變과 奴變」, 양필승(편저), 『중국의 농업과 농민운동』(서울 : 한나래, 1991)

徐柱錫, 「한국의 국가 체제 형성 과정 : 제1공화국의 국가 기구와 한국전쟁의 영향」(서울 : 서울대학교 박사학위논문, 1993)

손정숙, 「헐버트의 한국 인식과 활동」, 한국정치외교사학회 연례연구발표회(2001. 2. 28.)

손진태, 「조선의 累石壇과 몽고의 鄂博에 就하여」, 『조선민족문화의 연구』(서울 : 을유문화사, 1948)

申基碩, 「열강의 朝鮮國에 대한 경제적 浸蝕 : 개국으로부터 日淸戰爭에 이르기까지」, 『정경학보』(1)(서울 : 경희대학교, 1960)

신복룡, 「甲午革命 전후의 韓美 關係」, 『東學思想과 甲午農民革命』(서울 : 선인출판사, 2006)

신복룡, 「당쟁에 대한 새로운 이해」, 『한국정치사』(서울 : 박영사, 2003)

신복룡, 「미국의 고립주의에 관한 小考」, 『法經論叢』(5)(서울 : 건국대학교, 1971)

신복룡, 「임진왜란과 원균」, 옥포해전기념문화제(평택 : 2015. 12. 2.), *mimeo.*

신복룡, 「조선조의 인물을 바라보는 몇 가지 착시 : 학봉 김성일의 경우」, 『1590년 통신사행과 귀국 보고』(서울 : 경인문화사, 2013)

신복룡, 「한국 전쟁과 미국유도설 : D. 애치슨의 연설을 둘러싼 논쟁을 중심으로」 『한국분단사연구 : 1943~1945』(서울 : 한울 2001).

신복룡, 「한국사에서의 해양정신」, 『한국정치사상사』(서울 : 나남, 1997)

신복룡, 「한국에서 전기학(傳記學)을 공부하는 어려움」, 사단법인 해동공자 최충(崔冲)선생기념사업회 주최, 『청백리 최만리(崔萬理) 선생의 행적과 시대 의식』(서울 : 프레스센터, 2010. 10. 26.)

신복룡, 「『하멜표류기』 : 바다를 버려 나라를 잃었다」, 『이방인이 본 조선 다시 읽기』(서울 : 풀빛출판사, 2002)

신채호, 「영웅과 세계」, 『대한매일신보』 1908. 1. 4.~5.; 『단재신채호전집』(別集)(서울 : 단재신채호선생기념사업회, 1979)

안병직, 「과거 청산과 역사 서술 : 독일과 한국의 비교」, 역사학회 창립 50주년 역사학 국제회의, 『역사 속의 한국과 세계』(2002. 8. 15.~18.)

안자코 유카(庵逧由香), 「총동원체제 하 조선인 노동력 '강제동원' 정책의 전개」, 『한국사학보』(14호/2004)

梁啓超, 한무희(역), 「中國 學術思想變遷의 大勢」, 『飮氷室文集』(서울 : 三省出版社, 1979)

양영조, 「한국전쟁 시 노무 동원과 운영에 관한 연구」, 『軍史』(29)(서울 : 국방군사연구소, 1994)

양진석, 「충청지역 농민전쟁의 전개 양상」, 『백제문화』(23)(공주 : 공주대 백제문화연구소, 1994)

오동룡, 「6·25 참전소년지원병 전사자 합동위령제 거행」, 『월간조선』 2001년 6월호

우철구, 「한말 외교 고문 데니 연구」, 한국정치외교사학회 연례연구발표회(2001. 2. 28.)

원상순, 「김윤근과 국민방위군사건」, 『흑막』(서울 : 신태양사, 1960)

원재린, 「조선 전기 良賤制의 확립과 綱常名分論」, 『조선의 건국과 '經國大典體制'의 형성』(연세대학교 국학연구원 제331회 국학연구발표회, 2003)

柳永益, 「갑오농민봉기의 보수적 성격」, 『갑오동학농민혁명의 쟁점』(서울 : 집문당, 1994)

尹源鎬, 「19세기 고부의 사회 경제」, 『전라문화논총』(7)(전주: 전북대학교 전라문화연구소, 1994)

이동욱, 「42년 만에 전사 인정받은 군번 없는 냉전의 전사 KLO 비화」, 『월간조선』 1995년 10월호

李瑄根,「奇傑했던 개화승 李東仁의 업적과 생애」,『동아논총』(3)(부산 : 동아 대학교, 1966)

이승연,「조선조「주자가례」의 수용 및 전개 과정」,『전통과 현대』(12), 2000

이완범, 미국 군부의 한국 분할 점령 준비 과정」,『북한의 개방과 통일 전망』 (서울 : 건국대학교 한국문제연구원, 1998)

이태진,「사림과 서원」,『한국사 : 양반사회의 모순과 대외항쟁』(서울 : 탐구 당, 1981)

이택선,「신라 장기 지속성 정치적 제도와 요인들에 관한 연구」(1), 한국정치 학회 춘계학술회의 발표 논문집(2006)

이현종,「외족의 침구 : 16세기 후반기 동아의 정세」,『한국사(12) : 조선 : 양 반 사회의 모순과 대외 항쟁』(서울 : 탐구당, 1981)

이현휘,「소명으로서의 역사학과 정치로서의 역사학」,『동양정치사상사연구』 (14/2, 2015)

李洪九,「한국 민족주의의 본질과 방향」, 진덕규(편),『한국의 민족주의』(서 울 : 현대사상사, 1976)

임규정 · 서주석,「북방한계선의 역사적 고찰과 현실적 과제」,『현대이념연 구』(14/1999)

임형택,「개항기 유교지식인의 '근대' 대응 논리 : 惠岡 崔漢綺의 氣學을 중심 으로」,『大東文化硏究』(38)(서울 : 성균관대학교대동문화연구원, 2001)

全錫淡,「朝鮮農民經濟史 : 朝鮮 前期를 중심으로」, 全錫淡 · 朴克采(외),『조 선경제사탐구』(서울 : 범우사, 1990)

정대위,「한국 근대화와 기독교」(2),『한국사상』(6)(서울 : 일신사, 1963)

정윤재,「우리는 사춘기를 전선에서 보냈다」,『월간조선』2001년 7월호

정태욱,「서해북방한계선(NLL) 재론 : 연평도포격 사건을 계기로」,『민주법 학』(No. 45/ 2011. 3.)

조시현,「서해상의 남북 충돌과 해결 방안 : 국제법의 관점에서」, 평화심포지 움 : 서해상의 평화 정착을 위한 규범적 검토 토론문(국회의원회관, 2011. 3. 24.), *mimeo.*

趙芝薰,「서낭竿攷」,『신라가야문화』(1)(대구 : 청구대학가야문화연구소, 1966)

진덕규,「한국 민족주의의 구조적 본질 : 서언」, 진덕규(편),『한국의 민족주 의』(서울 : 현대사상사, 1976)

천관우, 「廣開土大王陵碑의 해석 문제」, 『한국사의 재조명』(서울 : 독서신문
　　사, 1977)

천관우, 「한국민족주의의 역사적 구조-재발견」, 陳德奎(편), 『한국의 민족주
　　의』(서울 : 현대사상사, 1976)

최영성, 「한국 유교 전통에서 본 척사위정파의 자유주의관」, 『근현대 한국 자
　　유주의 연구(1) : 1880~1910』(한국정치학사상학회 학술발표회, 2003.
　　5.)

최영희, 「일본의 侵寇」, 『한국사(12) : 조선 양반 사회의 모순과 대외항쟁』(서
　　울 : 국사편찬위원회, 1981)

최재석, 「1982년 하야시 야스스케(林泰輔)의 『조선사』 비판」, 『고대한일관계
　　사 연구 비판』(서울 : 경인문화사, 2010)

崔惠珠, 「幣原坦의 고문 활동과 한국사 연구」, 『國史館論叢』(79)(과천 : 국사
　　편찬위원회, 1998)

하재평, 「한국전쟁 시 국가총력전 전개 양상」, 『戰史』 제3호(서울 : 군사편찬
　　연구소, 2001)

한형조, 「근대사의 경험과 동양 철학의 글쓰기」, 중어중문학회 학술발표회
　　(1998. 6. 13. 이화여대)

허지은, 「근세 왜관 館守의 역할과 도다 도노모(戸田頼毛)」, 『한일관계사연
　　구』(48/2014, 한일관계사학회)

2) 영어 논문

"The Russo-Japanese Conflict : A Review," *Korea Review*(Vol. V. No. 1),
　　January 1905.

"The Russo-Japanese War," *Korea Review*(Vol. IV, No. 2), February 1904;
　　(Vol. IV, No. 3), March 1904; (Vol. IV, No. 4), April 1904; (Vol. IV,
　　No. 5), May 1904; (Vol. IV, No. 6), June 1904.

Appenzeller, H. G., "The Opening of Korea : Admiral Shufeldt's Account of
　　It," *Korean Repository,* Vol. I(February 1892)

Cumings, Bruce, "Revising Postrevisionism, or the Poverty of Theory in
　　Diplomatic History," *Diplomatic History*, Vol. 17 (Fall 1993)

Gale, James S., "The Fate of the General Sherman," *Korean Repository,* Vol. II(July 1895)

Gupta, K., "How Did the Korean War Begin?" *The China Quarterly*(October/December 1972)

Kennan, George(E), "Are the Japanese Moral?" *Outlook*, September 14, 1912.

Kennan, George(E), "Korea : A Degenerate State," *The Outlook,* October 7, 1905.

Kennan, George(E), "The Capital of Korea," *The Outlook,* October 22, 1904.

Kennan, George(Y), "Is War with Russia Inevitable? : Five Solid Arguments for Peace," *Department of State Bulletin*(Feb. 20, 1950)

MacArthur, D., "Don't Scuttle the Pacific : Communism, A Global Enemy" (April 19, 1951 at Congress), *Vital Speech of the Day*, Vol, XVIII, No. 14.

Merrill, John, "Internal Warfare in Korea, 1948~1950 : The Local Setting of the Korean War," Bruce Cumings(ed.), *Child of Conflict : Korean-American Relations, 1943~1953*(Seattle : University of Washington Press, 1983)

Merrill, John, "The Origins of the Korean War," *Current Review*(December /1988, Seoul : USIS),

Mitchell, C. R., "Civil Strife and the Involvement of External Parties," *International Studies Quarterly,* 14/2(June 1970)

Nye, Joseph S., "Corruption and Political Development : A Cost-Benefit Analysis," in *The American Political Science Review*, Vol. 61, No. 2(1967)

Pelmutter, Amos "The Praetorian State and the Praetorian Army : Toward A Taxonomy of Civil-Military Relations in Developing Countries," in Jason L. Finkle, and Richard W. Cable (ed.), *Political Development and Social Change*(New York : John Wiley Co., 1971)

Pye, Lucian, "Armies in the Process of Political Modernization," in Welch, Claude E.(ed.), *Political Modernization*(Belmond : Wadsworth Co., 1967)

Sasse, Werner, 「정재정 교수와 다부치 교수 발표에 대해」, 유네스코한국위원회(편), 『21세기 역사 교육과 역사 교과서』(서울: 오름, 1998)

Shin Bok-ryong, "A Consideration on the Origins of the Korean War : in Connection with D. Acheson's Speech before the National Press Club," *The Journal of Modern Korean Studies,* Vol. 7(Fredericksburg VA : Mary Washington College, April/2000).

Simmons, Robert "The Korean Civil War," *Without Parallel*(New York : Pantheon Books, 1974)

Stephen, D., Austin & Kim Tae-Sam, *Unsung of the Korean War : United States Army Korean Service Corps*(칭송 못 받는 6·25전쟁 영웅들 한국노무단)(Seoul : HQ, United States Army Korean Service Corps Battalion, 2000)

Villard, Oswald G., "We Must Free Korea Now," *Asia and the Americas*, Vol. XL, No. 11(November 1945)

Ward, Robert E., "Modernization and Political Culture in Japan," Claude E. Welch(ed.), *Political Modernization*(Belmont : Wadsworth Publishing Co., 1967)

Wright, Quincy, "The Study of War", *International Encyclopedia of the Social Sciences,* Vol. 16(New York : Macmillan Co. & Free Press, 1979)

3) 일본어

紀田順一郎(編), 「大漢和群典を讀む, 附錄 : 諸橋轍次略年譜」(大修館 : 東京, n.d.)

「對露の危機」, 『黑龍會日露戰爭期論策集』(釜山 : 黑龍會海外本部, 1903)

渡邊勝美, 「鮮米修好通商條約交涉史」, 『普專學會論集』(2)(서울 : 普專學會, 1935)

瀧澤誠, 「內田良平のこと存ど」, 『評論』(49)(1983年 11月號)(東京 : 日本經濟評論社)

小田省吾, 「李朝黨爭槪要」, 『朝鮮』(朝鮮總督府, 101/1923)

小田省吾, 「李朝朋黨を略敍して天主敎迫害に及ぶ」, 『靑丘學叢』(1/1930)

小田省吾, 「洪景來叛亂の槪略と其の動機に就て」(上), 『靑丘學叢』(8/1932)

4. 연속간행물

"Activities of Northwest Korean Youth Association," *G-2 Weekly Summary*, No. 90(25 May~01 June 1947)

Acheson's Speech before the National Press Club," *Department of State Bulletin*, Vol. XXII, No. 551(January 23, 1950)

CWIHP Bulletin, Issue 5-7(Winter/1995~1996)

G-2 Weekly Summary

KLO 부대장 延禎 사망 기사, 『중앙일보』 2002년 2월 14일자

New York Times

The Washington Post, June 17, 2000

U.S. News & World Report(March 7, 1952)

金杏, 「현대사에 관한 한국인의 인지도 여론조사」, 『중앙일보』 1995. 1. 9

朴重熙, 「韓國과 列强國 : 美國篇」, 『한국일보』 1964년 3월 26일자

『獨立新聞』 1896년 4월 7일, 4월 21일자

『동아일보』 1970년 1월 7일자 「沙鉢通文」

『로동신문』 1996년 6월 23일자

『매일신보』

신복룡・정용석・Bond 대담, 「한반도 분단의 재조명과 관심」, 『시사평론』 (13), 1988년 5월호(서울 : USIS)

『신한민보』 1909년 9월 22일자

『조선일보』

「조용헌 살롱」 : "황매산 백련재(百鍊齋) 터에서," 『조선일보』 2020년 7월 13 일자

5. 인터넷

http://db.itkc.or.kr/search(검색일 : 2020. 3. 10.)

http://en.wikipedia.org/wiki. "Turner (검색일 : 2018. 3. 20.)

http://news/clmn_view.php?idx=292&s_hcd=01&s_mcd=0612)(검색일 : 2017. 5. 10.)

http://upload.wikimedia.org/wikipedia/ja/Manzekiseto(검색일 : 2014. 5. 22.)

http://www.Global Health Expenditure Database(GHED), WHO(검색일 : 2014. 5. 25.)

http://www.newstown.co.kr/제6935호(검색일 : 2020. 3. 20.)

http://www.sipri.org/yearbook/2019, Military Expenditure Database(검색일 : 2020. 6. 2.)

https://en.wikipedia.org/wiki/Evelyn_Baring,_1st_Earl_of_Cromer; Google.jp. (검색일 : 2020. 4. 5.)

https://terms.naver.com/entry.nhn?docId=1136627&cid=40942&categoryId=340 30(검색일 : 2018년 11월 10일)

https://en.wikipedia.org/wiki/Evelyn_Baring,_1st_Earl_of_Cromer; Google.jp. (검색일 : 2020. 5. 20.)

https://terms.naver.com/entry.nhn?docId=1136627&cid=40942&categoryId=340 30(검색일 : 2018. 11. 10.)

https://www.culturalsurvival.org/publications/cultural-survival-quarterly/giving -back-bike-reconciliations-promise : Giving Back the Bike : Reconcilia- tion's Promise," June 2000(검색일 : 2020. 4. 20)

https://www.goodreads.com/quotes/7213675-to-laugh-often-and--much-to-win -the-respect-of

왕선택, 「외교 · 역사 여행 : 993차례의 외침(外侵)은 사실일까?」(http://www. ytn.co.kr/ 검색일 : 2019. 3. 20.)

한국은행 DB, 「국민소득」, 국방부 「국방예산」, 보건복지부 「국민보건계정」 (검색일 : 2018. 1. 4.)

『政論』(東京 : 産經新聞社, 2005年 4月號); http://www.newstown.co.kr, No. 6935.(검색일 : 2019. 8. 15.)

『통계연구시리즈』 http ://data.si.re.kr/node/376(검색일 : 2017. 4. 20.)

6. 자서전/일기

고병찬, 『고병찬 가족 연대기』(서울 : 푸른별, 2008)

「科士達回憶錄」(John W. Foster, *Diplomatic Memoirs*, 1909), 『中日戰爭文獻 彙編』(7)(臺北 : 鼎文書局, 1972)

곽성훈, 「9월의 호국 인물 임병래 중위」, 『전쟁기념관』 2020년 9월 회보

『金昌淑文存』(서울: 성균관대학교출판부, 1994)

김옥균 · 박영효 · 서재필(지음), 조일문 · 신복룡(편역), 『갑신정변회고록』(서울 : 건국대학교 출판부, 2006)

『亂中日記』

「니컬스(Donald Nicols : 미공군첩보대장) 회고록」, 『발굴 자료로 쓴 한국현대사』(서울 : 중앙일보사 현대사연구소, 1996)

陸奧宗光, 『蹇蹇錄』(東京 : 岩波書店, 1941)

『李忠武公全書』(2) 「狀啓」(1) : 「唐浦破倭兵狀」

『민족의 증언』(1~5)(서울 : 중앙일보사, 1983)

白樂浣(記), 申福龍(校注), 「南征錄」, 『韓國學報』(74)(서울 : 일지사, 1994)

백선엽, 『軍과 나』(서울 : 대륙연구소, 1989)

『쉬띠꼬프(Terentii F. Shtykov) 일기』(과천 : 국사편찬위원회, 2004)

신복룡, 『병영일기』(1972), mimeo.

심국웅(옮김), 『쿠로파트킨회고록 : 러일전쟁』(서울 : 한국외국어대학출판부, 2007)

心山사상연구회, 『金昌淑文存』(서울 : 성균관대학교출판부, 1994)

심지연, 『송남헌회고록』(서울 : 한울출판사, 2000)

엔닌(圓仁) 지음, 신복룡(역주), 『入唐求法巡禮行記』(서울 : 선인, 2007)

俞成哲, 「나의 증언(8) · (9) · (10) · (11)」, 『한국일보』 1990년 11월 9/11/13/14일자.

「柳艶秀일기」, 『전쟁과 유물』(6)(서울 : 전쟁기념관, 2014)

조병옥, 『나의 회고록』(서울 : 민교사, 1959)

주영복, 『내가 겪은 조선전쟁』(서울 : 고려원, 1990)

「최규봉(KLO부대장) 회고록 : 나와 6 · 25」, 『조선일보』 2010년 5월 18일자

최규봉, 「나의 지난 삶을 돌아보며」, 이창건, 『KLO의 한국전쟁 비사』(서울 : 지성사, 2005)

최태호, "나의 이력서(2) : 서낭당고개," 『한국일보』, 1980년 9월 19일자.

최태환 · 박혜강, 『젊은 혁명가의 초상 : 인민군 장교 최태환 중좌의 한국전쟁 참전기』(서울 : 공동체, 1989)

『하우스만(Jim Hausman) 증언 : 한국 대통령을 움직인 미군 대위』(서울 : 한국문원, 1995)

Gayn, Mark, *Japan Diary*(New York : William Sloane Associates Inc., 1948)

Gerard, A., 「施阿蘭論三國干涉」(*My Mission en China : 1893~1897*), 『中日戰爭文獻彙編』(7)(臺北 : 鼎文書局, 1972)

Gross, Ernest, *The Reminiscences*(New York : The Oral History Research Office at Columbia University, 1966), *mimeo.*

Kennan, George(Y), *Memoirs 1925~1950*(New York : Pantheon Books, 1967)

Keynes, J. M., "Alfred Marshall : 1842~1924," in A. C. Pigue(ed.), *Memorials of Alfred Marshall*(London : Macmillan and Co., 1925)

Khrushchev Remembers(London : Andre Deutsch Co., 1971)

MacArthur, Douglas, *Reminiscences*(New York: McGraw-Hill, 1964)

Rosen, Count, *Forty Years Diplomacy*(New York : A. A. Knopf, 1922)

Rusk, Dean, *As I Saw It*(New York : W. W. Norton, Co., 1990)

Truman, H. S., *Memoirs* : Vol. II, *Years of Trial and Hope, 1946~1952* (Garden City : Doubleday & Co., 1956)

7. 면담

『귀순 인민군 면담 기록』(서울 : 국방부 전사편찬위원회, 1969), 문서 번호 0-21.

Bond, Niles(Former Assistant Chief, Division of Northeast Asian Affairs, Department of State), at USIS, Seoul by Satellite with author(March 30, 1988); 『시사평론』(13), 1988년 5월호(서울 : USIS)

Interview with Syngman Rhee : "If There's a Truce in Korea," *U.S. News & World Report*(March 7, 1952), p. 56.

金龍國(서울시 강남구 풍납동 87-12)의 증언(1980. 10. 13.)

都基鴻(1925년생, 대전시 중구 牧洞 3-103)의 증언(1995. 11. 12.)

백선엽(당시 1사단장, 한국전쟁기념사업회 주최 국제회의 "The Korean War Revisited on the Fortieth Anniversary,"(Seoul : Hilton Hotel, June 25~27, 1990)

蓬雲 스님(전주 모악산 大院寺 주지)의 증언(1980. 9. 24.)

梁基德(갑오혁명 진압군지휘자 梁在穆의 손자; 1919년생, 공주 이인면 이인
　　리)의 증언(1995. 11. 11.)

吳福成(60세, 廣州君 西部面 甘二里 널무니)의 증언(1980. 10. 17.)

柳煥容(1916년 생, 전북 완주군 삼례읍 삼례리 910)의 증언(1993. 12. 1.)

이문항(James M. Lee, 전(前)UN군사령관 정전 담당 고문)과의 대담(2011. 5.
　　16, 19.)

李學周(1924년생, 公州市 熊津洞 24)의 증언(1995. 11. 11.)

찾아보기

성종(成宗) 146, 154~5, 181
성주식(成周湜) 610
성하영(成夏泳) 294
성혼(成渾) 166
성황도감(城隍都監) 38
세뇨보스(C. Seignobos) 452
세작(細作) 614
세종(世宗) 154, 505
세키야 오노타로(關屋斧太郎) 479
셀리바노프(Igor Selivanov) 593
셰익스피어(W. Shakespeare) 180
소(少)카토(Cato, the Younger) 554, 702, 713
소년병 622, 630
소림사(小林寺) 629
소선규(蘇宣奎) 637
소손녕(蕭遜寧) 146
소식(蘇軾) 515
소왕(昭王) 147
소우염(邵友濂) 342
소정방(蘇定方) 133
소중화관(小中華館) 443
소중화사상 232, 421, 442~3, 452, 528
소진(蘇秦) 149
소크라테스(Socrates) 518
속지주의(屬地主義) 539
손대음(孫代音) 104
손도심(孫道心) 624
손병희(孫秉熙) 290, 395
손실제(損失制) 512
손여옥(孫如玉) 296
손자(孫子) 143, 614
손진(孫墳) 616
손화중(孫化中) 284
솔즈베리 경(R. Salisbury) 392
솟대[蘇塗] 60~1

송경찬(宋敬贊) 296
송기(宋祁) 221
송두호(宋斗浩) 280
송문수(宋文洙) 296
송병준(宋秉濬) 516, 536
송상현(宋象賢) 503
송시열(宋時烈) 233, 443~5, 526
송원영(宋元英) 627
송준길(宋浚吉) 100
송태섭(宋泰燮) 296
송호성(宋虎聲) 230, 616
송희옥(宋憙玉) 296
쇄국 정책 232, 449
쇼(Irwin Shaw) 707
쇼카존수쿠(松下村塾) 318, 386
수군(水軍) 234
수군절도사 504
수니파(Sunni) 621
수사학(修辭學, rhetoric) 150
수에즈운하 533, 534
수정주의 560, 666
숙종(肅宗) 210, 225
순교자 707
순조(純祖) 171
술라(Sulla) 714
숭가리호(Sungari) 405
슈바인스베르크(S. von Schweinsberg) 349
슈워드(George F. Seward) 250
슈워드(William H. Seward) 250
슈콜리모프(Vladimir Sukholimov) 416
슈티코프(T. F. Shtykov) 584
슈펠트(Robert W. Shufeldt) 248
스기무라 후카시(杉村濬) 329
스기야마 시게루(杉山茂) 318
스미스 경(Charles E. Smith) 148
스미스(Charles B. Smith) 591

신복룡(申福龍)

· 충청북도 괴산 출생
· 건국대학교 정치외교학과, 동(同) 대학원 수료(정치학박사)
· 건국대학교 정치외교학과 교수 · 중앙도서관장 · 대학원장 · 석좌교수 역임
· 한국정치외교사학회 회장 역임
· 미국 Georgetown University 객원 교수 역임

· 저서 : 『한국분단사 연구 : 1943~1953』(한울, 2001, 한국정치학회 저술상 수상), 『한국사 새로 보기』(풀빛, 2001), 『이방인이 본 조선 다시 읽기』(풀빛, 2002), 『한국정치사』(박영사, 2003), 『동학사상과 갑오농민혁명』(선인, 2006), 『서재 채워드릴까요?』(철학과현실, 2006), *The Politics of Separation of the Korean Peninsula : 1943~1953*(Edison, NJ : Jimoondang, 2008), 『한국정치사상사』(지식산업사, 2011, 한국정치학회 인재(仁齋)저술상 수상), 『대동단실기』(선인, 2014), 『해방정국의 풍경』(지식산업사, 2016), 『전봉준 평전』(들녘, 2019)

· 역서 : 『외교론』(H. Nicolson, *Diplomacy*, 1979), 『칼 마르크스』(I. Berlin, *Karl Marx*, 1982), 『모택동 자전』(E. Snow, *Red Star over China : Genesis of A Communist*, 1985), 『묵시록의 4기사』(E. Penchef, *Four Horsemen*, 1988), 『한국분단보고서』(C. L. Hoag, 1992, 공역), 『현대정치사상』(L. P. Baradat, *Political Ideologies*, 1995, 공역), 『정치권력론』(C. E. Merriam, *Political Power*, 2006), 『入唐求法巡禮行記』(圓仁, 2007), 『林董秘密回顧錄』(A. M. Pooley, 2007, 공역), 『군주론』(N. Machiavelli, *The Prince*, 2019), 『한말외국인기록』 전 23권(2020)